Grundsteuergesetz

vom 1. Dezember 1936 mit
Durchführungsverordnung vom 1. Juli 1937
und den wichtigsten einschlägigen Erlassen

Erläutert von

Dr. Matthias Metz

Regierungsrat am Zentralfinanzamt München

1 9 3 8

J. Schweitzer Verlag (Arthur Sellier)
München, Berlin und Leipzig

Druck der Universitäts-Buchdruckerei Junge & Sohn in Erlangen

Vorwort

Das vorliegende Buch will in gedrängter Form eine Erläuterung des ab 1. April 1938 geltenden Grundsteuerrechts geben. Nach seiner Anlage stellt das Buch das Gegenstück zu dem von mir verfaßten und im Sommer 1937 im gleichen Verlag erschienenen Erläuterungsbuch zum Gewerbesteuergesetz dar. Wie dieses soll auch das vorliegende Buch nicht bloß den Berufskameraden der Finanzämter, sondern auch den Gemeindebeamten, die mit der Durchführung des Grundsteuergesetzes betraut sind, den Vollzug des Gesetzes erleichtern. Gerade um letzteren Zweck zu erfüllen, sind in die Erläuterungen die Bestimmungen des Reichsbewertungsgesetzes und der Reichsabgabenordnung, die auf die Veranlagung und Einhebung der Grundsteuer Bezug haben, in weitestem Umfange aufgenommen worden. Die Grundsteuerrichtlinien sind restlos in die Erläuterungen hineingearbeitet worden.

Der vom Herrn Reichsminister der Finanzen in Ziffer 59 der Grundsteuerrichtlinien angekündigte Runderlaß über Billigkeitsmaßnahmen, die die Gemeinden bei der Grundsteuererhebung zu treffen haben, ist bis jetzt nicht erschienen.

München, im Dezember 1937.

Der Verfasser.

Inhalt

Grundsteuergesetz

Text 1

Einleitung 17

Erläuterungen 28

Anhang

VO. zur Durchführung des GrStG. für den ersten Hauptveranlagungszeitraum 252

VO. über die Förderung von Arbeiterwohnstätten . . . 276

Runderl d. RdF. vom 12. Mai 1937 betr. VO. über die Förderung von Arbeiterwohnstätten (Grundsteuerbeihilfen 280

Runderl. d. RuPrMdJ. zgl. i. N. d. RFM. vom 22. Nov. 1937 betr. Befreiung von der Grundsteuer nach § 4 Ziff. 7 GrStG., §§ 12, 14 und 15 GrStDVO. und das dabei einzuschlagende Verfahren 290

Einführungsgesetz zu den Realsteuergesetzen (EinfGRealStG.) 291

Sachregister 297

Nachtrag

Gesetz über das Deutsche Rote Kreuz 314

Abkürzungsverzeichnis

AG.	=	Aktiengesellschaft
AO.	=	Reichsabgabenordnung
BGB.	=	Bürgerliches Gesetzbuch
DB.	=	Durchführungsbestimmungen
DV.	=	Durchführungsverordnung
EinfGRealStG.	=	Einführungsgesetz zu den Realsteuergesetzen vom 1. Dezember 1936
FAG.	=	Finanzausgleichsgesetz
GmbH.	=	Gesellschaft mit beschränkter Haftung
GewO.	=	Gewerbeordnung
GewStG.	=	Gewerbesteuergesetz
GrStG.	=	Grundsteuergesetz
GrStDVO.	=	Verordnung zur Durchführung des Grundsteuergesetzes für den ersten Hauptveranlagungszeitraum
GrStRG.	=	Grundsteuerrahmengesetz
HGB.	=	Handelsgesetzbuch
KStG.	=	Körperschaftsteuergesetz vom 16. Oktober 1934
RBewG.	=	Reichsbewertungsgesetz vom 16. Oktober 1934
RBewDB.	=	Durchführungsbestimmungen zum Reichsbewertungsgesetz vom 2. Februar 1935
RFH.	=	Reichsfinanzhof; es bedeutet z. B. Bd. 29 S. 49 Band 29 Seite 49 der Amtlichen Sammlung der Entscheidungen und Gutachten des Reichsfinanzhofs
RGBl. I	=	Reichsgesetzblatt Teil I
RMBl.	=	Reichsministerialblatt
RStBl.	=	Reichssteuerblatt
StAnpG.	=	Steueranpassungsgesetz vom 16. Oktober 1934
StW.	=	Steuer und Wirtschaft
Urt.	=	Urteil
UStG.	=	Umsatzsteuergesetz vom 16. Oktober 1934
VO.	=	Verordnung
VStG.	=	Vermögensteuergesetz vom 16. Oktober 1934

Grundsteuergesetz

(GrStG)

Vom 1. Dezember 1936

(RGBl. I S. 986, RStBl. S. 1154)

Abschnitt I

Steuerpflicht §§ 1 bis 9

Abschnitt II

Berechnung der Grundsteuer §§ 10 bis 21

Unterabschnitt 1

Maßgebender Wert § 10

Unterabschnitt 2

Festsetzung der Steuermeßbeträge §§ 11 bis 16

Unterabschnitt 3

Zerlegung der Steuermeßbeträge §§ 17 bis 20

Unterabschnitt 4

Festsetzung der Grundsteuer § 21

Abschnitt III

Entrichtung der Grundsteuer §§ 22 bis 26

Abschnitt IV

Übergangs- und Schlußvorschriften §§ 27 bis 33

Die Reichsregierung hat das folgende Gesetz beschlossen, das hierdurch verkündet wird:

Abschnitt I

Steuerpflicht

§ 1 Steuerberechtigte

(1) Die Gemeinden sind berechtigt, eine Grundsteuer als Gemeindesteuer zu erheben.

(2) Die Gemeinde erhebt die Steuer von dem in ihrem Gebiet gelegenen Grundbesitz.

(3) Für gemeindefreien Grundbesitz und für Grundbesitz in Gutsbezirken trifft die oberste Landesbehörde die näheren Bestimmungen über die Erhebung der Steuer.

§ 2 Grundbesitz

Grundbesitz ist:

1. das land- und forstwirtschaftliche Vermögen (§§ 28 bis 49 des Reichsbewertungsgesetzes),
2. das Grundvermögen (§§ 50 bis 53 des Reichsbewertungsgesetzes),
3. das Betriebsvermögen, soweit es in Betriebsgrundstücken besteht (§ 57 des Reichsbewertungsgesetzes).

§ 3 Steuergegenstand

Steuergegenstände sind, soweit sie sich auf das Inland erstrecken:

1. die land- und forstwirtschaftlichen Betriebe (§§ 29, 45, 47, 48, 49 des Reichsbewertungsgesetzes). Den land- und forstwirtschaftlichen Betrieben stehen im Sinn dieses Gesetzes die im § 57 Absatz 1 Ziffer 2 des Reichsbewertungsgesetzes bezeichneten Betriebsgrundstücke gleich;
2. Die Grundstücke (§ 50 des Reichsbewertungsgesetzes). Den Grundstücken stehen im Sinn dieses Gesetzes die im § 57 Absatz 1 Ziffer 1 des Reichsbewertungsgesetzes bezeichneten Betriebsgrundstücke gleich.

§ 4 Befreiungen

Von der Grundsteuer sind befreit:

1. Grundbesitz
   a) des Reichs, eines Lands, einer Gemeinde oder eines Gemeindeverbands, wenn der Grundbesitz von dem Eigentümer für einen öffentlichen Dienst oder Gebrauch benutzt wird;
   b) des Reichs, der zum Reichseisenbahnvermögen gehört und von der Deutschen Reichsbahn für ihre Betriebs- oder Verwaltungszwecke benutzt wird. Die Befreiung beschränkt sich bei dem Grundbesitz, der für Betriebszwecke benutzt wird, auf die Hälfte der an sich zu entrichtenden Steuer;
   c) des Unternehmens „Reichsautobahnen", der von ihm für seine Betriebs- oder Verwaltungszwecke benutzt wird;

2. Grundbesitz
   a) der Nationalsozialistischen Deutschen Arbeiterpartei,
   b) des Zweckverbands Reichsparteitag Nürnberg,
   c) der NS-Volkswohlfahrt e. V.,
   d) der NS-Kriegsopferversorgung e. V.,
   e) des Reichs-Luftschutzbunds e. V.,
   f) des Deutschen Luftsportverbandes e. V.,
   g) des Reichsverbands für Deutsche Jugendherbergen e. V.,
   h) der Technischen Nothilfe e. V.,
   i) des Volksbunds für das Deutschtum im Ausland e. V.,

   wenn der Grundbesitz von dem Eigentümer für seine Aufgaben benutzt wird;
3. Grundbesitz
   a) des Reichs, eines Lands, einer Gemeinde oder eines Gemeindeverbands,
   b) einer inländischen Körperschaft, Personenvereinigung oder Vermögensmasse, die nach der Satzung, Stiftung oder sonstigen Verfassung und nach ihrer tatsächlichen Geschäftsführung ausschließlich und unmittelbar mildtätigen Zwecken dient,

   wenn der Grundbesitz von dem Eigentümer für mildtätige Zwecke benutzt wird;
4. Grundbesitz eines anerkannten Sportvereins, der von ihm für sportliche Zwecke benutzt wird, unter den Bedingungen, die der Reichsminister der Finanzen und der Reichsminister des Innern bestimmen;
5. a) Grundbesitz, der dem Gottesdienst einer öffentlich-rechtlichen Religionsgesellschaft gewidmet ist;
   b) Grundbesitz einer öffentlich-rechtlichen Religionsgesellschaft oder einer anderen Körperschaft des öffentlichen Rechts, der von der Religionsgesellschaft für Zwecke der religiösen Unterweisung benutzt wird;
   c) Grundbesitz einer öffentlich-rechtlichen Religionsgesellschaft oder einer anderen Körperschaft des öffentlichen Rechts, der von der Religionsgesellschaft für ihre Verwaltungszwecke benutzt wird;

6. Grundbesitz einer der unter den Ziffern 1 bis 5a genannten Körperschaften, Personenvereinigungen, Vermögensmassen oder Verbände, der von einer anderen derartigen Körperschaft, Personenvereinigung, Vermögensmasse oder einem anderen derartigen Verband für ihre nach den Ziffern 1 bis 5 begünstigten Zwecke benutzt wird;
7. Grundbesitz, der für Zwecke der Wissenschaft, der Erziehung und des Unterrichts benutzt wird und nicht bereits nach den vorstehenden Vorschriften befreit ist, wenn anerkannt ist, daß der Benutzungszweck im Rahmen der staatlichen Aufgaben liegt. Der Reichsminister der Finanzen, der Reichsminister des Innern und der für das Fachgebiet zuständige Reichsminister sprechen die Anerkennung aus. Der Anerkennung bedarf es nicht bei Hochschulen und bei solchen Schulen oder Erziehungsanstalten, deren Träger das Reich, ein Land, eine Gemeinde oder ein Gemeindeverband ist. Wird der Grundbesitz nicht von dem Eigentümer für die bezeichneten Zwecke benutzt, so tritt Befreiung nur ein, wenn der Eigentümer eine Körperschaft des öffentlichen Rechts ist;
8. Grundbesitz, der für die Zwecke einer Krankenanstalt benutzt wird und nicht bereits nach den vorstehenden Vorschriften befreit ist, soweit die Anstalt Kranke zu Bedingungen aufnimmt, die der Reichsminister der Finanzen, der Reichsminister des Innern und der Reichsarbeitsminister bestimmen. Ziffer 7 Schlußsatz gilt entsprechend;
9. a) die dem öffentlichen Verkehr dienenden Straßen, Wege, Plätze, Brücken, künstlichen Wasserläufe, Häfen und Schienenwege;
   b) das Rollfeld der Verkehrsflughäfen;
   c) die fließenden Gewässer (Ströme, Flüsse, Bäche), die deren Abfluß regelnden Sammelbecken und die im Eigentum des Reichs, eines Lands, einer Gemeinde oder eines Gemeindeverbands stehenden Seen und Teiche;
   d) die im Interesse der Ordnung und Verbesserung der Wasser- und Bodenverhältnisse unterhalte-

nen Einrichtungen der öffentlich-rechtlichen Wasser- und Bodenverbände und die im öffentlichen Interesse staatlich unter Schau gestellten Privatdeiche;

e) die Bestattungsplätze;

10. Grundbesitz eines fremden Staats, der für Zwecke von Botschaften, Gesandtschaften oder Konsulaten dieses Staats benutzt wird, wenn Gegenseitigkeit gewährt wird.

§ 5 Steuerpflicht bei Benutzung zu Wohnzwecken

Grundbesitz, der Wohnzwecken dient, ist nicht als für einen der nach § 4 Ziffern 1 bis 8 begünstigten Zwecke benutzt anzusehen; das gilt auch für die zugehörigen Hofräume und Hausgärten. Den begünstigten Zwecken dienen jedoch und sind deshalb unter den weiteren Voraussetzungen des § 4 befreit;

1. die Kasernen- und Lagerunterkünfte
   a) der Wehrmacht, der Schutzpolizei, der Gendarmerie, des Reichswasserschutzes, des sonstigen Schutzdienstes des Reichs und des Reichsarbeitsdienstes,
   b) der SA, der SS, des NSKK;
2. die gemeinschaftlichen Wohnräume
   a) des NS-Deutschen Studentenbunds, der Hitler-Jugend und in Jugendherbergen,
   b) in Schulungslagern und Erziehungsanstalten,
   c) in Prediger- und Priesterseminaren;
3. die Wohnräume
   a) in den Erholungsheimen der NS-Volkswohlfahrt und der NS-Kriegsopferversorgung, die für die Aufnahme der erholungsbedürftigen Personen bestimmt sind,
   b) der hilfsbedürftigen Personen in den Gebäuden, die wegen Benutzung für mildtätige Zwecke befreit sind (§ 4 Ziffern 3 und 6);
4. Räume, in denen sich Personen für die Erfüllung der begünstigten Zwecke ständig bereit halten müssen (Bereitschaftsräume), wenn sie nicht zugleich die Wohnung des Inhabers darstellen.

§ 6 Ergänzungen zu §§ 4 und 5

(1) Die Befreiung tritt nur ein, wenn der Steuergegenstand für die im § 4 bezeichneten Zwecke unmittelbar benutzt wird.

(2) Dient der Steuergegenstand auch anderen Zwecken und wird für die steuerbegünstigten Zwecke ein räumlich abgegrenzter Teil des Steuergegenstands benutzt, so ist nur dieser Teil befreit.

(3) Dient der Steuergegenstand oder ein Teil des Steuergegenstands sowohl steuerbegünstigten als auch anderen Zwecken, ohne daß eine räumliche Abgrenzung für die verschiedenen Zwecke möglich ist, so ist der Steuergegenstand oder der Teil nur befreit, wenn die steuerbegünstigten Zwecke überwiegen.

§ 7 Steuerschuldner

(1) Schuldner der Grundsteuer ist:

1. der Eigentümer oder, wenn der Steuergegenstand ein grundstücksgleiches Recht ist, der Berechtigte,
2. wenn die Betriebsmittel oder Gebäude eines land- und forstwirtschaftlichen Betriebs (§ 3 Ziffer 1) einem anderen als dem Eigentümer des Grund und Bodens gehören, der Eigentümer des Grund und Bodens für den gesamten Betrieb,
3. im Fall des Erbbaurechts oder des Erbpachtrechts der Berechtigte für den Grund und Boden und, wenn dieser bebaut ist, auch für die darauf stehenden Gebäude.

(2) Gehört der Steuergegenstand mehreren, so sind sie Gesamtschuldner.

(3) Ist der Steuergegenstand bei der Feststellung des Einheitswerts (§ 10) auf Grund des § 11 des Steueranpassungsgesetzes einem anderen als dem Eigentümer (bei grundstücksgleichen Rechten: einem anderen als dem Berechtigten) zugerechnet worden, so ist der andere an Stelle des Eigentümers (Berechtigten) Steuerschuldner im Sinn der Absätze 1 und 2.

§ 8 Persönliche Haftung

Neben dem Steuerschuldner haften als Gesamtschuldner:

1. der Nutznießer und der Nießbraucher,
2. wenn die Betriebsmittel oder Gebäude eines land- und forstwirtschaftlichen Betriebs einem anderen als dem Eigentümer des Grund und Bodens gehören, der Eigentümer der Betriebsmittel oder Gebäude für den auf diese entfallenden Steuerbetrag.

§ 9 Dingliche Haftung

Die Grundsteuer ruht auf dem Steuergegenstand als öffentliche Last.

Abschnitt II
Berechnung der Grundsteuer

Unterabschnitt 1
Maßgebender Wert

§ 10

Für die Besteuerung ist der Einheitswert maßgebend, der nach den Vorschriften des Reichsbewertungsgesetzes für den Steuergegenstand festgestellt worden ist.

Unterabschnitt 2
Festsetzung der Steuermeßbeträge

§ 11 Steuermeßbetrag

Bei der Berechnung der Grundsteuer ist von einem Steuermeßbetrag auszugehen. Dieser ist durch Anwendung eines Tausendsatzes (Steuermeßzahl) auf den Einheitswert (§ 10) zu ermitteln.

§ 12 Steuermeßzahl

(1) Die allgemeine Steuermeßzahl beträgt 10 vom Tausend.

(2) Der Reichsminister der Finanzen kann im Einvernehmen mit den beteiligten Reichsministern für einzelne Gruppen von Steuergegenständen niedrigere Meßzahlen bestimmen.

§ 13 Hauptveranlagung

(1) Die Steuermeßbeträge werden im Anschluß an die Hauptfeststellung der Einheitswerte (§ 21 des Reichsbewertungsgesetzes) allgemein festgesetzt (Hauptveranlagung).

(2) Der Hauptveranlagung wird der Einheitswert zugrunde gelegt, der auf den Hauptfeststellungszeitpunkt (§ 21 Absatz 2 des Reichsbewertungsgesetzes) festgestellt worden ist. Entsprechendes gilt für die anderen im Einheitswertbescheid getroffenen Feststellungen.

(3) Die Hauptveranlagung gilt von dem Rechnungsjahr an, das fünf Vierteljahre nach dem Hauptfeststellungszeitpunkt beginnt.

§ 14 Fortschreibungsveranlagung

(1) Im Fall einer Fortschreibung des Feststellungsbescheids über einen Einheitswert (§ 225 a der Reichsabgabenordnung) wird der neuen Veranlagung des Steuermeßbetrags (Fortschreibungsveranlagung) der Einheitswert zugrunde gelegt, der auf den Fortschreibungszeitpunkt (§ 22 Absatz 2 des Reichsbewertungsgesetzes) festgestellt worden ist. Entsprechendes gilt für die anderen im Fortschreibungsbescheid getroffenen Feststellungen.

(2) Die Fortschreibungsveranlagung gilt von dem Rechnungsjahr an, das ein Vierteljahr nach dem Fortschreibungszeitpunkt beginnt. Die bisherige Veranlagung gilt bis zu diesem Zeitpunkt.

§ 15 Nachveranlagung

(1) Im Fall einer Nachfeststellung des Einheitswerts (§ 23 des Reichsbewertungsgesetzes) wird der nachträglichen Veranlagung des Steuermeßbetrags (Nachveranlagung) der Einheitswert zugrunde gelegt, der auf den

Nachfeststellungszeitpunkt festgestellt worden ist. Entsprechendes gilt für die anderen im Nachfeststellungsbescheid getroffenen Feststellungen.

(2) Die Nachveranlagung gilt von dem Rechnungsjahr an, das ein Vierteljahr nach dem Nachfeststellungszeitpunkt beginnt.

§ 16 Ende der Steuerentrichtung

(1) Die Steuerpflicht für den ganzen Steuergegenstand fällt weg, wenn dieser untergeht oder für ihn ein Befreiungsgrund (§§ 4 bis 6) eintritt. Bei Wegfall der Steuerpflicht für den ganzen Steuergegenstand ist die Steuer bis zum Schluß des laufenden Kalendervierteljahrs zu entrichten. Die Steuer ist jedoch mindestens bis zum Schluß des Kalendervierteljahrs zu entrichten, in dem der Antrag auf Freistellung von der Steuer (§ 226 Absatz 1 der Reichsabgabenordnung) gestellt worden ist.

(2) Für einen Steuergegenstand, der mit einem anderen Steuergegenstand verbunden wird und dadurch die Eigenschaft als wirtschaftliche Einheit oder Untereinheit verliert, hat der bisherige Steuerpflichtige die Steuer bis zum 31. März des folgenden Kalenderjahrs zu entrichten.

Unterabschnitt 3

Zerlegung der Steuermeßbeträge

§ 17 Voraussetzung der Zerlegung

Erstreckt sich der Steuergegenstand über mehrere Gemeinden, so ist der Steuermeßbetrag zu zerlegen und auf die einzelnen Gemeinden zu verteilen, soweit nicht nach § 20 die Zerlegung unterbleibt.

§ 18 Zerlegungsstichtag

(1) Der Zerlegung des Steuermeßbetrags sind die Verhältnisse in dem Feststellungszeitpunkt (Absätze 2 der §§ 21 bis 23 des Reichsbewertungsgesetzes) zugrunde zu legen, auf den der für die Veranlagung des Steuermeßbetrags maßgebende Einheitswert festgestellt ist.

(2) Ändern sich die Grundlagen für die Zerlegung, ohne daß der Einheitswert fortgeschrieben oder nachträglich festgestellt wird, so sind die Zerlegungsanteile nach dem Stand vom 1. Januar des folgenden Jahrs neu zu ermitteln.

§ 19 Zerlegungsmaßstab

Der Steuermeßbetrag ist nach dem Verhältnis zu zerlegen, in dem die Teile des maßgebenden Einheitswerts, die auf die einzelnen Gemeinden entfallen, zueinander stehen.

§ 20 Ersatz der Zerlegung

Der Reichsminister der Finanzen und der Reichsminister des Innern können bestimmen, daß statt der Zerlegung der Steuermeßbeträge für land- und forstwirtschaftliche Betriebe (§ 3 Ziffer 1) ein Steuerausgleich zwischen den Gemeinden stattfindet. Die Bestimmung kann auf einzelne Teile des Reichs beschränkt werden.

Unterabschnitt 4
Festsetzung der Grundsteuer

§ 21 Hebesatz

(1) Die Grundsteuer wird für das Rechnungsjahr festgesetzt. Der Jahresbetrag der Steuer wird nach einem Hundertsatz des Steuermeßbetrags (§ 11) oder des auf die Gemeinde entfallenden Teils des Steuermeßbetrags (§§ 17 bis 19) berechnet (Hebesatz). Der Hebesatz wird von der Gemeinde festgesetzt.

(2) Der Hebesatz muß für alle in der Gemeinde gelegenen land- und forstwirtschaftlichen Betriebe (§ 3 Ziffer 1) einheitlich sein; das gleiche gilt von dem Hebesatz für die in der Gemeinde gelegenen Grundstücke (§ 3 Ziffer 2). Jedoch kann der Hebesatz für die land- und forstwirtschaftlichen Betriebe von dem Hebesatz für die Grundstücke abweichen; der Reichsminister des Innern

und der Reichsminister der Finanzen können bestimmen, in welchem Verhältnis die Hebesätze zueinander stehen müssen.

Abschnitt III

Entrichtung der Grundsteuer

§ 22 Fälligkeit

(1) Die Grundsteuer wird fällig:

1. für land- und forstwirtschaftliche Betriebe (§ 3 Ziffer 1) am 15. Mai, 15. August, 15. November und 15. Februar zu je einem Viertel ihres Jahresbetrags,
2. für Grundstücke (§ 3 Ziffer 2) am 15. eines jeden Monats zu je einem Zwölftel ihres Jahresbetrags.

(2) Die Gemeinden können mit Genehmigung der Aufsichtsbehörde bestimmen, daß abweichend von den Vorschriften des Absatzes 1 die Steuer fällig wird:

1. für land- und forstwirtschaftliche Betriebe (§ 3 Ziffer 1) am 15. eines jeden Monats zu je einem Zwölftel ihres Jahresbetrags,
2. für Grundstücke (§ 3 Ziffer 2) am 15. Mai, 15. August, 15. November und 15. Februar zu je einem Viertel ihres Jahresbetrags.

(3) Ohne Rücksicht auf die Vorschriften der Absätze 1 und 2 wird die Steuer stets fällig:

1. am 15. Mai mit ihrem Jahresbetrag, wenn dieser 5 Reichsmark nicht übersteigt,
2. am 15. Mai und 15. November zu je einer Hälfte ihres Jahresbetrags, wenn dieser 10 Reichsmark nicht übersteigt,
3. am 15. Mai, 15. August, 15. November und 15. Februar zu je einem Viertel ihres Jahresbetrags, wenn dieser 20 Reichsmark nicht übersteigt.

§ 23 Vorauszahlungen

Der Steuerschuldner hat bis zur Bekanntgabe eines neuen Steuerbescheids zu den Zeitpunkten, die für ihn nach der bisherigen Zahlungsweise (§ 22) in Betracht kommen, entsprechende Vorauszahlungen unter Zugrundelegung der zuletzt festgesetzten Jahressteuerschuld zu entrichten.

§ 24 Abrechnung über die Vorauszahlungen

(1) Ist die Summe der Vorauszahlungen, die bis zur Bekanntgabe des neuen Steuerbescheids zu entrichten waren (§ 23), kleiner als die Steuerschuld, die sich nach dem bekanntgegebenen Steuerbescheid für die vorangegangenen Fälligkeitstage ergibt (§ 22), so ist der Unterschiedsbetrag innerhalb eines Monats nach Bekanntgabe des Steuerbescheids zu entrichten (Nachzahlung). Die Verpflichtung, rückständige Vorauszahlungen schon früher zu entrichten, bleibt unberührt.

(2) Ist die Summe der Vorauszahlungen, die bis zur Bekanntgabe des neuen Steuerbescheids entrichtet worden sind, größer als die Steuerschuld, die sich nach dem bekanntgegebenen Steuerbescheid für die vorangegangenen Fälligkeitstage ergibt, so wird der Unterschiedsbetrag nach Bekanntgabe des Steuerbescheids durch Aufrechnung oder Zurückzahlung ausgeglichen.

(3) Die Absätze 1 und 2 gelten entsprechend, wenn die Veranlagung durch einen neuen Bescheid (z. B. Berichtigungsveranlagung, Rechtsmittelentscheidung) mit rückwirkender Kraft geändert wird.

§ 25 Nachentrichtung der Steuer

Hatte der Steuerschuldner bis zur Bekanntgabe der Jahressteuerschuld keine Vorauszahlungen nach § 23 zu entrichten, so hat er die Steuerschuld, die sich nach dem bekanntgegebenen Steuerbescheid für die vorangegangenen Fälligkeitstage ergibt (§ 22), innerhalb eines Monats nach Bekanntgabe des Steuerbescheids zu entrichten.

§ 26 Entrichtung eines Ersatzbetrags

(1) Für Grundbesitz, der nach § 4 Ziffer 1 von der Grundsteuer befreit ist, ist in Gemeinden mit nicht mehr als 5000 Einwohnern an Stelle der Grundsteuer ein Er-

satzbetrag zu entrichten, wenn die Grundsteuer dieses Grundbesitzes 25 vom Hundert des gesamten Grundsteuersolls in der Gemeinde übersteigt und infolge der Steuerfreiheit dieses Grundbesitzes der Haushaltsausgleich der Gemeinde gefährdet ist. Die Vorschrift gilt nur für den Grundbesitz, für den die Voraussetzungen der Befreiung nach dem 31. Dezember 1932 eingetreten sind. Zur Leistung des Ersatzbetrags ist verpflichtet, wer im Fall der Steuerpflicht Steuerschuldner sein würde.

(2) Der Reichsminister des Innern und der Reichsminister der Finanzen oder die von ihnen dazu ermächtigten Stellen setzen den Ersatzbetrag fest. Der Reichsminister der Finanzen und der Reichsminister des Innern erlassen die zur Durchführung dieser Vorschrift erforderlichen Bestimmungen.

Abschnitt IV

Übergangs- und Schlußvorschriften

§ 27 Aufrechterhaltung landesrechtlicher Vergünstigungen für Siedlerstellen

Sind für Siedlerstellen, die auf Grund des Reichssiedlungsgesetzes begründet und übergeben worden sind, nach der bisherigen landesrechtlichen Regelung bei Inkrafttreten dieses Gesetzes Vergünstigungen bei der Grundsteuer gewährt worden, so bleiben diese bis zu dem landesrechtlich vorgesehenen Zeitpunkt aufrechterhalten.

§ 28 Neuhausbesitz

(1) Die Steuerbefreiungen nach § 14 Absätze 1 bis 4 des Realsteuersenkungsgesetzes vom 1. Dezember 1930 (Reichsgesetzbl. I S. 582) und für das Saarland nach § 2 Absatz 2 der Durchführungsbestimmungen vom 2. April 1936 (Reichsgesetzbl. I S. 345) bleiben für die dort vorgesehenen Zeiträume aufrechterhalten.

(2) Das gleiche gilt für die Steuerbefreiungen nach Abschnitt IV des Gesetzes vom 21. September 1933 (Reichs-

gesetzbl. I S. 651) in der Fassung des Gesetzes vom 2. April 1936 (Reichsgesetzbl. I S. 344) unter Berücksichtigung der folgenden Vorschriften:

1. Für Eigenheime, die künftig errichtet werden, wird Steuerbefreiung nur gewährt, wenn sie bis zum 30. September 1937 bezugsfertig werden.
2. Für Kleinwohnungen und Eigenheime, die vor dem 1. April 1938 in die halbe Gemeindegrundsteuerpflicht eingetreten sind, ist die Grundsteuer bis zum Ablauf des vorgesehenen Befreiungszeitraums in der Höhe nach dem Stand vom 31. März 1938 weiter zu entrichten. Für Kleinwohnungen und Eigenheime, die erst am 1. April 1938 in die Steuerpflicht eintreten, ist die Steuer bis zum Ablauf des Befreiungszeitraums in der Höhe zu entrichten, in der die halbe Gemeindegrundsteuer auf Grund der landesrechtlichen Vorschriften nach dem Stand vom 31. März 1938 zu entrichten gewesen wäre, wenn die Steuerpflicht bereits zu diesem Zeitpunkt bestanden hätte.

§ 29 Förderung von Arbeiterwohnstätten

(1) Für Arbeiterwohnstätten, die in der Zeit vom 1. April 1937 bis 31. März 1940 bezugsfertig werden, gewährt das Reich zur Erzielung tragbarer Lasten oder Mieten eine Beihilfe in Höhe der Grundsteuer auf die Dauer von zwanzig Jahren. Der Beihilfezeitraum beginnt mit dem 1. April, der auf das Kalenderjahr folgt, in dem die Arbeiterwohnstätte bezugsfertig geworden ist.

(2) Die Beihilfe wird für Arbeiterwohnstätten, die nach dem 31. März 1937 bezugsfertig werden und nach § 28 Absatz 2 steuerbefreit sind, bis zum Ablauf dieser Steuerbefreiung in der Höhe gewährt, in der die Steuer nach § 28 Absatz 2 Ziffer 2 erhoben wird, und für den Rest des Beihilfezeitraums in der Höhe, in der die Steuer nach § 21 erhoben wird.

(3) Arbeiterwohnstätten im Sinn dieser Vorschriften sind Wohnstätten, die nach Größe, Art und Ausstattung sowie nach der Höhe der Lasten oder Mieten für die Ar-

beiterschaft bestimmt sind und von dieser benutzt werden. Der Reichsminister der Finanzen und der Reichsarbeitsminister bestimmen das Nähere.

§ 30 Steuervergünstigung für abgefundene Kriegsbeschädigte

(1) Der Veranlagung der Steuermeßbeträge für Grundbesitz solcher Kriegsbeschädigten oder solcher Witwen von Kriegsbeschädigten, die zum Erwerb oder zur wirtschaftlichen Stärkung ihres Grundbesitzes eine Kapitalabfindung auf Grund des Reichsversorgungsgesetzes oder auf Grund des Kapitalabfindungsgesetzes vom 26. Juli 1918 (Reichsgesetzbl. S. 994) erhalten haben, ist der um die Kapitalabfindung verminderte Einheitswert zugrunde zu legen. Die Vergünstigung wird nur so lange gewährt, als die Versorgungsgebührnisse wegen der Kapitalabfindung in der gesetzlichen Höhe gekürzt werden.

(2) Fallen die Voraussetzungen für die Vergünstigung weg, so ist der Steuermeßbetrag mit Wirkung vom Beginn des folgenden Rechnungsjahrs an zu berichtigen.

§ 31 Außerkrafttreten von Sonderbefreiungsvorschriften

Soweit andere Gesetze, die nicht Steuergesetze des Reichs sind, eine Befreiung von der Grundsteuer oder eine Ermäßigung der Steuer vorsehen, treten diese Vorschriften ab 1. April 1938 außer Kraft.

§ 32 Ausgleich der Belastungsverschiebungen

Um die Gemeinden vor Steuerausfällen bei bebauten Grundstücken, die unter das Reichsmietengesetz fallen, zu bewahren, ist Bestimmung darüber zu treffen, ob und in welchem Verhältnis die Beträge, um die die künftige Grundsteuer von der bisherigen Belastung abweicht, auf Vermieter und Mieter zu verteilen sind.

§ 33 Erstmalige Anwendung des Gesetzes

(1) Das Gesetz ist erstmalig auf die Grundsteuer für das Rechnungsjahr 1938 anzuwenden.

(2) Der ersten Hauptveranlagung der Steuermeßbeträge ist abweichend vom § 13 Absätze 2 und 3 der Einheitswert zugrunde zu legen, der auf den letzten Feststellungszeitpunkt (Absätze 2 der §§ 21 bis 23 des Reichsbewertungsgesetzes) vor dem 1. April 1938 festgestellt worden ist.

(3) Bis zur Bekanntgabe des ersten Steuerbescheids auf Grund dieses Gesetzes hat der Steuerschuldner zu den im § 22 Absatz 1 bezeichneten oder nach § 22 Absatz 2 bestimmten Fälligkeitstagen Vorauszahlungen auf die Grundsteuer von je einem Viertel oder einem Zwölftel der nach den landesrechtlichen Vorschriften zuletzt festgesetzten gesamten Jahressteuerschuld zu entrichten. Ergeben sich unter Zugrundelegung der zuletzt festgesetzten Jahressteuerschuld nach § 22 Absatz 3 andere Fälligkeitstage und andere Teilbeträge, so sind diese für die Vorauszahlungen maßgebend.

Berlin, 1. Dezember 1936.

Einleitung.

Kurze Inhaltsangabe.

I. Die Entwicklung des Grundsteuerrechts im Deutschen Reich bis zur Einführung des Reichsgrundsteuergesetzes.

II. Kurzer Überblick über das Landesgrundsteuerrecht.

III. Das Grundsteuergesetz vom 1. Dezember 1936:
1. Allgemeines,
2. Inhalt des Reichsgrundsteuergesetzes,
3. Bedeutung des Reichsgrundsteuergesetzes.

I. Die Entwicklung der Grundsteuergesetzgebung im Deutschen Reich bis zur Einführung des Grundsteuergesetzes.

Die Erzbergersche Finanzreform überließ den Ländern vor allem die Realsteuern, hierunter auch die Grundsteuer. Die Ausgestaltung der Realsteuern blieb dabei im wesentlichen den Ländern überlassen. Einschränkungen ergaben sich zunächst lediglich durch die Bestimmungen der §§ 8—10 des Landessteuergesetzes vom 30. März 1920 (RGBl. S. 402), später des Finanzausgleichsgesetzes (zu vgl. Art. VII des Gesetzes zur Änderung des Landessteuergesetzes vom 23. Juni 1923 — RGBl. I S. 483). § 8 Abs. 2 des Finanzausgleichsgesetzes bestimmte, daß die Realsteuern nach Merkmalen des Wertes, des Ertrags, der Ertragsfähigkeit oder des Umfangs des Grundvermögens oder des Gewerbebetriebs unter Berücksichtigung der Wirtschaftlichkeit der Betriebe bemessen werden. Die Landesregierungen haben nähere Bestimmungen über diese Merkmale zu erlassen. In § 9 des Gesetzes ist weiter gesagt, daß die Steuern vom Grundvermögen und vom Gewerbebetrieb nicht wie Einkommensteuern ausgestaltet werden dürfen, daß Besteuerungsmerkmale, die auf die Berücksichtigung der persönlichen Leistungsfähigkeit des Steuerpflichtigen abzielen, nicht zugrunde gelegt werden sollen. Die Bestimmungen der §§ 8 und 9 des Finanzausgleichsgesetzes in der Fassung vom 23. Juni 1923 besagten im wesentlichen nur Selbstverständliches. Weit einengender waren demgegenüber die Schranken, die den Ländern durch die Reichssteuergesetzgebung des Jahres 1925 gezogen wurden. Durch § 13 des Gesetzes über Änderungen des Finanzausgleichsgesetzes zwischen Reich, Ländern und Gemeinden vom 10. August 1925 (RGBl. I S. 254) erfuhren nämlich die angeführten Bestimmungen des Finanzausgleichsgesetzes 1923 Änderungen, welche die den Ländern bis jetzt noch verbliebene Ausgestaltungsmöglichkeit hinsichtlich der Grundsteuer ganz wesentlich einschränkten. Nach dem neu eingefügten § 8a — nunmehr § 9 des Finanzausgleichsgesetzes in der Fassung der Bekanntmachung vom 27. April 1926 (RGBl. I S. 203) —, der auf den § 1 Abs. 1 des Reichsbewertungsgesetzes vom 10. August 1925 (RGBl. I S. 214) zurückgeht und mit diesem gleichlautend ist, haben die Länder, wenn sie Grund- oder Gebäudesteuern nach Merkmalen des Wertes erheben, die für die Vermögensteuer des Reichs festgestellten Werte auch für diese Steuern zugrunde zu legen. Nach § 13 des Gesetzes vom 10. August 1925 über Änderungen des Finanzausgleichsgesetzes zwischen Reich, Ländern und Gemeinden — nunmehr § 10 des geltenden Finanzausgleichsgesetzes — sollen den Grund- und Gebäudesteuern und Gewerbesteuern Besteuerungsmerkmale, die auf die allgemeine Leistungsfähigkeit des Pflichtigen abzielen, nicht zugrunde gelegt werden. Die Berücksichtigung solcher Merkmale, die mit dem Grundvermögen oder dem Gewerbebetrieb in wirtschaftlichem Zusammenhange stehen, wird dadurch nicht ausgeschlossen. Soferne die Länder und nach Maßgabe der Landesgesetzgebung die Gemeinden die Grund- und Gebäudesteuern oder die Gewerbesteuer ganz oder zum Teil nach dem Merkmal des Wertes erhoben, ergaben sich aus § 4 des Reichsbewertungsgesetzes 1925 weitere Einschränkungen. Auf Einzelheiten soll hier nicht eingegangen werden.

Die in § 1 Abs. 1 des Reichsbewertungsgesetzes 1925, § 9 des Finanzausgleichsgesetzes festgesetzte Bindung der Länder an die Einheitswerte ist praktisch nicht in Erscheinung getreten. Schon in § 82 des Reichsbewertungsgesetzes 1925 wurde der Reichsminister der Finanzen ermächtigt und angewiesen, den Zeitpunkt, von dem ab die Länder und Gemeinden für die Grund- und Gebäudesteuern sowie Gewerbesteuern nach Maßgabe des § 1 Abs. 2, § 4 an die Vorschriften dieses Gesetzes gebunden waren, um ein Jahr hinaus zu verschieben, wenn die Feststellung der Einheitswerte nach dem Hauptfeststellungszeitpunkt vom 1. Januar 1925 nicht so zeitig beendet war, daß sich vor dem Beginn des Kalenderjahrs 1926 durch Vergleichung zwischen den in den verschiedenen Ländern festgestellten Einheitswerten zuverlässig übersehen ließ, ob die festgestellten Werte den tatsächlichen Verhältnissen entsprachen und als gleichmäßig gelten konnten. Die Bindung an die Einheitswerte ist in der Folge immer wieder hinausgeschoben worden, letztmals durch das Gesetz über die weitere Hinausschiebung der Bindung der Länder und Gemeinden an die nach dem Reichsbewertungsgesetz festgestellten Einheitswerte vom 15. April 1930 (RGBl. I S. 142). Die Einheitswerte sind für die Grundsteuer überhaupt nicht verbindlich geworden. Vier Länder haben freiwillig die Einheitswerte als Bemessungsgrundlage für die Grundsteuer übernommen; es sind dies die Länder Mecklenburg, Sachsen, Braunschweig und Thüringen. Das Land Mecklenburg-Schwerin führte die Einheitswerte ab 1. April 1926, das Land Sachsen ab 1. Oktober 1926, das Land Braunschweig ab 1. April 1927 und das Land Thüringen ab 1. April 1927 ein. Zu diesen Ländern trat seit dem 1. April 1930 das ab 1. Januar 1934 mit Mecklenburg-Schwerin vereinigte Land Mecklenburg-Strelitz.

Einen neuerlichen Schritt zur Vereinheitlichung und Vereinfachung der Grundsteuern stellten die Vorschriften des Dritten Teils Kap. II der Verordnung des Reichspräsidenten zur Sicherung von Wirtschaft und Finanzen vom 1. Dezember 1930 (RGBl. I S. 517/531) dar. Während das Reichsbewertungsgesetz keine volle Vereinheitlichung des Realsteuerrechts, sondern nur die Vereinheitlichung der Besteuerungsgrundlagen vorschrieb, ging die Verordnung vom 1. Dezember 1930 erheblich weiter; sie enthielt im wesentlichen zwei Grundsätze:

a) der gesamte Grundbesitz, gleichgültig ob er bebaut oder unbebaut ist, ob er landwirtschaftlichen, gewerblichen oder Wohnzwecken dient, unterliegt einer einheitlichen Grundsteuer. Der Grundsteuer unterworfen sind dabei nicht die einzelnen zu einer wirtschaftlichen Einheit gehörigen Parzellen und Gebäude; Steuergegenstände sind vielmehr die wirtschaftlichen Einheiten;

b) Besteuerungsgrundlagen für das ganze Reich sind die nach den Vorschriften des Reichsbewertungsgesetzes für die einzelnen Steuergegenstände ermittelten Einheitswerte.

Da den Ländern auf dem Gebiete der Regelung der Grundsteuer noch einige erhebliche Rechte verblieben, wurden die Vorschriften der Notverordnung über die Grundsteuer vom 1. Dezember 1930 als Grundsteuerrahmengesetz bezeichnet. Die Vorschriften des Grundsteuerrahmengesetzes hätten an sich mit dem 1. April 1932 in Kraft treten müssen (Teil 3, Kap. II § 7 der VO. vom 1. Dezember 1930); indes enthielt § 9 a. a. O. Bestimmungen, die es ermöglichten, das Inkrafttreten der Bestimmungen zu verschieben. § 9 Abs. 1 schrieb vor: „Wird in einem Lande die Einheitsbewertung des landwirtschaftlichen, forstwirtschaftlichen oder gärtnerischen Vermögens, des Grundvermögens oder des Betriebsvermögens einschließlich der Zerlegung nicht spätestens bis zum 31. Dezember 1931 fertiggestellt, so wird der Reichsminister der Finanzen auf Antrag der Landesregierung bestimmen, daß die Vorschriften des Kapitels II (Grundsteuer) und des Kapitels III (Gewerbesteuer) sowie die die Grundsteuer und Gewerbesteuer betreffenden Vorschriften des Kap. IV (Steueranpassung) für das Rechnungsjahr 1932 auf dieses Land noch nicht Anwendung finden." Abs. 2 besagte: „Abgesehen von den Fällen des Abs. 1 kann der Reichsminister der Finanzen auf Antrag einer Landesregierung bestimmen, daß die Vorschriften des Kapitels II (Grundsteuer) und die die Grundsteuer betreffenden Vorschriften des Kapitels IV (Steueranpassung) ganz oder teilweise für die Rechnungsjahre 1932 und 1933 auf das Land noch nicht Anwendung finden." Entsprechend der Vorschrift des § 9 wurde durch die Verordnung vom 17. Februar 1932 über die Hinausschiebung des Inkrafttretens der Grund- und Gewerbesteuerrahmenvorschriften (RGBl. I S. 73) bestimmt, daß die Vorschriften des Grundsteuerrahmengesetzes sowie die die Grundsteuer betreffenden Vorschriften des Steueranpassungsgesetzes auf die Länder Preußen, Bayern, Sachsen, Württemberg, Baden, Thüringen, Hessen, Oldenburg, Hamburg, Anhalt, Bremen, Lippe, Lübeck, Mecklenburg-Strelitz und Schaumburg-Lippe noch nicht Anwendung finden. In Braunschweig traten am 1. April 1932 nur die die Grundsteuer betreffenden Vorschriften des Steueranpassungsgesetzes, nicht dagegen auch das Grundsteuerrahmengesetz in Kraft. Nur in Mecklenburg-Schwerin wurden am 1. April 1932 sowohl das Grundsteuerrahmengesetz wie auch die die Grundsteuer betreffenden Vorschriften des Steueranpassungsgesetzes geltendes Recht. Durch die zweite Verordnung über die Hinausschiebung des Inkrafttretens des Grundsteuerrahmengesetzes und des Gewerbesteuerrahmengesetzes vom 12. April 1933 (RGBl. I S. 200) wurde der Rechtszustand, wie er durch die erste Verordnung vom 17. Februar 1932 geschaffen wurde, um ein Jahr verlängert. Lediglich der Freistaat Bremen übernahm mit Wirkung vom 1. April 1933 die die Grundsteuer betreffenden Vorschriften des Steueranpassungsgesetzes. Durch die dritte Verordnung über die Hinausschiebung des Inkrafttretens des Grundsteuerrahmengesetzes und des Gewerbesteuerrahmengesetzes vom 2. Februar 1934 (RGBl. I S. 83) wurde das Inkrafttreten des Grundsteuerrahmengesetzes um ein weiteres Rechnungsjahr (1934) hinausgeschoben; soweit in einzelnen Ländern das Grundsteuerrahmengesetz bzw. die die Grundsteuer betreffenden Vorschriften des Steueranpassungsgesetzes bereits in Kraft getreten waren, sollte es dabei sein Bewenden haben. Im Lande Mecklenburg wurden das Grundsteuerrahmengesetz sowie die entsprechenden Vorschriften des Steueranpassungsgesetzes, die in dem bisherigen Land Mecklenburg-Schwerin bereits am 1. April 1932 in Kraft getreten waren, am 1. April 1934 geltendes Recht. Sowohl die zweite als auch die dritte Verordnung über die Hinausschiebung des Inkrafttretens des Grundsteuerrahmengesetzes und des Gewerbesteuerrahmengesetzes ergingen auf Grund der Verordnung des Reichspräsidenten über Maßnahmen auf dem Gebiete der Finanzen, der Wirtschaft und der Rechtspflege vom 18. März 1933, Kap. VII Art. 3 § 1 (RGBl. I S. 109, 118).

Nach der eben genannten Verordnung vom 18. März 1933 hätten die Rahmengesetze über die Realsteuern vom 1. April 1935 an von allen Ländern angewendet werden müssen. Bei dieser Regelung war davon ausgegangen worden, daß nach dem Stand vom 1. Januar 1934 eine allgemeine neue Einheitsbewertung stattfindet. Von dieser ist jedoch abgesehen worden, weil das zu diesem Zeitpunkt vorliegende Material nicht ausreichte, um darauf eine einwandfreie Bewertung aufzubauen. Die Einheitsbewertung ist aus diesem Grund und weil damals eine Neufassung des Reichsbewertungsgesetzes bevorstand, auf den 1. Januar 1935 verschoben worden. Mit Rücksicht hierauf war aber eine nochmalige Hinausschiebung der Anwendung der reichsgesetzlichen Regelung der Grundsteuer geboten. Diese Hinausschiebung ist durch das Gesetz über das Inkrafttreten der reichsrechtlichen Regelung der Grundsteuer und der Gewerbesteuer vom 21. Januar 1935 (RGBl. I S. 23) erfolgt; gleichzeitig wurde durch dieses Gesetz die Bindung der Länder an die Rahmengesetze beseitigt und — in § 2 — eine neue erschöpfende reichsrechtliche Regelung des Realsteuerrechts in Aussicht gestellt.

Das Grundsteuerrahmengesetz wurde in der Folge mehrfach geändert: einmal durch die zweite Verordnung des Reichspräsidenten zur Sicherung von Wirtschaft und Finanzen vom 5. Juni 1931 — RGBl. I S. 279/280 — 1. Teil, Kap. II, ferner durch Verordnung des Reichspräsidenten über Maßnahmen auf dem Gebiete der Finanzen, der Wirtschaft und der Rechtspflege vom 18. März 1933 — RGBl. I S. 109/117 — Kap. VII, Art. 1.

In dem Gesetz vom 28. Juni 1935 (RGBl. I S. 810) zur Anpassung einiger Steuergesetze an die Steuergesetze vom 16. Oktober

1934 ist der Reichsminister der Finanzen ermächtigt worden, den Wortlaut des Grundsteuerrahmengesetzes neu bekannt zu machen; von der Ermächtigung ist indes kein Gebrauch gemacht worden.

II. Kurzer Überblick über das Landesgrundsteuerrecht.

Mit Rücksicht darauf, daß das Finanzausgleichsgesetz die Rechte der Länder, ihre Realsteuern beliebig auszugestalten, nur wenig beschnitt und daß weiter weder das Reichsbewertungsgesetz, das in seinen einschlägigen Bestimmungen die Länder in der Ausgestaltung der Realsteuern stark beeinträchtigte, noch auch das Grundsteuerrahmengesetz zur Auswirkung gelangt sind, ist das Grundsteuerrecht in den deutschen Ländern bis jetzt ein sehr buntscheckiges geblieben. Das kommt vor allem in den Formen zum Ausdruck, in denen die Grundsteuer erhoben wird. Der größere Teil der Länder erhebt die Grundsteuer in einer einheitlichen Steuer von der wirtschaftlichen Einheit des Grundvermögens (Grund und Boden einschließlich der darauf stehenden Gebäude), wobei allerdings die Gegenstände der Besteuerung im einzelnen ganz verschieden sind. Zu dieser Gruppe gehört vor allem Preußen. In Preußen gelten als steuerbares Grundvermögen die Grundstücke einschließlich aller Bestandteile, die dauernd land- oder forstwirtschaftlich oder gärtnerisch genutzten Grundstücke auch einschließlich des lebenden und toten Inventars. Maschinen und andere Einrichtungen, die zu einem der Gewerbesteuer unterliegenden Betriebe gehören, bleiben unberücksichtigt, selbst wenn sie Bestandteile des Grundstücks sind. Als steuerbares Grundvermögen gelten auch Gebäude und Werke, die zu einem Erbbaurecht gehören oder auf Grund eines sonstigen Rechtes an einem fremden Grundstück oder nur zu einem vorübergehenden Zwecke mit dem Grund und Boden verbunden sind. Steuergegenstand ist die wirtschaftliche Einheit. Bilden landwirtschaftliche, forstwirtschaftliche und gärtnerische Grundstücke zusammen eine wirtschaftliche Einheit, so werden sie als Ganzes veranlagt. In Sachsen ist die Regelung im Ergebnis die gleiche. Der Grundsteuer unterliegen hier die wirtschaftlichen Einheiten des landwirtschaftlichen, forstwirtschaftlichen und gärtnerischen Vermögens (RBewG. § 2 Nr. 1 a. F.), die Vermögensgegenstände des § 31 Nr. 3 RBewG. a. F. und die Vermögensgegenstände des § 31 Abs. 2 Satz 2 RBewG. a. F. Die wirtschaftlichen Einheiten des landwirtschaftlichen, forstwirtschaftlichen und gärtnerischen Vermögens sowie die Vermögensgegenstände des § 31 Satz 1 RBewG. a. F. unterliegen der Grundsteuer einschließlich des Inventars und der sonstigen beweglichen Betriebsmittel, aber ausschließlich der einem gewerblichen Nebenbetrieb der Landwirtschaft usw. dienenden Betriebsmittel und Betriebsvorrichtungen, die Vermögensgegenstände des § 31 Abs. 2 Satz 2 RBewG. unterliegen der Grundsteuer ausschließlich der einem gewerblichen Betriebe dienenden Betriebsmittel und Betriebsvorrichtungen, gleichviel, ob sie als Zubehör oder Bestandteile des Grundstücks anzusehen sind. Der badischen Grundsteuer sind unterworfen die in Baden belegenen Grundstücke und Gebäude und das in Baden belegene Bergwerkseigentum mit Einschluß der wesentlichen Bestandteile und der mit Gebäuden verbundenen Realrechte ohne Rücksicht auf die

Art ihrer Verbindung und ohne Abgrenzung von wirtschaftlichen Einheiten. Mit einem Gebäude sind nur diejenigen in dasselbe eingefügten Sachen veranlagt, die mit ihm derart verbunden sind, daß bei einer Trennung entweder sie oder das Gebäude zerstört oder doch in ihrem Wesen verändert würden. Das sonstige Inventar gilt als Betriebsvermögen und wird von der Grundsteuer nicht getroffen. Gewerblich genutzte Grundstücke und Gebäude unterliegen ausschließlich der Grundsteuer. Der hessischen Grundsteuer sind unterworfen: 1. Grundstücke und Gebäude nebst Zubehör, 2. Fischereirechte und Rechte auf ortsbürgerliche Nutzungen, 3. die Rechte, mit denen Grundstücke oder Gebäude belastet sind, mit Ausnahme der Hypotheken, Grund- und Rentenschulden sowie diejenigen Rechte, die mit dem Eigentum an einem Grundstück oder Gebäude verbunden sind, 4. das Bergwerkseigentum, soweit es als Bestandteil des gewerblichen Anlage- und Betriebskapitals nicht der Gewerbesteuer unterliegt. Inventar und Nebenbetriebe gewerblicher Art unterliegen nicht der Grundsteuer. In Hamburg endlich sind Gegenstände der Grundbesteuerung: a) bebaute Grundstücke in Stadt- und Landgemeinden; dazu gehören Stallgebäude und andere Nebengebäude sowie die zu ihnen gehörigen Hofräume und Hausgärten, b) unbebaute Grundstücke, die zum landwirtschaftlichen Betrieb dienen, deren Wert aber noch nicht durch ihre Lage als Bauland oder als Land zu Verkehrszwecken bestimmt wird, c) alle übrigen unbebauten Grundstücke, d. h. unbebaute Grundstücke, deren Wert durch ihre Lage als Bauland oder als Land zu Verkehrszwecken bestimmt wird.

Gegenüber der vorbezeichneten Gruppe von Ländern erhebt eine andere Gruppe die Steuer vom Grundvermögen in zwei Formen, nämlich in der Grundsteuer, die den Grund und Boden als solchen, sodann in der Haus- bzw. Gebäudesteuer, die die Gebäude trifft. Zu dieser Gruppe von Ländern gehört vor allem Bayern. Die bayerische Grundsteuer stellt insoferne eine Besonderheit innerhalb der deutschen Realsteuerrechte dar, als sie keine Vermögens- oder Wertsteuer, sondern Ertragssteuer ist, bei welcher die mittlere Ertragsfähigkeit der e i n z e l n e n Parzellen — nicht also die Ertragsfähigkeit einer wirtschaftlichen Einheit — im Wege einer auf das ganze Land Bayern in der Mitte des vorigen Jahrhunderts vorgenommenen Einschätzung (Bonitierung) ausgemittelt und in einem Grundsteuerkataster festgehalten wurde. Auch die Haussteuer ist keine Vermögen- oder Wertsteuer, sondern gleichfalls eine Ertragsteuer; sie bemißt sich in Mietsteuergemeinden (Gemeinden mit in der Hauptsache städtischen Verhältnissen) nach der Friedensmiete im Sinn des § 2 des Reichsmietengesetzes vom 24. März 1922), in Realsteuergemeinden (Gemeinden mit vorwiegend ländlichen Verhältnissen) nach dem Produkt aus der in Ar ausgedrückten Fläche des überbauten Grund und Bodens und der Hofräume und eines Ertragsanschlags von 40 RM für das Ar. Der württembergischen Grundsteuer unterliegen alle innerhalb der Landesgrenzen gelegenen ertragsfähigen Grundstücke, der Gebäudesteuer alle im Lande vorhandenen Gebäude einschließlich ihrer Grundflächen und Hofräume, ausgenommen die mit einem Gebäude im Zusammenhang stehenden gewerblichen Einrichtungen und dinglichen Gewerbeberechtigungen. Gegenstand der Steuer ist — wie in Bayern — nicht die wirtschaftliche Einheit im Sinn des Reichsbewertungsgesetzes, sondern das einzelne Grundstück oder Gebäude; es ist bzw. wird bei der Grundsteuer für jedes einzelne Grundstück (Parzelle) der steuerbare Grundertrag, bei der Gebäudesteuer für jedes einzelne Gebäude der steuerbare Gebäudeertrag besonders festgestellt. Die Abgrenzung der landwirtschaftlichen, forstwirtschaftlichen oder gärtnerischen Grundstücke voneinander ergibt sich aus der Einteilung der Grundstücke nach Kulturarten (Äcker, Wiesen, Weinberge, Gärten, Baumgüter, Hopfengärten, Weiden, Torffelder, Steinbrüche usw., Waldungen). Das landwirtschaftliche Inventar unterliegt nicht der Grund- oder Gebäudesteuer. Nebenbetriebe gewerblicher Art werden nicht besonders zur Grundsteuer herangezogen.

Vielgestaltig wie die Erhebungsformen der Steuer vom Grundvermögen sind auch die Steuermaßstäbe. Als Steuermaßstäbe dienen teils der erzielbare Rohertrag, teils der erzielbare Reinertrag (die Ertragsfähigkeit), in den meisten Ländern ist Steuermaßstab der Wert des Steuergegenstandes, wobei dieser Wert wieder verschieden ermittelt wird. In Preußen sind Steuermaßstab die für die Ergänzungssteuerveranlagung für 1917/19 festgesetzten Werte, die mit Wirkung vom 1. Februar 1924 nachgeprüft und erforderlichenfalls berichtigt wurden. Maßgebend ist bei bebauten Grundstücken der allgemeine Wert, bei Grundstücken, die dauernd landwirtschaftlichen, forstwirtschaftlichen oder gärtnerischen Zwecken zu dienen bestimmt sind, der Ertragswert. Als Ertragswert gilt das 25fache des Reinertrags, den die Grundstücke als solche nach ihrer wirtschaftlichen Bestimmung bei gemeinüblicher Bewirtschaftung im Durchschnitt nachhaltig gewähren können. In Bayern ist Steuermaßstab für die Grundsteuer das Produkt der in Tagwerken ausgedrückten Fläche des Grundstücks und seiner Bonitätsklasse (die sog. Grundsteuerverhältniszahl), bei der Haussteuer die Mietertragsfähigkeit der Häuser, die in dem jährlichen wirklichen Mietzins oder in dem möglichen (geschätzten oder angeglichenen) Mietertrag gesucht wird. Sachsen hat den Anschluß an die nach dem Reichsbewertungsgesetz ermittelten Einheitswerte gefunden. Der Grundsteuer sind zugrunde zu legen die nach den Vorschriften des Reichsbewertungsgesetzes festgestellten Einheitswerte, aus denen die nicht der Grundsteuer unterliegenden Teile auszuscheiden sind. Steuermaßstab der württembergischen Grundsteuer, die als Ertragssteuer ausgebaut ist, ist der steuerbare Grundertrag, d. i. der mittlere, nachhaltig erzielbare Reinertrag des Grund und Bodens, wie er in Jahren gewöhnlicher Fruchtbarkeit nach der gewöhnlichen und regelmäßigen Wirtschaftsweise der Gegend und bei mittlerer Tüchtigkeit des Unternehmers zu erzielen ist. Steuermaßstab der gleichfalls als Ertragssteuer gestalteten Gebäudesteuer ist der steuerbare Gebäudeertrag, als welcher die dreiprozentige Rente aus dem durch Schätzung zu ermittelnden gemeinen Wert (Steueranschlag) des Gebäudes samt Grundfläche und Hofraum gilt. Steuermaßstab der badischen Grundsteuer sind die Verkehrswerte nach dem Stand der Wertverhältnisse am 1. April 1914. Die klassifizierten Grundstücke sind in eine der nach dem Gesetz vom 3. August 1892 gebildeten Klassen eingeteilt, der sie ihrem Werte nach angehören. Diese Werte sind seit 1908 unverändert geblieben. Die Werte werden aber zur Annäherung an die Geschäftswerte gleichheitlich um 30 v. H., in besonderen Fällen für einzelne Gemarkungen für alle oder einzelne Gruppen des Grundvermögens bis zu 50 v. H. ermäßigt. Das Land Thüringen hat die Einheitswerte als Besteuerungsgrundlage übernommen. Die hessische Grundsteuer wird nach dem gemeinen Wert der ihr unterliegenden Gegenstände und Rechte erhoben. Als gemeiner Wert von Grundstücken, die wesentlich der Holzgewinnung dienen und unter Forstschutz stehen, gilt der 25fache Betrag des normalen Jahresreinertrags. Für Grundstücke, die dauernd landwirtschaftlichen Zwecken zu dienen bestimmt sind, kann auf Antrag Besteuerung nach einem Mittelwert vom Ertrags- und gemeinen Werte erfolgen, wenn nachgewiesen wird, daß der gesamte Ertragswert hinter dem gemeinen Wert um mehr als 5 v. H. zurückbleibt. Für Gebäude, die ausschließlich gewerblichen Zwecken dienen, ist auf Antrag dem gemeinen Wert des Grund und Bodens, für die Gebäude selbst höchstens der Brandversicherungswert unter Berücksichtigung der Abnutzung zuzuschlagen. Steuermaßstab der Hamburgischen Grundsteuer ist a) für bebaute vermietete Grundstücke: die ab 1. Oktober 1914 vereinbarte bzw. angemessene Jahresmiete, b) für bebaute Grundstücke und Gebäude auf fremdem Grund, die vom Eigentümer selbst genutzt werden, die nach dem Stand vom 1. Oktober 1914 zu schätzende angemessene Jahresmiete, c) für unbebaute landwirtschaftliche Grundstücke der geschätzte Reinertrag.

III. Das Grundsteuergesetz vom 1. Dezember 1936.

1. Allgemeines.

In § 2 des Gesetzes über das Inkrafttreten der reichsgesetzlichen Regelung der Grundsteuer und der Gewerbesteuer vom 21. Januar 1935 (RGBl. I S. 23) ist bestimmt worden, daß die Vorschriften des Grundsteuerrahmengesetzes vom 1. Dezember 1930 und des Gewerbesteuerrahmengesetzes vom 1. Dezember 1930 durch eine neue reichsgesetzliche Regelung ersetzt werden, die am 1. April 1937 in Kraft tritt. Soweit das Gewerbesteuerrecht in Betracht kommt, ist die Bestimmung des § 2 des vorerwähnten Gesetzes am 1. Dezember 1936 durch den Erlaß des Gewerbesteuergesetzes verwirklicht worden, das programmmäßig am 1. April 1937 in Kraft trat. Was das Grundsteuerrecht betrifft, so ließ sich die Bestimmung des § 2 des Gesetzes vom 21. Januar 1935 nicht wie hier vorgesehen durchführen. Zwar ist das Grundsteuergesetz am gleichen Tage wie das Gewerbesteuergesetz erlassen worden, indes sieht das Grundsteuergesetz als Zeitpunkt seines Inkrafttretens den 1. April 1938 vor. Die Gründe für die Verschiebung des Inkrafttretens um ein Jahr sind vor allem darin zu suchen, daß die gleichzeitige Umstellung der beiden Realsteuern auf die reichsrechtliche Regelung aufkommensmäßig ein gewisses Wagnis bedeutet hätte und daß es deshalb als zweckmäßig erachtet wurde, einmal die Auswirkungen der einen Realsteuer abzuwarten. Weiter war zu beachten, daß die Aufkommen aus den Realsteuern, die bisher in weitestem Umfang den Ländern zugeflossen waren, nunmehr ausschließlich den Gemeinden zufließen; da diese Regelung naturgemäß innerhalb der Haushalte der Länder und Gemeinden nicht unwesentliche Verschiebungen zur Folge haben muß, erschien es als notwendig, den beteiligten Körperschaften einen gewissen Zeitraum zur Durchführung der sich infolge der Verschiebungen ergebenden finanziellen Maßnahmen zu lassen.

2. Inhalt des Grundsteuergesetzes.

Das Grundsteuergesetz enthält vier Abschnitte: Abschnitt I behandelt die Fragen der Steuerpflicht, d. h. die Fragen, wer Steuerberechtigter ist, wofür die Grundsteuer zu entrichten ist, welcher Grundbesitz steuerbefreit ist und wer die Grundsteuer zu entrichten hat; Abschnitt II behandelt die Fragen der Berechnung der Grundsteuer, d. h. die Fragen, welcher Wert für die Erhebung der Grundsteuer maßgebend ist, wie die Steuermeßbeträge festzusetzen und allenfalls zu verteilen sind, Abschnitt III regelt die Frage der Entrichtung der Grundsteuer (Fälligkeit der Grundsteuer, Entrichtung der Vorauszahlungen), Abschnitt IV enthält Übergangs- und Schlußvorschriften.

Zum Grundsteuergesetz ist unterm 1. Juli 1937 die Verordnung zur Durchführung des Grundsteuergesetzes für den ersten Hauptveranlagungszeitraum (GStDVO. 1937) ergangen. Die Verordnung ist im Reichsgesetzblatt I S. 733 und Reichssteuerblatt S. 781 abgedruckt.

Zur Erläuterung des Grundsteuergesetzes und der Durchführungsverordnung und zur Ergänzung dieser Vorschriften sind mit Runderlaß des Reichsministers der Finanzen und des Reichs- und Preußischen Ministers des Innern vom 19. Juli 1937 (L 1200 — 50 III/V St. 2294/37) die Richtlinien für die Durchführung der Grundsteuer für den ersten Hauptveranlagungszeitraum (Grundsteuerrichtlinien — GrR.) erlassen worden. Die Grundsteuerrichtlinien sind im Reichssteuerblatt 1937 S. 869 abgedruckt.

3. Die Bedeutung des Reichsgrundsteuergesetzes.

Das Grundsteuergesetz verwirklicht Pläne des Reichs, die auf einem beschränkten Gebiet mit dem Reichsbewertungsgesetz vom 10. August 1925 zum erstenmal erkennbar wurden und deren Lösung bereits mit dem Grundsteuerrahmengesetz vom 1. Dezember 1930 versucht wurde. Die mit diesen beiden Gesetzen erstrebte Einheitlichkeit des Grundsteuerrechts ist nicht erreicht worden. Das Grundsteuergesetz führt nunmehr eine volle Vereinheitlichung des materiellen Grundsteuerrechts für das ganze Reich herbei; das außerordentlich zersplitterte und buntscheckige Landesrecht kommt in Wegfall. Damit verschwinden die zahlreichen Landessteuern, die bisher in der Form von Grundsteuern, Haussteuern und Gebäudesteuern, ferner von Sondersteuern wie der Grundwertabgabe in Bayern, der Wohnungsnutzungssteuer in Oldenburg und der Raumsteuer in Mecklenburg, den Grund und Boden belasteten. Alle diese Steuern werden durch die einheitliche Grundsteuer ersetzt. Bestehen bleibt nur noch die Gebäudeentschuldungsteuer (Geldentwertungsabgabe).

Neben der Vereinheitlichung des Grundsteuerrechts als solchem hat das neue Grundsteuerrecht eine andere nicht minder dringende Aufgabe zu erfüllen. Die Grund-(und Haus-)steuern beruhen in den deutschen Ländern — mit Ausnahme jener Länder, die die Einheitswerte freiwillig übernommen haben —, auf Grundlagen, die in der Regel bereits in der Zeit vor dem Kriege festgestellt und ermittelt worden sind. Diese Grundlagen sind seitdem unverändert geblieben oder haben nur unwesentliche Veränderungen erfahren, obwohl inzwischen unter den Wirkungen des großen Kriegs und der Nachkriegszeit auf dem Grundstücksmarkt gewaltige Veränderungen eingetreten sind. Diese Änderungen erfaßten dabei nicht alle Grundstücksgruppen gleichmäßig, sondern völlig uneinheitlich: während einzelne Gruppen ihre Werte behielten, ist bei anderen eine völlige Verschiebung eingetreten. Für die Grundsteuer mußte sich hieraus als Folgeerscheinung ergeben, daß die Steuer mehr und mehr ungleichmäßig und ungerecht wirkte. Diese Folgeerscheinung hätte allenfalls noch in Kauf genommen werden können, wenn die Steuer wie vor dem Kriege verhältnismäßig nur geringe Erträge zu erbringen hätte. Das ist nicht mehr der Fall: während die Grundsteuer vor dem Kriege etwa 450 Millionen erbrachte, fließen aus ihr gegenwärtig etwa 1400 Millionen, bei Einrechnung der Gebäudeentschuldungsteuer etwa 2200 Mill. RM. Diese Entwicklung der Verhältnisse macht den Ersatz der Vorkriegswerte durch Werte, die den bestehenden Wertverhältnissen Rechnung tragen, unbedingt notwendig. Aufgabe des Grundsteuergesetzes ist es, die Modernisierung der Besteuerungsgrundlagen der Grundsteuer herbeizuführen.

Die Werte, die der neuen Grundsteuer zugrunde zu legen sind, können nur in Werten bestehen, die von einheitlichen Behörden einheitlich für das ganze Reich festgestellt werden. Diese Werte können nur die auf Grund des Reichsbewertungsgesetzes festgestellten Einheitswerte sein.

Die bisherige Grundsteuer war — offen oder versteckt — in der Regel unter verschiedene Steuergläubiger aufgeteilt: es waren an ihr in verschiedenen Variationen Länder, Gemeinden und Gemeindeverbände beteiligt. Das Grundsteuergesetz bringt auch hier eine Vereinheitlichung. Mit dem Ende des 31. März 1938 wird die Grundsteuer eine einheitliche Gemeindesteuer. Steuergläubiger der Grundsteuer sind nur mehr die Gemeinden; die Länder und Gemeindeverbände scheiden dort, wo sie bisher hebeberechtigt waren, als Steuergläubiger aus, die in den verschiedensten Formen bestehenden Beteiligungen der Länder und Gemeinden an der Grundsteuer verschwinden.

Der Reform des Grundsteuerrechts wie überhaupt des Realsteuerrechts kommt schließlich noch eine politische Bedeutung zu. Durch die Reform wird die Voraussetzung für die territoriale Gestaltung des Reichs geschaffen. Steuergläubiger sind in der Zukunft nur noch das Reich und die Gemeinden. Die Einnahmen der Länder werden in Zukunft nur noch in den Anteilen an den Reichssteuern d. h. Reichssteuerüberweisungen bestehen; die Gemeindeverbände können ihren Finanzbedarf durch Umlagen auf die ihnen zugehörigen Gemeinden decken. Den Gemeinden stehen als Haupteinnahmequellen die Realsteuern zu.

Insgesamt stellt sich damit die Grundsteuerreform als ein Werk von hervorragender staats- und wirtschaftspolitischer Bedeutung dar. Daß die Durchführung dieses Werkes zahlreiche Umwälzungen und Schwierigkeiten namentlich auf dem Gebiete des Finanzausgleichs zur Folge hat, ist selbstverständlich. Auch für den einzelnen Volksgenossen wird sich die Reform fühlbar machen. Wenn auch nach dem Grundgedanken des Gesetzgebers die neuen Realsteuern insgesamt kein höheres Aufkommen ergeben sollen als die bisherigen Realsteuern, wobei der natürliche Aufkommenszuwachs nicht als Aufkommensmehrung gerechnet werden darf, so wird doch die Zugrundelegung der neuen Besteuerungsgrundlagen Verschiebungen der Steuerbelastung zur Folge haben mit dem Ergebnis, daß die einen Steuerpflichtigen mehr, die anderen weniger zu zahlen haben werden. Es handelt sich aber insoweit um Erscheinungen, die die natürliche Folge der Modernisierung der Besteuerungswerte sind.

Grundsteuergesetz

(GrStG)

Vom 1. Dezember 1936

(RGBl. I S. 986, RStBl. S. 1154)

Abschnitt I
Steuerpflicht §§ 1 bis 9

Abschnitt II
Berechnung der Grundsteuer §§ 10 bis 21

Unterabschnitt 1
Maßgebender Wert § 10

Unterabschnitt 2
Festsetzung der Steuermeßbeträge §§ 11 bis 16

Unterabschnitt 3
Zerlegung der Steuermeßbeträge §§ 17 bis 20

Unterabschnitt 4
Festsetzung der Grundsteuer § 21

Abschnitt III
Entrichtung der Grundsteuer §§ 22 bis 26

Abschnitt IV
Übergangs- und Schlußvorschriften §§ 27 bis 33

Die Reichsregierung hat das folgende Gesetz beschlossen, das hierdurch verkündet wird:

Abschnitt I

Steuerpflicht

§ 1

Steuerberechtigte

(1) Die Gemeinden sind berechtigt, eine Grundsteuer als Gemeindesteuer zu erheben.

(2) Die Gemeinde erhebt die Steuer von dem in ihrem Gebiet gelegenen Grundbesitz.

(3) Für gemeindefreien Grundbesitz und für Grundbesitz in Gutsbezirken trifft die oberste Landesbehörde die näheren Bestimmungen über die Erhebung der Steuer.

Kurze Inhaltsangabe:

I. Die Grundsteuer im allgemeinen:
1. Allgemeines,
2. die Grundsteuer als Realsteuer,
3. die Grundsteuer als Einwertsteuer,
4. die Grundsteuer als allgemeine Steuer.

II. Die Grundsteuer als Gemeindesteuer:
1. Das frühere Landessteuerrecht,
2. Grundsatz der gemeindlichen Beschränkung der Grundsteuer,
3. „Berechtigung" der Gemeinden zur Erhebung der Grundsteuer.

III. Die Rechtsgrundlagen für die Erhebung der Grundsteuer:
1. Das Grundsteuergesetz,
2. das Gesetz über die gegenseitige Besteuerung,
3. das Reichsbewertungsgesetz,
4. die Reichsabgabenordnung.

IV. Die Verwaltung der Grundsteuer:
1. Grundsätzliches,
2. die oberste Sachleitung bei Durchführung des Grundsteuergesetzes,
3. Ermächtigung des Reichsministers der Finanzen zum Erlaß von Rechtsverordnungen und Verwaltungsvorschriften.

V. Insbesondere die Tätigkeit der Gemeinden bei der Verwaltung der Grundsteuer.

I. Die Grundsteuer im allgemeinen.

1. Allgemeines. Die Grund- und Haus-(Gebäude-) oder Grundvermögensteuern des früheren Landessteuerrechts waren laut bindender Anweisung des Finanzausgleichsgesetzes Realsteuern oder Objektsteuern; sie konnten nach Merkmalen des Wertes, des Ertrages, der Ertragsfähigkeit oder des Umfangs des Grundvermögens bemessen werden (§ 8 Abs. 2 des FAG. i. d. F. der Bek. vom 27. April 1926, RGBl. I S. 203). Den Grund- und Gebäudesteuern sollten Besteuerungsmerkmale, die auf die allgemeine steuerliche Leistungsfähigkeit des Pflichtigen abzielten, nicht zugrunde gelegt werden. Die Berücksichtigung solcher Merkmale, die mit dem Grundvermögen in wirtschaftlichem Zusammenhang standen, wurde dadurch nicht ausgeschlossen (§ 10 FAG.). Das Reichssteuerrecht hält an dem Charakter der Grundsteuer als einer Objekt- und Realsteuer grundsätzlich fest. § 1 Abs. 3 AO. bestimmt: „Realsteuern sind die Grundsteuer und die Gewerbesteuer (Steuer vom stehenden Gewerbe).

2. Wesen der Realsteuer. Die Realsteuer will die Steuerobjekte — Gewerbebetrieb oder Grundvermögen — nach ihrem Ertrag oder Wert, den sie losgelöst von ihren Rechtsbeziehungen zu einer Person an sich haben, gleichmäßig erfassen; im Mittelpunkt der Besteuerung steht der Gewerbebetrieb oder das Grundstück, d. i. eine Sache. Dem gegenüber tritt — im Gegensatz zur Einkommen-, Körperschaft- und auch Vermögensteuer — die Person des Steuerpflichtigen d. i. des Steuersubjekts grundsätzlich zurück; Rücksichtnahmen auf persönliche, Einkommens- und Vermögensverhältnisse des Steuerpflichtigen sind der Realsteuer und damit auch Grundsteuer fremd. Die Grundsteuer kann deshalb auch im Vergleich zur Vermögensteuer keine Doppelbesteuerung darstellen. Die Vermögensteuer will die persönliche Leistungsfähigkeit, die Grundsteuer aber den Wert der in der Hand des Steuerpflichtigen vereinigten wirtschaftlichen Einheiten selbst treffen.

Der Charakter der Grundsteuer als Realsteuer kommt im GrStG. unzweideutig zum Ausdruck: Steuergegenstände sind gemäß § 3 die land- und forstwirtschaftlichen Betriebe und die Grundstücke im Sinn des RBewG.; für die Besteuerung sind gemäß § 10 des Ges. die Einheitswerte, die für die Steuergegenstände nach den Vorschriften des RBewG. festgestellt worden sind, maßgebend; die Einheitswerte sind Bruttowerte; ein Schuldenabzug, wie er für die Feststellung des Vermögens eines Steuerpflichtigen erfolgt, ist nicht gestattet.

3. Die Grundsteuer als Einheitswertsteuer. Für die Grundsteuer ist charakteristisch die enge Verkoppelung nicht bloß mit den Einheitswerten, sondern mit der Einheitsbewertung überhaupt; diese Verkoppelung kommt darin zum Ausdruck, daß Besteuerungsgrundlagen für die Grundsteuer dieselben wirtschaftlichen Einheiten sind, für die Einheitswerte — für Grundbesitz — nach dem RBewG. festgestellt und daß die gleichen Einheitswerte für die Besteuerung maßgebend sind. In der Reichsabgabenordnung 1931 und im Reichsbewertungsgesetz 1931 ist die Grundsteuer nebst der Vermögen- und Gewerbesteuer ausdrücklich als Einheitswertsteuer bezeichnet worden; im neuen Recht ist allerdings diese Bezeichnung fallen gelassen worden.

4. Die Grundsteuer als allgemeine Steuer. Die Grundsteuer ist eine allgemeine Steuer, d. h. sie erfaßt den gesamten innerhalb der Reichsgrenzen belegenen Grund und Boden, gleichgültig, ob er bebaut oder unbebaut ist, ob er land- und forstwirtschaftlichen, gewerblichen oder Wohnzwecken dient.

II. Die Grundsteuer als Gemeindesteuer (zu vergl. auch Einleitung unter II).

1. Das frühere Landessteuerrecht. Nach dem Reichsgrundsteuergesetz ist die Grundsteuer eine Gemeindesteuer. Den Ländern kommt hiernach ein Verfügungsrecht über die Grundsteuer nicht mehr zu. Die Bestimmung entspricht Bestrebungen der Reichsregierung, wie sie in den letzten Jahren in der Steuergesetzgebung des Reichs immer deutlicher in Erscheinung getreten sind: während das Haus- und Grundsteueraufkommen, soweit es in die Kassen der Länder floß, durch gesetzgeberische Eingriffe des Reiches nicht unwesentliche Einbußen erlitt — zu vgl. das Gesetz vom 21. September 1933 (RGBl. I S. 651), wodurch (Abschnitt II) die landwirtschaftliche Grundsteuer in erster Linie auf Kosten der Länder gesenkt wurde und wodurch (Abschnitt IV) weiter der neueste Neuhausbesitz von der Landesgrundsteuer ganz von der Gemeindegrundsteuer aber nur zur Hälfte befreit wurde —, erfolgten Eingriffe in das Aufkommen der Gemeinden in wesentlich beschränkterem Umfange. Die Ausgestaltung der Realsteuern und damit auch der Grundsteuer zu Gemeindesteuern entspricht im übrigen auch steuertechnischen Erwägungen. Die Realsteuern entspringen in der Hauptsache örtlichen Quellen; es liegt deshalb nahe, ihre Erträge in die Gemeindekassen fließen zu lassen. Hinzu kommt ein weiterer Gesichtspunkt: die Realsteuern sind die sichersten und stetigsten Einnahmequellen; sie folgen der Entwicklung der wirtschaftlichen Verhältnisse nach oben und unten nur langsam — das gilt besonders für die Grundsteuer, die besonders krisenfest ist —; die Realsteuern sind deshalb für die Gemeinden, die auf stetige Einnahmen ganz besonders angewiesen sind, besonders brauchbar und deshalb die geborenen Gemeindesteuern.

Die Ausgestaltung der Grundsteuer zu einer reinen Gemeindesteuer bringt für sehr viele Länder neues Recht. Nach den bisherigen Landessteuergesetzen war, wie bereits in der Einleitung ausgeführt wurde, die Frage, welche Körperschaft zur Hebung der Grundsteuer berechtigt war, verschieden geregelt. Jedenfalls in den Ländern Preußen, Bayern, Württemberg waren die Länder zur ganzen oder teilweisen Ausschöpfung der Grundsteuer berechtigt; in anderen Ländern wie z. B. in Bayern, Baden, Thüringen, Hessen, Braunschweig erhoben die Gemeindeverbände unmittelbar Zuschläge zur Grundsteuer. Das Grundsteuergesetz schafft ein einheitliches Recht, insoferne mit seinem Inkrafttreten am 1. April 1938 die einzigen Steuergläubiger die Gemeinden sind. Die Länder sind als Steuergläubiger weggefallen. Das gleiche gilt für die Gemeindeverbände; die Gemeindeverbände sind für die Zukunft darauf angewiesen, ihren Finanzbedarf durch Umlagen auf die ihnen zugehörigen Gemeinden oder Gemeindeverbände zu decken; Zuschläge der Gemeindeverbände zur Grundsteuer der Gemeinden sind nicht mehr zulässig.

2. Grundsatz der gemeindlichen Beschränkung der Grundsteuer. Der Umstand, daß die Grundsteuer eine Gemeindesteuer ist, hat zur Folge, daß die Gemeinde die Steuer „nur" von dem in ihrem Gebiet gelegenen Grundbesitz erheben kann. § 1 Abs. 2 GrStG. kleidet diesen Grundsatz in folgende Vorschrift: „Die Gemeinde erhebt die Steuer von dem in ihrem Gebiet gelegenen Grundbesitz." Erstreckt sich der Steuergegenstand der Grundsteuer über mehrere Gemeinden, so ist, da die Gemeinde nur den innerhalb ihrer Grenzen belegenen Teil erfassen kann, der Steuermeßbetrag zu zerlegen und auf die einzelnen Gemeinden zu verteilen, soweit nicht nach § 20 GrStG. die Zerlegung unterbleibt. Für gemeindefreien Grundbesitz in Gutsbezirken trifft die oberste Landesbehörde die näheren Bestimmungen über die Erhebung der Steuer (§ 1 Abs. 3 GrStG.).

Das Steuererhebungsrecht der Gemeinden hinsichtlich der Realsteuern ist kein originäres Recht der Gemeinden, sondern ein derivatives, also ein von außen verliehenes Recht. Die Gemeinden erheben die Realsteuern, weil ihnen das Recht hierzu vom Reiche, dem die Steuersouveränität auch hinsichtlich der Realsteuern zusteht, verliehen worden ist. An der Tatsache, daß die Gemeinden S t e u e r g l ä u b i g e r sind, kann diese Betrachtung natürlich nichts ändern.

3. „Berechtigung" der Gemeinden zur Erhebung einer Grundsteuer. Die Gemeinden sind nach dem Gesetz nur „berechtigt", eine Grundsteuer zu erheben; sie können deshalb auch auf die Erhebung der Grundsteuer verzichten; weder zur Erhebung noch zum

Verzicht auf die Erhebung ist eine Genehmigung oder Zustimmung der vorgesetzten oder der obersten Landesbehörde erforderlich. Ein Zwang zur Erhebung der Grundsteuer ergibt sich auch nicht aus den Bestimmungen des FAG. § 5 Abs. 1 FAG. i. d. Fassung der Bekanntmachung vom 27. April 1926 (RGBl. I S. 203) hatte noch bestimmt: „Die Länder erheben Grund- und Gebäudesteuern und Gewerbesteuern." Schon diese Bestimmung war dahingehend ausgelegt worden, daß die Länder Realsteuern erheben „können". Nunmehr bestimmt § 8 FAG. i. d. Fassung des § 27 des EinfGRealStG. im Einklang mit § 1 des EinfGRealStG. eindeutig: „Die Gemeinden können Grundsteuer und Gewerbesteuer (Steuer vom stehenden Gewerbe) nach den gesetzlichen Vorschriften erheben." Ein Zwang zur Erhebung der Grundsteuer kann auch nicht aus den sonstigen Bestimmungen des FAG. entnommen werden; jedenfalls sagt das FAG. an keiner Stelle, daß die Ausnützung der Realsteuern Voraussetzung für die Beteiligung der Gemeinden an den Reichssteuern sei. Dagegen besteht kaum ein Zweifel, daß die Gemeinden unter Umständen von Aufsichtswegen gezwungen werden können, die Grundsteuer zu erheben, wenn der Ausgleich der Gemeindefinanzen anders nicht herbeigeführt werden kann.

III. Die Rechtsgrundlagen für die Erhebung der Grundsteuer.

1. Die wichtigste Rechtsgrundlage für die Erhebung der Grundsteuer ist das Grundsteuergesetz vom 1. Dezember 1936; die Bestimmungen sind zwingender Natur. Eine Ergänzung erfährt das Gesetz durch die Unterabschnitte 1 und 2 des Abschn. I des EinfG.-RealStG.

2. Eine weitere Rechtsgrundlage bildet das Gesetz über gegenseitige Besteuerung vom 10. August 1925 (RGBl. I S. 252); gemäß § 4 des Ges. i. d. Fassung des Unterabschn. 4 des Abschn. I des EinfGRealStG. können die Gemeinden Grundbesitz des Reichs nach Maßgabe des GrStG. vom 1. Dezember 1936 (RGBl. I S. 986) besteuern.

3. Von besonderer Bedeutung für die Durchführung des GrStG. ist das Reichsbewertungsgesetz vom 16. Oktober 1934 (RG.-Bl. I S. 1053). Wie bereits in der Einleitung ausgeführt wurde, ist das Kernstück der Vereinheitlichung des Grundsteuerrechts die Verkoppelung der Grundsteuer mit der Einheitsbewertung. Aus ihr ergeben sich weitreichende Folgen für die Regelung der wichtigsten Fragen des neuen Gesetzes; viele Fragen, die sich bei Durchführung des Grundsteuergesetzes ergeben, werden erst verständlich und finden ihre Beantwortung, wenn die Bestimmungen des Reichsbewertungsgesetzes herangezogen werden.

4. Von ebensolcher Bedeutung für die Durchführung des Grundsteuergesetzes ist die Reichsabgabenordnung. Hinsichtlich der Geltung dieses Gesetzes ergibt sich folgender Rechtszustand: Gemäß § 4 gelten, soweit die Realsteuern von Finanzämtern und Landesfinanzämtern verwaltet werden, die Vorschriften der Reichsabgabenordnung (zu vgl. nachst. Ziffer IV). Soweit die Realsteuern nicht von den Finanzämtern und Landesfinanzämtern verwaltet werden, gelten die bisherigen landesrechtlichen Bestimmungen grundsätzlich weiter; es finden aber die folgenden Bestimmungen der Reichsabgabenordnung sinngemäß Anwendung (§ 4 Abs. 2 AO.):

a) die Vorschriften über die Haftung und die Verjährung,

b) die Vorschriften über Erlaß, Erstattung und Anrechnung von Steuern (§ 131 Abs. 2 Satz 1 und § 131 Abs. 3),

c) die Vorschriften über die Abhängigkeit des Realsteuerbescheids vom Steuermeßbescheid (§ 212 b Abs. 2 und 3 und § 232),

d) die Vorschriften über Rechtsnachfolger und Haftpflichtige (§ 210 a und § 240).

Die in § 1 Abs. 1 (AO.) enthaltenen Begriffsbestimmungen sowie die Vorschriften über das Steuergeheimnis (§§ 22 und 412) und die Ersatzpflicht (§ 23) gelten für alle Steuern des Reichs, der Länder, der Gemeinden, der Gemeindeverbände usw. Die Vorschriften der Reichsabgabenordnung über das gerichtliche Verfahren in Steuerstrafsachen (§§ 461 bis 467, §§ 469, 470, 472 bis 476) gelten, soweit sie nach §§ 3 bis 5 nicht unmittelbare Anwendung finden, sinngemäß für alle öffentlichrechtlichen Abgaben (§ 8 AO.). Vorschriften, aus denen sich ein weiterreichendes Anwendungsgebiet der Reichsabgabenordnung ergibt, bleiben unberührt (§ 8 a AO.).

IV. Die Verwaltung der Grundsteuer.

1. Grundsätzliches. Für die Verwaltung der Grundsteuer gilt folgendes: Die Festsetzung und Zerlegung der Steuermeßbeträge einschließlich der Vorbereitung, der Nachprüfung, der Steueraufsicht, des Rechtsmittelverfahrens und des Strafverfahrens obliegt grundsätzlich und kraft zwingenden Rechts den Finanzämtern und Landesfinanzämtern (§ 18 Ziff. 1 AO.); die Gemeinden können an der Durchführung dieser Aufgaben nicht beteiligt werden. Ihnen obliegt grundsätzlich nur die Festsetzung, Erhebung und Beitreibung der Steuer (zu vgl. § 21 GrStG.). Aber auch insoweit ist eine andere Regelung möglich. Gemäß § 18 Ziff. 2 AO. liegen den Finanzämtern und Landesfinanzämtern ob auch sonstige (nicht unter § 18 Ziff. 1 AO. fallende) Verwaltungsgeschäfte auf dem Gebiet der Realsteuern, soweit der Reichsminister der Finanzen die Verwaltungsgeschäfte den Finanzämtern und Landesfinanzämtern übertragen hat. Unter die sonstigen Verwaltungsgeschäfte im Sinn der Ziff. 2 fällt auch die Erhebung und Beitreibung der Grundsteuer (nicht auch die Festsetzung des Hebesatzes der Grundsteuer, die ureigenes Recht der Gemeinden ist). Von Bedeutung ist aber insoweit, daß gemäß § 18 Ziff. 2 Satz 2 derartige Verwaltungsgeschäfte den Finanzämtern und Landesfinanzämtern nicht mehr neu übertragen werden können. Soweit derzeit die Erhebung und Beitreibung der Grundsteuer den Finanzämtern und Landesfinanzämtern obliegen, bewendet es bei dem derzeitigen Rechtszustand mit der Maßgabe, daß diese Aufgaben den Gemeinden bis zum 1. April 1940 zurückzuübertragen sind.

2. Die oberste Sachleitung bei Durchführung des Grundsteuergesetzes. Während bei der Verwaltung der Reichssteuern die oberste Sachleitung uneingeschränkt dem Reichsminister der Finanzen zusteht (§ 17 Abs. 2 AO.), ergibt sich bei der Verwaltung der Realsteuern eine gewisse Teilung: soweit die Feststellung und Zerlegung der Steuermeßbeträge bei der Grundsteuer, ferner die Festsetzung und Zerlegung der Steuermeßbeträge bei der Gewerbesteuer (einschließlich der Vorbereitung, der Nachprüfung, der Steueraufsicht, des Rechtsmittelverfahrens und des Strafverfahrens) in Betracht kommt, steht die oberste Sachleitung dem Reichsminister der Finanzen (§ 19 Abs. 1 mit § 18 Ziff. 1 AO.), im übrigen — d. h. bei Durchführung der in § 18 Ziff. 2 genannten Aufgaben — den obersten Landesbehörden zu (§ 19 Abs. 1 AO.). Zur obersten Sachleitung gehören aber weder Maßnahmen der Personalleitung noch organisatorische Maßnahmen (§ 19 Abs. 2 AO.). Weisungen an die Finanzämter erteilen die obersten Landesbehörden durch die Präsidenten der Landesfinanzämter. In dringenden Fällen können die obersten Landesbehörden Weisungen an die Finanzämter unmittelbar erteilen; hiervon ist gleichzeitig dem Präsidenten des Landesfinanzamts Kenntnis zu geben (§ 19 Abs. 4 AO.). Der Abgabenberechtigte (Land, Gemeinde usw.) kann über seine vom Finanzamt verwalteten öffentlich-rechtlichen Abgaben Auskunft (und zwar grundsätzlich nicht schriftliche Auskunft, sondern mündliche Auskunft) verlangen (§ 19 Abs. 5 AO.).

3. Ermächtigung des Reichsministers der Finanzen zum Erlaß von Rechtsverordnungen und Verwaltungsvorschriften. Der Reichsminister der Finanzen kann zur Durchführung und zur Ergänzung der vom Reiche erlassenen Steuergesetze, insbesondere auch zur Überleitung der Gesetzgebung und der Behördenorganisation, Rechtsverordnungen und Verwaltungsvorschriften erlassen. Er kann insbesondere den Umfang der Befreiungen, Steuerermäßigungen und Steuervergütungen näher bestimmen (§ 12 Abs. 1 AO.). Zu Vorschriften im Sinn der vorgenannten Bestimmung, die eine Realsteuer unmittelbar betreffen, bedarf der Reichsminister der Finanzen der Zustimmung des Reichsministers des Innern (§ 12 Abs. 2 AO.). Vorschriften, die lediglich die den Gemeinden als eigene Aufgabe obliegende (nicht nach § 26 AO. übertragene) Verwaltungstätigkeit auf dem Gebiet der Realsteuern, der Bürgersteuer oder der Wertzuwachssteuer betreffen, erläßt der Reichsminister des Innern mit Zustimmung des Reichsministers der Finanzen (§ 12 Abs. 3 AO.). Gemäß § 13 Abs. 1 AO. kann der Reichsminister der Finanzen für bestimmte Arten von Fällen aus Billigkeitsgründen allgemein anordnen, daß abweichend von den Vorschriften des Reichsrechts a) von Reichssteuern Befreiung gewährt wird oder die Steuern niedriger festgesetzt werden; b) von Realsteuern Befreiung gewährt wird oder die Steuermeßbeträge für die Realsteuern niedriger festgesetzt werden; c) die Besteuerungsgrundlagen für die Besteuerung nach dem Einkommen, dem Ertrag, dem Vermögen oder dem Umsatz niedriger festgestellt werden. Zu Vorschriften, die eine Realsteuer unmittelbar betreffen (§ 13 Abs. 1 Ziff. 2 AO.), bedarf der Reichsminister der Finanzen der Zustimmung des Reichsministers des Innern (§ 13

Abs. 2 AO.). Der Reichsminister der Finanzen kann anordnen, daß die Festsetzung, die Erstattung und die Vergütung von Steuern und anderen steuerrechtlichen Geldleistungen unterbleiben, wenn der Betrag, der festzusetzen, zu erstatten oder zu vergüten ist, eine gewisse Grenze voraussichtlich nicht übersteigt (§ 14 Abs. 1 AO.). Der Reichsminister der Finanzen kann Bestimmungen über die Abrundung von Steuern und anderen steuerrechtlichen Geldleistungen treffen (§ 14 Abs. 2 AO.). Die Reichsregierung kann Vorschriften über die Gewährung von Rechtshilfe an ausländische Steuerbehörden erlassen und zur Ausgleichung der in- und ausländischen Besteuerung oder zur Anwendung eines Vergeltungsrechts die Steuerpflicht abweichend von den reichsrechtlichen Vorschriften über die Realsteuern regeln (§ 15 AO.).

V. Insbesondere die Tätigkeit der Gemeinden bei der Verwaltung der Grundsteuer.

Wie bereits oben unter Ziff. IV 1 ausgeführt wurde, steht den Gemeinden ein Mitwirkungsrecht auf dem Gebiete der Festsetzung und Zerlegung der Besteuerungsgrundlagen nicht zu (§ 18 Ziff. 1); die Einhebung und Beitreibung der Grundsteuer kann den Gemeinden bis 1. April 1940 entzogen sein.

Im übrigen obliegt die Verwaltung der Grundsteuer den Gemeinden. Zu den — ureigenen — Rechten der Gemeinden gehört insbesondere das Recht darüber zu befinden, ob 1. überhaupt eine Grundsteuer erhoben, 2. welcher Hundertsatz (Hebesatz) des Steuermeßbetrags oder des auf die Gemeinde entfallenden Teils des Steuermeßbetrags festgesetzt werden soll (§ 21 Abs. 1 GrStG.). Was die Festsetzung der Hebesätze betrifft, so ist diese für das Rechnungsjahr 1938 an die in § 8 EinfGRealStG. vorgesehene Beschränkung geknüpft.

§ 2

Grundbesitz

Grundbesitz ist:

1. **das land- und forstwirtschaftliche Vermögen (§§ 28 bis 49 des Reichsbewertungsgesetzes),**
2. **das Grundvermögen (§§ 50 bis 53 des Reichsbewertungsgesetzes),**
3. **das Betriebsvermögen, soweit es in Betriebsgrundstücken besteht (§ 57 des Reichsbewertungsgesetzes).**

Kurze Inhaltsangabe.

1. Allgemeines;
2. der Begriff des Grundbesitzes;
3. die Einteilung des Reichsbewertungsgesetzes;
4. die einzelnen Gruppen des Grundbesitzes:
   a) das landwirtschaftliche Vermögen,
   b) das Grundvermögen
   c) das Betriebsvermögen.

1. Allgemeines. Nach dem Grundsatz des § 1 Abs. 2 GrStG. erhebt die Gemeinde die Grundsteuer von dem in ihrem Gebiet gelegenen Grundbesitz. Gemäß Abs. 3 a. a. O. trifft für gemeindefreien Grundbesitz und für Grundbesitz in Gutsbezirken die oberste Landesbehörde die näheren Bestimmungen über die Erhebung der Steuer. Was unter dem Grundbesitz, für den die Grundsteuer zu entrichten ist, verstanden werden muß, sagt § 2 GrStG. Was hiernach nicht Grundbesitz ist, unterliegt auch nicht der Grundsteuer.

2. Der Begriff des Grundbesitzes. Das RBewG. verwendet den Begriff „Grundbesitz" in § 11 als Sammelausdruck für den Grund und Boden einschließlich dessen, was dazu gehört. Auch im GrStG. wird der Ausdruck „Grundbesitz" als farbloser Sammelausdruck gebraucht. Gemäß § 2 GrStG. ist Grundbesitz 1. das land- und forstwirtschaftliche Vermögen (§§ 28 bis 49 RBewG.), 2. das Grundvermögen (§§ 50 bis 53 RBewG.), 3. das Betriebsvermögen, soweit es in Betriebsgrundstücken besteht (§ 57 RBewG.). Die Frage, was im einzelnen unter das land- und forstwirtschaftliche Vermögen, das Grundvermögen sowie das Betriebsvermögen, soweit es in Betriebsgrundstücken besteht, fällt, beantwortet das Gesetz in der Weise, daß es auf die Vorschriften des Reichsbewertungsgesetzes verweist; das bedeutet einmal, daß — steuerpflichtiger — Grundbesitz im Sinn des GrStG. der Grundbesitz im Sinn des Reichsbewertungsgesetzes ist — was nicht Grundbesitz im Sinn des Reichsbewertungsgesetzes ist, kann demnach der Grundsteuer nicht unterliegen —; das bedeutet weiter, daß der Umfang des grundsteuerpflichtigen Grundbesitzes bereits im Einheitswertverfahren nach dem RBewG. umschrieben wird.

3. Die Einteilung des Reichsbewertungsgesetzes. Das RBewG. unterscheidet (§ 19 des Ges.) vier verschiedene Vermögensarten, nämlich 1. das land- und forstwirtschaftliche Vermögen (§§ 28 bis 49, § 26), 2. das Grundvermögen (§§ 50 bis 53, § 26), 3. das Betriebsvermögen (§§ 54 bis 66, § 26) und 4. das sonstige Vermögen (§§ 67 bis 72). Für die Grundbesteuerung scheidet aus das sonstige Vermögen, das in der Hauptsache nur Kapitalvermögen in sich schließt, ferner das gesamte ausländische Vermögen, dessen Bewertung in § 26 RBewG. geregelt ist. Dagegen kommen für die Grundbesteuerung die drei ersten Vermögensarten in Betracht.

4. Die einzelnen Gruppen des Grundbesitzes.

a) Das land- und forstwirtschaftliche Vermögen.

aa) Die Bestimmungen des RBewG. Begriff und Umfang des land- und forstwirtschaftlichen Vermögens sind in den §§ 28 bis 49 RBewG. festgelegt; hiervon sind für die Frage der Abgrenzung und des Umfangs des land- und forstwirtschaftlichen Vermögens von unmittelbarer Bedeutung die §§ 28, 29, 30, 45, 47, 48 und 49 RBewG. — die restlichen §§ behandeln nur Bewertungsfragen —; die Bestimmungen lauten im einzelnen:

§ 28 (Unterarten des land- und forstwirtschaftlichen Vermögens).
Zum land- und forstwirtschaftlichen Vermögen gehören:

1. das landwirtschaftliche Vermögen (§§ 29 bis 44),
2. das forstwirtschaftliche Vermögen (§§ 45 bis 46),
3. das Weinbauvermögen (§ 47),
4. das gärtnerische Vermögen (§ 48),
5. das übrige land- und forstwirtschaftliche Vermögen (§ 49).

§ 29 (Begriff des landwirtschaftlichen Vermögens).

(1) Zum landwirtschaftlichen Vermögen gehören alle Teile (insbesondere Grund und Boden, Gebäude, stehende und umlaufende Betriebsmittel, Nebenbetriebe und Sonderkulturen) einer wirtschaftlichen Einheit, die dauernd einem landwirtschaftlichen Hauptzweck dient (landwirtschaftlicher Betrieb).

(2) Als Teile des landwirtschaftlichen Betriebs gelten nicht: 1. Zahlungsmittel, Geldforderungen und Wertpapiere, 2. Geldschulden, 3. ein über den normalen Bestand hinausgehender Bestand (Überbestand) an umlaufenden Betriebsmitteln. Als normaler Bestand an umlaufenden Betriebsmitteln gilt ein solcher, der zur Fortführung des Betriebs bis zum Beginn der nächsten Ernte erforderlich ist. Bei seiner Ermittlung sind die in dieser Zeit eingehenden Einnahmen und aufzuwendenden Barlöhne nicht zu berücksichtigen.

(3) Als landwirtschaftliche Betriebe gelten auch Tierzuchtbetriebe, Viehmästereien, Abmelkställe, Geflügelfarmen und ähnliche Betriebe, wenn zur Tierzucht oder Tierhaltung überwiegend Erzeugnisse verwendet werden, die im eigenen landwirtschaftlichen Betrieb gewonnen sind.

(4) Als landwirtschaftliche Betriebe gelten auch das Erbpachtrecht und sonstige grundstücksgleiche Rechte, die eine landwirtschaftliche Nutzung zum Gegenstand haben. Die §§ 34 bis 44 gelten für diese Rechte nicht.

(5) Als landwirtschaftlicher Nebenbetrieb gilt ein Betrieb, der dem landwirtschaftlichen Hauptbetrieb zu dienen bestimmt ist.

§ 30 (Abgrenzung des landwirtschaftlichen Betriebs).

(1) In den landwirtschaftlichen Betrieb sind auch solche Grundstücksflächen einzubeziehen, die anderen als landwirtschaftlichen Zwecken dienen, wenn die Zugehörigkeit dieser Flächen zu dem landwirtschaftlichen Betrieb den landwirtschaftlichen Hauptzweck des Betriebs nicht wesentlich beeinflußt. Das gilt nicht für solche Flächen, die als selbständige Betriebe oder Teile davon anzusehen sind.

(2) In den landwirtschaftlichen Betrieb sind Betriebsmittel, die der Bewirtschaftung des Betriebs dienen, auch dann einzubeziehen, wenn sie nicht dem Eigentümer des Grund und Bodens gehören. Dies gilt entsprechend für Gebäude, die auf dem einem landwirtschaftlichen Betrieb dienenden Grund und Boden errichtet sind, aber dem Eigentümer des Grund und Bodens nicht gehören. In den Fällen der Sätze 1 und 2 ist, wenn einer der beteiligten Eigentümer zur Vermögensteuer heranzuziehen ist, der auf diesen Eigentümer entfallende Anteil nach dem Verhältnis seiner Beteiligung am Gesamtwert festzustellen. Der danach festgestellte Wert gilt als Einheitswert.

(3) In den landwirtschaftlichen Betrieb kann ein Anteil des Eigentümers an anderen Flächen einbezogen werden, soweit er mit dem Betrieb zusammen bewirtschaftet wird.

§ 45 (Begriff und Bewertung des forstwirtschaftlichen Vermögens).

(1) Zum forstwirtschaftlichen Vermögen gehören alle Teile einer wirtschaftlichen Einheit, die dauernd einem forstwirtschaftlichen Hauptzweck dient (forstwirtschaftlicher Betrieb).

(2) Auf die forstwirtschaftlichen Betriebe finden die §§ 29 bis 31, 33, 41, 42 und 44 entsprechende Anwendung, soweit sich nicht aus den Absätzen 3 bis 5 etwas anderes ergibt. Eingeschlagenes Holz rechnet nur insoweit zum Überbestand an umlaufenden Betriebsmitteln (§ 29 Abs. 2 Ziff. 3), als es den betriebsplanmäßigen jährlichen Einschlag übersteigt.

§ 47 (Begriff und Bewertung des Weinbauvermögens).

(1) Zum Weinbauvermögen gehören alle Teile einer wirtschaftlichen Einheit, die dauernd dem Weinbau als Hauptzweck dient (Weinbaubetrieb).

(2) Auf die Weinbaubetriebe finden die §§ 29 bis 44 entsprechende Anwendung, soweit sich nicht aus den Absätzen 3 bis 5 etwas anderes ergibt.

(3) Zum normalen Bestand an umlaufenden Betriebsmitteln (§ 29 Abs. 2 Ziff. 3) gehören auch die Weinvorräte, die aus der letzten Ernte stammen.

§ 48 (Begriff und Bewertung des gärtnerischen Vermögens).

(1) Zum gärtnerischen Vermögen gehören alle Teile einer wirtschaftlichen Einheit, die dauernd einem gärtnerischen Hauptzweck dient (gärtnerischer Betrieb).

(2) Gärtnerische Betriebe sind nach den Vorschriften des § 31 zu bewerten. Die §§ 29, 30, 32 und 33 gelten entsprechend.

§ 49 (Begriff und Bewertung des übrigen land- und forstwirtschaftlichen Vermögens).

Zum übrigen land- und forstwirtschaftlichen Vermögen gehören insbesondere:

1. das der Fischzucht und der Teichwirtschaft gewidmete Vermögen,
2. das der Binnenfischerei gewidmete Vermögen.

Über den Begriff und die Bewertung trifft der Reichsminister der Finanzen die näheren Bestimmungen.

bb) Erläuterungen.

Der Begriff des land- und forstwirtschaftlichen Vermögens im Sinn des RBewG., wie er ohne weiteres und ohne alle Einschränkungen für das Grundsteuergesetz gilt, umfaßt nach den gesetzlichen Bestimmungen nicht nur die Grundstücksflächen mit ihren wesentlichen Bestandteilen, d. i. vor allem den Gebäuden und Erzeugnissen des Grundstücks (§§ 93, 94 BGB.), sondern auch das Zubehör (§ 97 BGB.), d. i. das gesamte lebende und tote Inventar. Das land- und forstwirtschaftliche Vermögen umfaßt weiter auch die Wohnung des Betriebsinhabers oder seines Vertreters (Urt. III A 79/32 vom

23. Sept. 1932 = RStBl. 1932 S. 1089, zu vgl. auch § 6 RBewDB. 1935), ferner auch allenfallsige Haus- und Hofräume, Hausgärten, bei größeren Betrieben auch Parkanlagen, die an Stelle von Hausgärten in ähnlicher Ausgestaltung und in entsprechendem Umfang vorhanden sind, lediglich zur Annehmlichkeit des Eigentümers dienen und außer dem für den Haushalt erforderlichen Gemüse und Obst nur gelegentlich einen Ertrag von Holz abwerfen.

Das Gesagte gilt auch für das forstwirtschaftliche Vermögen, das Weinbauvermögen und das gärtnerische Vermögen. Auch diese Vermögensarten umfassen nicht nur die Grundstücksflächen mit ihren wesentlichen Bestandteilen (Gebäuden, Erzeugnissen), sondern auch das gesamte lebende und tote Inventar.

Zum landwirtschaftlichen Vermögen gehören in der Regel auch die Altenteilswohnung (Urt. III 682/30 vom 3. Juni 1931 = RStBl. 1932 S. 285, RFH. Bd. 29 S. 49), die Wohngebäude für das Gesinde und Heuerlingshäuser, wenn dessen Bewohner vertraglich zur Mitarbeit in der Landwirtschaft verpflichtet sind, nicht aber, wenn das Haus ohne diese Verpflichtung (nicht nur vorübergehend) vermietet ist (Urt. III A 711/30 vom 11. Juni 1931 = RStBl. 1932 S. 111).

b) Das Grundvermögen. Zum Grundvermögen gehört gemäß § 50 Abs. 1 RBewG. der Grund und Boden einschließlich der Bestandteile (insbesondere Gebäude) und des Zubehörs. Der Grundsatz, daß zum Grundvermögen auch die Bestandteile gehören, erleidet dadurch eine wichtige Einschränkung, daß das Gesetz Maschinen und sonstige Vorrichtungen aller Art, die zu einer Betriebsanlage gehören, von der wirtschaftlichen Einheit des Grundstücks ausnimmt, selbst wenn sie wesentliche Bestandteile sind. Für das Gebiet der Realsteuern ergibt sich hieraus, daß Betriebsanlagen, die zum Grundvermögen gerechnet werden, der Grundsteuer, die übrigen Anlagen dagegen der Gewerbesteuer unterworfen werden. Die Beantwortung der Fragen, ob die einzelnen Anlagen zum Grundvermögen zu rechnen und daher mit diesem zu bewerten sind oder ob sie nicht zum Grundvermögen gehören und daher als bewegliches Betriebsvermögen für sich zu bewerten sind, hat in der Praxis zu vielen Zweifeln geführt. Der RFH. hat zu der Frage in zahlreichen Entscheidungen Stellung genommen; aus seiner Rechtsprechung seien folgende Gedankengänge hervorgehoben: 1. das in Bd. 37 S. 81 abgedruckte Urteil III A 176 und 247/34 vom 22. Nov. 1934: „Der Gesetzgeber hat nur den Grund und Boden und die darauf errichteten Gebäude der Grundsteuer unterwerfen wollen. Alles, was sonst in dem Grundstück Verwendung gefunden hat, ohne zur Erhaltung des Grundstücks oder zur Errichtung des Gebäudes nötig zu sein, aber erforderlich ist, um den gewerblichen Betrieb auf einem Grundstück zu eröffnen und fortzuführen, soll als bewegliches Betriebsvermögen behandelt werden. Es ist nicht angängig, den Begriff „Betriebsvorrichtungen“ deswegen, weil er in der gesetzlichen Vorschrift unmittelbar auf das Wort „Maschine“ folgt, einengend dahin auszulegen, daß es sich um maschinenähnliche Vorrichtungen handeln müsse. Wenn man dem Zweck des Gesetzes gerecht werden will, wird man unter „Betriebsvorrichtungen“ alle

Anlagen verstehen müssen, die von Menschenhand geschaffen sind und als Betriebsanlage eines Grundstücks verwendet werden. 2. das in StW. 1929 Nr. 761 abgedruckte Urteil vom 15. Mai 1929, an dessen Grundsätzen die Entscheidung III A 357/33 vom 22. Februar 1934 = RStBl. 1934 S. 261 festhält: „Was ein Gebäude ist, läßt sich schwer allgemein bestimmen; die Verkehrsauffassung kann hier von Bedeutung sein. Das Urteil vom 11. Dez. 1925 (RFH. Bd. 18 S. 53) erschöpft den Begriff nicht vollständig. In der letzteren ist als Wesen des Gebäudes bezeichnet, daß dieses in fester Verbindung mit dem Grund und Boden einen bestimmten Raum in diesem umschließt. Das gilt aber nur in den Fällen, in denen die Umschließung nicht unmittelbar einer in ihr befindlichen Betriebsanlage dient. Bei einem Fabrikgebäude, in dem sich eine Anzahl Maschinen und sonstige Betriebsvorrichtungen befinden, ist die Umschließung zwar nötig, um die Maschinen und sonstigen Betriebsvorrichtungen sowie die Arbeiter vor den Unbilden der Witterung zu schützen; in diesem Sinn ist sie zum Betrieb notwendig. Allein sie dient dem Betrieb nicht unmittelbar; dieser ist, wenn auch nur unvollkommen, auch ohne die Umschließung denkbar. Sie ist deshalb ein Gebäude in dem hier maßgebenden Sinn. — Anders liegt jedoch der Fall, wenn die Umschließung (Baulichkeit) ein notwendiger Bestandteil der Betriebsanlage selbst ist, so daß diese ohne sie ihren Zweck auch nicht einmal unvollkommen erfüllen kann. Für derartige Umschließungen ist die Gebäudeeigenschaft zu verneinen; sie sind zu den Betriebsvorrichtungen zu rechnen."

Um die Durchführung der Grundsätze des § 50 Abs. 1 RBewG. zu erleichtern, hat der RdF. in mehreren Runderlassen (zu vgl. Rderl. vom 17. Juni 1935, RStBl. 1935 S. 849, vom 14. Dez. 1935, RStBl. 1935 S. 1544, zu vgl. ferner Rderl. vom 24. Dez. 1935, RStBl. 1935 S. 1563 Richtlinien für die Abgrenzung im einzelnen gegeben, insbesondere zahlreiche Beispiele für solche Vorrichtungen zusammengestellt, die regelmäßig nicht zu einem Betriebsgrundstück gehören. Da die Abgrenzung im Reichsbewertungsverfahren erfolgt und die hier gewonnenen Ergebnisse für die Grundbesteuerung maßgebend sind, sind weitere Ausführungen entbehrlich. Aus der neuesten Rechtsprechung zu vgl. Urt. III A 210/35 vom 16. Jan. 1936 = RStBl. 1936 S. 184, III A 160/36 vom 26. Nov. 1936 = RStBl. 1936 S. 1253).

Als Grundstücke gelten auch solche dingliche Rechte, die nach bürgerlichem Recht den Grundstücken gleich zu behandeln sind — die sogenannten grundstücksgleichen Berechtigungen —. Grundstücksgleiche Gewerbeberechtigungen gelten jedoch gemäß § 51 Abs. 4 RBewG. nicht als Grundvermögen. Gewerbeberechtigungen sind Berechtigungen, deren Ausübung allein schon ein Gewerbe begründen würde, z. B. Mineralgewinnungsrechte, Apothekengerechtigkeiten (§ 58 Abs. 1 RBew.-G.), ferner Gastwirtschaftsgerechtigkeiten, Mühlenrechte, Fähr- und Fischereigerechtigkeiten. Von den grundstücksgleichen Berechtigungen, die — eine nicht land- und forstwirtschaftliche — Nutzung zum Gegenstand haben, ist das Erbbaurecht (§ 1012 BGB., § 1 Abs. 1 der VO.

über das Erbbaurecht vom 15. Jan. 1919, RGBl. S. 72 ff.) das wichtigste.

Als Grundstück gilt auch ein Gebäude, das auf fremdem Grund und Boden errichtet ist, selbst wenn es wesentlicher Bestand des Grund und Bodens geworden ist (§ 50 Abs. 3 RBewG.). Dahin gehören Gebäude, die nach § 95 BGB. nicht in das rechtliche Eigentum des Grundstückseigentümers übergegangen sind und nach Reichsrecht als bewegliche Sachen behandelt werden, z. B. ein auf staatlichem Gelände errichtetes Ruderklubhaus, ferner auch Gebäude, die nach § 94 BGB. in das rechtliche, nicht aber in das wirtschaftliche Eigentum des Grundstückseigentümers übergegangen sind, z. B. auf dem Eisenbahngelände von Privaten errichtete Speicher und Schuppen.

Zum Grundvermögen gehört nicht Grundbesitz, der zum land- und forstwirtschaftlichen Vermögen gehört (§ 51 Abs. 1 RBewG.). Land- und forstwirtschaftlich genutzte Grundstücksflächen sind dem Grundvermögen zuzurechnen, wenn nach ihrer Lage und den sonstigen Verhältnissen, insbesondere mit Rücksicht auf die bestehenden Verwertungsmöglichkeiten, anzunehmen ist, daß sie in absehbarer Zeit anderen als land- und forstwirtschaftlichen Zwecken dienen werden, z. B. wenn sie hiernach als Bauland, Industrieland oder als Land für Verkehrszwecke anzusehen sind (§ 51 Abs. 2 RBewG.). Gehören die vorbezeichneten Grundstücksflächen zu einem Erbhof, so sind sie nur dann Grundvermögen, wenn am Feststellungszeitpunkt (Absätze 2 der §§ 21 bis 23 RBewG.) mit Sicherheit anzunehmen ist, daß sie spätestens nach zwei Jahren anderen als land- und forstwirtschaftlichen Zwecken dienen werden (§ 51 Abs. 3 RBewG.). Zum Grundvermögen gehören nicht die Betriebsgrundstücke (§ 57) und die Gewerbeberechtigungen (§ 58 RBewG.).

c) **Das Betriebsvermögen,** soweit es in Betriebsgrundstücken besteht (§ 57 RBewG.).

Betriebsgrundstück ist der zu einem gewerblichen Betrieb gehörige Grundbesitz, soweit er, losgelöst von seiner Zugehörigkeit zum gewerblichen Betrieb, entweder zum Grundvermögen gehören oder einen landwirtschaftlichen usw. Betrieb bilden würde. Gewerblicher Betrieb ist die wirtschaftliche Einheit, die dem Betrieb eines Gewerbes als Hauptzweck dient, soweit die Wirtschaftsgüter dem Betriebsinhaber gehören (§ 54 Abs. 1 RBewG.). Dient das Betriebsgrundstück zu mehr als der Hälfte seines Werts dem gewerblichen Betrieb, so gilt das ganze Grundstück als Betriebsgrundstück, andernfalls gehört es zum Grundvermögen. Der den Körperschaften, Personenvereinigungen und Vermögensmassen im Sinn des § 56 RBewG. gehörige Grundbesitz gehört stets zu den Betriebsgrundstücken (§ 57 Abs. 2 RBewG.). Die Vorschrift, wonach Maschinen und sonstige einer Betriebsanlage dienende Vorrichtungen von der Einbeziehung in den Einheitswert ausgeschlossen sind, auch wenn sie wesentliche Bestandteile sind, gilt auch für die Betriebsgrundstücke (vgl. die Ausführungen unter Buchst. a).

Wie bei den Grundstücken gelten auch bei den Betriebsgrundstücken Gewerbeberechtigungen nicht als Betriebsgrundstücke und subjektiv-dingliche Gewerbeberechtigungen nicht als Bestandteile des Betriebsgrundstücks (§ 58 Abs. 2 RBewG.). Gewerbeberechtigungen sind die Berechtigungen, deren Ausübung allein schon ein Gewerbe begründen würde, z. B. das Mineralgewinnungsrecht, die Apothekengerechtigkeit. Die Gewerbeberechtigungen sind entweder dem nicht aus Betriebsgrundstücken bestehenden Betriebsvermögen oder dem sonstigen Vermögen zuzurechnen, je nachdem sie zu einem gewerblichen Betrieb der Berechtigten gehören oder nicht (§ 50 DurchfBest. z. RBewG.). Das gilt aber nur für die Berechtigung als solche sowie ihre Maschinen und Vorrichtungen. Der zur Berechtigung gehörige Grund und Boden und die Gebäude sind Betriebsgrundstücke (§ 58 Abs. 3 RBewG.). Die vorstehend gekennzeichnete Behandlung der Gewerbeberechtigungen hat zur Folge, daß sie zur Grundsteuer keinesfalls herangezogen werden können.

§ 3

Steuergegenstand

Steuergegenstände sind, soweit sie sich auf das Inland erstrecken:

1. **die land- und forstwirtschaftlichen Betriebe (§§ 29, 45, 47, 48, 49 des Reichsbewertungsgesetzes). Den land- und forstwirtschaftlichen Betrieben stehen im Sinn dieses Gesetzes die im § 57 Absatz 1 Ziffer 2 des Reichsbewertungsgesetzes bezeichneten Betriebsgrundstücke gleich;**
2. **die Grundstücke (§ 50 des Reichsbewertungsgesetzes). Den Grundstücken stehen im Sinn dieses Gesetzes die im § 57 Absatz 1 Ziffer 1 des Reichsbewertungsgesetzes bezeichneten Betriebsgrundstücke gleich.**

Kurze Inhaltsangabe.

1. Allgemeines;
2. die Steuergegenstände der Grundsteuer (im allgemeinen);
3. die wirtschaftliche Einheit als Besteuerungsgrundlage;
4. Begriff der wirtschaftlichen Einheit;
5. die einzelnen Steuergegenstände;
   a) die land- und forstwirtschaftlichen Betriebe,
   b) die Grundstücke;
6. die Beschränkung der Grundsteuer auf den inländischen Grundbesitz.

1. Allgemeines. § 3 enthält die Vorschriften darüber, was Gegenstand der Grundsteuer ist; er behandelt damit die Frage der objektiven Steuerpflicht im Gegensatz zu den Bestimmungen des § 7, welche die subjektive Steuerpflicht regeln. Die Bestimmung schließt sich auf das engste an das Reichsbewertungsgesetz an. Die Übereinstimmung besteht darin, daß sich die Begriffe des Gesetzes mit jenen des Reichsbewertungsgesetzes völlig decken. Dies wird durch die Verwendung der gleichen Bezeichnungen (z. B. landwirtschaftlicher Betrieb, Grundstück) in Verbindung mit den in Klammern angeführten Vorschriften des Reichsbewertungsgesetzes zum Ausdruck gebracht.

2. Die Steuergegenstände der Grundsteuer. Für die Grundsteuer kommen nur die wirtschaftlichen Einheiten in Betracht, die in Grundbesitz bestehen. Von Bedeutung sind deshalb die wirtschaftlichen Einheiten der land- und forstwirtschaftlichen Betriebe und der Grundstücke. Von keiner Bedeutung sind die wirtschaftlichen Einheiten des Betriebsvermögens, soweit sie nicht in Betriebsgrundstücken bestehen. Die Betriebsgrundstücke sind im Sinn des RBewG. keine wirtschaftlichen Einheiten, sie bilden vielmehr Untereinheiten des Betriebsvermögens; für die Grundsteuer werden sie aber wie selbständige Einheiten behandelt.

Das GrStG. kennt zwei Gruppen von Steuergegenständen: 1. die land- und forstwirtschaftlichen Betriebe (§§ 29, 45, 47, 48, 49 des Reichsbewertungsgesetzes); 2. die Grundstücke (§ 50 des Reichsbewertungsgesetzes). Den land- und forstwirtschaftlichen Betrieben stehen im Sinn dieses Gesetzes die im § 57 Abs. 1 Ziff. 2 RBewG. bezeichneten Betriebsgrundstücke gleich. § 57 Abs. 1 Ziff. 2 bestimmt: „Betriebsgrundstück im Sinn des RBewG. ist der zu einem gewerblichen Betrieb gehörige Grundbesitz, soweit er, losgelöst von seiner Zugehörigkeit zu dem gewerblichen Betrieb, einen land- oder forstwirtschaftlichen Betrieb bilden würde." In Betracht kommen hier land- und forstwirtschaftliche Betriebe, die, weil sie einer der in § 56 RBewG. genannten Körperschaften, Personenvereinigungen und Vermögensmassen gehören, nach dem Reichsbewertungsgesetz Betriebsvermögen bilden und für die Vermögensteuer und die Aufbringungsumlage auch als Betriebsvermögen behandelt werden; zu nennen sind die land- und forstwirtschaftlichen Betriebe von Aktiengesellschaften, Stiftungen usw. Diese Betriebe, die nach dem Grundsatz des § 57 Abs. 3 RBewG. wie land- und forstwirtschaftliche Betriebe bewertet werden, gelten für die Grundsteuer als land- und forstwirtschaftliche Betriebe; es werden deshalb für sie die für land- und forstwirtschaftliche Betriebe geltenden Meßzahlen angewendet (§ 12 Abs. 2 GrStG.). Den Grundstücken stehen im Sinn des GrStG. die im § 57 Abs. 1 Ziff. 1 RBewG. bezeichneten Betriebsgrundstücke gleich. § 57 Abs. 1 Ziff. 1 bestimmt: „Betriebsgrundstück im Sinn dieses Gesetzes, d. i. des RBewG., ist der zu einem gewerblichen Betrieb gehörige Grundbesitz, soweit er, losgelöst von seiner Zugehörigkeit zu dem gewerblichen Betrieb, zum Grundvermögen gehören würde. Hierher gehören z. B. Fabriken, Geschäfts- und Kontorhäuser, Werkstätten, Werkwohnungen, auch die auf fremdem Grund und Boden errichteten Gebäude, z. B. Lagerhäuser von Spediteuren auf bahneigenem Gelände. Für alle diese Grundstücke, die nach dem Reichsbewertungsgesetz nicht zum Grundvermögen gehören (§ 51 Abs. 4 RBewG.), gelten für das Reichsbewertungsrecht die Grundsätze über das Grundvermögen (§ 50); für das Grundsteuerrecht stehen diese Betriebsgrundstücke den Grundstücken im Sinn des § 50 RBewG. gleich.

3. Die wirtschaftliche Einheit als Besteuerungsgrundlage. Gegenstand der Grundsteuer ist nach dem Gesetz nicht, wie es bisher nach den Grundsteuergesetzen verschiedener Länder der Fall war, die einzelne Parzelle (das einzelne Flurstück), sondern die wirtschaftliche Einheit (des land- und forstwirtschaftlichen Betriebs, des Grundstücks). Durch diese Regelung ist die Steuer vom Grundbesitz zu einer einheitlichen Grundsteuer gestaltet worden (im Gegensatz zu dem bisherigen Rechtszustand in einigen Ländern — z. B. Bayern und Württemberg —, nach welchem die Steuer vom Grundbesitz in zwei verschiedenen Steuern — einmal in der Steuer vom Grund und Boden, sodann in der Steuer von den Gebäuden — getrennt erhoben worden ist). Nach dem Gesetz ist aber auch jede wirtschaftliche Einheit ein selbständiger Steuergegenstand; es geht nicht an, zwei wirtschaftliche Einheiten (z. B. den land- und forstwirtschaftlichen Betrieb und das auf dem Betrieb befindliche Herrenhaus, soferne letzteres in der Reichsbewertung als eine selbständige wirtschaftliche Einheit bewertet worden ist), bei der Veranlagung und Erhebung der Grundsteuer als einen einzigen Steuergegenstand zu behandeln. In diesem Sinn kann ein und derselbe Steuerpflichtige mehrere Steuergegenstände (z. B. mehrere Mietwohnhäuser) besitzen. Die Betrachtung jeder wirtschaftlichen Einheit als besonderen Steuergegenstands ist von besonderer Bedeutung; § 12 Abs. 2 GrStG., §§ 28 und 29 GrStDVO. gemäß wird nämlich der Grundsteuermeßbetrag nach der Höhe des Einheitswerts abgestuft; würde alsdann der Grundbesitz eines Steuerpflichtigen als ein einheitlicher Steuergegenstand zusammengefaßt, so hätte der Steuerpflichtige unter Umständen eine höhere Grundsteuer zu entrichten, als wenn die einzelnen Steuergegenstände je als besondere Steuergegenstände behandelt werden.

Der Begriff des Steuergegenstandes ist nicht auf den einzelnen Steuergläubiger abgestellt; er muß vielmehr unter dem Gesichtspunkt der einheitlichen reichsrechtlichen Regelung verstanden werden. Steuergegenstand ist hiernach nicht der Gegenstand, der von dem einzelnen Steuergläubiger — z. B. der Gemeinde X — zu seiner Grundsteuer herangezogen werden kann, sondern der Gegenstand, der — ganz allgemein betrachtet — der Grundsteuer im Inland unterliegt. Der Steuergegenstand macht deshalb als wirtschaftliche Einheit nicht an den Grenzen einer Gemeinde halt; wenn sich z. B. ein forstwirtschaftlicher Betrieb über mehrere Gemeinden erstreckt, so zerfällt dieser Betrieb nicht in ebensoviele Steuergegenstände, als Steuergläubiger beteiligt sind, sondern bildet einen einheitlichen Steuergegenstand. Demgemäß ist auch bei Anwendung des Gesetzes vom Gesamtbetrieb oder Grundstück oder Betriebsgrundstück und nicht etwa von dem in der Gemeinde belegenen Teil des Betriebs oder Betriebsgrundstücks auszugehen.

Daß jede wirtschaftliche Einheit einen Steuergegenstand bildet, darf nun allerdings nicht so verstanden werden, daß auch die G r u n d s t e u e r für jede wirtschaftliche Einheit einheitlich festgesetzt wird. § 1 Abs. 2 GrStG. gemäß erhebt die Gemeinde die Grundsteuer nur von dem in ihrem Gebiet gelegenen Grundbesitz. Daraus ergibt sich, daß in den Fällen, in denen sich ein Steuergegenstand über mehrere

Gemeinden erstreckt, eine Zerlegung vorzunehmen ist (§ 17 GrStG.) und jede Gemeinde nur ihren Zerlegungsanteil zur Steuer heranziehen darf. Der vom Finanzamt festzusetzende „Steuermeßbetrag" (§ 11 GrStG.) bezieht sich jedoch auf den ganzen Steuergegenstand.

4. Begriff der wirtschaftlichen Einheit.

Die Frage, welche Gegenstände eine wirtschaftliche Einheit für sich bilden, welcher Art die wirtschaftlichen Einheiten sind und wie die wirtschaftlichen Eigenheiten gegenüber anderen wirtschaftlichen Einheiten abzugrenzen sind, ist eine Frage ausschließlich der Einheitsbewertung und dementsprechend im Verfahren über die Feststellung der Einheitswerte zu entscheiden. Die Grundsteuerbehörden haben die wirtschaftlichen Einheiten so zu übernehmen, wie sie von den Reichsbewertungsbehörden gebildet worden sind; sie können deshalb nicht einwenden, daß dieser oder jener Gegenstand, der von den Reichsbewertungsbehörden als Teil einer wirtschaftlichen Einheit erachtet worden ist, eine selbständige wirtschaftliche Einheit für sich bilde; ebensowenig dürfen sie für die Grundsteuer selbständige wirtschaftliche Einheiten (Steuergegenstände) bilden.

Zu der im RBewG. geregelten Frage, was als wirtschaftliche Einheit und demgemäß, soweit für die Grundsteuer einschlägig, als Steuergegenstand zu gelten hat, sei hier folgendes bemerkt: Der Begriff der wirtschaftlichen Einheit ist im RBewG. nicht fest umschrieben. Das RBewG. sagt lediglich in § 2 Abs. 1: „Jede wirtschaftliche Einheit ist für sich zu bewerten. Ihr Wert ist im ganzen festzustellen. Was als wirtschaftliche Einheit zu gelten hat, ist nach den Anschauungen des Verkehrs zu entscheiden. Die örtliche Gewohnheit, die tatsächliche Übung, die Zweckbestimmung und die wirtschaftliche Zusammengehörigkeit der einzelnen Wirtschaftsgüter sind zu berücksichtigen."

Unter einer wirtschaftlichen Einheit versteht man entweder einen Einzelgegenstand, der für sich allein im Wirtschaftsleben ein Eigendasein führt, oder die Verbindung mehrerer Gegenstände zu einer Sachgesamtheit, die regelmäßig einem gemeinsamen wirtschaftlichen Zweck dienen soll. Entscheidend für die Abgrenzung einer wirtschaftlichen Einheit ist die Verkehrsanschauung, wobei jedoch auch andere Umstände zu berücksichtigen sind. Die Berücksichtigung der Verkehrsauffassung muß aber selbstverständlich da unterbleiben, wo der Gesetzgeber selbst wirtschaftliche Einheiten im Sinn des RBewG. bildet, ohne auf die Verkehrsanschauung zu achten (Urt. III A 176 und 247/34 vom 22. Nov. 1934 = RStBl. 1935 S. 109, RFH. Bd. 37 S. 81).

Zu einer wirtschaftlichen Einheit können grundsätzlich nur Gegenstände der gleichen Vermögensart zusammengefaßt werden. — Ein landwirtschaftlicher und gewerblicher Betrieb, ein Villengrundstück und ein Baulandgrundstück können in diesem Sinne niemals eine wirtschaftliche Einheit bilden. — Deshalb ist zunächst Klarheit darüber herbeizuführen, welcher Vermögensart ein Gegenstand angehört. Erst nach Beantwortung dieser Frage kann jeweils entschieden werden, ob die Gegenstände der gleichen Vermögensart in einer wirtschaftlichen Einheit zusammenzufassen sind (Urt. III A 570/31 vom 22. April 1932

— RStBl. 1932 S. 541, RFH. Bd. 30 S. 345). Bei der Beantwortung der letzten Frage aber ist in erster Linie den Anschauungen des Verkehrs sowie wirtschaftlichen Gesichtspunkten Rechnung zu tragen.

Von erheblicher Bedeutung für die Bildung von wirtschaftlichen Einheiten ist der Wille des Eigentümers. Unter Wille ist dabei nicht die innere Willensbildung, sondern die äußere Betätigung des Willens zu verstehen, d. h. es kommt darauf an, wie der Eigentümer die Dinge tatsächlich gestaltet. Behandelt der Eigentümer mehrerer Gegenstände diese als eine wirtschaftliche Einheit, so wird auch die Verkehrsauffassung im allgemeinen geneigt sein, diese wirtschaftliche Einheit anzuerkennen. In diesem Sinn kann der Eigentümer von Gegenständen jederzeit eine Änderung der wirtschaftlichen Einheit in der Weise herbeiführen, daß fernerhin mehrere wirtschaftliche Einheiten bestehen. Eine solche Änderung ist insbesondere in der Weise möglich, daß der bisher einheitlich bewirtschaftete Besitz in mehreren Teilen von verschiedenen Mittelpunkten aus selbständig bewirtschaftet wird und die Bewirtschaftung der einzelnen Teile voneinander unabhängig erfolgt. So kann ein Landwirt seinen Besitz in mehrere selbständige wirtschaftliche Einheiten zerlegen, ein Gewerbetreibender ein bisher an verschiedenen Betriebstätten betriebenes gewerbliches Unternehmen, das eine wirtschaftliche Einheit bildete, in mehrere wirtschaftliche Einheiten auflösen. Die Annahme mehrerer wirtschaftlicher Einheiten wird in diesen Fällen nicht ohne weiteres dadurch ausgeschlossen, daß der Besitzer der mehreren gesondert bewirtschafteten Einheiten in der Lage ist, für deren Bewirtschaftung besondere Weisungen zu erteilen und die Erträge der Einheiten zu vereinigen, um über sie zu verfügen. Inwieweit die wirtschaftlichen Einheiten durch die Oberleitung des Eigentümers aufgehoben werden oder trotz der Beaufsichtigung und Oberleitung des Eigentümers bestehen bleiben, ist vielmehr nach den Verhältnissen des Einzelfalls zu beurteilen. Es ist von Bedeutung, ob die Einwirkung des Eigentümers auf die mehreren wirtschaftlichen Einheiten selbst noch als eine wesentliche Mitwirkung bei der Bewirtschaftung anzusehen ist und dadurch zu den Einheiten engere Beziehungen geschaffen oder nur eine Tätigkeit entfaltet wird, wie sie bei einer Vermögensverwaltung an sich nötig ist (Urt. VI A 1093/28 vom 7. Sept. 1928 = RStBl. 1928 S. 779).

Der Wille des Eigentümers verliert selbstverständlich seine Bedeutung, wenn er mit der Verkehrsauffassung oder mit dem Gesetz im Widerspruch steht.

Von keiner grundsätzlichen Bedeutung für die Frage der Abgrenzung der wirtschaftlichen Einheiten ist, wie die verschiedenen Gegenstände rechtlich, namentlich grundbuchmäßig behandelt werden. Auch die Gemeindegrenzen vermögen für sich allein eine an sich gegebene wirtschaftliche Einheit nicht zu sprengen. Schließlich kommt es, soweit wenigstens landwirtschaftliche, forstwirtschaftliche und gärtnerische Grundstücke in Betracht kommen, auch nicht auf die objektive Zusammengehörigkeit, den räumlichen Zusammenhang von Grundstücken an; es können in diesem Sinn grundsätzlich auch getrennt liegende Grundstücke eine wirtschaftliche Einheit bilden.

Mehrere Gegenstände können nur insoweit in eine wirtschaftliche Einheit zusammengefaßt werden, als sie einem und demselben Eigentümer gehören (§ 2 Abs. 2 RBewG.). Die Zurechnung zu einer bestimmten wirtschaftlichen Einheit hängt also davon ab, daß die zu einer wirtschaftlichen Einheit zusammenzufassenden Gegenstände demselben Pflichtigen gehören bzw. ihm zuzurechnen sind. Von diesem Grundsatz gibt es aber zwei Ausnahmen:

a) Die Zurechnung mehrerer Gegenstände zu einer wirtschaftlichen Einheit (§ 2 RBewG.) wird nicht dadurch ausgeschlossen, daß die Gegenstände 1. zum Teil dem einen, zum Teil dem andern Ehegatten gehören, wenn das Vermögen der Ehegatten für die Ermittlung des Wertes des Gesamtvermögens zusammenzurechnen ist (§§ 24, 75 Abs. 1 RBewG.); 2. zum Teil zum Gesamtgut einer fortgesetzten Gütergemeinschaft, zum Teil dem überlebenden Ehegatten gehören, wenn das Gesamtgut dem Vermögen des überlebenden Ehegatten zuzurechnen ist (§§ 24, 76 RBewG.). § 75 Abs. 1 RBewG. sagt: „Das Vermögen von Ehegatten wird für die Ermittlung des Gesamtvermögens zusammengerechnet, wenn sie nach § 11 Abs. 1 VStG. zusammen zur Vermögensteuer zu veranlagen sind." Gemäß § 76 RBewG. wird bei fortgesetzter Gütergemeinschaft das ganze Gesamtgut dem Vermögen des überlebenden Ehegatten zugerechnet, wenn dieser nach § 1 Abs. 1 Ziff. 1 VStG. unbeschränkt steuerpflichtig ist.

b) In den landwirtschaftlichen Betrieb sind Betriebsmittel, die der Bewirtschaftung des Betriebs dienen, auch dann einzubeziehen, wenn sie nicht dem Eigentümer des Grund und Bodens gehören. Dies gilt entsprechend für Gebäude, die auf dem einem landwirtschaftlichen Betrieb dienenden Grund und Boden errichtet sind, aber dem Eigentümer des Grund und Bodens nicht gehören. In den Fällen der Sätze 1 und 2 ist, wenn einer der beteiligten Eigentümer zur Vermögensteuer heranzuziehen ist, der auf diesen Eigentümer entfallende Anteil nach dem Verhältnis seiner Beteiligung am Gesamtwert festzustellen. Der darnach festgestellte Wert gilt als Einheitswert (§ 30 Abs. 2 RBewG.).

5. Die einzelnen Steuergegenstände.

a) Die land- und forstwirtschaftlichen Betriebe. Einen landwirtschaftlichen Betrieb bilden alle die Grundstücke, die der gemeinsamen landwirtschaftlichen Zweckbestimmung dienen. Mehrere verstreut liegende Parzellen, die ein Steuerpflichtiger einheitlich bewirtschaftet oder die er verpachtet, sind ein einheitlicher Betrieb und damit Steuergegenstand. Gemeinde-, ja nicht einmal Landesgrenzen, sind damit für sich allein nicht geeignet, eine landwirtschaftliche Einheit auseinanderzureißen (Urt. III A 633/31 vom 4. Mai 1932 = RStBl. 1932 S. 763). Auch ein stark zersplitterter Betrieb kann zu einer wirtschaftlichen Einheit zusammengefaßt werden. Ein sehr weit entfernter Grundstücksteil (z. B. ein in der Stadt gelegenes zentrales Verwaltungsgebäude eines großen Gutsbetriebes) wird nach der Verkehrsauffassung nicht mehr in den landwirtschaftlichen Betrieb eingerechnet werden können. Andererseits können zwei Gebäude, die baulich zusammenhängen, sehr wohl verschiedene wirtschaftliche

Einheiten bilden und einerseits der Landwirtschaft und andererseits dem Grundvermögen zuzurechnen sein (Urt. III A 825/31 vom 17. Dez. 1931 = RStBl. 1932 S. 329; RFH. Bd. 30 S. 124).

Durch nicht nur vorübergehende Verpachtung von Teilen eines landwirtschaftlichen Betriebs wird regelmäßig der wirtschaftliche Zusammenhang mit dem übrigen Betrieb gelöst. Bewirtschaftet der Pächter die landwirtschaftliche Fläche mit eigenem Vieh und macht er sie zur Grundlage eines selbständigen landwirtschaftlichen Betriebs, so bildet sie eine besondere wirtschaftliche Einheit mit einem neuen selbständigen Betriebsmittelpunkt (Urt. VI A 1093/28 vom 7. Sept. 1928 = RStBl. 29 S. 169). Der Zusammenhang wird nur dann zerrissen, wenn die Verpachtung einen Dauerzustand darstellt, nicht dagegen, wenn sie in bloß vorübergehenden, persönlichen Verhältnissen ihren Grund hat (Urt. III A 119/33 vom 18. Mai 1933 = RStBl. 33 S. 864).

b) Die wirtschaftlichen Einheiten der Grundstücke. Gemäß § 50 Abs. 1 Satz 3 RBewG. bildet jede wirtschaftliche Einheit des Grundvermögens ein selbständiges Grundstück im Sinn des Gesetzes. Die Grundsätze, wie sie für die Bildung von wirtschaftlichen Einheiten bei land- und forstwirtschaftlichen Betrieben gelten, gelten im wesentlichen auch für die Grundstücke. Ob mehrere Grundstücke eine wirtschaftliche Einheit bilden, bemißt sich hiernach nicht danach, ob sie auf demselben Grundbuch- oder Katasterblatt eingetragen sind, sondern nach objektiven wirtschaftlichen Gesichtspunkten und nach den Anschauungen des Verkehrs. Daneben sind allerdings auch subjektive Merkmale von Bedeutung (Urt. III A 294/30 vom 10. April 1930 = RStBl. 1930 S. 298). Danach können mehrere Grundstücke nur dann als wirtschaftliche Einheit behandelt werden, wenn sie einem einheitlichen wirtschaftlichen Zwecke zu dienen bestimmt sind und tatsächlich dienen. Ist dieser gemeinsame wirtschaftliche Zweck gegeben, so ist weitere Voraussetzung räumlicher Zusammenhang, und zwar auch dann, wenn der Eigentümer die mehreren Grundstücke einheitlich verwerten will. Der räumliche Zusammenhang für sich allein begründet allerdings nicht immer eine wirtschaftliche Einheit. Grundstücksteile, die in äußerlich erkennbarer Weise voneinander abgegrenzt sind, werden im allgemeinen als verschiedene wirtschaftliche Einheiten zu behandeln sein (Urt. III A 987/30 vom 13. Mai 1931 = RStBl. 1931 S. 836), z. B. ein vom Wohnhaus völlig getrennter, an einer anderen Straße ziemlich entfernt gelegener Hausgarten. Dagegen ist nur eine wirtschaftliche Einheit — nämlich ein bebautes Grundstück — in dem Fall anzunehmen, daß an ein bebautes Grundstück eine unbebaute Fläche angrenzt, bei der an sich die Voraussetzungen des § 51 Abs. 2 RBewG. (1925) gegeben wären, für die aber nach der Erklärung des Eigentümers aus vernünftigen wirtschaftlichen Gründen eine Bebauung im Interesse des bebauten Grundstücks nicht in Frage kommt (Urt. III A 567/30 vom 26. März 1931 = RStBl. 1931 S. 802).

Daher kann eine schloßartige Villa mit großem Park eine wirtschaftliche Einheit sein, wenn der Wille des Eigentümers auf die Zusammenfassung gerichtet ist und die übrigen Umstände und die Verkehrsauffassung nicht offensichtlich dagegen sprechen. Ausschlaggebend ist, ob der Park oder Hausgarten die Annehmlichkeit des Wohnens erhöhen soll, oder ob er eine eigene Zweckbestimmung hat, z. B. als Bauplatz veräußert werden soll (Urt. III A 2/35 vom 4. April 1935 = RStBl. 1935 S. 838, RFH. Bd. 37 S. 346). Liegen mehrere wirtschaftliche Einheiten vor, so sind die Grenzen der einzelnen Grundstücke festzustellen (nach dem Kataster oder nach der äußerlichen Abgrenzung, z. B. durch Zaun). Erweist sich eine verschiedene Bewertung als notwendig, so ist das ein Zeichen dafür, daß bei der Abgrenzung der wirtschaftlichen Einheiten ein Fehler unterlaufen war (Urt. III A 570/31 vom 22. April 1932 = RStBl. 1932 S. 541, RFH. Bd. 30 S. 345).

Bei unbebauten Grundstücken ist zu unterscheiden zwischen der wirtschaftlichen Einheit „unerschlossenes Baugelände" und der besonderen wirtschaftlichen Einheit „einzelne Baustelle" (Bauplatz). Die wirtschaftliche Einheit Baugelände (= ein größerer zusammenhängender Grundbesitz) ist dann als in mehrere einzelne Baustellen als selbständige wirtschaftliche Einheiten zerlegt anzusehen, wenn die einzelnen zur sofortigen Bebauung reifen Parzellen selbständige Verkehrsgegenstände geworden sind, d. i. sobald sie dem Zweck gewidmet werden, für sich veräußert und bebaut zu werden. Den Beginn dieser Widmung zeigen an die grundbuchmäßige Aufteilung zur Vorbereitung des Verkaufs, die Abgrenzung durch Zäune, Fertigstellung der Straßen und vor allem der Beginn der Bebauung (zu vgl. Urt. I A b 75/29 vom 29. April 1929 = RStBl. 1929 S. 484). Wegen des Umstandes, daß der Zweck der Baustellen darin besteht, daß sie sämtlich von demselben Steuerpflichtigen (z. B. einem gewerbsmäßigen Güterhändler) veräußert oder sonst einheitlich verwertet werden sollen, bilden weder räumlich zusammenhängende noch räumlich voneinander getrennt liegende Baustellen eine wirtschaftliche Einheit.

6. Die Beschränkung der Grundsteuer auf den inländischen Grundbesitz. Die land- und forstwirtschaftlichen Betriebe und Grundstücke sind Steuergegenstände nur insoweit, als sie sich auf das Inland erstrecken. Inland ist das gesamte Gebiet des Deutschen Reichs im staatsrechtlichen Sinn, wie es sich nach Rückgliederung des Saarlandes darstellt. Zum Inland gehören auch die sogenannten Zollausschlüsse (Zollausschlüsse Hamburg-Freihafen, Hamburg-Waltershof, Cuxhaven, Bremerhaven, Bremen, Emden, Kiel sowie die Insel Helgoland und die zu Baden gehörigen Orte Büsingen und Büttenhardter Höfe) sowie die Freibezirke in Stettin und die Freizone in Lübeck. Nicht zum Inland gehören die sogenannten Zollanschlüsse Mittelholz und Jungholz.

Gemäß § 214 Ziff. 3 AO. werden die der Besteuerung zugrunde liegenden Einheitswerte für Teile der in § 214 Ziff. 1 und 2 AO. bezeichneten wirtschaftlichen Einheiten und Untereinheiten gesondert festgestellt, wenn eine wirtschaftliche Einheit oder Untereinheit sich sowohl auf Inland als auch auf Ausland erstreckt; gesondert festgestellt wird alsdann der Einheitswert des inländischen Teils; dieser gesondert festgestellte Teil des Einheitswerts ist Besteuerungsgrundlage für die Grundsteuer.

§ 4
Befreiungen

Von der Grundsteuer sind befreit:

1. Grundbesitz
   a) des Reichs, eines Lands, einer Gemeinde oder eines Gemeindeverbands, wenn der Grundbesitz von dem Eigentümer für einen öffentlichen Dienst oder Gebrauch benutzt wird;
   b) des Reichs, der zum Reichseisenbahnvermögen gehört und von der Deutschen Reichsbahn für ihre Betriebs- oder Verwaltungszwecke benutzt wird. Die Befreiung beschränkt sich bei dem Grundbesitz, der für Betriebszwecke benutzt wird, auf die Hälfte der an sich zu entrichtenden Steuer;
   c) des Unternehmens „Reichsautobahnen", der von ihm für seine Betriebs- oder Verwaltungszwecke benutzt wird;
2. Grundbesitz
   a) der Nationalsozialistischen Deutschen Arbeiterpartei,
   b) des Zweckverbands Reichsparteitag Nürnberg,
   c) der NS-Volkswohlfahrt e. V.,
   d) der NS-Kriegsopferversorgung e. V.,
   e) des Reichs-Luftschutzbunds e. V.,
   f) des Deutschen Luftsportverbands e. V.,
   g) des Reichsverbands für Deutsche Jugendherbergen e. V.,
   h) der Technischen Nothilfe e. V.,
   i) des Volksbunds für das Deutschtum im Ausland e. V.,

   wenn der Grundbesitz von dem Eigentümer für seine Aufgaben benutzt wird;
3. Grundbesitz
   a) des Reichs, eines Lands, einer Gemeinde oder eines Gemeindeverbands,
   b) einer inländischen Körperschaft, Personenvereinigung oder Vermögensmasse, die nach der Satzung, Stiftung oder sonstigen Verfassung und nach ihrer

tatsächlichen Geschäftsführung ausschließlich und unmittelbar mildtätigen Zwecken dient,

wenn der Grundbesitz von dem Eigentümer für mildtätige Zwecke benutzt wird;

4. Grundbesitz eines anerkannten Sportvereins, der von ihm für sportliche Zwecke benutzt wird, unter den Bedingungen, die der Reichsminister der Finanzen und der Reichsminister des Innern bestimmen;

5. a) Grundbesitz, der dem Gottesdienst einer öffentlich-rechtlichen Religionsgesellschaft gewidmet ist;

   b) Grundbesitz einer öffentlich-rechtlichen Religionsgesellschaft oder einer anderen Körperschaft des öffentlichen Rechts, der von der Religionsgesellschaft für Zwecke der religiösen Unterweisung benutzt wird;

   c) Grundbesitz einer öffentlich-rechtlichen Religionsgesellschaft oder einer anderen Körperschaft des öffentlichen Rechts, der von der Religionsgesellschaft für ihre Verwaltungszwecke benutzt wird;

6. Grundbesitz einer der unter den Ziffern 1 bis 5 a genannten Körperschaften, Personenvereinigungen, Vermögensmassen oder Verbände, der von einer anderen derartigen Körperschaft, Personenvereinigung, Vermögensmasse oder einem anderen derartigen Verband für ihre nach den Ziffern 1 bis 5 begünstigten Zwecke benutzt wird;

7. Grundbesitz, der für Zwecke der Wissenschaft, der Erziehung und des Unterrichts benutzt wird und nicht bereits nach den vorstehenden Vorschriften befreit ist, wenn anerkannt ist, daß der Benutzungszweck im Rahmen der staatlichen Aufgaben liegt. Der Reichsminister der Finanzen, der Reichsminister des Innern und der für das Fachgebiet zuständige Reichsminister sprechen die Anerkennung aus. Der Anerkennung bedarf es nicht bei Hochschulen und bei solchen Schulen oder Erziehungsanstalten, deren Träger das Reich, ein Land, eine Gemeinde oder ein Gemeindeverband ist. Wird der Grundbesitz nicht von dem Eigentümer für die bezeichneten Zwecke benutzt, so tritt Befreiung

nur ein, wenn der Eigentümer eine Körperschaft des öffentlichen Rechts ist;

8. Grundbesitz, der für die Zwecke einer Krankenanstalt benutzt wird und nicht bereits nach den vorstehenden Vorschriften befreit ist, soweit die Anstalt Kranke zu Bedingungen aufnimmt, die der Reichsminister der Finanzen, der Reichsminister des Innern und der Reichsarbeitsminister bestimmen. Ziffer 7 Schlußsatz gilt entsprechend;

9. a) die dem öffentlichen Verkehr dienenden Straßen, Wege, Plätze, Brücken, künstlichen Wasserläufe, Häfen und Schienenwege;
   b) das Rollfeld der Verkehrsflughäfen;
   c) die fließenden Gewässer (Ströme, Flüsse, Bäche), die deren Abfluß regelnden Sammelbecken und die im Eigentum des Reichs, eines Lands, einer Gemeinde oder eines Gemeindeverbands stehenden Seen und Teiche;
   d) die im Interesse der Ordnung und Verbesserung der Wasser- und Bodenverhältnisse unterhaltenen Einrichtungen der öffentlich-rechtlichen Wasser- und Bodenverbände und die im öffentlichen Interesse staatlich unter Schau gestellten Privatdeiche;
   e) die Bestattungsplätze;

10. Grundbesitz eines fremden Staats, der für Zwecke von Botschaften, Gesandtschaften oder Konsulaten dieses Staats benutzt wird, wenn Gegenseitigkeit gewährt wird.

Kurze Inhaltsangabe.

I. Allgemeines:
1. Grundsatz der Einschränkung und engen Auslegung der Steuerbefreiungen;
2. die Anwendung der Steuerbefreiungen;
3. Beachtung aller Befreiungsvoraussetzungen;
4. erschöpfende Aufzählung der Grundsteuerbefreiungen im § 4;
5. Stichtag für die Steuerbefreiungen;
6. Dauer der Voraussetzungen für die Steuerbefreiungen;
7. Bedeutung des Einheitswertbescheids für die Grundsteuerbefreiungen;
8. Anzeigen und Anträge bei Änderungen in der Steuerpflicht;

II. Die einzelnen Steuerbefreiungen:

Ziffer 1 a

1. Allgemeines;
2. die Voraussetzungen für die Steuerbefreiung im einzelnen;
3. der Begriff des öffentlichen Diensts oder Gebrauchs im besonderen:
   a) die Begriffsbestimmung des § 4 GrStDVO.,
   b) Erläuterungen hierzu,
   c) insbesondere der Begriff der Herstellung und Lagerung von Gegenständen,
   d) die Vorschrift des § 4 Abs. 4 GrStDVO.;
4. Beispiele für die Annahme eines öffentlichen Diensts oder Gebrauchs;
5. die steuerliche Behandlung der Reichspost;
6 die steuerliche Behandlung des Reichsarbeitsdiensts.

Ziffer 1 b

1. Allgemeines;
2. die Abgrenzung des steuerbefreiten und steuerpflichtigen Grundbesitzes im einzelnen;
3. der Verwaltungszwecken dienende Grundbesitz der Reichsbahn;
4. der Grundbesitz, der weder für Betriebs- noch Verwaltungszwecke der Reichsbahn benutzt wird;
5. halbbefreiter Grundbesitz des Reichseisenbahnvermögens.

Ziffer 1 c

1. Allgemeines;
2. steuerbefreiter und steuerpflichtiger Grundbesitz im einzelnen.

Ziffer 2

1. Allgemeines;
2. die begünstigten Rechtspersonen:
   a) die Partei,
   b) die begünstigten Verbände;
3. Umfang der Steuerbefreiung;
4. Vergleich mit dem bisherigen Rechtszustand.

Ziffer 3

1. Allgemeines;
2. Voraussetzungen der Steuerbefreiung;
3. die begünstigten Eigentümer;
4. die besonderen Voraussetzungen der Steuerbefreiung nach Ziffer 3 b;
5. Nutzung des Grundbesitzes durch den Eigentümer für mildtätige Zwecke.

Ziffer 4

1. Allgemeines;
2. die Voraussetzungen der Befreiung;
3 die begünstigten Sportvereine im besonderen;
4. Umfang der Befreiung.

Ziffer 5

1. Allgemeines;
2. Begriff der Religionsgesellschaft des öffentlichen Rechts;
3. Begriff der anderen Körperschaft des öffentlichen Rechts;
4. die einzelnen Tatbestände der Ziffer 5:
   a) Grundbesitz, der dem Gottesdienst gewidmet ist,
   b) Grundbesitz, der für Zwecke der religiösen Unterweisung benutzt wird,
   c) Grundbesitz, der für Verwaltungszwecke benutzt wird.

Ziffer 6

1. Allgemeines;
2. die Voraussetnngen der Steuerbefreiung im einzelnen.

Ziffer 7

1. Allgemeines;
2. die sachlichen Voraussetzungen für die Steuerbefreiung nach der Ziffer 7;
3. die Behandlung der Schülerheime und Schulungslager;
4. Begriff der religiösen Unterweisung;
5. Zusammenfassung.

Ziffer 8

1. Allgemeines;
2. Begriff der Krankenanstalten;
3. sachliche Voraussetzungen für die Grundsteuerbefreiung;
4. der Zeitraum, in dem die Voraussetzungen für die Steuerfreiheit gegeben sein müssen;
5. Umfang der Steuerbefreiung;
6. Beispiele.

Ziffer 9

1. Allgemeines;
2. die einzelnen Befreiungen:
   a) die Straßen, Wege, Plätze, Brücken, künstlichen Wasserläufe, Häfen und Schienenwege, die dem öffentlichen Verkehr dienen,
      aa) Begriff des öffentlichen Verkehrs;
      bb) Begriff der Straßen, Wege und Plätze,
      cc) Begriff der Brücken,
      dd) der Begriff der künstlichen Wasserläufe,
      ee) Begriff der Häfen,
      ff) Begriff der Schienenwege;
   b) das Rollfeld der Verkehrsflughäfen;
   c) die fließenden Gewässer usw.;
   d) die im Interesse der Ordnung und Verbesserung der Wasser- und Bodenverhältnisse unterhaltenen Einrichtungen usw.;
   e) die Bestattungsplätze.

Ziffer 10

1. Allgemeines;
2. die Voraussetzungen für die Steuerfreiheit im einzelnen.

I. Allgemeines.

1. Grundsatz der Einschränkung und engen Auslegung der Steuerbefreiungen. Wie in der Begründung zum GrStG. und in den GrR. (Ziff. 1 Abs. 1) besonders betont ist, ist für die Ausgestaltung der Grundsteuerbefreiungen der Gedanke maßgebend gewesen, daß die Befreiungen möglichst enge zu halten seien. „Die Grundsteuer gehöre zu den Unkosten, mit denen jeder Grundstückseigentümer normalerweise ebenso rechnen müsse wie mit anderen Ausgaben, die sich aus dem Grundbesitz ergäben (z. B. Wassergeld, Entwässerungsgebühr, Müllabfuhrgebühr, Schornsteinfegerkosten usw.). Außerdem sei zu berücksichtigen, daß die Grundsteuer künftig eine reine Gemeindesteuer sei und die Gemeinden zur Erfüllung ihrer Aufgaben auf den Ertrag dieser Steuer ganz besonders angewiesen seien. Der Kreis der Befreiungen sei daher im Gesetz erheblich enger gezogen als nach dem Grundsteuerrahmengesetz und den Vorschriften vieler Länder."

Die Erwägung, daß der Gesetzgeber die Befreiungen möglichst enge halten wollte, macht die Beachtung des Grundsatzes besonders notwendig, daß, soweit nicht etwas anderes bestimmt ist, Befreiungsvorschriften eng auszulegen sind. Die Reichsfinanzbehörden sind angewiesen, in den Fällen, in denen Zweifel über die Steuerpflicht oder die Steuerfreiheit bestehen, den in Frage stehenden Grundbesitz als steuerpflichtig zu behandeln, damit die Frage der Steuerpflicht im Rechtsmittelverfahren erörtert und entschieden werden kann.

Von besonderer Bedeutung ist, daß die Gemeinnützigkeit kein allgemeiner Befreiungsgrund mehr ist. Grundbesitz, der gemeinnützigen Zwecken dient, ist künftig nur befreit, wenn die Voraussetzungen einer besonderen Befreiungsvorschrift erfüllt sind, z. B. bei einer Krankenanstalt die Voraussetzungen der Ziffer 8 im § 4. Das-

GrStG. schließt sich damit dem Umsatzsteuergesetz vom 16. Oktober 1934 an, das auch die Gemeinnützigkeit nicht mehr als Befreiungsgrund kennt.

Die Befreiungen von der Grundsteuer sind, soweit sie für die Dauer gelten, in den §§ 4, 5 und 6 des Ges. geregelt. Im einzelnen führt § 4 des Ges. in zehn Ziffern den Grundbesitz auf, der grundsätzlich befreit ist; die §§ 5 und 6 enthalten Ergänzungen und Einschränkungen zu diesen Vorschriften. Weitere Bestimmungen und Ergänzungen sind in der GrStDVO. enthalten; von besonderer Bedeutung sind für die Auslegung der genannten Bestimmungen die im Verwaltungsweg erlassenen Grundsteuerrichtlinien. In engem Zusammenhang mit § 4 Abs. 1 stehen die Vorschriften des § 26 über die Entrichtung eines Ersatzbetrags durch die von der Grundsteuer nach § 4 Ziff. 1 befreiten Gebietskörperschaften. Die §§ 27 bis 30 des Gesetzes enthalten Vorschriften, die nur noch für eine bestimmte Zeit von Bedeutung sind.

2. Die Anwendung der Steuerbefreiungsvorschriften. Bei der Anwendung der Befreiungsvorschriften ist ganz allgemein zu beachten, daß Grundbesitz in der Regel nicht schon deshalb steuerfrei ist, weil er für einen steuerbegünstigten Zweck benutzt wird. Grundsätzlich kommt es noch darauf an, wer Eigentümer des Grundbesitzes ist; — im Gesetz wird die Eigentumsvoraussetzung regelmäßig durch die Formel: „von der Grundsteuer ist befreit Grundbesitz d e r o d e r d e s ..." gekennzeichnet —. So ist z. B. Grundbesitz, der vom Reich, einem Lande, einer Gemeinde oder einem Gemeindeverband für einen öffentlichen Dienst oder Gebrauch benutzt wird, nur dann von der Grundsteuer frei, wenn er auch einer dieser öffentlich-rechtlichen Körperschaften oder einer anderen in den Ziffern 1 bis 5a genannten Körperschaft gehört. Eine Schule ist nach Ziff. 7 Schlußsatz — sofern die übrigen Voraussetzungen erfüllt sind — nur dann befreit, wenn Eigentümer des Grundstücks entweder der Inhaber der Schule oder eine Körperschaft des öffentlichen Rechts ist (zu vgl. die entsprechende Regelung für die Krankenanstalten nach Ziff. 8 Schlußsatz). Ohne Rücksicht auf die Person des Eigentümers tritt die Steuerbefreiung nach Ziff. 5a und — mit einer Ausnahme — nach Ziff. 9 ein.

Soweit die Befreiung eines Steuergegenstands davon abhängt, daß eine bestimmte Person Eigentümer ist, ist die Vorschrift des § 7 GrStG. entsprechend anzuwenden. Die Eigentumsvoraussetzung ist also auch dann erfüllt, wenn die steuerbegünstigte Person zwar nicht — zivilrechtlicher — Eigentümer ist, aber im Fall der Steuerpflicht nach § 7 Steuerschuldner wäre. Hat z. B. das Reich ein Dienstgebäude errichtet, so ist das Grundstück von der Steuer befreit, gleichviel ob das Reich Eigentümer ist oder ob ihm das Grundstück aus einem der im § 11 StAnpG. genannten Gründe steuerlich zuzurechnen ist.

3. Beachtung aller Befreiungsvoraussetzungen. Bei der Anwendung des § 4 des Ges. ist zu beachten, daß aus ihm allein die Entscheidung, ob ein Grundstück befreit ist, niemals entnommen werden kann. Es ist vielmehr zunächst zu prüfen, ob die Voraussetzungen des § 4 (gegebenenfalls auch des § 6) des Gesetzes erfüllt sind. Außer den gesetzlichen Vorschriften sind die Bestimmungen der Durchführungsverordnung zu beachten.

Auch die einzelnen Bestimmungen der Durchführungsverordnung dürfen niemals aus dem Zusammenhang heraus für sich allein angewendet werden. In den meisten Bestimmungen der Verordnung werden einzelne im Gesetz vorkommende Vorschriften oder Begriffe näher umrissen und erläutert. Stellt nun das Finanzamt fest, daß die Ausführungen der Verordnung zu einer Vorschrift des Gesetzes auf einen gegebenen Fall zutreffen, so würde es übereilt sein, schon daraus allein auf die Befreiung des Grundstücks zu schließen. Es muß vielmehr festgestellt werden, ob auch die anderen Voraussetzungen erfüllt sind, die das Gesetz oder die Verordnung aufstellt.

Beispiel 1: Es wird festgestellt, daß der Sportverein, der ein bestimmtes Grundstück nutzt, zu den begünstigten Sportvereinen (§ 7 GrStDVO.) gehört und daß das Grundstück dauernd (§ 2 GrStDVO.) und unmittelbar (§ 6 Abs. 1 des Ges.) für sportliche Zwecke (§ 8 GrStDVO.) benutzt wird. Diese Feststellung reicht nicht zur Freistellung des Grundstücks aus. Notwendig ist vielmehr außerdem, daß das Grundstück entweder dem Sportverein selbst oder einer der im § 4 Ziff. 1 bis 5a des Ges. genannten Körperschaften, Personenvereinigungen, Vermögensmassen oder Verbände (§ 4 Ziff. 4 und 6 GrStG.) gehört.

Beispiel 2: Gemeinschaftliche Speiseräume (z. B. Kantinen) sind nach § 23 Abs. 2 GrStDVO. den im § 5 Ziff. 1 bis 4 des Ges. bezeichneten Räumen gleichzustellen. Daraus kann selbstverständlich nicht etwa die Befreiung von Fabrikkantinen entnommen werden. Die Kantinen kommen für eine Befreiung vielmehr nur dann in Betracht, wenn sie zu einem Grundstück gehören, das für einen nach § 4 des Ges. begünstigten Zweck benutzt wird, und wenn das Grundstück im Eigentum einer nach § 4 des Ges. begünstigten Person steht (GrR. Ziff. 2).

Für die Regel hängt die Steuerfreiheit eines Grundstücks von den folgenden vier Voraussetzungen ab, die sämtliche erfüllt sein müssen: 1. das Grundstück muß einem bestimmten Eigentümer gehören (Ausnahmen § 4 Ziff. 4a, Ziff. 9); 2. das Grundstück muß bestimmten — begünstigten — Zwecken dienen; 3. das Grundstück muß den steuerbegünstigten Zwecken u n m i t t e l b a r dienen (§ 6 Abs. 1 GrStG.); 4. die Voraussetzungen, an die die Steuerfreiheit geknüpft ist, müssen für eine bestimmte Dauer gegeben sein (§ 2 GrStDVO.).

4. Erschöpfende Aufzählung der Grundsteuerbefreiungen im § 4. Die Grundsteuerbefreiungen sind im § 4 des Ges. erschöpfend aufgeführt; weitere Steuerbefreiungen sind hiernach ausgeschlossen (zu vgl. auch § 31 GrStG.). Die Gemeinden sind nicht berechtigt, mit Rücksicht auf besondere Rechtstitel weitere Befreiungen zu gewähren. Ebensowenig sind sie berechtigt, von der Grundsteuererhebung in einzelnen Fällen abzusehen, soweit nicht das Gesetz (§ 131 AO.) eine Grundlage hierfür schafft: das Steuerrecht als ein Teil des öffentlichen Rechts wird von dem Grundsatz beherrscht, daß Vergleiche und Vereinbarungen über die Höhe der Steuern nicht zulässig sind. Zu vgl. die Entsch. des PrOVG. in Bd. 36 S. 92: „Vereinbarungen über die Höhe öffentlich-rechtlicher Gebühren sind ausgeschlossen"; der bayer. VGH. hat in dem Urt. Bd. 40 S. 39 in einer Umlagensache ausgesprochen, daß die Gemeinde niemand, der nach dem Gesetz umlagenpflichtig ist, hiervon befreien und auch einen andern Umlagenmaßstab an Stelle des gesetzlichen nicht einführen kann; „von der Erhebung der gesetzlich begründeten Umlage könne nur insoweit Abstand genommen werden, als im Gesetz ausdrücklich eine Grundlage dafür vorgesehen sei." Der Standpunkt des Reichssteuerrechts ist der gleiche; nach der Rechtsprechung des RFH. sind Vergleiche und Vereinbarungen mit den Steuerpflichtigen als schlechthin nichtig, d. h. als nicht vorhanden anzusehen (zu vgl. insbesondere das Urt. II A 453/25 vom 20. Okt. 1925 = RFH. Bd. 18 S. 92). Das in § 5 EinfGRealStG. den Gemeinden verliehene Recht, mit den Steuerpflichtigen Vereinbarungen über die Höhe der Steuer zu treffen, bezieht sich nur auf die Gewerbesteuer; für die Grundsteuer besteht eine gleiche Ermächtigung nicht.

Gemäß § 31 GrStG. treten, soweit andere Gesetze, die nicht Steuergesetze des Reichs sind, eine Befreiung von der Grundsteuer oder eine Ermäßigung der Steuer vorsehen, diese Vorschriften ab 1. April 1938 außer Kraft (zu vgl. hierzu die Bem. zu § 31 GrStG.). Die in § 31 GrStG. enthaltene Einschränkung dürfte keine praktische Bedeutung haben, da Steuergesetze des Reichs, die Befreiungen von der Gemeindegrundsteuer enthalten, kaum bestehen.

5. Stichtag für die Steuerbefreiungen (Ziff. 4 GrR.). Nach den §§ 13 bis 15 GrStG. ist der Veranlagung des Steuermeßbetrags der Einheitswert zugrunde zu legen, der auf den jeweiligen Feststellungszeitpunkt (Absätze 2 der §§ 21 bis 23 RBewG.) festgestellt worden ist. Dieser Feststellungszeitpunkt gilt bei Fortschreibungsveranlagungen und Nachveranlagungen auch als Stichtag für die Beurteilung der Verhältnisse im Fall der Steuerbefreiung (§ 1 Satz 2 GrStDVO.). Für die Steuerbefreiung ist also entscheidend, ob die im Gesetz und in der Durchführungsverordnung bestimmten Voraussetzungen im maßgebenden Feststellungszeitpunkt vorliegen. Weiter ist notwendig, daß die Voraussetzungen wenigstens auf die Dauer von zwölf Monaten ununterbrochen erfüllt werden.

Für die erste Hauptveranlagung der Steuermeßbeträge war eine besondere Regelung erforderlich. Nach § 33 Abs. 2 GrStG. ist der ersten Hauptveranlagung der zuletzt festgestellte Einheitswert zugrunde zu legen. Das wird in den meisten Fällen der auf den 1. Januar 1935 festgestellte Einheitswert sein. Dieser Stichtag ist für die Ermittlung des Umfangs der Steuerpflicht ungeeignet, da er $3^1/_4$ Jahre vor dem Zeitpunkt liegt, von dem ab die Grundsteuer erstmalig nach dem Reichsgrundsteuergesetz erhoben wird (1. April 1938). § 1 Satz 1 GrStDVO. bestimmt deshalb für die erste Hauptveranlagung der Steuermeßbeträge, daß hinsichtlich der Befreiung die Verhältnisse zu Beginn des 1. Januar 1938 maßgebend sind.

Stichtag für die Befreiungen ist, wie in vorstehendem Absatze bemerkt wurde, bei der ersten Hauptveranlagung der Steuermeßbeträge nicht der Hauptfeststellungszeitpunkt der Einheitswerte, sondern der 1. Januar 1938. Dadurch ergibt sich für die Entscheidung über die Steuerbefreiung eine Schwierigkeit; denn diese Entscheidungen müssen schon jetzt getroffen werden, um zu erreichen, daß den Gemeinden bis zum 1. Dezember 1937 alle Steuermeßbeträge mitgeteilt sind. Die Richtlinien (Ziff. 5) ordnen daher an, daß für die Frage, ob und inwieweit Grundbesitz von der Grundsteuer befreit ist, für die erste Hauptveranlagung der Steuermeßbeträge zunächst die gegenwärtigen Verhältnisse zugrunde gelegt werden, das sind die Verhältnisse zur Zeit der Bearbeitung des Steuerfalls. In den wenigen Fällen, in denen sich die Verhältnisse bis zum maßgebenden Stichtag, das ist bis zum 1. Januar 1938, ändern, ist die Festsetzung des Steuermeßbetrags auf Grund der Verhältnisse des Stichtags zu berichtigen. Der Steuerpflichtige soll vom Finanzamt darauf hingewiesen werden, daß er dem Finanzamt eine Anzeige zu erstatten hat, wenn die Voraussetzungen für die Befreiung sich nach der Bearbeitung des Steuerfalls in der Weise ändern, daß nunmehr ein größerer Teil als bisher steuerpflichtig wird.

6. Dauer der Voraussetzungen für die Steuerbefreiung (§ 2 GrStDVO., Ziff. 6 GrR.). Für die Grundsteuerbefreiung genügt es nicht, daß die Voraussetzungen, die das Gesetz und die Durchführungsverordnung für die Steuerbefreiung bestimmen, nur vorübergehend vorliegen. Gemäß § 2 Abs. 1 Satz 1 GrStDVO. sind vielmehr die Voraussetzungen für die Steuerbefreiung nur dann als erfüllt anzusehen, wenn anzunehmen ist, daß die in Gesetz und Durchführungsverordnung bestimmten Voraussetzungen wenigstens auf die Dauer von zwölf Monaten vorliegen werden. Bei der Anwendung der Vorschrift ist von den Verhältnissen am maßgebenden Stichtag (zu vgl. Anm. 5) auszugehen. Der Zeitraum, für den die Voraussetzungen unmittelbar vor dem Stichtag vorgelegen haben, ist mit zu berücksichtigen. Für die Befreiung der Krankenanstalten (§ 4 Ziff. 8 GrStG.) gelten teilweise andere Grundsätze (zu vgl. Anm. 4 zu § 4 Ziff. 8).

Die Vorschrift des § 2 Abs. 1 GrStDVO. ist auch für die Fälle anzuwenden, in denen die Voraussetzungen der Steuerbefreiung für den ganzen Steuergegenstand eintreten (§ 16 Abs. 1 GrStG.). In diesen Fällen gilt als Stichtag für die Beurteilung der Verhältnisse der Tag, an dem die Voraussetzungen für die Steuerbefreiung eingetreten sind.

Bei Anwendung der Vorschrift ist zu beachten, daß es Fälle geben kann, in denen die tatsächliche Benutzung für steuerbegünstigte Zwecke sich auf bestimmte, regelmäßig wiederkehrende Zeitabschnitte beschränkt, während in den Zwischenzeiten der Steuergegenstand nicht benutzt wird. So findet z. B. der Unterricht in einer landwirtschaftlichen Winterschule nur während der Wintermonate statt, im Sommer ist die Schule geschlossen. In derartigen Fällen ist für die Frage der Benutzung für steuerbegünstigte Zwecke zu unterstellen, daß sie in der Zwischenzeit fortbesteht.

7. Bedeutung des Einheitswertbescheids für die Grundsteuerbefreiungen. § 214 AO. bestimmt, daß „die der Besteuerung zugrunde zu legenden Einheitswerte" gesondert festgestellt werden. Hierin kommt zum Ausdruck, daß für Gegenstände, die einer Einheitswertsteuer nicht unterliegen, ein Einheitswert nicht festgestellt wird. Die Reichsbewertungsbehörden haben demgemäß, bevor sie den Einheitswert-Feststellungsbescheid erlassen, eine Prüfung dahingehend vorzunehmen, ob der in Betracht kommende Steuergegenstand der Vermögen- oder Grundsteuer unterliegt. Ist das offensichtlich nicht der Fall, so wird der Einheitswert nicht festgestellt. Damit ist aber nicht gesagt, daß bereits schlechthin durch die Tatsache, daß für einen Steuergegenstand ein Einheitswertbescheid erlassen bzw. nicht erlassen wird, die endgültige Entscheidung darüber getroffen wird, ob der Steuergegenstand der Grundsteuer unterliegt oder nicht. Die endgültige Entscheidung wird vielmehr erst im Verfahren über die Festsetzung des Grundsteuermeßbetrags getroffen. Die Rechtslage ist folgende: Wird für einen Steuergegenstand ein Einheitswert festgestellt, so hat das Finanzamt für diesen Steuergegenstand durch Steuermeßbescheid (zu vgl. § 13 Vorbemerkung) einen Steuermeßbetrag festzusetzen. In der Festsetzung des Steuermeßbetrags liegt die Feststellung, daß für einen Steuergegenstand die Grundsteuer geschuldet ist. Gegen den Steuermeßbescheid kann aber der Steuerpflichtige einwenden, daß der Steuergegenstand der Grundsteuer nicht unterliegt, weil er unter eine der im § 4 genannten Steuerbefreiungen falle.

8. Anzeigen und Anträge bei Änderungen in der Steuerpflicht (zu vgl. Ziff. 3 GrR.). Das Finanzamt ist nur dann in der Lage, über die Befreiung (durch Steuermeßbescheid, gegebenenfalls Freistellungsbescheid) richtig zu entscheiden, wenn es über die Frage, ob und inwieweit die Voraussetzungen erfüllt sind, zutreffend unterrichtet wird. Zu diesem Zweck wird für die erste Hauptveranlagung der Steuermeßbeträge in Zweifelsfällen eine Anfrage bei dem Steuerschuldner notwendig sein. Die Finanzämter sind angewiesen in den Fällen, in denen die (ganze oder teilweise) Befreiung des Steuergegenstands nicht offensichtlich ist, den Steuergegenstand in vollem Umfang heranzuziehen; der Sachverhalt ist alsdann im Rechtsmittelverfahren zu klären.

Treten nach dem Stichtag, der für die Beurteilung der Steuerbefreiung maßgebend ist (zu vgl. Ziff. 5), Änderungen im Umfang der Steuerpflicht (der Steuerbefreiung) ein, so gilt das folgende:

a) Die Steuerpflicht tritt ein oder erweitert sich: War das Grundstück in vollem Umfang oder zu einem Teil von der Grundsteuer befreit und sind die Voraussetzungen der Befreiung für das ganze Grundstück oder für einen Teil weggefallen, so hat der Steuerschuldner dies nach § 165 e Abs. 3 AO. dem Finanzamt anzuzeigen. Die Anzeige ist binnen drei Monaten seit dem Wegfall der Voraussetzungen zu erstatten. Die Nichtbefolgung der Anzeigepflicht kann zu einer Ordnungsstrafe nach § 413 AO., gegebenenfalls auch zu einem Verfahren wegen Steuerhinterziehung (§ 396 AO.) oder Steuergefährdung (§ 402 AO.) führen. Die in Betracht kommenden Steuerschuldner werden auf diese Anzeigepflicht durch besondere Zusätze in den Steuermeßbescheiden (in den Fällen einer teilweisen Steuerbefreiung) oder im Freistellungsbescheid (in den Fällen einer vollen Steuerbefreiung) hingewiesen. Im übrigen liegt es im eigenen Interesse der Gemeinden, daß auch sie auf solche Änderungen achten und das Finanzamt benachrichtigen.

b) Die Steuerpflicht fällt weg oder verkleinert sich: Ist ein bisher ganz oder teilweise herangezogener Steuergegenstand mit einem geringeren Teil heranzuziehen, so hat der Steuerschuldner beim Finanzamt nach § 225a Abs. 2 AO. einen Antrag zu stellen. Der Antrag kann nur bis zum Ablauf des Kalenderjahrs, auf dessen Beginn die neue Feststellung begehrt wird, oder bis zum Ablauf eines Monats, seitdem der bisherige Feststellungsbescheid unanfechtbar geworden ist, gestellt werden.

Das Finanzamt hat nach § 225a AO. auf den Antrag hin, erforderlichenfalls von Amts wegen (wenn es in anderer Weise von der Änderung Kenntnis erlangt hatte), im Weg der Fortschreibung zunächst einen Einheitswert für den kleineren steuerpflichtigen Teil des Steuergegenstands festzustellen. Alsdann ist nach § 218 Abs. 4 AO. eine Fortschreibungsveranlagung des Steuermeßbetrags vorzunehmen; der Veranlagung ist der neue Einheitswert zugrunde zu legen (§ 14 GrStG.). Auf die Bem. zu § 14 GrStG. wird verwiesen.

Sind die Voraussetzungen für die Befreiung des ganzen Steuergegenstands eingetreten, so hat der Steuerschuldner gleichfalls beim Finanzamt einen Antrag auf Freistellung von der Steuer zu stellen. Das Finanzamt hat nach § 226 Abs. 1 AO. durch schriftlichen Bescheid auszusprechen, von wann ab die Steuer nicht mehr zu entrichten ist. Die Steuer ist nach § 16 Abs. 1 GrStG. bis zum Schluß des laufenden Kalendervierteljahrs zu entrichten, wenn der Antrag bis dahin gestellt worden ist, sonst bis zum Schluß desjenigen Vierteljahrs, in dem der Antrag gestellt worden ist.

II. Die einzelnen Steuerbefreiungen.

Ziff. 1a

1. Allgemeines. Nach der Regelung des Grundsteuerrahmengesetzes war nicht nur der Grundbesitz, der vom Reich, einem Land, einer Gemeinde oder einem Gemeindeverband für einen öffentlichen Dienst oder Gebrauch benutzt wird, steuerfrei, sondern auch Grundbesitz, der von allen sonstigen inländischen Körperschaften, Stiftungen oder Anstalten des öffentlichen Rechts für einen solchen Zweck benutzt wird.

Demgegenüber schränkt das Grundsteuergesetz die vorgesehene Befreiung erheblich ein. Nach § 4 Ziff. 1 GrStG. ist von der Grundsteuer nur befreit: Grundbesitz des Reichs, eines Lands, einer Gemeinde oder Gemeindeverbands. Damit wird die Regelung aufrechterhalten, die zur Zeit im größten Teil des Reichsgebiets gilt, also nicht unnötig auf Besteuerungsmasse verzichtet.

Das Grundsteuergesetz weicht noch in anderer Beziehung vom Grundsteuerrahmengesetz ab. Das Rahmengesetz verlangt nicht, daß der Grundbesitz im Eigentum einer Körperschaft des öffentlichen Rechts steht. Die Befreiung sollte auch dann eintreten, wenn der Grundbesitz einer anderen Person gehört und von ihr der Körperschaft unentgeltlich zur Verfügung gestellt wird. Nach dem Grundsteuergesetz ist der Grundbesitz nur dann befreit, wenn er den begünstigten Körperschaften gehört (Ausnahmen nach Ziffer 6). Für diese Einschränkung war insbesondere die Erwägung maßgebend, daß die Frage, unter welchen Voraussetzungen ein Grundstück als „unentgeltlich“

überlassen anzusehen ist, erfahrungsgemäß zu zahlreichen Zweifeln Anlaß geben und eine derartige Regelung zu ungerechtfertigten Begünstigungen führen würde.

2. Die Voraussetzungen für die Steuerbefreiung im einzelnen.

a) Der Grundbesitz muß dem Reich usw. gehören.

Befreit ist nur der Grundbesitz des Reichs, eines Lands, einer Gemeinde oder eines Gemeindeverbands, d. i. einer Gebietskörperschaft; nicht steuerbefreit ist der Grundbesitz sonstiger Körperschaften des öffentlichen Rechts, mögen sie auch Aufgaben des Reichs, eines Lands, einer Gemeinde oder eines Gemeindeverbands erfüllen. Nicht begünstigt sind deshalb der Reichsnährstand, die in der Reichskulturkammer vereinigten öffentlich-rechtlichen Körperschaften (Reichsschrifttumskammer, Reichspressekammer, Reichsrundfunkkammer, Reichstheaterkammer, Reichsmusikkammer, Reichskammer der bildenden Künste und Reichsfilmkammer; zu vgl. Ges. vom 22. September 1933, RGBl. I S. 661), die Reichsärztekammer, die Reichstierärztekammer, der Werberat der deutschen Wirtschaft, die Träger der sozialen Versicherungen (Krankenkassen, Berufsgenossenschaften, Landesversicherungsanstalten, Reichsanstalt für Arbeitsvermittlung und Arbeitslosenversicherung, Reichsversicherungsanstalt für Angestellte), Reichsknappschaft, die Arbeitsfront, die Zwangsinnungen, die Innungsverbände, die Industrie- und Handelskammern usw.

Gemeindeverbände sind die innerhalb eines Lands außer den Gemeinden bestehenden Gebietskörperschaften (§ 3 Abs. 1 der GrSt.-DVO.). Welche Verbände in diesem Sinn als Gemeindeverbände anerkannt werden können, bemißt sich derzeit nach Landesrecht. Als Gemeindeverbände gelten in Preußen die Kreise und Provinzen, in Bayern die Bezirke und Kreise. Gemäß § 3 Abs. 2 GrStDVO. werden für die Grundsteuer andere Verbände den Gemeindeverbänden unter den folgenden Voraussetzungen gleichgestellt: 1. An dem Verband dürfen nur Gemeinden, gemeindefreie Grundstücke (Gutsbezirke), Gemeindeverbände im Sinn des Abs. 1 des § 3 der GrStDVO. und Länder beteiligt sein. Ob außerdem das Reich oder ein anderer Verband, auf den die Voraussetzungen des Abs. 2 zutreffen, an dem Verband beteiligt ist, ist unerheblich. 2. Der Zusammenschluß der Beteiligten muß auf öffentlich-rechtlicher Grundlage beruhen. 3. Der Verband muß eigene Rechtspersönlichkeit besitzen. 4. Der Zweck des Verbands muß ganz oder teilweise in der Erfüllung von Aufgaben liegen, die unter den Begriff des öffentlichen Diensts oder Gebrauchs (§ 4 Ziff. 1 a des Ges.) oder der Mildtätigkeit (§ 4 Ziff. 3 des Ges. fallen." Wie sich aus diesen Bestimmungen ergibt, muß der Zusammenschluß der Gemeinden auf öffentlich-rechtlicher Grundlage erfolgen; eine Beteiligung von Gemeinden an einer Gesellschaft des Zivilrechts schafft einen Gemeindeverband auch dann nicht, wenn als Gesellschafter nur Gemeinden beteiligt sind. Weiter kann unter einem Verband nur ein Verband politischer Gemeinden oder Verbände von solchen verstanden werden. Evangelische oder katholische Kirchengemeinden fallen nicht hierunter (zu vgl. auch Urt. I A 180/21 vom 2. Jan. 1922 = RFH. Bd. 8 S. 59).

Beispiele für die Gleichstellung mit den Gemeindeverbänden (Ziff. 8 der GrR.): Die Voraussetzungen für die Gleichstellung mit den Gemeindeverbänden sind erfüllt beim Deutschen Gemeindetag. Als Beispiele von weiteren Verbänden, die hiernach für eine Gleichstellung mit den Gemeindeverbänden in Betracht kommen, seien genannt: Schulverbände, Fürsorgeverbände, Feuerlöschverbände, Verbände zur Anlage und Unterhaltung von Straßen, Krankenhäusern, Heil- und Pflegeanstalten, Blindenheimen, Bestattungsplätzen und Abdeckereien, Jugendamtsverbände, Verbände zur Überwachung des Verkehrs mit Nahrungsmitteln oder Genußmitteln, Verbände zur Bekämpfung von Krankheiten. Nicht dagegen kommen für eine Gleichstellung in Betracht: Wasser-, Gas-, Elektrizitäts-, Versicherungs-, Sparkassen- und Giroverbände, Verbände zur Unterhaltung von Verkehrsunternehmungen (Eisenbahnen, Straßenbahnen, Schiffahrt).

Selbstverständlich ist, daß außer der Voraussetzung der Ziff. 4 des § 3 Abs. 2 GrStDVO. auch die Voraussetzungen der Ziffern 1 bis 3 des § 3 Abs. 2 (GrStDVO.) vorliegen müssen, wenn ein Verband den Gemeindeverbänden im Sinn des Grundsteuergesetzes gleichgestellt werden soll.

b) Der Grundbesitz muß vom Reich, einem Lande, einer Gemeinde oder einem Gemeindeverbande für einen öffentlichen Dienst oder Gebrauch benutzt werden.

Die Voraussetzungen zu **a** (Eigentum des Reichs usw.) und zu b (Benutzung für einen öffentlichen Dienst oder Gebrauch) müssen gleichzeitig gegeben sein. Wird Grundbesitz von anderen Körperschaften oder Privatpersonen als dem Reich usw. für einen öffentlichen Dienst oder Gebrauch benutzt, so kommt eine Steuerbefreiung nicht in Betracht. Beispiel: Ein Theater, das vom Reich, einem Land usw. auf eigenem Grund und Boden betrieben wird, ist im allgemeinen steuerfrei. Die von anderen betriebenen Theater sind steuerpflichtig. Eine Ausnahme von dem Gesagten gilt gemäß § 4 Ziff. 6 (Verkoppelungsvorschrift). Wegen des Stichtags für die Steuerbefreiung und der Dauer der Voraussetzungen zu vgl. §§ 1 und 2 GrStDVO. (Anm. 5 und 6 der Vorbem.).

3. Der Begriff des öffentlichen Diensts und Gebrauchs im besonderen.

a) Die Begriffsbestimmung des § 4 der GrStDVO. Den Begriff des öffentlichen Diensts oder Gebrauchs bestimmt § 4 der GrStDVO. wie folgt: „(1) Öffentlicher Dienst oder Gebrauch im Sinn des § 4 Ziff. 1a des Gesetzes ist die Ausübung der öffentlichen Gewalt (hoheitliche Tätigkeit) oder der Gebrauch durch die Allgemeinheit. Dabei sind nicht als Allgemeinheit anzuerkennen die im § 17 Abs. 4 des Steueranpassungsgesetzes vom 16. Oktober 1934 bezeichneten Personenkreise. (2) Eine im öffentlichen Interesse getroffene Regelung (z. B. zeitliche Einschränkung) des Allgemeingebrauchs oder die Forderung eines Entgelts schließt die Annahme eines öffentlichen Diensts oder Gebrauchs nicht aus. Notwendig ist jedoch, daß der bestimmungsmäßige Gebrauch der Allgemeinheit tatsächlich freisteht und daß das Entgelt nicht in der Absicht, Gewinn zu erzielen, gefordert wird. (3) Als öffentlicher Dienst oder Gebrauch ist nicht anzusehen die Herstellung oder Gewinnung von Gegenständen, die für einen öffentlichen Dienst oder Gebrauch verwendet werden sollen. Dagegen fällt die Lagerung derartiger Gegenstände nach ihrer Übernahme aus dem Betrieb, in dem sie hergestellt oder gewonnen sind, unter den Begriff des öffentlichen Diensts oder Gebrauchs, wenn die Lagerung dem Zweck dient, die Gegenstände für eine Verwendung im öffentlichen Dienst oder Gebrauch bereitzustellen. (4) Öffentlicher Dienst oder Gebrauch ist nicht anzunehmen bei Betrieben, die der Versorgung der Bevölkerung mit Wasser, Gas, Elektrizität oder Wärme, dem öffentlichen Verkehr oder dem öffentlichen Hafenbetrieb dienen.

b) Erläuterungen. Der Begriff des öffentlichen Diensts oder Gebrauchs ist nicht neu; er kommt bereits in den Landesgrundsteuergesetzen vor und ist dort Gegenstand einer reichen Rechtsprechung gewesen. Diese Rechtsprechung kann für das geltende Recht nur noch mit Vorsicht verwendet werden, weil sie von anderen Bestimmungen ausgeht.

Im geltenden Grundsteuergesetz werden die Begriffe öffentlicher Dienst oder Gebrauch nebeneinander gestellt. Auf den ersten Blick möchte es deshalb scheinen, als ob es sich um zwei verschiedene Begriffe handeln würde. Man könnte geneigt sein, Benutzung für einen öffentlichen Dienst anzunehmen, wenn die Gebietskörperschaft das Grundstück für die Erfüllung ihrer Aufgaben selbst benutzt; Benutzung für einen öffentlichen Gebrauch läge vor, wenn das Grundstück Dritten (d. i. der Allgemeinheit) zur Benutzung überlassen wird. In sehr vielen Fällen der Praxis werden sich aber beide Begriffe nicht scharf abgrenzen lassen. Beispiel: Bei einem Finanzamtsgebäude liegt zweifellos ein öffentlicher Dienst vor, bei einem öffentlichen Museum dagegen ein öffentlicher Gebrauch; bei einem Schulgebäude können schon Zweifel auftauchen. Um Schwierigkeiten in der Abgrenzung zu vermeiden, ist der einheitliche Begriff „des öffentlichen Diensts oder Gebrauchs" geschaffen worden.

Als zu einem öffentlichen Dienst oder Gebrauch bestimmt sind jene Steuergegenstände anzusehen, die der Ausübung der öffentlichen Gewalt (der hoheitlichen Tätigkeit) dienen. Als öffentliche Gewalt kann nur eine solche anerkannt werden, durch die ein Träger der öffentlichen Gewalt ihm eigentümliche und ihm vorbehaltene Aufgaben erfüllt. Eine öffentliche Gewalt liegt deshalb nicht vor, wenn es sich um eine rein privatwirtschaftliche Tätigkeit handelt, die auch von privaten Unternehmen ausgeübt wird oder ausgeübt werden kann. Den hoheitlichen Zwecken dienen die Gebäude dann, wenn sie der Körperschaft die Erfüllung ihres Zwecks ermöglichen oder erleichtern.

Eine einwandfreie Formel, nach der die hoheitliche Tätigkeit der begünstigten Körperschaften von nichthoheitlichen Tätigkeiten abzugrenzen ist, gibt es nicht. Ein gewisses Kennzeichen dafür, daß ein bestimmtes Tätigkeitsgebiet ein solches der öffentlichen Gewalt ist, liegt vor allem in dem Umstand, daß für jene Personen, die Leistungen dieses Tätigkeitsgebiets in Anspruch nehmen, ein Annahmezwang besteht. In diesem Sinn ist in § 3 Abs. 1 der DurchfBest. zum UStG. der Begriff der öffentlichen Gewalt dahin umgrenzt, daß eine Ausübung der öffentlichen Gewalt insbesondere anzunehmen ist, wenn die Aufgaben auf Leistungen gerichtet sind, zu deren Annahme der Leistungsempfänger auf Grund gesetzlicher oder behördlicher Anordnung verpflichtet ist. Ähnlich die Begriffsbestimmung in § 2 Abs. 2 der Ersten GewStDVO. Übt eine Körperschaft hoheitsrechtliche Befugnisse aus, so ist gleichgültig, ob die in Betracht kommenden Tätigkeiten auch von privaten Unternehmen ausgeübt werden könnten. Zu bemerken ist hierbei, daß die öffentlich-rechtlichen Körperschaften berechtigt sind, den Kreis der Aufgaben zu umschreiben, die sie als hoheitsrechtliche ansehen wollen.

Als zu einem öffentlichen Dienst oder Gebrauch bestimmt sind weiter jene Steuergegenstände anzusehen, die zum Gebrauch durch das Publikum bestimmt sind. Die zu einem öffentlichen Gebrauch bestimmten Gebäude müssen grundsätzlich jedermann zugänglich sein; Gebäude, die nur einem bestimmten Kreise der Bevölkerung zugänglich sind, sind nicht zum Gebrauch durch die Allgemeinheit bestimmt. Gemäß § 4 Abs. 1 Satz 2 GrStDVO. sind nicht als Allgemeinheit anzuerkennen die im § 17 Abs. 4 des StAnpG. bezeichneten Personenkreise. § 17 Abs. 4 StAnpG. bestimmt: „Ein Personenkreis ist nicht als Allgemeinheit anzuerkennen, wenn er durch ein engeres Band, wie Zugehörigkeit zu einer Familie, zu einem Familienverband oder zu einem Verein mit geschlossener Mitgliederzahl, durch Anstellung an einer bestimmten Anstalt und dergleichen fest abgeschlossen ist oder wenn infolge seiner Abgrenzung nach örtlichen oder beruflichen Merkmalen, nach Stand oder Religionsbekenntnis oder nach mehreren dieser Merkmale die Zahl der in Betracht kommenden Personen dauernd nur klein sein kann."

Nicht erforderlich ist für den Begriff des öffentlichen Diensts und Gebrauchs, daß der Gebrauch ein schrankenloser ist. Mit der Grundsteuerfreiheit verträgt es sich, daß der öffentliche Gebrauch in einer bestimmten Weise — z. B. durch polizeiliche oder ähnliche Vorschriften — geregelt ist. Weiter ist für den Begriff des öffentlichen Diensts oder Gebrauchs nicht erforderlich, daß der öffentliche Dienst oder Gebrauch unentgeltlich stattfinden. Öffentliche Zwecke und Entgelt sind keine unvereinbaren Gegensätze, wenn das Entgelt nur eine gelegentliche und nebensächliche Folge der öffentlichen Benutzung ist. Der öffentliche Dienst und Gebrauch wird deshalb nicht dadurch ausgeschlossen, daß für ihn vom Publikum ein Entgelt — in Gestalt z. B. von Anerkenntnis- und Verwaltungsgebühren, Eintrittsgeldern usw. — verlangt wird. Nur darf der Steuergegenstand nicht vorwiegend in der Absicht der Gewinnerzielung benutzt werden, es muß vielmehr die Absicht, dem Gebrauche durch das Publikum zu dienen, im Vordergrunde stehen.

Nach dem Gesagten sind zweifellos grundsteuerfrei die Dienst-(Verwaltungs-)Gebäude der öffentlichen Behörden, der Wehrmacht, der Reichspost, der Reichsmonopolverwaltung, weiter die öffentlichen Schulen, Gymnasien und Universitäten — soweit sie im Eigentum einer der begünstigten Körperschaften stehen (zu vgl. die Ziff. 7). Im übrigen werden gerade auf diesem Gebiete sehr erhebliche Zweifel auftauchen. Zu vgl. im einzelnen noch die nachst. Anm. 4.

Den Gegensatz zu den öffentlichen Zwecken bilden die privatwirtschaftlichen Zwecke. Wenn sich die begünstigten Körperschaften am privatwirtschaftlichen Verkehr und Erwerb beteiligen, überschreiten sie den Rahmen der ihnen übertragenen öffentlichen Aufgaben; der Grundbesitz, der solchen Zwecken dient, ist grundsteuerpflichtig. Steuerpflichtig ist deshalb der werbende Grundbesitz der Gebietskörperschaften, d. i. der Grundbesitz, der wirtschaftlich genutzt wird und Erträgnisse abwirft; hierher gehören die Staatsdomänen, Staatsforsten, Stadtgüter, Stadtwälder, der Wohn- und Geschäftshausbesitz, ferner Gebäude, die gewerblichen Zwecken dienen.

c) Insbesondere der Begriff der Herstellung und Lagerung von Gegenständen (§ 4 Abs. 3 GrStDVO., Ziff. 9 der GrR.)

Als öffentlicher Dienst oder Gebrauch ist nicht anzusehen die Herstellung oder Gewinnung von Gegenständen, die für einen öffentlichen Dienst oder Gebrauch bestimmt sind. Dagegen fällt die Lagerung derartiger Gegenstände nach ihrer Übernahme aus dem Betrieb, in dem sie hergestellt oder gewonnen sind, unter den Begriff des öffentlichen Diensts oder Gebrauchs, wenn die Lagerung dem Zweck dient, die Gegenstände für eine Verwendung im öffentlichen Dienst oder Gebrauch bereitzustellen.

Beispiele aa) Das Gärtnereigrundstück einer Stadtgemeinde, auf dem sie Bäume usw. zur Bepflanzung öffentlicher Anlagen zieht, ist steuerpflichtig. Dagegen ist der der Stadt gehörige Platz, auf dem die Bäume lagern, um zur Bepflanzung der Anlagen verwendet zu werden, steuerfrei.

bb) Wenn Dienstbehörden (z. B. die Polizei, der Arbeitsdienst, die Reichspost, die Reichszollverwaltung) die Dienstbekleidung für ihre Angehörigen in eigener Werkstätte herstellen lassen, so ist das Grundstück, das diesen Zwecken dient, steuerpflichtig. Dagegen ist das Grundstück, in dem die Dienstbekleidung nach ihrer Abnahme für die spätere Verwendung aufbewahrt wird, steuerfrei.

Werden die Angehörigen öffentlicher Einrichtungen (z. B. Polizei, Arbeitsdienst usw.), aus eigenen Küchenbetrieben verpflegt, so darf die Vorschrift auf die Räume, in denen die Speisen hergerichtet werden, nicht angewendet werden. Die Wirtschaftsräume dieser Betriebe sind vielmehr dem Grundstücksteil zuzurechnen, der den steuerbegünstigten Zwecken dient.

d) Die Vorschrift des § 4 Abs. 4 GrStDVO. Nach ausdrücklicher Vorschrift des § 4 Abs. 4 GrStDVO. ist öffentlicher

Dienst oder Gebrauch nicht anzunehmen bei Betrieben, die der Versorgung der Bevölkerung mit Gas, Wasser, Elektrizität oder Wärme, dem öffentlichen Verkehr oder dem öffentlichen Hafenbetrieb dienen. Es handelt sich hier um die sog. Versorgungsbetriebe, die der Aufbringungsumlage, der Körperschaftsteuer und auch der Gewerbesteuer unterliegen. Fraglich erscheint, ob der Grundsatz des § 4 Abs. 4 GrStDVO. ausnahmslos gilt. Es sind wohl Fälle denkbar, in denen ein derartiger Betrieb nicht in erster Linie der Versorgung der Bevölkerung, sondern Zwecken z. B. der Gesundheitspolizei dient, also für einen öffentlichen Dienst verwendet wird. Für diese Ausnahmefälle wäre wohl Grundsteuerfreiheit anzunehmen. Grundsteuerpflicht ist hiergegen gegeben, wenn ein städtisches Elektrizitätswerk auch die Beleuchtung öffentlicher Straßen und Plätze, ein städtisches Wasserwerk auch die Speisung öffentlicher Brunnen und die Bewässerung öffentlicher Garten- und Grünanlagen besorgt.

4. Beispiele für die Annahme eines öffentlichen Diensts oder Gebrauchs (Ziffern 10, 11 und 12 der GrR.). Die Gr.R. führen in der Ziff. 11 Beispiele für die Fälle auf, in denen die Annahme eines „öffentlichen Diensts oder Gebrauchs" im Sinn des Ges. in Betracht kommen kann, und in der Ziff. 12 Beispiele für Fälle, in denen das Vorliegen eines „öffentlichen Diensts oder Gebrauchs" im allgemeinen nicht zu bejahen ist. Die Aufzählungen führen, was besonders betont werden soll, nur Beispiele zur Frage des „öffentlichen Diensts oder Gebrauchs", nicht aber schlechthin Beispiele für grundsteuerbefreite Grundstücke auf. Die Grundstücke, die den aufgeführten Einrichtungen dienen, sind daher steuerbefreit nur dann, wenn alle Befreiungsvoraussetzungen vorliegen: in Betracht kommt — neben der dauernden Benutzung (§ 2 GrStDVO.) und der unmittelbaren Benutzung (§ 6 Abs. 1 des Ges.) — insbesondere die Voraussetzung, daß die Einrichtung vom Reich, einem Land, einer Gemeinde oder einem Gemeindeverband (§ 3 GrStDVO.) betrieben wird; denn für eine Befreiung unter dem Gesichtspunkt der „Benutzung für einen öffentlichen Dienst oder Gebrauch" kommen im vorneherein nur Einrichtungen in Betracht, die von diesen öffentlich-rechtlichen Körperschaften unterhalten werden. Soweit daher der Grundbesitz von anderen Körperschaften oder Privatpersonen für die Zwecke verwendet wird, die den Beispielen zugrunde liegen, sind die Beispiele nicht zu verwenden. Wenn also in den Beispielen Badeanstalten als einem öffentlichen Dienst oder Gebrauch gewidmet aufgeführt sind, so bedeutet das lediglich, daß im Regelfall davon auszugehen ist, daß Grundbesitz, der von den erwähnten öffentlich-rechtlichen Körperschaften unmittelbar zum Betrieb einer Badeanstalt benutzt wird, einem öffentlichen Dienst oder Gebrauch dient; dagegen sind Badeanstalten, die ein Privatmann betreibt, auch wenn der Grund und Boden einer der erwähnten Körperschaften gehört, steuerpflichtig. Weiter ist zu beachten, daß die in den Beispielen aufgeführten Einrichtungen dann nicht als einem öffentlichen Dienst oder Gebrauch dienend angesehen werden können, wenn für ihre Benutzung ein besonders hohes Eintrittsgeld oder Entgelt gefordert wird, und die Anlagen weniger zur Befriedigung eines besonderen öffentlichen Bedürfnisses, als vielmehr als werbender Betrieb geführt werden. Die Frage, ob ein öffentlicher Dienst oder Gebrauch anzunehmen ist, kann hiernach nur unter Berücksichtigung der Umstände des Einzelfalls entschieden werden. Von Bedeutung wird hier vor allem sein, ob die durch die Einrichtungen erhobenen Preise unter Berücksichtigung der allgemeinen wirtschaftlichen Verhältnisse als niedrig zu bezeichnen sind, wobei ein Vergleich mit den Preisen, wie sie ein privates Unternehmen fordern müßte, zweckdienlich sein kann. Ein wichtiges Unterscheidungsmerkmal wird besonders darin zu finden sein, daß die Einrichtung mit einer gewissen Regelmäßigkeit Zuschüsse seitens der Gebietskörperschaft erhält oder nicht. Im ersteren Fall wird auf die Benutzung für einen öffentlichen Dienst oder Gebrauch zu schließen sein. Nach dem Gesagten wäre es nicht ausgeschlossen, daß Autoparkplätze, Badeanstalten, Theater usw. im Einzelfall als nicht einem öffentlichen Dienst oder Gebrauch dienend anzusehen sind; das wäre dann der Fall, wenn für ihre Benutzung Entgelte gefordert werden, die der betreibenden Körperschaft Gewinne ermöglichen. Unter den gleichen Voraussetzungen könnte auch bei Altersheimen, allenfalls auch Armenhäusern die Voraussetzung des öffentlichen Diensts oder Gebrauchs nicht mehr als gegeben angenommen werden. Zu beachten bleibt schließlich noch, daß der Grundbesitz, auf welchem die Einrichtungen von den begünstigten Körperschaften unterhalten werden, im Eigentum der Körperschaften stehen muß. Betreibt die Körperschaft auf dem einer nicht begünstigten Person (zu vgl. auch § 4 Ziff. 6) gehörigen Grundstück eine Einrichtung, die an sich einem öffentlichen Dienst oder Gebrauch dient, so wäre die Steuerbefreiung zu versagen.

Beispiele für die Annahme eines öffentlichen Diensts oder Gebrauchs (GrR. Ziffer 11).

Abdeckereien,
Abfuhr (Beseitigung) von Abfällen, Abwässern, Fäkalien und Müll (wegen Müllverwertung vgl. Ziff. 12),
Altersheime,
Arbeitshäuser,
Armenhäuser,
Autoparkplätze,
Badeanstalten,
Bakteriologische Untersuchungsanstalten,
Bau- und Schirrhöfe, wenn die Voraussetzungen des § 4 Abs. 3 GrSt.-DVO. vorliegen,
Bedürfnisanstalten,
Berghoheitsverwaltung: Verwaltungsgebäude der Aufsichtsbehörden,
Bewahrungsanstalten,
Blindenheime,
Bodendenkmale, wenn sie ertraglos sind,
Botanische Gärten,
Büchereien,
Desinfektionsanstalten,
Erziehungsanstalten,
Feuerbestattungsanstalten,

Feuerwehren,
Forschungsanstalten,
Freibäder (Sommerbäder),
Friedhofshallen,
Fürsorge: Anstalten der öffentlichen Fürsorge und der Fürsorgeerziehung,
Gesundheitswesen,
Grün- und Parkanlagen als öffentliche Erholungsstätten,
Hauptgestüte und Landgestüte, soweit sie unmittelbar der Pferdezucht gewidmet sind (z. B. Koppeln), nicht dagegen, soweit sie im übrigen einem land- und forstwirtschaftlichen Betrieb dienen,
Heil- und Pflegeanstalten (z. B. Irrenanstalten),
Hochschulen,
Kindergärten, Kinderhorte,
Kliniken,
Konzentrationslager,
Konzerthäuser,
Krankenhäuser,
Krippenhäuser (Säuglingsheime),
Krüppelheime,
Lagergrundstücke, wenn die Voraussetzungen des § 4 Abs. 3 GrSt.-DVO. vorliegen,
Landesaufnahme, Reichsamt für L. einschl. der Druckerei,
Landjahrheime,
Lehr- und Versuchsanstalten,
Leihämter,
Lesehallen,
Lotsendienst,
Lotterien,
Luftschutzanlagen,
Lungenfürsorgestellen,
Marksteinschutzflächen trigonometrischer Punkte,
Markthallen,
Müllabfuhr,
Münzen,
Museen einschließlich der Schlösser, Gärten, Ruinen und sonstigen Grundstücke, soweit sie ausschließlich aus musealen Gründen unterhalten und nicht für steuerpflichtige Zwecke benutzt werden,
Mütterfürsorgestellen,
Nahrungsmitteluntersuchung, Anstalten zur N.,
Naturschutzflächen, wenn sie ertragslos sind,
Obdachlosenheime,
Pumpstationen,
Reichsmonopolverwaltung für Branntwein,
Reichspost (mit Ausnahme der Reichsdruckerei und der Personenbeförderung auf Omnibussen im Linienverkehr und Gelegenheitsverkehr, vgl. Ziff. 12),
Säuglingsfürsorgestellen,
Schlachthöfe (wegen Viehmärkten vgl. Ziff. 12),
Schulen jeder Art (auch Berufs-, Fachschulen usw.),

Schullandheime,
Siechenhäuser,
Spiel-, Sport- und Turnplätze einschl. der sportlichen Anlagen,
Strafvollzugsanstalten der Reichsjustizverwaltung,
Straßenreinigung,
Straßenwärtergehöfte, soweit sie nicht Wohnzwecken dienen (§ 5 des Gesetzes),
Taubstummenanstalten,
Theater und Theatermagazine,
Tiergärten,
Trinkerheilstätten,
Volksküchen,
Waisenhäuser,
Wärmehallen,
Wehrmacht:
- Bäckereien (da überwiegend der Lagerung, Erprobung und Ausbildung dienend),
- Befestigung,
- Bekleidungsämter (da überwiegend der Lagerung, Erprobung und Ausbildung dienend),
- Dienstgebäude für Kommando- und Verwaltungsbehörden und Truppen,
- Fachschulen (einschl. Versuchsgärten für Fachschulen und landwirtschaftliche Lehrbetriebe),
- Flughäfen der Luftwaffe,
- Hafen- und Schleusenanlagen der Kriegsmarine,
- Kasinos, Kantinen,
- Lazarette und Heilstätten,
- Minendepots,
- Munitionsniederlagen, -anstalten und -nebenanstalten,
- Öllager,
- Remonteämter, soweit sie unmittelbar der Vorbereitung der Pferde gewidmet sind (z. B. Koppeln), nicht dagegen, soweit sie im übrigen einem land- und forstwirtschaftlichen Betrieb dienen,
- Sanitäts- und Veterinärparks,
- Schießstände und -plätze,
- Sperrdienst,
- Sportplätze,
- Straßen (wehrmachteigene),
- Torpedoversuchsanstalten,
- Übungsplätze aller Art (einschließlich der sog. Sicherheitsstreifen),
- Verpflegungsämter,
- Versuchs-, Erprobungs- und Forschungsanstalten,
- Waschanstalten,
- Werkstätten der Truppe und der Verwaltungsbehörden,
- Zeugämter, Nebenzeugämter,

Wetterwarten,
Wissenschaftliche Institute,
Zoologische Gärten (einschl. Aquarium).

Fälle, in denen ein öffentlicher Dienst oder Gebrauch nicht anzunehmen ist (GrR. Ziff. 12).

Ausstellungshallen,
Backhäuser,
Banken: Reichsbank, Staatsbanken, kommunale Banken, Stadtbanken,
Bauhöfe, wenn die Voraussetzungen des § 4 Abs. 3 GrStDVO. nicht vorliegen,
Baumschulen, auch wenn die Bestände für die Bepflanzung von Straßen usw. verwendet werden,
Börsen,
Brauereien,
Domänen,
Druckereibetriebe mit Ausnahme von Hausdruckereien, die nur für den Eigenbedarf der Behörde tätig sind,
Elektrizitätswerke,
Fernheizwerke,
Feuerkassen, Feuersozietäten,
Forstämter und Förstereien einschließlich der Forstdienstgehöfte (wenn die betriebswirtschaftlichen Zwecke überwiegen) —

Nicht alle staatlichen Forstämter dienen überwiegend betriebswirtschaftlichen Zwecken. Viele von ihnen haben vielmehr auch hoheitliche Aufgaben zu erfüllen (Aufsicht über Gemeinde- und Privatwaldungen, Waldgüter und Schutzforsten, Forst- und Jagdpolizei u. a.). Es ist daher im einzelnen Fall zu prüfen, welche Aufgaben überwiegen, und dementsprechend über die steuerliche Behandlung des Steuergegenstands nach § 6 Absätze 2 und 3 GrStG. zu entscheiden. — Ebenso liegen die Verhältnisse zuweilen bei den staatlichen Forstdienstgehöften. —

Gärtnereien,
Gaswerke,
Giroverbände, Girokassen,
Heizwerke,
Lagergrundstücke, wenn die Voraussetzungen des § 4 Abs. 3 GrStDVO. nicht vorliegen,
Messehallen,
Milchzentralen,
Müllverwertung (wegen Abfuhr von Müll vgl. Ziff. 11),
Porzellanmanufakturen,
Reichspost: Reichsdruckerei und Personenbeförderung auf Omnibussen im Linienverkehr und Gelegenheitsverkehr (vgl. Ziff. 11),
Rieselfelder,
Schweinemästereien,
Sparkassen,
Überlandzentralen,
Verkehrsunternehmungen (vgl. jedoch Schienenwege, § 4 Ziff. 9 a des Gesetzes),
Versicherungsanstalten, Versorgungsbetriebe,
Viehhöfe, Viehmärkte (wegen Schlachthöfe vgl. Ziff. 11),
Wasserwerke, Ziegeleien.

5. Die steuerliche Behandlung der Reichspost. Einer besonderen Betrachtung bedürfen noch die Verhältnisse bei der Reichspost. Für die Reichspost enthält weder das Gesetz noch die Durchführungsverordnung besondere Vorschriften; auf sie ist vielmehr die allgemeine Vorschrift anzuwenden, nach der Grundbesitz des Reichs von der Grundsteuer befreit ist, wenn er vom Reich (oder einem anderen begünstigten Verband — Ziff. 6 —) für einen öffentlichen Dienst oder Gebrauch benutzt wird. Nach den Grundsteuerrichtlinien (Ziff. 11) dienen ganz allgemein einem öffentlichen Dienst oder Gebrauch die Einrichtungen der Reichspost. Eine Ausnahme bilden lediglich die Reichsdruckerei und die Personenbeförderung auf Omnibussen im Linienverkehr und Gelegenheitsverkehr. Grundstücke, auf denen die diesen Sparten dienenden Einrichtungen errichtet sind, unterliegen also der Grundsteuer. Der übrige Grundbesitz der Reichspost, also auch derjenige, der der Einrichtung der Landkraftposten gewidmet ist, ist dagegen grundsteuerfrei.

6. Die steuerliche Behandlung des Reichsarbeitsdiensts. Der Reichsarbeitsdienst ist eine Einrichtung des Reichs (Reichsarbeitsdienstgesetz vom 26. Juni 1935, RGBl. I S. 769). Er untersteht dem Reichsminister des Innern. Die Dienststellen des Reichsarbeitsdiensts sind Dienststellen des Reichs. Das gilt auch für den weiblichen Arbeitsdienst. Die Vorschriften über die Arbeitsdienstpflicht der weiblichen Jugend sind zwar im Reichsarbeitsdienstgesetz (§ 9) besonderer Regelung vorbehalten worden; nach Art. 1 der Siebenten Durchführungsverordnung vom 15. August 1936 (RGBl. I S. 633) sind jedoch auch die Dienststellen des Arbeitsdiensts für weibliche Jugend Dienststellen des Reichsarbeitsdiensts. Die Vorschrift des § 4 Ziff. 1a GrStG. (öffentlicher Dienst oder Gebrauch) ist daher auf den gesamten Arbeitsdienst anzuwenden.

Die oben unter Ziff. 4 aufgeführten Beispiele für die Fälle, in denen die Annahme eines öffentlichen Diensts oder Gebrauchs in Betracht kommen kann, werden hinsichtlich des Reichsarbeitsdiensts wie folgt ergänzt:

R e i c h s a r b e i t s d i e n s t (Arbeitsdienst für die männliche Jugend, Arbeitsdienst für die weibliche Jugend):

Dienst- und Verwaltungsgebäude des Reichsarbeitsdiensts,
Gerätelager,
Kasinos, Kantinen,
Kraftwagendepots,
Lazarette und Heilstätten,
Lebensmittellager und Küchen,
Schulen,
Schießstände,
Sportplätze,
Straßen (reichsarbeitsdiensteigene),
Übungsplätze (arbeitstechnische),
Verpflegungsämter,
Waschanstalten,
Werkstätten bei den Gruppen und Abteilungen, nicht jedoch bei den Gauen.

Ziff. 1b (§ 5 GrStDVO., Ziffern 13, 14 und 15 GrR.).

Nach Ziff. 1b des § 4 GrStG. ist befreit Grundbesitz des Reichs, der zum Reichseisenbahnvermögen gehört und von der Deutschen Reichsbahn für ihre Betriebs- und Verwaltungszwecke benutzt wird.

Die Befreiung beschränkt sich beim Grundbesitz, der für Betriebszwecke benutzt wird, auf die Hälfte der an sich zu entrichtenden Steuer.

1. Allgemeines. Die Grundsteuerbefreiung des Grundbesitzes der Reichsbahn, der gemäß § 6 des Reichsbahngesetzes in der Fassung vom 13. März 1930 (RGBl. II S. 369) innerhalb des Reichsgrundbesitzes ein Sondervermögen, nämlich das Reichseisenbahnvermögen, darstellt, war für das Grundsteuerrecht der Länder in § 4 Abs. 3 des Ges. über die gegenseitige Besteuerung in der Fassung des Gesetzes vom 17. Juli 1930 (RGBl. I S. 215) geregelt. Darnach war das gesamte Reichseisenbahnvermögen (also auch die Wohnhäuser) von der Grundsteuer des Landes befreit. Von der Grundsteuer der Gemeinden und Gemeindeverbände war es nur insoweit befreit, als das Unternehmen „Deutsche Reichsbahn" am 12. Februar 1924 der Steuer der Gemeinden und Gemeindeverbände nicht unterworfen war. Die Regelung des Grundsteuerrahmengesetzes entsprach dieser Regelung.

Das GrStG. regelt die Befreiung des Reichseisenbahnvermögens neu. Nach allgemeiner Auffassung dient die Tätigkeit der Reichsbahn grundsätzlich unmittelbar der Volksgemeinschaft und liegt damit im öffentlichen Interesse. Die Reichsbahn — ebenso wie die Reichspost — kann deshalb an sich den werbenden Betrieben des Reichs nicht ohne weiteres gleichgestellt werden. Die Behandlung ihres Grundbesitzes als „für einen öffentlichen Dienst oder Gebrauch benutzt" und die sich daraus ergebende völlige Freistellung ihres Grundbesitzes würde vor allem die finanzielle Lage zahlreicher Gemeinden gefährden, da der dem Betrieb gewidmete Grundbesitz der Reichsbahn nach dem Steuerrecht fast aller Länder gemeindegrundsteuerpflichtig ist und dafür erhebliche Beträge an Grundsteuern an die Gemeinden gezahlt werden. Auf diese Beträge sind die Gemeinden auch künftig angewiesen. Es war deshalb notwendig, eine Regelung zu treffen, die einerseits dem Grundsatz der gleichen Behandlung Rechnung trägt und auf der anderen Seite die bisherigen Einnahmen der Gemeinden nicht wesentlich schmälert. Das GrStG. macht daher einen Unterschied zwischen Grundbesitz, der für Verwaltungszwecke benutzt wird, und Grundbesitz, der den Betriebszwecken der Reichsbahn dient. Im ersteren Fall ist der Grundbesitz entsprechend der gegenwärtigen Handhabung in den meisten Ländern völlig steuerbefreit. Der den Betriebszwecken der Reichsbahn dienende Grundbesitz ist dagegen nach dem Steuerrecht der meisten Länder zwar landessteuerfrei, jedoch gemeindegrundsteuerpflichtig. Um dieser Tatsache Rechnung zu tragen und doch zu einer einheitlichen, einfachen Regelung zu gelangen, beschränkt das Gesetz die Befreiung dieses Grundbesitzes auf die Hälfte der nach § 21 GrStG. an sich zu entrichtenden Steuer.

2. Die Abgrenzung des steuerbefreiten und steuerpflichtigen Grundbesitzes im einzelnen. Nach dem unter 1 Gesagten sind beim Reichseisenbahnvermögen zu unterscheiden:

a) Grundbesitz, der für Verwaltungszwecke benutzt wird; dieser ist von der Grundsteuer in vollem Umfange befreit;

b) Grundbesitz, der für Betriebszwecke verwendet wird; dieser ist zur Hälfte von der Grundsteuer befreit;

c) Grundbesitz, der weder Betriebs- noch Verwaltungszwecken dient; dieser ist voll grundsteuerpflichtig.

Die DurchfVO. führt in § 5 Abs. 1 und 2 in erschöpfender Weise den Grundbesitz, der für Verwaltungszwecke benutzt wird (Abs. 1), und den Grundbesitz, der weder Betriebs- noch Verwaltungszwecken dient Abs. 2), auf. Der gesamte übrige Grundbesitz dient Betriebszwecken.

3. Der Verwaltungszwecken dienende Grundbesitz der Reichsbahn. Als Grundbesitz, der für Verwaltungszwecke der Deutschen Reichsbahn benutzt wird, sind gemäß § 5 Abs. 1 GrStDVO. für die Grundsteuer nur anzusehen die Verwaltungsgebäude des Reichsverkehrsministeriums, der Zentralämter (einschließlich der örtlich getrennten Versuchstellen), der Reichsbahndirektionen, der Oberbetriebsleitungen, der Betriebsämter, der Verkehrsämter, der Maschinenämter, der Neubauämter (einschließlich deren Baubüros), der Verkehrskontrollen.

Nicht auf Grund der Ziff. 1 b, sondern auf Grund anderer Ziffern des § 4 sind außerdem steuerbefreit:

a) Straßen, Wege und Plätze, die zum Reichseisenbahnvermögen gehören, soferne sie dem öffentlichen Verkehr dienen. Ihre Befreiung ergibt sich aus § 4 Ziff. 9a des Ges. Hierher gehören vor allem Zufahrtsstraßen, Bahnhofplätze usw. Wegen des Umfangs der Befreiung zu vgl. § 18 GrStDVO., Anm. 2 zu § 4 Ziff. 9.

b) die Schienenwege der Reichseisenbahnen (§ 19 GrStDVO.); was im einzelnen zu den Schienenwegen gehört, wird im § 19 GrSt.-DVO. aufgeführt (zu vgl. Anm. 2a zu § 4 Ziff. 9);

c) Grundbesitz, der von einer der unter § 4 Ziffern 1 bis 5a des Gesetzes genannten Körperschaften, Personenvereinigungen, Vermögensmassen oder Verbände für ihre nach § 4 Ziffern 1 bis 5 des Ges. begünstigten Zwecke benutzt wird (§ 4 Ziff. 6 des Ges.)

Beispiele: aa) Die Reichsbahn stellt ein Grundstück, das zum Reichseisenbahnvermögen gehört, der Reichspost für Bahnpostzwecke oder dem Unternehmen „Reichsautobahnen" für Bürozwecke entgeltlich oder unentgeltlich zur Verfügung. Das Grundstück ist befreit.

bb) Ein Grundstück, das zum Reichseisenbahnvermögen gehört, ist der NS.-Volkswohlfahrt für Zwecke des Winterhilfswerks überlassen. Das Grundstück ist befreit.

cc) Ein Grundstück, das zum Reichseisenbahnvermögen gehört, wird von einem Sportverein für sportliche Zwecke benutzt. Das Grundstück ist befreit, wenn das Reichssportamt den Sportverein anerkannt hat (zu vgl. § 7 Abs. 1 GrStDVO.).

4. Der Grundbesitz, der weder für Betriebs- noch für Verwaltungszwecke der Deutschen Reichsbahn benutzt wird (§ 5 Abs. 2 GrStDVO.). Zum Grundbesitz, der weder für Betriebs- noch für Verwaltungszwecke der Deutschen Reichsbahn benutzt wird, gehört insbesondere Grundbesitz, der Wohnzwecken dient (Ziff. 14 GrR.). Außerdem gehören hierher (§ 5 Abs. 2 GrStDVO.): 1. Bahnhofshotels, Bahnhofswirtschaften, Bahnhofsläden und sonstige Verkaufsstellen, die mit dem Grund und Boden oder den Gebäuden fest verbunden sind, Bahngärtnereien, auch wenn die Bestände für die Bepflanzung von steuerbegünstigtem Grundbesitz verwendet werden; 2. der für Neuanlagen und Erweiterungen bestimmte Grundbesitz (Vorratsgelände); 3. der sonstige, nicht unmittelbar für Zwecke der Deutschen Reichsbahn benutzte Grundbesitz (z. B. Grundbesitz, der vermietet oder verpachtet oder für eine spätere Abfindung oder für eine spätere Veräußerung bestimmt ist).

5. Halbbefreiter Grundbesitz des Reichseisenbahnvermögens. Von der Hälfte der an sich zu entrichtenden Steuer ist befreit Grundbesitz, der für Betriebszwecke benutzt wird (§ 4 Ziff. 1 b des Ges.). Das ist der gesamte Grundbesitz, der nicht unter die vorstehenden Ziffern 3 und 4 fällt. Hierher gehören u. a. die Diensträume der Bahnhofvorsteher — also insbesondere deren Büros, die Kassenräume, die Räume für Fahrkartenausgabe usw. —, die Verwaltungsgebäude der Reichsbahnausbesserungswerke.

Ziff. 1c (§ 6 GrStDVO., Ziffern 16 und 17 GrR.).

Von der Grundsteuer ist befreit Grundbesitz des Unternehmens „Reichsautobahnen", der von ihm für seine Betriebs- oder Verwaltungszwecke benutzt wird.

1. Allgemeines. Das GrStG. behandelt den Grundbesitz des Unternehmens „Reichsautobahnen", der für seine Betriebs- und Verwaltungszwecke benutzt wird, ebenso wie dasjenige Vermögen des Reichs, das für einen öffentlichen Dienst oder Gebrauch benutzt wird. Gegenüber der bisherigen Rechtslage (vgl. § 10 der VO. vom 7. August 1933, RGBl. II S. 521) bedeutet das insoweit eine Einschränkung der Steuerbefreiung, als nach § 5 GrStG. — ebenso wie beim Reich — Wohnhäuser in keinem Fall mehr befreit sind.

2. Steuerbefreiter und steuerpflichtiger Grundbesitz im einzelnen. Von der Grundsteuer befreit ist der Grundbesitz, der für die Betriebs- und Verwaltungszwecke des Unternehmens benutzt wird; der übrige Grundbesitz ist steuerpflichtig. Für die Grundstücksgruppen, die hiernach voll steuerfrei oder voll steuerpflichtig sind, enthalten die GrR. in den Ziffern 16 und 17 eine Zusammenstellung.

a) In vollem Umfang steuerfrei sind (Ziff. 16 GrR.):

aa) Grundbesitz, der für Betriebs- und Verwaltungszwecke des Unternehmens benutzt wird (§ 4 Ziff. 1 c des Ges.). Hierunter fallen (Ziff. 16 GrSt.):

α) Verlade- und Umschlagsanlagen, Anschlußstellen, Haltestellen für Kraftomnibusse, Rast- und Parkplätze, Wärterhäuser und Straßenmeistereigehöfte, soweit sie nicht Wohnzwecken dienen;

β) die Diensträume (Sitzungssäle, Geschäftszimmer) der Direktion der Reichsautobahnen, der Obersten Bauleitungen, der Bauabteilungen und ihrer Abwicklungsstellen und der Straßenmeistereien;

bb) Kraftfahrbahnen (§ 4 Ziff. 9 a des Ges., § 18 GrStDVO.).

b) In vollem Umfang steuerpflichtig ist (Ziff. 17 GrStG.): Grundbesitz, der weder für Betriebs- noch für Verwaltungszwecke des Unternehmens benutzt wird (§ 6 GrStDVO.). Hierher gehört insbesondere

Grundbesitz, der Wohnzwecken dient (§ 5 des Ges.); als Grundbesitz, der weder für Betriebs- noch für Verwaltungszwecke des Unternehmens „Reichsautobahnen" benutzt wird, sind außerdem für die Grundsteuer anzusehen (§ 6 GrStDVO.): 1. Tankstellen, Werkstätten für Kraftwagen und Rasthäuser; 2. Grundbesitz, der dem im § 5 Abs. 2 GrStDVO. bezeichneten entspricht — d. h. a) zu den Reichsautobahnen gehörige Hotels, Wirtschaften, Läden und sonstige Verkaufsstellen, die mit dem Grund und Boden oder den Gebäuden fest verbunden sind, Gärtnereien, auch wenn die Bestände für die Bepflanzung von steuerbegünstigtem Grundbesitz verwendet werden, b) der für Neuanlagen und Erweiterungen bestimmte Grundbesitz (Vorortsgelände), c) der sonstige, nicht unmittelbar für Zwecke der Reichsautobahnen benutzte Grundbesitz (z. B. Grundbesitz, der vermietet oder verpachtet oder für eine spätere Abfindung oder für eine spätere Veräußerung bestimmt ist). —

Ziff. 2

1. Allgemeines. Nach der Ziff. 2 ist der Grundbesitz der Nationalsozialistischen Deutschen Arbeiterpartei und verschiedener Verbände der Partei von der Grundsteuer befreit, wenn der Grundbesitz von dem Eigentümer für seine Aufgaben benutzt wird. Die Vorschriften sind im wesentlichen den Vorschriften, wie sie für den Grundbesitz des Reichs gelten, nachgebildet; leitender Gedanke ist, daß die Partei und deren begünstigte Verbände nicht schlechter, auf der anderen Seite aber auch nicht besser wie das Reich gestellt werden sollen. Wenn der Grundbesitz des Reichs insoweit grundsteuerbefreit ist, als er für einen öffentlichen Dienst oder Gebrauch benutzt wird, so ist der Grundbesitz der Partei und deren Verbände befreit, wenn er für die Aufgaben der Partei benutzt wird.

2. Die begünstigten Rechtspersonen.

a) D i e P a r t e i. Unter der Nationalsozialistischen Deutschen Arbeiterpartei ist nicht nur die Partei als solche, sondern auch die Gliederungen und Dienststellen der Partei zu verstehen. Die Gliederungen besitzen keine eigene Rechtspersönlichkeit und haben kein eigenes Vermögen; Rechtsperson und Vermögensträger ist nur die Partei (§ 4 der VO. vom 29. März 1935, RGBl. I S. 502). Die Gliederungen der Partei sind gegenwärtig folgende: Die SA., die SS., das Nationalsozialistische Kraftfahrkorps (NSKK.), der NS.-Deutsche Dozentenbund, der NS.-Deutsche Studentenbund, die NS.-Frauenschaft. Die Hitlerjugend ist durch Gesetz über die Hitlerjugend vom 1. Dezember 1936 (RGBl. I S. 993) eine Dienststelle des Reichs, eine Reichsbehörde, geworden und scheidet damit als Gliederung der Partei aus; auf die Hitlerjugend ist somit Ziff. 1 a, gegebenenfalls Ziff. 6 des Ges. anzuwenden. Die NSBO. und NS.-Hago sind Dienststellen der Partei.

Sind die Gliederungen und Dienststellen nur unselbständige Bestandteile der Partei, so liegt eine Benutzung durch die Partei auch dann vor, wenn der Gegenstand von einer Gliederung oder Dienststelle benutzt wird. Besitzt die Partei ein Grundstück und überläßt sie es einer Gliederung, so ist die Befreiung auf Grund der Vorschrift in Ziff. 2 a gegeben.

b) Die begünstigten Verbände. Neben der Partei und deren Gliederungen und Dienststellen ist eine Reihe von Verbänden der Partei begünstigt: es sind dies: der Zweckverband Reichsparteitag Nürnberg, die NS.-Volkswohlfahrt e. V., die NS.-Kriegsopferversorgung e. V., der Reichsluftschutzbund e. V., der Reichsverband für Deutsche Jugendherbergen e. V., die Technische Nothilfe e. V. An Stelle des unter Ziff. 2 Buchst. f des Ges. aufgeführten Deutschen Luftsportverbandes e. V. ist nach dem Erlaß des Führers und Reichskanzlers vom 17. April 1937 (RGBl. I S. 529) das Nationalsozialistische Fliegerkorps (NSFK.) getreten (Ziff. 18 der GrR.).

Die begünstigten Verbände sind in Ziff. 2 des § 4 GrStG. erschöpfend aufgeführt; weitere Verbände sind also nicht begünstigt. Der Grundsteuer unterliegt damit, soweit nicht die Ziffern 7 oder 8 des § 4 einschlagen, in vollem Umfange der Grundbesitz des NS.-Deutschen Ärztebundes, des NS.-Deutschen Rechtswahrerbundes, des NS.-Lehrerbundes e. V., des Reichsbundes der Deutschen Beamten e. V., des NS.-Bundes Deutscher Technik und der Deutschen Arbeitsfront (einschließlich der NS.-Gemeinschaft „Kraft durch Freude"), des Reichsbundes der Kinderreichen, des Reichskolonialbundes, des Volksbundes Deutsche Kriegsgräberfürsorge usw. Die Tatsache, daß ein Verband sich in ausschließlich gemeinnütziger Weise betätigt, ist kein Steuerbefreiungsgrund.

In § 2 Abs. 2 des Gesetzes vom 15. April 1935 über die Befreiung des Grundbesitzes der Nationalsozialistischen Deutschen Arbeiterpartei (RGBl. I S. 508), das für das bisherige Grundsteuerrecht die Befreiungsbestimmungen für die Partei enthielt, waren als begünstigte Verbände noch aufgeführt der Freiwillige Arbeitsdienst und der Arbeitsdank e. V. Der Freiwillige Arbeitsdienst fehlt im GrStG., weil der an seine Stelle getretene Reichsarbeitsdienst eine Einrichtung des Reichs ist und deshalb auf ihn die Vorschrift in Ziff. 1 a des Gesetzes anzuwenden ist. Der Arbeitsdank e. V. besteht als solcher nicht mehr. Seine Aufgaben hat die Deutsche Arbeitsfront übernommen.

3. Umfang der Steuerbefreiung. Der Grundbesitz der Partei, ihrer Gliederungen und Dienststellen sowie der Verbände ist soweit befreit, als er für die Aufgaben der Partei benutzt wird. Welches diese Aufgaben im einzelnen sind, ergibt sich aus den entsprechenden Gesetzen sowie Satzungen der Gliederungen und Verbände. Soweit der Grundbesitz von dem Eigentümer nicht für diese Aufgaben benutzt wird, unterliegt er der Grundsteuer. Grundbesitz der Partei, der Wohnzwecken, auch Dienstwohnzwecken, ferner werbenden Zwecken dient, ist damit steuerpflichtig.

4. Vergleich mit dem bisherigen Rechtszustand. Die Vorschrift des § 2 Ziff. 2 GrStG. soll im wesentlichen die Regelung des Gesetzes über die Befreiung des Grundbesitzes der Nationalsozialistischen Deutschen Arbeiterpartei von der Grundsteuer und der Gebäudeentschuldungsteuer vom 15. April 1935 (RGBl. I S. 508) ersetzen, soweit sich dieses Gesetz auf die Grundsteuer bezieht. Gegenüber diesem Gesetze ergibt sich allerdings abgesehen von einigen Abweichungen formeller Art, die aus Umorganisationen von in diesem Gesetz aufgeführten Verbänden zu erklären sind, eine wesentliche Abweichung sachlicher Art:

Nach § 3 des Gesetzes war unter gewissen Umständen auch Grundbesitz steuerbefreit, der von Dritten, auch Privatpersonen, der Partei zur Verfügung gestellt wurde. Nach Ziffer 2 des § 4 beschränkt sich die Grundsteuerfreiheit auf den Grundbesitz, der der Partei oder den begünstigten Verbänden gehört. Grundbesitz, den Partei oder Verbände für ihre Aufgaben benutzen, der aber einem andern gehört, ist also auch dann nicht befreit, wenn der Grundbesitz ihnen unentgeltlich überlassen wird. Ausnahmen ergeben sich aus der Verkoppelungsvorschrift des § 4 Ziff. 6 GrStG.

Zu bemerken ist, daß das oben genannte Gesetz vom 15. April 1935 durch das Grundsteuergesetz aufgehoben wird, soweit es sich auf die Grundsteuer bezieht; das Gesetz hat deshalb Bedeutung nur noch für die Gebäudeentschuldungsteuer (Geldentwertungsabgabe).

Ziff. 3

Grundsteuerbefreit ist gemäß Ziff. 3 Grundbesitz:

a) des Reichs, eines Lands, einer Gemeinde oder eines Gemeindeverbands,

b) einer inländischen Körperschaft, Personenvereinigung oder Vermögensmasse, die nach der Satzung, Stiftung oder sonstigen Verfassung und nach ihrer tatsächlichen Geschäftsführung ausschließlich und unmittelbar mildtätigen Zwecken dient,

wenn der Grundbesitz von dem Eigentümer für mildtätige Zwecke benutzt wird.

1. Allgemeines. § 3 Abs. 1 Ziff. 2 GrRG. gewährte unter bestimmten Voraussetzungen u. a. Befreiung wegen Benutzung des Grundbesitzes für gemeinnützige oder für mildtätige Zwecke. Demgegenüber sieht das Grundsteuergesetz eine Befreiung wegen Gemeinnützigkeit nicht mehr vor. Die Grundsteuer ist eine Objektsteuer. Sie hat den Grundbesitz zum Steuergegenstand und zwar grundsätzlich nach seinen objektiven Verhältnissen. Die persönlichen Verhältnisse des Eigentümers scheiden im allgemeinen aus. Es entspricht deshalb durchaus dem Wesen der Grundsteuer, wenn sich das Grundsteuergesetz der neueren Entwicklung auf dem Gebiet des Steuerrechts anschließt und die Gemeinnützigkeit als Befreiungsgrund aufhebt. Dagegen ist die Mildtätigkeit als Befreiungsgrund beibehalten worden.

2. Voraussetzungen der Steuerbefreiung. Voraussetzung der Steuerbefreiung ist, daß der Grundbesitz einer nach Ziff. 3 Buchst. a oder b begünstigten Körperschaft usw. gehört und daß der Grundbesitz von dem Eigentümer für mildtätige Zwecke benutzt wird. Nicht steuerbefreit ist hiernach Grundbesitz, der zwar für mildtätige Zwecke zur Verfügung gestellt wird, aber anderen Personen als den steuerbegünstigten Körperschaften gehört; die Verkoppelungsvorschrift der Ziff. 6 ist anwendbar.

3. Die begünstigten Eigentümer. Begünstigte Eigentümer sind:

a) das Reich, die Länder, die Gemeinden und Gemeindeverbände, d. h. also die Gebietskörperschaften,

b) alle inländischen Körperschaften, Personenvereinigungen und Vermögensmassen, gleichgültig, ob sie die Rechtsfähigkeit besitzen oder nicht und ob sie öffentlich-rechtlicher oder privatrechtlicher Natur sind. Zu den Körperschaften zählen jedenfalls die Kapitalgesellschaften (Aktiengesellschaften, Kommanditgesellschaften auf Aktien, Gesellschaften mit beschränkter Haftung, Kolonialgesellschaften, bergrechtlichen Gewerkschaften), die Erwerbs- und Wirtschaftsgenossenschaften, die Versicherungsvereine auf Gegenseitigkeit, ferner die — rechts- und nichtrechtsfähigen — Vereine, die — rechts- und nichtrechtsfähigen — Stiftungen. „Personenvereinigung" ist ein Zusammenschluß von Einzelpersonen oder juristischen Personen oder nichtrechtsfähigen Vereinigungen oder mehrerer dieser Gruppen ohne Rücksicht darauf ob die Form dieser Vereinigung ausdrückliche Regelung gefunden hat oder nicht. Eine solche Personenvereinigung kann rechtsfähig sein, muß es aber nicht sein. Zu den Personenvereinigungen gehören zweifelsfrei die offenen Handelsgesellschaften, Kommanditgesellschaften, Gesellschaften des bürgerlichen Rechts.

Nach Buchst. b ist nur solcher Grundbesitz steuerfrei, der im Eigentum inländischer Personenvereinigungen usw. steht. Da Eigentumsrechte nur rechtsfähige (natürliche oder juristische) Personen besitzen können, so könnte man bei buchstäblicher Auslegung des Gesetzes folgern, daß unter den Personenvereinigungen nur solche zu verstehen sind, die Rechtsfähigkeit besitzen. Das würde der Absicht des Gesetzgebers nicht entsprechen; es kann kein Unterschied sein, ob z. B. ein bebautes Grundstück von einem rechtsfähigen oder nichtrechtsfähigen Verein zu mildtätigen Zwecken verwendet wird. Nun kann allerdings im Grundbuch ein nichtrechtsfähiger Verein nach § 54 BGB. nicht als Eigentümer eingetragen werden; das Eigentum wird vielmehr nur auf die Namen der einzelnen Mitglieder eingetragen, wobei nach § 47 Grundbuchordnung zu vermerken ist, daß ihnen das Recht nur als Mitgliedern des Vereins zusteht. Auch bei einer Gesellschaft nach §§ 705 ff. BGB. werden im Grundbuch die einzelnen Gesellschafter als Eigentümer eingetragen. Damit ist aber hinsichtlich des Eigentums dem Erfordernis des Buchst. b genügt. Ist die Personenvereinigung nicht rechtsfähig, so ist das Grundstück als im Eigentum der Personenvereinigung stehend anzusehen, wenn es im Eigentum der Mitglieder der Personenvereinigung steht.

Unter die Vermögensmassen fallen die Anstalten, Zweck- und Sammelvermögen. Unter Anstalt ist dabei nach Oertmann (Komm. z. BGB. §§ 80, 89) jeder verselbständigte, aber nicht auf körperschaftlichem Zusammenschluß einer Vielheit von Mitgliedern oder Stiftungsakten beruhende soziale Organismus zu verstehen. Zweckvermögen ist eine selbständige, einem bestimmten Zweck gewidmete Vermögensmasse, die aus dem Vermögen des Widmenden ausgeschieden ist und eigene Einkünfte besitzt. Zu den Zweckvermögen gehören (neben den Anstalten) insbesondere die Sammelvermögen, die Unterstützungskassen (zu vgl. RFH. Bd. 9 S. 325, Bd. 10 S. 240, Bd. 16 S. 67,

Bd. 21 S. 301). Ein Zweckvermögen liegt auch vor, wenn die Einkünfte eines Nachlaßvermögens der Verfügung der Erben entzogen sind und das Vermögen später nicht den Erben oder ihren Rechtsnachfolgern auszuhändigen ist. Als Eigentümer von Grundbesitz können Vermögensmassen nur dann in Betracht kommen, wenn sie Rechtsfähigkeit besitzen. Es gilt aber hier Entsprechendes wie hinsichtlich der nichtrechtsfähigen Personenvereinigungen: Das Grundstück gilt als im Eigentum der Vermögensmasse stehend, wenn der Verwalter des Zweckvermögens Eigentümer des Grundbesitzes ist.

4. Die besonderen Voraussetzungen der Steuerfreiheit nach Ziff. 3 b. Der Grundbesitz der in der Ziff. 3 b genannten Körperschaften usw. ist steuerbefreit nur dann, wenn die Körperschaft usw. a) eine inländische ist, b) nach der Satzung, Stiftung oder sonstigen Verfassung und nach ihrer tatsächlichen Geschäftsführung c) ausschließlich und d) unmittelbar mildtätigen Zwecken dient. Es handelt sich insoweit um Voraussetzungen, die aus den Personensteuergesetzen geläufig sind.

a) Begriff der inländischen Körperschaft usw. Die Körperschaften usw. müssen inländische sein. Eine Körperschaft usw. ist dann eine inländische, wenn sie entweder ihre Geschäftsleitung oder ihren Sitz im Inland hat. Inland ist das gesamte Gebiet des Deutschen Reichs im staatsrechtlichen Sinn, wie es sich nach Rückgliederung des Saarlandes darstellt. Zum Inland gehören auch die sogenannten Zollausschlüsse (Zollausschlüsse Hamburg-Freihafen, Hamburg-Waltershof, Cuxhafen, Bremerhaven, Bremen, Emden, Kiel sowie die Insel Helgoland und die zu Baden gehörigen Orte Büsingen und Büttenhardter Höfe) sowie die Freibezirke in Stettin und die Freizone in Lübeck. Nicht zum Inland gehören die sogenannten Zollanschlüsse Mittelberg und Jungholz.

Gemäß § 15 Abs. 1 StAnpG. ist Geschäftsleitung im Sinn der Steuergesetze der Mittelpunkt der geschäftlichen Oberleitung. Was als Mittelpunkt der geschäftlichen Oberleitung anzusehen ist, kann nur für den Einzelfall an Hand der tatsächlichen Verhältnisse beantwortet werden. Maßgebend ist im allgemeinen die örtliche Stelle, von der die gesamten oder die wesentlichen Anordnungen und Erklärungen ausgehen, von der insbesondere die tatsächlichen Entscheidungen für die Geschäftsführung getroffen werden (RFH. Bd. 35 S. 133).

Von der „Geschäftsleitung" ist der „Sitz" eines Unternehmens begrifflich zu unterscheiden, wenngleich in der Wirklichkeit sich beide Begriffe meistens decken werden. Während die Geschäftsleitung sich nach den tatsächlichen Verhältnissen richtet, wird der Sitz durch ein rechtliches Merkmal gekennzeichnet. Maßgebend ist nach § 15 Abs. 3 StAnpG. zunächst das, was der Gesellschaftsvertrag, das Stiftungsgeschäft oder die entsprechende Regelung darüber bestimmen. Diese Bestimmung bezeichnet dann auch steuerrechtlich den Sitz der Körperschaft, Personenvereinigung oder Vermögensmasse. Die Vorschrift des § 15 Abs. 3 Satz 1 StAnpG. steht mit den Bestimmungen im Einklang, die das BGB. in den §§ 24 und 30 Nr. 3 und die ZPO. in § 17 Abs. 1 Satz 2 enthalten. Sie ist ferner mit zwingenden Vorschriften des Handelsrechts zu verbinden; dieses schreibt für die meisten Handelsgesellschaften vor, daß der Sitz im Gesellschaftsvertrag oder in der Satzung festgelegt werden muß (zu vgl. § 5 des Aktiengesetzes für die AG., § 219 des Aktiengesetzes für die Kommanditges. a. A. usw.). Fehlt es jedoch an einer solchen Bestimmung, so gilt nach § 15 Abs. 3 Satz 2 StAnpG. als Sitz der Ort, an dem sich die Geschäftsleitung befindet oder die Verwaltung geführt wird. Dieser Ort ist immer nach den tatsächlichen Verhältnissen zu ermitteln.

Hat eine Körperschaft oder Personenvereinigung, die nach bürgerlichem Recht selbständig ist, die sich aber wirtschaftlich als ein in der Gliederung eines Unternehmens gesondert geführter Betrieb darstellt, weder ihre Geschäftsleitung noch ihren Sitz im Inland, so wird sie im Sinn der Steuergesetze so behandelt, als befände sich ihre Geschäftsleitung an dem Ort, an dem 1. die beherrschende natürliche Person: ihren Wohnsitz oder, wenn ein Wohnsitz im Inland fehlt, ihren gewöhnlichen Aufenthalt, 2. die beherrschende Körperschaft, Personenvereinigung oder Vermögensmasse: ihre Geschäftsleitung oder, wenn eine Geschäftsleitung im Inland fehlt, ihren Sitz hat (§ 15 Abs. 2 StAnpG.).

Bei Organgesellschaften ist maßgebend der Ort ihrer Geschäftsleitung, nicht der der übergeordneten Gesellschaft. Hat die Organgesellschaft ihre Geschäftsleitung oder ihren Sitz im Inland, so fällt sie unter die Befreiung.

b) Festlegung der begünstigten Zwecke in der Satzung. Die Körperschaften usw. müssen nach der Satzung, Stiftung oder sonstigen Verfassung und nach ihrer tatsächlichen Geschäftsführung den begünstigten Zwecken dienen. Es muß hiernach eine Satzung, Stiftung oder sonstige Verfassung vorhanden sein, die für den Betrieb nicht nur vorübergehend gilt — daß die Körperschaft den mildtätigen Zwecken bloß tatsächlich, d. h. ohne satzungsmäßige Festlegung dient, genügt also nicht —. Die Satzung kann durch einen je nach den Bedürfnissen gefaßten Beschluß der Körperschaft nicht ersetzt werden (RFH. Bd. 32 S. 166/69). Bei Gesellschaften gilt als Satzung der Gesellschaftsvertrag („sonstige Verfassung"). Eine Ausnahme von dem Erfordernis der satzungsmäßigen Festlegung hat der RFH. in dem Urt. Bd. 23 S. 304 insoferne zugelassen, als man bei historischen Gebilden (z. B. bei den aus früheren Klöstern hervorgegangenen ritterschaftlichen Versorgungsanstalten) gelten lassen könne, daß die Satzung nicht in einer erschöpfenden schriftlichen Aufzeichnung der für die betreffende Körperschaft maßgebenden Bestimmungen zu bestehen brauche, sondern daß an Stelle solcher Aufzeichnungen ganz oder zum Teil auf das Herkommen verwiesen werde, aus dem auf die tatsächliche Geschäftsgebarung der Körperschaft im allgemeinen mit hinreichender Sicherheit geschlossen werden könne (zu vgl. auch Urt. III A 244/34 vom 29. Nov. 1934 = RStBl. 35 S. 626). In der Satzung usw. muß eine Bestimmung enthalten sein, die die Widmung der Körperschaft usw. zu den begünstigten Zwecken vorsieht und sie dabei so deutlich ausspricht, daß sich ohne weiteres ersehen läßt, daß der Begriff der Mildtätigkeit nicht verkannt ist. Bei einer Stiftung kann die fehlende Satzungsbestimmung, daß bei Auflösung der Stiftung oder bei Wegfall der bisherigen Zwecke das Vermögen der Stiftung für steuerbegünstigte Zwecke zu verwenden ist, nicht durch die Vorschriften der §§ 87, 88 mit 46 BGB. ersetzt werden (Urt. I A 319/36 vom 17. Nov. 1936 = RStBl. 1937 S. 273).

Die Verfolgung der begünstigten Zwecke darf nicht bloß auf dem Papier stehen; es ist vielmehr notwendig, daß sich, was im Gesetz unmittelbar zum Ausdruck kommt, die Körperschaft usw. auch in mildtätiger Weise tatsächlich betätigt. In diesem Sinn hat der RFH. einer Personenvereinigung, die nach ihrer Satzung ausschließlich gemeinnützigen Zwecken dienen sollte, die aber eine Reihe von Jahren hindurch nichts Ernstliches unternahm, um ihre satzungsmäßigen Zwecke zu erfüllen, die Anerkennung der Körperschaftsteuerfreiheit versagt (zu vgl. Urt. I A 36/31 vom 31. Jan. 1933 = RFH. Bd. 26 S. 167). Eine Stiftung ist nicht mildtätig, wenn sie, ohne ihre satzungsmäßigen Zwecke tatsächlich zu erfüllen, lediglich Vermögen ansammelt, um in Zukunft wieder mildtätig zu wirken (Urt. III A 58/37 vom 9. April 1937 = RStBl. 1937 S. 542).

c) Die begünstigten Zwecke müssen ausschließlich verfolgt werden. Nach den entsprechenden Bestimmungen in den Durchführungsverordnungen zum Körperschaftsteuer-, Vermögensteuer- und Gewerbesteuergesetz dienen Körperschaften, Personenvereinigungen oder Vermögensmassen nur dann ausschließlich (gemeinnützigen) mildtätigen (oder kirchlichen) Zwecken, wenn sie andere als die in den §§ 17 bis 19 des Steueranpassungsgesetzes bezeichneten Zwecke nicht verfolgen und außerdem die folgenden Voraussetzungen erfüllen:

1. Der Anteil der Mitglieder oder Gesellschafter am Reingewinn darf satzungsgemäß und tatsächlich vier vom Hundert der eingezahlten Kapitalanteile und, bei nicht voll eingezahlten Kapitalanteilen, vier vom Hundert der Einlagen nicht übersteigen. Außerdem muß sichergestellt sein, daß den Mitgliedern sonstige Vermögensvorteile nicht zugewendet werden.

2. Es darf niemand durch unverhältnismäßig hohe Vergütungen (z. B. Aufsichtsratsvergütungen, Vorstandsgehälter) oder durch Verwaltungsausgaben, die dem Zweck der Körperschaft fremd sind, begünstigt werden.

3. Es muß satzungsgemäß vorgeschrieben und tatsächlich sichergestellt sein,

a) daß die Mitglieder bei ihrem Ausscheiden oder bei Auflösung der Körperschaft nicht mehr als ihre Kapitalanteile und, wenn die Kapitalanteile nicht voll eingezahlt sind, nicht mehr als die Einlagen zurückerhalten;

b) daß bei Auflösung der Körperschaft oder bei Wegfall der bisherigen Zwecke das Vermögen der Körperschaft usw. für mildtätige Zwecke verwendet wird, soweit es in diesem Zeitpunkt die Kapitalanteile der Mitglieder und, bei nicht voll eingezahlten Kapitalanteilen, die eingezahlten Einlagen übersteigt".

Das Wort „ausschließlich" ist absolut eindeutig in dem Sinn, daß ein irgendwie geartetes Übergreifen der Körperschaft usw. auf andere als mildtätige Zwecke die Steuerbefreiung verwirkt. Von einer ausschließlich mildtätigen Betätigung kann nicht mehr die Rede sein, wenn neben den mildtätigen Zwecken auch andere, insbesondere Erwerbs- oder eigennützige Zwecke, verfolgt werden. Eine Stiftung ist z. B. nicht mehr ausschließlich mildtätig, wenn auch nur unbeachtliche Teile ihrer Einkünfte für nicht mildtätige Nebenzwecke — z. B. auch für gemeinnützige Zwecke — verwendet werden oder wenn sich die Stifter vorab für sich oder für ihre Familienmitglieder lebenslängliche Renten festgesetzt haben (Urt. I Aa 801/28 vom 8. Jan. 1929 = RStBl. 1929 S. 143). Das Erfordernis der Ausschließlichkeit wird nicht verletzt, wenn eine an sich mildtätigen Zwecken dienende Stiftung einen Teil ihrer Erträgnisse in Erfüllung einer der Stiftung bei ihrer Errichtung gemachten Auflage für nichtsteuerbegünstigte Zwecke verwendet (zu vgl. RFH. Bd. 32 S. 255). Ein Heim, in welchem neben den Kindern unbemittelter Eltern auch die Kinder bemittelter Eltern Aufnahme finden, dient nicht ausschließlich mildtätigen Zwecken (Urt. III A 194/36 vom 10. Dez. 1936 = RStBl. 1937 S. 21).

Es muß satzungsmäßig und tatsächlich sichergestellt sein, daß bei Auflösung der Körperschaft usw. das Vermögen der Körperschaft usw. für mildtätige Zwecke verwendet wird. Wenn der Reichsinnungsverband eines Berufsstandes nach der Satzung eines Vereins die Gewähr dafür übernimmt, daß das Vermögen des (gemeinnützige oder) mildtätige Zwecke verfolgenden Vereins bei der Vereinsauflösung oder beim Wegfall der bisherigen Zwecke für gleiche Zwecke verwendet wird, dann ist hierin eine Sicherstellung der Verwendung des Vermögens zu erblicken (Urt. III A 164/36 vom 10. Dez. 1936 = RStBl. 1937 S. 166). Nach dem Urt. VI a A 6/36 vom 7. Aug. 1937 = RStBl. 1937 S. 1178 muß die Verwendung des ganzen im Zeitpunkt der Auflösung oder des Wegfalls der bisherigen Zwecke vorhandenen Vermögens zu den steuerbegünstigten Zwecken satzungsgemäß vorgeschrieben und tatsächlich sichergestellt sein.

d) Die Körperschaften usw. müssen den steuerbegünstigten Zwecken unmittelbar dienen. Die Körperschaften, Personenvereinigungen und Vermögensmassen müssen mit dem steuerbegünstigten Zweck in unmittelbarem Zusammenhange stehen (RFH. Bd. 22 S. 204; Bd. 25 S. 103). Es genügt nicht, daß bloß die von der Körperschaft usw. erzielten Überschüsse steuerbegünstigten Zwecken zugeführt werden, während die Körperschaft selbst auf einen nichtbegünstigten Zweck gerichtet ist. Eine Stiftung, die eine Brauerei betreibt, dient nicht deshalb unmittelbar mildtätigen Zwecken, weil sie die aus der Brauerei gewonnenen Erträgnisse charitativen Zwecken zuführt. Es liegt insoweit lediglich eine mittelbare Förderung der mildtätigen Zwecke vor.

e) Begriff der mildtätigen Zwecke. Gemäß § 18 Abs. 1 StAnpG. sind mildtätig solche Zwecke, die ausschließlich und unmittelbar darauf gerichtet sind, bedürftige Deutsche Volksgenossen zu unterstützen. Bedürftig sind gemäß Abs. 2 solche Personen, die infolge ihrer wirtschaftlichen Lage der Hilfe bedürfen. Mildtätigen Zwecken dienen (Abs. 3) insbesondere Betriebe und Verwaltungen, die ausschließlich zur persönlichen und wirtschaftlichen Hilfeleistung für bedürftige Personen bestimmt sind.

Mildtätigkeit kann nur dort angenommen werden, wo Personen geholfen werden soll, die infolge ihrer wirtschaftlichen Lage der Hilfe bedürfen. Spricht sich die Bedürftigkeit in anderer Richtung aus, dann kann ein Unternehmen, das Abhilfe bringen soll, unter Umständen gemeinnützig sein, es ist aber nicht mildtätig (zu vgl. Urt. I A 128/28 vom 6. Juni 1928).

Mildtätige Zwecke liegen nicht bloß dann vor, wenn den unterstützten Personen bloß das zur Deckung des Existenzminimums Notwendige gewährt wird; Mildtätigkeit kann auch geübt werden, wenn für höhere Lebenszwecke bedürftiger Personen gesorgt werden soll, die sie aus eigenen Mitteln nicht oder nur schwer erreichen können. Der Mangel, dem abgeholfen werden soll, muß aber als Bedürftigkeit angesprochen werden können. Ein Zweck, der darauf gerichtet ist, die Kosten des Besuchs höherer Schulanstalten durch unbemittelte Zöglinge zu bestreiten, ist nicht mildtätig (Urt. I A 227/35 vom 7. April 1936 = RStBl. 36 S. 442, RFH. Bd. 39 S. 202). Der Steuerbefreiung steht nicht entgegen, daß für die Gewährung der Mildtätigkeit, z. B. einer Unterstützung ein Entgelt gewährt wird; nur muß sich dieses Entgelt planmäßig unter dem Betrage des Gewährten halten. Eine Erwerbsabsicht auf seiten des Gebers schließt die Mildtätigkeit aus. Fraglich kann sein, ob die Steuerbefreiung dadurch ausgeschlossen wird, daß die Mildtätigkeit nur an einem bestimmten Personenkreis geübt wird. Die Frage wird zu verneinen sein, wenn es sich um einen Personenkreis handelt, der zwar — durch Religion, Berufsart usw. — begrenzt ist, aber immerhin größer ist und in seiner Zusammensetzung wechselt. In dem Urt. III A 244/34 vom 29. Nov. 1934 = RStBl. 1935 S. 626 wird die Mildtätigkeit bejaht in einem Falle, in welchem in ein Kloster satzungsgemäß unbemittelte Beamtentöchter aufgenommen werden (zu vgl. andererseits des Urt. RFH. Bd. 23 S. 301).

Die Anerkennung der Mildtätigkeit wird dadurch gehindert, daß nach der Satzung die Unterstützungsempfänger Angehörige einer nichtarischen Rasse sind (Urt. III A 194/36 vom 10. Dez. 1936 = RStBl. 37 S. 21).

5. Nutzung des Grundbesitzes durch den Eigentümer für mildtätige Zwecke. Der Grundbesitz muß — unmittelbar (zu vgl. § 6 Abs. 1 GrStG.) — für mildtätige Zwecke verwendet werden. Diesem Grundsatz wird z. B. genügt, wenn auf dem Grundbesitz ein Heim für krüppelhafte Kinder, ein Altersheim errichtet und unterhalten wird; der Vorschrift wird aber nicht genügt, wenn die Grundstücke der Erzielung von Einnahmen dienen, die dann ihrerseits für mildtätige Zwecke verwendet werden. In diesem Sinn ist der Grundbesitz einer Körperschaft, der der Unterhaltung eines werbenden Betriebs dient, nicht steuerbefreit, mögen die aus dem Betrieb erzielten Einkünfte im übrigen auch ausschließlich den steuerbegünstigten Zwecken zugeführt werden. Das gleiche ist der Fall, wenn der Grundbesitz an Dritte vermietet oder verpachtet wird.

Notwendig ist, daß die Körperschaft usw. den steuerbegünstigten Zwecken ausschließlich und unmittelbar dient; dagegen ist nicht notwendig, daß auch der Grundbesitz ausschließlich für diese Zwecke benutzt wird. Die Ausschließlichkeit des von der Körperschaft usw. satzungsmäßig verfolgten mildtätigen Zweckes schließt demgemäß nicht als Mittel zum Zweck die Art einer Betätigung aus, die neben dem satzungsmäßigen Zweck sich auch noch in einer anderen Richtung auswirkt. Die Richtigkeit des Gesagten ergibt sich unmittelbar aus den Bestimmungen des § 6 GrStG.; § 6 Abs. 1 GrStG. verlangt zwar, daß der Steuergegenstand unmittelbar - für die steuerbegünstigten Zwecke genutzt wird; dagegen erhellt aus den Vorschriften der Absätze 2 und 3, daß die ausschließliche Benutzung nicht Voraussetzung der Steuerbefreiung ist. Beispiel: Eine mildtätige Stiftung ist Eigentümerin von Waisenhäusern, Kinderbewahranstalten und Altersheimen. Zur Durchführung ihrer mildtätigen Zwecke besitzt sie einen land- und forstwirtschaftlichen Betrieb, ferner verschiedene gewerbliche Betriebe. Der Grundbesitz, auf dem die Waisenhäuser, Kinderbewahranstalten und Altersheime stehen, ist von der Grundsteuer befreit, wenn die mildtätige Stiftung ihre gesamten Einkünfte den mildtätigen Zwecken zuführt. Die Tatsache, daß eine nach der Satzung usw. und nach ihrer tatsächlichen Geschäftsführung ausschließlich und unmittelbar mildtätigen Zwecken dienende Körperschaft usw. wirtschaftliche Geschäftsbetriebe, die über eine Vermögensverwaltung hinausgehen, ja sogar ausgesprochene Gewerbebetriebe innehat, kann hernach die Grundsteuerfreiheit des Grundbesitzes, der für mildtätige Zwecke unmittelbar benutzt wird, nicht beseitigen. Selbstverständlich ist der Grundbesitz, der nicht unmittelbar für die mildtätigen Zwecke verwendet wird, grundsteuerpflichtig. Die grundsteuerliche Regelung entspricht damit im wesentlichen jener, wie sie für die Körperschaftsteuer, Vermögensteuer und Gewerbesteuer gilt (zu vgl. § 4 Abs. 1 Ziff. 6 KStG., § 3 Abs. 1 Ziff. 6 VStG., § 3 Ziff. 6 GewStG.). Auch hier werden Körperschaften usw., die an sich ausschließlich und unmittelbar mildtätigen Zwecken dienen, nicht deshalb voll steuerpflichtig, weil sie wirtschaftliche Geschäftsbetriebe unterhalten.

Ziff. 4 (§§ 7 und 8 GrStDVO., Ziffern 19 bis 24 GrR.).

Steuerbefreit ist gemäß Ziff. 4 Grundbesitz eines anerkannten Sportvereins, der von ihm für sportliche Zwecke benutzt wird, unter den Bedingungen, die der Reichsminister der Finanzen und der Reichsminister des Innern bestimmen.

1. Allgemeines. Die Frage der Leibesübungen ist für den nationalsozialistischen Staat von lebenswichtiger Bedeutung. Die Turn- und Sportbewegung ist heute eines der wesentlichsten Mittel zur allgemeinen volkspolitischen und volksgesundheitlichen Erziehung des Deutschen Menschen. Dieser Einstellung trägt das GrStG. in Ziff. 4 Rechnung.

2. Die Voraussetzungen der Befreiung. Die Steuerbefreiung gemäß Ziff. 4 hängt von folgenden Voraussetzungen ab:

a) Der Grundbesitz muß im Eigentum eines — vom Reichssportamt anerkannten — Sportvereins stehen; gemäß Ziff. 6 genügt aber, daß der Grundbesitz irgendeiner der in den Ziff. 1 bis 5 a genannten Körperschaften, Personenvereinigungen, Vermögensmassen oder Verbände gehört und von einer anderen derartigen Körperschaft usw. für Sportzwecke benützt wird;

b) es müssen die von dem Reichsminister der Finanzen und von dem Reichsminister des Innern gestellten Bedingungen erfüllt sein.

3. Die begünstigten Sportvereine im besonderen. Als begünstigte Sportvereine kommen gemäß § 7 Abs. 1 GrStDVO. grundsätzlich nur solche Sportvereine in Betracht, die das Reichssportamt anerkannt hat. Das Reichssportamt spricht nach seinen Richtlinien die Anerkennung allgemein für Sportzwecke, nicht etwa für die Zwecke der Grundsteuer aus. Es erteilt über die Anerkennung eine Anerkennungskarte. Die Eigenschaft als anerkannter Sportverein hat der Verein durch Vorlage seiner Anerkennungskarte nachzuweisen. Ein weiterer Grundsatz des Gesetzes ist, daß nur solche Sportvereine begünstigt werden sollen, die der körperlichen Ertüchtigung des Volksgenossen dienen. Motorjachtvereine sind daher, soweit sie den M o t o r bootsport betreiben, von der Befreiung ausgeschlossen; dies gilt auch dann, wenn sie vom Reichssportamt als Sportvereine anerkannt sind (Ziff. 20 Abs. 1 GrR.). Alle übrigen vom Reichssportamt anerkannten Sportvereine sind begünstigt, soweit nicht die Voraussetzungen des § 7 Abs. 2 GrStDVO. (s. u.) vorliegen. Damit ist klargestellt, daß auf die weitaus überwiegende Mehrzahl der Sportvereine die Vorschrift des § 4 Ziff. 4 des Gesetzes anzuwenden ist.

Nicht vom Reichssportamt werden betreut der Luftsport, der Kraftfahrsport und der Pferdesport. Derartige Sportvereine können also auch nicht vom Reichssportamt anerkannt werden und scheiden deshalb für die grundsteuerliche Begünstigung im vorneherein aus. Abgesehen davon dienen Vereine, die dem Kraftfahrsport und dem Pferdesport gewidmet sind, in erster Linie nicht der körperlichen Ertüchtigung der Rennfahrer und Reiter, sondern der Erprobung und Fortentwicklung von Maschinen und der Pferdezucht. Der Luftfahrsport ist gemäß Ziff. 2 Buchst. f begünstigt.

Den anerkannten Sportvereinen im Sinn des Gesetzes sind der Deutsche Reichsbund für Leibesübungen und seine Unterverbände gleichzustellen (Ziff. 19 Abs. 1 GrR.).

Nicht begünstigt sind gemäß § 7 Abs. 2 GrStDVO. 1. Sportvereine, deren Aufwendungen erheblich über das zur Durchführung ihrer sportlichen Zwecke erforderliche Maß hinausgehen; 2. Vereine, die den Sport gewerbsmäßig betreiben (Berufssport). Diese Vereine scheiden für eine grundsteuerliche Vergünstigung auch dann aus, wenn sie vom Reichssportamt anerkannt sind.

Bestehen Zweifel darüber, ob bei einem Sportverein die Aufwendungen erheblich über das zur Durchführung seiner sportlichen Zwecke erforderliche Maß hinausgehen, so hat das Finanzamt ein Gutachten des örtlich zuständigen Beauftragten des Reichssportführers einzuholen (Ziff. 20 Abs. 3 GrR.).

4. Umfang der Befreiung. Als für sportliche Zwecke benutzter Grundbesitz sind gemäß § 8 Abs. 1 und 2 GrStDVO. solche Anlagen (Plätze und Räume) anzusehen, die für die körperliche Ertüchtigung des Volks durch Leibesübungen (Turnen, Spiel, Sport) benutzt werden und für diese Zwecke besonders hergerichtet sind (sportliche Anlagen). Zu den sportlichen Anlagen (Abs. 1) rechnen auch Unterrichts- und Schulungsräume, Übernachtungsräume für Trainingsmannschaften, Umkleide-, Bade-, Dusch- und Waschräume sowie Räume zur Aufbewahrung des Sportgeräts, auch wenn sie für diesen Zweck an Vereinsmitglieder ganz oder teilweise vermietet sind. (Zu bemerken ist, daß der Nebensatz „auch wenn sie für diesen Zweck an Vereinsmitglieder ganz oder teilweise vermietet sind“ sich nur auf Räume zur Aufbewahrung des Sportgeräts bezieht.) Zu den sportlichen Anlagen gehören ferner Unterkunfts- und Schutzhütten von Bergsteiger-, Schi- und Wandervereinen.

In den Unterkunfts- und Schutzhütten von Bergsteiger-, Schi- und Wandervereinen sind (Ziff. 23 Abs. 2 GrR.) die Übernachtungsräume, wenn die übrigen Voraussetzungen für die Steuerbefreiung erfüllt sind, schlechthin befreit — wogegen nach der Regel des § 8 Abs. 2 GrStDVO. Übernachtungsräume nur insoweit steuerbefreit sind, als sie Trainingsmannschaften dienen —. Bedingung ist aber, daß die Hütten lediglich den Vereinsmitgliedern und deren Angehörigen zur Verfügung stehen (Angehörige sind gemäß § 10 StAnpG. folgende Personen: 1. der Verlobte, 2. der Ehegatte, auch wenn die Ehe nicht mehr besteht, 3. Verwandte in gerader Linie und Verwandte zweiten und dritten Grades in der Seitenlinie, 4. Verschwägerte in gerader Linie und Verschwägerte zweiten Grades in der Seitenlinie, 5. durch Annahme an Kindes Statt in gerader Linie Verbundene, 6. Pflegeeltern und Pflegekinder). Können die Hütten auch von anderen Personen benutzt werden, so ist die Vorschrift des § 8 Abs. 2 GrStDVO. — wonach steuerbefreit auch Übernachtungsräume sind — nicht anwendbar. In Ziff. 23 Abs. 2 GrR. erklären sich jedoch die beteiligten Reichsminister damit einverstanden, daß die Befreiungsbestimmung auch auf die Übernachtungsräume in solchen Unterkunfts- und Schutzhütten derartiger Vereine angewendet wird, die auch von Nichtmitgliedern benutzt werden. Voraussetzung ist dabei, daß die Hütten nicht im Wettbewerb mit dem privaten Gaststättengewerbe stehen. Da die Hütten der Sektionen des Deutschen und Österreichischen Alpenvereins, welch letzterer zu den anerkannten Sportvereinen gehört, in der Regel weitab von privaten Gaststätten liegen, werden die Übernachtungsräume in den meisten Hütten dieser Sektionen steuerbefreit sein. Zahlreiche Hütten — besonders anderer Vereine in den deutschen Mittelgebirgen — liegen jedoch in Nachbarschaft von privaten Gaststätten, oft sogar unmittelbar neben ihnen; sie kommen deshalb für eine Steuerbefreiung nicht in Betracht.

Werkstättenräume gehören nur dann zu den sportlichen Anlagen, wenn in ihnen lediglich Arbeiten an den Sportgeräten des Vereins oder seiner Mitglieder vorgenommen werden und sich die Arbeiten *auf die laufende Instandhaltung* beschränken (§ 8 Abs. 4 GrStDVO.). Soweit in ihnen *Instandsetzungen* vorgenommen werden, ist Steuerfreiheit grundsätzlich nicht gegeben. Nach Ziff. 24 GrR. darf jedoch diese Vorschrift nicht kleinlich angewendet werden. Gelegentliche kleine Instandsetzungsarbeiten sollen für die Befreiung derartiger Räume nicht schädlich sein.

Zu jedem einem Sportverein gehörigen Grundstück gehören kleinere Flächen, die nicht unmittelbar für sportliche Zwecke benutzt werden. Soweit solche Flächen das übliche Maß nicht überschreiten, ist von ihrer Heranziehung zur Grundsteuer abzusehen. Dies gilt auch dann, wenn auf ihnen bei Wettspielen die Zuschauer zu stehen pflegen. (Beispiel: die Geländestreifen an den Seiten von Fußballplätzen.) Dagegen sind besonders große derartige Flächen mit oder ohne Tribünenaufbauten heranzuziehen. Grundstücksflächen mit Zuschauertribünen unterliegen wohl regelmäßig der Grundsteuer.

Zu den sportlichen Anlagen gehören gemäß § 8 Abs. 3 GrStDVO. insbesondere solche Räume nicht, die der Erholung oder der Geselligkeit dienen. Wie in Ziffer 23 Abs. 1 der GrR. bemerkt wird, darf bei Anwendung der Vorschrift nicht kleinlich verfahren werden. Gegen die Befreiung kleinerer, einfach ausgestatteter Räume, die der Erfrischung der Sporttreibenden dienen, bestehen keine Bedenken. Der Grundsteuer unterliegen dagegen für alle Fälle Gast- und Vergnügungsräume in den Gebäuden der Sportvereine, in denen Erfrischungen auch an Dritte abgegeben werden, ferner selbstverständlich auch die Dienstwohnungen und — wie erwähnt — auch besondere Zuschauertribünen. Räume, in denen die Beratungen der Vorstandschaft des Sportvereins abgehalten werden, sind dagegen als steuerfrei anzusehen.

Ziff. 5

Gemäß Ziff. 4 GrStG. ist von der Grundsteuer befreit

a) Grundbesitz, der dem Gottesdienst einer öffentlich-rechtlichen Religionsgesellschaft gewidmet ist;

b) Grundbesitz einer öffentlich-rechtlichen Religionsgesellschaft oder einer anderen Körperschaft des öffentlichen Rechts, der von der Religionsgesellschaft für Zwecke der religiösen Unterweisung benutzt wird;

c) Grundbesitz einer öffentlich-rechtlichen Religionsgesellschaft oder einer anderen Körperschaft des öffentlichen Rechts, der von der Religionsgesellschaft für ihre Verwaltungszwecke benutzt wird.

1. Allgemeines. Die Ziffer 4 enthält in drei verschiedenen Tatbeständen die Steuerbefreiungen für den Grundbesitz, der von öffentlich-rechtlichen Religionsgesellschaften für die Durchführung ihrer verschiedenen Zwecke benutzt wird. Gemeinsam ist den drei Tatbeständen, daß nur solcher Grundbesitz grundsteuerbefreit ist, der von öffentlich-rechtlichen Religionsgesellschaften genutzt wird;

eine Grundsteuerbefreiung für Grundbesitz, der von nichtöffentlich-rechtlichen Religionsgesellschaften genutzt wird, ist nicht vorgesehen. Im übrigen sind die drei Tatbestände verschieden: Buchst. a enthält eine der wenigen Grundsteuerbefreiungen, die ohne Rücksicht auf die Person des Eigentümers gewährt werden; die Grundsteuerbefreiungen der Buchstaben b und c hängen davon ab, daß einmal der Grundbesitz einer öffentlich-rechtlichen Religionsgesellschaft oder einer anderen Körperschaft des öffentlichen Rechts gehört und daß er außerdem von einer öffentlich-rechtlichen Religionsgesellschaft für steuerbegünstigte Zwecke benutzt wird. Da die Verkoppelungsvorschrift der Ziffer 6 auch für die Fälle der Ziffern 5 b und c gilt, ist Grundbesitz, der von einer öffentlich-rechtlichen Religionsgesellschaft für Verwaltungszwecke und für Zwecke der religiösen Unterweisung benutzt wird, von der Grundsteuer befreit, wenn der Grundbesitz gehört a) demjenigen, der den Grundbesitz benutzt, oder b) einer anderen Körperschaft des öffentlichen Rechts oder c) einer der in § 4 Ziffern 2 bis 4 genannten Körperschaften usw. (§ 13 GrStDVO.).

Die Grundsteuerbefreiungen zugunsten öffentlich-rechtlicher Religionsgesellschaften sind in der Ziff. 4 erschöpfend aufgeführt; die in § 3 Abs. 1 Ziff. 8 GrStRG. enthaltene Bestimmung, wonach von der Grundsteuer auch befreit sind „Gegenstände einer Religionsgesellschaft, soweit sie auf Grund einer vor dem Inkrafttreten des GrStRG. bestehenden landesrechtlichen Vorschrift über die in Abs. 1 Ziff. 2 Satz 2 GrStRG. hinaus von der Grundsteuer oder der entsprechenden Steuer befreit waren und diese Befreiung als eine Staatsleistung im Sinn des Art. 173 RVerf. anzusehen wäre", ist nicht übernommen worden.

Die Befreiungen der öffentlichen Religionsgesellschaften sind den Befreiungen angepaßt worden, wie sie das Reich, die Länder und die Gemeinden genießen. Der Vorschrift, daß diese Körperschaften für den Grundbesitz befreit sind, der für einen öffentlichen Dienst oder Gebrauch benutzt wird, entspricht es, wenn der Grundbesitz der öffentlich-rechtlichen Religionsgesellschaften, der dem Gottesdienst gewidmet ist oder für Zwecke der religiösen Unterweisung und für Verwaltungszwecke benutzt wird. Ebenso wie der gesamte werbende Grundbesitz des Reichs und alle Dienstwohnungen unterliegen auch die Pfarr- und Kirchenländereien und die Dienstwohnungen der Kultusdiener der Grundsteuer und ebenso wie die Kasernen- und Lagerunterkünfte der Wehrmacht usw. von der Grundsteuer befreit sind, so trifft dies auch hinsichtlich der gemeinschaftlichen Wohnräume in Prediger- und Priesterseminaren zu.

2. Begriff der Religionsgesellschaft des öffentlichen Rechts. Für die Abgrenzung der in der Ziff. 5 enthaltenen Steuerbefreiungen spielt der Begriff der öffentlich-rechtlichen Religionsgesellschaft eine erhebliche Rolle.

a) Allgemeines zum Begriff der öffentlich-rechtlichen Religionsgesellschaft. Für die Beantwortung der Frage, welche Religionsgesellschaften solche des öffentlichen Rechts sind, ist nicht das kirchliche Recht, sondern das staatliche Recht sowohl des Reichs als auch noch der Länder entscheidend; denn es handelt sich hier nicht um eine innerlichgeistliche, sondern um eine äußerlich-weltliche Angelegenheit der Religionsgesellschaft. Den Ausgangspunkt bildet dafür auch heute noch Art. 137 der RVerf., die zwar nicht mehr als Ganzes und als Staatsgrundgesetz, aber nach wie vor in Einzelvorschriften und als schlichtes Reichsgesetz in Geltung ist. Nach Art. 137 Abs. 5 RVerf. bleiben die Religionsgesellschaften Körperschaften des öffentlichen Rechts, soweit sie solche bisher waren, und sind anderen Religionsgesellschaften auf ihren Antrag gleiche Rechte zu gewähren, wenn sie durch ihre Verfassung und die Zahl ihrer Mitglieder die Gewähr der Dauer bieten; auch ist, wenn mehrere derartige öffentlich-rechtliche Religionsgesellschaften sich zu einem Verbande zusammenschließen, dieser Verband eine öffentlich-rechtliche Körperschaft. Dabei unterläßt es die RVerf. wie überhaupt das Reichsrecht, diesen Begriff eindeutig zu bestimmen. Die RVerf. bezeichnet lediglich das Besteuerungsrecht als eine reichsrechtliche Auswirkung des Besitzes öffentlicher Körperschaftsrechte, überläßt aber im übrigen die Begriffsbestimmung dem Landesrecht (Art. 137 Abs. 8) und der theoretisch-praktischen Entwicklung. Letztere hat einen eindeutig feststehenden Begriff der Körperschaft des öffentlichen Rechts nicht zu gestalten vermocht; auch das BGB. hat es unterlassen, eine Begriffsbestimmung zu geben, es vielmehr der Praxis und der Rechtsprechung überlassen, Grundsätze zu bilden.

Im übrigen und im einzelnen unterliegen die Rechtsverhältnisse der öffentlich-rechtlichen Religionsgesellschaften nach Art und Maß der landesrechtlichen Regelung. Die Länder treffen auch nach wie vor die Bestimmung, welche einzelnen Religionsgesellschaften die Voraussetzungen für den Besitz öffentlicher Körperschaftsrechte erfüllen. Sie sind dabei jedoch an die Weisung des Reichs gebunden, daß sie den altkorporierten Religionsgesellschaften ihre Eigenschaft als Körperschaft des öffentlichen Rechts belassen und anderen bei Erfüllung der gesetzlichen Voraussetzungen („wenn sie durch ihre Verfassung und die Zahl ihrer Mitglieder die Gewähr der Dauer bieten") gleiche Rechte, d. h. die Stellung als Körperschaft des öffentlichen Rechts, verleihen müssen. Haben die zuständigen Landesbehörden entschieden, daß eine Körperschaft die Eigenschaft einer Körperschaft des öffentlichen Rechts besitzt, dann gilt die Körperschaft für die Steuerbehörde als öffentlich-rechtliche Körperschaft.

b) Nach Reichsrecht sind folgende Religionsgesellschaften Körperschaften des öffentlichen Rechts: Die Deutsche Evangelische Kirche (Reichsges. über die Verfassung der Deutschen Evangelischen Kirche vom 14. Juli 1933, RGBl. I S. 471), die Ev. Landeskirche Nassau-Hessen (2. DurchfVO. zum RG. zur Sicherung der Deutschen Evangelischen Kirche vom 5. November 1935 (RGBl. I S. 1283), die Ev. Landeskirche Kurhessen-Waldeck (4. DurchfVO. zum RG. zur Sicherung der Deutschen Evangelischen Kirche vom 29. November 1935 (RGBl. I S. 1369)).

c) Körperschaften des öffentl. Rechts nach älterem Recht der größeren Länder. Die reichsrechtliche Gewährleistung der öffentlichen Körperschaftsrechte durch Art. 137 Abs. 5 Satz 1 RVerf. erstreckt sich auf alle diejenigen Religionsgesellschaften, welche beim Inkrafttreten der RVerf. (14. August 1919) in einem Deutschen Land Körperschaften des öffentlichen Rechtes waren. Hierher gehören in Preußen: die kath. Kirche (in Gestalt der Bistümer und Erzbistümer sowie der Kirchengemeinden und ihrer Gesamtverbände), die altkatholische Kirche und ihre Gemeinden, die (zunächst acht) evangelischen Landeskirchen (die ev. Kirche der altpreußischen Union, die ev.-luth. Landeskirche Hannovers, die ev.-ref. Landeskirche der Provinz Hannover, die ev.-luth. Landeskirche Schleswig-Holsteins, die ev. Landeskirche in Hessen-Kassel — jetzt in Kurhessen-Waldeck —, die ev. Landeskirche in Nassau — jetzt in Nassau-Hessen —, die ev. Landeskirche Frankfurt a. M. — jetzt in Nassau-Hessen —, die ev. Landeskirche von Waldeck und Pyrmont — jetzt in Kurhessen-Waldeck —, alle diese Landeskirchen im ganzen und in ihren verschiedenen Untergliederungen, d. h. den Synodalverbänden, Parochialverbänden und Einzelgemeinden); in Bayern: die kath. Kirche, die ev.-luth. Kirche in Bayern rechts d. Rheins, die Vereinigte prot.-ev.-christl. Kirche der Pfalz, sowie die ev.-ref. Gemeinden; in Sachsen: die ev.-luth. Landeskirche, die römisch-kath. Kirche, die ev.-ref. Gemeinden in Dresden und Leipzig; in Württemberg: die kath. Kirche, die evang. Landeskirche, die ev.-ref. Gemeinde in Stuttgart-Cannstatt, die israelitische Religionsgemeinschaft; in Baden: die Vereinigte ev.-prot. Landeskirche, die römisch-kath. Kirche, die Altkatholikengemeinschaften des Landes, die freireligiösen Gemeinden in Baden, die israelitische Religionsgemeinschaft Badens; in Hessen: die evang. Landeskirche (jetzt Landeskirche Nassau-Hessen), die röm.-kath. Kirche, die altkath. Kirche, die freireligiösen Gemeinden in Mainz, Offenbach und Oberingelheim, die israelitischen Religionsgemeinden.

d) Körperschaften des öffentlichen Rechts nach neuerem Landesrecht der größeren Länder. Andere als bislang schon öffentlich-rechtliche Religionsgesellschaften können gemäß Art. 137 Abs. 5 Satz 2 RVerf. öffentliche Körperschaften werden, jedenfalls gemäß Art. 137 Abs. 6 das Besteuerungsrecht erlangen, wenn sie durch ihre Verfassung, d. h. ihre gesamte äußere Organisation und durch hinlängliche Mitgliederzahl die Gewähr der Dauer bieten. Erfüllen sie diese Voraussetzungen, so haben sie einen Anspruch auf Verleihung jener Rechte. Zuständig sind Reich und Länder.

Die Rechte einer öffentlich-rechtlichen Körperschaft haben erlangt: in Preußen: die Delegatur für den preuß. Anteil der Erzdiözese Gnesen-Posen (Ges. vom 15. August 1921, GS. 847), die Russisch-orthodoxe Kirche in Berlin nach einem Rderl. des Preuß. Staats-Min. vom April 1936, die Synagogengemeinde „Israelitische Religionsgesellschaft" in Frankfurt a. M. (Ges. vom 16. April 1928, GS. 81), im übrigen werden die Synagogengemeinden grundsätzlich und praktisch als Körperschaften des öffentlichen Rechts angesehen; in Bayern: die altkatholische Religionsgesellschaft in Bayern sowie die altkatholischen Gemeinden in München, Nürnberg, Kempten, Augsburg, Passau, Frankenthal, Kaiserslautern und Ludwigshafen, die Vereinigung der Bayerischen Mennonitengemeinden, die bischöfliche Methodistenkirche in Bayern (Sitz Nürnberg) und die bischöfliche Methodistenkirche in München, die israelitischen Kultus- und Synagogengemeinden, insbesondere die israelitische Kultusgemeinde Coburg, der Verband bayerischer israelitischer Gemeinden in München, der Verband der israelitischen Kultusgemeinden der Pfalz in Landau, der Bund gesetzestreuer israelitischer Kultusgemeinden Bayerns in Schweinfurt; in Sachsen: die evang. Brüderunität in Deutschland und ihre sächsischen Unterverbände, die ev.-luth. Freikirche in Sachsen mit dem Sitz in Niederplanitz sowie ihre Einzelgemeinden (Bek. des GesMin. vom 23. Mai 1923, GBl. 109), die Vereinigung von Gemeinden gläubig getaufter Christen in Sachsen (Vereinigung der Baptisten) mit dem Sitz in Dresden sowie ihre Einzelgemeinden (Bek. des GesMin. vom 23. Oktober 1924, GBl. 559), die bischöfliche Methodistenkirche in Sachsen mit dem Sitz in Zwickau (Bek. des GesMin. vom 17. November 1922 bzw. 24. Februar 1927, GBl. 599 bezw. 45), die freireligiöse Gemeinschaft in Sachsen (Bek. des GesMin. vom 14. September 1929, GBl. 89), der Sächsische israelitische Gemeindeverband in Dresden nebst Einzelgemeinden (Bek. des GesMin. vom 13. September 1926, GBl. 339), in Württemberg die bischöfliche Methodistenkirche in Württemberg, der Landesverband der Evang. Gemeinschaft in Württemberg, beide gemäß Bek. des Kultus-Min. vom 27. März 1924, RegBl. 260, die Brüdergemeinden Krontal und Wilhelmsdorf; in Baden: der Landesverband der Gemeinden der bischöflichen Methodistenkirche in Baden, die neuapostolische Kirche im Freistaat Baden, der Landesverband der evang. Gemeinschaft in Baden, die Brüdergemeinde zu Königsfeld, die israelitische Religionsgesellschaft in Karlsruhe, die Freireligiöse Landesgemeinde in Baden; in Hessen: die ev.-luth. Gemeinde in Höchst an der Nidda mit Filialgemeinden in Grünberg (Hessen) und in Wetzlar (Beschl. des GesMin. vom 11. März 1925), der Hessische Landesverband gesetzestreuer Synagogengemeinden (Beschl. des Min. vom 29. Oktober 1931, RegBl. 204).

Überall sind Körperschaften des öffentlichen Rechts die beiden großen christlichen Religionsgesellschaften, nämlich die evangelische Landeskirche nebst ihren Untergliederungen und die katholische Kirche in ihren einzelnen Gliederungen.

e) Die GrR. enthalten zur Abgrenzung der öffentlich-rechtlichen wie der nichtöffentlich-rechtlichen Religionsgesellschaften in Ziffer 26 folgende Anweisung:

(1) Für die folgenden Religionsgesellschaften steht ohne weiteres fest, daß sie im ganzen Deutschen Reich die Eigenschaft als öffentlich-rechtliche Körperschaft haben:

die deutsche Evangelische Kirche, die evangelischen Landeskirchen, die katholischen Diözesen, der altkatholische Diözesanverband,	einschließlich der ihnen eingegliederten Unterverbände und Gemeinden

die Russisch-Orthodoxe Diözese,
die bischöfliche Methodistenkirche in Deutschland und
der Bund der Baptistengemeinde in Deutschland.

(2) Für die übrigen Religionsgesellschaften wird der Nachweis der Eigenschaft als Körperschaft des öffentlichen Rechts durch Hinweis auf die entsprechende gesetzliche Vorschrift oder durch Vorlage der Verleihungsurkunde zu führen sein.

(3) Bestehen nach dem Inhalt der vorgelegten Urkunde Zweifel oder können Urkunden nicht vorgelegt werden, so hat der Oberfinanzpräsident nach Prüfung die Entscheidung des Reichsministers für die kirchlichen Angelegenheiten herbeizuführen.

(4) Die Frage der steuerlichen Behandlung des unter § 4 Ziffer 5 des Ges. fallenden Grundbesitzes der jüdischen Synagogengemeinden ist noch nicht endgültig geklärt. Bis zur Klärung dieser Frage ist von Bewertungen und von der Erteilung von Steuermeßbescheiden oder Freistellungsbescheiden für den Grundbesitz der Synagogengemeinden abzusehen.

Gemäß § 9 GrStDVO. entscheidet über die Frage, ob eine Religionsgesellschaft nach Reichs- oder Landesrecht Körperschaft des öffentlichen Rechts ist, im Zweifelsfall für die Zwecke der Grundsteuer der Reichsminister für die kirchlichen Angelegenheiten. Die Veranlagungs- und Rechtsmittelbehörden sind an diese Entscheidung gebunden.

3. Begriff der anderen Körperschaft des öffentlichen Rechts. Nach den Buchst. b und c der Ziff. 5 ist Voraussetzung für die Grundsteuerbefreiung, daß der Grundbesitz entweder einer öffentlich-rechtlichen Religionsgesellschaft oder „einer anderen Körperschaft des öffentlichen Rechts" gehört; der Begriff der Körperschaft des öffentlichen Rechts taucht hier zum ersten Male auf; er spielt auch für die Befreiungsbestimmungen der Ziffern 7 und 8 eine Rolle.

Körperschaften des öffentlichen Rechts sind nach Reichsrecht neben dem Reich, den Ländern und Gemeinden die Deutsche Reichsbahn, die Deutsche Reichspost, die Monopolverwaltungen des Reichs und die staatlichen Lotterieverwaltungen, die Nationalsozialistische Deutsche Arbeiterpartei (§ 1 Abs. 1 des Ges. zur Sicherung der Einheit von Partei und Staat vom 1. Dezember 1933 = RGBl. I S. 1016), die Reichskulturkammer (Ges. vom 22. September 1933, RGBl. I S. 661, 1. DurchfVO. vom 1. Nov. 1933, RGBl. I S. 797), der Deutsche Gemeindetag (Ges. vom 15. Dez. 1933, RGBl. I S. 1065), die Träger der sozialen Versicherungen (Krankenkassen, Berufsgenossenschaften, Landesversicherungsanstalten, Reichsanstalt für Arbeitsvermittlung und Arbeitslosenversicherung, Reichsversicherungsanstalt für Angestellte), Reichsknappschaft, der Reichsnährstand (§ 1 Abs. 2 Satz 1 der 1. VO. über den vorläufigen Aufbau des Reichsnährstandes vom 8. Dez. 1933, RGBl. I S. 493, 497), die Zwangsinnungen, die Innungsverbände; nach Landesrecht: die Stiftungen des öffentlichen Rechts, die Universitäten, Hochschulen, Akademien, die Gemeindeverbände, Bezirksverbände aus Gemeinde- und Gutsbezirken, Schulverbände, Deichverbände, in den meisten Ländern die Industrie- und Handelskammern, die Handwerkskammern usw.

Welche Körperschaften sonst als Körperschaften des öffentlichen Rechts anzusehen sind, kann allgemein nicht gesagt werden. Die Reichssteuergesetze bestimmen den Begriff der Körperschaften des öffentlichen Rechts nicht. Es sind deshalb die nach Landesrecht bestehenden öffentlich-rechtlichen Körperschaften als solche auch für das Reichssteuerrecht anzuerkennen. Nur dort, wo das Landesrecht keine Antwort auf die Frage gibt, ob eine bestimmte Körperschaft öffentlich-rechtliche oder privatrechtliche Natur besitzt, ist nötigenfalls nach allgemeinen Rechtsgrundsätzen die Einordnung von den Steuerbehörden vorzunehmen (RFH. Bd. 20 S. 306). Hierbei ist zu beachten, daß die Grenze zwischen den Körperschaften des öffentlichen Rechts und jenen des privaten Rechts keine feste ist. Auch das BGB. hat es unterlassen, eine Begriffsbestimmung zu geben, es vielmehr der Praxis und der Rechtsprechung überlassen, Grundsätze zu bilden. Als solche Grundsätze lassen sich im wesentlichen folgende herausstellen:

a) eine Körperschaft, die als solche des öffentlichen Rechts anerkannt werden will, muß öffentliche Aufgaben des Staates und seiner Selbstverwaltungskörper erfüllen; die Körperschaft muß dementsprechend regelmäßig in den öffentlichen Organismus eingegliedert sein;

b) der Staat muß an dem Bestehen der Körperschaft ein Interesse haben;

c) die Körperschaften müssen mit öffentlichen Organen (Behörden, Beamten) ausgestattet sein und gegenüber ihren Mitgliedern hoheitliche Befugnisse (Zucht- und Finanzgewalt) besitzen; sie müssen weiter gewisse staatliche Vorrechte, insbesondere auf steuerlichem Gebiete, genießen.

Nicht unbedingt ausschlaggebend ist, daß die Körperschaft seinerzeit durch einen Akt der Gesetzgebung oder durch eine zulässige Verwaltungsanordnung begründet worden ist. Haben allerdings die zuständigen Landesbehörden entschieden, daß eine Körperschaft die Eigenschaft einer Körperschaft des öffentlichen Rechts besitzt, dann gilt die Körperschaft für die Steuerbehörde als öffentlich-rechtliche Körperschaft. Möglich ist, daß eine Körperschaft, die seinerzeit als Körperschaft des öffentlichen Rechts begründet worden ist, diesen Charakter im Lauf der Zeit verloren hat (zu vgl. Oertmann, BGB. Anm. 2 zu § 89, RFH. Bd. 23, 301; 30, 201).

Gemäß Ziffer 25 GrR. sind Körperschaften des öffentlichen Rechts im Sinn des § 4 Ziffern 5, 7 und 8 des GrStG. alle juristischen Personen des öffentlichen Rechts, also auch öffentlich-rechtliche Anstalten und öffentlich-rechtliche Stiftungen. Die Deutsche Arbeitsfront darf für die Zwecke der Grundsteuer den Körperschaften des öffentlichen Rechts gleichgestellt werden.

4. Die einzelnen Tatbestände der Ziff. 5.

a) Grundbesitz, der dem Gottesdienst einer öffentlich-rechtlichen Religionsgesellschaft gewidmet ist. Dieser Grundbesitz ist ohne Rücksicht darauf grundsteuerbefreit, ob er einer öffentlich-rechtlichen Religionsgesellschaft oder einer sonstigen Körperschaft oder einer Privatperson gehört und ob allenfalls von der öffentlich-rechtlichen Religionsgesellschaft für die Überlassung seitens eines Dritten ein Entgelt zu entrichten ist. Die Befreiung ergibt sich ohne weiteres aus dem Zweck, dem das Grundstück gewidmet ist.

Der Grundbesitz muß dem Gottesdienst gewidmet sein. Bei Kirchen, Kapellen, Synagogen wird sich diese Widmung zu gottesdienstlichen Zwecken schon äußerlich durch ihre Bauart und Einrichtung zu erkennen geben; soweit dies — wie z. B. bei Betsälen — nicht der Fall ist, muß die tatsächliche Widmung nachgewiesen werden. Nicht notwendig ist, daß der Grundbesitz, der dem Gottesdienst gewidmet ist, jedermann zugänglich ist; es sind deshalb auch Privatkapellen steuerfrei.

b) **Grundbesitz einer öffentlich-rechtlichen Religionsgesellschaft oder einer anderen Körperschaft des öffentlichen Rechts, der von der Religionsgesellschaft für Zwecke der religiösen Unterweisung benutzt wird.**

Voraussetzung der Grundsteuerbefreiung nach Buchst. b ist, daß der Grundbesitz einer öffentlich-rechtlichen Religionsgesellschaft oder einer anderen Körperschaft des öffentlichen Rechts gehört **und** daß er von der öffentlich-rechtlichen Religionsgesellschaft für Zwecke der religiösen Unterweisung benutzt wird. Die Person des Eigentümers spielt also hier eine Rolle. Wegen des Begriffs „der öffentlich-rechtlichen Religionsgesellschaft" und des Begriffs „einer anderen Körperschaft des öffentlichen Rechts" zu vgl. Anm. 2 und 3. Der Begriff der religiösen Unterweisung ist unter Ziff. 7 Anm. 4 erläutert.

c) **Grundbesitz einer öffentlich-rechtlichen Religionsgesellschaft oder einer anderen Körperschaft des öffentlichen Rechts, der von der Religionsgesellschaft für ihre Verwaltungszwecke benutzt wird.**

Voraussetzung der Steuerbefreiung ist auch hier, daß der Grundbesitz entweder einer öffentlich-rechtlichen Religionsgesellschaft oder einer anderen Körperschaft des öffentlichen Rechts gehört. Weitere Voraussetzung ist, daß der Grundbesitz von der Religionsgesellschaft des öffentlichen Rechts für ihre Verwaltungszwecke benutzt wird; nicht notwendig ist dabei, daß der Grundbesitz gerade von der öffentlich-rechtlichen Religionsgesellschaft genutzt wird, der er gehört.

Für die Auslegung des Begriffs „der Benutzung für Verwaltungszwecke" ist Sinn und Zweck der gesamten Regelung zu berücksichtigen. Auszugehen ist davon, daß die öffentlich-rechtlichen Religionsgesellschaften auf dem Gebiete der Grundsteuerbefreiungen den Gebietskörperschaften (Reich, Ländern, Gemeinden) gleichgestellt werden sollen. Der für diese getroffenen Vorschrift, wonach ihr Grundbesitz insoweit von der Grundsteuer befreit ist, als er für einen öffentlichen Dienst oder Gebrauch benutzt wird, entspricht bei den öffentlich-rechtlichen Religionsgesellschaften die Bestimmung der Ziffer 5 Buchst. c. Ein Gebäude wird von einer Religionsgesellschaft für ihre Verwaltungszwecke benutzt, wenn die Religionsgesellschaft im Gebäude die Aufgaben durchführt, die ihr als Religionsgesellschaft obliegen. Es muß sich um die Durchführung der der Religionsgesellschaft eigenen Aufgaben handeln. Hierher gehören das Urkunds-, Finanzwesen (Verwaltung der Kirchensteuer), Unterrichtswesen (Erteilung des Religionsunterrichts), Missionswesen usw., Bearbeitung der Personalsachen, Verwaltung der dem Gottesdienst gewidmeten Gebäude. Nach den GrR. — Ziff. 27 — dient den Verwaltungszwecken der Religionsgesellschaft im Sinn des GrStG. Grundbesitz, wenn er für die kirchenamtliche Tätigkeit der Kirchenbehörden benutzt wird. Hierunter fallen insbesondere die Diensträume (Sitzungsräume, Geschäftszimmer) der Konsistorien (Landeskirchenämter), der bischöflichen Ordinariate, der Pfarrämter (Pfarrkanzleien), der Küstereien und der übrigen Kirchenbehörden, wie Bauämter, Steuerkassen, Registerämter. Nicht grundsteuerbefreit sind Gebäude, in denen oder soweit in ihnen die Verwaltung werbender Betriebe oder werbenden Grundbesitzes durchgeführt wird oder soweit sie Wohnungen oder Dienstwohnungen der Kultusdiener enthalten. Das gleiche gilt für die Pfarrländereien (Pfründen), d. h. denjenigen kirchlichen Grundbesitz, dessen Ertrag dem Geistlichen in Anrechnung auf sein Diensteinkommen überlassen ist oder in anderer Weise Besoldungszwecken dient. Ebenso sind auch die Kirchenländereien grundsteuerpflichtig, d. h. derjenige kirchliche Grundbesitz, dessen Ertrag der Kirche (Kirchengemeinde) unmittelbar zufließt.

Ziff. 6 (Ziff. 28 GrR.)

Nach der Ziffer 6 ist befreit Grundbesitz einer der unter den Ziffern 1 bis 4 und 5 b und c genannten Körperschaften, Personenvereinigungen, Vermögensmassen oder Verbände, der von einer anderen derartigen Körperschaft, Personenvereinigung, Vermögensmasse oder einem anderen derartigen Verband für ihre nach den Ziffern 1 bis 5 begünstigten Zwecke benutzt wird.

1. Allgemeines. Die Befreiungsvorschriften der Ziffern 1 bis 4, 5 b und c setzen voraus, daß der Grundbesitz von dem Eigentümer selbst für die begünstigten Zwecke benutzt wird. Die ausnahmslose Durchführung dieses Grundsatzes würde zu unerwünschten Ergebnissen führen. Es wäre nicht verständlich, wenn ein Finanzamtsgebäude steuerfrei nur dann wäre, wenn Eigentümer des Grundstücks das Reich ist, nicht aber auch dann, wenn das Grundstück — wie es in Bayern der fast regelmäßige Rechtszustand ist — dem Lande gehört, oder wenn ein Grundstück, das von der Partei für ihre Zwecke verwendet wird, Steuerfreiheit nur dann genießen würde, wenn es der Partei gehört, nicht aber auch dann, wenn es im Eigentum einer Gemeinde steht. Um diese unerwünschten Ergebnisse auszuschalten, verkoppelt die Ziff. 6 des § 4 die Befreiungsbestimmungen der Ziffern 1 bis 5 miteinander und untereinander und bestimmt, daß Grundbesitz einer der unter den Ziffern 1 bis 5 a genannten Körperschaften, Personenvereinigungen, Vermögensmassen oder Verbände auch dann steuerbefreit ist, wenn er von einer anderen derartigen Körperschaft, Personenvereinigung, Vermögensmasse oder einem anderen derartigen Verband für ihre nach den Ziffern 1 bis 5 begünstigten Zwecke benutzt wird.

2. Die Voraussetzungen der Ziffer 6 im einzelnen. Die Anwendung der Ziffer 6 setzt nach dem Gesagten voraus, daß

a) das Grundstück, das einer der in den Ziffern 1 bis 5 genannten Körperschaften usw. gehört, von einer anderen derartigen Körperschaft usw. verwendet wird. Diese Voraussetzung ist erfüllt, wenn eine Gemeinde ein Grundstück der NS.-Kriegsopferversorgung überläßt, nicht aber dann, wenn eine Körperschaft eingeschaltet wird, die nicht steuerbegünstigt ist. Die Vorschrift ist deshalb nicht anwendbar, wenn die Partei der Arbeitsfront oder die Arbeitsfront der Partei ein Grundstück überläßt.

Die weitere Voraussetzung ist b), daß das einer anderen begünstigten Körperschaft überlassene Grundstück usw. von dieser für ihre begünstigten Zwecke verwendet wird. Das von einer Gemeinde einem anerkannten Sportverein überlassene Grundstück ist steuerfrei, wenn es von dem Sportverein für begünstigte sportliche Zwecke verwendet wird, dagegen steuerpflichtig, wenn der Sportverein das Grundstück in der Hauptsache zur Abhaltung geselliger Veranstaltungen benutzt.

Die Bestimmung der Ziffer 6 verkoppelt nicht nur die Befreiungsvorschriften innerhalb der einzelnen genannten Ziffern, sondern auch die Befreiungsvorschriften der einzelnen Ziffern untereinander. Eine Verkoppelung innerhalb der einzelnen Ziffern liegt in folgenden Fällen vor: ein Land überläßt dem Reich ein Finanzamtsgebäude — Verkoppelung innerhalb der Ziffer 1 —, die NSDAP überläßt der NS.-Volkswohlfahrt e. V. ein Grundstück — Verkoppelung innerhalb der Ziffer 2 —; ein anerkannter Sportverein überläßt einem anderen begünstigten Sportverein ein Grundstück — Verkoppelung innerhalb der Ziffer 4 —. Beispiele für eine Verkoppelung der einzelnen Ziffern untereinander: ein Land überläßt der Partei ein Grundstück — Verkoppelung der Ziffern 1 und 2 miteinander —; die NS.-Volkswohlfahrt überläßt einem ausschließlich mildtätigen Verein ein Grundstück — Verkoppelung der Ziffern 2 und 3 miteinander —; die Reichsbahn überläßt einem anerkannten Sportverein ein Grundstück — Verkoppelung der Ziffern 1 und 4 miteinander —.

Keine Voraussetzung für die Anwendung der Verkoppelungsvorschrift ist, daß der Grundbesitz der anderen begünstigten Körperschaft unentgeltlich überlassen wird. Steuerbefreiung ist deshalb nicht nur gegeben, wenn eine Gemeinde für die Überlassung eines Grundstücks an einen anerkannten Sportverein keinen Mietzins verlangt, sondern auch dann, wenn sie hierfür den üblichen Mietzins fordert.

Ziff. 7 (§§ 10 bis 15 GrStDVO., Ziffern 29 bis 34 GrR.)

1. Allgemeines. Die Vorschriften der Ziffer 7 gelten für solchen Grundbesitz, der nicht bereits nach einer der in den Ziffern 1 bis 6 enthaltenen Bestimmungen befreit ist. Grundbesitz, der einer Gebietskörperschaft gehört und von ihr Zwecken der Wissenschaft, der Erziehung und des Unterrichts gewidmet wird, ist bereits nach der Ziffer 1 a befreit, weil die Verwendung für diese Zwecke einen öffentlichen Dienst oder Gebrauch darstellt. Die Befreiung tritt nach der Verkoppelungsvorschrift der Ziffer 6 auch dann ein, wenn der von der Gebietskörperschaft für die steuerbegünstigten Zwecke benutzte Grundbesitz nicht im Eigentum der Gebietskörperschaft, sondern im Eigentum einer anderen der in den Ziffern 1 bis 5 a aufgeführten Körperschaften steht (zu vgl. § 11 GrStDVO.).

Hiervon abgesehen tritt nach der Ziffer 7 Steuerbefreiung für Grundbesitz, der für Zwecke der Wissenschaft, der Erziehung und des Unterrichts benutzt wird, dann ein, wenn anerkannt ist, daß der Benutzungszweck im Rahmen der staatlichen Aufgaben liegt. Diese Anerkennung vorausgesetzt, ist grundsätzlich jeder Grundbesitz, der vom Eigentümer selbst den begünstigten Zwecken gewidmet wird, steuerfrei. Steuerfrei sind damit auch solche Privatschulen, die vom Eigentümer selbst unterhalten werden. Wird der Grundbesitz nicht vom Eigentümer selbst für die begünstigten Zwecke benutzt, so tritt Befreiung nur ein, wenn der Eigentümer eine Körperschaft des öffentlichen Rechts ist. Der Gesetzgeber will mit dieser Einschränkung verhindern, daß der Eigentümer, der seinen Grundbesitz für Zwecke der Wissenschaft, der Erziehung und des Unterrichts vermietet hat, eine unverdiente Vergünstigung — in Form der Grundsteuerfreiheit — erfährt. Nur dann, wenn Eigentümerin und Vermieterin des Grundbesitzes eine öffentlich-rechtliche Körperschaft ist, wird diese Begünstigung des Eigentümers in Kauf genommen.

Zu den Zwecken der Erziehung gehört auch die Schulung in der nationalsozialistischen Weltanschauung (§ 10 Abs. 2 GrStDVO.).

2. Die sachlichen Voraussetzungen für die Steuerbefreiung nach der Ziffer 7. In sachlicher Hinsicht hängt die Befreiung davon ab, daß der Benutzungszweck des Grundbesitzes im Rahmen der staatlichen Aufgaben liegt und dies von den im Gesetz genannten Reichsministern, d. i. von dem Reichsminister der Finanzen, dem Reichsminister des Innern und dem für das Fachgebiet zuständigen Fachminister anerkannt wird. Daneben müssen selbstverständlich auch die Voraussetzungen erfüllt sein, die in den §§ 5 und 6 des Ges. und in den §§ 1, 2, 23 und 25 der GrStDVO. allgemein für Steuerbefreiungen aufgestellt sind.

Nach Ziffer II 1 des Rderl. des Reichs- und Preuß. Min. für Wissenschaft, Erziehung und Volksbildung E I b 526 vom 6. August 1937 (RStBl. 1937 S. 953) kann eine Nutzung im Rahmen der staatlichen Aufgaben nicht schon dann anerkannt werden, wenn es sich um eine nach dem Lehrplan einer öffentlichen Schule unterrichtende Privatschule handelt, die neben öffentlichen Schulen gleicher Art an den dem Staat vorbehaltenen Erziehungsaufgaben mitwirkt. Eine solche Anerkennung könne vielmehr nur dann ausgesprochen werden, wenn die Schule an Stelle einer öffentlichen Schule staatliche Erziehungsaufgaben erfülle oder Aufgaben von besonderer erzieherischer Bedeutung wahrnehme, die im staatlichen Interesse lägen. Entsprechend dem Ausnahmecharakter der Steuerbefreiung werde an das Vorliegen dieser Voraussetzung ein strenger Maßstab anzulegen sein. Schulen, die ausschließlich oder vorwiegend kirchlichen Bedürfnissen dienten, nützten ihren Grundbesitz nicht im Rahmen staatlicher Aufgaben.

Anträge auf Bewilligung der Anerkennung (Steuerbefreiung) sind an die Schulaufsichtsbehörden, und zwar in Preußen an die Oberpräsidenten, Abteilung für höheres Schulwesen bzw. Regierungspräsidenten (Volks- und mittlere Schulen, Berufs- und Fachschulen), in den übrigen Ländern an die oberste Schulaufsichtsbehörde bzw. die von ihr bestimmten Dienststellen zu richten. In Bayern ist Schulaufsichtsbehörde das Staatsministerium für Unterricht und Kultus in München.

Für den Gang des Anerkennungsverfahrens sind die folgenden Fälle denkbar:

a) Befürwortet die Schulaufsichtsbehörde den Antrag auf Anerkennung, so legt sie den Antrag dem Reichserziehungsminister zur Herbeiführung einer Entscheidung vor. Über die Entscheidung wird das Finanzamt verständigt.

b) Hält die Schulaufsichtsbehörde den Antrag für unbegründet, so hat sie nicht nur den Antragsteller ablehnend zu bescheiden, sondern auch das zuständige Finanzamt zu benachrichtigen.

c) Gegen den ablehnenden Bescheid der Schulaufsichtsbehörde kann der Antragsteller binnen zwei Wochen Beschwerde erheben. In diesem Falle entscheidet über den Antrag endgültig der Reichserziehungsminister, gegebenenfalls im Einvernehmen mit den übrigen beteiligten Reichsministern. Von dem Ausgang des Beschwerdeverfahrens wird das Finanzamt benachrichtigt.

Einer Anerkennung bedarf es nicht bei Hochschulen und bei solchen Schulen oder Erziehungsanstalten, deren Träger das Reich, das Land, eine Gemeinde oder ein Gemeindeverband ist; bei diesen Schulen ist die Erfüllung öffentlicher Aufgaben von vorneherein gegeben; von dem Erfordernis der formellen Anerkennung konnte deshalb abgesehen werden.

In § 14 GrStDVO. ist eine Reihe von Schulen und Erziehungsanstalten aufgeführt, für welche nach dem Gesetze eine Anerkennung erforderlich wäre, weil die Voraussetzungen der Ziff. 1 a oder der Verkoppelungsvorschrift nicht gegeben sind, für welche aber aus sonstigen Gründen von dem Erfordernis der Anerkennung abgesehen wird. Im einzelnen sind hier folgende Schulen usw. aufgeführt:

a) Schulen und Erziehungsanstalten, die von der staatlichen Aufsichtsbehörde als öffentliche anerkannt sind; als Beispiele von Gruppen von Anstalten, die von der staatlichen Aufsichtsbehörde als öffentliche anerkannt sind, werden in Ziff. 30 GrR. erwähnt die Schulen des Reichsnährstands, der Industrie- und Handelskammern, der Innungen; b) Universitäten und andere Hochschulen; c) Adolf-Hitler-Schulen, Ordensburgen sowie Berufs- und Fachschulen der Deutschen Arbeitsfront; d) Einrichtungen eines der Nationalsozialistischen Deutschen Arbeiterpartei angeschlossenen Verbands, die der Schulung in der nationalsozialistischen Weltanschauung dienen. Die der Partei angeschlossenen Verbände sind nach § 3 der Verordnung vom 29. März 1935 (RGBl. I S. 502) die folgenden: der NS.-Deutsche Ärztebund e. V., der NS.-Rechtswahrerbund e. V., der NS.-Lehrerbund e. V., die NS.-Volkswohlfahrt e. V., die NS.-Kriegsopferversorgung e. V., der Reichsbund der Deutschen Beamten e. V., der NS.-Bund Deutscher Technik, die Deutsche Arbeitsfront (einschl. der NS.-Gemeinschaft „Kraft durch Freude"). Bei den angeschlossenen Verbänden ist zu berücksichtigen, daß nach § 4 Ziff. 2 c und d nur die NS.-Volkswohlfahrt und die NS.-Kriegsopferversorgung begünstigt sind. Diese beiden Verbände sind also mit ihrem gesamten Grundbesitz, den sie für ihre Aufgaben benutzen, steuerfrei. Auf Grund des § 14 Ziff. 1 d

GrStDVO. ist bei den übrigen angeschlossenen Verbänden nicht der gesamte Grundbesitz befreit. Steuerfrei sind vielmehr nur ihre besonderen Einrichtungen zur Schulung in der nationalsozialistischen Weltanschauung. Die Berufs- und Fachschulen der Deutschen Arbeitsfront sind jedoch auf Grund besonderer Bestimmung des § 14 Ziff. 1c GrStDVO. von der Grundsteuer befreit. Dient Grundbesitz sowohl den hiernach begünstigten als auch zugleich anderen Zwecken, so sind wie in allen derartigen Fällen die Absätze 2 und 3 des § 6 des Ges. anzuwenden. Wird es zweifelhaft, ob und inwieweit Grundbesitz der Schulung in der nationalsozialistischen Weltanschauung durch die angeschlossenen Verbände dient oder ob und inwieweit Grundbesitz zu Berufs- und Fachschulzwecken von der Deutschen Arbeitsfront verwendet wird, so ist nach den GrR. an die vorgesetzten Behörden zu berichten.

3. Die Behandlung der Schülerheime und Schulungslager. Gemeinsame Wohnräume für Schüler in Schulen und Erziehungsanstalten — sog. Schülerheime — sind nur dann befreit, wenn der Reichsminister der Finanzen, der Reichsminister des Innern und der für das Fachgebiet zuständige Reichsminister anerkannt haben, daß die Unterbringung der Schüler in gemeinschaftlichen Wohnräumen zur Erfüllung der staatlichen Aufgaben notwendig ist (§ 15 Abs. 1 GrStDVO.). Soweit sich nicht nach § 15 Abs. 2 GrStDVO. eine Ausnahme ergibt, bedarf es der besonderen Anerkennung ohne Rücksicht darauf, ob für die Anstalt, zu der die gemeinschaftlichen Wohnräume gehören, selbst eine Anerkennung notwendig ist oder nicht. Schule und Erziehungsanstalt und Schülerheime bedürfen hiernach jeweils getrennter Anerkennung. Die Richtlinien, nach denen die beteiligten Reichsminister bei der Anerkennung verfahren werden, sind in Abs. 2 und 3 der Ziffer 32 der GrR. enthalten. Hiernach genügt für die Anerkennung von Schülerheimen nicht, daß die Schüler in ihnen auch mit erzogen werden; das ist für alle Schülerheime selbstverständlich, in denen sich Schüler aufhalten, die noch der Erziehung bedürfen. Für die Anerkennung ist es auch nicht ausreichend, wenn die Notwendigkeit des Schülerheims lediglich damit begründet wird, daß den Schülern weite Anmarschwege erspart und ihnen das Wohnen im Elternhaus oder die anderweitige Unterbringung am Schulort ersetzt werden sollen oder daß die Schüler sogar aus allen Teilen des Reichsgebietes stammen (Beispiel: Es gibt nur eine Glasbläserschule in Deutschland, so daß die meisten, die diese Schule besuchen wollen, in dem Ort Wohnung nehmen müssen). Die Anerkennung wird vielmehr grundsätzlich nur dann ausgesprochen, wenn mit dem Schülerheim entweder ein besonderer Erziehungszweck verfolgt wird, wie dies beispielsweise in den im § 15 Abs. 2 GrStDVO. bezeichneten Fällen ohne weiteres angenommen wird, oder wenn der besondere Lehrzweck der Schule ein ständiges Zusammensein der Schüler auch bei Nacht erfordert (Beispiel: Die Melkerschulen des Reichsnährstands). Endlich wird ein Schülerheim auch dann anzuerkennen sein, wenn außer Zweifel steht, daß der Betrieb des Schülerheims lediglich dem Zweck dient, gesundheitlich gefährdeten oder zurückgebliebenen Kindern, ein Wohnen unter gesunden Verhältnissen, die sie in der elterlichen Wohnung nicht haben, zu ermöglichen (Beispiel: Die gemeindlichen Waldschulen für gesundheitlich gefährdete Großstadtjugend).

Sind nach dem Gesagten die gemeinschaftlichen Wohnräume für Schüler befreit, so erstreckt sich die Befreiung auch auf Bereitschaftsräume für Lehrkräfte, wenn sie nicht zugleich die Wohnung des Inhabers darstellen (§ 15 Abs. 4 GrStDVO., § 5 Abs. 4 GrStG.).

Einer Anerkennung bedarf es nicht für die gemeinschaftlichen Wohnräume in 1. Schülerheimen und Schulungslagern des Reichs und der Nationalsozialistischen Deutschen Arbeiterpartei sowie in solchen Schulungslagern eines angeschlossenen Verbands (zu vgl. Ziff. 31 der GrR. oben Anm. 2), die der Schulung in der nationalsozialistischen Weltanschauung dienen; 2. Adolf-Hitler-Schulen, Nationalpolitischen Erziehungsanstalten und Aufbauschulen; 3. Ordensburgen; 4. Landjahrheimen und Schullandheimen.

Landjahrheime sind gemäß Ziff. 33 Abs. 1 GrR. staatliche Erziehungseinrichtungen, in denen die schulentlassene, landentfrembete Stadtjugend untergebracht ist. Unter Schullandheimen sind gemäß Ziff. 33 Abs. 2 GrR. solche Heime zu verstehen, in denen Schüler einer nach den §§ 11, 12 oder 14 GrStDVO. steuerbefreiten Schule vorübergehend, d. h. für einen Zeitraum von etwa drei bis vier Wochen, zusammengefaßt werden, um dort eine besonders ausgerichtete, landverbundene Erziehung und Unterweisung zu erhalten. Nicht zu den Schullandheimen gehören private, mit Schülerheimen verbundene Schulen, in denen die Schüler der betreffenden Schulen sich dauernd aufhalten, auch wenn diese Schulen etwa die Bezeichnung „Schullandheim" oder „Landschulheim" führen sollten. Ob derartige Einrichtungen befreit sind, richtet sich nach § 14 GrStDVO.

4. Begriff der religiösen Unterweisung. Grundbesitz, der von einer öffentlich-rechtlichen Religionsgesellschaft für Zwecke der religiösen Unterweisung benutzt wird (§ 4 Ziff. 5 b), ist von der Grundsteuer befreit, wenn der Grundbesitz gehört: a) demjenigen, der den Grundbesitz benutzt, oder b) einer anderen Körperschaft des öffentlichen Rechts oder c) einer der im § 4 Ziffern 2 bis 4 genannten Körperschaften usw. (§ 13 GrStDVO.).

Unter „religiöser Unterweisung" ist die Erteilung des Religionsunterrichts (Konfirmandenunterrichts oder Beicht- und Kommunionunterrichts), die Abhaltung von Bibelstunden und die Heranbildung des geistlichen Nachwuchses zu verstehen. In letzterer Hinsicht ist zu beachten, daß nur solcher Grundbesitz befreit ist, der von einer öffentlich-rechtlichen Religionsgesellschaft für Zwecke der religiösen Unterweisung benutzt wird. Steuerbegünstigter Zweck ist danach nur die Ausbildung und Erziehung der Weltgeistlichkeit zur ordentlichen (regelmäßigen) Seelsorge. Die theoretische Ausbildung dieser Geistlichen erfolgt auf Hochschulen, die praktische auf Prediger- und Priesterseminaren. Die römisch-katholischen Orden und religiösen Genossenschaften sind keine Religionsgesellschaften, sondern religiöse Vereine und Verbände. Grundbesitz, der der religiösen Unterweisung durch diese Vereine oder Verbände dient, ist deshalb nicht befreit, weil er nicht „von einer öffentlich-rechtlichen Religionsgesellschaft" benutzt wird. Steuerbegünstigter Zweck ist danach nicht die Ausbildung von Ordensgeistlichen, auch wenn die Orden selbst die Eigenschaft einer öffentlich-rechtlichen Körperschaft haben. Auch die gemeinschaftlichen Wohnräume in Heimen, in denen der geistliche Nachwuchs von Orden und religiösen Genossenschaften wohnt (z. B. Postulat, Noviziat, Schulen und Seminare der Orden), sind nicht befreit. Dagegen erstreckt sich die Befreiung der Räume, in denen die Weltgeistlichen ausgebildet werden, auch auf die gemeinschaftlichen Wohnräume in den theologischen (Hochschul-) Konvikten, in denen die Prediger- und Priesterkandidaten während ihrer Vorbereitung auf der Hochschule untergebracht sind, oder in denen sie ihre praktische Ausbildung erfahren (§ 15 Abs. 3 GrStDVO., Ziff. 34 GrR.). Die sog. Knabenseminarien sind nach dem Gesagten steuerpflichtig.

5. Zusammenfassung. Die Vorschriften des Gesetzes über die Befreiung von Grundbesitz, der Zwecken der Wissenschaft, der Erziehung und des Unterrichts dient, werden, weil zahlreiche Vorschriften zu beachten sind, etwas verwickelt. Um die Entscheidung der auftauchenden Fragen für die Praxis zu erleichtern, sind in den §§ 11 bis 15 GrStDVO. die Voraussetzungen für die Befreiung der einzelnen in Betracht kommenden Gruppen zusammengefaßt. Die Bestimmungen lauten: § 11 GrStDVO.: „Grundbesitz, der von dem Reich, der Nationalsozialistischen Deutschen Arbeiterpartei, einem Land, einer Gemeinde oder einem Gemeindeverband für Zwecke der Wissenschaft, der Erziehung und des Unterrichts benutzt wird, ist von der Grundsteuer befreit, wenn der Grundbesitz gehört a) demjenigen, der den Grundbesitz benutzt, oder b) einer anderen Körperschaft des öffentlichen Rechts oder c) einer der in § 4 Ziffern 2 bis 4 des Gesetzes genannten Körperschaften, Personenvereinigungen, Vermögensmassen oder Verbände (Körperschaften usw.)." § 12 GrStDVO: „Wird Grundbesitz von einer der im § 4 Ziffern 1 bis 4 des Gesetzes genannten Körperschaften usw., die nicht unter § 11 GrStDVO. fällt, für Zwecke der Wissenschaft, der Erziehung und des Unterrichts benutzt, so ist er von der Grundsteuer befreit, wenn die beiden folgenden Voraussetzungen erfüllt sind: 1. Die Benutzung muß im Rahmen der besonderen Aufgaben oder Zwecke des Steuerbegünstigten liegen. Liegt die Benutzung außerhalb dieses Rahmens, so müssen der Reichsminister der Finanzen, der Reichsminister des Innern und der für das Fachgebiet zuständige Reichsminister anerkannt haben, daß der Benutzungszweck im Rahmen der staatlichen Aufgaben liegt. 2. Der Grundbesitz muß gehören: a) demjenigen, der den Grundbesitz benutzt, oder b) einer Körperschaft des öffentlichen Rechts oder c) einer der im § 4 Ziffern 2 bis 4 des Gesetzes genannten Körperschaften usw." § 13 GrStDVO. behandelt die Frage, unter welchen Voraussetzungen Grundbesitz, der von einer öffentlich-rechtlichen Religionsgesellschaft für Zwecke der religiösen Unterweisung benutzt wird, steuerbefreit ist. Insoweit wird auf die Ausführungen unter Ziffer 4 verwiesen. § 14 behandelt den Grundbesitz, der für sonstige Schulen usw. verwendet wird. Hiernach ist Grundbesitz, der für Zwecke der Wissenschaft, der Erziehung und des Unterrichts benutzt wird und nicht bereits unter die vorstehenden Bestimmungen fällt, von der Grundsteuer befreit, wenn die beiden folgenden Voraussetzungen erfüllt sind: 1. Der Reichsminister der Finanzen, der Reichsminister des Innern und der für das Fachgebiet zuständige Reichsminister müssen anerkannt haben, daß der Benutzungszweck im Rahmen der staatlichen Aufgaben liegt, 2. der Grundbesitz muß gehören: a) demjenigen, der den Grundbesitz benutzt, oder b) einer Körperschaft des öffentlichen Rechts. § 15 GrStDVO. behandelt die Grundsteuerpflicht der gemeinschaftlichen Wohnräume für Schüler in Schulen und Erziehungsanstalten (Schülerheimen) und in Schulungslagern. Auf die Ausführungen unter Anm. 3 wird verwiesen.

Ziff. 8 (Ziffern 16 und 17 GrStDVO., 35 und 36 GrR.)

Nach der Ziffer 8 ist von der Grundsteuer befreit Grundbesitz, der für die Zwecke einer Krankenanstalt benutzt wird und nicht bereits nach den vorstehenden Vorschriften befreit ist, soweit die Anstalt Kranke zu Bedingungen aufnimmt, die der Reichsminister der Finanzen, der Reichsminister des Innern und der Reichsarbeitsminister bestimmen. § 4 Ziffer 7 Schlußsatz gilt entsprechend.

1. Allgemeines. Die Steuerbefreiung der Krankenanstalten wird durch das GrStG. in grundsätzlicher Beziehung neu geregelt. Nach den Vorschriften der meisten Länder sind die Krankenanstalten der öffentlichen Hand und der gemeinnützigen Anstalten von der Grundsteuer befreit, die der Privatbesitzer (z. B. der Ärzte) jedoch voll pflichtig. Dieser Zustand wurde von den letzteren in den Fällen als unbillig empfunden, in denen ihre Krankenanstalten zu ähnlichen Bedingungen arbeiten wie die anderen; sie weisen darauf hin, daß die Bevorzugung der gemeinnützigen Unternehmen zum Erliegen der privaten Krankenhausbesitzer führe. Das GrStG. hat diesen Einwendungen Rechnung getragen: es behandelt die gemeinnützigen und privaten Krankenanstalten grundsätzlich gleichmäßig; sie werden künftig insoweit von der Grundsteuer befreit, als sie Kranke zu Bedingungen aufnehmen, die die beteiligten Reichsminister bestimmen.

Die Befreiungsbestimmung der Ziff. 8 ist nur anzuwenden, wenn nicht schon nach einer anderen Ziffer des § 4 Steuerbefreiung zu gewähren ist. Letzteres wird häufig der Fall sein. Die Fürsorge für die Kranken gehört zu den Aufgaben der Gemeinden und Gemeindeverbände, unter Umständen auch der Länder. Grundbesitz, den eine Gemeinde, ein Gemeindeverband oder ein Land für Krankenhauszwecke benutzt, dient damit einem öffentlichen Dienst oder Gebrauch. Er ist deshalb, wenn er einer Gebietskörperschaft oder einer anderen der in den Ziffern 1 bis 4, 5a genannten Körperschaften usw. gehört und von einer Gebietskörperschaft benutzt wird, nach Ziff. 1a bzw. 6 von der Grundsteuer befreit.

2. Begriff der Krankenanstalten. Als Krankenanstalten im Sinn des § 4 Ziff. 8 GrStG. (§§ 16 und 17 GrStDVO.) sind anzusehen (Ziff. 35 der GrR.): a) Anstalten, in denen die Heilung oder Besserung der Leiden von Kranken durch ärztliche Hilfeleistung erstrebt wird. Auf die Art der Krankheit kommt es nicht an. — Man wird daher auch Anstalten, in denen Suchtkranke geheilt werden sollen (Trinkerheilanstalten), dazu rechnen müssen; b) Anstalten, in denen Kranke untergebracht sind, deren Leiden nach dem gegenwärtigen Stand der Wissenschaft durch ärztliche Hilfeleistung nicht beeinflußbar ist, die aber der ständigen ärztlichen Beaufsichtigung bedürfen (z. B. Idioten). Die Anstalten für andere Irre und Epileptiker fallen teils unter diese Bestimmung, teils unter den vorstehenden Buchstaben a; c) Entbindungsanstalten.

Nicht zu den Krankenanstalten gehören (Ziff. 35 Abs. 2 GrR.) diejenigen Einrichtungen, in denen körperbehinderte oder gebrechliche Personen lediglich untergebracht sind oder wohnen, ohne daß eine ständige ärztliche Beaufsichtigung der Insassen stattfindet (z. B. Blinden- und Taubstummenanstalten, Erholungsheime, Altersheime und ähnliche Einrichtungen).

3. Voraussetzungen für die Grundsteuerbefreiung im einzelnen. Grundbesitz, der für die Zwecke einer Krankenanstalt benutzt wird, ist nach Ziff. 8 steuerbefreit, wenn a) die Krankenanstalt Kranke zu Bedingungen aufnimmt, die der Reichsminister der Finanzen, der Reichsminister des Innern und der Reichsarbeitsminister bestimmen; b) wenn der Grundbesitz, auf welchem die Anstalt betrieben wird, demjenigen gehört, auf dessen Rechnung und Wagnis die Anstalt geführt wird; wird die Krankenanstalt nicht von dem Eigentümer benutzt, so tritt Befreiung nur dann ein, wenn der Eigentümer der Anstalt eine Körperschaft des öffentlichen Rechts ist.

Die Voraussetzungen, unter denen eine Krankenanstalt, deren Befreiung sich nicht bereits aus § 4 Ziffern 1, 2, 3 und 6 des Gesetzes ergibt, von der Grundsteuer befreit ist, sind in den §§ 16 und 17 GrStDVO. im Zusammenhang aufgeführt. Hiernach müssen folgende Voraussetzungen erfüllt sein:

a) Die Krankenanstalt muß in besonderem Maß der minderbemittelten Bevölkerung dienen. b) Der Grundbesitz muß demjenigen, der die Krankenanstalt betreibt, oder einer Körperschaft des öffentlichen Rechts gehören (§ 4 Ziffer 8 Schlußsatz des Ges.). c) Soweit es sich um Privatkrankenanstalten handelt, müssen sie die Konzession nach § 30 der Reichsgewerbeordnung besitzen.

Für Grundbesitz, der Wohnzwecken dient, verbleibt es bei den Vorschriften des § 5 des Gesetzes.

Zu a (sachliche Voraussetzungen).

Der Begriff der minderbemittelten Bevölkerung wird in § 17 GrStDVO. näher umschrieben. Hiernach „dient (Abs. 1) eine Krankenanstalt in besonderem Maß der minderbemittelten Bevölkerung, wenn in dem Kalenderjahr, das dem Stichtag vorangeht, die folgenden Voraussetzungen erfüllt sind:

1. Die Pflegesätze in allen Verpflegungsklassen dürfen die Beträge nicht überschreiten, die der Oberfinanzpräsident als Höchstsatz bezeichnet hat. 2. Mindestens 40 vom Hundert der jährlichen Verpflegungstage müssen auf Kranke der Sozialversicherung und der öffentlichen Fürsorge oder auf solche Selbstzahler entfallen, die nicht mehr als den niedrigsten Pflegesatz im Sinn der Ziff. 1 entrichtet und bei

denen die ärztlichen Gebühren nachweislich die Mindestsätze der staatlichen Gebührenordnung nicht überschritten haben.

(Abs. 2) Pflegesätze im Sinn des Abs. 1 Ziff. 1 sind die Beträge, die für die Betreuung der Kranken in der Krankenanstalt ausschließlich der ärztlichen Leistung und der üblichen Nebenleistungen (z. B. für Arzneimittel) gefordert werden.

(Abs. 3) Bei Ermittlung der Höchstsätze ist von den Pflegesätzen von Krankenanstalten der Gemeinden, der Gemeindeverbände und der Länder auszugehen. Dabei sollen für die niedrigste Verpflegungsklasse die Pflegesätze, die die Träger der Sozialversicherung bezahlen, nicht unterschritten werden. Für Fachanstalten können auch die Pflegesätze der Reichsversicherungsanstalt für Angestellte zugrunde gelegt werden.

(Abs. 4) Die Höchstsätze können für bestimmte Gruppen von Krankenanstalten und für bestimmte Gebietsteile verschieden festgesetzt werden. Sind die Pflegesätze einer Kreis- oder Gemeindekrankenanstalt höher als die vom Oberpräsidenten bestimmten Höchstsätze, so gelten für diesen Kreis oder Gemeindebezirk die Pflegesätze der örtlichen Kreis- oder Gemeindekrankenanstalt als Höchstsätze.

(Abs. 5) Vor Festsetzung der Höchstsätze hat der Oberfinanzpräsident zu hören: 1. den Regierungspräsidenten oder die zuständige oberste Landesbehörde, 2. die zuständige Aerztekammer, 3. den Vorsitzenden des Oberversicherungsamts."

Zu b (Voraussetzungen in der Eigentumsfrage).

Die Grundsteuerbefreiung der Krankenanstalten hängt weiter davon ab, daß der Grundbesitz, in dem sie betrieben werden, demjenigen gehört, auf dessen Rechnung und Wagnis die Anstalt geführt wird. Ist die Krankenanstalt vermietet oder verpachtet, so ist der Eigentümer voll grundsteuerpflichtig; die Tatsache, daß der Mieter in dem Gebäude eine Krankenanstalt betreibt, bleibt also unberücksichtigt, dies auch dann, wenn der Mieter Kranke zu den im § 17 GrStDVO. angeführten Bedingungen aufnimmt. Eine Ausnahme besteht gemäß § 4 Ziff. 8 Schlußsatz GrStG. dann, wenn die Eigentümerin des Anwesens eine Körperschaft des öffentlichen Rechts ist und der die Krankenanstalt betreibende Mieter die Bedingungen des § 17 GrStDVO. erfüllt.

Zu c (besondere Voraussetzungen für Privatkrankenanstalten). Privatkrankenanstalten können grundsteuerbefreit nur dann sein, wenn sie die Konzession nach § 30 der Reichsgewerbeordnung besitzen.

4. Der Zeitraum, in dem die Voraussetzungen für die Steuerfreiheit gegeben sein müssen. Gemäß § 17 Abs. 1 GrStDVO. dient eine Krankenanstalt in besonderem Maß der minderbemittelten Bevölkerung, wenn in dem Kalenderjahr, das dem Stichtag (§ 1 GrStDVO.) vorangeht, die in den Ziffern 1 und 2 des § 17 Abs. 1 GrStDVO. genannten Voraussetzungen erfüllt sind. Danach ist die Steuerbefreiung der unter § 4 Ziff. 8 GrStG. (§ 16 GrStDVO.) fallenden Krankenanstalten von einer bestimmten Wartezeit abhängig. Der Anstaltsträger soll zeigen, daß er die für die Befreiung vorgesehenen Bedingungen nicht nur vorübergehend, sondern wenigstens für die Dauer eines Jahrs erfüllt. Die Regelung des § 17 Abs. 1

GrStDVO. ist dabei mit Rücksicht darauf, daß bei Krankenanstalten die Umstellung in den Aufnahmebedingungen verhältnismäßig leichter erfolgen kann, als sich der Benutzungszweck bei dem nach anderen Vorschriften des Gesetzes begünstigten Grundbesitz zu ändern pflegt, schärfer als die allgemeine Regelung des § 2 GrStDVO. Während § 2 GrStDVO. bestimmt, daß die Voraussetzungen für die Steuerbefreiung nur dann als erfüllt anzusehen sind, wenn anzunehmen ist, daß die im Gesetz und in der GrStDVO. bestimmten Voraussetzungen wenigstens auf die Dauer von zwölf Monaten vorliegen werden, wobei der Zeitraum, für den die Voraussetzungen unmittelbar vor dem Stichtag (§ 1 GrStDVO.) vorgelegen haben, mit zu berücksichtigen ist, schreibt § 17 Abs. 1 GrStDVO. vor, daß die Grundsteuerbefreiung für Grundbesitz, auf welchem eine Krankenanstalt betrieben wird, erst dann gewährt wird, wenn die Voraussetzungen in dem Kalenderjahr, das dem Stichtag (§ 1 GrStDVO.) vorangeht, erfüllt sind. Hinsichtlich der Voraussetzung in der Eigentumsfrage (§ 16 Abs. 1 Ziff. 2 GrStDVO.) verbleibt es bei der Regelung des § 2 GrStDVO.

Nach § 16 GrStG. fällt die Steuerpflicht weg, wenn für den ganzen Steuergegenstand ein Befreiungsgrund eintritt. Die Steuer ist jedoch mindestens bis zum Schluß des Kalendervierteljahrs zu entrichten, in dem der Antrag auf Freistellung von der Steuer gestellt worden ist. Die Grundsteuer ist in diesem Fall, wenn der Antrag in dem Kalendervierteljahr gestellt wird, in dem das Ereignis eintritt, bis zum Schluß dieses Vierteljahrs oder, bei späterer Antragstellung, bis zum Schluß des Kalendervierteljahrs zu entrichten, in dem der Antrag gestellt wird. Ein Befreiungsgrund tritt jedoch nach § 2 Sätze 1 und 3 GrStDVO. nur dann ein, wenn nach den Verhältnissen des maßgebenden Tags anzunehmen ist, daß die in Gesetz und Durchführungsverordnung bestimmten Befreiungsvoraussetzungen wenigstens auf die Dauer von zwölf Monaten vorliegen werden. Für Krankenanstalten kommt die Anwendung dieser Vorschriften nur selten in Betracht. Denn ein Befreiungsgrund besteht, wie erwähnt, für sie nur dann, wenn die Voraussetzungen des § 17 GrStDVO. in dem ganzen vorangehenden Kalenderjahr tatsächlich erfüllt waren. Beispiel: Im Kalenderjahr 1938 hat eine Krankenanstalt die Voraussetzungen über die Pflegesätze usw. erfüllt; indes gehörte der Grundbesitz am 1. Januar 1939 weder demjenigen, der die Anstalt betrieb, noch einer Körperschaft des öffentlichen Rechts (§ 16 Abs. 1 Ziff. 2 GrStDVO.); für das Rechnungsjahr 1939 kann deshalb eine Grundsteuerbefreiung nicht in Betracht kommen. Erwirbt nun der Träger der Anstalt (oder eine Körperschaft des öffentlichen Rechts) das Eigentum an dem Grundstück am 15. Februar 1939, so ist die Grundsteuer nach § 16 GrStG. bei sofortiger Antragstellung nur bis zum 31. März 1939 zu entrichten. Erwirbt er das Eigentum am 15. November 1939, so muß die Grundsteuer noch bis zum 31. Dezember 1939 entrichtet werden.

5. Umfang der Steuerbefreiung. Steuerbefreit sind die der Krankenanstalt unmittelbar dienenden Räume (z. B. die Krankenzimmer, Operationsräume). Steuerbefreit sind weiter auch (§ 5 Ziff. 4 GrStG.)

die Räume, in denen sich Personen für die Erfüllung der begünstigten Zwecke ständig bereit halten müssen (Bereitschaftsräume), wenn sie nicht zugleich die Wohnung des Inhabers darstellen. Wegen der Auslegung der Begriffe „Bereitschaftsräume" und „Wohnung" zu vgl. die Bem. zu § 5 Ziff. 4. Hiernach sind möblierte Zimmer, in denen die Assistenzärzte oder Krankenschwestern wohnen, als Bereitschaftsräume steuerfrei, soferne selbstverständlich auch die Krankenanstalt steuerfrei ist und soferne die Bereitschaftsräume sich in einem Gebäude befinden, das zur wirtschaftlichen Einheit der Krankenanstalt gehört; Räume in anderen Gebäuden können als Bereitschaftsräume nicht befreit werden. Die Wohnung, die der Inhaber der Anstalt oder der Chefarzt im Anstaltsgebäude innehat, unterliegen der Grundsteuer.

6. Beispiele. Um die Tragweite der Bestimmung des § 8 Ziff. 4 GrStG. klarzustellen, seien noch folgende Beispiele angeführt:

a) Eine Gebietskörperschaft betreibt eine Krankenanstalt. Hier wird regelmäßig „öffentlicher Dienst oder Gebrauch" anzunehmen sein. Gehört das Grundstück der Gebietskörperschaft selbst oder einer anderen der in den Ziffern 1 bis 5a bezeichneten Körperschaften usw., so ist es befreit (Ziff. 1a in Verbindung mit Ziff. 6 des § 4 GrStG.). Die Voraussetzungen des § 4 Ziff. 8 GrStG. mit §§ 16 und 17 GrStDVO. brauchen nicht erfüllt zu sein.

b) Ein gemeinnütziger Verein, ein Arzt oder eine Krankenschwester betreibt eine Krankenanstalt. Die Befreiung hängt davon ab, inwieweit die Voraussetzungen des § 4 Ziff. 8 GrStG. vorliegen.

c) Eine Gebietskörperschaft betreibt eine Krankenanstalt. Das Grundstück gehört weder ihr selbst noch einer anderen der in den Ziffern 1 bis 5a bezeichneten Körperschaften usw. Es gehört jedoch einer anderen Körperschaft des öffentlichen Rechts. Das Grundstück ist nach Ziff. 8 befreit, wenn die Voraussetzungen der §§ 16 und 17 GrStDVO. erfüllt sind. Die Gebietskörperschaft wird in diesem Fall also genau so behandelt wie eine private Person (zu vgl. Beispiel c).

d) Eine Gebietskörperschaft betreibt eine Krankenanstalt. Das Grundstück gehört weder ihr selbst (Ziff. 1a) noch einer anderen in den Ziff. 1 bis 5a des § 4 bezeichneten Körperschaften usw. (Ziff. 6) noch einer anderen Körperschaft des öffentlichen Rechts (Ziff. 8) — sondern einer privaten natürlichen oder juristischen Person. Das Grundstück ist nicht befreit. Auf die Bedingungen, zu denen die Kranken aufgenommen werden, kommt es nicht an.

Ziff. 9 (§§ 18 bis 20 GrStDVO., Ziffern 37 bis 40 GrR.)

1. Allgemeines. Die Befreiungen nach der Ziff. 9 hängen allein von der Benutzungsart oder der Eigenschaft des Grundstücks ab. Auf den Eigentümer kommt es nicht an; Eigentümer kann deshalb auch eine private juristische oder natürliche Person sein. Eine Ausnahme gilt lediglich für die in Buchst. c aufgeführten Seen und Teiche; ihre Grundsteuerbefreiung ist davon abhängig gemacht, daß sie im Eigentum des Reichs, eines Lands, einer Gemeinde oder eines Gemeindeverbands stehen. Gemäß § 14 Abs. 2 der RBewDB. in der Fassung des § 66 GrStDVO. sind Teile des landwirtschaftlichen Betriebs, die unter die Vorschrift im § 4 Ziff. 9 des Grundsteuergesetzes fallen, — mit Wirkung vom 1. Januar 1938 an (§ 67 Abs. 3 GrStDVO.) — nicht mehr zu bewerten; sie scheiden deshalb für die Grundsteuer ohne weiteres aus.

2. Die einzelnen Befreiungen.

a) Die Straßen, Wege, Plätze, Brücken, künstlichen Wasserläufe, Häfen und Schienenwege, die dem öffentlichen Verkehr dienen. Die Wendung „dem öffentlichen Verkehr dienen" bezieht sich nicht bloß auf Straßen, sondern auch auf Wege, Plätze, Brücken, künstliche Wasserläufe, Häfen und Schienenwege. Steuerfrei sind hiernach nur solche Straßen, Wege, Plätze, künstliche Wasserläufe usw., die dem öffentlichen Verkehr dienen.

aa) Dem öffentlichen Verkehr dient eine Straße, ein Weg, ein Platz, eine Brücke usw. nur dann, wenn sie der Allgemeinheit zur Verfügung stehen. Nicht notwendig ist, daß die Straßen und Wege usw. von der Öffentlichkeit auch tatsächlich benützt werden. Ein Weg oder eine Straße dient hiernach auch dann dem öffentlichen Verkehr, wenn sie mehr oder weniger nur von den Anliegern benutzt wird, aber tatsächlich der Allgemeinheit zur Verfügung steht. Der Begriff der Öffentlichkeit bestimmt sich auch nicht nach einer Satzung, sondern vielmehr nach der tatsächlichen Ausdehnung des Gebrauchs auf einen unbegrenzten Kreis des Publikums.

Der Begriff der Öffentlichkeit ist nicht mehr gegeben, wenn die Wege usw. nur einem kleinen Kreis von Personen zur Verfügung stehen. Die Steuerfreiheit ist deshalb z. B. zu versagen, wenn die Wege usw. nur bestimmten Zwecken (z. B. dem Marktverkehr) zu dienen bestimmt sind, außerhalb dieses Zwecks aber dem allgemeinen Verkehr verschlossen sind. Von der Befreiung scheiden deshalb für die Regel auch private Schienenwege oder private Stichkanäle aus, wie sie große gewerbliche Betriebe vielfach besitzen.

Für die Frage, ob ein Weg, eine Straße usw. dem öffentlichen Verkehrt dient, ist nicht die Eigenschaft eines Wegs oder einer Straße als eines öffentlichen im Sinn des öffentlichen Wege- oder Straßenrechts, sondern ausschließlich die tatsächliche öffentliche Benutzung des Wegs maßgebend. Den öffentlichen Straßen usw. stehen deshalb im Sinn der Bestimmung die Privatstraßen und im Privateigentum befindliche Wege, soweit sie dem öffentlichen Verkehr dienen, gleich. Zu den Voraussetzungen eines öffentlichen Platzes gehört übrigens nicht, daß er in allen seinen Teilen von Fuhrwerken befahren oder von Fußgängern begangen werden kann.

bb) Unter Straßen, Wegen und Plätzen sind die für den allgemeinen Verkehr von Fuhrwerken oder Fußgängern oder mit Tieren von Ort zu Ort bestimmten Wege auf der Erdoberfläche und die mit diesen in unmittelbarer Verbindung stehenden Wegeerweiterungen in geschlossenen Ortschaften und außerhalb dieser zu verstehen (zu vgl. RFH. Bd. 7 S. 9 und Bd. 9 S. 23). Wie weit der Begriff der Straße, des Wegs und des Platzes zu fassen ist, richtet sich nach der Verkehrsauffassung. Zu den Straßen und Wegen gehören jedenfalls die eigentliche Fahrbahn, ferner aber auch die Seitengräben, Böschungen, Schutzstreifen und bei geteilten Fahrbahnen die

Mittelstreifen (§ 18 GrStDVO. 1937). Zu den Schutzstreifen in diesem Sinn gehören aber nicht die neben den Kraftfahrbahnen liegenden 40 Meter breiten Schutzwaldstreifen, die auf Grund des § 8 b des Gesetzes über die Errichtung eines Unternehmens „Reichsautobahnen" in der Fassung des Gesetzes vom 14. Mai 1936 (RGBl. I S. 440) vorgehalten werden.

An den dem öffentlichen Verkehr dienenden Straßen und Wegen befinden sich mitunter auch Materiallager-, Park- und Rastplätze. Nach den Grundsteuerrichtlinien (Ziff. 38) bestehen keine Bedenken, diese Plätze den Straßen und Wegen zuzurechnen, wenn sie mit den Straßen und Wegen räumlich verbunden sind.

cc) Die Brücken werden in der Regel nicht zum Grundbesitz gehören, sondern unter den Begriff der Betriebsvorrichtungen fallen. Sie wären alsdann schon begriffsmäßig von der Grundsteuer befreit. Um ihre Befreiung jedoch auch für den Fall, daß sie im Einzelfall zum Grundbesitz gerechnet werden, zu sichern, werden sie im § 4 Ziff. 9 a besonders als befreit erwähnt.

dd) Zu den künstlichen Wasserläufen gehören die Kanäle. Steuerfrei sind unter Umständen auch die sog. Stichkanäle. Stichkanäle sind solche Kanäle, die als Vermittler des Verkehrs zwischen den durchgehenden Hauptkanälen und den Bevölkerungs- und Industriezentren dienen. Sie dienen beiden Unternehmen. Für die große Verkehrsader sind sie die Zubringer, den Städten besorgen sie den Anschluß an die Hauptstraße. Begriff und Wesen eines Stichkanals schließen also den allgemeinen Schiffsverkehr auf ihm, mithin den Gebrauch durch das Publikum oder einen öffentlichen Verkehr nicht unbedingt aus. Anders wäre es, wenn die Benutzung des Kanals auf die Anlieger des Kanals, Genossen oder Nichtgenossen, beschränkt wäre.

Treidelwege und Leinpfade, die den Schiffsverkehr vermitteln, sind den künstlichen Wasserläufen (§ 4 Ziff. 9 a des Ges.) oder den fließenden Gewässern (§ 4 Ziff. 9 c) zuzurechnen (Ziff. 37 Abs. 1 GrR.).

ee) Zu den Häfen im Sinn des Gesetzes rechnen nur die mit Wasser bedeckten Flächen, die Böschungen und die Grundflächen der Kaimauern. — Die Kaimauern selbst werden als Betriebsvorrichtungen für die Heranziehung zur Grundsteuer nicht in Betracht kommen. —

ff) Schienenwege. Grundsteuerbefreit sind die Schienenwege aller Art, also die Schienenwege der Deutschen Reichsbahn, der Privatbahnen, der Straßenbahnen usw. (zu vgl. Ziffer 39 GrR.). Gemäß § 19 GrStDVO. 1937 gehören zu den Schienenwegen 1. die Grundflächen des eigentlichen Bahnkörpers und die Grundflächen der zugehörigen Seitengräben, Böschungen, Schutzstreifen, Schneedämme und der zwischen den Gleisen gelegenen Geländestreifen; 2. die mit Schienen einschließlich der Rangier-, Neben-, Aufstell- und Ladegleise bedeckten Grundflächen der Bahnhöfe, auch wenn sie durch Bahnsteighallen überdeckt sind; 3. Stellwerksgebäude, Blockbuden und Bahnwärterhäuser, soweit sie nicht Wohnzwecken dienen (§ 5 GrStG.). Den Schienenwegen sind nicht zuzurechnen: 1. Grundflächen solcher Gleise, die zur Abstellung von dauernd aus dem Verkehr gezogenen

Wagen (z. B. in und neben Wagenhallen, in Straßenbahndepots) bestimmt sind; 2. Grundflächen solcher Gleise, die im übrigen zu einer besonderen, von dem Verkehrsbetrieb getrennten Veranstaltung (z. B. Instandsetzung) gehören; 3. Bahnsteige, Bahnsteighallen; 4. Ladestraßen und -rampen.

b) Das Rollfeld der Verkehrsflughäfen; der Grundsteuer unterliegen dagegen die bebauten Teile der Verkehrsflughäfen, wie z. B. die Flugzeugschuppen, Wetterwarten und die Verwaltungsgebäude. Nicht unter die Bestimmung fällt weiter das Rollfeld der Flughäfen von Flugzeugfabrikationsbetrieben; dieses ist grundsteuerpflichtig.

Die Flughäfen der Luftwaffe sind nach Ziff. 1 a des § 4 befreit.

c) Die fließenden Gewässer (Ströme, Flüsse, Bäche), die deren Abfluß regelnden Sammelbecken und die im Eigentum des Reichs, eines Lands, einer Gemeinde oder eines Gemeindeverbands stehenden Seen und Teiche. Steuerbefreit sind alle fließenden Gewässer von der Quelle bis zur Mündung; gleichgültig ist, ob sie im Eigentum der Anlieger oder im Eigentum von Körperschaften des öffentlichen Rechts stehen, und ob sie mit Schiffen befahrbar sind oder nicht. Zu den fließenden Gewässern gehören gemäß § 20 GrSt.-DVO. auch die Altwasser der Flüsse und die Haffe.

Grundsätzlich steuerpflichtig sind die stehenden Gewässer, also die Seen, Teiche usw. Eine Ausnahme besteht zugunsten der Seen und Teiche, die im Eigentum des Reichs, eines Lands, einer Gemeinde oder eines Gemeindeverbands stehen. Diese Ausnahmebestimmung ist im Interesse der Vereinfachung getroffen worden.

d) Die im Interesse der Ordnung und Verbesserung der Wasser- und Bodenverhältnisse unterhaltenen Einrichtungen, die öffentlich-rechtlichen Wasser- und Bodenverbände und die im öffentlichen Interesse staatlich unter Schau gestellten Privatdeiche.

e) Die Bestattungsplätze. Hierunter sind die Stätten zu verstehen, in denen die Toten beerdigt oder die Asche der Toten aufbewahrt wird. Zu den Bestattungsplätzen gehören deshalb nicht nur die eigentlichen Friedhöfe und Urnenhaine, die für die Allgemeinheit bestimmt sind, sondern auch solche Stätten, in denen nur einzelne Personen oder einzelne Familien bestattet werden. Den Bestattungsplätzen sind Kapellen, Leichenhallen und andere Gebäude, die der Beerdigung oder der Pflege des Andenkens der Toten dienen, zuzurechnen (Ziff. 40 Abs. 2 GrR.). — Die Wohnungen der Friedhofwärter, die sich auf Friedhöfen befinden, sind dagegen steuerpflichtig. — Die Bestattungsplätze sind schlechterdings steuerbefreit, ob sie Gemeinden, Religionsgesellschaften oder Privatbesitzern gehören. Nicht erforderlich ist, daß die Bestattungsplätze öffentlich sind, d. h. grundsätzlich für alle Personen, gleichgültig welchem Religionsbekenntnis sie angehören, zur Verfügung stehen.

Private Bestattungsplätze werden häufig Bestandteile eines land- und forstwirtschaftlichen Guts sein; die auf sie entfallenden Werte müssen deshalb aus den für die land- und forstwirtschaftlichen Anwesen festgestellten Einheitswerte ausgeschieden werden. Da sich die Bestattungsplätze bei der Einheitsbewertung wohl kaum auswirken werden, wird eine Ausscheidung praktisch nicht in Frage kommen. Zu vgl. das Urt. III A 336/34 vom 15. Nov. 1934 = RFH. Bd. 37 S. 64, wonach bei Gegenständen, die wie z. B. Erbbegräbnisse (Mausoleen) keine Wirtschaftsgüter sind und deshalb nicht im Verkehr stehen, von jeder Bewertung abzusehen ist (zu vgl. nunmehr §§ 66, 67 Abs. 3 GrStDVO., Anm. 1 zu § 4 Ziff. 9).

Ein Platz ist solange als Bestattungsplatz anzusehen, als den Angehörigen ein Anspruch auf Aufrechterhaltung der Grabstätte zusteht, darüber hinaus auch für die Zeit, in der der Verfügungsberechtigte die Weiterbenutzung des Grundbesitzes als Begräbnisstätte für bereits vorhandene Grabstätten zuläßt (Ziff. 40 Abs. 3 der GrR.).

Ziff. 10 (§§ 21 und 22 GrStDVO.).

Grundsteuerbefreit ist der Grundbesitz eines fremden Staates, der für Zwecke von Botschaften, Gesandtschaften oder Konsulaten dieses Staates benutzt wird, wenn Gegenseitigkeit gewährt wird.

1. Allgemeines. Die Bestimmung erscheint im Hinblick auf die Vorschrift des § 9 des StAnpG., — wonach von den Steuern vom Einkommen und vom Vermögen Personen, Personenvereinigungen, Körperschaften und Vermögensmassen insoweit befreit sind, als ihnen ein Anspruch auf Befreiung von diesen Steuern nach allgemeinen völkerrechtlichen Grundsätzen unter Wahrung der Gegenseitigkeit oder nach besonderer Vereinbarung mit anderen Staaten zusteht — überflüssig. Da aber im Grundsteuergesetz möglichst alle Befreiungsvorschriften vereinigt werden sollten, wurde sie im Gesetz aufgeführt.

2. Die Voraussetzungen für die Steuerfreiheit im einzelnen. Die Befreiung nach Ziff. 10 ist an drei Voraussetzungen geknüpft:

a) der Grundbesitz muß im Eigentum eines fremden Staates stehen und von diesem für die Zwecke von Botschaften, Gesandtschaften oder Konsulaten benutzt werden. Notwendig ist also Identität des Eigentümers und Benutzers;

b) der Grundbesitz muß für die begünstigten Zwecke tatsächlich benutzt werden; bloße Inaussichtstellung der Benutzung genügt nicht;

c) es muß Gegenseitigkeit gewährt sein; Zweifel darüber, ob Gegenseitigkeit gewährt wird, wären auf dem Dienstwege durch Anfrage beim Reichsaußenminister zu klären.

Zu den fremden Staaten gehört auch der Päpstliche Stuhl, der nach völkerrechtlicher Praxis hinsichtlich der diplomatischen Vorrechte fremden Staaten gleichgestellt ist.

Steuerbegünstigte Konsulate sind § 21 GrStDVO. gemäß nur 1. die Berufskonsulate und zwar unbeschränkt, 2. die Wahlkonsulate nur, wenn der Konsulatsleiter die Staatsangehörigkeit des Entsendestaates besitzt, sein Gehalt aus der fremden Staatskasse bezieht und eine andere als die konsularische Tätigkeit nicht ausübt. Wahlkonsulate, deren Leiter also, wie es häufig der Fall ist, ein Angehöriger des Empfangsstaates ist, unterliegen also der Grundsteuer.

Steuerbefreit ist nicht nur der Grundbesitz, der für die dienstlichen Zwecke der Botschaft, der Gesandtschaft, des Konsulats in Anspruch genommen wird, sondern auch der Grundbesitz, der den Wohnzwecken des Botschafters, Gesandten oder Konsuls sowie der Beamten oder Angestellten der fremden Vertretung dient (§ 22 GrStDVO.). Der allgemeine Grundsatz des Gesetzes, wonach Grundbesitz, der Wohnzwecken dient, als nicht für einen steuerbegünstigten Zweck genutzt anzusehen ist, gilt nach ausdrücklicher Bestimmung des § 5 GrStG. für die Begriffsbestimmung des § 4 Ziff. 10 nicht. Voraussetzung ist hierbei, daß sich die Wohnungen im Botschafts- usw. Gebäude unmittelbar befinden. Mietet sich der Berufskonsul in einem Privatgebäude ein, so kommt insoweit eine Steuerbefreiung nicht in Betracht.

§ 5
Steuerpflicht bei Benutzung zu Wohnzwecken

Grundbesitz, der Wohnzwecken dient, ist nicht als für einen der nach § 4 Ziffern 1 bis 8 begünstigten Zwecke benutzt anzusehen; das gilt auch für die zugehörigen Hofräume und Hausgärten. Den begünstigten Zwecken dienen jedoch und sind deshalb unter den weiteren Voraussetzungen des § 4 befreit:

1. die Kasernen- und Lagerunterkünfte
   a) der Wehrmacht, der Schutzpolizei, der Gendarmerie, des Reichswasserschutzes, des sonstigen Schutzdienstes des Reichs und des Reichsarbeitsdienstes,
   b) der SA, der SS, des NSKK;

2. die gemeinschaftlichen Wohnräume
   a) des NS-Deutschen Studentenbunds, der Hitler-Jugend und in Jugendherbergen,
   b) in Schulungslagern und Erziehungsanstalten,
   c) in Prediger- und Priesterseminaren;

3. die Wohnräume
   a) in den Erholungsheimen der NS-Volkswohlfahrt und der NS-Kriegsopferversorgung, die für die Aufnahme der erholungsbedürftigen Personen bestimmt sind,
   b) der hilfsbedürftigen Personen in den Gebäuden, die wegen Benutzung für mildtätige Zwecke befreit sind (§ 4 Ziffern 3 und 6);

4. Räume, in denen sich Personen für die Erfüllung der begünstigten Zwecke ständig bereit halten müssen (Bereitschaftsräume), wenn sie nicht zugleich die Wohnung des Inhabers darstellen.

Kurze Inhaltsangabe.

1. Grundsätzliches;
2. Ausnahmen von dem Grundsatz zu 1:
   a) Allgemeines,
   b) die einzelnen Befreiungen.

1. Grundsätzliches. Die Bestimmungen des § 5 GrStG. stellen klar, wie die Befreiungsvorschriften des § 4 auszulegen sind, wenn der begünstigte Grundbesitz Wohnzwecken dient. Leitender Grundsatz ist, daß der gesamte Grundbesitz, soweit er Wohnzwecken gewidmet ist, nicht als für einen der nach § 4 Ziffern 1 bis 8 begünstigten Zwecke benutzt anzusehen ist und daher der Grundsteuer unterliegt; die Steuerpflicht des Wohnzwecken dienenden Grundbesitzes erstreckt sich dabei auf die zugehörigen Hofräume und Hausgärten. Der Grundsatz gilt nicht nur für die Mietwohngrundstücke einer Gebietskörperschaft, gleichgültig ob die in diesen befindlichen Wohnungen bestimmungsgemäß und tatsächlich nur an Beamte der Gebietskörperschaft vermietet werden, sondern auch für Wohnungen, die dem Beamten aus dienstlichen Gründen zugewiesen werden, weil die Behörde Wert darauf legt, daß der Beamte möglichst jederzeit erreichbar ist und daher in unmittelbarer Nähe seiner Dienststelle wohnt. Auch diese sog. Dienstwohnungen behandelt das Grundsteuergesetz im Gegensatz zur bisherigen Regelung in größeren Teilen des Reichs (z. B. Preußen und Bayern) als grundsteuerpflichtig. Räume, die zur Erfüllung gesellschaftlicher Verpflichtungen überlassen sind (sog. Repräsentationsräume), sind nicht als Wohnzwecken dienend anzusehen, wenn ihre Einrichtung von der Dienstbehörde ganz oder überwiegend gestellt ist.

2. Ausnahmen von dem Grundsatz zu 1.

a) Allgemeines. Von dem Grundsatz, daß Grundbesitz, der Wohnzwecken dient, der Grundsteuer unterliegt, läßt § 5 in vier Ziffern Ausnahmen zu. Diese Ausnahmen stellen im strengen Sinn des Wortes nur Klarstellungen dar: wenn z. B. nach § 4 Ziff. 1a der Grundbesitz der Wehrmacht befreit ist, so liegt die Annahme nahe, daß auch die Kasernenquartiere darunter fallen und wenn nach § 4 Ziffer 2g der Grundbesitz des Reichsverbands für deutsche Jugendherbergen e. V. Befreiung genießt, so deutet das darauf hin, daß damit die Jugendherbergen selbst begünstigt werden wollten. Wie Satz 2 des § 5 ausdrücklich betont, gelten die Ausnahmen nur unter den weiteren Voraussetzungen des § 4; das bedeutet, daß die Kasernenquartiere und Lagerunterkünfte und Wohnräume im Eigentum einer der nach § 4 Ziff. 1 bis 5a GrStG. begünstigten Körperschaften, Personenvereinigungen, Vermögensmassen und Verbände stehen müssen; Kasernenwohnungen, die sich in einem Privatgebäude befinden, können hiernach niemals steuerbefreit sein. Eine weitere Voraussetzung ist, daß sich die begünstigten Räume in einem steuerbefreiten Gebäude befinden. Die Bereitschaftsräume in einer Krankenanstalt, die weder nach Ziffer 1a noch nach der Ziffer 8 des § 4 steuerbegünstigt ist, können deshalb nicht steuerbefreit sein. Eine selbstverständliche Voraussetzung ist, daß die begünstigten Räume auch tatsächlich für die steuerbegünstigten Zwecke benutzt werden.

Wegen des Umfangs der Befreiungen nach den einzelnen Ziffern des § 5 ist noch auf folgendes hinzuweisen. Befreit sind die Kasernen- und Lagerunterkünfte der Ziffer 1, die gemeinschaftlichen Wohnräume der Ziffer 2; es bedarf keiner besonderen Erwähnung, daß zu diesen gemeinschaftlichen Wohnräumen auch die entsprechenden Schlafräume sowie Küchen- und Klosettanlagen gehören. Nach der besonderen Bestimmung des § 23 Abs. 2 GrStDVO. sind den bezeichneten Räumen gleichzustellen gemeinschaftliche Speiseräume (z. B. Kantinen, Kasinos) und sonstige gemeinschaftliche Aufenthaltsräume (z. B. Lese-, Schreib- und Spielzimmer). Was insbesondere die Kantinen und Kasinos betrifft, so sind diese steuerfrei, wenn sie im Eigentum einer steuerbegünstigten Person stehen; ob die Kantinen Überschüsse abwerfen oder nicht und wie die Überschüsse verwendet werden, ist gleichgültig.

b) Die einzelnen Befreiungen.

a) Nach der Ziffer 1 sind befreit die Kasernen- und Lagerunterkünfte aa) der Wehrmacht, der Schutzpolizei, der Gendarmerie, des Reichswasserschutzes, des sonstigen Schutzdienstes des Reichs und des Reichsarbeitsdienstes, bb) der SA., der SS., des NSKK. Hinsichtlich der Wehrmacht — aber nur der Wehrmacht — enthält § 23 Abs. 1 GrStDVO. eine wesentliche Erweiterung der Befreiung; den Kasernenunterkünften werden zugerechnet: 1. die Wohnungen, die kasernenbenutzungspflichtigen, verheirateten Soldaten zugewiesen sind, das sind die sog. Kasernenwohnungen; 2. die auf dem Kasernengrundstück selbst befindlichen Wohnungen, die Personen im Dienst der Wehrmacht zugewiesen sind; die Wohnungen der letztgenannten Art brauchen sich also nicht unmittelbar in der Kaserne zu befinden; sie müssen aber auf dem Kasernengrundstück errichtet und Personen im Dienst der Wehrmacht zugewiesen sein. Unter Personen im Dienst der Wehrmacht sind solche Personen zu verstehen, mit denen die Wehrmacht einen Dienst- oder Anstellungsvertrag abgeschlossen hat. Zu denken ist insbesondere an die Wohnungen der Heizer, Pförtner usw. der Kasernen, ferner die Wohnungen der Schlosser und des sonstigen Handwerkerpersonals der Truppenteile. Kantinenpächter, die die Kantinen für Rechnung der Truppenteile betreiben, stehen im Dienst der Wehrmacht; ihre Wohnungen sind deshalb im Rahmen der Bestimmung steuerbefreit; soweit dagegen die Kantinenpächter die Kantinen auf eigene Rechnung betreiben, stehen sie nicht im Dienst der Wehrmacht; eine Steuerbegünstigung kommt alsdann nicht in Frage.

Die Steuerfreiheit besteht im übrigen ohne Rücksicht darauf, ob die im Dienst der Wehrmacht stehenden Personen einen Mietzins zu zahlen haben oder nicht; ebensowenig kommt es auf die Höhe des Mietzinses an.

Den Kasernen und Kasernengrundstücken sind die Truppenübungsplätze der Wehrmacht gleichzustellen.

b) Nach der Ziffer 2 sind befreit die gemeinschaftlichen Wohnräume aa) des NS.-Deutschen Studentenbunds, der Hitler-Jugend und in Jugendherbergen, bb) in Schulungslagern und Erziehungsanstalten, cc) in Prediger- und Priesterseminaren. Die Bestimmung trägt dem Gedanken der geschlossenen Heimerziehung Rechnung. Befreit sind nur gemeinschaftliche Wohnräume. Nicht befreit ist deshalb z. B. die

Wohnung des Führers des NS.-Studentenbundes, die sich im Gebäude des NS.-Studentenbundes, oder die Wohnung des Direktors des Prediger- und Priesterseminars, die sich im Gebäude des Prediger- und Priesterseminars befindet.

c) Nach der Ziffer 3 sind befreit die Wohnräume aa) in den Erholungsheimen der NS.-Volkswohlfahrt und der NS.-Kriegsopferversorgung, die für die Aufnahme der erholungsbedürftigen Personen bestimmt sind, bb) der hilfsbedürftigen Personen in den Gebäuden, die wegen Benutzung für mildtätige Zwecke gemäß § 4 Ziffern 3 und 6 befreit sind. Die bezeichneten Wohnräume wurden befreit, da in dem Bewohnen dieser Räume durch erholungs- und hilfsbedürftige Personen ja gerade die steuerbegünstigten Zwecke liegen. Befreit sind schlechthin die Wohnräume der erholungs- und hilfsbedürftigen Personen; nicht notwendig ist deshalb, daß es sich um gemeinschaftliche Wohnräume handelt. Nicht befreit sind dagegen die geschlossenen Wohnungen der Leiter der in Betracht kommenden Anstalten.

d) Nach der Ziffer 4 sind befreit Räume, in denen sich Personen für die Erfüllung der begünstigten Zwecke ständig bereit halten müssen (Bereitschaftsräume), wenn sie nicht zugleich die Wohnung des Inhabers darstellen. Es handelt sich hier um Räume, die den Inhabern ausschließlich zum Aufenthalt während der Ausübung ihres Dienstes zugewiesen sind und damit unmittelbar mit der Ausübung des Dienstes im Zusammenhang stehen. Begünstigt sind nicht nur gewöhnliche Aufenthaltsräume, sondern auch Räume, in denen Personen — wie etwa bei der Feuerwehr, einer Rettungswache oder bei der Nachtwache in Krankenanstalten — in Betten übernachten; Räume im Sinn der Bestimmung liegen unter Umständen vor, wenn die betreffenden Personen ständig in ihnen wohnen. In diesem Sinn rechnet Ziff. 41 der GrR. zu den Bereitschaftsräumen auch die Wohnräume für Schwestern in Krankenanstalten und ähnlichen Einrichtungen. Befreit sind aber nur Wohnräume, nicht dagegen abgeschlossene Wohnungen. Das Gesetz macht insoweit einen deutlichen Unterschied zwischen „Wohnung" und „Wohnraum". Wohnung und Wohnraum sind nach dem Sprachgebrauch nicht dasselbe. Das möblierte Zimmer, in dem sich der Assistenzarzt tagsüber im Krankenhaus aufhält, um jederzeit zur Verfügung zu stehen, ist ein Wohnraum, aber keine Wohnung. Zum Begriff der Wohnung gehört jedenfalls eine gewisse Abgeschlossenheit und insbesondere die selbständige Kochgelegenheit.

Begünstigt sind nur die Räume, in denen sich Personen „für die Erfüllung der begünstigten Zwecke" ständig bereit halten müssen. Die Personen müssen mit den steuerbegünstigten Zwecken unmittelbar im Zusammenhang stehen. Personen, die wie Hausdiener, Dienstmädchen und das sonstige Wirtschaftspersonal mit den steuerbegünstigten Zwecken nicht unmittelbar zu tun haben, zählen nicht zum Bereitschaftspersonal; ihre Aufenthaltsräume sind also nicht begünstigt.

Die Bestimmung der Ziffer 4 bezieht sich im übrigen auf alle Ziffern des § 4; steuerbefreit sind deshalb die Bereitschaftsräume der Putzfrauen bei Behörden, der Pfleger und Wärter in Krüppelheimen usw. Von besonderer Bedeutung wird die Bestimmung für Kranken- und ähnliche Anstalten.

§ 6

Ergänzungen zu §§ 4 und 5

(1) Die Befreiung tritt nur ein, wenn der Steuergegenstand für die im § 4 bezeichneten Zwecke unmittelbar benutzt wird.

(2) Dient der Steuergegenstand auch anderen Zwecken und wird für die steuerbegünstigten Zwecke ein räumlich abgegrenzter Teil des Steuergegenstands benutzt, so ist nur dieser Teil befreit.

(3) Dient der Steuergegenstand oder ein Teil des Steuergegenstands sowohl steuerbegünstigten als auch anderen Zwecken, ohne daß eine räumliche Abgrenzung für die verschiedenen Zwecke möglich ist, so ist der Steuergegenstand oder der Teil nur befreit, wenn die steuerbegünstigten Zwecke überwiegen.

Kurze Inhaltsangabe.

1. Grundsatz der unmittelbaren Benutzung für die steuerbegünstigten Zwecke — Abs. 1:
   a) Begriff der Unmittelbarkeit,
   b) tatsächliche Benutzung für die steuerbegünstigten Zwecke,
   c) land- und forstwirtschaftlich genutzter Grundbesitz,
   d) Werkstätten;
2. Steuerbefreiung, wenn nur ein — räumlich abgegrenzter — Teil des Steuergegenstands für steuerbegünstigte Zwecke benutzt wird — Abs. 2;
3. Steuerbefreiung, wenn ein — räumlich nicht abgrenzbarer — Teil des Steuergegenstands für steuerbegünstigte Zwecke benutzt wird — Abs. 3.

§ 6 enthält Bestimmungen, die für alle Vorschriften der §§ 4 und 5 gelten und diese ergänzen; sie sind in die §§ 4 und 5 lediglich deshalb nicht aufgenommen worden, um diese Bestimmungen zu entlasten und übersichtlicher zu gestalten.

1. Grundsatz der unmittelbaren Benutzung für die steuerbegünstigten Zwecke — Abs. 1.

a) Begriff der Unmittelbarkeit. Die Befreiungen des § 4 treten nur ein, wenn der Steuergegenstand für die im § 4 bezeichneten steuerbegünstigten Zwecke unmittelbar benutzt wird. Der Steuergegenstand wird für die steuerbegünstigten Zwecke unmittelbar benutzt, wenn die Benutzung für sich selbst und ohne Hinzutreten weiterer Begleitumstände eine Förderung des steuerbegünstigten Zwecks darstellt; ein Gebäude, das zum Zwecke der wirtschaftlichen Ausnutzung verpachtet oder in anderer Weise verwertet wird, ist nicht steuerfrei, auch wenn die Erträge zu einem steuerbegünstigten Zweck verwendet werden. Es liegt alsdann nur eine mittelbare Verwendung vor, die ohne steuerbefreiende Wirkung ist. Beispiel: Gemäß

§ 4 Ziff. 3 mit § 6 Abs. 1 GrStG. ist, soferne die Voraussetzungen des § 4 Ziff. 3 gegeben sind, das Gebäude befreit, in welchem das Krüppelheim untergebracht ist; nicht dagegen ist ein Betriebsgrundstück (z. B. Brauereigebäude) befreit, dessen Erträgnisse dem Krüppelheim zugeführt werden.

b) Tatsächliche Benutzung für die steuerbegünstigten Zwecke. Unmittelbar wird ein Steuergegenstand für steuerbegünstigte Zwecke erst von dem Zeitpunkt ab benutzt, in dem er dem Verwendungszweck tatsächlich zugeführt worden ist. Ist die Benutzung des Steuergegenstands für steuerbegünstigte Zwecke in Aussicht genommen oder wird er für diese Zwecke erst hergerichtet, so ist die Voraussetzung für die Steuerbefreiung noch nicht erfüllt (§ 24 GrStDVO.). In diesem Sinn unterliegen z. B. Kasernen, die am 1. Januar 1938 zwar fertiggestellt, aber noch nicht mit Truppen belegt sind, grundsätzlich der Grundsteuer.

c) Land- und forstwirtschaftlich genutzter Grundbesitz. Bei land- und forstwirtschaftlich genutzten Grundstücken kommt eine Steuerbefreiung nur in wenigen Fällen in Betracht; gemäß § 25 Abs. 1 GrStDVO. ist land- und forstwirtschaftlich genutzter Grundbesitz, der einem der im § 4 des Ges. bezeichneten Zwecke dient, nur dann als unmittelbar für diese Zwecke benutzt anzusehen, wenn er Lehr- oder Versuchszwecken dient. Dient der land- und forstwirtschaftlich genutzte Grundbesitz nicht Lehr- oder Versuchszwecken, so ist er steuerpflichtig, mag er auch einem der in § 4 bezeichneten Zwecke dienen. Beispiele: landwirtschaftlich genutzter Grundbesitz, der zu einer Strafanstalt gehört und dessen Bewirtschaftung mit Hilfe der Anstaltsinsassen erfolgt, unterliegt der Grundsteuer. Staatliche Landgestüte dienen dem Zweck, die Pferdezucht zu heben. Diese Zweckbestimmung kommt für die Annahme eines öffentlichen Diensts oder Gebrauchs in Betracht; die Landgestüte werden deshalb unter die Befreiungsbestimmung des § 4 Ziff. 1 a fallen; gehören indes zum Gestüt landwirtschaftliche Flächen, so besteht insoweit Steuerpflicht. Land- und forstwirtschaftliche Musterbetriebe sind in jedem Falle der Grundsteuer unterworfen (§ 25 Abs. 1 Satz 2 GrStDVO.). Dagegen sind die Übungsplätze der Wehrmacht und der Grundbesitz, der unter § 4 Ziff. 9 des Ges. fällt, stets und in vollem Umfange steuerbefreit, mögen sie im Einzelfall auch landwirtschaftlich genutzt werden (§ 25 Abs. 1 Satz 3 GrStDVO.). Beispiele: Auf einem Truppenübungsplatz befindet sich ein Forstbetrieb; dieser ist steuerbefreit, weil der Truppenübungsplatz steuerbefreit ist. Eine Gemeinde hat einen Teich; im Winter wird auf dem Teich Eis geschlagen und verkauft; es besteht Steuerfreiheit. Die Grasnutzung an den Böschungen einer gemäß § 4 Ziff. 9 befreiten Straße ist verpachtet. Auch in diesem Falle kommt eine Steuerpflicht nicht in Frage.

d) Werkstätten. Bei Werkstätten und ähnlichen Einrichtungen in Strafvollzugs- und Bewahrungsanstalten, Erziehungsanstalten, Blinden- und Krüppelheimen und anderen derartigen Anstalten, die unter § 4 GrStG. fallen, ist eine unmittelbare Benutzung für steuerbegünstigte Zwecke anzunehmen, wenn die Beschäftigung der Anstaltsinsassen in den Werkstätten usw. zur Erfüllung des Anstaltszwecks (z. B. aus Gründen der Besserung, der Erziehung oder der Gesundung) unerläßlich ist (§ 25 Abs. 2 GrStDVO.). Unter „ähnlichen Einrichtungen" sind solche gewerblicher Art zu verstehen.

Die Vorschrift des § 25 Abs. 2 GrStDVO. kennt keine Einschränkung; eine unmittelbare Benutzung für steuerbegünstigte Zwecke ist deshalb auch dann anzunehmen, wenn die Werkstätten und ähnlichen Einrichtungen Gewinn abwerfen oder wenn die hergestellten Waren im freien Markt abgesetzt werden.

Erfolgt die Beschäftigung der Anstaltsinsassen in der Land- und Forstwirtschaft, so gilt für die land- und forstwirtschaftlich genutzten Flächen der Grundsatz des § 25 Abs. 1 GrStDVO., d. h. die land- und forstwirtschaftlich genutzten Flächen sind nur dann als unmittelbar für die steuerbegünstigten Zwecke benutzt anzusehen, wenn sie Lehr- oder Versuchszwecken dienen; im übrigen besteht Grundsteuerpflicht.

2. Steuerbefreiung, wenn nur ein räumlich abgegrenzter Teil des Steuergegenstands für steuerbegünstigte Zwecke benutzt wird (Abs. 2). Die Voraussetzungen des § 4 GrStG. werden sehr häufig nicht für die ganze wirtschaftliche Einheit (Grundstück usw.), sondern nur für einen räumlich abgegrenzten Teil der Einheit zutreffen. Für diese Fälle bestimmt § 6 Abs. 2 GrStG.: „Dient der Steuergegenstand auch anderen Zwecken und wird für die steuerbegünstigten Zwecke ein räumlich abgegrenzter Teil des Steuergegenstands benutzt, so ist nur dieser Teil befreit." Beispiele: Im Erdgeschoß eines Dienstgebäudes des Reichs befinden sich vermietete Läden. Die Steuerbefreiung erstreckt sich nur auf die Diensträume, nicht auch auf die Läden. Im Finanzamtsgebäude hat der Vorsteher eine Dienstwohnung inne; die Steuerbefreiung beschränkt sich auf die zu Dienstzwecken benutzten Räume.

3. Steuerbefreiung, wenn ein räumlich nicht abgrenzbarer Teil des Steuergegenstands für steuerbegünstigte Zwecke benutzt wird (Abs. 3). Sehr häufig sind die Fälle, in denen der Steuergegenstand oder ein Teil des Steuergegenstands sowohl steuerbegünstigten als auch anderen Zwecken dient, ohne daß eine räumliche Abgrenzung für die verschiedenen Zwecke möglich ist: In diesen Fällen ist der Steuergegenstand oder der Teil des Steuergegenstands nur befreit, wenn die steuerbegünstigten Zwecke überwiegen.

Beispiele: Eine Stadthalle wird für öffentliche Veranstaltungen der Partei und der Gemeinde, aber auch für private Veranstaltungen, wie Konzerte, Bälle usw. benutzt. Überwiegt der öffentliche Gebrauch, so ist die Steuerbefreiung zu gewähren, andernfalls ist sie zu versagen.

In den Erdgeschoßräumen eines Grundstücks der NSDAP. werden sowohl die Geschäfte des „Amts für Beamte" als auch die Geschäfte des Reichsbunds der Deutschen Beamten geführt, ohne daß eine räumliche Trennung der verschiedenen Zwecke möglich ist. Die oberen Geschosse sind als Wohnungen vermietet. Daß der Teil des Gebäudes, der auf die vermieteten Wohnungen entfällt, nicht steuerbefreit ist, ergibt sich bereits aus § 6 Abs. 2 GrStG. Die Steuerbefreiung der

Räume im Erdgeschoß hängt davon ab, ob sie überwiegend für die Geschäfte des „Amts für Beamte" benutzt werden.

Eine einem anerkannten Turn- und Sportverein gehörige Turnhalle wird nur gelegentlich gegen Vergütung für sportfremde Zwecke (Tanzunterhaltung, Theateraufführungen) zur Verfügung gestellt. Da die Benutzung für steuerbegünstigte Zwecke offenbar überwiegt, ist Steuerbefreiung gemäß Abs. 3 in vollem Umfange gegeben.

§ 7

Steuerschuldner

(1) Schuldner der Grundsteuer ist:

1. der Eigentümer oder, wenn der Steuergegenstand ein grundstücksgleiches Recht ist, der Berechtigte,

2. wenn die Betriebsmittel oder Gebäude eines land- und forstwirtschaftlichen Betrieb (§ 3 Ziffer 1) einem anderen als dem Eigentümer des Grund und Bodens gehören, der Eigentümer des Grund und Bodens für den gesamten Betrieb,

3. im Fall des Erbbaurechts oder des Erbpachtrechts der Berechtigte für den Grund und Boden und, wenn dieser bebaut ist, auch für die darauf stehenden Gebäude.

(2) Gehört der Steuergegenstand mehreren, so sind sie Gesamtschuldner.

(3) Ist der Steuergegenstand bei der Feststellung des Einheitswerts (§ 10) auf Grund des § 11 des Steueranpassungsgesetzes einem anderen als dem Eigentümer (bei grundstücksgleichen Rechten: einem anderen als dem Berechtigten) zugerechnet worden, so ist der andere an Stelle des Eigentümers (Berechtigten) Steuerschuldner im Sinn der Absätze 1 und 2.

Kurze Inhaltsangabe.

1. Allgemeines,
2. Steuerschuldner grundsätzlich der — zivilrechtliche — Eigentümer — Abs. 1, Ziffer 1 —;
3. Steuerschuldnerschaft bei Verpachtung eines land- und forstwirtschaftlichen Betriebs — Absatz 1, Ziffer 2 —;
4. Steuerschuldnerschaft bei Belastung eines Grundstücks mit einem Erbbaurecht oder Erbpachtrecht — Absatz 1, Ziffer 3 —;
5. Gesamtschuldnerschaft bei der Grundsteuer — § 7 Abs. 2 —;
   a) Grundsätzliches,
   b) die Fälle der Gesamtschuldnerschaft,
   c) die Steuerschuldnerschaft im Falle des Absatzes 2,
   d) Wesen und Inhalt der Gesamtschuldnerschaft,
6. Steuerschuldnerschaft in den Fällen des Absatzes 3.

1. Allgemeines. Steuerobjekt der Grundsteuer ist der Steuergegenstand, d. i. der land- und forstwirtschaftliche Betrieb und das Grundstück (§ 3 GrStG.). Naturgemäß kann sich aber der Steueranspruch nur gegen eine bestimmte — sei es natürliche oder juristische — Person richten. Als die Person, gegen die sich der Steueranspruch richtet, bezeichnet das GrStG. in § 7 Abs. 1 Ziff. 1 den — zivilrechtlichen — Eigentümer, d. i. diejenige Person, die den Steuergegenstand seiner Substanz nach völlig vertritt.

Die Vorschriften des GrStG. über den Steuerschuldner lassen sich auf eine einzige einfache Formel bringen: Steuerschuldner ist diejenige Person, der im Verfahren über die Feststellung der Einheitswerte (Hauptfeststellung, Fortschreibung oder Nachfeststellung) der Steuergegenstand zugerechnet worden ist. Dieser Grundsatz ergibt sich ohne weiteres daraus, daß jeder Einheitswertbescheid (Hauptfeststellungs-, Fortschreibungs- und Nachfeststellungsbescheid) auch eine Feststellung darüber enthält, wem der Gegenstand, auf welchen sich der Bescheid bezieht, zuzurechnen ist und daß diese Feststellung ohne weiteres für die Grundsteuer bindend ist. Mit Rücksicht hierauf ist es auch grundsätzlich nicht notwendig, für die Grundsteuer eine besondere Feststellung darüber zu treffen, wer der Steuerschuldner ist, d. h. wer der Eigentümer oder Berechtigte im bürgerlich-rechtlichen Sinn ist, oder wem, abweichend hiervon, das Wirtschaftsgut nach den steuerlichen Vorschriften zuzurechnen ist. Diese Feststellung ist vielmehr bereits im Einheitswertverfahren getroffen worden. Sie ist für die Grundsteuer maßgebend.

Dieser —unmittelbare — Anschluß an das Einheitswertverfahren kommt besonders in den Vorschriften des § 7 Abs. 1 Ziff. 2 und Abs. 3 zum Ausdruck.

2. Steuerschuldner grundsätzlich der — zivilrechtliche — Eigentümer — § 7 Abs. 1 Ziff. 1 GrStG. Die Steuergegenstände werden im Einheitswertverfahren dem Eigentümer, d. i. dem bürgerlich-rechtlichen Eigentümer oder, wenn der Steuergegenstand ein grundstücksgleiches Recht ist, dem Berechtigten zugerechnet. § 7 Abs. 1 Ziff. 1 GrStG. bestimmt dem entsprechend: „Schuldner der Grundsteuer ist der Eigentümer oder, wenn der Steuergegenstand ein grundstücksgleiches Recht ist, der Berechtigte." Der Eigentümer ist Steuerschuldner auch dann, wenn der Steuergegenstand vermietet oder verpachtet oder in sonstiger Weise an einen Dritten überlassen ist.

3. Steuerschuldner bei Verpachtung eines land- und forstwirtschaftlichen Betriebs — § 7 Abs. 1 Ziff. 2 GrStG. Eine Ausnahme von dem Grundsatz, wonach Schuldner der Grundsteuer der zivilrechtliche Eigentümer ist, enthält die Ziffer 2 des § 7 Abs. 1 GrStG. Hiernach ist Schuldner der Grundsteuer, wenn die Betriebsmittel oder Gebäude eines land- und forstwirtschaftlichen Betriebs im Sinn des § 3 Ziff. 1 GrStG. einem anderen als dem Eigentümer des Grund und Bodens gehören, der Eigentümer des Grund und Bodens für den gesamten Betrieb. Der Eigentümer des Grund und Bodens schuldet also auch die Steuer für die Betriebsmittel und Gebäude, obwohl sie ihm nicht gehören. Die Vorschrift des § 7 Abs. 1 Ziff. 2 GrStG. zieht auf dem Gebiet der Grundsteuer die Folgerung aus der Bestimmung des § 30 Abs. 2 (in Verbindung mit § 45 Abs. 2, § 47 Abs. 2 und § 48 Abs. 2) RBewG. Gemäß §§ 30 Abs. 2, 45 Abs. 2, 47 Abs. 2 und 48 Abs. 2 RBewG. sind in den landwirtschaftlichen — forstwirtschaftlichen, Weinbau- und gärtnerischen — Betrieb Betriebsmittel, die der Bewirtschaftung des Betriebs dienen, auch dann einzubeziehen, wenn sie nicht dem Eigentümer des Grund und Bodens gehören. Dies gilt entsprechend für Gebäude, die auf dem einem landwirtschaftlichen — forstwirtschaftlichen, Weinbau- und gärtnerischen — Betrieb dienenden Grund und Boden errichtet sind, aber dem Eigentümer des Grund und Bodens nicht gehören. In dem für den landwirtschaftlichen usw. Betrieb festgestellten Einheitswert sind in den vorbezeichneten Fällen die Werte für die einem Dritten gehörenden Betriebsmittel und Gebäude enthalten. So wie in den vorbezeichneten Fällen der land- und forstwirtschaftliche Betrieb als eine einzige wirtschaftliche Einheit erscheint, die dem Eigentümer des Grund und Bodens zugerechnet wird, so hält sich auch das GrStG. nur an einen einzigen Steuerschuldner, d. i. eben den Eigentümer des Grund und Bodens.

§ 7 Abs. 1 Ziff. 2 kommt vor allem zur Anwendung, wenn ein landwirtschaftlicher usw. Betrieb verpachtet ist und vom Pächter mit eigenem — lebenden und toten — Inventar bewirtschaftet wird; weiter gehören hierher die Fälle der elterlichen Nutznießung am Kindesvermögen, wenn ein zum Kindesvermögen gehöriger landwirtschaftlicher usw. Betrieb mit Betriebsmitteln der Eltern geführt wird.

Dem Umstande, daß in den Fällen des § 7 Abs. 1 Ziff. 2 GrStG. an der wirtschaftlichen Einheit verschiedene Eigentümer, nämlich einmal der Eigentümer des Grund und Bodens und sodann der Eigentümer der Betriebsmittel und Gebäude beteiligt sind, trägt das Gesetz dadurch Rechnung, daß in § 8 GrStG. dem Eigentümer der Betriebsmittel und Gebäude die gesamtschuldnerische Haftung für die auf die Betriebsmittel und Gebäude entfallende Grundsteuer neben dem Eigentümer des Grund und Bodens als dem Steuerschuldner auferlegt wird.

4. Steuerschuldnerschaft bei Belastung eines Grundstücks mit einem Erbbaurecht oder Erbpachtrecht — § 7 Abs. 1 Ziff. 3 GrStG. Bei der Einheitsbewertung des Erbbaurechts und des mit dem Erbbaurecht belasteten Grund und Bodens werden zwei Einheitswerte festgestellt: ein Einheitswert für den mit dem Erbbaurecht belasteten Grund und Boden und ein Einheitswert für das Erbbaurecht. Ähnlich liegen die Verhältnisse beim Erbpachtrecht. Für die Grundsteuer besteht demgegenüber nur ein Steuergegenstand und dementsprechend nur ein Steuerschuldner. Das Gesetz schreibt vor, daß der Erbbauberechtigte auch für den Grund und Boden und, wenn dieser bebaut ist, auch für die darauf stehenden Gebäude Steuerschuldner ist. Dabei ist unerheblich, ob die Gebäude dem Erbbauberechtigten selbst gehören oder dem Eigentümer des Grund und Bodens. Der Eigentümer des Grund und Bodens scheidet als Grundsteuerschuldner völlig aus, es trifft ihn auch keine Haftung.

Wegen der Festsetzung des Steuermeßbetrags im Falle des Erbbaurechts und des Erbpachtrechts zu vgl. § 26 GrStDVO.

5. Gesamtschuldnerschaft bei der Grundsteuer — § 7 Abs. 2 GrStG. —

a) Grundsätzliches. Der Steuergegenstand kann nicht bloß einer einzelnen — natürlichen oder juristischen — Person, sondern auch einer Personenmehrheit gehören. Nach dem Gesetze sind, wenn ein Steuergegenstand mehreren Personen gehört, diese mehreren Personen Gesamtschuldner.

§ 7 Abs. 2 regelt nur die Fälle, in denen an einem Steuergegenstand mehrere Personen Eigentumsrechte haben, nicht dagegen die Fälle des § 7 Abs. 1 Ziff. 2 und 3; die Frage der Steuerschuldnerschaft in den letzteren Fällen ist ausschließlich in § 7 Abs. 1 GrStG. geregelt.

b) Die Fälle der Gesamtschuldnerschaft. Die Fälle, in denen ein Steuergegenstand mehreren Personen gehört, werden bürgerlich-rechtlich unter den Begriffen des Bruchteils- und des Gesamthandeigentums zusammengefaßt.

Das Miteigentum nach Bruchteilen — im BGB. ist es in den §§ 747, 1008 ff., 1066, 1095, 1114 geregelt — ist ein schon während seines Bestehens rechnerisch nach Bruchteilen geteiltes Eigentumsrecht, über das der Berechtigte unabhängig von den Miteigentümern durch Veräußerung und Belastung verfügen kann. Das Miteigentumsrecht ist ein selbständiges Recht, das sich vom Recht des Alleineigentümers nur dem Umfange nach unterscheidet (zu vgl. RGZ. Bd. 56 S. 59, Bd. 69 S. 36 usw.). Im Gegensatz zu den Eigentümern nach Bruchteilen haben die Gesamthandeigentümer weder am Gemeinschaftsvermögen im ganzen noch auch an dessen Gegenständen Anteilsrechte, über die sie ziffermäßig verfügen können. Das Gesetz kennt die Gemeinschaft zur gesamten Hand in folgenden Rechtsformen: nichtrechtsfähige Vereine (§§ 54 ff. BGB.), Gesellschaft (§§ 705 BGB.), eheliche Gütergemeinschaft in ihren verschiedenen Gestaltungen (§§ 1432 ff., 1437 ff., 1519 ff., 1549 ff. BGB.), Erbengemeinschaft (§§ 2032 ff. BGB.), offene Handelsgesellschaft und Kommanditgesellschaft (§§ 105, 163 HGB.) und Reederei (§ 489 HGB.). In anderen Rechtsformen kann die Gesamthandgemeinschaft nicht erscheinen.

c) Die Steuerschuldnerschaft im Falle des Abs. 2. Weder die Bruchteilsgemeinschaft noch die Gesamthandgemeinschaft können als Schuldner der Grundsteuer in Betracht kommen, da sie der eigenen Rechtspersönlichkeit entbehren; Steuerschuldner sind vielmehr die Eigentümer nach Bruchteilen und die Eigentümer zur gesamten Hand; § 7 Abs. 2 GrStG. bestimmt, daß, wenn ein Steuergegenstand mehreren gehört, diese mehreren Gesamtschuldner sind.

Formellrechtlich gilt folgendes: Sind mehrere Eigentümer eines Steuergegenstands vorhanden, so kann der einheitliche Einheitswertbescheid § 219 Abs. 1 AO. gemäß an den von den Eigentümern benannten Vertreter oder, wenn ein solcher Vertreter nicht benannt ist, an einen der Miteigentümer mit Wirkung für alle und gegen alle Miteigentümer übersandt werden. Für diese Fälle ist es zweckmäßig, auch einen einheitlichen Steuermeßbescheid (§ 210 Abs. 2 in Verbindung mit § 212 a Abs. 2 AO.) an den Vertreter oder den Miteigentümer zu richten. Die Vorschrift im § 219 Abs. 2 AO. ist auch auf Steuermeßverfahren anzuwenden.

d) Wesen und Inhalt der Gesamtschuldnerschaft. Wesen und Inhalt der Gesamtschuldnerschaft werden in § 7 StAnpG. klargelegt. Die Bestimmung besagt in den Absätzen 1 bis 4: (Abs. 1): Personen, die dieselbe steuerrechtliche Leistung schulden oder nebeneinander für dieselbe steuerrechtliche Leistung haften, sind Gesamtschuldner. (Abs. 2): Personen, die zusammen zu veranlagen oder gemeinsam zu einer Steuer heranzuziehen sind, sind Gesamtschuldner. Dies gilt auch dann, wenn eine oder mehrere dieser Personen bei getrennter Veranlagung oder bei getrennter Heranziehung steuerfrei wären. (Abs. 3): Jeder Gesamtschuldner schuldet die ganze Leistung. Dem Finanzamt steht es frei, an welchen Gesamtschuldner es sich halten will. Es kann die geschuldete Leistung von jedem Gesamtschuldner ganz oder zum Teil fordern. (Abs. 4): Zahlung (Entrichtung) durch einen Gesamtschuldner kommt den anderen Gesamtschuldnern zustatten. Bis zur Entrichtung des ganzen Betrags bleiben alle Gesamtschuldner verpflichtet.

Sind zur Entrichtung einer Steuer mehrere gesamtschuldnerisch verpflichtet, so ist es in jedem Fall zulässig, gegen die Gesamtschuldner einen einheitlichen Steuerbescheid — bezw. Steuermeßbescheid (§ 212 a Abs. 2 mit § 210 Abs. 2 AO.) — zu erlassen. Das gilt auch dann, wenn nach dem Rechtsverhältnis, das zwischen den Gesamtschuldnern besteht, die Steuer nicht von allen Gesamtschuldnern zu tragen ist (§ 210 Abs. 2 AO.).

6. Steuerschuldnerschaft in den Fällen des Absatzes 3. Die Feststellung der Einheitswerte, die der Grundbesteuerung zugrunde gelegt werden, erfolgt stets in Beziehung zu dem Eigentümer der in Frage stehenden Steuergegenstände. In den Einheitswertbescheiden wird daher zugleich mit der Wertfestsetzung usw. besonders ausgesprochen, wem der Steuergegenstand zuzurechnen ist. Für die Entscheidung der Frage, wem gegenüber der Einheitswert festzustellen ist, kommt es nicht darauf an, wer im Grundbuch als Eigentümer eingetragen ist; entscheidend ist vielmehr das wirtschaftliche Eigentum. Da einerseits Besteuerungsgrundlage für die Grundsteuer der nach den Vorschriften des RBewG. für den Steuergegenstand festgestellte Einheitswert ist und da andererseits, wie bemerkt, die Feststellung des Einheitswerts gegenüber dem wirtschaftlichen Eigentümer erfolgt, so muß bei der Grundsteuer folgerichtig auch der wirtschaftliche Eigentümer als Steuerschuldner bestimmt werden. **§ 7 Abs. 3 GrStG. legt deshalb fest:** „Ist der Steuergegenstand bei der Feststellung des Einheitswerts auf Grund des § 11 StAnpG. einem anderen als dem Eigentümer (bei grundstücksgleichen Rechten einem anderen als dem Berechtigten) zugerechnet worden, so ist der andere an Stelle des Eigentümers (Berechtigten) Steuerschuldner im Sinn der Absätze 1 und 2 des § 7." Die Bestimmung des § 7 Abs. 3 GrStG. ist rein formeller Natur: nur in den Fällen, in denen nach den Feststellungen im Einheitswertverfahren ein Steuergegenstand (ein Grundstück) einem anderen als dem Eigentümer zugerechnet worden ist, gilt dieser andere als Steuerschuldner.

Die Bestimmungen des § 11 StAnpG. (§ 80 Abs. 1 AO. 1919, § 98 Abs. 1 AO. 1931) lauten: „Für die Zurechnung bei der Besteuerung gelten, soweit nichts anderes bestimmt ist, die folgenden Vorschriften: 1. Wirtschaftsgüter, die zum Zweck der Sicherung übereignet worden sind, werden dem Veräußerer zugerechnet, 2. Wirtschaftsgüter, die zu treuen Händen (entgeltlich oder unentgeltlich) übereignet worden sind, werden dem Treugeber zugerechnet. 3. Wirtschaftsgüter, die durch einen Treuhänder zu treuen Händen für einen Treugeber erworben worden sind, werden dem Treugeber zugerechnet. 4. Wirtschaftsgüter, die jemand in Eigenbesitz hat, werden dem Eigenbesitzer zugerechnet. Eigenbesitzer ist, wer ein Wirtschaftsgut als ihm gehörig besitzt."

Die Eigentumsverhältnisse des § 11 StAnpG. werden häufig als wirtschaftliches Eigentum bezeichnet. Besonders häufig tritt in der Praxis der Fall der Ziffer 4 auf. Ein Beispiel für den Hauptanwendungsfall der Ziffer 4 ist folgendes: A veräußert am 1. Juli 1937 sein Einfamilienhaus an B; B zieht am 1. August 1937 ein und schaltet im Anwesen wie ein Eigentümer. Die Umschreibung im Grundbuch erfolgt erst am 1. Februar 1938. Bei der Fortschreibung auf den 1. Januar 1938 ist das Einfamilienhaus dem B zuzurechnen.

Die Bestimmung des Absatzes 3 gilt für die Fälle der Absätze 1 und 2.

§ 8

Persönliche Haftung

Neben dem Steuerschuldner haften als Gesamtschuldner:

1. der Nutznießer und der Nießbraucher,

2. wenn die Betriebsmittel oder Gebäude eines land- und forstwirtschaftlichen Betriebs einem anderen als dem Eigentümer des Grund und Bodens gehören, der Eigentümer der Betriebsmittel oder Gebäude für den auf diese entfallenden Steuerbetrag.

Kurze Inhaltsangabe.

1. Die Grundsteuerhaftung nach dem GrStG.:
   a) die Haftung des Nutznießers und Nießbrauchers,
   b) Haftung des Eigentümers der einem anderen überlassenen Betriebsmittel oder Gebäude eines land- und forstwirtschaftlichen Betriebs;
2. Die Grundsteuerhaftung nach der Reichsabgabenordnung:
   a) allgemeine Haftungsbestimmungen,
   b) die Haftung gemäß § 116, Abs. 2 AO.;
3. Umfang der Haftung;
4. Inanspruchnahme der Haftung:
   a) Allgemeines,
   b) Inhalt und Form des Haftungsbescheids,
   c) Rechtsmittel gegen den Haftungsbescheid.

Das Gesetz legt für verschiedene Fälle eine Haftung, d. h. ein Einstehen für die Grundsteuerschuld eines Dritten fest; eine Haftung für die Grundsteuer kommt dabei nicht bloß nach dem Grundsteuergesetz, sondern auch nach Bestimmungen der Reichsabgabenordnung in Betracht.

1. Die Grundsteuerhaftung nach dem GrStG.

a) Haftung des Nutznießers und Nießbrauchers (§ 8 Ziff. 1 GrStG., Ziff. 43 GrR.). Gemäß § 8 Ziff. 1 GrStG. haften neben dem Steuerschuldner als Gesamtschuldner der Nutznießer und der Nießbraucher. Die Vorschrift beruht auf der Erwägung, daß dem Nutznießer und Nießbraucher die wirtschaftlichen Vorteile des Steuergegenstands in erster Linie zufließen und daß es deshalb gerechtfertigt ist, daß gegebenenfalls auch bei ihnen die Steuerschuld beigetrieben wird. Der Nutznießer und der Nießbraucher haften dabei lediglich für die Steuerschuld des Eigentümers bzw. des Berechtigten; als eigentliche Steuerschuldner kommen sie, da der Nießbrauch und der Nutzgenuß selbst keinen Steuergegenstand bilden, nicht in Betracht.

Nutznießer oder Nießbraucher sind nur diejenigen, die nach bürgerlichem Recht zur Nutznießung oder zum Nießbrauch berechtigt sind. Nutznießer ist danach insbesondere der Ehemann hinsichtlich des eingebrachten Guts der Ehefrau (§§ 1163, 1183 BGB.) sowie der Vater hinsichtlich des Vermögens seiner minderjährigen Kinder (§ 1649 BGB.). Nießbraucher ist der zum Nießbrauch im Sinn der §§ 1030 ff. BGB. Berechtigte. Der Nießbrauch an einem Grundstück, wie er hier allein in Betracht kommt, muß nach Maßgabe des § 873 BGB. eingetragen sein. Bei fehlender Eintragung im Grundbuch kann daher niemand als Nießbraucher zur Grundsteuer herangezogen werden. Als Nutznießer oder Nießbraucher können niemals Mieter gelten.

Nach § 7 Abs. 3 StAnpG. steht es der Steuerbehörde frei, an welchen Gesamtschuldner sie sich halten will. Im Falle des § 8 Ziff. 1 GrStG. dürfte es aus praktischen Gründen zweckmäßig sein, in der Regel zunächst den Nutznießer oder Nießbraucher statt des Steuerschuldners zur Steuer heranzuziehen, da diesen Personen die Einnahmen aus dem Steuergegenstand zustehen und sie ohnehin nach bürgerlichem Recht zur Tragung der Lasten verpflichtet sind (Ziff. 43 GrR.).

b) Haftung des Eigentümers der einem anderen überlassenen Betriebsmittel oder Gebäude eines land- und forstwirtschaftlichen Betriebs (§ 8 Ziff. 2 GrStG.). Nach dem Grundsatz des § 7 Abs. 1 Ziff. 2 GrStG. ist, wenn die Betriebsmittel oder Gebäude eines land- und forstwirtschaftlichen Betriebs (§ 3 Ziff. 1 GrStG.) einem anderen als dem Eigentümer des Grund und Bodens gehören, der Eigentümer des Grund und Bodens für den gesamten Betrieb Steuerschuldner. Indes haftet gemäß § 8 Ziff. 2 der Eigentümer der Betriebsmittel und Gebäude gesamtschuldnerisch neben dem Steuerschuldner für die Steuerschuld, die auf die Betriebsmittel und Gebäude entfällt. Die Feststellung der auf die Betriebsmittel und Gebäude entfallenden Steuerschuld kann keinen besonderen Schwierigkeiten begegnen: gemäß § 30 Abs. 2 RBewG. ist in den Fällen der Sätze 1 und 2 dieser Bestimmung, wenn einer der beteiligten Eigentümer zur Vermögensteuer heranzuziehen ist, der auf diesen Eigentümer entfallende Anteil nach dem Verhältnis seiner Beteiligung am Gesamtwert festzustellen. Der danach festgestellte Wert gilt als Einheitswert. Ist zunächst eine Ausscheidung des Einheitswerts unterblieben, weil keiner der beteiligten Eigentümer der Vermögensteuer unterliegt, so muß die Ausscheidung nachträglich erfolgen, wenn die Inanspruchnahme der Haftung des Eigentümers der Betriebsmittel und Gebäude die Ausscheidung erforderlich macht.

2. Die Grundsteuerhaftung nach der Reichsabgabenordnung.

a) Allgemeine Haftungsbestimmungen. Die AO. enthält in den §§ 105, 106, 108, 109, 111, 112, 113, 117 und 120 AO. Haftungsbestimmungen, die für alle Steuern gelten; sie sind dementsprechend auch bei Durchführung des Grundsteuergesetzes zu beachten.

b) Die Haftung gemäß § 116 Abs. 2 AO. Gemäß § 116 Abs. 2 AO. haftet, wenn ein der Grundsteuer unterliegender Steuergegenstand ganz oder zu einem Teil einer anderen Person übereignet wird, der Erwerber neben dem früheren Eigentümer für die auf den Steuergegenstand (Teil des Steuergegenstands) entfallende Grundsteuer, die für die Zeit seit dem Beginn des letzten vor der Übereignung liegenden Rechnungsjahrs zu entrichten ist. Die dingliche Haftung des Steuergegenstands bleibt unberührt.

Die Bestimmung des § 116 Abs. 2 AO. bezieht sich nicht bloß auf die Übereignung von Steuergegenständen im ganzen, sondern auch auf die Übereignung von Teilen von Steuergegenständen gleichgültig welcher Art; die Haftung gemäß § 116 Abs. 2 AO. ist demgemäß nicht auf die Übereignung von landwirtschaftlichen usw. Betrieben oder Teilen von solchen beschränkt, sie besteht vielmehr auch bei Übereignung von Grundstücken und Betriebsgrundstücken.

Ebenso wie die Bestimmung des § 116 Abs. 1 AO. kommt die Bestimmung des Absatzes 2 nur zur Anwendung, wenn ein der Grundsteuer unterliegender Steuergegenstand ganz oder zu einem Teil einer anderen Person „übereignet" wird. Das bedeutet, daß der Erwerber — entgeltlich oder unentgeltlich — Eigentümer des Steuergegenstands werden muß. Die Übereignung wird in der Regel durch ein Rechtsgeschäft herbeigeführt. Ein Eigentumsübergang liegt aber auch dann vor, wenn jemand das Verfügungsrecht über einen Steuergegenstand in einer Weise erhält, daß er wirtschaftlich als Eigentümer erscheint. Die Haftung gemäß § 116 Abs. 2 Satz 2 AO. trifft deshalb nicht bloß den bürgerlich-rechtlichen, sondern auch den wirtschaftlichen Eigentümer. Keine Übereignung stellt die Verpachtung dar: der Pächter haftet — von den Fällen des § 7 Abs. 1 Ziff. 2 GrStG. abgesehen — ebensowenig für die Steuerschulden des Verpächters oder eines früheren Verpächters wie der Verpächter für die Steuerschulden eines Pächters haftet, wenn der Pachtgegenstand an ihn zurückfällt.

Nach der ausdrücklichen Bestimmung des § 116 Abs. 3 AO. entfällt die Erwerberhaftung bei Erwerben aus der Konkursmasse und im Zwangsvollstreckungsverfahren.

Die persönliche Haftung des Erwerbers beschränkt sich auf die auf den erworbenen Steuergegenstand (Teil des Steuergegenstands) entfallende Grundsteuer, die für die Zeit seit dem Beginn des letzten vor der Übereignung liegenden Rechnungsjahrs zu entrichten ist. Beispiel: ein Anwesen wird am 1. Februar 1940 an B veräußert, seit 1. April 1938 ist eine Grundsteuer nicht mehr entrichtet worden. Der Erwerber B haftet für die Grundsteuern, die seit diesem Zeitpunkt zu entrichten waren. Wird ein Anwesen innerhalb des Zeitraums, für welchen die Haftung des neuen Eigentümers besteht, nochmals übereignet, so haften alle Erwerber. Beispiel: Im nebenbezeichneten Falle ist das Anwesen am 1. Oktober 1939 an A und von diesem am 1. Februar 1940 an B veräußert worden.

3. Umfang und Geltendmachung der Haftung in den Fällen des § 8 GrStG. und § 116 AO.

Sowohl in den Fällen des § 8 GrStG. wie im Falle des § 116 Abs. 2 AO. besteht die unbeschränkte Haftungspflicht, d. h. die Nutznießer und Nießbraucher, die Eigentümer der Betriebsmittel und Gebäude und die Erwerber der Grundstücke haften mit ihrem gesamten Vermögen für die Grundsteuerschulden. Neben der persönlichen Haftung der Genannten und unabhängig von dieser besteht die dingliche Haftung des Grundstücks (§ 9 GrStG.). Die dingliche Haftung erstreckt sich also auf alle noch nicht erloschenen (insbesondere noch nicht verjährten) Grundsteuern, die auf den Steuergegenstand entfallen.

4. Inanspruchnahme der Haftung.

a) Allgemeines. Will das Finanzamt den Haftenden in Anspruch nehmen, so erläßt es gegen ihn einen Haftungsbescheid. Auf Grund des Haftungsbescheids kann das Finanzamt gegen den Haftenden nur dann vollstrecken, wenn darin ein Leistungsgebot (das heißt eine Verfügung, durch die der Haftende zur Zahlung angewiesen wird) enthalten ist. Die Zwangsvollstreckung gegen den Haftenden darf erst beginnen, wenn seit der Bekanntgabe des Leistungsgebots mindestens eine Woche verstrichen ist (§ 326 Abs. 4 AO.).

b) Inhalt und Form des Haftungsbescheids. Über den Inhalt des Haftungsbescheids führt der RFH. in dem Urt. V A 716/26 vom 3. Dez. 1926 (RFH. Bd. 20 S. 75) aus: „Das Finanzamt muß nicht nur bestimmt erklären, daß es den Haftungsanspruch geltend machen will, sondern es muß auch genau angeben, welche tatsächlichen und rechtlichen Unterlagen für diesen Anspruch gegeben sind. Es muß überhaupt dem, der aus der Haftung in Anspruch genommen wird, alle Angaben machen, deren er nach billigem Ermessen bedarf, um seine Rechte wahrzunehmen. Liegt eine solche Willenskundgebung des Finanzamts vor, so ist die Unterlage für das Rechtsmittelverfahren gegeben, das nach Lage der Sache von dem Steuerpflichtigen selbst hätte betrieben werden können."

Der Haftungsbescheid ist, da in ihm Steuern angefordert werden, seinem Wesen nach ein Steuerbescheid. Er unterscheidet sich von diesem nur dadurch, daß sich die in ihm enthaltene Steuerforderung nicht gegen eine selbstschuldnerisch verpflichtete Person (einen Steuerschuldner), sondern gegen jemanden richtet, der für die Steuerschuld einer anderen Person einstehen muß. Ist der Haftungsbescheid im Ergebnis nichts anderes als ein Steuerbescheid, so muß er die Steuer, für die der Haftende in Anspruch genommen wird, nach Art und Höhe bezeichnen; weiter muß er eine Angabe darüber enthalten, auf welche Zeit die angeforderte Steuer entfällt (zu vgl. § 211 Abs. 1 AO.). Nach der Vorschrift des § 211 Abs. 2 AO. soll der Haftungsbescheid — wie der Steuerbescheid — weiter enthalten 1. eine Belehrung, welches Rechtsmittel zulässig und binnen welcher Frist und bei welcher Behörde es einzulegen ist, 2. die Besteuerungsgrundlagen, 3. eine Anweisung, wo, wann und wie die Steuer zu entrichten ist.

Gemäß § 210 b Abs. 1 AO. wird für die Steuern vom Einkommen, vom Ertrag, vom Vermögen und vom Umsatz der Steuerbescheid schriftlich erteilt. Da die Grundsteuer eine Steuer vom Vermögen ist, bedarf der Grundsteuer-Haftungsbescheid der Schriftform.

c) Rechtsmittel gegen den Haftungsbescheid. Der Haftungsbescheid enthält eine Feststellung darüber, daß eine bestimmte Person die auf einen Steuergegenstand entfallende Grundsteuer zu entrichten hat. Die Entscheidung darüber, wer die Grundsteuer zu entrichten hat, fällt aber in die Zuständigkeit der Finanzämter; demgemäß haben die Finanzämter auch darüber zu entscheiden, wer eine Grundsteuer an Stelle des Steuerpflichtigen als Haftungspflichtiger zu entrichten hat; den Gemeinden kommt insoweit eine Zuständigkeit nicht zu.

Nach dem Grundsatz des § 119 Abs. 1 AO. kann, wer neben dem Steuerpflichtigen oder an dessen Stelle persönlich auf Zahlung einer Steuer in Anspruch genommen wird (§ 97 Abs. 2 AO.), gegen seine Heranziehung die Rechtsmittel geltend machen, die dem Steuerpflichtigen zustehen. Hiernach kann an sich der Haftungspflichtige die Steuerschuld noch bestreiten, auch wenn sie dem Steuerpflichtigen gegenüber bereits rechtskräftig geworden ist. Von diesem Grundsatz enthält bereits § 119 Abs. 2 AO. eine wichtige Ausnahme; außerdem bestimmt § 210 a Abs. 2 AO.: „Wer für eine Realsteuer, die ein anderer schuldet, entweder persönlich oder mit den von ihm verwalteten Mitteln haftet, muß einen Realsteuerbescheid, der gegen den Steuerschuldner ergangen ist, auch dann gegen sich gelten lassen, wenn er nicht Rechtsnachfolger des Steuerschuldners ist." Hiernach kann der Haftungspflichtige im allgemeinen keine Einwendungen gegen die Realsteuer selbst erheben; dagegen wird er häufig geltend machen können, daß er überhaupt nicht haftungspflichtig sei. Für diesen Fall bestimmt § 212 c Absatz 1 AO.: „Besteht Streit darüber, ob und inwieweit eine Person oder eine Sache für eine Realsteuer haftet, so hat auf Antrag der haftpflichtigen Person oder des Eigentümers oder Besitzers der haftpflichtigen Sache oder auf Antrag der Gemeinde das Finanzamt durch schriftlichen Bescheid zu entscheiden." Gegen einen Bescheid, durch den das Finanzamt die Haftpflicht feststellt, steht das Berufungsverfahren (§ 235 Ziff. 2 mit § 228 ff. AO.) offen.

§ 9

Dingliche Haftung

Die Grundsteuer ruht auf dem Steuergegenstand als öffentliche Last.

Kurze Inhaltsangabe.

1. Allgemeines;
2. Bedeutung der öffentlichen Last;
3. Wirkungen der öffentlichen Last:
a) die Bestimmung des § 120a AO.,
b) die Bestimmung der §§ 10 Abs. 1 Ziff. 3, 155 ZVG.,
c) die Bestimmung des § 47 KO.,
d) die öffentliche Last hinsichtlich der Miet- und Pachtzinsforderungen;
4. Außerkrafttreten von Landessteuerrecht.

1. Allgemeines. Die Vorschrift des § 9 stellt einen allgemein anerkannten Grundsatz auf; sie wurde mit Rücksicht darauf auch in das Gesetz aufgenommen.

2. Bedeutung der öffentlichen Last. Persönlicher Steuerschuldner der Grundsteuer ist für die Regel der Eigentümer des Grundstücks (§ 7 Abs. 1 Ziff. 1 GrStG.). Daneben haftet aber das Grundstück für die Grundsteuer. Die öffentliche Last besteht hiernach nicht in dem persönlichen Anspruch, den der öffentlich-rechtliche Steuergläubiger gegen den Eigentümer oder früheren Eigentümer des Grundstücks hat, sondern in dem Recht, das der Fiskus am Grundstück hat und das auch durch eine Veräußerung des Grundstücks nicht berührt wird. Die öffentliche Last entsteht kraft Gesetzes; vertragsmäßige Bestellung ist also nicht notwendig, ebensowenig auch die Eintragung in das Grundbuch. § 54 der Grundbuchordnung in der Fassung der Bek. vom 5. August 1935 (RGBl. I S. 1073) bestimmt: „Die auf einem Grundstück ruhenden öffentlichen Lasten als solche sind von der Eintragung in das Grundbuch ausgeschlossen, es sei denn, daß ihre Eintragung gesetzlich besonders zugelassen oder angeordnet ist." Hinsichtlich der Grundsteuer ist letzteres nicht der Fall.

3. Wirkungen der öffentlichen Last.

a) Die Bestimmung des § 120a AO. Gemäß § 120a AO. kann bei einer öffentlich-rechtlichen Abgabe, die als öffentliche Last auf dem Grundbesitz ruht, die dingliche Haftung gegen den jeweiligen Eigentümer des Grundbesitzes geltend gemacht werden.

Nach dem Grundsatz des § 7 Abs. 1 Ziff. 1 GrStG. ist Schuldner der Grundsteuer in der Regel der — zivilrechtliche — Eigentümer des Grundbesitzes. Ist jedoch der Grundbesitz bei der Feststellung des Einheitswerts nicht dem Eigentümer des Grundbesitzes, sondern einer anderen Person zugerechnet worden, so ist diese andere Person, nicht aber der bürgerlich-rechtliche Eigentümer persönlicher Schuldner der Grundsteuer (§ 7 Abs. 3 GrStG.). Die Geltendmachung der dinglichen Haftung des Grundstücks würde in diesen Fällen, in denen also Steuerschuldner nicht der bürgerlich-rechtliche Eigentümer des Grundstücks, sondern ein anderer ist, dem der Steuergegenstand auf

Grund des § 11 StAnpG. zugerechnet worden ist, auf Schwierigkeiten stoßen. § 120 a AO. stellt deshalb klar, daß die dingliche Haftung gegen den jeweiligen — bürgerlich-rechtlichen — Eigentümer des Grundbesitzes geltend gemacht werden kann. Der Vorschrift des § 120 a AO. entspricht jene des § 326 Abs. 4 AO.; hier wird gesagt: „Wegen der dinglichen Haftung für eine öffentlich-rechtliche Abgabe, die als öffentliche Last auf Grundbesitz ruht, hat der Eigentümer des Grundbesitzes die Zwangsvollstreckung in den Grundbesitz zu dulden. Er hat insoweit die Pflichten des Vollstreckungsschuldners. Zugunsten des Finanzamts gilt als Eigentümer, wer im Grundbuch als Eigentümer eingetragen ist."

Zu beachten ist, daß § 120 a AO. für die Grundsteuer auch insoweit gilt, als die Grundsteuer von Gemeindebehörden verwaltet (erhoben und beigetrieben) wird (zu vgl. § 4 Abs. 2 AO.); dagegen gilt § 326 Abs. 4 AO. für die Grundsteuer nur insoweit, als die Grundsteuer von den Finanzämtern beigetrieben wird (§ 4 Abs. 1 und § 18 Ziff. 2 AO.).

b) Die Bestimmungen der §§ 10 Abs. 1 Ziff. 3, 155 ZVG. Die dingliche Haftung des Grundstücks für die Grundsteuer ist vor allem anerkannt in § 10 Abs. 1 Ziff. 3 und § 155 Abs. 2 des Gesetzes über die Zwangsversteigerung und die Zwangsverwaltung vom 24. März 1897 (RGBl. 1898 S. 713). Hiernach gewähren ein Recht auf Befriedigung aus dem Grundstück nach folgender Rangordnung, bei gleichem Rang nach Verhältnis ihrer Beträge, die Ansprüche auf Entrichtung der öffentlichen Lasten des Grundstücks wegen der zur Zeit der Beschlagnahme laufenden und der aus den letzten zwei Jahren rückständigen Beträge an dritter Stelle und zwar gleichviel, ob diese Lasten auf die Besitzzeit des Beschlagnahmeschuldners oder eines Besitzvorgängers treffen. Zur Verwirklichung des öffentlichen Vorrechts bedarf es dabei nicht eines Vollstreckungstitels, es genügt vielmehr der Antrag der Vollstreckungsbehörde.

c) Die Bestimmung des § 47 KO. Das Vorzugsrecht des § 10 Abs. 1 Nr. 3 ZVG. ist durch § 47 der Konkursordnung auch für den Fall des Konkurses gewahrt, da die der Zwangsvollstreckung in das unbewegliche Vermögen unterliegenden Gegenstände zur abgesonderten Befriedigung für jene dienen, denen ein Recht auf Befriedigung aus ihnen zusteht.

d) Die öffentliche Last hinsichtlich der Miet- und Pachtzinsforderungen. Während bei der Zwangsverwaltung die öffentliche Last des Grundstücks hinsichtlich der Befriedigung aus den Miet- und Pachtzinsen ebenso behandelt wird wie auf dem Grundstück ruhende, an erster Stelle stehende private dingliche Belastungen, ist die Frage, ob sich die öffentliche Last im übrigen — d. h. außer der Zwangsverwaltung — nach Art der Hypothek (§ 1123 ff. BGB.) auf Miet- und Pachtzinsen erstreckt, zweifelhaft gewesen. Schrifttum und Rechtsprechung standen früher auf überwiegend verneinendem Standpunkt (Urt. des OLG. Düsseldorf vom 9. November 1933 — RStBl. 34 S. 66; a. A. das Urt. des Kammergerichts vom 8. April 1933 = RStBl. 33 S. 943). Nunmehr ist in dem Gesetz vom 9. März

1934 — RGBl. I S. 181, RStBl. 34 S. 241 — folgendes bestimmt worden:

„Die öffentlichen Lasten eines Grundstücks, die in wiederkehrenden Leistungen bestehen, erstrecken sich nach Maßgabe der folgenden Bestimmungen auf die Miet- und Pachtzinsforderungen:

Werden Miet- oder Pachtzinsforderungen wegen des zuletzt fällig gewordenen Teilbetrages der öffentlichen Last gepfändet, so wird die Pfändung durch eine später von einem Hypotheken- oder Grundschuldgläubiger bewirkte Pfändung nicht berührt. Werden die wiederkehrenden Leistungen in monatlichen Beträgen fällig, so gilt dieses Vorrecht auch für den vorletzten Teilbetrag.

Ist vor der Pfändung der Miet- oder Pachtzins eingezogen oder in anderer Weise über ihn verfügt, so bleibt die Verfügung gegenüber dem aus der öffentlichen Last Berechtigten, soweit seine Pfändung das Vorrecht des Abs. 2 genießt, nur für den zur Zeit der Pfändung laufenden Kalendermonat und, wenn die Pfändung nach dem fünfzehnten Tage des Monats bewirkt ist, auch für den folgenden Kalendermonat wirksam."

Gegenüber der bisherigen Rechtslage bedeutet die Regelung des Gesetzes vom 9. März 1934 einen Mittelweg dahin, daß dem aus der öffentlichen Last Berechtigten der Weg der Miet- und Pachtzinspfändung mit dem Vorrecht vor privaten dinglichen Gläubigern zwar offen stehen soll, aber nur wegen der letzten vor der Pfändung fällig gewordenen Steuerrate und bei Monatsfälligkeit auch wegen der vorletzten Rate.

Abs. 3 des Gesetzes dient lediglich der Klarstellung. Er behandelt das Verhältnis der von dem Steuergläubiger wegen der fraglichen Raten ausgebrachten Pfändungen zu vorausgegangenen anderweitigen Verfügungen über den Miet- oder Pachtzins. Diese Verfügungen sollen dem pfändenden Steuergläubiger gegenüber nur insoweit wirksam sein, als sie sich auf den zurzeit der Pfändung laufenden Kalendermonat und, wenn die Pfändung nach dem 15. Tag eines Monats bewirkt ist, auch auf den folgenden Kalendermonat beziehen. Die Vorschrift war nötig, um eine Ausschaltung des Vorrechts durch Vorausverfügungen zu verhüten. Sie entspricht der Regelung, die in § 1124 BGB. in Verbindung mit § 12 der ZwangsvollstreckungsVO. vom 26. Mai 1933 (RGBl. I S. 302) getroffen ist, um das Vorrecht des Hypothekengläubigers gegenüber rangschlechteren dinglichen sowie persönlichen Gläubigern zu sichern.

4. Außerkrafttreten von Landessteuerrecht. Gemäß § 4 Abs. 1 des EinfGes. zum Zwangsversteigerungsgesetz (RGBl. 1898 S. 750) konnte durch Landesgesetz bestimmt werden, daß gewisse öffentliche Lasten anderen im Range vorangehen. Von diesem Vorbehalt hat eine Reihe von Ländern in dem Sinn Gebrauch gemacht, daß die Grundsteuer hinter anderen öffentlichen Lasten im Rang zurückzutreten hatte. Diese Rangminderung gilt für die neue (durch Reichsgesetz geregelte) Grundsteuer nicht mehr. Der Rang der öffentlichrechtlichen Lasten, die wie z. B. die neue Grundsteuer reichsrechtlich geregelt sind, bestimmt sich ausschließlich nach den Vorschriften des Reichsrechts. Soll eine öffentliche Grundstückslast, die durch Reichsrecht geregelt ist, hinter anderen öffentlichen Grundstückslasten zurücktreten, so ist dazu eine ausdrückliche reichsrechtliche Vorschrift erforderlich. Das gleiche gilt übrigens auch für die Frage, ob die Haftung des Grundstücks in zeitlicher Hinsicht beschränkt werden kann. Soweit nach bisherigem Landesrecht solche Beschränkungen vorgesehen waren, sind sie mit dem Inkrafttreten des Grundsteuergesetzes in Wegfall gekommen. Nach Reichsrecht wird die öffentliche Last schlechthin wirkungslos, sobald die Grundsteuer verjährt ist. (Zu der Frage, wann die Grundsteuer verjährt ist, zu vgl. § 21 Anm. I 9).

Abschnitt II

Berechnung der Grundsteuer

Unterabschnitt 1

Maßgebender Wert

§ 10

Für die Besteuerung ist der Einheitswert maßgebend, der nach den Vorschriften des Reichsbewertungsgesetzes für den Steuergegenstand festgestellt worden ist.

Gemäß § 10 GrStG. ist für die Besteuerung nach dem Reichsgrundsteuergesetz der Einheitswert maßgebend, der nach den Vorschriften des Reichsbewertungsgesetzes für den Steuergegenstand festgestellt worden ist. Die Bestimmung enthält einen Fundamentalgrundsatz des neuen Grundsteuerrechts, nämlich den Grundsatz des Aufbaues der Grundsteuer auf den nach dem Reichsbewertungsgesetz ermittelten Einheitswerten. Dieser Aufbau auf den Einheitswerten bedeutet, daß für die Grundsteuer hinfort nur noch eine einzige Besteuerungsgrundlage maßgebend ist, nämlich der Einheitswert; er bedeutet weiter, daß die Grundsteuer nicht mehr wie bisher auf der Grundlage von veralterten Vorkriegswerten, sondern auf der Grundlage von Gegenwartswerten, die überdies nach Umfluß weniger Jahre immer wieder neu festgestellt werden, erhoben wird. (Zu vgl. nach Einleitung Anm. III 3.)

Unterabschnitt 2

Festsetzung der Steuermeßbeträge

Vorbemerkung.

Die Grundsteuer wird nicht — wie die Einkommen-, Körperschaft- und Umsatzsteuer — in einem einzigen Verfahrenszuge festgesetzt, es sind vielmehr drei verschiedene Verfahrensstufen zu unterscheiden, von denen jeder eine völlig selbständige Bedeutung zukommt. Zu unterscheiden sind: 1. das Verfahren zur Feststellung der Einheitswerte, d. i. der für die Grundbesteuerung maßgebenden Werte

— Einheitswertverfahren — (§ 10 GrStG.). In diesem Verfahren wird nicht bloß die Höhe der Einheitswerte festgestellt, sondern es werden noch zwei weitere Feststellungen getroffen, die gleichfalls von außerordentlicher Bedeutung sind, nämlich a) die Feststellung der Art des Steuergegenstands, — also ob es sich um einen „land- oder forstwirtschaftlichen Betrieb" oder um ein „Grundstück", ferner um ein Betriebsgrundstück, um ein bebautes oder unbebautes Grundstück usw. handelt, — sofern diese Feststellung für die Besteuerung von Bedeutung ist; b) die Feststellung des Eigentümers bzw. desjenigen, dem abweichend vom bürgerlichen Recht der Steuergegenstand zuzurechnen ist; außerdem bei Beteiligung mehrerer an dem Steuergegenstand die Feststellung, wie sich der festgestellte Wert auf die einzelnen Beteiligten verteilt.

2. Das Verfahren zur Festsetzung des Steuermeßbetrags — Steuermeßverfahren — (§ 11 GrStG.). In diesem Verfahren wird durch Anwendung eines Tausendsatzes auf den in der ersten Verfahrensstufe festgesetzten Einheitswert der Steuermeßbetrag festgesetzt (§ 11 GrStG.) und gegebenenfalls zerlegt (§ 17 GrStG.). In der Festsetzung des Steuermeßbetrags liegt auch die Feststellung der sachlichen Steuerpflicht, d. h. die Feststellung, daß der im Steuermeßbescheid aufgeführte Grundbesitz der Grundsteuer unterliegt.

3. Das Verfahren zur Festsetzung und Erhebung der Grundsteuer — Steuerverfahren — (§ 21 GrStG.). Die Festsetzung der Grundsteuer besteht in der Anwendung des von der Gemeinde festgesetzten Hebesatzes auf den vom Finanzamt festgesetzten Steuermeßbetrag. Zu der Erhebung der Grundsteuer gehört die Beitreibung der Steuer sowie die Entscheidung über Anträge auf Stundung oder Erlaß und über die Niederschlagung der Grundsteuer.

Die Durchführung der ersten und zweiten Verfahrensstufe obliegt den Finanzämtern, die Durchführung der dritten Verfahrensstufe — für den Regelfall — den Gemeinden.

Die einzelnen Verfahrensstufen sind scharf voneinander abgegrenzt: Feststellungen und Entscheidungen, die in der einen Verfahrensstufe zu treffen sind, können nicht in einer anderen Verfahrensstufe getroffen werden; Feststellungen und Entscheidungen, die in einer Verfahrensstufe getroffen worden sind, können nicht in einer anderen Verfahrensstufe nachgeprüft und allenfalls umgeworfen werden. Auf die wichtige Bestimmung des § 232 Abs. 2 AO. wird verwiesen.

§ 11

Steuermeßbetrag

Bei der Berechnung der Grundsteuer ist von einem Steuermeßbetrag auszugehen. Dieser ist durch Anwendung eines Tausendsatzes (Steuermeßzahl) auf den Einheitswert (§ 10) zu ermitteln.

Kurze Inhaltsangabe.

1. Allgemeines;
2. Bildung des Steuermeßbetrags;
3. Wesen der Steuermeßzahl und des Steuermeßbetrags;
4. Sonderfälle bei der Festsetzung des Steuermeßbetrags:
a) Erbbaurecht und Erbpachtrecht,
b) Grundbesitz, der für Betriebszwecke der Deutschen Reichsbahn benutzt wird,
c) Neuhausbesitz;
5. Abrundung der Steuermeßbeträge.

1. Allgemeines. Es ist eine Eigentümlichkeit des neuen Realsteuerrechts, daß die Realsteuer (Gewerbe- und Grundsteuer) nicht unmittelbar aus den Besteuerungsgrundlagen berechnet, sondern daß zwischen die Feststellung der Besteuerungsgrundlage und die Festsetzung der Steuer noch eine Zwischenstufe, das Steuermeßverfahren, das ist das Verfahren zur Festsetzung der Steuermeßbeträge, eingeschoben wird. Für die Grundsteuer bestimmt § 11 GrStG., daß bei der Berechnung der Grundsteuer von einem Steuermeßbetrag auszugehen und daß dieser — d. i. der Steuermeßbetrag — durch Anwendung eines Tausendsatzes — d. i. der Steuermeßzahl — auf den Einheitswert (§ 10 GrStG.) zu ermitteln ist.

Die Einschaltung der Steuermeßbeträge wurde aus mehreren Gründen notwendig: einmal sollte eine ganz einwandfreie Grundlage gefunden werden, um die Vergleichbarkeit der Höhe der Grundsteuerbelastung in den einzelnen Gemeinden zu erleichtern; diese Grundlage bilden eben die Steuermeßbeträge. Sodann gebot der Umstand, daß auch die Höhe der Realsteuern, d. i. der Gewerbesteuer und der Grundsteuer, miteinander vergleichbar sein soll, bei der Grundsteuer in der gleichen Weise vorzugehen wie bei der Gewerbesteuer, bei deren Festsetzung, wie erwähnt, gleichfalls von einem Steuermeßbetrag ausgegangen wird. Schließlich blieb zu beachten, daß, wie eingehende Untersuchungen ergeben haben, die unmittelbare Abstellung des Hebesatzes auf die Besteuerungsgrundlage dann versagt, wenn die Grundsteuer, wie es gemäß § 12 Abs. 2 Satz 2 GrStG. der Fall ist, nach der Höhe des Werts für den einzelnen Steuergegenstand abgestuft ist und außerdem wegen Beteiligung mehrerer Gemeinden an dem Steuergegenstand eine Zerlegung notwendig wird.

Alle diese Erwägungen führten dazu wie bei der Gewerbesteuer so auch bei der Grundsteuer sog. Steuermeßzahlen und Steuermeßbeträge einzuschalten.

2. Bildung des Steuermeßbetrags. Der Steuermeßbetrag wird durch Anwendung eines Tausendsatzes d. i. der Steuermeßzahl auf den Einheitswert ermittelt (§ 11 Satz 2 GrStG.).

3. Wesen der Steuermeßzahl und des Steuermeßbetrags. Die Steuermeßzahl ist nicht etwa ein Steuersatz; die Höhe der Grundsteuer wird vielmehr von den Gemeinden kraft eigenen Rechts bestimmt. Die Steuermeßzahl ist, was schon durch ihre Bezeichnung zum Ausdruck kommt, zunächst nur ein Rechnungsfaktor; — praktisch erlangt sie allerdings dadurch, daß gemäß § 12 Abs. 2 GrStG. verschiedene Steuermeßzahlen festgesetzt werden, auch eine gewisse tarifliche Bedeutung (zu vgl. Bem. 1 zu § 12) —; demgegenüber stellt auch der Betrag, der durch Anwendung der Steuermeßzahl auf den Einheitswert ermittelt wird, d. i. eben der Steuermeßbetrag, lediglich eine einheitliche Unterlage für die Tarifbestimmungen der Gemeinden dar; im Ergebnis entspricht der Steuermeßbetrag dem bisherigen Staatssteuergrundbetrag, der den Ausgangspunkt für die Zuschläge der Gemeinde bildete.

4. Sonderfälle bei der Festsetzung des Steuermeßbetrags. Der Steuermeßbetrag ist einfach durch Anwendung des im Gesetz bestimmten Tausendsatzes auf den Einheitswert zu ermitteln. Unter Einheitswert ist der für eine wirtschaftliche Einheit ermittelte Wert zu verstehen. Dieser Wert bildet die Grundlage für die Ermittlung des Steuermeßbetrags. Die GrStDVO. kennt mehrere Sonderfälle.

a) Erbbaurecht und Erbpachtrecht. Im Einheitswertverfahren wird für den mit dem Erbbaurecht belasteten Grund und Boden und für das Erbbaurecht je ein besonderer Einheitswert festgestellt. Das gleiche ist für das Erbpachtrecht der Fall. Demgegenüber schreibt das GrStG. in § 7 Abs. 1 Ziff. 3 vor, daß im Fall des Erbbaurechts und des Erbpachtrechts der Berechtigte für den Grund und Boden und, wenn dieser bebaut ist, auch für die darauf stehenden Gebäude Steuerschuldner ist. Grund und Boden und Erbbaurecht (bzw. Erbpachtrecht) bilden deshalb für die Frage der Steuerschuldnerschaft einen einheitlichen Steuergegenstand. Dementsprechend ist § 26 Abs. 1 GrStDVO. gemäß im Fall der Belastung des Grundbesitzes mit einem Erbbaurecht für die Festsetzung des Steuermeßbetrags der Gesamtwert maßgebend, der nach § 46 Abs. 1 RBewDB. 1935 für den Grund und Boden einschließlich der Gebäude ermittelt worden ist. Ist der Gesamtwert nach § 46 Abs. 3 RBewDB. 1935 auf den Grund und Boden und auf die Gebäude zu verteilen, so ist also für die Festsetzung des Steuermeßbetrags die Summe beider Einheitswerte maßgebend. Welche Steuermeßzahl anzuwenden ist, richtet sich nach den Grundsätzen der §§ 29, 30, 31 und 32 GrStDVO.

Im Fall der Belastung des Grundbesitzes mit einem Erbpachtrecht ist, wenn gegenüber dem Eigentümer des Grund und Bodens und gegenüber dem Berechtigten je ein besonderer Einheitswert festgestellt worden ist, für die Festsetzung des Steuermeßbetrags die Summe der beiden Einheitswerte maßgebend (§ 26 Abs. 2 GrSt.-DVO.). Welche Steuermeßzahl anzuwenden ist, richtet sich nach § 28 GrStDVO.

b) Steuermeßbetrag für Grundbesitz, der für Betriebszwecke der Deutschen Reichsbahn benutzt wird. Für Grundbesitz, der für Betriebszwecke der Deutschen Reichsbahn benutzt wird und nach § 4 Ziff. 1 b GrStG. von der Hälfte der an sich zu entrichtenden Grundsteuer befreit ist, ist die Steuerbefreiung in der Weise durchzuführen, daß der Steuermeßbetrag nur zur Hälfte festgesetzt wird (§ 27 Abs. 2 GrStDVO.); die teilweise Befreiung der für Betriebszwecke der Deutschen Reichsbahn benutzten

Grundstücke wird darnach bereits durch das Finanzamt berücksichtigt, das die Steuermeßbeträge festsetzt. Daraus folgt, daß die Gemeinde in diesen Fällen nicht etwa noch die Grundsteuer um einen dem Befreiungsumfang entsprechenden Betrag kürzen darf. Sie muß die Steuer also auch in diesen Fällen nach dem vollen Hebesatz, wie er für den übrigen Grundbesitz gilt, festsetzen und erheben (§ 21 Abs. 2 GrStG.).

c) Steuermeßbetrag für Neuhausbesitz. Gemäß § 58 Abs. 1 GrStDVO. sind von einem Viertel der an sich zu entrichtenden Grundsteuer befreit 1. Wohngebäude, die in der Zeit vom 1. April 1924 bis zum 31. März 1931 bezugsfertig geworden und nach dem Stand vom 31. März 1938 nicht zur vollen Grundsteuer des Lands heranzuziehen sind; 2. Wohngebäude, die nach § 14 Absätze 1 bis 4 des Realsteuersenkungsgesetzes vom 1. Dezember 1930 (RGBl. I S. 582) oder nach § 2 Absatz 2 der Durchführungsbestimmungen vom 2. April 1936 (RGBl. I S. 345) steuerbefreit sind; 3. Kleinwohnungen, die nach Abschnitt IV des Gesetzes vom 21. September 1933 (RGBl. I S. 651) steuerbefreit sind.

Die teilweise Steuerbefreiung wird gemäß § 27 Abs. 2 GrSt.DVO. in der Weise durchgeführt, daß der Steuermeßbetrag nur zu drei Vierteln festgesetzt wird; sie wird also bereits durch das Finanzamt berücksichtigt, das die Steuermeßbeträge festsetzt. Daraus folgt, daß die Gemeinde auch in diesen Fällen nicht etwa noch die Grundsteuer um einen dem Befreiungsumfang entsprechenden Betrag kürzen darf. Sie muß die Steuer also auch in diesen Fällen nach dem vollen Hebesatz, wie er für den übrigen Grundbesitz gilt, festsetzen und erheben (Ziff. 48 GrR.).

5. **Abrundung der Steuermeßbeträge.** Die nach § 11 GrStG. und nach den §§ 26 und 27 GrStDVO. ermittelten Steuermeßbeträge sind auf volle Reichspfennig nach unten abzurunden (Ziff. 47 GrR.).

§ 12

Steuermeßzahl

(1) Die allgemeine Steuermeßzahl beträgt 10 vom Tausend.

(2) Der Reichsminister der Finanzen kann im Einvernehmen mit den beteiligten Reichsministern für einzelne Gruppen von Steuergegenständen niedrigere Meßzahlen bestimmen.

Kurze Inhaltsangabe.

1. Allgemeines;
2. Die einzelnen Steuermeßzahlen:
   a) für land- und forstwirtschaftliche Betriebe,
   b) für unbebaute Grundstücke,
   c) für bebaute Grundstücke.

1. Allgemeines. Die allgemeine Steuermeßzahl beträgt 10 vom Tausend (§ 12 Abs. 1 GrStG.). Die Zahl 10 vom Tausend hat an sich eine geringe Bedeutung; sie stellt nur einen Berechnungsfaktor dar. Die allgemeine Steuermeßzahl könnte ebensogut auch nur 5 vom Tausend usw. betragen; die Zahl 10 wurde lediglich gewählt, weil sie rund ist und weil sich mit ihr gut rechnen läßt.

Die allgemeine Steuermeßzahl erlangt eine praktische Bedeutung aber deshalb, weil neben ihr auch andere Steuermeßzahlen bestehen. Die Steuermeßzahl hat mit Rücksicht darauf auch die Aufgabe, das Belastungsverhältnis zwischen den verschiedenen Gruppen der Steuergegenstände aufzuzeigen.

Die Möglichkeit für einzelne Gruppen von Steuergegenständen niedrigere Steuermeßzahlen als 10 vom Tausend festzusetzen, ist in § 12 Abs. 2 GrStG. ausdrücklich vorgesehen worden; in dieser Bestimmung ist der Reichsminister der Finanzen ermächtigt worden, im Einvernehmen mit den beteiligten Reichsministern für einzelne Gruppen von Steuergegenständen niedrigere Meßzahlen — als 10 v. T. — festzusetzen; es wurde hierdurch die Möglichkeit geschaffen, einheitlich für das Reich eine gewisse Abstufung der Steuerbelastung vorzuschreiben. Eine höhere Steuermeßzahl als 10 v. T. ist aber keinesfalls zulässig.

Von der ihm in § 12 Abs. 2 des Ges. erteilten Ermächtigung hat der Reichsminister der Finanzen Gebrauch gemacht: wie die Bestimmungen der §§ 28, 29 und 33 GrStDVO. beweisen, sind die Steuermeßzahlen für die land- und forstwirtschaftlichen Betriebe, für die bebauten Grundstücke und die unbebauten Grundstücke verschieden. Innerhalb der Gruppe „bebaute Grundstücke" sind die Steuermeßzahlen nach Grundstücks-, Wert- und Gemeindegruppen abgestuft: die GrStDVO. unterscheidet zwischen Altbauten, Einfamilienhäusern der Altbauten, Neubauten und Einfamilienhäusern der Neubauten; weiter unterscheidet sie, ob die unter diese Gruppen fallenden Bauten den Wert von 30 000 *RM* übersteigen oder nicht, ferner ob sie in Gemeinden bis 25 000, über 25 000 bis 1 000 000 oder über 1 000 000 Einwohnern liegen.

2. Die einzelnen Steuermeßzahlen.

a) Bei land- und forstwirtschaftlichen Betrieben betragen die Steuermeßzahlen: 1. für die ersten angefangenen oder vollen 10 000 Reichsmark des Einheitswerts 8 vom Tausend, 2. für den Rest des Einheitswerts 10 vom Tausend (§ 28 GrStDVO.). Die Entscheidung, ob ein land- oder forstwirtschaftlicher Betrieb gegeben ist, wird im Einheitswertverfahren getroffen; eine Einwendung in der Richtung, daß ein Betrieb kein land- und forstwirtschaftlicher Betrieb ist, kann daher im Steuermeßverfahren nicht mehr gebracht werden.

b) Für unbebaute Grundstücke beträgt die Steuermeßzahl einheitlich 10 vom Tausend (§ 33 GrStDVO). Die Entscheidung, ob ein Grundstück ein unbebautes Grundstück ist, wird im Einheitswertverfahren getroffen; eine Einwendung dahingehend, daß ein Grundstück kein unbebautes sei und daß deshalb zu Unrecht die für unbebaute Grundstücke geltende Steuermeßzahl angewendet worden sei, kann deshalb im Steuermeßverfahren nicht mehr gebracht werden.

c) Innerhalb der Gruppe bebaute Grundstücke sind, wie erwähnt, die Steuermeßzahlen nach Grundstückswert, Wert- und Gemeindegruppen verschieden (§ 29 GrStDVO.).

aa) Es gilt folgende Abstufung der Steuermeßzahlen:

Grundstücksgruppen bezw. Wertgruppen	Gemeindegruppen a: bis 25 000 Einwohner	Gemeindegruppen b: über 25 000 bis 1 000 000 Einwohner	Gemeindegruppen c: über 1 000 000 Einwohner
	vom Tausend	vom Tausend	vom Tausend
I. Altbauten (bei Einfamilienhäusern nur für den Teil des Einheitswerts, der 30000 *RM* übersteigt)	10	10	10
II. Einfamilienhäuser der Altbauten für die ersten angefangenen oder vollen 30000 *RM* des Einheitswerts	10	8	6
III. Neubauten (bei Einfamilienhäusern nur für den Teil des Einheitswerts, der 30000 *RM* übersteigt)	8	7	6
IV. Einfamilienhäuser der Neubauten für die ersten angefangenen oder vollen 30000 *RM* des Einheitswerts	8	6	5

In § 29 Sätze 2 und 3 GrStDVO. wird der Reichsminister der Finanzen ermächtigt, mit Zustimmung des Reichsministers des Innern und des Reichsarbeitsministers für Gemeinden von mehr als 500 000, jedoch nicht mehr als 1 000 000 Einwohnern auf Antrag des Bürgermeisters für die Gruppen II, III und IV andere Meßzahlen als die für die Gemeindegruppe b bestimmten festzusetzen. Diese Meßzahlen müssen spätestens innerhalb eines Zeitraums von vier Jahren in Stufen auf die für die Gemeindegruppe b bestimmten Meßzahlen zurückgeführt werden.

Die Anwendung der vorstehenden Bestimmung kommt für folgende acht Städte in Betracht: Breslau, Dortmund, Essen, Frankfurt a. M., Köln, München, Dresden und Leipzig. Für die Stadt München ist inzwischen von der Ermächtigung des § 29 Sätze 2 und 3 GrStDVO. Gebrauch gemacht worden (zu vgl. Bek. über die Festsetzung besonderer Steuermeßzahlen für die Grundsteuer vom 2. Oktober 1937, RStBl. 37 S. 1085). Hiernach beträgt die Steuermeßzahl für die Gruppe II

für die Rechnungsjahre 1938 und 1939 6 v. T.,
für die Rechnungsjahre 1940 und 1941 7 v. T.

Vom Rechnungsjahr 1942 ab gilt die im § 29 Satz 1 GrStDVO. bestimmte Steuermeßzahl von 8 v. T.

Für die anderen in Betracht kommenden Städte sind keine von § 29 Satz 1 GrStDVO. abweichenden Steuermeßzahlen festgesetzt worden.

bb) Allgemeines. Die Begriffe „Altbauten" und „Neubauten" stellen nicht auf eine bestimmte Grundstücksart ab; die Altbauten und Neubauten können Eigenheime, Kleinwohnungsbauten, Mietwohngrundstücke, Betriebsgrundstücke usw. sein; ein gewerblicher Bau, der im Jahre 1923 bezugsfertig geworden ist, ist ein Altbau, ein gewerblicher Bau, der im Jahre 1925 bezugsfertig geworden ist, ist ein Neubau. Das gleiche gilt für Eigenheime, Kleinwohnungsbauten usw.

cc) Die maßgebende Einwohnerzahl (§ 30). Für die Frage, welcher der in § 29 bezeichneten Gemeindegruppen eine Gemeinde zuzurechnen ist, ist das Ergebnis der allgemeinen Volkszählung vom 16. Juni 1933 maßgebend. Bei Umgemeindungen, die zwischen dem 16. Juni 1933 und dem 1. Januar 1935 rechtswirksam geworden sind, ist auf Grund des Ergebnisses der allgemeinen Volkszählung 1933 zu ermitteln, wieviel Einwohner auf die Gemeinde in ihrem Gebietsumfang vom 1. Januar 1935 entfallen, im Zweifel entscheidet hierüber die Gemeindeaufsichtsbehörde. Bei Umgemeindungen, die nach dem 1. Januar 1935 rechtswirksam geworden sind, rechnen die betroffenen Gemeinden oder Gemeindeteile weiterhin zu der Gemeindegruppe, der sie ohne die Umgemeindung nach den vorstehenden Bestimmungen zuzurechnen sind. Das Gesagte gilt für das Saarland mit der Abweichung, daß das Ergebnis der Volkszählung vom 25. Juni 1935 maßgebend ist und daß an die Stelle des 1. Januar 1935 jeweils der 1. Januar 1936 zu setzen ist.

dd) Die Abgrenzung der Grundstücksgruppen. Nach den Bestimmungen des § 29 GrStDVO. sind die Steuermeßzahlen für Neubauten niedriger als für Altbauten. Es ist deshalb von Bedeutung, ob ein Gebäude ein Altbau oder ein Neubau ist.

§ 31 Abs. I GrStDVO. gemäß gehören zu den Altbauten (§ 29 I und II GrStDVO.) die Grundstücke, deren Gebäude bis zum 31. März 1924 bezugsfertig geworden sind. Zu den Neubauten (§ 29 III und IV GrStDVO.) gehören die Grundstücke, deren Gebäude nach dem 31. März 1924 bezugsfertig geworden sind.

Die getroffene Regelung über die Abgrenzung der Neubauten von den Altbauten (also vom älteren Neuhausbesitz) weicht wesentlich von derjenigen ab, die bisher für die Abgrenzung bestand. Nach den Verordnungen der Präsidenten der Landesfinanzämter vom 17. Dezember 1934 (RStBl. S. 1641) über die Bewertung bebauter

Grundstücke auf den 1. Januar 1935 war meist zwischen Altbauten und Neubauten zu unterscheiden. Dabei rechneten zu den Altbauten die Grundstücke, deren Gebäude vor dem 1. Juli 1918, zu den Neubauten die Grundstücke, deren Gebäude nach dem 30. Juni 1918 bezugsfertig geworden sind. Das Gesetz vom 2. April 1936 (RGBl. I S. 344) rechnete zum älteren Neuhausbesitz die Wohngebäude, die in der Zeit vom 1. April 1918 bis zum 31. März 1931 bezugsfertig geworden sind. Nach der GrStDVO. gehören jedoch die Wohngebäude, die in der Zeit bis zum 31. März 1924 bezugsfertig geworden sind, zu den Altbauten. Zum älteren Neuhausbesitz rechnen demgemäß nur noch die Grundstücke, deren Gebäude in der Zeit vom 1. April 1924 bis zum 31. März 1931 bezugsfertig geworden sind (§ 58 Abs. 1 Ziff. 1 GrStDVO.).

Auf einem Grundstück befinden sich häufig sowohl Altbauten als auch Neubauten. Die Frage, ob bei einem solchen Grundstück die Steuermeßzahl für Alt- oder Neubauten anzuwenden ist, ist § 31 Abs. 3 GrStDVO. gemäß danach zu entscheiden, welcher Teil wertmäßig überwiegt; die Steuermeßzahl richtet sich einheitlich nach diesem Teil. Bei Ermittlung des wertmäßig überwiegenden Teils wird der Maßstab anzuwenden sein, der bei der Ermittlung des Einheitswerts angewendet worden ist. Wenn nach dem gemeinen Wert bewertet worden ist, dann wird die Ermittlung nach dem gemeinen Wert zu erfolgen haben; wenn über die Rohmiete bewertet worden ist, dann ist auch die Aufteilung nach der Rohmiete vorzunehmen. Soweit bei einem Geschäftsgrundstück Alt- und Neubauten zusammenfallen, ist zweckmäßigerweise der Wert des Grund und Bodens außer Betracht zu lassen. Gebäudeteile, die bei der Einheitsbewertung unberücksichtigt geblieben sind, sind auch bei Ermittlung des wertmäßig überwiegenden Teils unberücksichtigt zu lassen.

Für die Frage, ob ein Gebäude bis zum oder nach dem 31. März 1924 bezugsfertig geworden ist, ist die Entscheidung zu übernehmen, die zuletzt für die bisherige Grundsteuer maßgebend gewesen ist.

ee) Einfamilienhäuser: Als Einfamilienhäuser gelten — materiellrechtlich — gemäß § 32 Abs. 1 Ziff. 4 RBewDB. 1935 solche Wohngrundstücke, die nach ihrer baulichen Gestaltung nicht mehr als eine Wohnung enthalten. Dabei sind Wohnungen, die für Hauspersonal (Pförtner, Heizer, Gärtner, Kraftwagenführer, Wächter usw.) bestimmt sind, nicht mitzurechnen. Die Eigenschaft als Einfamilienhaus wird auch dadurch nicht beeinträchtigt, daß durch Abtrennen von Räumen weitere Wohnungen (z. B. Not- oder Behelfswohnungen) geschaffen werden, wenn mit ihrem dauernden Bestand nicht gerechnet werden kann. Ein Grundstück gilt auch dann als Einfamilienhaus, wenn es teilweise unmittelbar eigenen oder fremden gewerblichen oder öffentlichen Zwecken dient und dadurch die Eigenart als Einfamilienhaus nach der Verkehrsauffassung nicht wesentlich beeinträchtigt wird.

Für die Frage, ob ein Gebäude für die Festsetzung des Steuermeßbetrags als Einfamilienhaus zu behandeln ist, ist — formellrechtlich — schlechthin die Entscheidung im Einheitswertverfahren maßgebend; eine Nachprüfung dieser Entscheidung im Steuermeßverfahren ist nicht zulässig.

Ob auf ein Grundstück, auf dem sich sowohl ein Einfamilienhaus als auch ein Gebäude einer anderen Grundstücksgruppe befinden, die Steuermeßzahlen für Einfamilienhäuser oder die Meßzahl für die andere Grundstücksgruppe anzuwenden sind, ist danach zu entscheiden, welcher Teil wertmäßig überwiegt (§ 32 GrStDVO.).

§ 13

Hauptveranlagung

(1) Die Steuermeßbeträge werden im Anschluß an die Hauptfeststellung der Einheitswerte (§ 21 des Reichsbewertungsgesetzes) allgemein festgesetzt (Hauptveranlagung).

(2) Der Hauptveranlagung wird der Einheitswert zugrunde gelegt, der auf den Hauptfeststellungszeitpunkt (§ 21 Absatz 2 des Reichsbewertungsgesetzes) festgestellt worden ist. Entsprechendes gilt für die anderen im Einheitswertbescheid getroffenen Feststellungen.

(3) Die Hauptveranlagung gilt von dem Rechnungsjahr an, das fünf Vierteljahre nach dem Hauptfeststellungszeitpunkt beginnt.

Kurze Inhaltsangabe.

Vorbemerkung
I. Die Hauptfeststellung der Einheitswerte:
1. der Hauptfeststellungszeitraum;
2. die Feststellung der Einheitswerte;
3. der Einheitswertbescheid;
4. die Bindung des Rechtsnachfolgers an den für den Rechtsvorgänger festgestellten Einheitswert;
5. die formelle Bindung an die Einheitswerte;
II. die Hauptveranlagung der Steuermeßbeträge:
1. Allgemeines;
2. der maßgebende Einheitswert;
3. Geltung der Hauptveranlagung;
4. die erste Hauptveranlagung der Steuermeßbeträge im besonderen;
5. der Steuermeßbescheid:
a) Wesen des Steuermeßbescheids,
b) Inhalt des Steuermeßbescheids,
c) Abhängigkeit des Steuermeßbescheids vom Einheitswertfeststellungsbescheid,
d) Wirkung des Steuermeßbescheids gegen den Rechtsnachfolger,
e) Zuständigkeit zur Festsetzung des Steuermeßbetrags und Erlaß des Steuermeßbescheids.

Vorbemerkung.

Das RBewG. unterscheidet drei Arten von Feststellungen: 1. die Hauptfeststellung (§ 21 RBewG.), 2. die Fortschreibung (§ 22 RBewG.), 3. die Nachfeststellung (§ 23 RBewG.). Nach den Grundsätzen des Grundsteuergesetzes hat das Finanzamt mit einer jeden Einheitswertfeststellung über Grundbesitz die Festsetzung eines Steuermeßbetrags zu verbinden; — eine Ausnahme besteht nur dann, wenn die Voraussetzungen für die Grundsteuerfreiheit gegeben sind —. Dementsprechend unterscheidet das GrStG. zwischen 1. der Hauptveranlagung der Steuermeßbeträge (§ 13 GrStG.), 2. der Fortschreibungsveranlagung der Steuermeßbeträge (§ 14 GrStG.) und 3. der Nachveranlagung der Steuermeßbeträge (§ 15 GrStG.).

I. Die Hauptfeststellung der Einheitswerte.

1. Die Hauptfeststellungszeiträume nach dem RBew.G. Gemäß § 21 Abs. 1 Satz 1 RBewG. werden die Einheitswerte allgemein festgestellt (Hauptfeststellung): 1. in Zeitabständen von je 6 Jahren: für die wirtschaftlichen Einheiten des land- und forstwirtschaftlichen Vermögens und des Grundvermögens, für die Betriebsgrundstücke (§ 57 RBewG.) und für die Gewerbeberechtigungen (§ 58 RBewG.); 2. in Zeitabständen von je drei Jahren: für die wirtschaftlichen Einheiten des Betriebsvermögens.

Die letzte Hauptfeststellung der Einheitswerte ist auf den 1. Januar 1935 durchgeführt worden; die nächste Einheitsbewertung müßte deshalb nach der gesetzlichen Regel auf den 1. Januar 1941 erfolgen. In § 21 Abs. 1 Satz 2 RBewG. wird indes der Reichsminister der Finanzen ermächtigt zu bestimmen, daß die Hauptfeststellung in kürzeren oder längeren als den in Satz 1 bezeichneten Zeitabständen vorgenommen wird. Die Bestimmung kann sich auf einzelne Vermögensarten oder Vermögensunterarten beschränken.

Der Hauptfeststellung werden die Verhältnisse zu Beginn des Kalenderjahrs (Hauptfeststellungszeitpunkt) zugrunde gelegt. Die Vorschriften im § 32 Abs. 2 und § 63 RBewG. über die Zugrundelegung eines anderen Zeitpunkts bleiben unberührt.

2. Die Feststellung der Einheitswerte. Gemäß § 214 AO. werden gesondert festgestellt die der Besteuerung zugrunde zu legenden Einheitswerte für die folgenden Gegenstände:

a) für die wirtschaftlichen Einheiten (landwirtschaftliche und forstwirtschaftliche Betriebe; Grundstücke, die nicht zu einem gewerblichen Betrieb gehören; gewerbliche Betriebe; grundstücksgleiche Berechtigungen zur Gewinnung von Mineralien — Mineralgewinnungsrechte —, die nicht zu einem gewerblichen Betrieb gehören), sofern die wirtschaftlichen Einheiten

aa) sich lediglich auf Inland erstrecken oder

bb) sich sowohl auf Inland als auch auf Ausland erstrecken und einem unbeschränkt Vermögensteuerpflichtigen gehören;

b) für die wirtschaftlichen Untereinheiten (Betriebsgrundstücke; Gewerbeberechtigungen, die zu einem gewerblichen Betrieb gehören), wenn die wirtschaftlichen Untereinheiten entweder

aa) sich lediglich auf Inland erstrecken oder

bb) sich sowohl auf Inland als auch auf Ausland erstrecken und einem unbeschränkt Vermögensteuerpflichtigen gehören;

c) für Teile der in Buchst. a und b bezeichneten wirtschaftlichen Einheiten und Untereinheiten in folgenden Fällen:

aa) Wenn eine wirtschaftliche Einheit oder Untereinheit sich sowohl auf Inland als auch auf Ausland erstreckt, so wird der Einheitswert des inländischen Teils gesondert festgestellt.

bb) Wenn eine wirtschaftliche Einheit oder Untereinheit sich auf eine inländische Gemeinde beschränkt und mit einem ihrer Teile der Vermögensteuer oder einer Realsteuer unterliegt, so wird für diesen Teil der Einheitswert gesondert festgestellt.

Von den nach § 214 festzustellenden Einheitswerten interessieren für die Grundsteuer nur die Einheitswerte für die wirtschaftlichen Einheiten, die sich unter dem Sammelbegriff des Grundbesitzes zusammenfassen lassen; es sind dies a) die Einheitswerte, die für die wirtschaftlichen Einheiten der landwirtschaftlichen und forstwirtschaftlichen Betriebe sowie der Grundstücke, die nicht zu einem gewerblichen Betrieb gehören, b) für die wirtschaftlichen Untereinheiten (Grundstücke, die zu einem gewerblichen Betrieb gehören — Betriebsgrundstücke) festgestellt werden. Da die Grundsteuer nur von dem Grundbesitz erhoben werden darf, soweit er sich im Inland befindet, interessieren weiter die — gesondert festzustellenden — Einheitswerte für die im Inland belegenen Teile (§ 214 Nr. 3 AO.).

Die nach § 214 Abs. 1 AO. vorgesehenen gesonderten Feststellungen werden einheitlich getroffen, wenn an dem Gegenstand mehrere beteiligt sind oder wenn die Gebäude oder Betriebsmittel eines land- und forstwirtschaftlichen Betriebs nicht sämtliche dem Eigentümer des Grund und Bodens gehören.

Die Feststellung der Einheitswerte, wie sie der Grundsteuer zugrunde zu legen sind, erfolgt auf Grund der Vorschriften des Reichsbewertungsgesetzes vom 16. Oktober 1934 (RGBl. I S. 1035), der Durchführungsbestimmungen hierzu (zu vgl. Durchführungsbestimmungen zum Reichsbewertungsgesetz für die Bewertung des Vermögens nach dem Stand vom 1. Januar 1935 (RBewDB. 1935) vom 2. Febr. 1935, RGBl. I S. 81). Soweit das landwirtschaftliche Vermögen in Betracht kommt, bildet eine weitere Grundlage das Gesetz über die Schätzung des Kulturbodens vom 16. Okt. 1934 (RGBl. I S. 1050). Im einzelnen sind enthalten die Vorschriften über die Feststellung der Einheitswerte der landwirtschaftlichen, forstwirtschaftlichen und gärtnerischen Betriebe in den §§ 29—49 RBewG., die Vorschriften über die Bewertung des Grundvermögens in den §§ 50—53 RBewG. Die Vorschriften über die Bewertung der Betriebsgrundstücke in § 57 RBewG.

Die Einheitswertfeststellungen sind auf einen bestimmten Zeitpunkt — nicht auf einen bestimmten Tag — abgestellt. Feststellungszeitpunkt (Hauptfeststellungs-, Fortschreibungs-, Nachfeststellungszeitpunkt) ist für die Regel der Beginn des 1. Januar. Vom Festellungszeitpunkt sind zu unterscheiden die Zeitpunkte, von denen ab die Einheitswerte einer bestimmten Steuer zu unterwerfen sind; diese Zeitpunkte sind in den einzelnen Steuergesetzen geregelt (für die Grundsteuer zu vgl. §§ 13, 14 und 15 des Ges.).

3. Der Einheitswertbescheid. Die Einheitswerte werden in einem besonderen Feststellungsverfahren durch den sog. Feststellungsbescheid festgestellt. In dem Feststellungsbescheid sind daneben, soweit es für die Besteuerung erforderlich ist, auch Feststellungen zu treffen 1. über die Art des Gegenstands, zum Beispiel darüber, ob es sich um einen land- und forstwirtschaftlichen Betrieb, ein Grundstück, ein Betriebsgrundstück, einen gewerblichen Betrieb oder eine Gewerbeberechtigung handelt. Bei einem Grundstück ist auch eine Feststellung über die Grundstücksart (Beispiele: Mietwohngrundstück, Einfamilienhaus) zu treffen, wenn es — wie bei der Grundsteuer — bei der Besteuerung auf die Grundstücksart ankommt; 2. darüber, wem der Gegenstand (der Betrieb, das Grundstück, das Betriebsgrundstück oder die Gewerbeberechtigung) bei der Besteuerung zuzurechnen ist. Sind an dem Gegenstand mehrere beteiligt (§ 215 Abs. 1 und 2 AO.), so ist in dem Feststellungsbescheid auch eine Feststellung darüber zu treffen, wie der festgestellte Betrag sich auf die einzelnen Beteiligten verteilt (zu vgl. § 216 Abs. 1 AO.). Sind Feststellungen der vorbezeichneten Art im Feststellungsbescheid unterblieben, so sind sie in einem Ergänzungsbescheid nachzuholen. Nicht in den Einheitswertbescheid gehört die Feststellung darüber, welcher Steuer der Einheitswert unterliegt; eine Feststellung hierüber im Einheitswertbescheid wäre belanglos.

Nach dem Gesagten enthält der Feststellungsbescheid eine Entscheidung nicht nur über die Höhe des Einheitswerts, sondern auch darüber, welcher Art das Grundstück ist, für welches der Einheitswertbescheid ergeht, und welchem Eigentümer das Grundstück zuzurechnen ist. Jeden der im Feststellungsbescheid enthaltenen Aussprüche kann nun derjenige, an den der Feststellungsbescheid gerichtet ist, mit den zulässigen Rechtsmitteln (d. i. gemäß § 228 AO. mit dem Einspruch, der Berufung und der Rechtsbeschwerde) angreifen; § 231 AO. bestimmt: „Einen Feststellungsbescheid der in den §§ 214 und 215 AO. bezeichneten Art kann der Steuerpflichtige nur deshalb anfechten, weil er sich durch die Höhe der Feststellungen, die in dem Feststellungsbescheid getroffen worden sind, oder durch die Entscheidung über die Art des Gegenstands (§ 216 Abs. 1 Ziff. 2 AO.) beschwert fühlt." Der Steuerpflichtige kann hiernach gegen den Einheitswertbescheid einwenden, daß der festgestellte Einheitswert zu hoch — oder zu niedrig — sei, er kann weiter einwenden, daß der Steuergegenstand, auf den sich die Einheitsbewertung bezieht, zu Unrecht als land- oder forstwirtschaftlicher Betrieb, als Grundstück (Mietwohngrundstück, Einfamilienhaus) usw. angesehen worden sei; er kann weiter einwenden, daß ihm der Steuergegenstand zu Unrecht zugerechnet worden sei, weil er ihm nicht gehöre; soweit an dem Steuergegenstand mehrere Personen beteiligt sind, kann eingewendet werden, daß die Beteiligten unrichtig ermittelt worden seien. Der Standpunkt des Gesetzgebers ist dabei der, daß die genannten Einwendungen bereits im Verfahren über die Feststellung des Einheitswerts gebracht werden müssen; sie können demgemäß nicht mehr im Verfahren über die Festsetzung des Steuermeßbetrags oder der Grundsteuer vorgebracht werden. § 232 Abs. 2 AO. bestimmt insoweit: „Liegen einem Steuerbescheide Entscheidungen zugrunde, die in einem Feststellungsbescheid — oder in einem Steuermeßbescheid — getroffen worden sind, so kann der Steuerbescheid nicht mit der Begründung angefochten werden, daß die in dem Feststellungsbescheid getroffenen Entscheidungen unzutreffend seien. Dieser Einwand kann nur gegen den Feststellungsbescheid oder gegen den Steuermeßbescheid erhoben werden."

4. Die Bindung des Rechtsnachfolgers an den für den Rechtsvorgänger festgestellten Einheitswert. Die Einheitswerte, die gegenüber einem Rechtsvorgänger festgestellt werden, haben regelmäßig auch Bedeutung für den Rechtsnachfolger. Eine besondere Frage ist, ob und inwieweit der Rechtsnachfolger an der Feststellung des Einheitswerts gegenüber dem Rechtsvorgänger zu beteiligen ist und in welchem Umfange ihm Rechtsmittel zustehen. Für die Entscheidung der Frage sind die folgenden Fälle zu unterscheiden:

a) Ein Grundstück wird veräußert, nachdem dem Veräußerer gegenüber der Einheitswert unanfechtbar festgestellt worden ist. In einem solchen Fall kann der Erwerber nicht nachträglich gegen den Einheitswert Einwendungen erheben. Der festgestellte Einheitswert haftet gewissermaßen — mit dinglicher Wirkung — an dem Grundstück oder Betrieb.

b) Ein Grundstück wird veräußert, bevor der Feststellungsbescheid dem Veräußerer bekannt gegeben worden ist. Hier hat die Veräußerung zur Folge, daß der Erwerber Beteiligter an dem Feststellungsverfahren geworden ist. Daraus ergibt sich, daß der Feststellungsbescheid, um auch gegenüber dem Erwerber wirksam zu werden, auch dem Erwerber bekannt zu geben ist (§ 219 Abs. 2 Satz 1 mit § 91 AO.). In einem solchen Fall kann sowohl der Veräußerer als auch der Erwerber Rechtsmittel gegen den Feststellungsbescheid einlegen. Ist die Bekanntgabe an den Erwerber unterblieben (z. B. weil das Finanzamt keine Kenntnis von der Veräußerung gehabt hat), so wird dem Erwerber gegenüber die Rechtsmittelfrist nicht in Lauf gesetzt. Der Erwerber kann verlangen, daß ihm der Feststellungsbescheid nachträglich bekanntgegeben wird. Er kann gegen den Feststellungsbescheid ein Rechtsmittel einlegen. Der Veräußerer kann sich diesem Rechtsmittel anschließen. Das gilt auch dann, wenn für ihn die Rechtsmittelfrist bereits verstrichen ist (§ 247 Satz 2 AO.).

c) Zwischen den Fällen a) und b) liegt der weitere Fall: Ein Grundstück wird veräußert, nachdem der Feststellungsbescheid dem Veräußerer bekannt gegeben worden ist; die Feststellung ist jedoch dem Veräußerer gegenüber noch nicht unanfechtbar. Auch hier hat die Veräußerung zur Folge, daß der Erwerber Beteiligter am Verfahren geworden ist. Der Erwerber kann aber nicht verlangen, daß ihm der Feststellungsbescheid besonders bekannt gegeben wird; denn die Bekanntgabe des Feststellungsbescheids an den Veräußerer wirkt auch gegen den Erwerber (§ 219 Abs. 2 Satz 2 AO.). Es sind hier zwei Möglichkeiten gegeben: das Grundstück wird veräußert, bevor die Einspruchsfrist verstrichen ist. In einem solchen Fall kann auch der Erwerber von sich aus innerhalb der Einspruchsfrist Rechtsmittel einlegen. Darauf, ob der Veräußerer bereits vorher ein Rechtsmittel eingelegt hat oder nachher einlegt, kommt es nicht an. Zweite Möglichkeit: das Grundstück wird veräußert, nachdem die Einspruchsfrist verstrichen ist; der Veräußerer hat jedoch rechtzeitig ein Rechtsmittel eingelegt. Da in diesem Fall die Bekanntgabe des Feststellungsbescheids an den Veräußerer auch gegen den Erwerber wirkt, so ist dieser so zu behandeln, als ob der Bescheid auch gegen ihn ergangen sei. Demzufolge ist der Erwerber nach § 238 Satz 1 AO. an sich befugt, Rechtsmittel gegen den Feststellungsbescheid einzulegen. Da jedoch für ihn keine selbständige Einspruchsfrist läuft und im Zeitpunkt des Erwerbs die Einspruchsfrist für den Veräußerer bereits abgelaufen ist, so kann der Erwerber nicht mehr selbständig das Rechtsmittel einlegen. Er ist nur nach § 247 Satz 2 AO. befugt, sich dem Rechtsmittel des Veräußerers anzuschließen. In welcher Rechtsstufe (Einspruch, Berufung, Rechtsbeschwerde) sich das Verfahren befindet, ist gleichgültig.

5. Die formelle Bindung an die Einheitsbewertung. Die in der Einheitsbewertung erfolgten Feststellungen über Höhe des Einheitswerts, Art und Eigentümer des Grundstücks sind der Grundsteuer so zugrunde zu legen, wie sie im Feststellungsverfahren getroffen worden sind. Änderungen am Einheitswert und an den übrigen Feststellungen sind im Steuermeß- und Grundsteuerverfahren in keiner Weise zulässig, dies selbst dann nicht, wenn die Erkenntnis besteht, daß bei Feststellung des Einheitswerts materielle oder verfahrensrechtliche Mängel unterlaufen sind, die an sich eine Änderung der Höhe des Einheitswerts oder einer sonstigen Feststellung rechtfertigen würden. Die Berichtigung derartiger Mängel kann nicht im Steuermeß- oder Grundsteuerverfahren erfolgen, sondern muß im Einheitswertfeststellungsverfahren mit den dort zulässigen Rechtsmitteln herbeigeführt werden.

Ist der festgestellte Einheitswert noch nicht rechtskräftig oder ist der Einheitswert nur vorläufig festgestellt, so ist der noch nicht rechtskräftige bzw. vorläufige Einheitswert der Grundsteuer zugrunde zu legen (zu vgl. § 218 Abs. 2 AO.).

Ist ein Feststellungsbescheid durch Rechtsmittelentscheidung, durch Berichtigungsfeststellung oder durch Fortschreibung (§ 225 a AO.) geändert worden, so ist der Steuermeßbescheid, der auf dem geänderten, berichtigten oder fortgeschriebenen Feststellungsbescheid beruht, durch einen neuen Bescheid zu ersetzen, der der Änderung des Feststellungsbescheids Rechnung trägt. Dies gilt auch dann, wenn ein zu ersetzender Bescheid bereits unanfechtbar geworden ist. Mit dem Erlaß des neuen Bescheids kann gewartet werden, bis die Rechtsmittelentscheidung, Berichtigungsfeststellung oder Fortschreibung, die die bisherige Feststellung ändert, unanfechtbar geworden ist. Die Änderung hat von Amts wegen zu erfolgen, ein Antrag des Pflichtigen ist also nicht erforderlich. Der Anspruch des Pflichtigen auf die Berichtigung ist unverjährbar. § 143 AO. ist nicht einschlägig. Die Änderung des Grundsteuermeßbescheids hat zu erfolgen, gleichgültig ob sich durch die Änderung eine Erhöhung oder Minderung der Steuer ergibt, und gleichgültig, ob das Finanzamt oder der Steuerpflichtige das Rechtsmittel gegen den Feststellungsbescheid ergriffen haben. Die Änderung des Grundsteuermeßbescheids hat durch schriftlichen Bescheid zu erfolgen, der den Erfordernissen eines Steuerbescheids genügen muß.

Der Heranziehung eines Steuergegenstands zur Grundsteuer muß die vorgängige Feststellung des Einheitswerts für dieses Grundstück vorausgehen. Nicht notwendig ist, daß der für das Grundstück festgestellte Einheitswert bereits rechtskräftig geworden ist (zu vgl. § 218 Abs. 2 AO.). Nach dem Urteil I e A 443/31 vom 20. Okt. 1931 = RStBl. 1931 S. 928 ist nicht einmal erforderlich, daß der Einheitswert dem Pflichtigen zugestellt (bekannt gegeben) worden ist; es genügt vielmehr, daß der Einheitswert von dem zuständigen Organ beschlossen worden ist. Immer aber muß ein Einheitswert — sei es auch nur ein vorläufiger — vorhanden sein. Ein Grundsteuermeß- bezw. Steuerbescheid, der nicht auf einem ordnungsgemäß zustande gekommenen Einheitswert, sondern nur auf einem von der Grundsteuerbehörde ermittelten oder erschätzten Wert beruhen würde, wäre wohl nichtig.

Aus der Bestimmung des § 10 GrStG. ergibt sich, daß irgendwelche Abzüge insbesondere Schuldenabzüge — vom Einheitswert nicht gestattet sind. Die Einheitswerte sind vielmehr ohne irgendwelche Änderungen der Veranlagung der Steuermeßbeträge zugrunde zu legen. Darin kommt mittelbar das Verbot des Schuldenabzugs zum Ausdruck, das übrigens dem Charakter der Grundsteuer als einer Objektsteuer entspricht.

II. Die Hauptveranlagung der Steuermeßbeträge.

1. Allgemeines. Die allgemeine Festsetzung der Steuermeßbeträge, d. i. die Hauptveranlagung der Steuermeßbeträge, erfolgt im Anschluß an die Hauptfeststellung der Einheitswerte (§ 13 Abs. 1 GrStG.). Da von den wirtschaftlichen Einheiten, die das RBewG. kennt, für die Grundsteuer nur die wirtschaftlichen Einheiten der land- und forstwirtschaftlichen Betriebe sowie der Grundstücke einschließlich jeweils der Betriebsgrundstücke in Betracht kommen, für diese aber nach der Regel des § 21 RBewG. die Einheitswerte alle sechs Jahre festgestellt werden, so ergibt sich, daß die Hauptveranlagung der Steuermeßbeträge für die Grundsteuer alle sechs Jahre zu erfolgen hat. Soweit nicht eine Wertfortschreibung erfolgt (zu vgl. § 22 RBewG. mit § 14 GrStG.), bleiben die Steuermeßbeträge, wie sie bei der Hauptveranlagung festgesetzt worden sind, sechs Jahre unverändert bestehen.

2. Der maßgebende Einheitswert. Der Hauptveranlagung wird der Einheitswert zugrunde gelegt, der auf den Hauptfeststellungszeitpunkt — d. i. der Wert zu Beginn des Kalenderjahrs (§ 21 Abs. 2 RBewG.) — festgestellt worden ist (§ 13 Abs. 2 Satz 1 GrStG.). Entsprechendes gilt gemäß § 13 Abs. 2 Satz 2 GrStG. für die anderen im Einheitswertbescheid getroffenen Feststellungen. Das will besagen, daß der Hauptveranlagung der Steuermeßbeträge schlechthin der Inhalt des Einheitswertbescheids zugrunde gelegt wird, d. h. also nicht nur der Einheitswert, sondern auch die Feststellungen über die Art des Steuergegenstands und darüber, wem er zuzurechnen ist (§ 216 AO.). — Dagegen wird über die Frage der sachlichen Steuerpflicht, also über die Frage, ob der Grundbesitz etwa von der Steuer befreit ist, im allgemeinen im Einheitswertbescheid nicht entschieden. Diese

Entscheidung wird vielmehr, wenn die Frage der Steuerpflicht zweifelhaft ist, erst bei der Veranlagung der Steuermeßbeträge im Steuermeßbescheid getroffen (§ 212a Abs. 3 AO., Anm. 7 zu § 4 Vorbem.).

3. Geltungsdauer der Hauptveranlagung. Die Hauptveranlagung der Steuermeßbeträge gilt von dem Rechnungsjahr an, das fünf Vierteljahre nach dem für die Einheitsbewertung maßgebenden Hauptfeststellungszeitpunkt beginnt (§ 13 Abs. 3 GrStG.). Der Zeitraum von fünf Vierteljahren ist notwendig, damit die steuerberechtigten Gemeinden rechtzeitig die ihnen zur Verfügung stehende Besteuerungsmasse erfahren und danach die Höhe der Hebesätze bestimmen können.

4. Die erste Hauptveranlagung der Steuermeßbeträge im besonderen. Für die erste Hauptveranlagung der Steuermeßbeträge ist eine besondere Regelung erforderlich. Nach § 33 Abs. 1 GrStG. ist das neue Grundsteuergesetz erstmals auf die Grundsteuer für das Rechnungsjahr 1938 anzuwenden. Die letzte Hauptfeststellung der Einheitswerte ist bereits auf den 1. Januar 1935 vorgenommen worden. Die Vorschrift im § 13 Abs. 3 GrStG., wonach die Hauptveranlagung der Steuermeßbeträge von dem Rechnungsjahr an gilt, das fünf Vierteljahre nach dem Hauptfeststellungszeitpunkt beginnt, paßt also nicht für die erste Hauptveranlagung. Außerdem ist es notwendig, bei der ersten Hauptveranlagung der Steuermeßbeträge auch die Einheitswertfeststellungen zu berücksichtigen, die im Wege der Fortschreibung oder der Nachfeststellung auf den 1. Januar 1936, 1937 oder 1938 vorgenommen worden sind. § 33 Abs. 2 GrStG. bestimmt deshalb, daß der ersten Hauptveranlagung der Steuermeßbeträge der Einheitswert zugrunde zu legen ist, der auf den letzten Feststellungszeitpunkt vor dem 1. April 1938 festgestellt worden ist.

5. Der Steuermeßbescheid.

a) Wesen des Steuermeßbescheids. Der Steuermeßbetrag wird vom Finanzamt durch Steuermeßbescheid festgesetzt (§ 212a Abs. 1 AO.). Der Steuermeßbescheid ist kein Steuerbescheid; zwischen Steuerbescheid und Steuermeßbescheid besteht vielmehr ein grundsätzlicher Unterschied: mit der Festsetzung der Steuer ist die an den Steuerpflichtigen gerichtete Verfügung, die festgesetzte Steuer zu bezahlen, verbunden (§ 211 AO.); beim Steuermeßbescheid ist dies nicht der Fall, durch den Steuermeßbescheid wird nur eine Besteuerungsgrundlage festgesetzt. Auf die Festsetzung der Steuermeßbeträge finden aber die für die Festsetzung der Steuern, auf Steuermeßbescheide die für Steuerbescheide (insbesondere für Realsteuerbescheide) geltenden Vorschriften „sinngemäße" Anwendung. Die Vorschrift, daß nicht eine unmittelbare, sondern eine sinngemäße Anwendung Platz greift, bedeutet vor allem, daß für eine Anwendung von Vorschriften insoweit kein Raum ist, als die Vorschriften davon ausgehen, daß der Steuerbescheid eine Angabe über die Höhe der Steuer enthält, während der Steuermeßbescheid eine solche begrifflich nicht enthalten kann. Dagegen folgt aus der Vorschrift, daß die für die Steuerbescheide geltenden Bestimmungen auf die Steuermeßbescheide insoweit Anwendung finden, als es die Natur des Steuermeßbescheids gestattet, so insbesondere die Vorschriften über die Zurücknahme von Verfügungen (§§ 91 ff. AO.), über vorläufige Steuerbescheide (§ 100 AO.), über die Berichtigung von Steuerbescheiden (§ 222 AO.), über das Rechtsmittelverfahren (§§ 228 ff. AO.). Zur sinngemäßen Anwendung kommt insbesondere auch die Vorschrift des § 210 b Abs. 1 und § 211 Abs. 1 AO., wonach für die Steuern vom Einkommen, vom Ertrag, vom Vermögen und vom Umsatz der Steuerbescheid schriftlich erteilt wird und wonach Steuerbescheide, die nach den Steuergesetzen schriftlich zu erteilen sind, die Höhe der Steuer (des Steuermeßbetrags) enthalten müssen.

b) Inhalt des Steuermeßbescheids. Der Steuermeßbescheid muß begriffsmäßig die Festsetzung des Steuermeßbetrags enthalten. Gemäß § 12 Abs. 1 GrStG. beträgt die allgemeine Steuermeßzahl 10 vom Tausend; gemäß Abs. 2 a. a. O. kann der Reichsminister der Finanzen im Einvernehmen mit den beteiligten Reichsministern für einzelne Gruppen von Steuergegenständen niedrigere Meßzahlen bestimmen (zu vgl. §§ 28 ff. GrStDVO.). Der Steuermeßbescheid trifft demgemäß auch eine Entscheidung darüber, ob abweichend von der allgemeinen Steuermeßzahl eine niedrigere Steuermeßzahl anzuwenden ist. Der Steuermeßbescheid enthält weiter eine Feststellung darüber, daß der in ihm aufgeführte Steuergegenstand der Grundsteuer unterliegt. Demgemäß liegt in der Tatsache, daß für einen Steuergegenstand ein Steuermeßbescheid nicht erteilt wird, auch die Verneinung der Steuerpflicht und in der Tatsache, daß ein Steuermeßbetrag festgesetzt wird, dementsprechend die Bejahung der Steuerpflicht.

Jeden dieser Aussprüche kann derjenige, an den der Steuermeßbescheid gerichtet ist, d. i. der Steuerschuldner, mit den zulässigen Rechtsmitteln — d. i. dem Einspruch, der Berufung und der Rechtsbeschwerde, §§ 228 ff. AO. — bekämpfen. Der Steuerschuldner kann einwenden, daß eine unrichtige Steuermeßzahl angewendet worden sei; er kann — in den Fällen wenigstens, in denen die Steuerfreiheit des Betriebs oder Grundstücks zweifelhaft ist (zu vgl. die Ausführungen unter § 4 Vorbem. Ziff. 7) — einwenden, daß der Steuergegenstand überhaupt nicht der Grundsteuer unterliege, weil ein Steuerbefreiungsgrund gemäß §§ 4 bis 6 GrStG. gegeben sei. Will der Steuerschuldner Einwendungen der genannten Art erheben, so muß er sie bereits im Verfahren über die Festsetzung des Steuermeßbetrags bringen, im Verfahren über die Festsetzung der Grundsteuer (§ 21 GrStG.) können sie nicht mehr gebracht werden (§ 232 Abs. 2 AO. mit § 212 a Abs. 2 AO.).

Weitere als die vorstehend genannten Einwendungen sind im Verfahren über die Festsetzung des Steuermeßbetrags nicht zulässig; insbesondere kann nicht mehr eingewendet werden, daß der dem Steuermeßbescheid zugrunde liegende Einheitswert unrichtig ermittelt, daß die Art des Steuergegenstands unrichtig festgestellt worden sei — daß z. B. statt eines Mietwohngrundstücks ein Einfamilienhaus vorliege — und endlich, daß der Steuergegenstand einer anderen oder anderen als den im Steuermeßbescheid genannten Personen gehöre. Die Feststellungen über die Höhe des Einheitswerts, ferner darüber, welcher Art ein Steuergegenstand ist — ob er einen landwirtschaftlichen oder gewerblichen Betrieb, ein Mietwohngrundstück oder ein Einfamilienhaus darstellt —, schließlich welcher bzw. welchen Personen der Steuergegenstand zuzurechnen ist, werden in dem gemäß § 216 AO. ergehenden Bescheid über die Feststellung des Einheitswerts getroffen. Diese Feststellungen müssen dem Steuermeßbescheid ohne weiteres zugrunde gelegt und können deshalb im Verfahren über die Festsetzung des Steuermeßbetrags nicht mehr bemängelt werden. — Wenn § 212a Abs. 3 AO. bestimmt, daß in der Festsetzung des Steuermeßbetrags auch die Feststellung der persönlichen Steuerpflicht (Steuerschuldnerschaft) liegt, so gilt das wohl für die Gewerbesteuer, nicht aber auch für die Grundsteuer. — Ergeben sich Änderungen im Umfang und hinsichtlich der Art des Steuergegenstands sowie hinsichtlich der Zurechnung, so muß die im § 225a AO. geregelte Fortschreibung erfolgen.

Die Gemeinden sind zur Einlegung von Rechtsmitteln gegen den Steuermeßbescheid nicht befugt.

c) A b h ä n g i g k e i t d e s S t e u e r m e ß b e s c h e i d s v o m E i n h e i t s w e r t f e s t s t e l l u n g s b e s c h e i d. Gemäß § 218 Abs. 4 AO. „werden, wenn die in einem Feststellungsbescheid enthaltene Feststellung durch Rechtsmittelentscheidung, durch Berichtigungsfeststellung oder durch Fortschreibung (§ 225a AO.) geändert worden ist, Bescheide (Steuerbescheide, Steuermeßbescheide, Feststellungsbescheide), die auf dem bisherigen Feststellungsbescheid beruhen, von Amts wegen durch neue Bescheide ersetzt, die der Änderung Rechnung tragen. Dies gilt auch dann, wenn ein zu ersetzender Bescheid bereits unanfechtbar geworden ist. Mit dem Erlaß der neuen Bescheide kann gewartet werden, bis die Rechtsmittelentscheidung, Berichtigungsfeststellung oder Fortschreibung, die die bisherige Feststellung ändert, unanfechtbar geworden ist". Die Bestimmung des § 218 Abs. 4 AO. wird für den Steuermeßbescheid bei der Grundsteuer von sehr erheblicher Bedeutung: ist eine der im Feststellungsbescheid enthaltenen Feststellungen (über Höhe des Einheitswerts, Art des Steuergegenstands, Zurechnung usw.) durch Rechtsmittelentscheidung, durch Berichtigungsfeststellung oder durch Fortschreibung geändert worden, so macht diese Änderung von Amts wegen auch eine Änderung des Steuermeßbescheids notwendig.

d) W i r k u n g d e s S t e u e r m e ß b e s c h e i d s g e g e n d e n R e c h t s n a c h f o l g e r. Der Steuermeßbescheid hat — wie der Feststellungs- und Realsteuerbescheid — dingliche Wirkung; er bestimmt, daß auf den Steuergegenstand ein Steuermeßbetrag von einer bestimmten Höhe entfällt. Mit Rücksicht hierauf richtet sich der Steuermeßbescheid auch gegen den Rechtsnachfolger einschließlich des Nachfolgers im Besitz (zu vgl. § 212a Abs. 2 AO. mit § 210 AO.). Für die Frage, ob der Rechtsnachfolger Einwendungen gegen den Steuermeßbescheid, wie er gegen den Rechtsvorgänger ergangen ist, erheben kann, gilt das in Anm. I 4 zu § 13 Gesagte entsprechend. Auch im Rechtsmittelverfahren können nur neue einheitliche Entscheidungen getroffen werden. Die Rechtsmittelentscheidungen richten sich gleichfalls sowohl gegen den Rechtsvorgänger als auch gegen den Rechtsnachfolger (§ 240 Abs. 2 Satz 3 und 4 AO.).

e) Zuständigkeit zur Festsetzung des Steuermeßbetrags und Erlaß des Steuermeßbescheids. Die Festsetzung (und Zerlegung) der Steuermeßbeträge bei den Realsteuern obliegt gemäß § 18 Ziff. 1 AO. den Finanzämtern. Eingeschlossen sind die Vorbereitung, die Nachprüfung, die Steueraufsicht, das Rechtsmittelverfahren und das Strafverfahren. Örtlich zuständig ist gemäß § 73 Abs. 2 AO. das Belegenheitsfinanzamt. Belegenheitsfinanzamt ist gemäß § 72 Ziff. 1 AO. bei land- und forstwirtschaftlichen Betrieben, bei Grundstücken und Betriebsgrundstücken — d. i. also bei allen Steuergegenständen, die gemäß § 3 GrStG. der Grundsteuer unterliegen — das Finanzamt, in dessen Bezirk der Betrieb, das Grundstück oder das Betriebsgrundstück belegen ist. Erstreckt sich der Betrieb, das Grundstück oder Betriebsgrundstück auf die Bezirke mehrerer Finanzämter, so ist das Finanzamt zuständig, in dessen Bezirk der wertvollste Teil belegen ist.

§ 14

Fortschreibungsveranlagung

(1) Im Fall einer Fortschreibung des Feststellungsbescheids über einen Einheitswert (§ 225a der Reichsabgabenordnung) wird der neuen Veranlagung des Steuermeßbetrags (Fortschreibungsveranlagung) der Einheitswert zugrunde gelegt, der auf den Fortschreibungszeitpunkt (§ 22 Absatz 2 des Reichsbewertungsgesetzes) festgestellt worden ist. Entsprechendes gilt für die anderen im Fortschreibungsbescheid getroffenen Feststellungen.

(2) Die Fortschreibungsveranlagung gilt von dem Rechnungsjahr an, das ein Vierteljahr nach dem Fortschreibungszeitpunkt beginnt. Die bisherige Veranlagung gilt bis zu diesem Zeitpunkt.

Kurze Inhaltsangabe.

I. Die Fortschreibung nach der Reichsabgabenordnung und dem Reichsbewertungsgesetz:
1. Allgemeines;
2. Begriff der Fortschreibung;
3. der Fortschreibungszeitpunkt;
4. die einzelnen Fortschreibungsarten:
   a) die Wertfortschreibung,
   b) die Artfortschreibung,
   c) die Zurechnungsfortschreibung,
   d) Zusammentreffen mehrerer Fortschreibungen;
5. maßgebender Wert bei Fortschreibungen;
6. das Antragserfordernis;
7. Formelles.

II. Die Fortschreibungsveranlagung des Steuermeßbetrags:
1. Allgemeines;
2. Zeitpunkt des Wirksamwerdens der Fortschreibungsveranlagung;
3. Wesen des Fortschreibungsveranlagungsbescheids.

I. Die Fortschreibung nach der Reichsabgabenordnung und nach dem Reichsbewertungsgesetz.

1. Allgemeines. Es wird sehr häufig vorkommen, daß sich die Werte der wirtschaftlichen Einheiten des Grundbesitzes, für welche Einheitswerte festgestellt worden sind, innerhalb des Zeitraums von sechs Jahren, für welche die Einheitswerte gemäß § 21 Abs. 1 RBewG. gelten, ändern, sei es, daß sich durch die Entwicklung der wirtschaftlichen Verhältnisse Wertverschiebungen — durch Wertsteigerungen oder Wertminderungen — ergeben oder daß Änderungen im Bestand der wirtschaftlichen Einheit eintreten. Da die Einheitswertbescheide, durch welche die Einheitswerte festgestellt werden, nach dem Grundsatz des § 216 AO. auch bindende Feststellungen über die Art der wirtschaftlichen Einheit sowie darüber enthalten, wem die wirtschaftliche Einheit bei der Besteuerung zuzurechnen ist, so werden sich auch hieraus innerhalb des Zeitraums von sechs Jahren Änderungen ergeben. (Beispiele: Auf einem bei der Einheitswertfeststellung als Bauland bewerteten Grundstück wird ein Gebäude errichtet, eine wirtschaftliche Einheit wechselt ihren Eigentümer.)

Die Frage, wie alle diese Änderungen, namentlich soweit sie den Grund und Boden betreffen, festgehalten und ausgewertet werden sollen, hat — im Hinblick auf die Grundsteuer — schon die bisherigen Landesgesetzgebungen beschäftigt. In vielen Landessteuergesetzen wurden alle die Maßnahmen, die dazu dienten, die Grundsteuerbücher, Grundsteuerkarten und Kataster und sonstigen Verzeichnisse, in denen der Grundbesitzbestand und die Eigentumsverhältnisse hieran aufgezeichnet waren, auf dem Laufenden zu erhalten, unter dem Namen „Fortschreibung" zusammengefaßt. Die Art und Weise, wie die Fortschreibung im einzelnen erfolgte, war dabei verschieden, das Ziel im wesentlichen das gleiche. Der Reichsgesetzgeber hat anläßlich der Realsteuerreform 1936 den Begriff der Fortschreibung, der bis dahin in der Reichssteuergesetzgebung unbekannt war, übernommen; er ist hierbei offenbar von der Erwägung ausgegangen, daß es wünschenswert sei, die Ausdrucksweise der landesrechtlichen Grundsteuergesetze, die volkstümlich geworden ist, möglichst in das neue Recht zu übernehmen. Die Fortschreibung ersetzt die „Neufeststellung" des bisherigen Rechts; darüber hinaus hat sie aber auch Aufgaben zu erfüllen, die bisher unter den Begriff der Nachfeststellung fielen.

2. Begriff der Fortschreibung. Die Fortschreibung des neueren Rechts wird in § 225 a der Reichsabgabenordnung i. d. F. des EinfGes. zu den Realsteuergesetzen geregelt. Das Gesetz erläutert den Begriff der Fortschreibung nicht unmittelbar, sondern beschränkt sich darauf, im einzelnen aufzuführen, was unter den Begriff der Fortschreibung fällt. § 225 a AO. sagt wortwörtlich: „Ein Feststellungsbescheid über einen Einheitswert (§ 214 und § 215 Abs. 1) wird durch einen neuen Feststellungsbescheid (Fortschreibungsbescheid) ersetzt: 1. bei Änderung im Wert des Gegenstands: wenn nach dem Feststellungszeitpunkt die Voraussetzungen eingetreten sind, unter denen nach den Vorschriften des Reichsbewertungsgesetzes eine Wertfortschreibung stattfindet; 2. bei Änderung in der Art des Gegenstands (§ 216 Abs. 1 Ziff. 1) oder bei Änderung in der Zurechnung des Gegenstands

(§ 216 Abs. 1 Ziff. 2): wenn die Änderung nach dem Feststellungszeitpunkt eingetreten und für die Besteuerung von Bedeutung ist.

Der Fortschreibungsbescheid hat zum Gegenstand die Ersetzung eines Einheitswertbescheids; dem entsprechend kann eine Fortschreibung begrifflich nur dann in Betracht kommen, wenn bereits ein Einheitswertbescheid für eine wirtschaftliche Einheit vorliegt. Dadurch unterscheidet sich die Fortschreibung begrifflich von der Nachfeststellung, welch letztere vorzunehmen ist, wenn eine wirtschaftliche Einheit neu gegründet wird oder für eine bereits bestehende wirtschaftliche Einheit (Untereinheit) der Grund für die Besteuerung von der Steuer wegfällt und ein Einheitswert deshalb zum erstenmal festzustellen ist. Die Fortschreibung unterscheidet sich weiter von einer Änderung des Feststellungsbescheids im Rechtsmittelwege, von der Berichtigung eines offenbar unrichtigen Feststellungsbescheids gemäß § 92 Abs. 3 AO., von einer Berichtigung unter den Voraussetzungen des § 222 AO. auf Grund neuer Tatsachen oder Beweismittel sowie nach Aufdeckung eines Bewertungsfehlers oder von einer Ergänzung des Feststellungsbescheids gemäß § 216 Abs. 2 AO., falls erforderliche Feststellungen über die Art und Zurechnung der wirtschaftlichen Einheit unterblieben sind. In allen diesen Fällen bleibt der ursprüngliche Feststellungsbescheid vom Beginn seiner Wirksamkeit ab in geänderter, berichtigter oder ergänzter Form bestehen; die Änderung, Berichtigung oder Ergänzung wirken ex tunc. Bei der Fortschreibung dagegen wird der ursprüngliche Feststellungsbescheid auf Grund einer Änderung, die sich inzwischen hinsichtlich der wirtschaftlichen Einheit ergeben hat, von einem späteren Zeitpunkt — d. i. dem Fortschreibungszeitpunkt — ab unwirksam; an seine Stelle tritt als Ersatz ein neuer Bescheid, der Fortschreibungsbescheid. Der Fortschreibungsbescheid wirkt hiernach nicht ex tunc, sondern ex nunc. Der Einheitswertbescheid, der durch den Fortschreibungsbescheid ersetzt wird, wird häufig der Hauptfeststellungsbescheid — d. i. gegenwärtig der Bescheid über die Hauptfeststellung auf den 1. Januar 1935 — sein; es muß dies aber nicht unbedingt der Fall sein; es kann auch für einen im Wege der Fortschreibung, der Berichtigungsfeststellung oder der Nachfeststellung festgestellten Einheitswert eine Fortschreibung vorgenommen werden. Ist eine wirtschaftliche Einheit vorhanden, für für die an sich ein Einheitswert festzustellen ist, deren Einheitsbewertung jedoch aus irgendwelchen Gründen — z. B. aus Versehen — unterblieben ist, so kann nicht eine Fortschreibung, sondern nur eine Nachholung der Einheitsbewertung in Betracht kommen.

3. Der Fortschreibungszeitpunkt. Gemäß § 22 Abs. 2 RBewG. werden in den Fällen der Änderung im Wert einer wirtschaftlichen Einheit (Wertfortschreibung) und in den anderen Fällen der Fortschreibung (§ 225a Abs. 1 Ziff. 2 AO.) die Verhältnisse bei Beginn des Kalenderjahrs zugrunde gelegt, das auf die Änderung folgt (Fortschreibungszeitpunkt). Hieraus ergibt sich, daß alle Arten der Fortschreibung — ebenso wie die bisherige Neufeststellung — nur von Jahr zu Jahr zulässig sind. Fortschreibungszeitpunkt ist ganz allgemein der Beginn des Kalenderjahrs, das auf die Änderung im Wert, in der Art und in der Zurechnung des Steuergegenstands folgt.

4. Die einzelnen Fortschreibungsarten.

a) Die Wertfortschreibung. Die Voraussetzungen der Wertfortschreibung sind im § 22 Abs. 1 RBewG. in der Fassung des EinfGes. zu den Realsteuergesetzen enthalten; sie entsprechen im wesentlichen den Voraussetzungen, wie sie für die Neufeststellung des bisherigen Rechts galten.

Gemäß § 22 Abs. 1 RBewG. wird der Einheitswert neu festgestellt (Wertfortschreibung), wenn der Wert, der sich für den Beginn eines Kalenderjahrs ergibt, um mehr als den fünften Teil, mindestens aber um 1000 *RM* von dem Einheitswert des letzten Feststellungszeitpunkts abweicht. Voraussetzung der Wertfortschreibung ist also, daß die Wertabweichung ein bestimmtes Ausmaß erreicht; auch hierin unterscheidet sich die Fortschreibung von anderen Änderungen des Einheitswerts (infolge Berichtigungsfeststellung, Rechtsmittelentscheidung, Berichtigung wegen offenbarer Unrichtigkeit).

Von dem Grundsatz, daß die Wertabweichung mehr als den fünften Teil, mindestens aber 1000 *RM* betragen muß, macht das Gesetz — hauptsächlich mit Rücksicht auf die Grundsteuer — eine wichtige Ausnahme zugunsten der land- und forstwirtschaftlichen Betriebe, der Grundstücke und Betriebsgrundstücke. Beruht bei diesen die Abweichung auf einer Bestandsveränderung, so wird der Einheitswert schon dann neu festgestellt, wenn der Wert infolge der Bestandsveränderung allein um mehr als den zwanzigsten Teil, mindestens aber um 500 *RM* abweicht. Eine Bestandsveränderung liegt insbesondere vor, 1. wenn die Grundstücksfläche durch Erwerb oder Abtrennung vergrößert oder verkleinert wird; 2. wenn der Gebäudebestand durch Neubau, Anbau oder Aufbau oder durch Abbruch, Abbrand und dergleichen verändert wird. Weitere Beispiele für eine Bestandsveränderung sind folgende: Der Holzbestand eines forstwirtschaftlichen Betriebs wird durch Windbruch vernichtet oder geschädigt, ein größerer Teil des Viehbestands eines landwirtschaftlichen Betriebs geht ein; leere Kellerräume werden zu Wohnräumen, Großwohnungen zu kleineren Wohnungen, Wohnungen zu Läden umgebaut usw.

Gemäß § 3 Abs. 2 RBewDB. 1935 liegt eine Bestandsveränderung auch dann vor, wenn der steuerpflichtige Teil eines Grundbesitzes größer oder kleiner wird. Es sind Zweifel darüber entstanden, ob diese Vorschrift auch dann anzuwenden ist, wenn das Finanzamt den Einheitswert 1935 festgestellt hatte, sich aber nunmehr auf Grund der Vorschriften des GrStG. ergibt, daß der steuerpflichtige Teil des Grundbesitzes größer oder kleiner ist. Hierzu ist folgendes zu sagen: Da bei der ersten Hauptveranlagung der Steuermeßbeträge für die Grundsteuer gemäß § 1 GrStDVO. für die Frage, ob (und inwieweit) die Voraussetzungen für eine Steuerbefreiung vorliegen, die Verhältnisse zu Beginn des 1. Januar 1938 maßgebend sind, so können auf § 3 Abs. 2 RBewDB. 1935 für die Zwecke der Grundsteuer keine Wertfortschreibungen auf den 1. Januar 1936, 1937 und 1938 gestützt werden. Die Vorschrift ist für die neue Grundsteuer nur dann anzuwenden, wenn sich solche Verhältnisse ändern, die bereits einmal für die Frage der Steuerpflicht nach dem neuen GrStG. maßgebend gewesen sind. Daher können auf dem Gebiet der Grundsteuer nur solche Änderungen zu einer Anwendung des § 3 Abs. 2 RBewDB. 1935 führen, die nach dem 1. Januar 1938 eintreten. Eine Fortschreibung würde also erstmalig auf den 1. Januar 1939 möglich sein. Fall A: Das Finanzamt hat den Einheitswert 1935 für den ganzen Steuergegenstand festgestellt, weil es annahm, daß der Steuergegenstand in vollem Umfang steuerpflichtig sein werde. Auf Grund der neuen Rechtsvorschriften und der tatsächlichen Verhältnisse vom 1. Januar 1938 erkennt es, daß nur die Hälfte des Steuergegenstands steuerpflichtig ist. In diesem Fall hat das Finanzamt nicht etwa nach § 3 Abs. 2 RBewDB. 1935 den Einheitswert fortzuschreiben. Der Einheitswert 1935 ist vielmehr — ohne daß es auf das Ausmaß der Änderung ankommt — entsprechend zu berichtigen. Selbstverständlich müssen Fortschreibungen, wenn ihre Voraussetzungen im Wert, in der Art oder in der Zurechnung nach dem 1. Januar 1935 eingetreten sind, vorgenommen werden. Fall B: Das Finanzamt hat den Einheitswert 1935 für den ganzen Steuergegenstand festgestellt. Auch nach den neuen Rechtsvorschriften und den tatsächlichen Verhältnissen vom 1. Januar 1938 ist der Steuergegenstand voll steuerpflichtig. Im Jahre 1938 ändern sich jedoch die Verhältnisse derart, daß nur die Hälfte des Steuergegenstands steuerpflichtig ist. In einem derartigen Fall ist der Einheitswert nach § 3 Abs. 2 RBewDB. 1935 auf den 1. Januar 1939 fortzuschreiben.

Die bisherigen Vorschriften des Reichsbewertungsgesetzes sind dahin ausgelegt worden, daß die Neufeststellung — nunmehr Wertfortschreibung — nur auf eine seit dem maßgebenden Feststellungszeitpunkt eingetretene Veränderung des Werts der wirtschaftlichen Einheit gestützt werden könne (zu vgl. Urt. des RFH. III A 749/31 vom 9. März 1933 = RStBl. 1933 S. 700). Die Wertänderung konnte auf einer Änderung des Bestands oder Umfangs der wirtschaftlichen Einheit oder auf einer Wertänderung der an sich gleichbleibenden wirtschaftlichen Einheit beruhen, wobei nur allgemeine Änderungen der wirtschaftlichen Verhältnisse die Neufeststellung ausschlossen. Die Tatsache, daß die zu vergleichenden Werte um die maßgebenden Werte voneinander abwichen, begründete somit bisher nur dann eine Wertfortschreibung, wenn die Abweichung auf einer Wertänderung beruhte; eine Änderung u n r i c h t i g e r Einheitswertfeststellungen durch eine Neufeststellung wurde nicht zugelassen. Nach dem neuen Recht ist eine Wertfortschreibung nicht nur dann zulässig, wenn sich der Einheitswert tatsächlich verändert hat, sondern auch dann, wenn eine bloße „Wertabweichung" vorliegt, der Unterschied gegenüber dem zuletzt rechtskräftig festgestellten Einheitswert also lediglich darauf beruht, daß bei der ursprünglichen Einheitswertfeststellung Fehler unterlaufen sind. Eine Wertfortschreibung ist also nunmehr stets dann zulässig, wenn das Finanzamt bei der Ermittlung des Werts einer wirtschaftlichen Einheit auf den Beginn des Kalenderjahrs zu einem Einheitswert gelangt, der von dem zuletzt festgestellten Einheitswert in dem im Gesetz bestimmten Ausmaß nach oben oder unten abweicht, ohne daß es im übrigen darauf ankommt, ob die Abweichung auf einer Änderung im Bestand oder Umfang der wirtschaftlichen Einheit beruht. Das bedeutet allerdings praktisch, daß künftig auch unrichtige Einheitswertfeststellungen durch Wertfortschreibung geändert werden können (zu vgl. RdErl. des Reichsministers der Finanzen vom 25. April 1936 Nr. 3300 — 650 III RStBl. 1936 S. 421). Zu beachten bleibt, daß — worauf in dem nachfolgenden Abschnitt noch besonders hingewiesen wird — bei Fortschreibungen, die für Einheitswerte des Grundbesitzes auf den 1. Januar 1936 oder einen späteren Zeitpunkt vorgenommen werden, die Wertverhältnisse vom 1. Januar 1935 zugrunde zu legen sind.

Die unrichtigen Einheitswerte können im Wege der Wertfortschreibung sowohl erhöht als auch herabgesetzt werden.

Nach den Grundsätzen des § 22 RBewG. ist die Wertfortschreibung von dem Vorliegen bestimmter Wertabweichungen — sei es nach oben, sei es nach unten — abhängig. Es ist bei dieser Regelung möglich, daß bestimmte Grundbesitzteile bei der Einheitsbewertung und in der Folge auch bei der Besteuerung doppelt erfaßt oder auch unerfaßt bleiben.

Beispiele: a) Der Landwirt A, für dessen landwirtschaftlichen Betrieb auf den 1. Januar 1935 ein Einheitswert von 12 000 *RM* festgestellt worden ist, verkaufte im Jahre 1935 einige Grundstücke an die Landwirte B, C und D. Bei dem Landwirt A beträgt die Abweichung des neuen Einheitswerts 800 *RM*, so daß für dessen Betrieb auf den 1. Januar 1936 eine Wertfortschreibung vorzunehmen ist. Bei den Landwirten B, C und D erreicht jedoch die Wertabweichung die Mindestgrenze von 500 *RM* nicht. Die Grundstücke, die der Landwirt A verkauft hat, werden damit vom 1. Januar 1936 bis zur nächsten Hauptfeststellung der Bewertung entzogen. Für die Grundsteuer, für deren Veranlagung gemäß § 10 GrStG. die Einheitswerte maßgebend sind, ist nur bei dem Landwirt A eine Fortschreibungsveranlagung vorzunehmen. Hieraus ergibt sich, daß die Grundstücke, welche A verkauft hat, vom 1. April 1936 ab weder bei ihm selbst noch bei B, C und D versteuert werden.

b) Der Landwirt A kauft von den Landwirten B, C und D Grundstücke. Bei A sind wieder die Voraussetzungen für die Wertfortschreibung gegeben, während bei B, C und D die für die Fortschreibung erforderliche Mindestgrenze nicht erreicht wird. In diesem Fall werden die Grundstücke sowohl bei A als auch bei B, C und D bewertet und besteuert.

Diese Ergebnisse sind die Folge der gesetzlichen Regelung; sie wurden vom Gesetzgeber bewußt in Kauf genommen.

b) Die Artfortschreibung. Die Artfortschreibung ist im Zusammenhang mit der Vorschrift des § 216 Abs. 1 Ziff. 1 AO. zu verstehen, wonach in dem Einheitswert-Feststellungsbescheid auch eine Feststellung über die Art des Gegenstands zu treffen ist, soweit es für die Besteuerung erforderlich ist. Die Artfortschreibung erfolgt gemäß § 225 a Abs. 1 Ziff. 2 AO., wenn eine Änderung in der Art des Gegenstands nach dem Feststellungszeitpunkt eingetreten ist. Eine weitere Voraussetzung ist — wie bemerkt —, daß es für die Besteuerung auf die Art des Gegenstands ankommt. Diese Voraussetzung liegt vor, wenn die Änderung in der Art des Grundbesitzes bei der Grundsteuer die Anwendung einer anderen Steuermeßzahl

(§ 12 GrStG.) begründet. Gemäß § 12 GrStG., §§ 28—33 GrSt.-DVO. gelten für die folgenden fünf Gruppen des Grundbesitzes verschiedene Steuermeßzahlen: 1. für die unbebauten Grundstücke und den gesamten Althausbesitz ohne die Einfamilienhäuser, 2. für die Einfamilienhäuser des Althausbesitzes, 3. für den gesamten Neuhausbesitz ohne die Einfamilienhäuser, 4. für die Einfamilienhäuser des Neuhausbesitzes, 5. für die land- und forstwirtschaftlichen Betriebe.

In allen Fällen, in denen sich die Art des Grundbesitzes in der Weise ändert, daß er in eine andere Art der angeführten Gruppen als bisher fällt (d. h. daß eine andere Steuermeßzahl anzuwenden ist), ist eine Fortschreibung des Einheitswerts wegen Änderung in der Art des Grundbesitzes vorzunehmen.

Fortschreibungen wegen Änderung in der Art werden am häufigsten dadurch notwendig werden, daß ein bisher als unbebaut bewertetes Grundstück bebaut wird.

Bei einer Fortschreibung wegen Änderung in der Art des Grundbesitzes ist grundsätzlich der bisherige Wert zu übernehmen. Ergibt sich jedoch — bei Anwendung der für die neue Grundbesitzart maßgebenden Bewertungsvorschriften — auch eine Änderung im Wert, welche die Grenzen der Wertfortschreibung (§ 22 Abs. 1 RBewG.) überschreitet, so ist außer der Art auch der Wert des Grundbesitzes fortzuschreiben. Hierbei sind aber der Fortschreibung auf den 1. Januar 1936 und den 1. Januar 1937 die Wertverhältnisse vom 1. Januar 1935 zugrunde zu legen (wegen der Einzelheiten zu vgl. Ziffer 5).

c) Die Zurechnungsfortschreibung. In jedem Einheitswertbescheid ist auch eine Feststellung darüber enthalten, wem der Gegenstand bei der Besteuerung — ausschließlich der Zwangsvollstreckung — zuzurechnen ist (§ 216 Abs. 1 Ziff. 2 AO.). Ändert sich später die Zurechnung und ist die Änderung für die Besteuerung von Bedeutung, so kann dieser Änderung nur durch Fortschreibung Rechnung getragen werden. Die Änderung in der Zurechnung wird bei der Grundsteuer mit Rücksicht auf die Bestimmungen des § 7 Absätze 1 bis 3 des Grundsteuergesetzes von Bedeutung, wonach Schuldner der Grundsteuer der zivilrechtliche oder wirtschaftliche Eigentümer ist. Tritt demnach ein Wechsel im Eigentum an einem Steuergegenstand ein, so ist eine Fortschreibung veranlaßt.

Der Fortschreibungsbescheid bei Änderung in der Zurechnung richtet sich sowohl gegen den Veräußerer als auch gegen den Erwerber bzw. bei Änderung des Beteiligungsverhältnisses gegen alle Personen der alten wie der neuen Gemeinschaft. In der positiven Feststellung des neuen Eigentümers bzw. des neuen Beteiligungsverhältnisses ist zugleich die negative Feststellung enthalten, daß das bisherige Eigentums- wie Beteiligungsverhältnis nicht mehr besteht.

Bei einer Fortschreibung wegen Änderung in der Zurechnung des Grundbesitzes ist grundsätzlich der bisherige Einheitswert zu übernehmen. Liegen gleichzeitig die Voraussetzungen der Wertfortschreibung — oben zu a — oder der Artfortschreibung — oben zu b — vor, so sind diese mit der Zurechnungsfortschreibung zu verbinden. Auch dabei sind der Fortschreibung auf den 1. Januar 1936 und den 1. Januar 1937 die Wertverhältnisse vom 1. Januar 1935 zugrunde zu legen (zu vgl. die Ausführungen unter Ziffer 5). Beispiel: Ein Lagerhaus mit einem Einheitswert 1935 (gemeiner Wert) von 100 000 *RM* wird im Rechnungsjahr 1936 für 125 000 *RM* verkauft. Für die Höhe des Kaufpreises war außer der Besserung der allgemeinen Wirtschaftslage maßgebend, daß die Reichsbahn in der Zwischenzeit einen Gleisanschluß gelegt hat. Auf den 1. Januar 1937 ist eine Fortschreibung wegen der Änderung in der Zurechnung vorzunehmen. Dabei ist die Änderung im Wert nicht zu berücksichtigen.

d) Zusammentreffen mehrerer Fortschreibungsarten. Es wird nicht selten vorkommen, daß auf den gleichen Fortschreibungszeitpunkt zwei oder auch alle drei Fortschreibungsarten gleichzeitig erforderlich werden. Beispiel: Der Eigentümer veräußert eine Baustelle, die ein Fabrikant erwirbt und mit einem Fabrikgebäude bebaut. Unter der Voraussetzung, daß die Wertgrenzen der Wertfortschreibung erreicht sind, ist beim Veräußerer und allenfalls auch beim Erwerber eine Wertfortschreibung vorzunehmen; außerdem ist eine Artfortschreibung — aus dem Bauland ist ein Betriebsgrundstück geworden — und eine Fortschreibung wegen Änderung in der Zurechnung durchzuführen.

Alle Fortschreibungen sind gleichzeitig vorzunehmen und in einem gemeinsamen Bescheid auszusprechen. Zu beachten ist hierbei, daß bei einer Änderung in der Art oder in der Zurechnung eine gleichzeitige Änderung im Wert nur zulässig ist, wenn die besonderen Voraussetzungen der Wertfortschreibung gegeben sind.

5. Maßgebender Wert bei Fortschreibungen. Gemäß § 22 Abs. 2 RBewG. werden in den Fällen der Fortschreibung — gleichgültig ob es sich um eine Fortschreibung wegen Wertveränderung oder Änderung in der Art oder in der Zurechnung des Steuergegenstands handelt — die Verhältnisse zu Beginn des Kalenderjahrs zugrunde gelegt, das auf die Änderung folgt. Nach dieser Bestimmung sind also bei Fortschreibungen jeder Art schlechthin die am Fortschreibungszeitpunkt bestehenden Wertverhältnisse zu berücksichtigen. Bei Fortschreibungen wäre deshalb auch zu berücksichtigen, wenn sich seit dem 1. Januar 1935 die gemeinen Werte, die Rohmieten, die Nutzungsziffern bei Fabrikgrundstücken usw. geändert haben.

Seit dem letzten Feststellungszeitpunkt, d. i. dem 1. Januar 1935, sind beim Grundbesitz infolge des Aufstiegs der Deutschen Wirtschaft nicht unerhebliche Werterhöhungen eingetreten. Nach der eben angeführten Bestimmung des § 22 Abs. 2 RBewG. müßten diese Werterhöhungen, sofern die im Gesetz genannten Grenzen erreicht sind, zu Fortschreibungen führen. Der Gesetzgeber hat eine andere Regelung getroffen. In § 63 GrStDVO. wurde bestimmt, daß bei Fortschreibungen — und Nachfeststellungen — der Einheitswerte für Grundbesitz der tatsächliche Zustand des Grundbesitzes (Bestand, bauliche Verhältnisse) usw. vom Fortschreibungs- oder Nachfeststellungszeitpunkt und die Wertverhältnisse vom 1. Januar 1935 zugrunde zu legen sind. Gemäß § 67 Abs. 2 GrStDVO. ist die Bestimmung in § 63 GrStDVO. auf Einheitswertfeststellungen, die auf den 1. Januar 1935 oder einen späteren Feststellungszeitpunkt vorzunehmen sind, anzuwenden. Sie gilt für Einheitswertfeststellungen auf den 1. Januar 1935, 1936 oder 1937 auch dann, wenn bereits ein unanfechtbarer Feststellungsbescheid auf einen dieser Zeitpunkte ergangen ist.

Die Regelung des § 63 GrStDVO. gilt lediglich für die Einheitswerte des Grundbesitzes; sie gilt nicht für die Einheitswerte des gewerblichen Betriebsvermögens und der Gewerbeberechtigungen. Unter Grundbesitz sind entsprechend der Vorschrift im § 2 GrStG. die land- und forstwirtschaftlichen Betriebe, die Grundstücke und die Betriebsgrundstücke zu verstehen.

Aus der Regelung des § 63 GrStDVO. ergibt sich für die verschiedenen Arten der Fortschreibung das folgende:

a) Wertfortschreibung. Weicht der Wert des Grundbesitzes am 1. Januar 1936 und am 1. Januar 1937 vom Einheitswert 1935 nur deshalb ab, weil sich die Wertverhältnisse verbessert haben, so ist von einer Wertfortschreibung abzusehen. Das gleiche ist der Fall, wenn sich die Wertverhältnisse verschlechtert haben. Die seit dem 1. Januar 1935 eingetretene Abnutzung der Gebäude — infolge Alterung der Grundstücke, die unmittelbar mit dem gemeinen Wert bewertet wurden —, kann nicht berücksichtigt werden. Beruht die Wertabweichung auf einer Bestandsveränderung oder hat sich ein Gebäude in anderer Weise baulich verändert und ist deshalb eine Wertfortschreibung vorzunehmen, so sind der Fortschreibung der tatsächliche Zustand des Grundbesitzes vom Fortschreibungszeitpunkt und die Wertverhältnisse vom 1. Januar 1935 zugrunde zu legen.

Beispiel: Ein Mietwohngrundstück hat am 1. Januar 1935 zwei Wohnungen enthalten, welche zu einer Jahresrohmiete von je 1200 RM = 2400 RM vermietet waren. Der Vervielfältiger betrug 6, so daß der Einheitswert 1935 auf 14 400 RM festgestellt worden ist. Im Jahr 1936 wird durch Aufstockung eine weitere, gleichwertige Wohnung hergestellt, welche am 1. Januar 1937 zu einer Jahresrohmiete von 1500 RM vermietet ist. Ebenso hat der Hauseigentümer die beiden unteren Stockwerke zu je 1500 RM vermieten können. Auf den 1. Januar 1937 ist eine Wertfortschreibung wegen Bestandsveränderung vorzunehmen. Als Jahresrohmiete sind 3 × 1200 RM = 3600 RM anzusetzen, da bei der Gleichwertigkeit der aufgestockten Wohnung anzunehmen ist, daß diese am 1. Januar 1935 eine Jahresrohmiete von nur 1200 RM erbracht haben würde. Der Einheitswert ist auf den 1. Januar 1937 unter Beibehaltung des Vervielfältigers 6 auf 21 600 RM fortzuschreiben.

Nach § 33 Abs. 3 RBewDB. 1935 ist bei der Bewertung von Grundstücken, die sich am Feststellungszeitpunkt im Zustand der Bebauung befinden, der tatsächliche Bauzustand am Stichtag der Bewertung zugrunde zu legen (Bewertung mit dem Bodenwert zuzüglich der bisher entstandenen Baukosten). Demgegenüber bestimmt § 64 Abs. 1 GrStDVO., daß bei Grundstücken, die sich am Feststellungszeitpunkt (Absätze 2 und 3 der §§ 21 bis 23 RBewG.) im Zustand der Bebauung befinden, nur der Grund und Boden zu bewerten ist. Die Kosten, die für die Baulichkeiten bis zum Feststellungszeitpunkt entstanden sind, bleiben außer Betracht. Befinden sich auf einem solchen Grundstück bereits bezugsfertige Gebäude, so ist nur der Grund und Boden einschließlich der bezugsfertigen

Gebäude zu bewerten. Die Kosten, die für die im Bau befindlichen Gebäude oder Gebäudeteile (z. B. Anbauten oder Zubauten) bis zum Feststellungszeitpunkt entstanden sind, bleiben außer Betracht. Ein Gebäude ist als bezugsfertig anzusehen, wenn der Bau so weit gefördert ist, daß den zukünftigen Bewohnern oder sonstigen Benutzern des Gebäudes zugemutet werden kann, das Gebäude zu beziehen. Die Regelung ist im Hinblick auf die Grundsteuer getroffen worden. Es hat sich als zweckmäßig erwiesen, ein Grundstück entweder nur als unbebautes oder nur als bezugsfertig bebautes der Grundsteuer zu unterwerfen.

Beispiel: Der gemeine Wert eines Bauplatzes beträgt 5000 *RM*. Im Herbst 1934 ist mit der Bebauung begonnen worden. Bis zum 1. Januar 1935 waren 10 000 *RM* Baukosten entstanden. Am 1. April 1935 ist das Gebäude bezugsfertig geworden.

Nach § 33 Abs. 3 RBewDB. 1935 war der Einheitswert auf den 1. Januar 1935, an dem sich das Grundstück im Zustand der Bebauung befand, mit 15 000 *RM* (5000 *RM* Wert des Baulands + 10 000 *RM* Bauaufwendungen) anzusetzen. Nach § 64 Abs. 1 GrStDVO. ist das Grundstück auf den 1. Januar 1935 als unbebautes mit 5000 *RM* zu bewerten.

Ist für ein Grundstück, das sich im Zustand der Bebauung befindet, der für die Grundsteuer (Veranlagung der Steuermeßbeträge) maßgebende Einheitswert noch abweichend von den angeführten Bestimmungen nach den Vorschriften im § 33 Abs. 3 der Durchführungsbestimmungen zum Reichsbewertungsgesetz vom 2. Februar 1935 festgestellt worden, so ist — gemäß § 64 Abs. 4 GrStDVO. — der Einheitswert für die Grundsteuer nach den Absätzen 1 und 2 des § 64 GrStDVO. zu berichtigen. Die Bestimmungen der Absätze 1 bis 4 GrStDVO. gelten für land- und forstwirtschaftliche Betriebe entsprechend, soweit im Rahmen der Bewertung des Betriebs für Gebäude ein besonderer Wert anzusetzen ist.

Die voraufgeführten Bestimmungen in § 64 GrStDVO. sind auf Einheitswertfeststellungen anzuwenden, die auf den 1. Januar 1935 oder einen späteren Feststellungszeitpunkt vorzunehmen sind. Sie gelten für Einheitswertfeststellungen auf den 1. Januar 1935, 1936 und 1937 auch dann, wenn bereits ein unanfechtbarer Feststellungsbescheid auf einen dieser Zeitpunkte ergangen ist. Hiernach müßten an sich alle Feststellungen, die den neuen Vorschriften nicht entsprechen, berichtigt werden. Gemäß Ziff. 79 GrR. sind derartige Berichtigungen jedoch nur vorzunehmen, wenn sie für die ab 1. April 1938 zu erhebende Grundsteuer von Bedeutung sind. Sie haben deshalb in allen Fällen zu unterbleiben, in denen der Bau bis zum Schluß des Kalenderjahrs 1937 vollendet war. In diesen Fällen kommt nach § 33 Abs. 2 GrStG. für die Grundsteuer nur der Einheitswert in Betracht, der für das Grundstück nach Vollendung des Baues auf den 1. Januar 1936, 1937 oder 1938 festgestellt worden ist. Einheitswerte, die auf den 1. Januar 1935 oder 1936 für Grundstücke im Zustand der Bebauung festgestellt worden sind, sind hiernach nur in seltenen Fällen zu berichtigen, nämlich dann, wenn der Bau bis zum Schluß des Kalenderjahrs 1937 ausnahmsweise noch nicht vollendet sein sollte. Ist auf einem Grundstück die Errichtung mehrerer Gebäude in Angriff genommen, so wird zu prüfen sein, ob nicht bereits einzelne Gebäude bezugsfertig geworden sind und deshalb nach § 64 Abs. 2 GrStDVO. der Einheitswert für die Zwecke der Grundsteuer fortzuschreiben ist.

b) Fortschreibung bei Änderung in der Art. Bei einer Fortschreibung wegen Änderungen in der Art des Grundbesitzes ist grundsätzlich der bisherige Einheitswert zu übernehmen. Ergibt sich jedoch — bei Anwendung der für die neue Grundbesitzart maßgebenden Bewertungsvorschriften — auch eine Änderung im Wert, welche die Wertgrenzen der Wertfortschreibung (§ 22 Abs. 1 RBewG.) überschreitet, so ist außer der Art auch der Wert des Grundbesitzes fortzuschreiben. Hierbei sind aber der Fortschreibung auf den 1. Januar 1936 und den 1. Januar 1937 die Wertverhältnisse vom 1. Januar 1935 zugrunde zu legen.

Beispiel: Ein Einfamilienhaus wird im Jahr 1935 durch inneren Umbau zu einem Mietwohngrundstück umgebaut. Auf den 1. Januar 1936 ist eine Fortschreibung wegen Änderung in der Art des Grundstücks vorzunehmen. Bei der Prüfung, ob auch die Voraussetzungen für eine Wertfortschreibung vorliegen, kann nicht ohne weiteres die Jahresrohmiete vom 1. Januar 1936 angesetzt werden. Es ist zu ermitteln, welche Jahresrohmieten derartige Wohnungen am 1. Januar 1935 gehabt haben. Von diesen ist bei der Wertfortschreibung auszugehen.

c) Fortschreibung bei Änderung in der Zurechnung. Bei einer Fortschreibung wegen Änderung in der Zurechnung des Grundbesitzes ist grundsätzlich der bisherige Einheitswert zu übernehmen. Liegen gleichzeitig die Voraussetzungen der Wertfortschreibung oder der Artfortschreibung vor, so sind diese mit der Zurechnungsfortschreibung zu verbinden. Auch dabei sind aber der Fortschreibung auf den 1. Januar 1936 und den 1. Januar 1937 die Wertverhältnisse vom 1. Januar 1935 zugrunde zu legen.

Beispiel: Ein Lagerhaus mit einem Einheitswert 1935 (gemeiner Wert) von 100 000 *RM* wird im Jahr 1936 für 125 000 *RM* verkauft. Für die Höhe des Kaufpreises war außer der Besserung der allgemeinen Wirtschaftslage maßgebend, daß die Reichsbahn in der Zwischenzeit einen Gleisanschluß gelegt hat. Auf den 1. Januar 1937 ist eine Fortschreibung wegen der Änderung in der Zurechnung vorzunehmen. Dabei ist die Änderung im Wert nicht zu berücksichtigen.

6. Das Antragserfordernis. Der Fortschreibungsbescheid wird — für alle Arten von Fortschreibungen — auf Antrag, erforderlichenfalls von Amts wegen erlassen (§ 225 a Abs. 2 AO.). Die Bedeutung dieser Vorschrift läßt sich dahin zusammenfassen, daß die Behörde auf Antrag fortschreiben muß, wenn die Voraussetzungen dafür gegeben sind. Im Fall der Ablehnung des Fortschreibungsantrags kann der Antragsteller die Fortschreibung gemäß § 235 Ziff. 1 AO. im Rechtsmittelwege erzwingen. Ohne Antrag liegt es dagegen im Ermessen der Behörde, eine Fortschreibung vorzunehmen; ausschlaggebend sind die Grundsätze von Recht und Billigkeit.

Der Antrag auf Fortschreibung kann nach § 225a Abs. 2 Satz 2 AO. grundsätzlich nur bis zum Ablauf des Kalenderjahrs gestellt werden, auf dessen Beginn die neue Feststellung begehrt wird. In jedem Fall kann der Antrag bis zum Ablauf eines Monats, seitdem der bisherige Feststellungsbescheid unanfechtbar geworden ist, gestellt werden.

Beispiel: Der Einheitswert für ein Grundstück ist am 15. Juli 1936 rechtskräftig geworden. Im Jahre 1935 ist ein Teil des Grundstücks veräußert worden. Der Steuerpflichtige beantragt am 15. Februar 1937 eine Wertfortschreibung des Einheitswerts auf den 1. Januar 1936. Der Antrag ist verspätet.

In den Fällen, in denen der Antrag für einen bestimmten Feststellungszeitpunkt verspätet gestellt wird und die Voraussetzungen für eine Fortschreibung von Amts wegen nicht vorliegen, unterbleibt also die Fortschreibung auf diesen Feststellungszeitpunkt. Es ist zweifelhaft geworden, ob in derartigen Fällen der Steuerpflichtige die Fortschreibung auf den nächsten Feststellungszeitpunkt — in dem vorstehenden Beispiel auf den 1. Januar 1937 — beantragen kann. Anlaß zu diesem Zweifel gibt die Vorschrift im § 22 Abs. 2 RBewG., wonach der Fortschreibung die Verhältnisse bei Beginn des Kalenderjahrs zugrunde gelegt werden, das auf die Änderung folgt. Man wird indes — trotz der Fassung des § 22 Abs. 2 RBewG. — den Antrag auf einen späteren Zeitpunkt zulassen können, wenn für diesen die Frist gewahrt ist. Es liegt zweifellos nicht im Sinn des Gesetzgebers, den Steuerpflichtigen, der die im § 225a Abs. 2 AO. gesetzte Antragsfrist versäumt, von seinem Recht auf Fortschreibung völlig auszuschließen. Die Folgen der Versäumnis sollen nur darin bestehen, daß die Änderung des Werts sich nicht schon zu dem Zeitpunkt steuerlich auswirkt, zu dem sie sich bei rechtzeitigem Antrag hätte auswirken können. In dem oben erwähnten Beispiel ist also auf Grund des Antrags vom 15. Februar 1937 die Wertfortschreibung auf den 1. Januar 1937 durchzuführen unter der Bedingung, daß die sachlichen Voraussetzungen zu diesem Zeitpunkt noch gegeben sind.

Die **Herabsetzung** des Einheitswerts wird in der Regel auf einen vom Steuerpflichtigen gestellten Antrag hin erfolgen. Es ergibt sich die Frage, ob es zulässig ist, einen Einheitswert im Wege der Fortschreibung auch ohne Antrag des Steuerpflichtigen, also von Amts wegen herabzusetzen. Nach dem bisherigen § 22 Abs. 3 RBewG. erfolgte eine Herabsetzung des Einheitswerts durch Neufeststellung nur auf Antrag. Dagegen lautet der an seine Stelle getretene § 225a Abs. 2 Satz 1 AO.: „Der Fortschreibungsbescheid wird auf Antrag, erforderlichenfalls auch von Amts wegen erlassen." Diese Abweichung im Wortlaut bedeutet zweifellos auch eine sachliche Änderung. Es ist nach der neuen Vorschrift möglich, auch eine Herabsetzung des Einheitswerts im Weg der Fortschreibung von Amts wegen vorzunehmen. Eine Herabsetzung des Einheitswerts von Amts wegen ist auch dann noch möglich, wenn der Steuerpflichtige seinerseits den Antrag auf Herabsetzung des Einheitswerts erst nach Ablauf der Frist, also verspätet, stellt. In diesem Fall hat das Finanzamt zunächst zu prüfen, ob es nicht erforderlich ist, den Einheitswert von Amts wegen herabzusetzen. Bei dieser Prüfung sind die Grundsätze der Billigkeit und Zweckmäßigkeit (§ 2 StAnpG.) zu beachten. Besteht kein Anlaß, von Amts wegen vorzugehen, so kann das Finanzamt den Antrag wegen Überschreitung der Frist als „unzulässig" ablehnen, ohne sich mit der Sache zu befassen.

Der Steuerpflichtige ist nicht verpflichtet, einen Antrag auf Fortschreibung zu stellen oder von sich aus auf Umstände hinzuweisen, die eine Fortschreibung rechtfertigen, dies auch dann nicht, wenn die Fortschreibung zu einer Erhöhung des in Frage stehenden Einheitswerts und damit allenfalls auch zu einer Erhöhung von Steuern führen würde.

7. Formelles. Der Fortschreibungsbescheid ist, wie bemerkt, seinem Wesen nach ein zur Änderung des Einheitswertbescheids dienender Feststellungsbescheid. Demgemäß finden die Vorschriften, die für den Einheitswertbescheid gelten, auch auf den Fortschreibungsbescheid Anwendung. Die Feststellungen, die in einem Fortschreibungsbescheid getroffen worden sind, werden den Steuerbescheiden zugrunde gelegt, auch wenn die Fortschreibungsbescheide noch nicht unanfechtbar geworden sind (§ 218 Abs. 2 mit § 212b Abs. 2 AO.). Ist die in einem Fortschreibungsbescheid enthaltene Feststellung durch Rechtsmittelentscheidung oder durch Berichtigungsfeststellung geändert worden, so werden Bescheide (Steuerbescheide, Steuermeßbescheide), die auf dem bisherigen Feststellungsbescheide beruhen, von Amts wegen durch neue Bescheide ersetzt, die der Änderung Rechnung tragen (§ 218 Abs. 2 mit § 212 Abs. 3 AO.). Auf die Fortschreibungsbescheide findet weiter der Grundsatz des § 232 Abs. 2 AO. Anwendung. Die in einem Fortschreibungsbescheid getroffenen Feststellungen über die Höhe des Einheitswerts, die Art und Zurechnung des Grundbesitzes sind hiernach für das Steuermeß- und das Steuerveranlagungsverfahren bindend und können dort nicht mehr angefochten werden.

Gegen den Fortschreibungsbescheid steht § 228 Ziff. 1 AO. gemäß das Berufungsverfahren, d. i. der Einspruch an das Finanzamt, die Berufung an das Finanzgericht und die Rechtsbeschwerde an den Reichsfinanzhof offen.

II. Die Fortschreibungsveranlagung des Steuermeßbetrags.

1. Allgemeines. Gemäß § 14 Abs. 1 GrStG. ist in allen den Fällen, in denen eine Fortschreibung eines Feststellungsbescheids erfolgt, eine neue Veranlagung des Steuermeßbetrags (eine Fortschreibungsveranlagung) durchzuführen. Der Fortschreibungveranlagung ist der Einheitswert zugrunde zu legen, der auf den Fortschreibungszeitpunkt festgestellt worden ist. Entsprechendes gilt für die anderen im Fortschreibungsbescheid getroffenen Feststellungen.

2. Zeitpunkt des Wirksamwerdens der Fortschreibungsveranlagung. Die Fortschreibungsveranlagung gilt von dem Rechnungsjahr an, das ein Vierteljahr nach dem Fortschreibungszeitpunkt beginnt. Die bisherige Veranlagung des Steuermeßbetrags gilt bis zu diesem Zeitpunkt (§ 14 Abs. 2 GrStG.). Die Auswirkungen dieser Bestimmung sind sehr weittragend; sie beantwortet die wichtige Frage, von welchem Zeitpunkt ab Änderungen im Wert oder in der Art des Gegenstands oder Änderungen in der Person des Steuerschuldners bei der Grundsteuer zu berücksichtigen sind. Die Frage war in den bisherigen Landessteuergesetzen ganz verschieden geregelt; für die Reichsgrundsteuer ergibt sich die Lösung und Beantwortung zwangsläufig aus der Anknüpfung des Steuermeß- und Grundsteuerverfahrens an die Einheitswertfeststellungen. Nach dem Reichsbewertungsgesetz werden die Einheitswerte nicht nach den Verhältnissen des Tags fortgeschrieben, an dem die Änderung im Wert, in der Art oder in der Zurechnung eingetreten ist, sondern immer nur nach dem Stand vom 1. Januar, der auf die Änderung folgt. Daraus ergibt sich die Notwendigkeit, die Änderungen für die Grundsteuer erst ab dem Rechnungsjahr zu berücksichtigen, das auf diesen 1. Januar folgt. Beispiel: A veräußert am 2. Januar 1938 das Mietwohngrundstück X an B, der Eigentumswechsel (Änderung in der Zurechnung) führt zu einer Fortschreibung auf den 1. Januar 1939 und hinsichtlich der Grundsteuer zu einer Fortschreibungsveranlagung, die mit Wirkung ab 1. April 1939 gilt. Für die Frage, wer die Grundsteuer zu entrichten hat, ergibt sich folgendes: A, der das Anwesen am 2. Januar 1938 veräußert hat, ist — öffentlich-rechtlicher — Schuldner der Grundsteuer bis 31. März 1939, d. i. bis zum Ablauf des Rechnungsjahrs 1938. Hätte A das Anwesen noch am 30. Dezember 1937 veräußert, so könnte bereits auf den 1. Januar 1938 eine Fortschreibung erfolgen mit der Wirkung, daß A bereits am 31. März 1938 aufhört, Schuldner der Grundsteuer zu sein.

Es ergibt sich hieraus der Grundsatz, daß die Verhältnisse zu Beginn eines Kalenderjahrs maßgebend sind und bleiben für die Grundsteuer des ganzen folgenden Rechnungsjahrs. Wer also z. B. am 1. Januar 1938 Eigentümer eines Grundstücks ist, ist Steuerschuldner der Grundsteuer für das Rechnungsjahr 1938, gleichgültig, ob er schon am 2. Januar 1938 das Grundstück veräußert. Eine Ausnahme von diesem Grundsatz gilt lediglich für die Fälle, in denen die Steuerpflicht für den ganzen Steuergegenstand wegfällt, sei es, daß dieser untergeht oder steuerfrei wird (zu vgl. § 16 Abs. 1 GrStG.).

3. Wesen des Fortschreibungsveranlagungsbescheids. Der Fortschreibungsveranlagungsbescheid ist ein Steuermeßbescheid; es finden deshalb auf ihn alle die Bestimmungen Anwendung, die für Steuermeßbescheide gelten. Auf die Anmerkung I 5 zu § 13 GrStG. wird verwiesen.

§ 15

Nachveranlagung

(1) Im Fall einer Nachfeststellung des Einheitswerts (§ 23 des Reichsbewertungsgesetzes) wird der nachträglichen Veranlagung des Steuermeßbetrags (Nachveranlagung) der Einheitswert zugrunde gelegt, der auf den

Nachfeststellungszeitpunkt festgestellt worden ist. Entsprechendes gilt für die anderen im Nachfeststellungsbescheid getroffenen Feststellungen.

(2) Die Nachveranlagung gilt von dem Rechnungsjahr an, das ein Vierteljahr nach dem Nachfeststellungszeitpunkt beginnt.

Kurze Inhaltsangabe.

I. Die Nachfeststellung der Einheitswerte:
1. Begriffliches;
2. der Nachfeststellungszeitpunkt;
3. der bei Nachfeststellungen maßgebende Wert;
4. kein Antragserfordernis;
5. der Inhalt des Nachfeststellungsbescheids;

II. die Nachveranlagung des Steuermeßbetrags:
1. Begriffliches;
2. der Zeitpunkt des Wirksamwerdens der Nachveranlagung;
3. Wesen und Inhalt des Nachveranlagungsbescheids.

I. Die Nachfeststellung der Einheitswerte.

1. Begriffliches. Gemäß § 23 Abs. 1 RBewG. wird für wirtschaftliche Einheiten (Untereinheiten), für die ein Einheitswert festzustellen ist, der Einheitswert nachträglich festgestellt (Nachfeststellung), wenn nach dem Hauptfeststellungszeitpunkt (§ 21 Abs. 2) 1. die wirtschaftliche Einheit (Untereinheit) neugegründet wird; 2. für eine bereits bestehende wirtschaftliche Einheit (Untereinheit) der Grund für die Befreiung von einer Steuer wegfällt. Bei der Nachfeststellung handelt es sich nicht um die Nachholung einer Einheitswertfeststellung auf den Hauptfeststellungszeitpunkt, die aus Versehen oder aus sonstigen Gründen bei der Hauptfeststellung unterblieben ist, sondern um die nachträgliche Feststellung eines Einheitswerts auf einen anderen Zeitpunkt als den Hauptfeststellungszeitpunkt. Im Gegensatz zur Fortschreibung besteht die Nachfeststellung nicht in der Änderung einer früheren Einheitswertfeststellung, sondern in der Bewertung einer Einheit, für die bei der Hauptfeststellung ein Wert überhaupt nicht festgestellt worden war, weil sie am Hauptfeststellungszeitpunkt noch nicht bestand oder noch keiner Steuer unterlag.

Beispiele für Nachfeststellungen: a) Durch Abtrennung aus einem größeren landwirtschaftlichen Betrieb oder auf Land, das dem Meere abgerungen wird, wird ein neuer selbständiger landwirtschaftlicher Betrieb gegründet; b) von einem Grundstück wird eine Teilparzelle als Bauplatz abgetrennt; c) ein Grundstück wird in selbständige Bauplätze aufgeteilt.

Eine Nachfeststellung kommt in den Fällen nicht in Betracht, in denen das Finanzamt einen Einheitswert bisher noch nicht festgestellt hat, weil es nach der bisherigen Rechtslage den Steuergegenstand für steuerfrei hielt, in denen sich aber nunmehr auf Grund der Vorschriften des GrStG. und der DV. die Steuerpflicht des Gegenstands ergibt. Die Vorschrift im § 23 Abs. 1 Ziff. 2 RBewG. kann für die

Zwecke der Grundsteuer zu keiner Nachfeststellung auf den 1. Januar 1936, 1937 oder 1938 führen. Wie bei der Fortschreibung ist auch hier davon auszugehen, daß eine Nachfeststellung nach dieser Vorschrift für die Zwecke der neuen Grundsteuer nur dann zulässig ist, wenn sich die Verhältnisse, die bereits einmal für die Frage der Steuerpflicht nach dem neuen Grundsteuergesetz maßgebend gewesen sind, ändern. Da für die Frage der Steuerbefreiung nach § 1 GrStDVO. erstmalig die Verhältnisse am 1. Januar 1938 maßgebend sind, ist § 23 Abs. 1 Ziff. 2 RBewG. für die Zwecke der Grundsteuer nur anwendbar, wenn nach dem 1. Januar 1938 die Voraussetzungen für die Grundsteuerbefreiung wegfallen. In den Fällen, in denen das Finanzamt keinen Einheitswert auf den 1. Januar 1935 festgestellt hatte, weil es den Steuergegenstand für steuerfrei hielt, und in denen sich nach den Verhältnissen vom 1. Januar 1938 herausstellt, daß die Voraussetzungen für die Steuerfreiheit nach den neuen Vorschriften nicht vorliegen, ist also keine Nachfeststellung vorzunehmen. Es ist vielmehr die Hauptfeststellung auf den 1. Januar 1935 nachzuholen.

2. **Der Nachfeststellungszeitpunkt.** Der Nachfeststellung werden gemäß § 23 Abs. 2 RBewG. die Verhältnisse zugrunde gelegt, die auf den Beginn des Kalenderjahrs ermittelt worden sind, das dem maßgebenden Ereignis folgt (Nachfeststellungszeitpunkt). Endet in den Fällen, in denen eine Nachfeststellung zu erfolgen hat, weil für eine bereits bestehende wirtschaftliche Einheit (Untereinheit) der Grund für die Befreiung von einer Steuer wegfällt, die Steuerbefreiung aus dem Grund, weil die Befreiung für eine bestimmte Frist galt und diese Frist abgelaufen ist, so ist abweichend von Satz 1 Nachfeststellungszeitpunkt der Beginn des Kalenderjahrs, in dem die Steuerpflicht eintritt. Die Vorschriften im § 32 Abs. 2 und § 63 RBewG. über die Zugrundelegung eines anderen Zeitpunktes bleiben unberührt.

3. **Der bei Nachfeststellungen maßgebende Wert.** Gemäß § 63 GrStDVO. sind bei Nachfeststellungen der Einheitswerte für Grundbesitz der tatsächliche Zustand des Grundbesitzes (Bestand, bauliche Verhältnisse usw.) vom Nachfeststellungszeitpunkt und die Wertverhältnisse vom 1. Januar 1935 zugrunde zu legen. Beispiel: Der Einheitswert des Baugeländes einer Grundstücksgesellschaft ist für den 1. Januar 1935 auf 45 600 *RM* (3 *RM* für 1 qm) festgestellt worden. Im Dezember 1936 verkauft die Grundstücksgesellschaft eine besonders günstig gelegene Teilfläche von 500 qm zum Preis von 4000 *RM* (8 *RM* für 1 qm). Bei der Nachfeststellung des Einheitswerts für die neue Einheit auf den 1. Januar 1937 wird ermittelt, daß dieselbe Fläche bereits am 1. Januar 1935 wegen ihrer günstigen Lage einen Wert von 6 *RM* für 1 qm gehabt hat. Demgemäß ist der Einheitswert der abgetrennten Teilfläche für den 1. Januar 1937 auf 3000 *RM* festzustellen. Für das Restgelände ist der Einheitswert wegen Bestandsveränderung auf den 1. Januar 1937 fortzuschreiben. Dabei ist der Einheitswert auf 42 000 *RM* (45 600 *RM* — 3000 *RM*) festzustellen. Auf die Anm. 5 zu § 14 wird verwiesen.

4. **Kein Antragserfordernis.** Die Nachfeststellung von Einheitswerten ist von Amts wegen vorzunehmen; ein Antrag des Steuerpflichtigen ist also nicht notwendig.

5. Der Inhalt des Nachfeststellungsbescheids. Der Nachfeststellungsbescheid ist ein nachträglicher Feststellungsbescheid; er hat deshalb, soweit es für die Besteuerung notwendig ist, die Feststellungen zu enthalten, die der Feststellungsbescheid enthalten muß, d. h. Feststellungen über den Einheitswert, die Art des Gegenstands und darüber, wem der Gegenstand zuzurechnen ist (§ 216 Abs. 1 und 2 AO.).

II. Die Nachveranlagung des Steuermeßbetrags.

1. Begriffliches. Gemäß § 15 GrStG. ist im Fall einer Nachfeststellung eines Einheitswerts auch der Steuermeßbetrag für die Grundsteuer nachzuveranlagen. Der nachträglichen Veranlagung des Steuermeßbetrags (Nachveranlagung) wird der Einheitswert zugrunde gelegt, der auf den Nachfeststellungszeitpunkt festgestellt worden ist. Entsprechendes gilt für die anderen im Nachfeststellungsbescheid getroffenen Feststellungen, d. h. für die Feststellungen über die Art des Steuergegenstands und die Zurechnung. Gemäß § 34 GrStDVO. wird der Steuermeßbetrag auch dann nachträglich veranlagt, wenn der Grund für die Befreiung des Steuergegenstands wegfällt, eine Nachfeststellung des Einheitswerts aber deswegen nicht in Betracht kommt, weil ein Einheitswert auf den letzten Hauptfeststellungszeitpunkt oder einen späteren Feststellungszeitpunkt bereits festzustellen war.

2. Der Zeitpunkt des Wirksamwerdens der Nachveranlagung. Gemäß § 15 Abs. 2 gilt die Nachveranlagung von dem Rechnungsjahr an, das ein Vierteljahr nach dem Nachfeststellungszeitpunkt beginnt.

Beispiel: Ein Landwirt verkauft am 1. Februar 1938 eine Parzelle als Bauland. Das Bauland ist eine neue wirtschaftliche Einheit, für die auf den 1. Januar 1939 nachträglich der Einheitswert festgestellt wird. Im Anschluß daran ist der Steuermeßbetrag nachträglich zu veranlagen und zwar mit Wirkung ab 1. April 1939.

Zu dem Beispiel sind folgende Bemerkungen veranlaßt: Die Veräußerung und der Erwerb der Parzelle wirken sich grundsteuerlich erst ab 1. April 1939 aus. Es liegen also 14 Monate dazwischen. Im äußersten Fall, d. h. wenn die Veräußerung am 1. Januar 1938 erfolgt wäre, würde der Zeitraum 15 Monate betragen. Daß der Zeitraum zwischen dem Eintritt des maßgeblichen Ereignisses und dem Eintritt seiner steuerlichen Auswirkung derart groß sein kann, ist mit Rücksicht auf die Zugrundelegung der Einheitswerte und die damit notwendigerweise verbundene Anpassung des Veranlagungsverfahrens bei der Grundsteuer an das Verfahren bei der Einheitswertfeststellung unvermeidbar. Nach dem RBewG. ist der Einheitswert nicht nach den Verhältnissen an dem Tag nachzufeststellen, an dem die Änderung eingetreten ist, sondern immer nur nach den Verhältnissen zu Beginn des Kalenderjahrs, das auf die Änderung folgt. Da nach dem GrStG. für die Besteuerung der Einheitswert maßgebend ist, muß sich auch die Veranlagung der Steuermeßbeträge dem Verfahren bei der Feststellung der Einheitswerte anpassen. Eine Fortschreibung oder eine Nachveranlagung der Steuermeßbeträge ist deshalb erst möglich, nachdem die entsprechende Fortschreibung oder Nachfeststellung des Einheitswerts vorausgegangen ist.

In den Fällen des § 34 Abs. 1 GrStDVO. (Wegfall der Befreiung des Steuergegenstands) gilt die Nachveranlagung von dem Rechnungsjahr an, das dem Kalenderjahr folgt, in dem der Befreiungsgrund weggefallen ist.

3. Wesen und Inhalt des Nachveranlagungsbescheids. Der Steuermeßbetrag-Nachveranlagungsbescheid ist ein Steuermeßbescheid; es finden deshalb auf ihn alle die Bestimmungen Anwendung, die für Steuerbescheide gelten. Auf die Anm. II 5 zu § 13 GrStG. wird verwiesen.

§ 16

Ende der Steuerentrichtung

(1) Die Steuerpflicht für den ganzen Steuergegenstand fällt weg, wenn dieser untergeht oder für ihn ein Befreiungsgrund (§§ 4 bis 6) eintritt. Bei Wegfall der Steuerpflicht für den ganzen Steuergegenstand ist die Steuer bis zum Schluß des laufenden Kalendervierteljahrs zu entrichten. Die Steuer ist jedoch mindestens bis zum Schluß des Kalendervierteljahrs zu entrichten, in dem der Antrag auf Freistellung von der Steuer (§ 226 Absatz 1 der Reichsabgabenordnung) gestellt worden ist.

(2) Für einen Steuergegenstand, der mit einem anderen Steuergegenstand verbunden wird und dadurch die Eigenschaft als wirtschaftliche Einheit oder Untereinheit verliert, hat der bisherige Steuerpflichtige die Steuer bis zum 31. März des folgenden Kalenderjahrs zu entrichten.

Kurze Inhaltsangabe.

I. Abs. 1:
1. Allgemeines;
2. Die einzelnen Alternativen des Abs. 1:
a) Untergang eines Steuergegenstands,
b) Eintritt der Steuerfreiheit für den Steuergegenstand;
3. Folgen des Wegfalls der Steuerpflicht;

II. Abs. 2 (Verbindung eines Steuergegenstands mit einem anderen).

I. Abs. 1

1. Allgemeines. Die Vorschrift in § 16 Abs. 1 GrStG. enthält eine Ausnahme von dem Grundsatz, daß die Verhältnisse zu Beginn eines Kalenderjahrs steuerlich für das ganze folgende Rechnungsjahr maßgebend bleiben. Die Ausnahme gilt für die Fälle, in denen die Steuerpflicht für den ganzen Steuergegenstand wegfällt, d. h. wenn der ganze Steuergegenstand untergeht oder ein Befreiungsgrund für den ganzen Steuergegenstand eintritt. In diesen Fällen erscheint es unbillig, die Steuer noch bis zu 15 Monaten weiter zu erheben. Das Gesetz bestimmt deshalb, daß bei Wegfall der Steuerpflicht für den ganzen Steuergegenstand die Steuer nur bis zum Schluß des Kalendervierteljahrs zu entrichten ist, in dem die Steuerpflicht wegfällt. Die Steuer läuft also höchstens nur 3 Monate weiter. Bei dieser Regelung braucht auf die Vorschriften über die Einheitsbewertung keine Rücksicht genommen zu werden, da der Wegfall der Steuerpflicht für den ganzen Steuergegenstand zu keiner besonderen Einheitswertfeststellung führt. Fällt dagegen die Steuerpflicht nur für einen Teil des Steuergegenstands weg, so ist der Einheitswert nach § 22 RBewG. (vgl. auch § 3 Abs. 2 RBewDB. 1935) auf den nächsten 1. Januar fortzuschreiben und der Steuermeßbetrag nach § 14 mit Wirkung ab dem folgenden 1. April neu zu veranlagen. Zu vgl. noch Anm. 6 zu § 4 Vorbem.

2. Die einzelnen Alternativen des Abs. 1.

a) Untergang: Die Fälle, in denen ein Steuergegenstand untergeht, d. h. völlig verschwindet, sind sehr selten. Beispiel: Grundbesitz wird vom Meer verschlungen; auf fremdem Grund und Boden ist ein Gebäude errichtet worden; das Gebäude, das in diesem Fall gemäß § 50 Abs. 3 RBewG. eine selbständige wirtschaftliche Einheit für sich bildet, brennt ab. Nicht hierher gehören die Fälle, in denen Wohn- oder gewerbliche Bauten durch Feuer zerstört oder abgebrochen werden. In diesen Fällen bleibt die wirtschaftliche Einheit „Grundstück" bestehen; das bebaute Grundstück wird allerdings in ein unbebautes Grundstück verwandelt mit der Folge, daß eine Artfortschreibung durchzuführen ist, wenn nicht bis zum Schluß des Kalenderjahrs, in welchem das Gebäude zerstört wurde, wieder ein neues Gebäude errichtet wurde.

b) Eintritt der Steuerfreiheit für den Steuergegenstand. Beispiel: Das Reich erwirbt ein Grundstück und verwendet es in vollem Umfang als Verwaltungsgebäude; in diesem Falle fällt die Steuerpflicht weg; § 16 Abs. 1 GrStG. ist anzuwenden. Anders ist die Rechtslage, wenn im vorstehenden Beispiele nur ein Teil des erworbenen Grundstücks für einen öffentlichen Dienst oder Gebrauch, im übrigen aber zu Wohnzwecken verwendet wird. In diesem Falle fällt die Steuerpflicht nicht für den ganzen Steuergegenstand, sondern nur für einen Teil desselben weg; § 16 Abs. 1 ist, da die Frage der Steuerpflicht vom Standpunkt der ganzen wirtschaftlichen Einheit betrachtet werden muß, nicht anwendbar. Der Fall findet seine Lösung in der Weise, daß der Einheitswert des Grundstücks, soferne die Voraussetzungen des § 22 RBewG. gegeben sind, fortgeschrieben und eine Fortschreibungsveranlagung durchgeführt wird.

3. Folgen des Wegfalls der Steuerpflicht. Bei Wegfall der Steuerpflicht für den ganzen Steuergegenstand ist die Steuer bis zum Schluß des laufenden Kalendervierteljahrs zu entrichten. Die Steuer ist jedoch mindestens bis zum Schluß des Kalendervierteljahrs zu entrichten, in dem der Antrag auf Freistellung von der Steuer (§ 226 Abs. 1 AO.) gestellt worden ist. Gemäß § 226 Abs. 1 AO. hat das Finanzamt, wenn ein Steuermeßbescheid ergangen und nach dem Feststellungszeitpunkt die Steuerpflicht weggefallen ist, auf Antrag des Steuerpflichtigen durch schriftlichen Bescheid auszusprechen, von wann ab die Steuer nicht mehr zu entrichten ist. Beispiel: Am 10. Mai 1939 wird ein Grundstück von der NS.-Volkswohlfahrt erworben und dient von diesem Zeitpunkt ab ihren Aufgaben. Das Grundstück ist also nach § 4 Ziff. 2c von der Grundsteuer befreit. Die NS.-Volkswohlfahrt stellt den Antrag auf Freistellung bis zum 30. Juni 1939; die Steuer ist bis zum 30. Juni 1939 zu entrichten; wird der Antrag in der Zeit vom 1. Juli bis 30. September 1939 gestellt, so ist die Steuer bis zum 30. September 1939 zu entrichten.

Gegen Bescheide der im § 226 AO. bezeichneten Art sind gemäß § 235 Ziff. 1 AO. die in §§ 228 bis 230 AO. bezeichneten Rechtsmittel gegeben.

II. Abs. 2 (Verbindung eines Steuergegenstands mit einem anderen). § 16 Abs. 2 GrStG. behandelt die Fälle, in denen ein Steuergegenstand mit einem anderen verbunden wird und dadurch die Eigenschaft als wirtschaftliche Einheit verliert. Beispiele: Der Landwirt A, der ein größeres Gut besitzt, kauft das kleine angrenzende Gut des B auf und vereinigt es mit seinem Gut. Das aufgekaufte Gut verliert seine Eigenschaft als wirtschaftliche Einheit, es wird Bestandteil einer anderen wirtschaftlichen Einheit. Der Villenbesitzer A erwirbt das unbebaute Nachbargrundstück des B und vereinigt es mit seinem Villengrundstück; das erworbene unbebaute Grundstück verliert seine Eigenschaft als wirtschaftliche Einheit und wird Bestandteil des Villengrundstücks.

Auf dem Gebiete der Einheitsbewertung wirkt sich die Vereinigung mehrerer wirtschaftlicher Einheiten in der Weise aus, daß für die neue Einheit im Wege der Wertfortschreibung ein neuer Einheitswert festgestellt wird, wenn die Voraussetzungen des § 22 RBewG. gegeben sind. Maßgebend für die Fortschreibung sind die Verhältnisse auf den Beginn des Kalenderjahrs, das auf die Vereinigung folgt. Nach dem Grundsatz des § 14 Abs. 2 GrStG. wirkt die sich an die Fortschreibung anschließende Fortschreibungsveranlagung von dem Rechnungsjahr an, das ein Vierteljahr nach dem Fortschreibungszeitpunkt beginnt. Bis zu diesem Zeitpunkt muß der bisherige Eigentümer die Grundsteuer weiter entrichten. Eine Lücke in der Besteuerung tritt hiernach nicht ein.

Auch § 16 Abs. 2 GrStG. kommt nur dann zur Anwendung, wenn eine wirtschaftliche Einheit in ihrem vollen Umfange aufgehoben wird. Wird von der wirtschaftlichen Einheit nur ein Teil, mag dies auch der größte Teil sein, wegveräußert, so wird dieser Vorgang durch Wertfortschreibungen, sofern die Voraussetzungen hierfür gegeben sind, und Fortschreibungsveranlagungen berücksichtigt.

Abschnitt 3

Zerlegung der Steuermeßbeträge

I. Vorbemerkungen.

1. Allgemeines. Es kommt sehr häufig vor, daß sich ein Steuergegenstand über den Bereich einer Gemeinde hinaus erstreckt. Da eine Gemeinde den Steuergegenstand nur insoweit für sich in Anspruch nehmen kann, als er sich auf die Gemeinde erstreckt, müssen Vorschriften darüber getroffen werden, wie in solchen Fällen das Besteuerungsrecht zu verteilen ist.

Die Fälle, in denen nach den Vorschriften des materiellen Rechts eine Zerlegung notwendig wird, zerfallen in zwei große Gruppen: die eine Gruppe umfaßt die Fälle, in denen ein festgesetzter Steuerbetrag (Steuersollbetrag) zu dem Zwecke zerlegt wird, um dadurch den Maßstab zu gewinnen, nach dem das steuerliche Aufkommen unter mehrere öffentlich-rechtliche Körperschaften verteilt wird — eine derartige Zerlegung findet für die Einkommen-Körperschaft- und Grunderwerbsteuer statt. — Bei der zweiten Gruppe von Fällen, bei denen eine Zerlegung erfolgt, handelt es sich dagegen um die Zerlegung nicht der Steuer selbst, sondern von Besteuerungsgrundlagen, der Steuermeßbeträge. Wenn ein grund- oder gewerbesteuerpflichtiger Steuergegenstand sich über mehrere Gemeinden erstreckt, so muß entschieden werden, welcher Teil des für den Steuergegenstand festgesetzten Steuermeßbetrags auf die einzelnen Gemeinden auszuscheiden ist.

Das Zerlegungsrecht zerfällt in einen materiellen und in einen formellen (verfahrensrechtlichen) Teil. Der materielle Teil regelt in der Hauptsache die Frage, nach welchen Gesichtspunkten das Steuerobjekt zu verteilen ist, der verfahrensrechtliche Teil enthält die Vorschriften darüber, welche Behörden für die Zerlegung zuständig sind, wer am Zerlegungsverfahren beteiligt ist, welche Rechte den Beteiligten im Zerlegungsverfahren zustehen und endlich in welcher Form die Zerlegung den Beteiligten bekannt zu machen ist und welche Rechtsmittel gegen die Zerlegungsverfügung zulässig sind. Im geltenden Recht finden sich die materiellen Vorschriften über die Zerlegung, soweit die Grundsteuer in Betracht kommt, in Abschnitt II Unterabschnitt 3 (§§ 17 bis 20) des Grundsteuergesetzes, die formellen Vorschriften im 2. Teil, 5. Abschnitt (§§ 382 bis 390) der Reichsabgabenordnung und im Finanzausgleichgesetz (§ 12).

II. Das materielle Zerlegungsrecht.

Das materielle Zerlegungsrecht wird in den Erläuterungen zu den einschlägigen Bestimmungen des GrStG. behandelt.

III. Das formelle Zerlegungsrecht.

Das formelle Zerlegungsrecht ist, wie bereits bemerkt wurde, in den §§ 382 mit 390 der Reichsabgabenordnung, weiter in § 12 des Finanzausgleichgesetzes enthalten. Diese Bestimmungen stellen zwingendes Recht dar, sie können also durch Landesgesetz nicht abgeändert werden.

1. Zuständigkeit im Zerlegungsverfahren. Die Zerlegung ist ein Teil des Besteuerungsverfahrens; für die Zerlegung von Steuerbeträgen sowie Besteuerungsgrundlagen sind deshalb die Finanzämter zuständig. Was die örtliche Zuständigkeit betrifft, so liegt es in der Natur der Sache, daß die Zerlegung der Steuermeßbeträge sich enge an die Feststellung der Besteuerungsgrundlagen anschließen muß, während die Zerlegung der Steuerbeträge (Steuersollbeträge) nicht aus dem Zusammenhang mit der Steuerfestsetzung losgelöst werden kann. Dem entspricht es, daß für die Zerlegung der Steuermeßbeträge die gleichen Finanzämter zuständig sind, die auch die Besteuerungsgrundlagen festzustellen haben, nämlich (§ 73 Abs. 2 AO.) das Belegenheitsfinanzamt (Grundsteuer) und das Betriebsfinanzamt (Gewerbesteuer); dagegen obliegt die Zerlegung der Steuerbeträge (Steuersollbeträge) den Finanzämtern, die die Einkommen-, Körperschaft- und Grunderwerbsteuer festzusetzen haben.

Die Finanzämter haben im Zerlegungsverfahren von Amts wegen den Sachverhalt zu ermitteln; sie haben dabei die gleichen Befugnisse, die ihnen im Steuerermittlungsverfahren zustehen (§ 383 Abs. 1 AO.). Die Finanzbehörden sind mithin im Steuerzerlegungsverfahren berechtigt, sowohl von den Steuerpflichtigen (den Inhabern der in Frage stehenden Betriebe und Grundstücke und ihren Vertretern) als auch von Dritten, insbesondere auch von den Behörden (Gemeinden usw.) Auskunft und Beistandsleistung zu verlangen. Soweit die Zerlegungsgrundlagen nicht festgestellt werden können, sind sie zu schätzen. Bei der Schätzung sind alle Umstände zu berücksichtigen, die für die Schätzung von Bedeutung sind (§§ 383 Abs. 2, 217 AO.).

2. Beteiligte am Zerlegungsverfahren. Am Zerlegungsverfahren sind beteiligt:

a) der Steuerpflichtige, aber nur soweit es sich um die Zerlegung eines Steuermeßbetrages wie bei der Grundsteuer handelt. Erstreckt sich nämlich ein Steuergegenstand über das Gebiet mehrerer Gemeinden, so kann es für den Steuerpflichtigen mit Rücksicht darauf, daß die Hebesätze in den einzelnen Gemeinden möglicherweise verschieden hoch sind, von erheblichem Interesse sein, wie die Steuermeßbeträge auf die einzelnen Gemeinden verteilt werden;

b) diejenigen Gemeinden, denen ein Anteil an dem zu zerlegenden Steuermeßbetrag zugeteilt worden ist oder die auf eine solche Zuteilung Anspruch erhoben haben (§ 384 Ziff. 2 AO.). Die Länder sind, da die Realsteuern Gemeindesteuern sind, am Zerlegungsverfahren nicht beteiligt;

c) im Verfahren vor dem Reichsfinanzhof: der Reichsminister der Finanzen, wenn er seinen Beitritt zum Verfahren erklärt; der Senat oder der Vorsitzende des Senats kann ihn um Beteiligung ersuchen. Bei der Zerlegung von Steuermeßbeträgen kann statt des Reichsministers der Finanzen der Reichsminister des Innern dem Verfahren beitreten (§ 384 Ziff. 3 AO.).

3. Die Rechte der Beteiligten.

a) Die beteiligten Gemeinden können von dem Finanzamt Auskunft über die Fragen der Zerlegung verlangen; sie können weiter Einsicht in die die Zerlegung betreffenden Akten und Nachweisungen des Finanzamts nehmen. Dieses Recht können die Gemeinden durch ihre Beamten ausüben. Im Interesse der Wahrung des Steuergeheimnisses ist die Einsichtnahme durch Angestellte oder Bevollmächtigte der Gemeinden usw. ausgeschlossen (§ 385 Abs. 1 AO.).

b) Die Gemeinden sind als am Verfahren Beteiligte berechtigt, gegen die Zerlegungsbescheide des Finanzamts und gegen die Beschwerdeentscheidungen des Landesfinanzamts die zulässigen Rechtsmittel zu ergreifen.

Eine allgemeine Verpflichtung des Finanzamts, vor dem Erlaß eines Zerlegungsbescheids die Beteiligten zu hören, besteht nicht. Eine derartig weitgehende Verpflichtung müßte zu einer außerordentlichen und doch durchaus vermeidbaren Erschwerung und Verzögerung des ganzen Verfahrens führen, da ja in der Mehrzahl der Zerlegungsfälle das Beteiligungsverhältnis nicht wesentlich von einem früher ermittelten Beteiligungsverhältnis abweichen wird. In solchen Fällen besteht zu einer vorherigen Anhörung der Beteiligten kein genügender Anlaß. Dagegen soll — nicht muß — das Finanzamt vor jeder Änderung des Beteiligungsverhältnisses die Gemeinden hören, deren Beteiligung durch die Änderung berührt wird (§ 385 Abs. 2 AO.).

4. Der Zerlegungsbescheid (§ 386 AO). Über die Zerlegung erteilt das Finanzamt einen schriftlichen Bescheid, den sog. Zerlegungsbescheid. Der Zerlegungsbescheid muß enthalten:

a) die Bezeichnung der Höhe des zerlegten Steuermeßbetrags;

b) die Bestimmung darüber, welche Anteile an dem Gegenstand der Zerlegung, d. i. an dem Steuermeßbetrag den beteiligten Gemeinden zugeteilt werden;

c) die Angabe der Zerlegungsgrundlagen;

d) eine Belehrung darüber, welches Rechtsmittel gegen den Zerlegungsbescheid zulässig und binnen welcher Frist und bei welcher Behörde es einzulegen ist.

Der Zerlegungsbescheid, durch den ein Steuermeßbetrag zerlegt wird, wird dem Steuerpflichtigen verschlossen zugestellt. Der Reichsminister der Finanzen kann statt der Zustellung eine einfachere Form der Bekanntgabe zulassen. Die Vorschriften des § 219 Abs. 1 Sätze 2 bis 4 AO. (Benennung eines Zustellungsvertreters seitens der Gesellschaften) gelten entsprechend. Den beteiligten Gemeinden braucht lediglich der Inhalt des Zerlegungsbescheids bekannt gegeben zu werden. Die Bekanntgabe an die Gemeinden kann daher auch listenmäßig erfolgen.

Es ist möglich, daß sich ein Steuermeßbetrag, nachdem das Finanzamt die Zerlegung vorgenommen hat, ändert. Das ist regelmäßig dann der Fall, wenn nach der Zerlegung eine Rechtsmittelentscheidung ergangen ist, die ihrerseits den Steuermeßbetrag ändert. In diesen Fällen ist sofort eine neue Zerlegung vorzunehmen. Die neue Zerlegung tritt mit ihrer Bekanntgabe an die Stelle der bisherigen Zerlegung; das Finanzamt kann jedoch, sofern nicht wichtige Interessen der Beteiligten entgegenstehen, die Vornahme der neuen Zerlegung aussetzen, bis der zu zerlegende Betrag unanfechtbar feststeht (§ 387 Abs. 2 AO.).

Eine neue Zerlegung wird weiter notwendig in den Fällen, in denen einer Gemeinde ein Anteil an einem Steuermeßbetrag zusteht, das Finanzamt dies nicht berücksichtigt, aber auch den erhobenen Anspruch der Gemeinde auf einen Anteil am Steuermeßbetrag nicht ausdrücklich zurückgewiesen hat; die neue Zerlegung tritt an die Stelle der bisherigen Zerlegung, sobald sie unanfechtbar geworden ist. Hat es das Finanzamt in dem Zerlegungsbescheid ausdrücklich abgelehnt, dem von einer Gemeinde auf Zuteilung eines Anteils an dem Gegenstand der Zerlegung erhobenen Anspruche zu entsprechen, so steht es der beteiligten Körperschaft frei, gegen den Zerlegungsbescheid das zulässige Rechtsmittel zu ergreifen. Versäumt sie dies und wird der Zerlegungsbescheid rechtskräftig, dann kommt eine neue Zerlegung nicht mehr in Betracht.

In den Fällen, in denen wegen versehentlicher Nichtberücksichtigung einer Gemeinde eine neue Zerlegung stattfindet, ist das Finanzamt an die bisherige Zerlegung in einem gewissen Umfange dann gebunden, wenn die bisherige Zerlegung gegenüber den Gemeinden, die an dem bisherigen Zerlegungsverfahren beteiligt waren, unanfechtbar geworden ist. Alsdann dürfen bei der neuen Zerlegung nur solche Änderungen vorgenommen werden, die sich aus der nachträglichen Berücksichtigung der bisher übergangenen Gemeinde ergeben.

Ist bereits ein Jahr verflossen, seitdem die Festsetzung des zu zerlegenden Steuermeßbetrags unanfechtbar geworden ist, so findet wegen Nichtberücksichtigung einer Gemeinde ein neues Zerlegungsverfahren nicht mehr statt. Um die Jahresfrist zu wahren, ist es erforderlich, aber auch ausreichend, daß innerhalb des Jahrs die versehentlich nicht berücksichtigte Gemeinde beim Finanzamt den Antrag stellt, eine neue Zerlegung vorzunehmen (§ 387 Abs. 3 AO.).

Die Frage der Zurücknahme und der Abänderung von Zerlegungsverfügungen ist im § 387 AO. abschließend geregelt; die Vorschriften der §§ 93, 95 und 96 AO. sind deshalb nicht anwendbar; dagegen ist die Zurücknahme oder Änderung des Zerlegungsbescheids nach § 94 AO. als zulässig zu erachten.

5. Das Rechtsmittelverfahren (§ 388 AO.). Als Rechtsmittel sind den Beteiligten im Zerlegungsverfahren gegeben:

a) gegen den Zerlegungsbescheid des Finanzamts sowie gegen eine Verfügung des Finanzamts, durch die ein Antrag auf Erlaß eines Zerlegungsbescheids abgelehnt wird: die Beschwerde. Über sie entscheidet das Landesfinanzamt;

b) gegen die Beschwerdeentscheidung des Landesfinanzamts: die weitere Beschwerde; über sie entscheidet der Reichsfinanzhof im Beschlußverfahren.

Die Frist für die Einlegung der Beschwerde an das Landesfinanzamt beträgt 6 Wochen, die Frist für die Einlegung der weiteren Beschwerde an den Reichsfinanzhof einen Monat.

Einwendungen dahingehend, daß der zu zerlegende Steuermeßbetrag unrichtig festgesetzt worden sei, können nur durch Rechtsmittel gegen den Steuermeßbescheid von den Personen geltend gemacht werden, die berechtigt sind, gegen den Steuermeßbescheid ein Rechtsmittel einzulegen. Dagegen kann der Zerlegungsbescheid nicht mehr mit der Begründung angefochten werden, daß der zerlegte Steuermeßbetrag unrichtig festgesetzt worden sei.

Legt einer der Beteiligten gegen den Zerlegungsbescheid ein Rechtsmittel ein, so wird dadurch die Wirkung des Zerlegungsbescheids nicht gehemmt, ebensowenig wie hierdurch die Wirkung des Steuer- oder Veranlagungsbescheids, auf dem der Zerlegungsbescheid beruht, aufgehalten wird. Ist sowohl gegen den Bescheid, durch den der Steuermeßbetrag festgesetzt worden ist, als auch gegen den Bescheid, durch den der Steuermeßbetrag zerlegt worden ist, ein Rechtsmittel eingelegt worden, so kann, sofern nicht wichtige Interessen der Beteiligten entgegenstehen, die Rechtsmittelbehörde, die über das gegen den Zerlegungsbescheid eingelegte Rechtsmittel zu entscheiden hat, das Verfahren solange aussetzen, bis der Steuermeßbetrag unanfechtbar feststeht.

Im Rechtsmittelverfahren können die Beteiligten die Akten beim Gericht einsehen und sich auf ihre Kosten Abschriften daraus geben lassen, soweit nicht der Vorsitzende des Gerichts aus dringenden dienstlichen Gründen Ausnahmen verfügt. Für Vorakten, Beiakten, Gutachten und Auskünfte gilt das nur mit Zustimmung der Stelle, der die Akten gehören oder die die Äußerung eingezogen hat.

6. Die Kosten des Rechtsmittelverfahrens in Zerlegungssachen (§ 388a AO.). Die allgemeinen Vorschriften, die die Kosten des Rechtsmittelverfahrens regeln (§§ 307 bis 324 AO.), finden grundsätzlich auch bei denjenigen Rechtsmitteln Anwendung, die im Zerlegungsverfahren eingelegt werden. Das bedeutet, daß ein Steuerpflichtiger, der gegen einen Bescheid, durch den ein Steuermeßbetrag zerlegt worden ist, ein Rechtsmittel einlegt, aber mit seinem Rechtsmittel keinen Erfolg hat, die Kosten des Rechtsmittels zu tragen hat (§ 307 Abs. 1 Satz 1 mit § 388a AO.) und daß die Kosten des Rechtsmittelverfahrens vom Reich getragen werden, wenn der Steuerpflichtige mit seinem Rechtsmittel Erfolg hat (§ 309 AO. mit § 388a AO.).

Besondere Vorschriften, die die Kosten des Rechtsmittelverfahrens regeln, sind deshalb notwendig, weil am Zerlegungsverfahren in der Regel auch Gemeinden beteiligt sind. § 388a AO. bestimmt, daß eine Gemeinde die Kosten eines von ihr eingelegten Rechtsmittels zu tragen hat, wenn das Rechtsmittel zurückgenommen wird oder im endgültigen Ergebnis erfolglos bleibt. Die Vorschriften des § 307 Abs. 1 Satz 2, § 307 Abs. 2 Satz 2 und § 307 Abs. 4 AO. (teilweises Unterliegen mit dem Rechtsmittel, teilweise Zurücknahme des Rechtsmittels, Verpflichtung mehrerer Steuerpflichtiger zur Kostentragung) gelten entsprechend. Hat eine Gemeinde mit einem Rechtsmittel, das sie gegen den Zerlegungsbescheid eingelegt hat, Erfolg, so sind die Kosten des Rechtsmittels nicht etwa von der anderen Gemeinde, sondern nach dem Grundsatz, daß die allgemeinen Vorschriften, die die Kosten des Rechtsmittelverfahrens regeln, auch bei den im Zerlegungsverfahren eingelegten Rechtsmitteln Anwendung finden, vom Reich zu tragen.

7. Die Beteiligung der Gemeindeverbände und Gutsbezirke am Zerlegungsverfahren. Durch die Zerlegung werden im erheblichem Umfange auch die Interessen der Gemeindeverbände und Gutsbezirke berührt; sie werden deshalb in gewissem Umfang am Zerlegungsverfahren beteiligt. Auf die Bestimmung des § 389 AO. wird verwiesen.

IV. Das Zuteilungsverfahren (§ 390 AO.).

Eine Zerlegung — und dementsprechend ein Zerlegungsverfahren — kommt nur dann in Betracht, wenn ein Steuerbetrag oder ein Steuermeßbetrag auf mehrere Gemeinden verteilt wird. Ist ein Steuermeßbetrag in voller Höhe einer Gemeinde zuzuteilen, besteht aber Streit darüber, welches die berechtigte Gemeinde ist oder auf welche Zeit sich die Berechtigung erstreckt, so ist für eine Zerlegung kein Raum. In diesem Fall greift vielmehr das in § 390 AO. geregelte Zuteilungsverfahren Platz.

§ 390 AO. bestimmt im einzelnen:

„Ist ein Steuermeßbetrag in voller Höhe einer Gemeinde zuzuteilen, besteht aber Streit darüber, welches die berechtigte Gemeinde ist oder auf welche Zeit sich die Berechtigung erstreckt, so hat auf Antrag des Steuerpflichtigen oder einer Gemeinde das Finanzamt durch schriftlichen Bescheid (Zuteilungsbescheid) zu entscheiden.

Besteht Streit darüber, ob ein Anteil am Steuermeßbetrag, der einer Gemeinde zugeteilt worden war, auf eine andere Gemeinde übergegangen ist, gegebenenfalls wenn dies geschehen ist, so hat auf Antrag des Steuerpflichtigen oder der Gemeinde das Finanzamt durch schriftlichen Bescheid (Zuteilungsbescheid) zu entscheiden.

Die Vorschriften, die für das Zerlegungsverfahren gelten, finden auf das Zuteilungsverfahren entsprechende Anwendung."

V. Die Verteilung des Steuerobjekts nach dem Finanzausgleichgesetz.

Nach dem bisherigen Realsteuerrecht spielte für die Frage der Verteilung der Realsteuerobjekte die Bestimmung des § 12 FAG. i. d. F. von Teil 5 Art. 3 der VO. vom 1. Dezember 1930 (RGBl. I S. 517) eine erhebliche Rolle. Nach dieser Bestimmung stand einem Steuerpflichtigen, der in mehreren Ländern zu gleichartigen Landes- oder Gemeindesteuern von demselben Steuerobjekt herangezogen wurde, der Antrag auf Verteilung des Steuerobjekts zu. Die Bestimmung des § 12 FAG. ist durch § 27 EinfGRealStG. aufrecht erhalten worden; nach dem neu eingefügten Abs. 2 kommen aber die Bestimmungen des § 12 Abs. 1 FAG. nicht mehr zu Raum, soweit das Zerlegungsverfahren der Reichsabgabenordnung Platz greift. Da für das Verfahren über die Zerlegung der Steuermeßbeträge die Bestimmungen der AO. gelten, ist § 12 FAG. für das Grundsteuerrecht bedeutungslos geworden.

§ 17

Voraussetzung der Zerlegung

Erstreckt sich der Steuergegenstand über mehrere Gemeinden, so ist der Steuermeßbetrag zu zerlegen und auf die einzelnen Gemeinden zu verteilen, soweit nicht nach § 20 die Zerlegung unterbleibt.

Nach dem Grundsatz des § 1 Abs. 2 GrStG. erhebt die Gemeinde die Grundsteuer von dem in ihrem Gebiet gelegenen Grundbesitz. Erstreckt sich demgemäß der Steuergegenstand der Grundsteuer über mehrere Gemeinden (d. i. über mehr als eine Gemeinde), so ist das Besteuerungsrecht zu verteilen, zu zerlegen. Zu zerlegen ist dabei nicht der Steuergegenstand als solcher, auch nicht der für den Steuergegenstand einheitlich festgestellte Einheitswert, sondern der festgesetzte Steuermeßbetrag. Eine Zerlegung findet aber nicht in allen Fällen statt: gemäß § 20 GrStG. können der Reichsminister der Finanzen und der Reichsminister des Innern bestimmen, daß statt der Zerlegung der Steuermeßbeträge für land- und forstwirtschaftliche Betriebe (§ 3 Ziff. 1 GrStG.) ein Steuerausgleich zwischen den Gemeinden stattfindet. Die Bestimmung kann auf einzelne Teile des Reichs beschränkt werden.

Hiernach ist bei der Zerlegung der Steuermeßbeträge zu unterscheiden zwischen Einzelzerlegung (§ 17 GrStG.) und dem Steuerausgleich (§ 20 GrStG.). Der Steuerausgleich ist nur hinsichtlich der Steuermeßbeträge für land- und forstwirtschaftliche Betriebe und entsprechende Betriebsgrundstücke möglich; bei den Steuermeßbeträgen für Grundstücke (§ 3 Ziff. 2 GrStG.) kommt nur die Einzelzerlegung in Betracht. Daß bei Grundstücken Zerlegungen nur selten notwendig werden, sei nur nebenbei bemerkt.

Eine Zerlegung kommt nur in den Fällen in Betracht, in denen sich der Steuergegenstand über mehrere Gemeinden erstreckt. Einer Regelung der Fälle, in denen sich der Steuergegenstand über mehrere Gemeindeverbände oder mehrere Länder erstreckt, bedurfte es nicht; denn die Grundsteuer wird nur noch zugunsten der Gemeinden erhoben.

§ 18

Zerlegungsstichtag

(1) Der Zerlegung des Steuermeßbetrags sind die Verhältnisse in dem Feststellungszeitpunkt (Absätze 2 der §§ 21 bis 23 des Reichsbewertungsgesetzes) zugrunde zu legen, auf den der für die Veranlagung des Steuermeßbetrags maßgebende Einheitswert festgestellt ist.

(2) Ändern sich die Grundlagen für die Zerlegung, ohne daß der Einheitswert fortgeschrieben oder nachträglich festgestellt wird, so sind die Zerlegungsanteile nach dem Stand vom 1. Januar des folgenden Jahrs neu zu ermitteln.

1. Allgemeines. § 18 bestimmt den für die Zerlegung maßgebenden Stichtag. Während Absatz 1 der Vorschrift des § 79 RBewDB. 1935 entspricht, ist die Vorschrift im Absatz 2 neu.

2. Die Vorschrift des Absatzes 1. Der Zerlegung des Steuermeßbetrags sind die Verhältnisse in dem Feststellungszeitpunkt (Absäße 2 der §§ 21 bis 23 RBewG.) zugrunde zu legen, auf den der für die Veranlagung des Steuermeßbetrags maßgebende Einheitswert festgestellt ist. Eine Zerlegung ist deshalb jedesmal vorzunehmen, so oft eine Einheitswertfeststellung (Hauptfeststellung, Fortschreibung oder Nachfeststellung) des Steuergegenstands und dementsprechend auch eine Steuermeßbetragfestsetzung vorgenommen wird.

3. Die Vorschrift des Absatzes 2. Eine Zerlegung wird in der Regel als Folge der Hauptfeststellung, der Fortschreibung oder einer Nachfeststellung notwendig. Es gibt aber Fälle, in denen eine Zerlegung notwendig wird, ohne daß der Einheitswert fortgeschrieben oder nachträglich festgestellt wird. Bei Beteiligung mehrerer Gemeinden an einem Steuergegenstand kann sich durch besondere Verhältnisse das Ausmaß der Beteiligung einer oder mehrerer Gemeinden ändern, ohne daß deshalb der Einheitswert und damit der Steuermeßbetrag des Steuergegenstands zu ändern sind. Als Beispiel hierfür kommt die Verlegung der Grenzen einer Gemeinde in Betracht. Für diese Fälle ist in Absatz 2 die Neuermittlung der Zerlegungsanteile nach dem Stand vom 1. Januar des folgenden Jahrs vorgesehen.

Gemäß § 35 GrStDVO. sind die Zerlegungsanteile eines Steuermeßbetrags in den Fällen des § 18 Abs. 2 GrStG. nur dann neu zu ermitteln, wenn wenigstens bei einer Gemeinde der neue Anteil um mehr als ein Zwanzigstel, mindestens aber um 5 *RM* von ihrem bisherigen Anteil abweicht.

§ 19

Zerlegungsmaßstab

Der Steuermeßbetrag ist nach dem Verhältnis zu zerlegen, in dem die Teile des maßgebenden Einheitswerts, die auf die einzelnen Gemeinden entfallen, zueinander stehen.

1. Der Zerlegungsmaßstab. Der Steuermeßbetrag ist nach dem Verhältnis zu zerlegen, in dem die Teile des maßgebenden Einheitswerts, die auf die einzelnen Gemeinden entfallen, zueinander stehen. § 36 GrStDVO. bestimmt hierzu: „Der Steuermeßbetrag ist nach dem Verhältnis der auf die einzelnen Gemeinden entfallenden Teile des Einheitswerts zu zerlegen, die nach § 78 der Durchführungsbestimmungen zum Reichsbewertungsgesetz vom 2. Februar 1935 (RGBl. I S. 81) festgestellt worden sind.

§ 78 der RBewDB. 1935 bestimmt:

„(1) Erstreckt sich der Steuergegenstand über mehrere Gemeinden, so ist der auf die einzelne Gemeinde entfallende Teilbetrag des Einheitswerts durch Zerlegung nach den §§ 79 bis 85 zu ermitteln (Zerlegungsanteil). In den Fällen, in denen der Steuergegenstand in der Gemeinde der Steuer nur mit einem Teil unterliegt, gilt als Zerlegungsanteil dieser Gemeinde nur der Teilbetrag des Einheitswerts, der sich für den in der Gemeinde belegenen nicht befreiten Teil des Steuergegenstands ergibt."

Die Absätze 2 und 3 des § 78 RBewDB. sind ohne Bedeutung, da die Grundsteuer eine reine Gemeindesteuer ist.

Die Bestimmungen der §§ 79 bis 85 RBewGDB. 1935 lauten wie folgt:

„§ 79.

Zerlegungsstichtag

Für die Zerlegung sind die Verhältnisse in dem Feststellungszeitpunkt (Absätze 2 der §§ 21 bis 23 des Gesetzes) maßgebend, auf den der Einheitswert festgestellt ist.

1. Zerlegungsmaßstab für land- und forstwirtschaftliche Betriebe

§ 80.

Besondere Zuweisungen an die Sitzgemeinde.

(1) Bei einem land- und forstwirtschaftlichen Betrieb ist der fünfte Teil des Einheitswerts der Gemeinde zuzuweisen, in der sich die Wohn- und Wirtschaftsgebäude befinden (Sitzgemeinde). Liegen die Gebäude in mehreren Gemeinden, so ist der fünfte Teil der Gemeinde zuzuweisen, in der sich der wertvollste Teil des Gebäudebestands befindet.

(2) Ist die Zuweisung des fünften Teils nach Abs. 1 offenbar unbillig, so ist nach billigem Ermessen ein geringerer oder höherer Betrag für die Gebäude zuzuweisen. So wird z. B. häufig ein geringerer Betrag für die Gebäude von forstwirtschaftlichen Betrieben, ein höherer Betrag für diejenigen land- und forstwirtschaftlichen Betriebe zuzuweisen sein, für die der Mindestwert nach § 33 des Gesetzes angesetzt worden ist.

§ 81.

Verteilung des verbleibenden Betrags.

(1) Der Teil des Einheitswerts, der nach Abzug des für die Wohn- und Wirtschaftsgebäude zugewiesenen Betrags (§ 80) verbleibt, ist auf die Gemeinden nach der Ertragsfähigkeit der in den einzelnen Gemeinden belegenen Flächen zu zerlegen. Dabei sind die bereits nach § 80 berücksichtigten Gebäude einschließlich ihrer Grundfläche und die zugehörigen Hofräume und Hausgärten nicht zu berücksichtigen.

(2) Weicht die Ertragsfähigkeit der in den einzelnen Gemeinden belegenen Flächen nicht wesentlich voneinander ab, so ist die Zerlegung nach dem Verhältnis der in den einzelnen Gemeinden belegenen Flächen vorzunehmen. Dabei sind die Flächen, auf denen die Gebäude stehen, und die zugehörigen Hofräume und Hausgärten nicht zu berücksichtigen.

§ 82.

Keine Zerlegung kleiner Beträge.

(1) Übersteigt der Einheitswert nicht den Betrag von 200 RM, so ist er ganz der Gemeinde zuzuweisen, in der sich der wertvollste Teil des Betriebs befindet.

(2) Übersteigt der Einheitswert zwar den Betrag von 200 *RM*, würde aber nach den §§ 80 und 81 einer Gemeinde ein Teilbetrag zuzuweisen sein, der nicht mehr als 200 *RM* beträgt, so ist dieser Teilbetrag der Gemeinde zuzuweisen, in der sich die Wohn- und und Wirtschaftsgebäude (§ 80) befinden, oder, wenn diese in mehreren Gemeinden belegen sind, der Gemeinde, in der sich der wertvollste Teil des Gebäudebestands befindet.

(3) Die Präsidenten der Landesfinanzämter können für ihren Bezirk die in den Absätzen 1 und 2 genannten Wertgrenzen erhöhen.

2. Zerlegungsmaßstab für Grundvermögen

§ 83.

Zerlegung nach dem Verhältnis des Werts.

Bei einem Grundstück ist der Einheitswert auf die beteiligten Gemeinden nach dem Verhältnis zu zerlegen, in dem die Werte der in den einzelnen Gemeinden belegenen Teile des Grundstücks zueinander stehen.

§ 84.

Keine Zerlegung kleiner Beträge.

(1) Übersteigt der Einheitswert nicht den Betrag von 200 *RM*, so ist er ganz der Gemeinde zuzuweisen, in der sich der wertvollste Teil des Grundstücks befindet.

(2) Übersteigt der Einheitswert zwar den Betrag von 200 *RM*, würde aber nach § 83 einer Gemeinde ein Teilbetrag zuzuweisen sein, der nicht mehr als 200 *RM* beträgt, so ist dieser Teilbetrag der im Absatz 1 bezeichneten Gemeinde zuzuweisen.

(3) Die Präsidenten der Landesfinanzämter können für ihren Bezirk die in den Absätzen 1 und 2 genannten Wertgrenzen erhöhen.

3. Zerlegungsmaßstab für besondere Fälle

§ 85.

(1) Haben sich im einzelnen Fall die Gemeinden mit dem Steuerschuldner über die Zerlegung geeinigt, so ist die Zerlegung nach Maßgabe der Einigung vorzunehmen. Wird durch die Einigung der Anteil eines Landes berührt, so ist die Zerlegung nur dann nach Maßgabe der Einigung vorzunehmen, wenn auch das Land der vereinbarten Regelung zustimmt.

(2) Ergibt sich aus den Besonderheiten des einzelnen Falls ein Zerlegungsmaßstab, der nach Lage der Verhältnisse leichter anwendbar ist als der in den §§ 80, 81 und 83 vorgesehene Zerlegungsmaßstab und der den tatsächlichen Beteiligungsverhältnissen hinreichend Rechnung trägt, so kann die Zerlegung statt nach den §§ 80, 81 und 83 nach diesem Zerlegungsmaßstab vorgenommen werden. In dem Zerlegungsbescheid ist darauf hinzuweisen, daß bei der Zerlegung von der Bestimmung des Satzes 1 Gebrauch gemacht worden ist.

(3) Führt die Zerlegung nach dem in den §§ 80, 81 und 83 vorgesehenen Zerlegungsmaßstab im einzelnen Fall zu einem offenbar unbilligen Ergebnis, so kann die Zerlegung nach einem Maßstab vorgenommen werden, der dem tatsächlichen Beteiligungsverhältnis Rechnung trägt."

Die Zerlegung des Steuermeßbetrags kann nicht mit der Begründung angefochten werden, daß die auf die einzelnen Gemeinden entfallenden Teile des Einheitswerts unzutreffend festgestellt worden seien. Diese Einwendung kann nur im Verfahren über die Zerlegung des Einheitswerts gebracht werden.

Beispiel:

Der Einheitswert eines landwirtschaftlichen Betriebs beträgt	24 300 *RM*
Hiervon entfallen auf die Sitzgemeinde A ein Teil von .	15 800 „
„ „ Belegenheitsgemeinde B ein Teil von	7 400 „
„ „ Belegenheitsgemeinde C ein Teil von	1 100 „

Der Grundsteuermeßbetrag des landwirtschaftlichen Betriebs beträgt

8 v. T. von 10 000	*RM* =	80.— *RM*
10 v. T. von 14 300	„ =	143.— „
Steuermeßbetrag		223.— *RM*

Von diesem Steuermeßbetrag entfallen nach der Vorschrift im § 36 GrStDVO.

auf die Sitzgemeinde A . . . $\frac{223 \times 15\,800}{24\,300} = 145.—$ *RM*

„ „ Belegenheitsgemeinde B . $\frac{223 \times 7\,400}{24\,300} = 67.91$ „

„ „ Belegenheitsgemeinde C . $\frac{223 \times 1\,100}{24\,300} = 10.09$ „

Summe . . 223.— *RM*

2. Vereinfachte Zerlegung. Die Steuermeßbeträge der land- und forstwirtschaftlichen Betriebe können nach der folgenden vereinfachten Weise zerlegt werden:

In der nachstehenden Tabelle sind für die Einheitswerte über 10 000 *RM* die durchgerechneten Tausendsätze angegeben, die aus den Einheitswerten und den entsprechenden Steuermeßbeträgen berechnet sind. Die Tausendsätze sind auf eine Dezimalstelle abgerundet. Der nach dieser Tabelle für den Einheitswert eines land- und forstwirtschaftlichen Betriebs in Betracht kommende Tausendsatz ist zunächst auf die Teilbeträge des Einheitswerts anzuwenden, die für die Belegenheitsgemeinden festgestellt worden sind. Die hiernach für die Belegenheitsgemeinden errechneten Teile des Steuermeßbetrags sind zusammenzuzählen und vom ganzen Steuermeßbetrag des Betriebs abzuziehen. Der Rest ist der Teil des Steuermeßbetrags, der auf die Sitzgemeinde entfällt.

Tabelle:

Einheitswert RM	Tausendsatz	Einheitswert RM	Tausendsatz
10 000—10 200	8,0	21 100— 23 500	9,1
10 300—10 800	8,1	23 600— 26 600	9,2
10 900—11 400	8,2	26 700— 30 700	9,3
11 500—12 100	8,3	30 800— 36 300	9,4
12 200—12 900	8,4	36 400— 44 400	9,5
13 000—13 700	8,5	44 500— 57 100	9,6
13 800—14 800	8,6	57 200— 79 900	9,7
14 900—15 900	8,7	80 000—133 300	9,8
16 000—17 300	8,8	133 400—399 900	9,9
17 400—19 000	8,9	400 000 und mehr	10,0
19 100—21 000	9,0		

Beispiele für die Zerlegung des Steuermeßbetrags nach der Tabelle:

1. In dem oben (Ziffer 1) angegebenen Beispiel berechnen sich die Teile des Steuermeßbetrags, die auf die einzelnen Gemeinden entfallen, wie folgt:
   Bei einem Einheitswert von 24 300 RM beträgt der Tausendsatz nach der Tabelle 9,2.

   Auf die Belegenheitsgemeinde B entfallen 9,2 v. T. von 7 400 RM . . . . = 68.08 RM
   Auf die Belegenheitsgemeinde C entfallen 9,2 v. T. von 1 100 RM . . . . = 10.12 „
   78.20 RM

   Auf die Sitzgemeinde A entfallen 223 RM — 78,20 RM . . . . = 144.80 RM
   223.— RM

2. Der Einheitswert eines landwirtschaftlichen Betriebs beträgt . . . . 365 400 RM
   Hiervon entfallen: auf die Sitzgemeinde A ein Teil von 204 800 „
   auf die Belegenheitsgemeinde B ein Teil von . . . . 13 700 „
   auf die Belegenheitsgemeinde C ein Teil von . . . . . . 146 900 „

   Der Steuermeßbetrag des landwirtschaftlichen Betriebs beträgt
   8 v. T. von 10 000 RM = 80 RM
   10 v. T. von 355 400 „ = 3 554 „
   Steuermeßbetrag . . . . 3 634 RM

Bei einem Einheitswert von 365 400 *RM* beträgt der Tausendsatz nach der Tabelle 9,9.

Auf die Belegenheitsgemeinde B entfallen 9,9 v. T. von 13 700 *RM*	= 135.63 *RM*
Auf die Belegenheitsgemeinde C entfallen 9,9 v. T. von 146 900 *RM*	= 1 454.31 „
	1 589 94 *RM*
Auf die Sitzgemeinde A entfallen 3 634 *RM* — 1 589.94 *RM*	= 2 044.06 „
	3 634.— *RM*

Die Tabelle ist bei Zerlegung der Steuermeßbeträge von land- und forstwirtschaftlichen Betrieben mit Einheitswerten **unter** 10 000 *RM* **nicht** anzuwenden. In diesen Fällen beträgt der auf die einzelne Gemeinde entfallende Teil des Steuermeßbetrags 8 v. T. des Teilbetrags des Einheitswerts.

§ 20

Ersatz der Zerlegung

Der Reichsminister der Finanzen und der Reichsminister des Innern können bestimmen, daß statt der Zerlegung der Steuermeßbeträge für land- und forstwirtschaftliche Betriebe (§ 3 Ziffer 1) ein Steuerausgleich zwischen den Gemeinden stattfindet. Die Bestimmung kann auf einzelne Teile des Reichs beschränkt werden.

Kurze Inhaltsangabe.

1. Allgemeines:
   a) Begründung für die Einzelzerlegung,
   b) Anwendungsbereich,
   c) Zuteilung des Steuermeßbetrags an die Sitzgemeinde,
   d) Beteiligung der Belegenheitsgemeinde,
   e) Vereinbarung oder Entscheidung über den Steuerausgleich;
2. Berechnung des Beteiligungsbetrags der Belegenheitsgemeinde:
   a) Grundlage für die Beteiligung,
   b) der Ausgleichsbetrag,
   c) Festsetzung des Ausgleichsbetrags der Belegenheitsgemeinde,
   d) Festsetzung des Anteils der Belegenheitsgemeinde in Sonderfällen,
   e) Aenderung innerhalb eines Rechnungsjahrs,
   f) Entrichtung des Beteiligungsbetrags;
3. Beteiligungsverfahren:
   a) das Antragserfordernis,
   b) festsetzende Behörde.

1. Allgemeines (Ziff. 50 GrR.).

a) Begründung für die Einzelzerlegung. Gemäß § 20 GrStG. können der Reichsminister der Finanzen und der Reichsminister des Innern bestimmen, daß statt der Zerlegung der Steuermeßbeträge für land- und forstwirtschaftliche Betriebe (§ 3 Ziff. 1 GrStG.) ein Steuerausgleich zwischen den Gemeinden stattfindet. Die Bestimmung kann auf einzelne Teile des Reichs beschränkt werden.

Bei der Einzelzerlegung erhebt jede Gemeinde für das auf ihrem Gebiet liegende Teilstück des land- und forstwirtschaftlichen Betriebs die Steuer nach ihrem eigenen Hebesatz. Beim Steuerausgleich dagegen haben die Steuerpflichtigen für ihren sich auf mehrere Gemeinden erstreckenden Betrieb nur an eine Gemeinde nach deren Hebesatz die Grundsteuer zu entrichten. Das ist die Sitzgemeinde. Sitzgemeinde ist die Gemeinde, in deren Bereich die Wohn- und Wirtschaftsgebäude liegen. Die Sitzgemeinde erhält danach das ganze Steueraufkommen ihrer land- und forstwirtschaftlichen Betriebe. Von diesem Aufkommen hat sie einen Teil an die Belegenheitsgemeinden abzuführen, auf die sich die Betriebe ihrer Landwirte erstrecken. Umgekehrt erhält sie selbst auch einen Anteil am Steueraufkommen von Nachbargemeinden, wenn die Betriebe von Steuerpflichtigen dieser Nachbargemeinden sich auf ihr Gebiet erstrecken.

Dieses Verfahren bringt nicht nur für die Finanzämter, die die Zerlegung der Steuermeßbeträge durchzuführen haben, eine wesentliche Arbeitsersparnis, sondern auch für die Gemeinden selbst. Bei der Einzelzerlegung der Steuermeßbeträge müssen auch die Belegenheitsgemeinden die in Betracht kommenden Steuerpflichtigen der Nachbargemeinden in ihren Büchern führen. Ein Steuerpflichtiger, dessen Betrieb sich z. B. über vier Gemeinden erstreckt, muß in den Listen der vier Gemeinden geführt werden. Hinzu kommt, daß das Erhebungs- und Beitreibungsverfahren von allen Gemeinden oft wegen ganz geringer Steuerbeträge durchgeführt werden muß. Die Beitreibung bei den Ausmärkern bereitet erfahrungsgemäß besondere Schwierigkeiten, und es entstehen den Gemeinden hier in der Regel Steuerausfälle. Von diesen Ausmärkern haben nach der in den §§ 37 bis 48 GrStDVO. getroffenen Regelung die Belegenheitsgemeinden keine Grundsteuer mehr zu erheben. Es wird sich also durch diese Regelung der Ausfall an Grundsteuer der Gemeinden verringern. Die Gemeinden haben daher an der Durchführung des Steuerausgleichs selbst ein großes Interesse.

Der Gang der Berechnung des Betrags, der auf die Belegenheitsgemeinden entfällt, d. i. des Beteiligungsbetrags, durch das Finanzamt ist im Regelfall kurz folgender:

Zunächst ist die Größe der Flächen festzustellen, die in der Belegenheitsgemeinde liegen, aber zu Betrieben von Land- und Forstwirten der Sitzgemeinde gehören (Ausmärkerflächen). Die Flächengröße ist mit einem bestimmten Hektarwert zu vervielfachen. So gelangt man zu dem Gesamtwert der Ausmärkerflächen (§ 41 GrSt.-DVO.). Der weitere Verlauf der Berechnung ist der Berechnung der Grundsteuer selbst angepaßt. Nach diesem Vorbild ist für die Ausmärkerflächen zunächst auch ein Meßbetrag, ein „Ausgleichsmeßbetrag", zu ermitteln. Dieser beträgt 7,5 v. T. des Gesamtwerts der Ausmärkerflächen (§ 42 GrStDVO.). Der „Beteiligungsbetrag", den die Sitzgemeinde an die Belegenheitsgemeinde abzuführen hat, ergibt sich aus der Anwendung eines bestimmten Hundertsatzes auf den Ausgleichsmeßbetrag. Als Hundertsatz ist regelmäßig der Hebesatz anzuwenden, der in der Sitzgemeinde für land- und forstwirtschaftliche Betriebe gilt (§ 43 Abs. 2 GrStDVO.).

Beispiel: Die landwirtschaftlichen Betriebe einiger Landwirte in der Sitzgemeinde S erstrecken sich auf die Belegenheitsgemeinde B. Die Größe dieser Ausmärkerflächen in B wird auf 10 ha festgestellt. Nach Lage der Verhältnisse ist je ein Hektar dieser Flächen mit 1000 RM anzusetzen. Der Gesamtwert dieser Ausmärkerflächen in B beträgt also 10 000 RM. Der Ausgleichsmeßbetrag beträgt 7,5 v. T. von 10 000 RM = 75 RM. Der Hebesatz der Sitzgemeinde beträgt 90, der der Belegenheitsgemeinde 95. In diesen Fällen ist nach § 43 Abs. 2 GrStDVO. als Hundertsatz der Hebesatz der Sitzgemeinde anzuwenden. Der Beteiligungsbetrag, den die Gemeinde S an die Gemeinde B abzuführen hat, beträgt also 90 v. H. von 75 RM = 67,50 RM.

b) Anwendungsbereich (§ 37 GrStDVO., Ziff. 51 GrR.). Gemäß § 37 GrStDVO. ist statt der Zerlegung der Steuermeßbeträge für land- und forstwirtschaftliche Betriebe ein Steuerausgleich zwischen den Gemeinden durchzuführen:
in den Ländern Bayern, Sachsen, Württemberg, Mecklenburg, Oldenburg, Anhalt und Saarland.

Soweit das Gebiet der nebenbezeichneten Länder durch das Gesetz über Groß-Hamburg und andere Gebietsbereinigungen vom 26. Januar 1937 (RGBl. I S. 91) geändert worden ist, ist der Gebietsumfang maßgebend, der sich auf Grund dieses Gesetzes ergibt.

Auf Grund des § 87 RBewDB. 1935 haben die Oberfinanzpräsidenten seinerzeit mit Zustimmung der Länderregierungen und des Landesbauernführers für gewisse Gebiete bestimmt, daß statt der Zerlegung der Einheitswerte für land- und forstwirtschaftliche Betriebe ein Steuerausgleich zwischen den Gemeinden stattfindet. Bei der Einheitsbewertung auf den 1. Januar 1935 ist demgemäß eine Zerlegung der Einheitswerte bei der Land- und Forstwirtschaft in diesen Gebieten unterblieben. Eine Ausnahme mußte jedoch dann gemacht werden, wenn ein Gebiet mit Steuerausgleich an ein Gebiet mit Zerlegung grenzt. Eine Zerlegung war in den Grenzgemeinden hinsichtlich der Betriebe vorzunehmen, die sich auf das Gebiet mit Zerlegung erstrecken. Entsprechend ist auch hinsichtlich der Grundsteuermeßbeträge zu verfahren. An den Grenzen zweier Gebiete, von denen das eine die Zerlegung, das andere den Steuerausgleich vornimmt, ist eine Zerlegung der Steuermeßbeträge in den Grenzgemeinden insoweit vorzunehmen, als sich der einzelne Betrieb auf das Gebiet mit Zerlegung erstreckt.

Beispiel: Im Land X wird das Steueraufkommen ausgeglichen, im Land Y werden die Steuermeßbeträge zerlegt. Land- und forstwirtschaftliche Betriebe der Gemeinde A des Lands X erstrecken sich sowohl auf die Gemeinde B des Lands X als auch auf die Gemeinde C des Lands Y. In diesem Fall erfolgt im Verhältnis der Gemeinden A und B zueinander ein Steuerausgleich. Gegenüber der Gemeinde C sind die Steuermeßbeträge zu zerlegen. Die Eigentümer der betreffenden Betriebe haben ihre Grundsteuer teilweise an die Gemeinde A (für die in A und B gelegenen Grundstücksflächen) und teilweise an die Gemeinde C (für die in C gelegenen Grundstücksflächen) zu entrichten. Die Gemeinde A hat die Gemeinde B an ihrem Aufkommen zu beteiligen.

Die im § 37 GrStDVO. bezeichneten Gebiete decken sich im allgemeinen mit denjenigen, für die die Oberfinanzpräsidenten seinerzeit bestimmt haben, daß die Zerlegung der Einheitswerte unterbleibt. In der Durchführungsverordnung mußten jedoch die Gebietsbereinigungen berücksichtigt werden, die durch das „Gesetz über Groß-Hamburg und andere Gebietsbereinigungen" vom 26. Januar 1937 vorgenommen worden sind. Maßgebend ist nunmehr für die Frage, ob ein Steuerausgleich durchzuführen ist, für alle durch das erwähnte Gesetz berührten Länder derjenige Gebietsumfang, der sich auf Grund dieses Gesetzes ergibt. Daraus folgt z. B., daß auch in den Teilen von Preußen, die auf das Land Mecklenburg übergegangen sind, der Steuerausgleich durchgeführt wird. Umgekehrt ist z. B. in den Teilen des Lands Mecklenburg, die auf Preußen übergegangen sind, die Zerlegung der Steuermeßbeträge vorzunehmen. Eine weitere Abweichung gegenüber den damaligen Bestimmungen der Oberfinanzpräsidenten besteht darin, daß auf das Land Bremen der Steuerausgleich nicht anzuwenden ist.

c) Zuteilung des Steuermeßbetrags an die Sitzgemeinde (§ 38 GrStDVO.). Der Steuermeßbetrag eines land- und forstwirtschaftlichen Betriebs ist, auch wenn sich der Betrieb über mehrere Gemeinden erstreckt, ganz der Gemeinde zuzuteilen, in deren Bezirk der wertvollste Teil des Betriebs liegt (Sitzgemeinde). Das ist regelmäßig die Gemeinde, in der die Wohn- und Wirtschaftsgebäude liegen.

Besteht Streit darüber, welches die berechtigte Sitzgemeinde ist, so sind die Vorschriften des § 390 der Reichsabgabenordnung anzuwenden (zu vgl. Vorbemerkung zu Abschnitt 3).

d) Beteiligung der Belegenheitsgemeinde (§ 39 GrStDVO.). Entsprechend der Zuteilung der ganzen Steuermeßbeträge an die Sitzgemeinde (§ 38 GrStDVO.) ist die volle Grundsteuer der land- und forstwirtschaftlichen Betriebe, für die die Gemeinde Sitzgemeinde ist, an diese zu entrichten. An dem Aufkommen der Sitzgemeinde werden die anderen Gemeinden, auf die sich die Betriebe erstrecken (Belegenheitsgemeinden), nach Maßgabe der §§ 40 bis 48 GrSt.-DVO. beteiligt (Steuerausgleich).

e) Vereinbarung oder Entscheidung über den Steuerausgleich (§ 40 GrStDVO., Ziff. 52 GrR.). Die Durchführungsverordnung geht davon aus, daß sich die Sitzgemeinde im Regelfall mit den Belegenheitsgemeinden über den Beteiligungsbetrag einigt, den sie aus ihrem Steueraufkommen an diese abzuführen hat.

§ 40 GrStDVO. bestimmt: „Die Sitzgemeinde und die Belegenheitsgemeinde sollen sich über den Beteiligungsbetrag der Belegenheitsgemeinde am Steueraufkommen der Sitzgemeinde einigen."

Das Einigungsverfahren spielt sich wie folgt ab (Ziff. 52 GrR.): Das Finanzamt teilt jeder Gemeinde die Steuermeßbeträge der land- und forstwirtschaftlichen Betriebe (einschließlich der Ausmärkerflächen), für die sie Sitzgemeinde ist, mit. Nach Eingang dieser Mitteilung setzt sich die Sitzgemeinde mit ihren Nachbargemeinden in Verbindung, auf die sich die Betriebe ihrer Land- und Forstwirte erstrecken. Wenn irgend möglich, ist eine Einigung über den von der Sitzgemeinde an die Belegenheitsgemeinde zu zahlenden Betrag anzustreben. Die Entscheidung des Finanzamts soll nur in Ausnahmefällen beantragt werden. Bei den Einigungsverhandlungen zwischen den Gemeinden hat das Finanzamt jede erforderliche Hilfe zu leisten. Insbesondere wird die Gemeindeaufsichtsbehörde (§ 48 Abs. 2 GrStDVO.) in die Verhandlungen einzuschalten sein, um eine Einigung herbeizuführen. Hier ist noch darauf hinzuweisen, daß in Fällen, in denen die Hektarwerte und die Hebesätze von Sitzgemeinde und Belegenheitsgemeinde annähernd gleich hoch sind, die Ausmärkerflächen beider Gemeinden gegeneinander aufgerechnet werden können, so daß nur für die Differenz der Flächen ein Ausgleich stattzufinden braucht. Beispiel: Von den Betrieben der Landwirte der Gemeinde A befinden sich 10 ha Ausmärkerflächen in der Gemeinde B. Umgekehrt befinden sich von den Betrieben der Landwirte der Gemeinde B 4 ha Ausmärkerflächen in der Gemeinde A. Die Gemeinde A hat dann die Gemeinde B hinsichtlich der Fläche von 10 — 4 = 6 ha an ihrem Steueraufkommen zu beteiligen.

Kommt eine Vereinbarung im einzelnen Fall nicht zustande, so ist der Beteiligungsbetrag der Belegenheitsgemeinde (§§ 41—46 GrStDVO.) in dem in §§ 47, 48 GrStDVO. geregelten Verfahren zu berechnen.

2. Berechnung des Beteiligungsbetrags der Belegenheitsgemeinde.

a) Grundlage für die Beteiligung (§ 41 GrStDVO., Ziff. 53 GrR.). Grundlage für den Steuerausgleich ist der Gesamtwert aller in der Belegenheitsgemeinde liegenden Flächen (Ausmärkerflächen) der land- und forstwirtschaftlichen Betriebe, deren Steuermeßbeträge der Sitzgemeinde zugeteilt worden sind.

Der Wert der Ausmärkerflächen ist regelmäßig durch Vervielfachung der Größe der Flächen (§ 41 Abs. 3 GrStDVO.) mit einem gekürzten Hektarsatz (§ 41 Abs. 4 GrStDVO.) zu ermitteln. Maßgebend ist die Größe der Ausmärkerflächen am 1. Januar des Jahrs, in das der Beginn des Rechnungsjahrs fällt, für welches der Beteiligungsbetrag festgesetzt wird (§ 43 GrStDVO.). Die Größe der Ausmärkerflächen ist in Hektar ausgedrückt und getrennt nach den einzelnen Unterarten des land- und forstwirtschaftlichen Vermögens (§ 28 RBewG.) festzustellen (§ 41 Abs. 3 GrStDVO.). Das Finanzamt wird die Größe der Ausmärkerflächen in der Regel an Hand der in den Einheitswertakten vorhandenen Unterlagen ermitteln können. Andernfalls haben die Gemeinden hierüber Auskunft zu geben (Ziff. 53 Abs. 2 GrR.). Für die landwirtschaftlichen Flächen, forstwirtschaftlichen Flächen und Weinbauflächen ist die Fläche je besonders zu ermitteln, da für diese Flächen auch jeweils verschiedene Hektarwerte angewendet werden müssen. Die gärtnerischen Betriebe und die Betriebe des „übrigen land- und forstwirtschaftlichen Vermögens" werden bei der Verteilung des Steueraufkommens nur eine ganz untergeordnete Rolle spielen.

Für jede vorhandene Unterart des land- und forstwirtschaftlichen Vermögens der Ausmärkerflächen ist ein besonderer Hektarwert zu ermitteln. Für das gärtnerische Vermögen und für das „übrige land- und forstwirtschaftliche Vermögen" kann von der Feststellung eines Hektarwerts abgesehen werden (§ 41 Abs. 4 GrStDVO.). Der Verordnungsgeber hat bewußt davon abgesehen, eine bestimmte Methode für die Berechnung des Hektarwerts vorzuschreiben. Die Verhältnisse in den Gebieten, in denen der Steuerausgleich zwischen den Gemeinden durchzuführen ist, sind derartig verschieden, daß eine bestimmte Durchschnittsberechnung nicht allgemein vorgeschrieben werden kann. Der Hektarsatz ist von Fall zu Fall zu bestimmen, wobei aber stets von den Hektarsätzen (§§ 38, 45, 47 RBewG.) der Betriebe in den beteiligten Gemeinden auszugehen ist. Es ist zweckmäßig, die beteiligten Gemeinden dabei zu hören. In geeigneten Fällen kann der Hektarwert wie folgt ermittelt werden:

aa) Bei landwirtschaftlichen Flächen. Es wird der Durchschnitt aus dem Hektarsatz (§ 38 RBew.G.) des Richtbetriebs der Sitzgemeinde und dem Hektarsatz des Richtbetriebs der Belegenheitsgemeinde gebildet, wenn nicht etwa die Bodenverhältnisse wesentlich abweichen.

bb) Bei forstwirtschaftlichen Flächen. Handelt es sich bei den Ausmärkerflächen um Teile von Forstbetrieben mit Betriebsplan, so ist ein Durchschnittswert für die Ausmärkerflächen an Hand der für den ganzen Betrieb getroffenen Feststellungen zu errechnen. Handelt es sich um Betriebe ohne Betriebsplan, z. B. um Bauernwälder, so ist entsprechend der Holzart, dem durchschnittlichen Alter und der Standortgüte ein Durchschnittsatz an Hand der vom Oberfinanzpräsidenten aufgestellten Hektarsätze für Forsten ohne Betriebsplan festzustellen.

cc) Bei Weinbauflächen. Da beim Weinbau die Flächen nach Lagen bewertet und die Werte der einzelnen Lagen z. T. recht verschieden sind, ist festzustellen, an welchen Lagen und mit welchen Flächengrößen die Ausmärkerflächen beteiligt sind. Von der Ausmärkerfläche in der Gemeinde B mit insgesamt 5 ha entfallen z. B. 4 ha auf die Lage mit einem Hektarsatz von 6000 *RM* und 1 ha auf die Lage mit einem Hektarsatz von 3000 *RM*. Würde man von dem Durchschnitt dieser Hektarsätze (4500 *RM*) für die Berechnung des Gesamtwerts der Ausmärkerflächen ausgehen, so würde man zu einem unrichtigen Ergebnis gelangen. In Gebieten, in denen nahezu gleichwertige Lagen vorhanden sind, kann ein Durchschnittsatz gebildet werden.

dd) Bei gärtnerischen Flächen und bei dem „übrigen land- und forstwirtschaftlichen Vermögen". Der Wert der Ausmärkerflächen wird vielfach aus dem Einheitswert der Betriebe nach dem Verhältnis der in den Belegenheitsgemeinden liegenden Flächen zu den gesamten Flächen der Betriebe ermittelt werden können. Bei gärtnerischen Betrieben wäre aber auf die Gewächshäuser usw. entsprechende Rücksicht zu nehmen. Von der Ermittlung eines Hektarwerts wird im allgemeinen abgesehen werden können.

Auf den Ausmärkerflächen befinden sich meistens keine Gebäude, während der Hektarsatz einen Gebäudeanteil enthält. Außerdem sind die Ausmärkerflächen in der Regel vom Betriebssitz weit entfernt. Diese Umstände werden nach § 41 Abs. 4 GrStDVO. durch einen einheitlichen Abschlag vom ermittelten Hektarwert berücksichtigt. Zur Vereinfachung des Verfahrens sind hierfür feste Hundertsätze vorgeschrieben. Der festgestellte Hektarwert ist hiernach wie folgt zu kürzen:

1. bei landwirtschaftlich genutzten Flächen um 25 vom Hundert, 2. bei forstwirtschaftlich genutzten Flächen um 5 vom Hundert; 3. bei weinbaumäßig genutzten Flächen um 15 vom Hundert.

Die in Hektar ausgedrückte Größe der Ausmärkerflächen, vervielfacht mit dem gekürzten Hektarwert, ergibt den Wert der Ausmärkerflächen. Der Wert ist unter entsprechender Anwendung der Vorschriften des § 25 RBewG. abzurunden.

b) Der Ausgleichsbetrag (§ 42 GrStDVO.). Für die Berechnung des Beteiligungsbetrags der Belegenheitsgemeinde am Steueraufkommen der Sitzgemeinde ist von einem Ausgleichsmeßbetrag auszugehen. Dieser beträgt 7,5 vom Tausend des Gesamtwerts der in der Belegenheitsgemeinde liegenden Ausmärkerflächen (§ 41 GrStDVO.).

Der Satz von 7,5 vom Tausend erklärt sich wie folgt (Ziffer 54 GrR.): Die Steuermeßzahl für die land- und forstwirtschaftlichen Betriebe beträgt grundsätzlich 10 v. T., für die ersten 10 000 *RM* des Einheitswert jedoch nur 8 v. T. (§ 28 GrStDVO.). Für den Steuerausgleich wurde als Tausendsatz allgemein die Zahl 7,5 festgesetzt. Dieser Bemessung liegen die folgenden Erwägungen zugrunde: Die Sitzgemeinde erhält bei der Einzelzerlegung der Steuermeßbeträge im voraus eine Sonderzuweisung (vgl. § 19 GrStG. in Verbindung mit § 80 RBewDB. 1935). Eine derartige Sonderzuweisung an die Sitzgemeinde ist auch beim Steuerausgleich berechtigt. Außerdem ist zu berücksichtigen, daß die Sitzgemeinde die Steuer, auch soweit sie auf die Ausmärkerflächen entfällt, meist einzuziehen, jedenfalls aber etwaige Ausfälle zu tragen hat. Eine verhältnismäßige Beteiligung der Belegenheitsgemeinde an den Steuerausfällen der Sitzgemeinde ist nicht vorgesehen.

c) Festsetzung des Beteiligungsbetrags der Belegenheitsgemeinde (§ 43 GrStDVO.). Der Beteiligungsbetrag der Belegenheitsgemeinde an dem Steueraufkommen der Sitzgemeinde wird für das Rechnungsjahr festgesetzt. Der Beteiligungsbetrag wird unter Anwendung eines Hundertsatzes aus dem Ausgleichsmeßbetrag (§ 42 GrStDVO.) berechnet. Für die Bemessung des Hundertsatzes gelten die Bestimmungen des § 43 Absätze 2 bis 5 GrStDVO.

Als Hundertsatz ist grundsätzlich der Hebesatz anzuwenden, den die Sitzgemeinde für das maßgebende Rechnungsjahr nach § 21 GrStG. für land- und forstwirtschaftliche Betriebe festgesetzt hat (§ 43 Abs. 2 GrStDVO.).

Ist der Hebesatz der Belegenheitsgemeinde niedriger als der Hebesatz der Sitzgemeinde, so ist der niedrigere Hebesatz der Belegenheitsgemeinde als Hundertsatz anzuwenden (§ 43 Abs. 3 GrStDVO.). Die Belegenheitsgemeinde soll für die Ausmärkerflächen keinen höheren Satz erhalten, als sie selbst erhalten würde, wenn die Fläche ihren Land- und Forstwirten gehörte. Die Ausmärkerflächen verursachen ihr im allgemeinen keine höheren Unkosten als die in ihrem Bezirk gelegenen Flächen ihrer eigenen Land- und Forstwirte; im Gegenteil nehmen die Gemeinden bei ihren Maßnahmen (z. B. der Anlegung von Wegen) oft in erster Linie auf die Belange ihrer eigenen Land- und Forstwirte Rücksicht.

Ist der Hebesatz der Belegenheitsgemeinde höher als der Hebesatz der Sitzgemeinde, so ist grundsätzlich der niedrigere Hebesatz der Sitzgemeinde als „Hundertsatz" anzuwenden. Die Sitzgemeinde soll also regelmäßig nicht mehr an die Belegenheitsgemeinde abführen, als sie selbst für die Ausmärkerflächen vereinnahmt. Der Ansatz des niedrigeren Hebesatzes der Sitzgemeinde könnte jedoch für die Belegenheitsgemeinde dann zu untragbaren Ergebnissen führen, wenn er wesentlich niedriger ist als der Hebesatz der Belegenheitsgemeinde. In derartigen Fällen muß ein Ausgleich der Belange der beteiligten Gemeinden herbeigeführt werden. Zu diesem Zweck schreibt § 43 Abs. 4 GrStDVO. vor, daß der Durchschnitt der beiden Hebesätze als Hundertsatz anzuwenden ist. Diese Regelung gilt nur dann, wenn der Hebesatz der Belegenheitsgemeinde um mehr als ein Fünftel höher ist als der Hebesatz der Sitzgemeinde.

Beispiele:

Hebesatz der Sitzgemeinde	Hebesatz der Belegenheitsgemeinde	Anzuwendender Hundertsatz	
80	90	80	(§ 43 Abs. 2 GrStDVO.)
120	100	100	(§ 43 Abs. 3 GrStDVO.)
60	0	0	(§ 43 Abs. 3 GrStDVO.)
70	110	180 : 2 = 90	(§ 43 Abs. 4 GrStDVO.)
0	20	20 : 2 = 10	(§ 43 Abs. 4 GrStDVO.)

Einigen sich die beteiligten Gemeinden auf einen anderen Hundertsatz, so ist dieser anzuwenden. Um gerade in diesem Punkt Unstimmigkeiten zwischen den beteiligten Gemeinden zu vermeiden, wird das Finanzamt im Benehmen mit der Gemeindeaufsichtsbehörde (§ 48 Abs. 2 GrStDVO.) das Zustandekommen einer Vereinbarung darüber anzustreben haben, welcher Hundertsatz für die Ablieferung der Sitzgemeinde an die Belegenheitsgemeinde zugrunde zu legen ist (§ 43 Abs. 5 GrStDVO.).

Der nach Maßgabe der vorstehenden Ausführungen berechnete Betrag ist von der Sitzgemeinde an die Belegenheitsgemeinde abzuführen (zu vgl. § 46 GrStDVO.).

Steuerausfälle, die die Sitzgemeinde erleidet, sind grundsätzlich nicht zu berücksichtigen. Normale Ausfälle sind durch Festsetzung des Tausendsatzes (§ 42 GrStDVO.) für die Ausmärkerflächen auf 7,5 bereits abgegolten. Hat die Sitzgemeinde mit außerordentlichen Ausfällen zu rechnen, so käme die Anwendung des § 44 GrStDVO. (zu vgl. nachstehenden Buchst. d) in Betracht. Treten derartige außerordentliche Ausfälle im Lauf eines Rechnungsjahrs ein, so ist der Beteiligungsbetrag nach § 45 GrStDVO. (zu vgl. nachstehenden Buchst. e) gegebenenfalls neu festzusetzen; das gleiche gilt, wenn etwa im Lauf des Rechnungsjahrs der Hebesatz einer der beteiligten Gemeinden erheblich geändert werden sollte.

Beispiel für die Berechnung des Beteiligungsbetrags:

Die landwirtschaftlichen Betriebe einiger Landwirte in der Sitzgemeinde S erstrecken sich auf die Belegenheitsgemeinde B.

Größe der Ausmärkerflächen	12 ha,
ungekürzter Hektarwert der Ausmärkerflächen . . .	1 500,00 *RM*,
gekürzter Hektarwert der Ausmärkerflächen (Kürzung um 25 v. H. nach § 41 Abs. 4 Ziffer 1 GrStDVO. = 375,00 *RM*)	1 125,00 „ ,
Gesamtwert der Ausmärkerflächen (12 × 1125 *RM*)	13 500,00 „ ,
Ausgleichsmeßbetrag 7,5 v. T. von 13 500 *RM* . .	101,25 „ ,
Der Hebesatz für land- und forstwirtschaftliche Betriebe beträgt:	
in der Sitzgemeinde S	90 v. H.,
in der Belegenheitsgemeinde B	120 v. H.,
Anzuwendender „Hundertsatz“ $\frac{90 + 120}{2}$ (§ 43 Abs. 4 GrStDVO.)	105 v. H.,
Beteiligungsbetrag der Gemeinde B (105 v. H. von 101,25 *RM*)	106,31 *RM*,
Gegebenenfalls Abrundung nach § 46 GrStDVO. auf eine durch 12 teilbare Zahl	106,20 „ ,
Monatlicher Teilbetrag	8,85 „ .

d) Festsetzung des Anteils der Belegenheitsgemeinde in Sonderfällen (§ 44 GrStDVO., Ziffer 56 GrR.). Führt die Festsetzung des Beteiligungsbetrags der Belegenheitsgemeinde am Steueraufkommen der Sitzgemeinde nach den Bestimmungen der §§ 41 bis 43 GrStDVO. (vorstehende Buchstaben a bis c) im einzelnen Fall zu einem offenbar unbilligen Ergebnis, so kann er nach anderen Gesichtspunkten festgesetzt werden, die den tatsächlichen Verhältnissen Rechnung tragen.

Beispiele:

aa) Auf den Ausmärkerflächen befinden sich nicht unerhebliche Gebäude; es handelt sich z. B. um ein Vorwerk. Der Abschlag von 25 v. H. nach § 41 Abs. 4 GrStDVO. kann in diesen Fällen zu hoch sein. Nach § 44 GrStDVO. kann das berücksichtigt werden.

bb) Schon bei der Festsetzung des Beteiligungsbetrags steht fest, daß die Sitzgemeinde mit außergewöhnlichen Ausfällen zu rechnen hat. In diesem Fall kann nach § 44 GrStDVO. entweder ein niedrigerer Tausendsatz (§ 42 GrStDVO.) angesetzt oder der nach den §§ 41 bis 43 GrStDVO. berechnete Beteiligungsbetrag um einen Pauschalabschlag ermäßigt werden.

Der Oberfinanzpräsident kann für seinen Bezirk allgemein anordnen, daß die Ausmärkerfläche eines land- und forstwirtschaftlichen Betriebs, die innerhalb einer Gemeinde eine bestimmte Größe überschreitet, nicht in den Steuerausgleich einbezogen wird, sondern daß der Steuermeßbetrag eines derartigen Betriebs hinsichtlich dieser Gemeinde zu zerlegen ist.

e) Änderung innerhalb eines Rechnungsjahrs (§ 45 GrStDVO., Ziffer 57 GrR.). Ändern sich innerhalb eines Rechnungsjahrs die Verhältnisse, die für die Berechnung des Beteiligungsbetrags von Bedeutung sind, derart, daß sich ein um mehr als ein Fünftel höherer oder niedrigerer Beteiligungsbetrag ergeben würde, so ist der Beteiligungsbetrag der Belegenheitsgemeinde für das Rechnungsjahr neu festzusetzen. Die Neufestsetzung ist für eine Belegenheitsgemeinde im Lauf eines Rechnungsjahrs nur einmal möglich.

Ein Anwendungsfall des § 45 GrStDVO. kann z. B. der sein, daß eine der beiden beteiligten Gemeinden oder beide Gemeinden ihren Hebesatz im Lauf eines Rechnungsjahrs ändern; nach § 2 Abs. 2 EinfGRealStG. vom 1. Dezember 1936 können die Hebesätze einmal im Lauf eines Rechnungsjahrs geändert werden.

Die Anwendung des § 45 GrStDVO. wird sich gelegentlich auch in Verbindung mit § 44 GrStDVO. (Festsetzung in Sonderfällen) als notwendig erweisen. Hier ist u. a. an die Fälle zu denken, in denen die Sitzgemeinde im Lauf des Rechnungsjahrs einen außerordentlichen Grundsteuerausfall erleidet. Es kann sich z. B. herausstellen, daß die Grundsteuer von einem besonders großen Steuerpflichtigen nicht eingehen wird. Auch werden hier die Fälle zu berücksichtigen sein, in denen die Betriebe der Sitzgemeinde durch Naturereignisse (Hagel, Sturm, Hochwasser, Auswinterung usw.) schwer geschädigt werden, so daß weitgehende Erlasse auch auf dem Gebiet der Grundsteuer gewährt werden müssen, oder daß die Grundsteuer tatsächlich nicht gezahlt wird. Es wäre in solchen Fällen unbillig, wenn die Sitzgemeinde an die Belegenheitsgemeinde den bereits rechtskräftig festgesetzten vollen Beteiligungsbetrag abführen müßte.

Auch in allen diesen Fällen ist mit Nachdruck auf eine Einigung der beteiligten Gemeinden hinzuwirken.

Dagegen ist kein Anlaß für eine Neufestsetzung des Beteiligungsbetrags gegeben, wenn die zur Stützung des Antrags angeführten Gesichtspunkte gegenüber der Regelung, die bei Zerlegung der Steuermeßbeträge eintreten würde, keine Benachteiligung einer der beteiligten Gemeinden ergeben. So kann z. B. eine Änderung in der Größe der Ausmärkerflächen im Lauf des Rechnungsjahrs nicht berücksichtigt werden. Denn die Größe der Ausmärkerflächen ist sowohl beim Steuerausgleich (§ 41 GrStDVO.) als auch bei der Zerlegung der Steuermeßbeträge (§ 18 GrStG.) nach dem Stand vom 1. Januar zugrunde zu legen; sie ist für das folgende Rechnungsjahr maßgebend (zu vgl. Buchst. a).

f) Entrichtung des Beteiligungsbetrags (§ 46 GrStDVO.). Die Sitzgemeinde hat, wenn die Gemeinden nichts Abweichendes vereinbaren, den Beteiligungsbetrag in monatlichen Teilbeträgen am letzten eines jeden Kalendermonats an die Belegenheitsgemeinde abzuführen. In diesen Fällen ist der Beteiligungsbetrag auf eine durch zwölf teilbare Zahl nach unten abzurunden.

3. Beteiligungsverfahren.

a) Das Antragserfordernis (§ 47 GrStDVO., Ziffer 58 GrR.). Die Festsetzung und die Neufestsetzung (§ 45 GrStDVO.) des Beteiligungsbetrags erfolgen auf Antrag. Zur Stellung des Antrags ist sowohl die Sitzgemeinde als auch die Belegenheitsgemeinde berechtigt. Die Steuerpflichtigen haben kein Antragsrecht. Der Antrag ist beim Finanzamt zu stellen, das für die Sitzgemeinde zuständig ist.

Der Antrag auf Festsetzung ist bis zum 30. Juni des Rechnungsjahrs zu stellen, für das der Steuerausgleich durchzuführen ist. Der Antrag auf Neufestsetzung ist innerhalb dieses Rechnungsjahrs zu stellen. Für das Rechnungsjahr 1938 genügt es, wenn auch der Antrag auf Festsetzung innerhalb des Rechnungsjahrs gestellt wird.

b) Festsetzende Behörde (§ 48 GrStDVO., Ziffer 58 GrR.). Den Beteiligungsbetrag der Belegenheitsgemeinde an dem Steueraufkommen der Sitzgemeinde setzt das Finanzamt fest, das für die Sitzgemeinde zuständig ist.

Der Beteiligungsbetrag wird nach Anhören beider Gemeinden durch schriftlichen Bescheid festgesetzt. Die Festsetzung bedarf der Zustimmung der Gemeindeaufsichtsbehörde. Liegen die beiden beteiligten Gemeinden in verschiedenen Kreisen, so bestimmt die gemeinsame obere Aufsichtsbehörde die Behörde, mit deren Zustimmung der Beteiligungsbetrag festzusetzen ist. Liegen die beiden beteiligten Gemeinden im Amtsbezirk verschiedener oberer Aufsichtsbehörden, so trifft der Reichsminister des Innern diese Bestimmung. In den Fällen, in denen die beiden beteiligten Gemeinden in verschiedenen Kreisen oder im Amtsbezirk verschiedener oberer Aufsichtsbehörden liegen, kann eine unbeteiligte nachgeordnete Aufsichtsbehörde als die Behörde bestimmt werden, mit deren Zustimmung der Beteiligungsbetrag festzusetzen ist.

Es ist möglich, daß sich die Festsetzung des Beteiligungsbetrags durch notwendig werdende Verhandlungen usw. verzögert, daß aber die Belegenheitsgemeinde auf den alsbaldigen Eingang von Zahlungen seitens der Sitzgemeinde angewiesen ist. Im § 48 Abs. 3 GrStDVO. ist daher vorgesehen, daß das Finanzamt den Beteiligungsbetrag vorläufig festsetzen kann. Zur Beschleunigung des Verfahrens bedarf es für die vorläufige Festsetzung nicht der Zustimmung der Gemeindeaufsichtsbehörde.

Der Beteiligungsbetrag ist den beteiligten Gemeinden durch schriftlichen Bescheid mitzuteilen.

Gegen die Festsetzung des Beteiligungsbetrags ist ein Rechtsmittel nicht zulässig.

Unterabschnitt 4
Festsetzung der Grundsteuer
§ 21
Hebesatz

(1) Die Grundsteuer wird für das Rechnungsjahr festgesetzt. Der Jahresbetrag der Steuer wird nach einem Hundertsatz des Steuermeßbetrags (§ 11) oder des auf die Gemeinde entfallenden Teils des Steuermeßbetrags (§§ 17 bis 19) berechnet (Hebesatz). Der Hebesatz wird von der Gemeinde festgesetzt.

(2) Der Hebesatz muß für alle in der Gemeinde gelegenen land- und forstwirtschaftlichen Betriebe (§ 3 Ziffer 1) einheitlich sein; das gleiche gilt von dem Hebesatz für die in der Gemeinde gelegenen Grundstücke (§ 3 Ziffer 2). Jedoch kann der Hebesatz für die land- und forstwirtschaftlichen Betriebe von dem Hebesatz für die Grundstücke abweichen; der Reichsminister des Innern und der Reichsminister der Finanzen können bestimmen, in welchem Verhältnis die Hebesätze zueinander stehen müssen.

Kurze Inhaltsangabe.

I. Hebesatz und Grundsteuerbescheid:
1. Wesen des Hebesatzes;
2. Zuständigkeit zur Festsetzung des Hebesatzes;
3. die Geltung des Hebesatzes in zeitlicher Hinsicht;
4. die Höhe des Hebesatzes;
5. die Festsetzung der Grundsteuer;
6. die Wirkung des Grundsteuerbescheids;
7. Abhängigkeit des Grundsteuerbescheids vom Steuermeßbescheid;
8. die Anfechtbarkeit des Grundsteuerbescheids;
9. das Entstehen der Grundsteuerschuld;

II. die Anwendbarkeit der AO. auf die Verwaltung der Grundsteuer:
1. Allgemeines;
2. der Rechtszustand bei Verwaltung der Realsteuern durch die Finanzämter;
3. der Rechtszustand bei Verwaltung der Realsteuern durch die Gemeinden.

I. Hebesatz und Grundsteuerbescheid.

Die Finanzämter teilen die festgesetzten Steuermeßbeträge (oder die Anteile an den Steuermeßbeträgen) den Gemeinden mit. Es ist Aufgabe der Gemeinden, hiernach die Grundsteuer festzusetzen, d. h. den Grundsteuerbescheid zu erlassen und die Steuer zu erheben. Die Festsetzung der Grundsteuer stellt die dritte Stufe des Grundsteuerverfahrens dar (zu vgl. Vorbem. zu § 11 GrStG.).

1. Wesen des Hebesatzes. Die Höhe der Grundsteuer hängt nach dem geltenden Recht von zwei Faktoren ab, einmal von der Höhe des Steuermeßbetrags, sodann von der Höhe des von der Gemeinde festzusetzenden Hebesatzes. Das Produkt aus Steuermeßbetrag und Hebesatz ergibt die Steuer für den einzelnen Steuergegenstand, das Produkt sämtlicher Steuermeßbeträge und der Hebesätze ergibt das Grundsteueraufkommen. Die Höhe des Aufkommens, das aus der Besteuerung des Grundbesitzes für die gemeindlichen Finanzen fließen soll, hängt damit einmal von der Höhe der Hebesätze, sodann von der Höhe der Steuermeßbeträge ab, die der Gemeinde für den in ihr belegenen Grundbesitz von den Finanzämtern mitgeteilt worden sind. Steuermeßbetrag und Hebesatz stehen in einer gewissen Wechselwirkung: das Produkt „Notwendiges Grundsteueraufkommen" kann dadurch erreicht werden, daß ein niedriger Steuermeßbetrag und dafür ein um so höherer Hebesatz gewählt wird und umgekehrt. Nach dem geltenden Recht ist der Steuermeßbetrag eine absolute, im Gesetz unmittelbar festgelegte und der Beschlußfassung der Gemeinde entzogene Ziffer. Da sich die Summen der der Gemeinde mitgeteilten Steuermeßbeträge sowie auch der Grundsteuerbedarf ändern werden, muß der Hebesatz veränderlich sein.

Der Hebesatz besteht in einem Hundertsatz des Steuermeßbetrags (§ 21 GrStG.) oder des auf die Gemeinde entfallenden Teils des Steuermeßbetrags (§§ 17 bis 19 GrStG.).

2. Zuständigkeit zur Festsetzung des Hebesatzes. Der Hebesatz wird von der Gemeinde — in der Haushaltsatzung, d. i. also vor Beginn des Rechnungsjahrs — festgesetzt (zu vgl. auch § 83 der Deutschen Gemeindeordnung). Wegen der Frage, ob die Gemeinden bei Bemessung der Höhe des Hebesatzes Beschränkungen unterliegen, wird auf die nachfolgende Ziffer 4 verwiesen.

3. Die Geltung des Hebesatzes in zeitlicher Hinsicht. Im Gegensatz zur Veranlagung der Steuermeßbeträge wird die Grundsteuer für jedes Rechnungsjahr neu festgesetzt (§ 21 Abs. 1 Satz 1 GrStG.). Das entspricht der Vorschrift des § 2 Abs. 1 EinfGRealStG., wonach die Hebesätze für die Realsteuern für jedes Rechnungsjahr neu festgesetzt werden. Um den Gemeinden die Möglichkeit zu geben, die Festsetzung des Hebesatzes für den Fall zu ändern, daß das Aufkommen zur Deckung der notwendigen Ausgaben entgegen dem Voranschlag nicht ausreicht oder daß die Finanzlage die Herabsetzung des Hebesatzes gestattet, läßt das EinfGRealStG. zu, daß die Hebesätze im Lauf eines Rechnungsjahrs geändert werden können. Die Nachtragshaushaltsatzung über die Festsetzung der neuen Hebesätze muß vor dem 1. Januar erlassen werden. Die Änderung der Hebesätze für die Grundsteuer und für die Gewerbesteuer nach dem Gewerbeertrag und dem Gewerbekapital wirkt auf den Beginn des Rechnungsjahrs zurück; sie belastet oder entlastet also die Steuerpflichtigen rückwirkend. Um die sich hieraus für die Steuerpflichtigen möglicherweise ergebenden Schwierigkeiten auf ein Mindestmaß zu beschränken, bestimmt das Gesetz, daß die Hebesätze nur einmal im Rechnungsjahr — und zwar in einer Nachtragshaushaltsatzung, die vor dem 1. Januar erlassen werden muß — geändert werden können.

4. Die Höhe des Hebesatzes. In der Bemessung des Hebesatzes sind die Gemeinden grundsätzlich frei; — jedenfalls sagt das Gesetz an keiner Stelle, daß der Hebesatz eine bestimmte Höhe nicht übersteigen darf —; immerhin enthalten aber das GrStG. und das EinfG.-RealStG. mehrere Vorschriften, die das Festsetzungsrecht der Gemeinde nach mehrfachen Richtungen einschränken.

a) Verbot der Abstufung der Hebesätze nach Wert oder Größe des Steuergegenstands. Gemäß § 21 Abs. 2 GrStG. „muß der Hebesatz für alle in der Gemeinde gelegenen land- und forstwirtschaftlichen Betriebe (§ 3 Ziff. 1 GrStG.) einheitlich sein; das gleiche gilt von dem Hebesatz für die in der Gemeinde gelegenen Grundstücke (§ 3 Ziff. 2 GrStG.). Jedoch kann der Hebesatz für die land- und forstwirtschaftlichen Betriebe von dem Hebesatz für die Grundstücke abweichen; der Reichsminister des Innern und der Reichsminister der Finanzen können bestimmen, in welchem Verhältnis die Hebesätze zueinander stehen".

Nach der genannten gesetzlichen Regelung ist den Gemeinden die Abstufung der Hebesätze nach Wert oder Größe des Steuergegenstands verwehrt. Die Gemeinde kann nur zwei Hebesätze festsetzen: einen für land- und forstwirtschaftliche Betriebe, einen anderen für Grundstücke. Den Gemeinden ist hiernach auch verboten, etwa für Einfamilienhäuser oder Neuhausbesitz oder Bauland einen niedrigeren oder höheren Hebesatz festzusetzen. Die Frage der schwächeren oder schärferen Erfassung derartiger Gruppen des Grundbesitzes ist reichsrechtlich bereits durch die Abstufung der Steuermeßzahlen (§ 12 Abs. 2 GrStG., §§ 28, 29 GrStDVO.) abschließend geregelt.

Von dem Grundsatz, daß die Hebesätze für alle in der Gemeinde gelegenen land- und forstwirtschaftlichen Betriebe und für alle in der Gemeinde gelegenen Grundstücke einheitlich sein müssen, läßt das EinfGRealStG. in den §§ 3 und 4 zwei wichtige Ausnahmen zu.

aa) Gemäß § 3 EinfGRealStG. „können die Hebesätze für die Realsteuern für einen Teil des Gemeindebezirks oder für eine Gruppe von Steuergegenständen höher als die allgemeinen Hebesätze festgesetzt werden, soweit der Gemeinde Kosten durch Einrichtungen erwachsen, die ausschließlich oder in besonders hervorragendem Maß diesem Teil des Gemeindebezirks oder dieser Gruppe von Steuergegenständen zustatten kommen und für die Beiträge nicht erhoben werden (Mehrbelastung). Bei der Bemessung der Mehrbelastung ist der zur Herstellung und Unterhaltung der Einrichtungen erforderliche Bedarf nach Abzug des etwaigen Ertrages zu berücksichtigen. Die Festsetzung der Mehrbelastung bedarf der Genehmigung der oberen Gemeindeaufsichtsbehörde". Die Bestimmung des § 3 EinfGRealStG. ist der Bestimmung des § 20 Abs. 2 des Preuß. Kommunalabgabengesetzes nachgebildet; sie ermöglicht es, z. B. die Kosten der Kanalisation, der Müllabfuhr, der Straßenreinigung und auch der Berufsschulen durch besondere Heranziehung der durch solche Einrichtungen Begünstigten bei den Realsteuern zu erheblichen Teilen abzudecken.

bb) Gemäß § 4 EinfGRealStG. „kann, wenn das Gebiet von Gemeinden geändert wird, die hierfür zuständige Behörde für die Gebietsteile, die vorher zu verschiedenen Gemeinden (Gutsbezirken) gehört haben, auf bestimmte Zeit verschiedene Hebesätze zulassen. Für Gemeinden, in denen aus Anlaß einer früheren Änderung von Gemeindegebieten verschiedene Realsteuersätze für die vorher zu verschiedenen Gemeinden (Gutsbezirken) gehörigen Gebietsteile zugelassen waren, bleibt diese Regelung vorläufig aufrechterhalten. Den Zeitpunkt des Außerkrafttretens bestimmt im einzelnen Fall die obere Gemeindeaufsichtsbehörde".

In § 5 EinfGRealStG. wird den Gemeinden das Recht verliehen, mit Zustimmung der obersten Gemeindeaufsichtsbehörde Vereinbarungen mit Steuerpflichtigen über die Höhe der Steuer zu treffen; dieses Recht bezieht sich nur auf die Gewerbesteuer; bei der Grundsteuer können die Voraussetzungen für die Pauschalierung oder Steuervereinbarung nicht vorliegen; hier sind sie deshalb nicht zugelassen. In der Vergangenheit abgeschlossene Vereinbarungen verlieren mit dem Inkrafttreten des Grundsteuergesetzes ihre Wirksamkeit nicht (§ 5 Abs. 2 EinfGRealStG.).

b) Begrenzung des Hebesatzes für das Rechnungsjahr 1938. Von besonderer Bedeutung für die Bemessung der Grundsteuer-Hebesätze ist die Bestimmung des § 8 Abs. 1 EinfGRealStG.; hiernach soll die Gemeinde für das Rechnungsjahr 1938 die Hebesätze für die Grundsteuer so bemessen, daß insgesamt kein höheres Aufkommen zu erwarten ist, als bei Weitererhebung der Steuer durch die Gebietskörperschaften nach bisherigem Recht in der Gemeinde erzielt worden wäre. Zum Aufkommen im Sinn dieser Bestimmung gehört nicht das Aufkommen für das Rechnungsjahr 1937 in der Gemeinde aus Mehrbelastungen im Sinn des § 3 EinfGRealStG., soweit solche Mehrbelastungen für das Rechnungsjahr 1938 unterbleiben und an ihrer Stelle Beiträge oder andere Abgaben erhoben werden. Zum Aufkommen im Sinn des Satzes 1 gehört dagegen das Aufkommen für das Rechnungsjahr 1937 in der Gemeinde aus Sondersteuern auf Wohnungen (Wohnraum) und Mieten im Sinn des § 27 Ziff. 3 EinfGRealStG., — die nach dieser Bestimmung nicht mehr erhoben werden dürfen. — Der Reichsminister des Innern und der Reichsminister der Finanzen erlassen Richtlinien, unter welchen Voraussetzungen von dem Grundsatz des § 8 Abs. 1 EinfGRealStG. abgewichen werden kann (§ 8 Abs. 2)". Letztere Bestimmung wurde getroffen, weil — mit Rücksicht auf die Umgestaltung der Tarife und der Steuergrundlagen — das Steueraufkommen 1938 nur schwer im voraus geschätzt werden kann.

Zweck des § 8 EinfGRealStG. ist, zu verhindern, daß mit der Einführung des neuen Grundsteuergesetzes eine Steuererhöhung verbunden wird. Es sollen nur Belastungsverschiebungen innerhalb der einzelnen Gemeinde vorkommen. Diese stellen im Einzelfall die Verwirklichung des Grundsatzes der Gleichmäßigkeit der Besteuerung dar, die Anpassung der Steuer an die veränderten Werte und an die für das gesamte Reichsgebiet vorgeschriebene Einheitlichkeit. In das Aufkommen darf dagegen ein erhoffter konjunktureller Mehrertrag der Steuer eingeschlossen werden.

c) Steuerverkoppelung und Genehmigung der Hebesätze. Hinzuweisen ist noch auf die Bestimmung des § 6

EinfGRealStG., wonach der Reichsminister des Innern im Einvernehmen mit dem Reichsminister der Finanzen Bestimmungen darüber erläßt, in welchem Verhältnis die Hebesätze für die Grundsteuer, die Gewerbesteuer und die Bürgersteuer zueinander stehen müssen und inwieweit die Hebesätze für diese Steuern der Genehmigung der Gemeindeaufsichtsbehörden bedürfen. In letzterer Hinsicht wird auf § 86 Ziffer 1 der Gemeindeordnung Bezug genommen.

5. Die Festsetzung der Grundsteuer. Die Grundsteuer der einzelnen Steuergegenstände wird in der Weise berechnet, daß der Hebesatz auf den für den Steuergegenstand festgesetzten Steuermeßbetrag angewendet wird; in Zerlegungsfällen ist der Hebesatz auf den auf die Gemeinde entfallenden Teil des Steuermeßbetrags anzuwenden.

Beispiel 1: Einheitswert eines land- und forstwirtschaftlichen Betriebs	80 000 *RM*
Steuermeßbetrag 80 + 700 (§ 28 GrStDVO.) . .	780 „
Hebesatz (z. B.) 80 v. H., Grundsteuer somit: . .	624 „
Beispiel 2: Einheitswert eines land- und forstwirtschaftlichen Betriebs	120 000 „
Der Betrieb liegt in den Gemeinden A und B und zwar sind ausgeschieden	
auf die Gemeinde A . . . . . 100 000 *RM*	
auf die Gemeinde B . . . . . 20 000 „	
Der Steuermeßbetrag ist (§ 28 GrStDVO.) 80 + 1100 =	1180 „
Die Anteile am Steuermeßbetrag betragen	
bei der Gemeinde A: . . . . . . 983,40 *RM*	
bei der Gemeinde B: . . . . . . 196,60 „	
Die Hebesätze betragen:	
bei der Gemeinde A: . . . . . 100 v. H.	
bei der Gemeinde B: . . . . . 80 v. H.	
Die Steuer berechnet sich wie folgt:	
für den Grundbesitz in der Gemeinde A 100 v. H. aus 983,40 *RM* = ...	983,40 *RM*
für den Grundbesitz in der Gemeinde B 80 v. H. aus 196,60 *RM* = ...	157,28 „
Beispiel 3: Der Einheitswert eines Einfamilienhauses (Altbau) beträgt 60 000 *RM*; das Einfamilienhaus liegt in der Gemeinde A, die 110 000 Einwohner zählt. Steuermeßbetrag (§ 29 GrStDVO.) 300 *RM* + 240 *RM* = ...	540 *RM*
Der Hebesatz beträgt 80 v. H.,	
die Steuer ist hiernach auf 80 v. H. aus 540 *RM* = festzusetzen.	432 *RM*

6. Die Wirkung des Grundsteuerbescheids. Zum Wesen der Realsteuern gehört ganz allgemein, daß bei ihnen die sachliche, nicht (wie bei den Personalsteuern) die persönliche Steuerpflicht im Vordergrund steht. Den Kern des Realsteuerbescheids bildet deshalb die Entscheidung, daß auf den Steuergegenstand (z. B. auf das Grundstück X) die und die Grundsteuer entfällt. Darin zeigt sich, daß der

Realsteuerbescheid seinem Wesen nach ein dinglicher Bescheid ist. § 210 a Abs. 1 AO. bestimmt dementsprechend: „Der Realsteuerbescheid richtet sich auch gegen den Rechtsnachfolger (einschließlich des Nachfolgers im Besitz), auf den nach dem Feststellungszeitpunkt oder nach dem Ablauf des Bemessungszeitraums der Betrieb, das Grundstück oder das Betriebsgrundstück übergegangen ist. Ist die Rechtsnachfolge eingetreten, nachdem der Realsteuerbescheid dem Rechtsvorgänger bekanntgegeben (zugestellt) worden ist, so wirkt die Bekanntgabe (die Zustellung) an den Rechtsvorgänger auch gegen den Rechtsnachfolger."

Wer für eine Realsteuer, die ein anderer schuldet, entweder persönlich oder mit den von ihm verwalteten Mitteln haftet, muß einen Realsteuerbescheid, der gegen den Steuerschuldner ergangen ist, auch dann gegen sich gelten lassen, wenn er nicht Rechtsnachfolger des Steuerschuldners ist" (§ 210 a Abs. 2 AO.).

„Tritt für einen Betrieb, ein Grundstück, ein Betriebsgrundstück ..., nachdem darüber ... ein Realsteuerbescheid erlassen worden ist, eine Rechtsnachfolge (einschließlich der Nachfolge im Besitz) ein, während eine Rechtsmittelfrist (Frist zur Einlegung eines Rechtsmittels, das ... die Festsetzung einer Realsteuer betrifft, läuft, so kann auch der Rechtsnachfolger das Rechtsmittel einlegen (§ 240 Abs. 1 AO.).

Wenn in dem vorbezeichneten Falle oder in einem sonstigen Fall der Rechtsvorgänger und der Rechtsnachfolger Rechtsmittel gleicher Art gegen einen Realsteuerbescheid einlegen, so werden die Rechtsmittel verbunden. Legt nur der Rechtsvorgänger Rechtsmittel ein, so wird der Rechtsnachfolger, legt nur der Rechtsnachfolger Rechtsmittel ein, so wird, falls möglich, der Rechtsvorgänger zu dem Rechtsmittelverfahren von Amts wegen zugezogen, wenn sein Interesse durch die Entscheidung berührt wird und die Rechtsmittelbehörde Kenntnis von der Rechtsnachfolge hat. Auch im Rechtsmittelverfahren können nur einheitliche Entscheidungen getroffen werden. Die Rechtsmittelentscheidungen richten sich sowohl gegen den Rechtsvorgänger als auch gegen den Rechtsnachfolger." (§ 240 Abs. 2 AO.)

Die Vorschriften der §§ 210 a und 240 AO. gelten auch insoweit, als die Grundsteuer von den Gemeinden verwaltet wird.

7. Abhängigkeit des Grundsteuerbescheids vom Steuermeßbescheid. Gemäß § 212 b Abs. 1 AO. teilen die Finanzämter die festgesetzten Steuermeßbeträge denjenigen Gemeinden mit, denen die Steuerfestsetzung (der Erlaß des Realsteuerbescheids) obliegt. — Die Mitteilung der Steuermeßbeträge — Durchschrift der Steuermeßbescheide — unterbleibt, wenn die Grundsteuer vom Finanzamt verwaltet wird, in diesem Falle ist aber die Summe der Steuermeßbeträge mitzuteilen. — Gemäß Abs. 2 a. a. O. werden die festgesetzten Steuermeßbeträge und die anderen Entscheidungen, die in den Steuermeßbescheiden enthalten sind (§ 212 a Abs. 3 AO.), den Realsteuerbescheiden zugrunde gelegt, auch wenn die Steuermeßbescheide noch nicht unanfechtbar geworden sind (Abs. 3). Ist ein Steuermeßbescheid durch Rechtsmittelentscheidung oder durch Berichtigungsbescheid geändert worden, so wird ein Realsteuerbescheid, der auf dem bisherigen

Steuermeßbescheid beruht, von Amts wegen durch einen neuen Realsteuerbescheid ersetzt, der der Änderung des bisherigen Steuermeßbescheids Rechnung trägt. Dies gilt auch dann, wenn der bisherige Steuermeßbescheid bereits unanfechtbaar geworden war. Mit dem Erlaß des neuen Realsteuerbescheids kann gewartet werden, bis die Änderung des bisherigen Steuermeßbescheids unanfechtbar geworden ist. Selbstverständlich ist, daß die Finanzämter alle Änderungen der Steuermeßbeträge bzw. Steuermeßbescheide den Gemeinden mitzuteilen haben. Nach § 232 Abs. 1 AO. kann der Steuerpflichtige einen Steuerbescheid nur deshalb anfechten, weil er sich durch die Höhe der festgesetzten Steuern oder dadurch beschwert fühlt, daß die Steuerpflicht bejaht worden ist. (Abs. 2) Liegen einem Steuerbescheid Entscheidungen zugrunde, die in einem Feststellungsbescheid oder in einem Steuermeßbescheid getroffen worden sind, so kann der Steuerbescheid nicht mit der Begründung angefochten werden, daß die in dem Feststellungsbescheid oder in dem Steuermeßbescheid getroffenen Feststellungen unzutreffend seien. Dieser Einwand kann nur gegen den Feststellungsbescheid oder gegen den Steuermeßbescheid erhoben werden.

Die Vorschriften der §§ 212 b Absätze 2 und 3 und 232 AO. gelten auch insoweit, als die Grundsteuer von den Gemeinden verwaltet wird.

8. Die Anfechtbarkeit des Grundsteuerbescheids. Die Grundsteuerbescheide können nur einer ganz beschränkten Anfechtbarkeit unterliegen. Gemäß § 232 Abs. 1 und 2 AO. kann der Steuerpflichtige einen Steuerbescheid nur deshalb anfechten, weil er sich durch die Höhe der festgesetzten Steuer oder dadurch beschwert fühlt, daß die Steuerpflicht bejaht wird. Liegen einem Steuerbescheid Entscheidungen zugrunde, die in einem Feststellungsbescheid oder in einem Steuermeßbescheid getroffen worden sind, so kann der Steuerbescheid nicht mit der Begründung angefochten werden, daß die in dem Feststellungsbescheid oder in dem Steuermeßbescheid getroffenen Entscheidungen unzutreffend seien. Dieser Einwand kann nur gegen den Feststellungsbescheid oder gegen den Steuermeßbescheid erhoben werden. Da durch den Einheitswertbescheid bereits die Höhe des Einheitswerts festgestellt, ferner über die Art des Steuergegenstands und darüber entschieden worden ist, wem der Steuergegenstand zuzurechnen ist, da weiter im Steuermeßbescheid bereits Entscheidung darüber getroffen worden ist, welche Steuermeßzahl in Anwendung zu kommen hat und welcher Steuermeßbetrag dementsprechend der Besteuerung zugrunde zu legen ist, so kann der Grundsteuerbescheid im wesentlichen nur noch mit der Einwendung angefochten werden, daß der zugrunde gelegte Steuermeßbetrag mit dem festgesetzten nicht übereinstimme, daß ein falscher Hebesatz zugrunde gelegt oder daß die Steuer unrichtig berechnet worden sei. Weitere Einwendungen verbieten sich mit Rücksicht auf den Grundsatz des § 232 Abs. 2 AO.

Das Gesagte gilt auch insoweit, als die Grundsteuer von den Gemeinden verwaltet wird (§ 4 Abs. 2 mit § 232 AO.).

9. Das Entstehen der Grundsteuerschuld. Gemäß § 3 Abs. 1 StAnpG. entsteht die Steuerschuld, sobald der Tatbestand verwirklicht ist, an den das Gesetz die Steuer knüpft. Gemäß Abs. 2 a. a. O. ist es auf die Entstehung der Steuerschuld ohne Einfluß, ob und wann die Steuer festgesetzt wird und wann die Steuer zu entrichten (wann sie fällig) ist.

Nach den in § 3 Abs. 5 StAnpG. aufgeführten Beispielen und Ergänzungen zu den Absätzen 1 und 2 entsteht die Steuerschuld bei der Grundsteuer mit Beginn des Kalenderjahrs, in das der Beginn des Rechnungsjahrs fällt, für das die Grundsteuer erhoben wird. Die Grundsteuer für das Rechnungsjahr 1938 (1. April 1938 bis 31. März 1939) entsteht damit am 1. Januar 1938.

Die Frage der Entstehung der Steuerschuld ist wichtig für die Frage der Verjährung — die Verjährung beginnt nach der Regel des § 145 Abs. 1 AO. mit Ablauf des Jahrs, in dem der Anspruch (§ 143), d. h. die Steuerschuld entstanden ist — weiter für das Arrestverfahren (§ 77 Abs. 1 Ziff. 1 der Beitreibungsordnung), für den Konkurs — Steuerschulden, die vor Eröffnung des Konkursverfahrens entstanden sind, gehören zu den Konkursforderungen (§ 3 Abs. 1 KO.) — usw.

II. Die Anwendung der AO. auf die Verwaltung der Grundsteuer.

1. Allgemeines. Gemäß § 18 Ziff. 1 AO. liegt außer der Verwaltung der Reichssteuern den Finanzämtern und Landesfinanzämtern ob 1. die Festsetzung und Zerlegung der Steuermeßbeträge bei den Realsteuern. Eingeschlossen sind die Vorbereitung, die Nachprüfung, die Steueraufsicht, das Rechtsmittelverfahren und das Strafverfahren; 2. sonstige nicht unter die vorstehende Ziffer fallende Verwaltungsgeschäfte auf dem Gebiet der Realsteuern und Verwaltungsgeschäfte auf dem Gebiet anderer Steuern der Gemeinden und Gemeindeverbände, „soweit der Reichsminister der Finanzen die Verwaltungsgeschäfte den Finanzämtern und Landesfinanzämtern übertragen hat. Derartige Verwaltungsgeschäfte werden den Finanzämtern und Landesfinanzämtern nicht mehr neu übertragen. Verwaltungsgeschäfte der in vorstehender Bestimmung bezeichneten Art, die den Finanzämtern und Landesfinanzämtern bereits übertragen sind, sind (mit Ausnahme der helgoländischen Gemeindeeinfuhrsteuer) spätestens bis zum 1. April 1940 zurückzuübertragen."

Zu den sonstigen Verwaltungsgeschäften auf dem Gebiet der Realsteuern gehört die Erhebung und Beitreibung sowie Erlaß und Stundung der Realsteuern. Während sonach die Festsetzung der Steuermeßbeträge bei den Realsteuern den Finanzämtern kraft zwingenden Rechts obliegt, kann ihnen die Erhebung und Verwaltung der Realsteuern im bisherigen Rahmen bis 1. April 1940 übertragen bleiben; soweit letztere Regelung getroffen ist, verbleibt den Gemeinden auf dem Gebiet der Realsteuern im Ergebnis lediglich das Recht der Festsetzung des Hebesatzes.

Die Frage, ob die Erhebung und Verwaltung der Realsteuern den Gemeinden oder kraft Übertragung den Finanzämtern obliegt, ist verfahrensrechtlich von außerordentlicher Bedeutung. Gemäß § 4 Abs. 1 AO. gelten für die Realsteuern, soweit diese von Finanzämtern und Landesfinanzämtern verwaltet werden, die Vorschriften der Reichsabgabenordnung. Werden die Realsteuern nicht von Finanzämtern und Landesfinanzämtern verwaltet, so gelten nur die in § 4 Abs. 2 AO. aufgeführten Vorschriften der AO. sinngemäß.

2. Der Rechtszustand bei Verwaltung der Realsteuern durch die Finanzämter und Landesfinanzämter. Die Anwendung der Vorschriften der AO. hat zur Folge, daß über die von den Steuerpflichtigen geschuldete Realsteuer ein Steuerbescheid — die AO. spricht von Realsteuerbescheid — zu erteilen ist; es gilt der Grundsatz des § 210b AO., wonach für Steuern vom Einkommen, vom Ertrag, vom Vermögen und vom Umsatz der Steuerbescheid schriftlich zu erteilen ist. Da die Grundsteuer eine Steuer vom Vermögen ist, bedarf der Grundsteuerbescheid der Schriftform.

Steuerbescheide, die nach den Steuergesetzen schriftlich zu erteilen sind, müssen die Höhe der Steuer enthalten; ein Steuerbescheid, der die Höhe der Steuer nicht enthält, ist kein wirksamer Steuerbescheid (Urt. IV A 145/35 v. 20. 10. 35 = RStBl. 35 S. 1427); der Steuerbescheid muß selbstverständlich den Willen der verfügenden Behörde wiedergeben; ein wirksamer Steuerbescheid liegt deshalb nur dann vor, wenn die Urschrift des Bescheids und der dem Pflichtigen mitgeteilte Bescheid übereinstimmen.

Gemäß § 211 Abs. 2 AO. soll der Grundsteuerbescheid enthalten: 1. eine Belehrung, welches Rechtsmittel zulässig ist und binnen welcher Frist und bei welcher Behörde es einzulegen ist, 2. die Besteuerungsgrundlagen, soweit sie dem Steuerpflichtigen nicht schon mitgeteilt sind, 3. eine Anweisung, wo, wann und wie die Steuer zu entrichten ist, 4. die Punkte, in denen von der Steuererklärung abgewichen worden ist.

Für die Zurücknahme, vorläufige Festsetzung, und Berichtigung der Grundsteuerbescheide sowie hinsichtlich des Rechtsmittelverfahrens gelten die Vorschriften der AO. (§§ 94, 100, 222 und 228 AO.). Es findet also, um nur das Wichtigste zu erwähnen, gegen Steuerbescheide, die die Finanzämter in Grundsteuersachen erlassen, der Einspruch statt; gegen die Einspruchsentscheidung des Finanzamts ist die Berufung an das Finanzgericht und gegen die Berufungsentscheidung des Finanzgerichts die Rechtsbeschwerde an den Reichsfinanzhof gegeben (§§ 228, 229 AO.).

3. Der Rechtszustand bei Verwaltung der Realsteuern durch die Gemeinden.

a) Allgemeines. Werden die Realsteuern durch die Gemeinden verwaltet, wie es vom 1. April 1940 an der allein mögliche Rechtszustand ist, so gelten die Vorschriften der AO. nur insoweit, als sie ausdrücklich für anwendbar erklärt werden. Die Vorschriften, die für anwendbar, d. h. für sinngemäß anwendbar erklärt werden, sind in § 4 Abs. 2 AO. erschöpfend aufgeführt. Nicht anwendbar sind hiernach die unter vorstehender Ziffer 2 genannten Bestimmungen über die Steuerbescheide; es gelten vielmehr insoweit die verfahrensrechtlichen Vorschriften des Landesrechts über die Festsetzung von Gemeindesteuern. § 25 EinfGRealStG. ermächtigt aber die Länder mit Zustimmung des Reichsministers des Innern das Landesrecht im Verordnungswege den Vorschriften der AO. anzupassen. Soweit solche Übergangsvorschriften nicht erlassen werden, bleibt zunächst das Landesrecht in Geltung. Für das Rechtsmittelverfahren gegen den von der Gemeinde erlassenen Grundsteuerbescheid gelten ebenfalls grundsätzlich die landesrechtlichen Vorschriften weiter.

b) **Die für die Realsteuern anwendbaren Vorschriften der AO. im einzelnen.** Für die Realsteuern gelten bei Verwaltung durch die Gemeinden folgende Vorschriften der AO.:

aa) Die Vorschriften über die Haftung; hierher gehören die allgemeinen Haftungsbestimmungen der §§ 103, 104, 105, 106, 108, 109, 111, 112, 113, 117, 118 und 120 AO. sowie die besonders für die Grundsteuer wichtige Vorschrift des § 116 Abs. 2 AO. Auf Bem. 2 zu § 8 GrStG. wird hingewiesen.

bb) Die Vorschriften über die Verjährung (§§ 143 bis 149 AO.). Gemäß § 144 beträgt die Verjährungsfrist bei der Grundsteuer 3 Jahre. Die Verjährung beginnt mit Ablauf des Jahrs, in dem der Anspruch (§ 143 AO.) entstanden ist (§ 145 Abs. 1 AO.). Wegen der Frage des Entstehens des Grundsteueranspruchs zu vgl. Anm. 19 zu § 21.

cc) Die Vorschriften über Erlaß, Erstattung und Anrechnung von Steuern (§ 131 Abs. 2 Satz 1 und § 131 Abs. 3 AO.) Gemäß § 131 Abs. 1 AO. kann der Reichsminister der Finanzen für einzelne Fälle (auch für eine Mehrheit von einzelnen Fällen, wie bei Unwetterschäden oder sonstigen Notständen) Reichssteuern, deren Einziehung nach Lage des einzelnen Falls unbillig wäre, ganz oder zum Teil erlassen oder in solchen Fällen die Erstattung oder Anrechnung bereits entrichteter Reichssteuern verfügen. Gemäß § 132 Abs. 2 Satz 1 AO. stehen für Steuern, die nicht Reichssteuern sind, die im Absatz 1 bezeichneten Befugnisse den öffentlich-rechtlichen Körperschaften zu, für deren Rechnung die Steuern erhoben werden. Den Gemeinden steht hiernach die Befugnis zu, Realsteuern aus Billigkeitsgründen zu erlassen, zu erstatten oder anzurechnen.

Gemäß § 131 Abs. 3 AO. kann für die Grundsteuer der Reichsminister der Finanzen mit Zustimmung des Reichsministers des Innern für bestimmte Arten von Fällen Richtlinien erlassen, nach denen die Grundsteuer ganz oder teilweise zu erlassen ist. Soweit nach diesen Richtlinien der Erlaß der Grundsteuer von Voraussetzungen abhängig ist, die nach den landesrechtlichen Bestimmungen auch für den Erlaß der Gebäudeentschuldungsteuer gelten, sind die Feststellungen, die die Landesbehörden (oder Finanzämter) für die Gebäudeentschuldungsteuer über das Vorliegen dieser Voraussetzungen treffen, auch für den Erlaß der Grundsteuer bindend.

dd) Die Vorschriften über die Abhängigkeit des Realsteuerbescheids vom Steuermeßbescheid (§ 212 b Absätze 2 und 3 und § 232). Auf Anm. 17 zu § 21 wird hingewiesen.

ee) Die Vorschriften über Rechtsnachfolger und Haftpflichtige (§§ 210a und 240 AO.). Auf die Bem. 16 zu § 21 wird hingewiesen.

ff) Die Vorschriften über das Steuerstrafrecht (§§ 391 bis 476 AO.). Bei Steuerzuwiderhandlungen, die eine Realsteuer betreffen, ist folgendermaßen zu unterscheiden: Wenn die Steuerzuwiderhandlung das Steueraufsichtverfahren, das Steuerermittlungsverfahren oder das dazu gehörige Rechtsmittelverfahren betrifft, so ist das Finanzamt zuständig (§ 18 Ziff. 1 AO.). Wenn dagegen die Steuerzuwiderhandlung das Hebungs- oder das Beitreibungsverfahren betrifft, so ist für das Steuerstrafverfahren die Gemeindebehörde zuständig. Die Zuständigkeit der Gemeindebehörde ist damit u. a. gegeben, wenn der Steuerpflichtige unrichtige Angaben in einem Stundungs- oder Erlaßgesuch macht.

Außer den in § 4 Abs. 2 AO. genannten Vorschriften gelten für die Realsteuern, auch wenn sie von den Gemeinden verwaltet werden, gewisse weitere Fundamentalgrundsätze der AO. (§ 8 AO.). Das gilt zunächst für die Definition des Steuerbegriffs, der mit Rücksicht darauf, daß der Ausdruck „Steuer" die Grundlage für zahlreiche andere wichtige Begriffe des Steuerrechts (z. B. für die Begriffe Steuergesetz, Steuerpflichtiger, Steuerermittlung, Steuererklärung, Steuerbescheid, Steuerzuwiderhandlung) bildet, in einem geschlossenen Steuersystem nur ein einheitlicher sein kann. Demgemäß gilt die in § 1 Abs. 1 AO. enthaltene Definition des Steuerbegriffs: „Steuern sind einmalige oder laufende Geldleistungen, die nicht eine Gegenleistung für eine besondere Leistung darstellen und von einem öffentlich-rechtlichen Gemeinwesen zur Erzielung von Einkünften allen auferlegt werden, bei denen der Tatbestand zutrifft, an den das Gesetz die Leistungspflicht knüpft," auch für die Realsteuern wie überhaupt für alle Steuern des Reichs, der Länder und der Gemeinden. Ebenso wie die Begriffsbestimmung des § 1 Abs. 1 AO. müssen auch die Vorschriften über das Steuergeheimnis (§§ 22 und 412 AO.) sowie die Grundsätze über die Ersatzpflicht (§ 23 AO.) für alle Steuern des Reichs, der Länder und der Gemeinden Geltung besitzen. Die letztgenannte Bestimmung legt fest: „Wird infolge einer Amts- oder Dienstpflichtverletzung eines im Dienst des Reichs, eines Lands, einer Gemeinde, eines Gemeindeverbands oder einer Religionsgesellschaft des öffentlichen Rechts stehenden Amtsträgers (§ 22 Abs. 3 Sätze 1 und 2 AO.) oder Angestellten eine Steuer zu niedrig oder zu spät festgesetzt, erhoben oder beigetrieben oder eine Steuerbeteiligung oder ein Steuermeßbetrag zu niedrig oder zu spät festgesetzt, so kann eine Körperschaft des öffentlichen Rechts, für deren Rechnung die Steuer erhoben wird oder die an dem Aufkommen aus der Steuer beteiligt ist, wegen der Amts- oder Dienstpflichtverletzung Schadenersatz nur dann verlangen, wenn die Amts- oder Dienstpflichtverletzung mit einer im Weg des gerichtlichen Strafverfahrens zu verhängenden öffentlichen Strafe bedroht ist. Die Ersatzpflicht tritt nicht ein, wenn die Körperschaft vorsätzlich oder fahrlässig unterlassen hat, den Schaden durch Gebrauch eines Rechtsmittels oder durch Anrufung der Aufsichtsbehörde abzuwenden."

Abschnitt III
Entrichtung der Grundsteuer

§ 22
Fälligkeit

(1) Die Grundsteuer wird fällig:
1. für land- und forstwirtschaftliche Betriebe (§ 3 Ziffer 1) am 15. Mai, 15. August, 15. November und 15. Februar zu je einem Viertel ihres Jahresbetrags,
2. für Grundstücke (§ 3 Ziffer 2) am 15. eines jeden Monats zu je einem Zwölftel ihres Jahresbetrags.

(2) Die Gemeinden können mit Genehmigung der Aufsichtsbehörde bestimmen, daß abweichend von den Vorschriften des Absatzes 1 die Steuer fällig wird:
1. für land- und forstwirtschaftliche Betriebe (§ 3 Ziffer 1) am 15. eines jeden Monats zu je einem Zwölftel ihres Jahresbetrags,
2. für Grundstücke (§ 3 Ziffer 2) am 15. Mai, 15. August, 15. November und 15. Februar zu je einem Viertel ihres Jahresbetrags.

(3) Ohne Rücksicht auf die Vorschriften der Absätze 1 und 2 wird die Steuer stets fällig:
1. am 15. Mai mit ihrem Jahresbetrag, wenn dieser 5 Reichsmark nicht übersteigt,
2. am 15. Mai und 15. November zu je einer Hälfte ihres Jahresbetrags, wenn dieser 10 Reichsmark nicht übersteigt,
3. am 15. Mai, 15. August, 15. November und 15. Februar zu je einem Viertel ihres Jahresbetrags, wenn dieser 20 Reichsmark nicht übersteigt.

Kurze Inhaltsangabe.

1. Allgemeines;
2. Wesen der Zahlungen nach § 22,
3. Zwingender Charakter der Vorschriften des § 22;
4. Verschiedenes.

1. Allgemeines. § 22 bestimmt, wann und in welchen Raten die Grundsteuer fällig wird, d. h. zu entrichten ist. Die Fälligkeit der Grundsteuer ist für das ganze Reichsgebiet insofern einheitlich geregelt, als die Grundsteuer stets am 15. eines Monats fällig wird. Außerdem besteht — abgesehen von der Kleinbetragsvorschrift des Absatzes 3 — insofern Einheitlichkeit, als die Grundsteuer entweder am 15. Mai, 15. August, 15. November und 15. Februar zu je einem Viertel ihres Jahresbetrags oder am 15. eines jeden Monats zu je einem Zwölftel ihres Jahresbetrags zu entrichten ist.

Für die land- und forstwirtschaftlichen Betriebe ist grundsätzlich die vierteljährliche und für die Grundstücke grundsätzlich die monatliche Entrichtung vorgesehen. Diese Regelung ist dadurch begründet, daß die Grundsteuer der Land- und Forstwirtschaft im größten Teil des Reichsgebiets erheblich niedriger liegt als die des städtischen Grundbesitzes. Die Gemeinden können jedoch mit Genehmigung der Aufsichtsbehörde bestimmen, daß auch für land- und forstwirtschaftliche Betriebe die Steuer monatlich zu entrichten oder daß umgekehrt auch für den städtischen Grundbesitz die Steuer vierteljährlich zu zahlen ist (§ 22 Absätze 1 und 2).

Die Vorschrift des Absatzes 3 dient der Entlastung der Steuerkassen.

Nach der gesetzlichen Regelung ist Fälligkeitstag für die erste Zahlung der Grundsteuer für ein neues Rechnungsjahr stets entweder der 15. April oder der 15. Mai.

2. Wesen der Zahlungen nach § 22 GrStG. Die gemäß § 22 zu leistenden Monats-, Vierteljahrs-, Halbjahrs- und Jahreszahlungen stellen die ordentlichen Grundsteuerzahlungen — also keine Vorauszahlungen — dar. Die Erhebung der ordentlichen Grundsteuerzahlungen zu den festgesetzten Terminen setzt allerdings voraus, daß an diesen Terminen bereits die eigentliche Jahressteuerschuld bekannt ist. Hierzu ist aber notwendig, daß bereits bis zum 15. April bezw. 15. Mai der Grundsteuerbescheid dem Steuerpflichtigen bekanntgegeben ist. Soweit das nicht der Fall ist, hat der Steuerpflichtige gemäß § 23 GrStG. Vorauszahlungen zu entrichten.

Die Zahlungen auf die Grundsteuer unterscheiden sich nach dem Gesagten wesentlich von jenen bei der Einkommen- und Körperschaftsteuer; bei letzterer Steuer sind das ganze Jahr Vorauszahlungen zu leisten; erst nach Ablauf des Jahrs und Durchführung der Veranlagung findet eine Abrechnung durch Abschlußzahlung oder Erstattung statt; bei der Grundsteuer sind die laufenden Zahlungen für die Regel keine Vorauszahlungen, sondern endgültige Zahlungen.

3. Zwingender Charakter der Vorschriften des § 22 GrStG. Die Vorschriften des § 22 sind zwingender Natur. Eine Abänderung der Steuerzahlungstermine durch die Gemeinden ist — abgesehen von des Fällen des Absatzes 2 — nicht zulässig.

4. Verschiedenes. § 22 behandelt lediglich die Frage der Fälligkeit der Grundsteuerschuld; eine andere Frage ist, wann die Grundsteuerschuld entstanden ist; zu der letzteren Frage wird auf Anm. I 9 zu § 21 Bezug genommen.

Die nach § 22 zu leistenden Zahlungen sind von der Person geschuldet, der nach dem letzten Feststellungsbescheid (Hauptfeststellungs-, Fortschreibungs- oder Nachfeststellungsbescheid) der Steuergegenstand gehört bezw. zuzurechnen ist.

Wegen der Folgen nicht rechtzeitiger Entrichtung der Grundsteuerzahlungen zu vgl. §§ 1 und 2 des Steuersäumnisgesetzes vom 24. Dezember 1934 (RGBl. I S. 1271).

§ 23

Vorauszahlungen

Der Steuerschuldner hat bis zur Bekanntgabe eines neuen Steuerbescheids zu den Zeitpunkten, die für ihn nach der bisherigen Zahlungsweise (§ 22) in Betracht kommen, entsprechende Vorauszahlungen unter Zugrundelegung der zuletzt festgesetzten Jahressteuerschuld zu entrichten.

1. **Vorauszahlungen auf die Grundsteuer** werden dann notwendig, wenn der Steuerbescheid dem Steuerschuldner bis zum 15. April oder 15. Mai des laufenden Rechnungsjahrs nicht zugestellt werden konnte. Diese Fälle werden insbesondere bei Fortschreibungs- und Nachveranlagungen notwendig werden, weil diese bereits ein Vierteljahr nach dem Feststellungszeitpunkt wirksam werden (Absätze 2 der §§ 14 und 15 GrStG.). Wegen der am 15. April bzw. am 15. Mai 1938 zu leistenden Vorauszahlungen zu vgl. die Bestimmung des § 33 Abs. 3 GrStG.

2. **Die Vorauszahlungen** sind in „entsprechender" Höhe unter Zugrundelegung der zuletzt festgesetzten Jahressteuerschuld zu entrichten; das Wort „entsprechend" will besagen, daß die Vorauszahlungen in der Höhe zu leisten sind, in der nach dem zuletzt zugestellten Grundsteuerbescheid die ordentlichen Grundsteuerzahlungen zu leisten waren. Betrug z. B. der zuletzt festgesetzte Grundsteuerjahresbetrag nicht mehr als 5 *RM*, so ist eine einmalige Vorauszahlung am 15. Mai, betrug die zuletzt festgesetzte Grundsteuerschuld nicht mehr als 10 *RM*, so sind am 15. Mai und 15. November — wenn bis zu diesem Zeitpunkt der neue Steuerbescheid noch nicht bekanntgegeben wurde —, Vorauszahlungen zu je einer Hälfte ihres Jahresbetrags zu leisten. Die Vorauszahlungen werden zu den Terminen fällig, zu denen nach dem zuletzt bekanntgegebenen Grundsteuerbescheid die ordentlichen Grundsteuerzahlungen zu leisten waren.

3. **Schuldner der Vorauszahlungen** ist diejenige Person, der nach dem zuletzt bekanntgegebenen Einheitswertbescheid (Hauptfeststellungs-, Fortschreibungs- und Nachfeststellungsbescheid) der Steuergegenstand zuzurechnen ist.

4. **Die Vorauszahlnngen** stellen echte Steuerschulden dar; Säumnis in der Entrichtung zieht Säumniszuschlag nach sich (§§ 1 und 2 des Steuersäumnisgesetzes vom 24. Dez. 1934, RGBl. I S. 1271).

5. **Gegen die Anforderung** von Vorauszahlungen ist, wenn die Grundsteuer von den Finanzämter eingehoben wird, das Rechtsmittel der Beschwerde gegeben (§ 237 AO.).

§ 24

Abrechnung über die Vorauszahlungen

(1) Ist die Summe der Vorauszahlungen, die bis zur Bekanntgabe des neuen Steuerbescheids zu entrichten waren (§ 23), kleiner als die Steuerschuld, die sich nach dem bekanntgegebenen Steuerbescheid für die vorangegangenen Fälligkeitstage ergibt (§ 22), so ist der Unterschiedsbetrag innerhalb eines Monats nach Bekanntgabe des Steuerbescheids zu entrichten (Nachzahlung). Die Verpflichtung, rückständige Vorauszahlungen schon früher zu entrichten, bleibt unberührt.

(2) Ist die Summe der Vorauszahlungen, die bis zur Bekanntgabe des neuen Steuerbescheids entrichtet worden sind, größer als die Steuerschuld, die sich nach dem bekanntgegebenen Steuerbescheid für die vorangegangenen Fälligkeitstage ergibt, so wird der Unterschiedsbetrag nach Bekanntgabe des Steuerbescheids durch Aufrechnung oder Zurückzahlung ausgeglichen.

(3) Die Absätze 1 und 2 gelten entsprechend, wenn die Veranlagung durch einen neuen Bescheid (z. B. Berichtigungsveranlagung, Rechtsmittelentscheidung) mit rückwirkender Kraft geändert wird.

Die Steuerfestsetzung für das laufende Rechnungsjahr wird in der Regel nicht genau mit der Steuerfestsetzung für das vergangene Rechnungsjahr übereinstimmen. Sind auf das laufende Rechnungsjahr Vorauszahlungen unter Zugrundelegung der Jahressteuerschuld für das vergangene Rechnungsjahr gemäß § 23 GrStG. geleistet worden, so müssen sich Unterschiedsbeträge ergeben. Es sind zwei Fälle denkbar: a) die gezahlten Vorauszahlungen sind niedriger als die Zahlungen, die nach dem Steuerbescheid zu leisten sind; b) die gezahlten Vorauszahlungen sind höher als die Zahlungen, die nach dem Steuerbescheid zu leisten sind. In beiden Fällen hat ein Ausgleich zu erfolgen. § 24 sieht vor, daß Beträge, die durch die Vorauszahlungen nicht gedeckt sind, innerhalb eines Monats nach Bekanntgabe des neuen Steuerbescheids zu entrichten sind (Abs. 1). Das Gesetz spricht hier von einer „Nachzahlung". Die Verpflichtung, rückständige Vorauszahlungen, d. h. Vorauszahlungen, die nicht terminsgemäß entrichtet wurden, schon früher zu entrichten, bleibt unberührt. Ist die Summe der Vorauszahlungen, die bis zur Bekanntgabe des neuen Steuerbescheids zu entrichten sind größer (Abs. 2) als die Steuerschuld, die sich nach dem bekanntgegebenen Steuerbescheid für die vorangegangenen Fällgkeitstage ergibt, so wird der Unterschiedsbetrag durch Aufrechnung oder Zurückzahlung ausgeglichen. Die Aufrechnung ist seitens der öffentlichen Kasse nur dann möglich, wenn der Gegenanspruch fällig und Gläubiger und Schuldner dieselben Personen sind. Daraus folgt, daß gegen einen rechtskräftig festgestellten Anspruch eines Steuerpflichtigen auf Erstattung von Grundsteuer die gemeindliche Kasse jedenfalls mit einem fälligen Anspruch auf Zahlungen von anderen Gemeindeabgaben z. B. Gewerbesteuern aufrechnen kann. Eine andere Frage ist, ob dann, wenn in einem Lande die Grundsteuer von den Finanzämtern eingehoben wird, die Finanzkasse gegen einen rechtskräftig festgestellten Anspruch eines Steuerpflichtigen auf Erstattung von Grundsteuer mit einem fälligen Anspruch auf Zahlung von Reichssteuern aufrechnen kann. Der RFH. hat diese Frage in dem Gutachten Gr. S. D 6/32 vom 14. 5. 32 = Bd. 36/138 bejaht.

2. Die Grundsätze der Absätze 1 und 2 des § 24 gelten entsprechend, wenn die Veranlagung durch einen neuen Bescheid geändert wird. Änderungen der Festsetzung werden sich ergeben, wenn der der Gemeinde vom Finanzamt mitgeteilte Steuermeßbetrag — infolge Rechtsmittelentscheidung, Berichtigung usw. — geändert wird (zu vgl. § 212 b Abs. 3 AO.) und infolgedessen die ursprüngliche Grundsteuerveranlagung zu berichtigen ist. Nachzahlungen bzw. Erstattungen werden alsdann notwendig, wenn die nach dem ursprünglichen Grundsteuerbescheid geschuldeten Zahlungen niedriger bezw. höher waren als die nach dem neuen Grundsteuerbescheid.

§ 25

Nachentrichtung der Steuer

Hatte der Steuerschuldner bis zur Bekanntgabe der Jahressteuerschuld keine Vorauszahlungen nach § 23 zu entrichten, so hat er die Steuerschuld, die sich nach dem bekanntgegebenen Steuerbescheid für die vorangegangenen Fälligkeitstage ergibt (§ 22), innerhalb eines Monats nach Bekanntgabe des Steuerbescheids zu entrichten.

Vorauszahlungen sind nur zu entrichten, wenn der Steuerpflichtige bis zur Erteilung eines Steuerbescheids Grundsteuer zu entrichten hatte. In den Fällen, in denen die Zahlungspflicht für den Steuerpflichtigen neu entsteht, ist er zu Vorauszahlungen nicht verpflichtet. Das sind z. B. die Fälle, in denen ein Steuergegenstand wegen Wegfalls eines Befreiungsgrunds in die Steuerpflicht neu eintritt. Wird der Bescheid dem Steuerpflichtigen in diesen Fällen nicht bis zum ersten Fälligkeitstag (15. April bezw. 15. Mai) bekanntgegeben, so hat er die Steuerschuld, die sich nach dem Bescheid für die vorangegangenen Fälligkeitstage (§ 22) ergibt, innerhalb eines Monats nach Bekanntgabe des Steuerbescheids zu entrichten.

§ 26

Entrichtung eines Ersatzbetrags

(1) Für Grundbesitz, der nach § 4 Ziffer 1 von der Grundsteuer befreit ist, ist in Gemeinden mit nicht mehr als 5000 Einwohnern an Stelle der Grundsteuer ein Ersatzbetrag zu entrichten, wenn die Grundsteuer dieses Grundbesitzes 25 vom Hundert des gesamten Grundsteuersolls in der Gemeinde übersteigt und infolge der Steuerfreiheit dieses Grundbesitzes der Haushaltsausgleich der Gemeinde gefährdet ist Die Vorschrift gilt nur für den Grundbesitz, für den die Voraussetzungen der Befreiung nach dem 31. Dezember 1932 eingetreten sind. Zur Leistung des Ersatzbetrags ist verpflichtet, wer im Fall der Steuerpflicht Steuerschuldner sein würde.

(2) Der Reichsminister des Innern und der Reichsminister der Finanzen oder die von ihnen dazu ermächtigten Stellen setzen den Ersatzbetrag fest. Der Reichsminister der Finanzen und der Reichsminister des Innern erlassen die zur Durchführung dieser Vorschrift erforderlichen Bestimmungen.

Kurze Inhaltsangabe.

1. Allgemeines (Gesetzesbegründung);
2. die Voraussetzungen für die Gewährung eines Ersatzbetrags;
3. Zeitraum;
4. die Höhe des Ersatzbetrags;
5. das Antragserfordernis;
6. Schätzung der Grundsteuerbeträge für die befreiten Gegenstände;
7. Schuldner des Ersatzbetrags;
8. die Entscheidung über den Ersatzbetrag.

1. Allgemeines (Gesetzesbegründung). Die Vorschrift des § 26 GrStG. will auf leistungsschwache Gemeinden Rücksicht nehmen. Die Erfahrungen haben gezeigt, daß die Befreiung der öffentlichen Hand von der Grundsteuer kleinere Gemeinden in finanzielle Schwierigkeiten bringen kann. Dies gilt insbesondere, wenn der Gemeinde durch die Befreiungen ein erheblicher Teil ihres sonst zu erwartenden Steueraufkommens entzogen wird und — wie es meistens der Fall ist — eine Verminderung ihrer Lasten durch die vorbezeichnete Veränderung nicht eintritt. Die Gemeinde wäre gezwungen, in diesem Fall die Steuerlast, die bisher der befreite Grundbesitz trug, auf den übrigen Teil des in der Gemeinde belegenen Grundbesitzes abzuwälzen. Da dies als unbillig erscheint, werden die Behörden zu Ersatzleistungen an die Gemeinde verpflichtet.

2. Die Voraussetzungen für die Gewährung eines Ersatzbetrags (§ 49 GrStDVO.). Die Verpflichtung zur Entrichtung eines Ersatzbetrags an Stelle der Grundsteuer besteht, wenn die folgenden Voraussetzungen sämtlich erfüllt sind:

a) Die Befreiung des Grundbesitzes muß auf § 4 Ziffer 1 des Gesetzes beruhen. Ersatzbeträge sind hiernach nur zu leisten für Grundbesitz a) des Reichs, eines Lands, einer Gemeinde oder eines Gemeindeverbands, wenn der Grundbesitz von dem Eigentümer für einen öffentlichen Dienst oder Gebrauch benutzt wird, b) des Reichs, der zum Reichseisenbahnvermögen gehört und von der Deutschen Reichsbahn für ihre Betriebs- oder Verwaltungszwecke benutzt wird. Grundbesitz, der für Betriebszwecke benutzt wird und aus welchem die Hälfte der an sich zu entrichtenden Grundsteuer geschuldet ist, fällt nicht hierunter, c) des Unternehmens „Reichsautobahnen", der von ihm für seine Betriebs- oder Verwaltungszwecke benutzt wird. Die Ersatzpflicht besteht auch, wenn der Grundbesitz einer der unter § 4 Ziffern 1 bis 5 a des Ges. genannten Körperschaften, Personenvereinigungen, Vermögensmassen oder Verbände gehört, aber vom Reich, einem Land, einer Gemeinde, einem Gemeindeverband, der Deutschen Reichsbahn oder dem Unternehmen „Reichsautobahnen" für ihre nach der Ziffer 1 steuerbefreienden Zwecke benutzt wird. Beispiel: Grundbesitz der NSDAP. wird von einer Gemeinde für einen öffentlichen Dienst oder Gebrauch benutzt. Für Grundbesitz, der von den in § 4 Ziffern 2—5 GrStG. genannten Eigentümern für nach diesen Bestimmungen steuerbefreiende Zwecke verwendet wird, ist ein Ersatzbetrag nicht zu leisten.

b) Die Voraussetzungen für die Befreiung des — nach Buchst. a an sich ersatzpflichtigen — Grundbesitzes müssen nach dem 31. Dez. 1932 eingetreten sein. Dabei ist zu unterstellen, daß das Grundsteuergesetz bereits seit dem 1. Jan. 1933 gilt. Das bedeutet, daß ein Ersatzbetrag nur dann zu leisten ist, wenn der Grundbesitz erst nach dem 31. Dezember 1932 dem — nach dem Reichsgrundsteuergesetz — steuerbefreienden Zweck zugeführt worden ist. Ein Ersatzbetrag ist hiernach, sofern die sonstigen Voraussetzungen gegeben sind, für Grundbesitz zu leisten, der nach dem 31. Dezember 1932 von der Wehrmacht erworben und zur Anlage eines Truppenübungsplatzes, eines Flugplatzes, eines Remontedepots usw. verwendet wurde, nicht aber für Grundbesitz der Wehrmacht, der bereits am 31. Dezember 1932 für diese Zwecke verwendet war.

c) Der Betrag, der für den befreiten Grundbesitz (Buchstaben a und b) im Fall seiner Steuerpflicht als Grundsteuer zu erheben sein würde, muß in dem Rechnungsjahr, für das ein Ersatzbetrag entrichtet werden soll, 25 v. H. des gesamten Grundsteuersolls der Gemeinde übersteigen. In das Grundsteuersoll sind die für den „befreiten" Grundbesitz errechneten Beträge nicht einzubeziehen. Unter befreitem Grundbesitz ist der nach § 4 Ziff. 1 GrStG. steuerfreie und gemäß § 49 Ziff. 2 GrStDVO. ersatzpflichtige Grundbesitz, nicht also schlechthin der nach § 4 Ziff. 1 steuerfreie Grundbesitz zu verstehen. Gegenüberzustellen sind demnach das Grundsteuersoll für den grundsteuerpflichtigen Grundbesitz und das Grundsteuersoll, das sich für den nach § 4 Ziff. 1 befreiten und der Ersatzpflicht unterliegenden Grundbesitz errechnet. Beispiel: Grundsteuersoll für den grundsteuerpflichtigen Grundbesitz 30 000 *RM*. In der Gemeinde befindet sich ein Flugplatz, für den sich ein Grundsteuersoll von 10 000 *RM* errechnen würde. Ersatzpflicht ist gegeben, soferne auch die übrigen Voraussetzungen des Gesetzes erfüllt sind.

d) Die ersatzberechtigte Gemeinde darf nicht mehr als 5000 Einwohner haben. Für die Ermittlung der Einwohnerzahl ist das Ergebnis der letzten allgemeinen Volkszählung vor dem Rechnungsjahr, für welches der Ersatzbetrag beantragt wird, maßgebend.

Bei der Ermittlung der Einwohnerzahl ist § 30 Abs. 2 GrStDVO. — zu vgl. Anhang I — sinngemäß anzuwenden mit der Maßgabe, daß bei Umgemeindungen allgemein der Gebietsumfang der Gemeinde zu Beginn des Rechnungsjahrs zu berücksichtigen ist, für das der Ersatzbetrag festgesetzt wird (§ 50 Absätze 1 und 2 GrStDVO.). Beispiel: Nach dem Ergebnis der allgemeinen Volkszählung (z. B. vom 16. Juni 1933) hat die Gemeinde A 3500 Einwohner. Mit Wirkung vom 1. Februar 1939 ist die Nachbargemeinde B, deren Einwohnerzahl nach der allgemeinen Volkszählung 1400 Seelen beträgt, in die Gemeinde A eingemeindet worden. Zu Beginn des Rechnungsjahrs 1939, für das ein Ersatzbetrag festgesetzt werden soll, zählt die Gemeinde A 5100 Einwohner. Der seit der Volkszählung in den Gemeinden A und B eingetretene Bevölkerungszuwachs beziffert sich danach auf 5100 — (3500 + 1400) = 200 Seelen. Im vorliegenden Fall ist die Festsetzung eines Ersatzbetrags möglich, da die Einwohnerzahl der (vergrößerten) Gemeinde A nach den Ergebnissen der allgemeinen Volkszählung 3500 + 1400 = 4900 Einwohner beträgt.

e) Der Haushaltsausgleich der Gemeinde muß infolge der Steuerfreiheit des Grundbesitzes, für den der Ersatzbetrag beansprucht wird (§ 49 Ziff. 1 und 2 GrStDVO.), gefährdet sein. Eine Gefährdung des Haushaltsausgleichs ist insbesondere insoweit nicht gegeben, als die Gemeinde die Gemeindesteuern nicht mindestens mit Sätzen erhebt, die durchschnittlich in gleichartigen Gemeinden gelten.

Nur wenn die vorbezeichneten Voraussetzungen zusammen gegeben sind, setzt die Verpflichtung, einen Ersatzbetrag zu leisten, ein.

3. Zeitraum (§ 50 GrStDVO.). Der Ersatzbetrag wird für das Rechnungsjahr geleistet; dementsprechend ist auch für jedes Rechnungsjahr gesondert zu prüfen, ob die Voraussetzungen für die Gewährung jeweils erfüllt sind.

Maßgebend für die Festsetzung und für die Bemessung des Ersatzbetrags sind die Verhältnisse zu Beginn des Rechnungsjahrs. Das bedeutet, daß zu Beginn des Rechnungsjahrs alle die Voraussetzungen — § 49 GrStDVO. — erfüllt sein müssen, von deren Vorliegen die Gewährung eines Ersatzbetrags abhängig ist, und daß die Höhe des Ersatzbetrags sich nach der Größe des Grundbesitzes richtet, für den zu Beginn des Rechnungsjahrs die Ersatzpflicht in Betracht kommt.

Ändern sich die Verhältnisse im Lauf des Rechnungsjahrs — wird also z. B. der Grundbesitz, für den ein Ersatzbetrag zu leisten ist, größer oder kleiner — und ist die Änderung wesentlich —, so kann nachträglich ein Ersatzbetrag festgesetzt oder der bereits festgesetzte Ersatzbetrag geändert werden. Die Änderung des Ersatzbetrags ist im Lauf des Rechnungsjahrs nur einmal möglich. Für die Prüfung der Frage, ob die Änderung der Verhältnisse wesentlich ist, müssen die gesamten Verhältnisse, insbesondere die finanzielle Lage der Gemeinde, berücksichtigt werden.

4. Die Höhe des Ersatzbetrags (§ 51 GrStDVO.). Die Summe, die für den befreiten Grundbesitz (§ 49 Ziff. 1 und 2 GrStDVO.) an die Gemeinde zu entrichten ist — d. i. die Ersatzsumme — ist grundsätzlich in der Höhe festzusetzen, die zum Ausgleich des Haushalts der Gemeinde erforderlich ist (§ 49 Ziff. 5 GrStDVO.). Die Ersatzsumme darf jedoch den Betrag nicht übersteigen, der für den befreiten Grundbesitz im Fall seiner Steuerpflicht als Grundsteuer zu erheben sein würde (§ 49 Ziff. 3 GrSt.-DVO.); letzterer Betrag bildet also den Höchstbetrag.

Ersatzbetrag ist der Betrag, der für den einzelnen befreiten Gegenstand, d. i. die einzelne befreite wirtschaftliche Einheit (§ 49 Ziff. 1 und 2) an die Gemeinde zu entrichten ist. Befindet sich in einer Gemeinde eine Kaserne, ferner ein Truppenübungsplatz und eine Munitionsfabrik, für die ein Ersatzbetrag zu leisten ist, so kommen im Ergebnis drei Ersatzbeträge in Betracht. Befindet sich in der Gemeinde nur e i n befreiter Gegenstand (§ 49 Ziff. 1 und 2 GrStDVO.), so ist als Ersatzbetrag einfach die Ersatzsumme zu entrichten. Befinden sich in der Gemeinde mehrere befreite Gegenstände, so sind die Ersatzbeträge in der Weise zu ermitteln, daß die Ersatzsumme auf die einzelnen befreiten Gegenstände verteilt wird. Dabei gelten als Verteilungsmaßstab die Beträge, die für die einzelnen befreiten Gegenstände im Fall ihrer Steuerpflicht als Grundsteuer zu erheben sein würden (§ 51 Abs. 4 GrStDVO.).

5. Das Antragserfordernis (§ 50 GrStDVO.). Die Festsetzung des Ersatzbetrags erfolgt — nur — auf Antrag der Gemeinde.

Der Antrag soll v o r dem Beginn des Rechnungsjahrs gestellt werden, für das die Leistung des Ersatzbetrags begehrt wird. Wird der Antrag n a ch Ablauf des Rechnungsjahrs gestellt, so entfällt der Anspruch auf Leistung des Ersatzbetrags. Der Antrag kann also wirksam während des Rechnungsjahrs gestellt werden, für welches der Ersatzbetrag begehrt wird.

Ändern sich die Verhältnisse, die für die Festsetzung des Ersatzbetrags maßgebend waren (§ 50 Abs. 3 GrStDVO.), im Laufe des Rechnungsjahrs, so kann eine Herabsetzung des bereits festgesetzten Ersatzbetrags von Amts wegen — seitens der festsetzenden Behörde — vorgenommen werden.

6. Schätzung der Grundsteuerbeträge für die befreiten Gegenstände (§ 53 GrStDVO.). Die Beträge, die für die einzelnen befreiten Gegenstände im Fall ihrer Grundsteuerpflicht als

Grundsteuer zu erheben sein würden (§ 49 Ziff. 3, § 51 GrStDVO.) sind, soweit Einheitswerte für die Gegenstände festgestellt sind, in der Regel auf dieser Grundlage zu ermitteln. Sind Einheitswerte nicht festgestellt, so sind die Beträge formlos zu ermitteln. Sie können durch Vergleich mit der Grundsteuer für entsprechende Gegenstände oder in anderer einfacher Weise geschätzt werden.

7. **Schuldner des Ersatzbetrags.** Zur Leistung des Ersatzbetrags ist verpflichtet, wer im Fall der Steuerpflicht Steuerschuldner sein würde, das ist also derjenige, dem bei der Einheitsbewertung die Gegenstände zugerechnet worden sind oder im Fall der Einheitsbewertung zuzurechnen gewesen wären.

8. **Die Entscheidung über den Ersatzbetrag (§ 54 GrSt.-DVO.).** Über den Antrag der Gemeinde entscheidet der Regierungspräsident oder die zuständige oberste Landesbehörde — in Bayern das Staatsministerium des Innern — im Einvernehmen mit dem Oberfinanzpräsidenten (zu vgl. § 26 Abs. 2 GrStG. mit § 54 GrStDVO.). —

Wird ein Ersatzbetrag festgesetzt, so sind in der Entscheidung zu bestimmen:

a) die einzelnen Gegenstände, für die ein Ersatzbetrag zu entrichten ist;

b) die Höhe des Ersatzbetrags für den einzelnen Gegenstand;

c) der zur Leistung des Ersatzbetrags Verpflichtete;

d) die Fälligkeit des Ersatzbetrags.

Ein Rechtsmittel über die Entscheidung über den Ersatzbetrag ist offensichtlich nicht gegeben.

Abschnitt IV

Übergangs- und Schlußvorschriften

§ 27

Aufrechterhaltung landesrechtlicher Vergünstigungen für Siedlerstellen

Sind für Siedlerstellen, die auf Grund des Reichssiedlungsgesetzes begründet und übergeben worden sind, nach der bisherigen landesrechtlichen Regelung bei Inkrafttreten dieses Gesetzes Vergünstigungen bei der Grundsteuer gewährt worden, so bleiben diese bis zu dem landesrechtlich vorgesehenen Zeitpunkt aufrechterhalten.

Kurze Inhaltsangabe.

1. Allgemeines;
2. Voraussetzungen für die Anwendung der Uebergangsbestimmung;
3. Behandlung der Siedlerstellen bei der Grundsteuer;
4. Begriff der Sondersteuern.

1. Allgemeines. Das Grundsteuerrahmengesetz sah für neu angesetzte Siedler, für Betriebe, die sich im Siedlungsverfahren befanden, und für Meliorationen und Aufforstungen Steuervergünstigungen vor. Diese sind in das Grundsteuergesetz, in welchem die Befreiungen viel enger gezogen sind als im Grundsteuerrahmengesetz, nicht übernommen worden. Um Härten zu vermeiden, hält aber § 27 bezüglich der Siedlerstellen für die vor dem Inkrafttreten des Gesetzes eingetretenen Fälle die bisherige landesrechtliche Regelung bis zu dem dort vorgesehenen Zeitpunkt aufrecht.

2. Voraussetzungen der Anwendung der Übergangsbestimmung.

a) Die Bestimmung des § 27 GrStG. greift nur dann Platz, wenn das Landesrecht die Befreiung für einen bestimmten Zeitraum vorsieht. Ist die Befreiung nach Landesrecht zeitlich nicht beschränkt, so wird die Siedlerstelle mit dem Inkrafttreten des GrStG. voll steuerpflichtig.

b) Die Vorschriften im § 27 GrStG. (§ 55 GrStDVO.) beziehen sich nur auf solche Siedlerstellen, die auf Grund des Reichssiedlungsgesetzes — vom 11. August 1919 (RGBl. S. 1429) — begründet und übergeben worden sind, also nur auf solche land- und forstwirtschaftlichen Betriebe, die bereits angesiedelt worden sind. Vergünstigungen, die nach der bisherigen landesrechtlichen Regelung etwa für Betriebe gewährt worden sind, die sich noch im Siedlungsverfahren befinden, werden also nicht aufrechterhalten. Im einzelnen ist folgendes zu beachten:

aa) Die Bestimmung des § 27 GrStG. will nur land- und forstwirtschaftliche Siedlungen, nicht dagegen auch Wohnsiedlungen begünstigen. Das ergibt sich daraus, daß sie auf das Reichssiedlungsgesetz Bezug nimmt, das seinerseits nur landwirtschaftliche Siedlungen im Auge hat. Die Bestimmung gilt aber, wenn mit dem landwirtschaftlichen Betrieb ein gewerblicher Nebenbetrieb verbunden ist, auch zu Gunsten des gewerblichen Nebenbetriebs.

bb) Eine Siedlung ist auf Grund des Reichssiedlungsgesetzes begründet, wenn die Siedlung durch Vermittlung einer gemeinnützigen Siedlungsgesellschaft oder des Kulturbauamts nach Maßgabe der Vorschriften des Reichssiedlungsgesetzes und der dazu erlassenen Durchführungsbestimmungen erfolgte. Von einer Siedlung im Sinn des Reichssiedlungsgesetzes — und damit des Grundsteuergesetzes — kann hiernach nur gesprochen werden, wenn die Siedlung durch Mitwirkung eines gemeinnützigen Siedlungsunternehmens geschaffen worden ist. Die Mitwirkung eines sonstigen Siedlungsunternehmens genügt nicht, um einer Siedlung die Vorteile des Gesetzes zu verschaffen. Welche Siedlungsunternehmen als gemeinnützig gelten, bestimmt sich nach Landesrecht (zu vgl. § 1 RSiedlG.): hiernach „sind die Länder verpflichtet, wo gemeinnützige Siedlungsunternehmungen nicht vorhanden sind, solche zu begründen zur Schaffung neuer Ansiedlungen sowie zur Hebung bestehender Kleinbetriebe, doch höchstens auf die Größe einer selbständigen Ackernahrung, soweit das dazu erforderliche Land auf Grund der Bestimmungen dieses Gesetzes beschafft werden kann. Der Geschäftsbezirk der Unternehmungen (Ansiedlungsbezirke) wird durch die Landeszentralbehörde bestimmt. Als Siedlungsunternehmungen im Sinn dieser Vorschriften können von den Landeszentralbehörden auch öffentliche Behörden oder Anstalten bezeichnet werden.“ Eine Anzahl von Ländern hat die praktische Durchführung der Siedlung in die Hand reiner Behörden gelegt; in der größeren Anzahl von Ländern wurden aber eigene Siedlungsunternehmungen geschaffen. Preußen hat ein gemischtes System: neben einer Reihe von Siedlungsgesellschaften erscheinen hier auch die Kulturbauämter als Träger der Siedlungen.

Eine Siedlung im Sinn des Reichssiedlungsgesetzes ist sowohl jede neu begründete Ansiedlerstelle (Neusiedlung) wie auch jeder durch Ansiedlung bis höchstens auf die Größe einer selbständigen Ackernahrung vergrößerte Kleinbetrieb (Anliegersiedlung). Das Gesetz begünstigt in erster Linie solche Siedlungen, die durch Aufteilung größerer, bisher in einem Betrieb bewirtschafteter Güter neu begründet worden sind. Es kann aber kein Zweifel bestehen, daß unter die Vergünstigung auch die sog. Anliegersiedlungen fallen, die nach dem Reichssiedlungsgesetz den Neusiedlungen völlig gleich gestellt sind.

Ein Siedlungsverfahren im Sinn des Reichssiedlungsgesetzes liegt auch dann vor, wenn eine Ansiedlung der im § 1 des Reichssiedlungsges. bezeichneten Art unter Leitung und Aufsicht einer nach § 1 Abs. 1 Satz 3 a. a. O. als gemeinnützige Siedlungsunternehmung bezeichneten öffentlichen Behörde als sogenannte objektiv gemeinnützige Siedlung von einer Siedlungsgesellschaft geschaffen wird, die selbst nicht zu den staatlich anerkannten gemeinnützigen Siedlungsunternehmen im Sinn des § 1 RSiedlG. gehört (zu vgl. Urt. II A 412/30 vom 28. Oktober 1930 = RFH. Bd. 27 S. 213).

cc) Die Siedlung muß vor dem Inkrafttreten des GrStG. übergeben worden sein. Der Begriff der Übergabe ist kein rechtlicher, sondern ein wirtschaftlicher. Die Siedlung ist übergeben, sobald die Siedlungsgesellschaft die Siedlung dem Siedler zur Bewirtschaftung zur Verfügung gestellt und der Siedler den eigenen landwirtschaftlichen Betrieb eröffnet hat. Wann das Eigentum im Rechtssinn übergeht, wann vor allem die grundbuchamtliche Eintragung erfolgt, ist gleichgültig. Die Übergabe des nackten Grund und Bodens ist keine Übergabe einer Siedlung, es müssen vielmehr auch die erforderlichen Wohn- und Wirtschaftsgebäude und das erforderliche Inventar zur Verfügung gestellt werden.

3. Behandlung der Siedlerstellen bei der Grundsteuer. Für die Fälle, in denen Siedlerstellen nach Landesrecht über den 31. März 1938 hinaus Vergünstigungen bei der Grundsteuer genießen würden, ist nach § 55 GrStDVO. zu unterscheiden zwischen

a) solchen Siedlerstellen im Sinn des § 27 GrStG., die von der gesamten bisherigen Grundsteuer des Lands, der Gemeinde und der Gemeindeverbände und von den Sondersteuern, die unter den Begriff der Grundsteuer im Sinn des GrStG. fallen, befreit sind (§ 55 Abs. 1 GrStDVO.) und

b) solchen Siedlerstellen im Sinn des § 27 GrStG., die nur von einem Teil der bisherigen Grundsteuer des Lands, der Gemeinde und der Gemeindeverbände und der Sondersteuern, die unter den Begriff der Grundsteuer im Sinn des GrStG. fallen, befreit sind. Unter die Gruppe b fallen z. B. die Siedlerstellen, die die Gemeindegrundsteuer oder Sondersteuern, die unter den Begriff der Grundsteuer im Sinn des GrStG. fallen, zu entrichten hatten (§ 55 Abs. 2 GrStDVO.). Unter die Gruppe b fallen z. B. die Siedlerstellen nach bayer. Recht, da diese zwar von der Haussteuer nebst Umlagen, nicht aber von der Grundsteuer und Umlagen befreit sind.

In den Fällen zu a ist bis zum Ablauf des landesrechtlich vorgesehenen Befreiungszeitraums eine Grundsteuer nicht zu entrichten; die Finanzämter haben deshalb auch für solche Siedlerstellen einen Steuermeßbetrag nicht festzusetzen. In den Fällen zu b ist die Grundsteuer, die sich nach § 21 des GrStG. ergibt, bis zum Ablauf des landesrechtlich vorgesehenen Zeitraums mit einem Teil zu entrichten. Die praktische Durchführung gestaltet sich hier wie folgt: Das Finanzamt setzt für die Siedlerstelle den vollen Steuermeßbetrag fest. Die Gemeinde wendet auf ihn ihren Hebesatz für land- und forstwirtschaftliche Betriebe an. Sie erhebt jedoch die Grundsteuer nur zu einem Teil. Der Teil ist nach dem Verhältnis zu ermitteln, in dem in der Gemeinde nach dem Stand vom 31. März 1938 der für Siedlerstellen zu zahlende Satz zu dem Satz steht, der für die Siedlerstellen bei voller Heranziehung zur Grundsteuer des Lands, der Gemeinde und Gemeindeverbände und zu den Sondersteuern, die unter den Begriff der Grundsteuer im Sinn des GrStG. fallen, zu entrichten gewesen wäre. Die Gemeinde setzt für den von den Siedlerstellen zu entrichtenden Teil der Grundsteuer einen einheitlichen Hundertsatz fest. Die Festsetzung bedarf der Genehmigung durch die Gemeindeaufsichtsbehörde.

4. Begriff der Sondersteuern. Wegen des Begriffs der Sondersteuern wird auf § 28 Anm. II 2 b verwiesen.

§ 28

Neuhausbesitz

(1) Die Steuerbefreiungen nach § 14 Absätze 1 bis 4 des Realsteuersenkungsgesetzes vom 1. Dezember 1930 (Reichsgesetzbl. I S. 582) und für das Saarland nach § 2 Absatz 2 der Durchführungsbestimmungen vom 2. April 1936 (Reichsgesetzbl. I S. 345) bleiben für die dort vorgesehenen Zeiträume aufrechterhalten.

(2) Das gleiche gilt für die Steuerbefreiungen nach Abschnitt IV des Gesetzes vom 21. September 1933 (Reichsgesetzbl. I S. 651) in der Fassung des Gesetzes vom 2. April 1936 (Reichsgesetzbl. I S. 344) unter Berücksichtigung der folgenden Vorschriften:

1. Für Eigenheime, die künftig errichtet werden, wird Steuerbefreiung nur gewährt, wenn sie bis zum 30. September 1937 bezugsfertig werden.
2. Für Kleinwohnungen und Eigenheime, die vor dem 1. April 1938 in die halbe Gemeindegrundsteuerpflicht eingetreten sind, ist die Grundsteuer bis zum Ablauf des vorgesehenen Befreiungszeitraums in der Höhe nach dem Stand vom 31. März 1938 weiter zu entrichten. Für Kleinwohnungen und Eigenheime, die erst am 1. April 1938 in die Steuerpflicht eintreten, ist die Steuer bis zum Ablauf des Befreiungszeitraums in der Höhe zu entrichten, in der die halbe Gemeindegrundsteuer auf Grund der landesrechtlichen Vorschriften nach dem Stand vom 31. März 1938 zu entrichten gewesen wäre, wenn die Steuerpflicht bereits zu diesem Zeitpunkt bestanden hätte.

Kurze Inhaltsangabe.

Vorbemerkung.

I. Der ältere Neuhausbesitz:
  1. Abgrenzung des älteren Neuhausbesitzes im Sinn des § 58 Abs. 1 Ziff. 1 GrStDVO.;
  2. weitere Abgrenzung des älteren Neuhausbesitzes im Sinn des § 58 Abs. 1 Ziff. 1 GrStDVO.;
  3. grundsteuerliche Behandlung der unter § 58 Abs. 1 Ziff. 1 GrStDVO. fallenden Wohngebäude:
     a) bei ganzer oder teilweiser Befreiung des ganzen Wohngebäudes,
     b) bei ganzer oder teilweiser Befreiung nur eines Teiles des Wohngebäudes;
  4. zeitliche Begrenzung der Vergünstigung des § 58 Abs. 1 Ziff. 1 GrStDVO.

II. Der mittlere Neuhausbesitz:
  1. Abgrenzung;
  2. die grundsteuerliche Behandlung des mittleren Neuhausbesitzes:
     a) der Grundsatz,
     b) Einschränkungen des Grundsatzes:
        aa) die Regelung der Sondersteuern,
        bb) die Regelung in den sog. Ausnahmegemeinden,
        cc) teilweise Steuerbefreiung des mittleren Neuhausbesitzes;
  3. der mittlere Neuhausbesitz im Saarland;
  4. steuerbegünstigter mittlerer Neuhausbesitz innerhalb des land- und forstwirtschaftlichen Vermögens;
  5. weitere teilweise Steuerbefreiung des mittleren Neuhausbesitzes;
  6. die Anwendbarkeit des § 58 GrStDVO. auf Neubauten in land- und forstwirtschaftlichen Betrieben;

III. Der neueste Neuhausbesitz:
1. Abgrenzung:
a) zeitliche Abgrenzung,
b) sachliche Abgrenzung,
c) formelle Festlegung des neuesten Neuhausbesitzes durch das Anerkennungsverfahren,
d) Umfang der Steuerbefreiung;
2. die grundsteuerliche Behandlung des neuesten Neuhausbesitzes:
a) bei Eintritt der Grundsteuerpflicht vor dem 1. April 1938,
b) bei Eintritt der Steuerpflicht nach dem 31. März 1938;
3. Ausnahmegemeinden beim neuesten Neuhausbesitz;
4. Steuerbefreiung bei nur teilweiser Steuerbefreiung des neuesten Neuhausbesitzes;
5. neuester Neuhausbesitz im Saarland;
6. steuerbegünstigter neuester Neuhausbesitz innerhalb des land- und forstwirtschaftlichen Vermögens;
7. weitere teilweise Steuerbefreiung des neuesten Neuhausbesitzes.

Vorbemerkung.

Zu der Frage, wie der sog. Neuhausbesitz grundsteuerlich zu erfassen ist, hat der Reichsgesetzgeber — unter der Herrschaft des Landessteuerrechts — bereits in wiederholten gesetzgeberischen Maßnahmen Stellung genommen. Die Besteuerung des mittleren und neuesten Neuhausbesitzes ist von ihm — bis auf wenige unbedeutsame Einzelheiten — abschließend und in für das Landesrecht bindender Weise geregelt worden: der mittlere Neuhausbesitz ist in § 14 des Realsteuersenkungsgesetzes vom 1. Dezember 1930 (RGBl. I S. 582) von der Grundsteuer bis zum 31. März 1939 in vollem Umfange befreit worden; die grundsteuerliche Behandlung des neuesten Neuhausbesitzes ist in Abschnitt IV des Gesetzes vom 21. September 1933 (RGBl. I S. 651), ferner im Gesetz vom 2. April 1936 (RGBl. I S. 344) und § 28 des Grundsteuergesetzes vom 1. Dezember 1936 (RGBl. I S. 986) geregelt worden; hiernach bleiben Kleinwohnungen, die bis zum 31. März 1937 bezugsfertig wurden, bis 31. März 1939 und Eigenheime, die bis zum 30. September 1937 bezugsfertig wurden, bis 31. März 1944 von der Grundsteuer des Landes und der halben Grundsteuer der Gemeinde (Gemeindeverbände) befreit. Was die Grundstücke des älteren Neuhausbesitzes betrifft, die nach Landessteuerrecht verschieden bemessene Steuervergünstigungen genossen, so bestimmten die Gesetze vom 2. April 1936 (RGBl. I S. 344) und vom 22. Februar 1937 (RGBl. I S. 253), daß Wohngebäude, die in der Zeit vom 1. April 1918 bis 31. März 1931 bezugsfertig wurden, ganz allgemein und ohne Rücksicht auf die nach Landesrecht bestehenden Vergünstigungen mit Wirkung vom 1. April 1936 mit einer gewissen in § 2 des Gesetzes vom 2. April 1936 enthaltenen Einschränkung zur vollen Grundsteuer der Gemeinde und Gemeindeverbände heranzuziehen seien, wogegen hinsichtlich der Grundsteuer des Lands die Steuerbefreiungen, die sich nach Landesrecht nach dem Stande vom 31. März 1936 ergaben, bis zum 31. März 1938 aufrechterhalten wurden.

Diese durchaus verschiedene Regelung der grundsteuerlichen Belastung des Neuhausbesitzes fand der Gesetzgeber vor, als er sich mit der Frage der steuerlichen Behandlung des Neuhausbesitzes nach dem Reichsgrundsteuergesetz befaßte; die verschiedene Regelung mußte bei der Neuregelung berücksichtigt werden und so ist es ohne weiteres verständlich, daß auch die neue Regelung kein einheitliches Bild aufweisen kann.

Das Reichsgrundsteuergesetz und die Durchführungsverordnung unterscheiden wie die bisher ergangenen Gesetze zwischen älterem, mittlerem und neuestem Neuhausbesitz; für sämtliche Gruppen ist aus den Gründen, die im Vorstehenden kurz aufgezeigt wurden, die Regelung eine verschiedene.

I. Der ältere Neuhausbesitz.

1. Abgrenzung des älteren Neuhausbesitzes. Die Beantwortung der Frage, welche Anwesen zum älteren Neuhausbesitz gehören, bot insoferne keine Schwierigkeiten, als es sich um den Endtermin handelte. Gemäß § 14 des Realsteuersenkungsgesetzes beginnt der mittlere Neuhausbesitz mit den Neubauten, die vom 1. April 1931 an bezugsfertig wurden; der ältere Neuhausbesitz mußte dementsprechend mit den Neubauten enden, die bis zum 31. März 1931 bezugsfertig wurden. Schwierigkeiten ergaben sich dagegen für die Beantwortung der Frage, wie der Anfangstermin des älteren Neuhausbesitzes abzugrenzen war. Die Schwierigkeiten rührten davon ab, daß sich die Befreiung der Wohngebäude, die vor dem 1. April 1931 bezugsfertig wurden, ausschließlich nach Landesrecht richtete und daß das Landesrecht die Frage der Abgrenzung des älteren Neuhausbesitzes sehr verschieden regelte. Nach dem Reichsgesetz vom 2. April 1936 gehören zum älteren Neuhausbesitz die Wohngebäude, die in der Zeit vom 1. April 1918 bis zum 31. März 1931 bezugsfertig wurden; das genannte Gesetz verfolgte den Zweck, die einheitliche und volle Besteuerung des älteren Neuhausbesitzes vorzubereiten; es mußte deshalb den gesamten Neuhausbesitz erfassen, auf den sich die landesrechtlichen Befreiungen erstreckten. Um das zu erreichen, wurde der zeitliche Rahmen für den Begriff des älteren Neuhausbesitzes so weit gefaßt, daß auch die ältesten Jahrgänge, die in einem Land Befreiungen genossen, darunter fielen. Nach dem geltenden Recht ist der Umfang des älteren Neuhausbesitzes wesentlich enger gefaßt; § 58 Abs. 1 GrStDVO. rechnet hierzu nur „die Wohngebäude, die in der Zeit vom 1. April 1924 bis zum 31. März 1931 bezugsfertig geworden sind". Es ergibt sich hieraus die wichtige Folge, daß alle Wohngebäude, die in der Zeit vom 1. April 1918 bis zum 31. März 1924 bezugsfertig wurden und nach dem Gesetz vom 2. April 1936 begünstigt waren, nach dem neuen Recht keine grundsteuerliche Vergünstigung mehr genießen. Die sog. Inflationsbauten sind damit voll grundsteuerpflichtig.

Für die Entscheidung der Frage, ob ein Wohngebäude unter die Regelung des § 58 Abs. 1 Ziff. 1 GrStDVO., d. h. unter den älteren Neuhausbesitz — oder unter den mittleren Neuhausbesitz —

fällt, ist die Entscheidung zu übernehmen, die zuletzt für die bisherige Landesgrundsteuer maßgebend gewesen ist; diese Entscheidung ist bindend (§ 60 GrStDVO.).

2. Weitere Abgrenzung des älteren Neuhausbesitzes im Sinn des § 58 Abs. 1 Ziff. 1 GrStDVO. Unter § 58 Abs. 1 Ziff. 1 GrStDVO. fallen nur solche Wohngebäude, die in der Zeit vom 1. April 1924 bis zum 31. März 1931 bezugsfertig geworden und nach dem Stand vom 31. März 1938 nicht zur vollen Grundsteuer des Lands heranzuziehen sind. Was letztere Voraussetzung betrifft, so knüpft das Gesetz an die Regelung des § 1 des Gesetzes zur Änderung der Vorschriften über die Steuerbefreiung des Neuhausbesitzes vom 2. April 1936 (RGBl. I S. 344) an; hier wurde bestimmt: „Sind Wohngebäude, die in der Zeit vom 1. April 1918 bis zum 31. März 1931 bezugsfertig geworden sind, nach dem Stand vom Ende des Rechnungsjahrs 1935 (= 31. März 1936) von der Landesgrundsteuer ganz oder teilweise befreit, so bleibt diese Befreiung bis zum 31. März 1937 bestehen." Das Gesetz über die Besteuerung des älteren Neuhausbesitzes im Rechnungsjahr 1937 vom 22. Februar 1937 (RGBl. I S. 253 bestimmte: „Die Vorschriften im § 1 und § 2 Abs. 2 des Gesetzes vom 2. April 1936, die nach dem Gesetz nur für die Grundsteuer des Rechnungsjahrs 1936 gelten, sind auch für das Rechnungsjahr 1937 anzuwenden." Das bedeutet, daß Wohngebäude, die nach dem Stande vom 31. März 1936 von der Landessteuer ganz oder teilweise befreit sind, diese Befreiung auch nach dem Stande vom 31. März 1938 genießen und deshalb unter § 58 Abs. 1 GrStDVO. fallen.

Beispiel: Gemäß § 4 Abs. VI des bayer. Haussteuergesetzes vom 8. April 1935 (GVBl. S. 277) beginnt für Mietwohngebäude, die in der Zeit vom 1. Januar 1924 bis zum 31. März 1931 neuerrichtet worden sind, die Steuerpflicht mit Ablauf der dem Jahre der Bezugsfertigkeit folgenden zehn Kalenderjahre. Gleiches gilt für Eigenheime, die in der genannten Zeit neuerrichtet wurden, wenn Ausmaß und Ausstattung das bei dem Mittelstand übliche Maß nicht überschreiten, und für solche durch Um-, Ein- oder Aufbauten neuerstellte Gebäudeteile, durch die Mietwohnungen geschaffen wurden." Nach dieser Regelung sind Mietwohngebäude, die im Jahre 1925 neuerrichtet wurden, am 1. Januar 1936 in die volle Haussteuerpflicht eingetreten; sie fallen deshalb nicht unter § 58 Abs. 1 Ziff. 1 GrStDVO. Dagegen sind Mietwohngebäude usw., die im Kalenderjahr 1926 und später neuerrichtet worden sind und deshalb erst am 1. Januar 1937 und später in die volle Haussteuerpflicht eingetreten wären, nach § 58 Abs. 1 Zff. 1 GrSt.-DVO. begünstigt.

Unter „voller Grundsteuer" des Lands ist die Grundsteuer zu verstehen, die sich für Anwesen der betreffenden Art, für die keine Steuerbefreiungen mehr bestehen, ergibt. In Bayern gehören zur „vollen" Grundsteuer 8 v. H. der Grundsteuerverhältniszahl + 2 v. H. der Haussteuerverhältniszahl. Fraglich erscheint, ob auch der Zuschlag zur Haussteuer (früher Wohnungsbauabgabe) zur „vollen" Grundsteuer des Lands rechnet. Die Wohnungsbauabgabe wurde — jedenfalls früher — als besondere selbständige Zwecksteuer neben der eigentlichen Haussteuer erhoben. In neuerer Zeit ist sie allerdings mehr und mehr ein bloßer Bestandteil der Haussteuer (Zuschlag) geworden. In diesem Sinne werden allerdings in den Jahren 1924 und 1925 bezugsfertig gewordene und kraft besonderer Bestimmung vom Zuschlag befreite Anwesen nicht zur „vollen" Grundsteuer des Lands herangezogen.

3. Grundsteuerliche Behandlung der unter § 58 Abs. 1 Ziff. 1 GrStDVO. fallenden Wohngebäude.

a) Bei ganzer oder teilweiser Befreiung des ganzen Wohngebäudes. Die unter § 58 Abs. 1 Ziff. 1 fallenden Wohngebäude sind von einem Viertel der an sich zu entrichtenden Grundsteuer befreit. Die Befreiung von einem Viertel der Grundsteuer ist in der Weise durchzuführen, daß der Steuermeßbetrag nur zu drei Vierteln festgesetzt wird (§ 58 Abs. 2 mit § 27 Abs. 2 GrStDVO.). Bei der Berechnung der Grundsteuer muß die Gemeinde selbstverständlich ihren vollen Hebesatz auf den sich errechnenden Steuermeßbetrag anwenden. Sie darf den Hebesatz nicht etwa um ein Viertel kürzen, da sonst die Steuerbefreiung doppelt gewährt würde.

b) Bei ganzer oder teilweiser Befreiung nur eines Teiles des Wohngebäudes. Ist nur ein Teil des Grundstücks (z. B. ein Aufbau) am 31. März 1938 steuerbegünstigter älterer Neuhausbesitz, so ist zwar nach § 31 Abs. 3 (§ 32) GrSt.-DVO. für die Ermittlung des Steuermeßbetrags nur eine einheitliche Meßzahl für das ganze Grundstück anzuwenden; die in § 58 Abs. 1 Ziff. 1 GrStDVO. vorgesehene Befreiung von einem Viertel gilt jedoch lediglich für den in Betracht kommenden Grundstücksteil (§ 58 Abs. 1 Schlußsatz). Diese Befreiung wird in der Weise durchgeführt, daß der Steuermeßbetrag nur zu drei Vierteln angesetzt wird (§ 27 Abs. 2 GrStDVO.). In diesen Fällen sind also für den steuerbegünstigten Teil des Grundstücks nur drei Viertel des Meßbetrags anzusetzen, für den Rest der volle Meßbetrag. In manchem dieser Fälle besteht jedoch nur ein Einheitswert für das ganze Grundstück. Dieser ist alsdann für die Festsetzung des Meßbetrags in den steuerbegünstigten und nichtsteuerbegünstigten Teil aufzuteilen. Zu vgl. im übrigen noch den Schlußsatz zu vorstehender Bemerkung a!

4. Zeitliche Begrenzung der Vergünstigung des § 58 Abs. 1 Ziff. 1 GrStDVO. Die Steuervergünstigung des älteren Neuhausbesitzes nach § 58 Abs. 1 Ziff. 1 GrStDVO. stellt keine Dauerregelung dar. Die Befreiung gilt erstmalig für das Rechnungsjahr 1938 und letztmalig für das Rechnungsjahr, das dem nächsten Hauptfeststellungszeitpunkt für die Einheitsbewertung des Grundbesitzes (§§ 21, 79 RBewG.) folgt (§ 58 Abs. 3 Satz 2 GrStDVO.). Erfolgt die nächste Hauptfeststellung auf den 1. Januar 1941, so fällt die Vergünstigung mit Wirkung vom 1. April 1942 weg.

II. Der mittlere Neuhausbesitz.

1. Abgrenzung. Der mittlere Neuhausbesitz wird im § 14 des Realsteuersenkungsgesetzes vom 1. Dezember 1930 RGBl. I S. 582) abgegrenzt. Hiernach rechnen zum mittleren Neuhausbesitz die Wohngebäude, die in der Zeit vom 1. April 1931 bis zum 31. März 1934 bezugsfertig geworden sind. Der Zeitraum 1. April 1931 bis 31. März 1934 hat durch spätere gesetzgeberische Maßnahmen gewisse Aenderungen erfahren. Art. 1 des Gesetzes betreffend die Steuerbefreiung neuerrichteter Wohngebäude vom 15. Juli 1933 (RGBl. I S. 493) bestimmte: „Wohngebäude, die im Kalenderjahr 1933 im Rohbau vollendet und bis zum 31. Mai 1934 bezugsfertig werden, gelten als im Rechnungsjahr 1934 — d. h. also bis 31. März 1934 — bezugsfertig geworden." In dem Rderl. des RdF. vom 18. November 1933 S. 1900 II 1 A — 300 III (RStBl. 1933 S. 1185) wurde von dem Erfordernis der Vollendung des Rohbaues bis 31. Dezember 1933 für bestimmte Fälle abgegangen; die Steuerbefreiung (mit Wirkung vom 1. April 1933) nach dem Realsteuersenkungsgesetz wurde hiernach auch dann gewährt, „wenn nach Lage der Verhältnisse eine tatkräftige Förderung des Baues noch während des Winters 1933/34 sichergestellt war"; an dem gesetzlichen Erfordernis, daß der Neubau in diesen Fällen bis zum 31. Mai 1934 bezugsfertig werden mußte, wurde nichts geändert. Umgekehrt können Eigenheime, die in der Zeit vom 1. April bis 31. Mai 1934 bezugsfertig und im Rohbau bereits bis zum 31. Dezember 1933 vollendet waren, ferner Eigenheime, die in der Zeit vom 1. Januar bis 31. März 1934 bezugsfertig wurden, gemäß § 1 Abs. 1 Ziff. 2 der DV. über die Steuerbefreiung für neu errichtete Kleinwohnungen und Eigenheime vom 26. Okt. 1933 (RGBl. I S. 773) schon zum neuesten Neuhausbesitz gehören, wenn der Steuerpflichtige die Anwendung der Vorschriften der gen. DV. beantragte. Der Antrag konnte nur bis zum 30. Juni 1934 bei dem Finanzamt, in dessen Bezirk das Grundstück belegen war, gestellt werden.

Nach dem Realsteuersenkungsgesetz sind schlechthin alle Wohngebäude, die in der vorgesehenen Zeit bezugsfertig wurden, begünstigt; begünstigt sind hiernach nicht nur Kleinwohnungsbauten und Eigenheime, sondern auch Großwohnungsbauten und herrschaftliche Villen. Die Befreiung erstreckt sich — mit einer gewissen weiter unten zu erwähnenden Ausnahme — neben den Wohngebäuden auf ihre bebaute Grundfläche und die zugehörigen Hofräume und Hausgärten.

Einschränkungen der Steuerfreiheit des mittleren Neuhausbesitzes ergeben sich nach folgenden Richtungen hin:

a) Gemäß § 14 Abs. 1 S. 2 des Realsteuersenkungsgesetzes wurden die Landesbehörden ermächtigt, eine Ausnahme von der Befreiung für die Grundsteuer solcher Gemeinden (sog. Ausnahmegemeinden) zuzulassen, die zu einem wesentlichen Teil aus nach dem 1. April 1931 errichteten und bis zum 31. März 1934 bezugsfertig gewordenen Wohnungsneubauten bestehen. Die Ausnahme beruht auf der Erwägung, daß die Gemeinden in diesen Fällen zur

Erfüllung ihrer Aufgaben auf die Grundsteuer nicht verzichten können.

b) Die Befreiung nach dem Realsteuersenkungsgesetz erstreckt sich — wie bereits erwähnt — neben den Wohngebäuden auf ihre bebaute Grundfläche und die zugehörigen Hofräume und Hausgärten; sie gilt jedoch höchstens bis zum zwölffachen der bebauten Grundfläche (§ 14 Abs. 2 des Realsteuersenkungsgesetzes).

c) Dient ein Gebäude, das innerhalb des begünstigten Zeitraums bezugsfertig geworden ist, teils Wohnzwecken, teils anderen Zwecken, so gilt die Befreiung nur für den Wohnzwecken dienenden Teil. Maßgebend für die Ermittlung des Teilwerts ist das Verhältnis der Jahresrohmieten. Entfallen hiernach auf den anderen als Wohnzwecken dienenden Teil des Gebäudes nicht mehr als 25 v. H. des ganzen Gebäudes, so gilt die Befreiung für das ganze Gebäude; entfallen auf ihn 75 v. H. und mehr, so tritt keine Befreiung ein (§ 14 Abs. 3 des Realsteuersenkungsges.).

Fallen die Voraussetzungen für die Befreiung innerhalb des Zeitraums, für den die Befreiung an sich gilt (zu vgl. nachfolg. Ziff. 2), fort, so entfällt die Befreiung mit Ablauf des Kalenderjahrs oder Rechnungsjahrs, in dem die Voraussetzungen weggefallen sind.

Für die Frage, ob ein Wohngebäude unter den mittleren Hausbesitz fällt, ist die Entscheidung zu übernehmen, die zuletzt für die bisherige Grundsteuer maßgebend gewesen ist (§ 60 GrSt.-DVO.).

Die Vorschriften im § 14 des Realsteuersenkungsgesetzes gelten nicht für das Saarland. Nach § 2 Abs. 2 der Durchführungsbestimmungen vom 2. April 1936 (RGBl. I S. 345) sind jedoch die dort näher bezeichneten Kleinwohnungsbauten, die im Saarland in der Zeit vom 1. April 1931 bis zum 28. Februar 1935 bezugsfertig geworden sind, bis zum 31. März 1939 von der Grundsteuer befreit.

2. Die grundsteuerliche Behandlung des mittleren Neuhausbesitzes.

a) Der Grundsatz. Gemäß § 14 Abs. 1 des Realsteuersenkungsges. sind die Wohngebäude des mittleren Neuhausbesitzes bis zum Ende des Rechnungsjahrs 1938 von der Grundsteuer der Länder und Gemeinden befreit. § 28 Abs. 1 GrStG. bestätigt diesen und den durch § 2 Abs. 2 der Durchführungsbestimmungen vom 2. April 1936 für das Saarland geschaffenen Rechtszustand. § 28 Abs. 1 GrStG. bestimmt: „Die Steuerbefreiungen nach § 14 Absätze 1—4 des Realsteuersenkungsgesetzes vom 1. Dezember 1930 und für das Saarland nach § 2 Abs. 2 der Durchführungsbestimmungen vom 2. April 1936 bleiben für die dort vorgesehenen Zeiträume aufrechterhalten. Für die Wohngebäude, die hierunter fallen, ist bis zum 31. März 1939 keine Grundsteuer zu entrichten.“

b) Einschränkungen des Grundsatzes. Der Grundsatz des § 28 Abs. 1 erleidet gewisse Ausnahmen.

aa) Die Regelung der Sondersteuern (§ 56 Abs. 1 Satz 2 GrStDVO., Ziff. 62 Abs. 2 GrR.). In einigen Ländern sind die Wohngebäude des mittleren Neuhausbesitzes zu gewissen Sondersteuern herangezogen worden, die bisher nicht als „Grundsteuer" im Sinn der Befreiungsvorschrift im § 14 des Realsteuersenkungsgesetzes betrachtet worden sind, die aber, da der Begriff der Grundsteuer des neuen Rechts weiter gefaßt ist, nunmehr unter den Begriff der Grundsteuer fallen. Überdies bestimmt § 27 Ziff. 3 EinfG.-RealStG. ausdrücklich, daß Sondersteuern auf Wohnungen (Wohnraum) und Mieten nicht erhoben werden dürfen. Die Sondersteuern müssen deshalb mit Wirkung vom 1. April 1938 verschwinden. Der Wegfall ist aber nur ein formeller. Da die Gemeinden auf das Aufkommen aus diesen Sondersteuern regelmäßig angewiesen sein werden, hat der Gesetzgeber ihre Weitererhebung als „Grundsteuern", was sie im Ergebnis sind, gestattet. § 56 Abs. 1 Satz 2 GrStDVO. bestimmt: „Soweit für Wohngebäude des mittleren Neuhausbesitzes bisher Sondersteuern erhoben worden sind, die unter den Begriff der Grundsteuer im Sinn des Gesetzes fallen, sind sie in der Höhe nach dem Stand vom 31. März 1938 bis zum 31. März 1939 als Grundsteuer zu entrichten."

Unter den Begriff der Sondersteuern fallen die Steuern, die wie die Grundsteuer den Grund und Boden als solchen belasten. Hierunter fallen u. a. die in Bayern in verschiedenen Gemeinden zur Erhebung gelangende Grundwertabgabe, Feuerschutzabgabe und Wohnungsluxussteuer, in Mecklenburg die Raumsteuer, in Oldenburg die Wohnungsluxussteuer usw.

Da es für die Berechnung der als Ersatz der bisherigen Sondersteuern zu erhebenden Grundsteuer nur auf den Betrag ankommt, der nach den Verhältnissen vom 31. März 1938 erhoben wird, kommt die Festsetzung eines Steuermeßbetrags durch das Finanzamt in diesen Fällen nicht in Betracht. Die Steuer ist vielmehr ohne weiteres von der Gemeinde in der bisherigen Höhe zu erheben.

bb) Die Regelung in den sog. Ausnahmegemeinden (§ 56 Abs. 2 GrStDVO., Ziff. 63 GrR.). Wie bereits oben unter Anm. 1 a ausgeführt wurde, konnten die Landesbehörden die Befreiung von der Grundsteuer in solchen Gemeinden aufheben, die zu einem wesentlichen Teil aus Wohngebäuden des mittleren Neuhausbesitzes bestehen. Hatte die oberste Landesbehörde für eine Gemeinde eine derartige Ausnahmebestimmung getroffen, so ist in ihr der mittlere Neuhausbesitz zwar von der Grundsteuer des Lands, aber nicht von der Grundsteuer der Gemeinde befreit. Da künftig nur noch die einheitliche Gemeindesteuer besteht, mußte die Frage geregelt werden, wie in diesen Fällen der Grundsatz der Aufrechterhaltung der bisherigen Steuerbefreiungen beim mittleren Neuhausbesitz für die neue Grundsteuer durchzuführen ist. Die Frage ist in § 56 Abs. 2 GrStDVO. geregelt. Nach dieser Vorschrift ist die Steuer, die sich auf Grund der allgemeinen Bestimmungen nach § 21 GrStG. ergibt, nur zum Teil zu erheben. Es ist also bei der Berechnung der tatsächlich zu entrichtenden Steuer von der gesamten Steuer im Sinn des § 21 GrStG. auszugehen. Aus diesem Grund ist es notwendig, daß das Finanzamt vorher für den Grundbesitz einen Steuermeßbetrag nach dem vollen Betrag des Einheitswerts festsetzt.

Der Teil der Steuer, den die Gemeinde nach § 56 Abs. 2 GrStDVO. erhebt, ist unter der Voraussetzung, daß keine Sondersteuern des Lands, der Gemeinde oder der Gemeindeverbände bestehen (zu vgl. Anm. aa), wie folgt zu ermitteln: Es ist für die Gemeinde das Verhältnis festzustellen, in dem nach dem Stand vom 31. März 1938 (also vor Anwendung des neuen Grundsteuergesetzes) der für den mittleren Neuhausbesitz zu zahlende Satz zu dem Satz steht, der für ihn bei voller Heranziehung zur Grundsteuer (des Lands, der Gemeinde und der Gemeindeverbände) zu entrichten gewesen wäre. Entsprechend diesem Verhältnis setzt die Gemeinde für den Teil der Grundsteuer, der für den mittleren Neuhausbesitz für das Rechnungsjahr 1938 zu entrichten ist, einen einheitlichen Hundertsatz fest.

Beispiel 1: In der Gemeinde X hat der mittlere Neuhausbesitz auf Grund der Ausnahmebestimmung im Rechnungsjahr 1937 als Grundsteuer der Gemeinde 300 v. H. des Grundbetrags zu entrichten. Bei voller Heranziehung zur Grundsteuer (also zur Grundsteuer des Lands, der Gemeinde und der Gemeindeverbände) wären 500 v. H. zu entrichten. Entsprechend dem Verhältnis 300: 500 setzt die Gemeinde den Teil der Grundsteuer, der für den mittleren Neuhausbesitz für das Rechnungsjahr 1938 zu zahlen ist, auf 60 v. H. des an sich nach § 21 GrStG. zu erhebenden Betrags fest.

Werden vom Land, der Gemeinde oder den Gemeindeverbänden Sondersteuern (zu vgl. oben Anm. aa) erhoben, so sind die Sondersteuern bei der Ermittlung des Verhältnisses, in dem nach dem Stand vom 31. März 1938 der für den mittleren Neuhausbesitz zu zahlende Satz zu dem bei voller Heranziehung geltenden Satz steht, mit zu berücksichtigen. Wenn die Sondersteuern nicht in Form eines Hundertsatzes des Grundbetrags der Grundsteuer, sondern nach einem anderen Maßstab erhoben werden, so sind die Sondersteuern auf den Grundbetrag der Grundsteuer anzurechnen.

Beispiel 2: In der Gemeinde Y hat der mittlere Neuhausbesitz auf Grund der Ausnahmebestimmung im Rechnungsjahr 1937 als Grundsteuer der Gemeinde 300 v. H. des Grundbetrags zu entrichten. Außerdem sind Sondersteuern des Lands und der Gemeinde zu zahlen, die — gegebenenfalls nach Umrechnung auf den Grundbetrag der Grundsteuer — 150 v. H. ausmachen. Es sind also zusammen 450 v. H. zu zahlen. Bei voller Heranziehung zur Grundsteuer (also zur Grundsteuer des Lands, der Gemeinde und der Gemeindeverbände) wären einschließlich der Sondersteuern 600 v. H. zu entrichten. Entsprechend dem Verhältnis 450: 600 setzt die Gemeinde den Teil der Grundsteuer, der für den mittleren Neuhausbesitz für das Rechnungsjahr 1938 zu entrichten ist, auf 75 v. H. des an sich nach § 21 GrStG. zu erhebenden Betrags fest.

cc) Teilweise Steuerbefreiung des mittleren Neuhausbesitzes. In den Absätzen 2 und 3 des § 14 Realsteuersenkungsges. sind Fälle aufgeführt, in denen nicht das ganze Grundstück, sondern nur ein Teil des Grundstücks von der Grundsteuer befreit ist. Wegen der Einzelheiten zu vgl. oben Anm. 1 b und c!

Für diese Fälle bestimmt § 56 Abs. 3 GrStDVO., daß der steuerpflichtige Teil nach den allgemeinen Vorschriften zur Grundsteuer heranzuziehen ist. Das Finanzamt hat also für ihn den Steuermeßbetrag festzusetzen, auf den die Gemeinde ihren Hebesatz nach § 21 GrStG. anwendet. Die Besteuerung des steuerbegünstigten Teils richtet sich nach den Vorschriften im § 56 Abs. 1 oder 2 GrStDVO.

Beispiel 1: Ein Gebäude des mittleren Neuhausbesitzes dient je zur Hälfte Wohnzwecken und gewerblichen Zwecken. Für den gewerblichen Teil setzt das Finanzamt den Steuermeßbetrag fest. Die Grundsteuer ist für ihn nach dem allgemeinen Hebesatz (§ 21 GrStG.) zu erheben. Der Wohnteil ist bis zum 31. März 1939 steuerfrei (§ 56 Abs. 1 GrStDVO.).

Beispiel 2: Fall wie Beispiel 1. Für das ganze Grundstück ist jedoch im Rechnungsjahr 1937 eine Sondersteuer (zu vgl. oben Anm. a) von 100 *RM* erhoben worden, die ab 1. April 1938 wegfällt. Der gewerbliche Teil ist wie im Beispiel 1 nach den allgemeinen Vorschriften zur Grundsteuer heranzuziehen. Für den Wohnteil ist die Sondersteuer bis zum 31. März 1939 weiter zu erheben (§ 56 Abs. 1 Satz 2 GrStDVO.), jedoch nur in Höhe von 50 *RM*, da der Wohnteil nur die Hälfte des Gebäudes ausmacht. Auch in diesem Fall ist für den Wohnteil kein Steuermeßbetrag festzusetzen.

Beispiel 3: In der Gemeinde X liegt ein Grundstück, dessen gesamte Grundfläche das Fünfzehnfache der bebauten Fläche ausmacht. Auf Grund der Ausnahmebestimmungen hat der mittlere Neuhausbesitz im Rechnungsjahr 1937 als Grundsteuer der Gemeinde 300 v. H. des Grundbetrags zu entrichten. Bei voller Heranziehung zur Grundsteuer (also zur Grundsteuer des Lands, der Gemeinde und der Gemeindeverbände) wären 500 v. H. zu entrichten.

Der Teil der Grundfläche, der über das Zwölffache der bebauten Grundfläche hinausgeht, ist nach den allgemeinen Vorschriften zur Grundsteuer heranzuziehen. Das Finanzamt stellt deshalb einen Steuermeßbetrag für diesen Teil der Grundfläche fest.

Auch für den übrigen Teil des Grundstücks (das Gebäude und das Zwölffache der bebauten Grundfläche) ist ein Steuermeßbetrag festzusetzen. Die Grundsteuer wird aber für diesen Teil — wie in Beispiel 1 zu Anm. bb näher dargelegt — nur mit 60 v. H. des Betrags erhoben, der sich nach § 21 GrStG. ergibt.

Nach dem Rderl. des RdF. vom 21. Dezember 1934 S. 3321 — 30 III war im vorstehenden Beispiel, das sich auf eine Ausnahmegemeinde bezieht, der Einheitswert für das ganze Grundstück und daneben für den Teil der Grundfläche festzustellen, der über das Zwölffache der bebauten Grundfläche hinausgeht. Für den „übrigen Teil" des Grundstücks ist also ein Einheitswert nicht vorhanden. Bei der Festsetzung des Steuermeßbetrags für diesen Teil des Grundstücks ist von dem Unterschiedsbetrag beider Einheitswerte auszugehen.

3. Der mittlere Neuhausbesitz im Saarland (§ 56 Abs. 4 GrStDVO., Ziff. 65 GrR. Die Vorschriften im § 14 des Realsteuergesetzes gelten, wie oben unter Anm. 1 bereits ausgeführt wurde, nicht für das Saarland. Nach § 2 Abs. 2 der Durchführungsbestimmungen vom 2. April 1936 (RGBl. I S. 345) sind jedoch die dort näher bezeichneten Kleinwohnungsbauten, die im Saarland in der Zeit vom 1. April 1931 bis zum 28. Februar 1935 bezugsfertig geworden sind, bis zum 31. März 1939 von der Grundsteuer befreit. Diese Befreiung ist durch § 28 Abs. 1 GrStG. aufrecht erhalten worden. Für die Anpassung der Befreiung an das neue Grundsteuerrecht sind nach § 56 Abs. 4 GrStDVO. die Vorschriften der Absätze 1—3 daselbst entsprechend anzuwenden.

4. Steuerbegünstigter mittlerer Neuhausbesitz innerhalb des land- und forstwirtschaftlichen Vermögens. Die Befreiungsvorschriften nach dem Realsteuersenkungsgesetz sind grundsätzlich auch auf Wohngebäude anwendbar, die zu land- und forstwirtschaftlichen Betrieben gehören. Die Steuerbefreiung gilt jedoch nur insoweit, als der Neubau eine Erhöhung der Steuer zur Folge haben würde (§ 14 Abs. 1 Satz 3 des Realsteuersenkungsgesetzes). Die Frage, wie die Steuerbefreiungen für derartige Wohngebäude auf das neue Grundsteuerrecht überzuleiten sind, ist in dem gemeinsamen Runderlaß des Reichsministers der Finanzen und des Reichsministers des Innern vom 17. September 1937 (L 1200—70 III/VSt 2468/37) — RStBl. 1937 S. 1025 Abschn. II — geregelt.

Die Anwendung der Befreiungsvorschriften des mittleren Neuhausbesitzes auf Wohnungsbauten in land- und forstwirtschaftlichen Betrieben wird hauptsächlich für die Fälle von praktischer Bedeutung sein, in denen der land- und forstwirtschaftliche Betrieb nach § 33 RBewG. mit dem Mindestwert bewertet worden ist, da bei diesen Bewertungen für das steuerbegünstigte Wohngebäude ein besonderer Wert anzusetzen ist. Nach § 5 RBewDB. 1935 besteht nämlich der Mindestwert aus dem Wohnungswert (dem Wert für das Wohngebäude des Betriebsinhabers) und dem Wirtschaftswert (dem Wert für den übrigen Teil des Betriebs). Es ist also ohne weiteres möglich, den Betrieb in einen steuerbegünstigten Teil (Wohngebäude des Betriebsinhabers) und in einen nicht steuerbegünstigten Teil (übriger Teil des Betriebs) zu zerlegen. Ist das Wohngebäude des Betriebsinhabers nur zum Teil ein steuerbegünstigter Neubau, so ist nur der entsprechende Teil des Wohngebäudes als steuerbegünstigt zu behandeln. In diesen Fällen ist entsprechend den Vorschriften im § 56 Abs. 3 GrStDVO. in der Weise zu verfahren, daß der nicht steuerbegünstigte Teil des Betriebs nach den allgemeinen Vorschriften zur Grundsteuer heranzuziehen ist und daß auf den andern Teil die Sondervorschriften im § 56 Abs. 1 und 2 GrStDVO. anzuwenden sind.

Beispiel: Das Wohngebäude eines Landwirts, für dessen Betrieb der Mindestwert nach § 33 RBewG. anzusetzen ist, ist als mittlerer Neuhausbesitz behandelt worden. Der Wert für das Wohngebäude (Wohnungswert) beträgt 4000 RM, der Wert für den übrigen Teil des Betriebs (Wirtschaftswert) 1500 RM. Das Wohngebäude ist der steuerbegünstigte Teil des Betriebs, der übrige Teil ist nicht steuerbegünstigt. Der Einheitswert für den nicht steuerbegünstigten Teil beträgt 1500 RM (= Wirtschaftswert). Bei der ersten Hauptveranlagung ist ein Steuermeßbetrag nur für den nichtbegünstigten Teil des Betriebs festzusetzen, also in Höhe von 8 v. T. von 1500 RM = 12 RM. Auf den 1. Januar 1939 ist der Einheitswert unter der Voraussetzung, daß die Verhältnisse sich nicht geändert haben, auf 4000 RM (Wohnungswert) + 1500 RM (Wirtschaftswert) = 5500 RM fortzuschreiben. Entsprechend ist der Steuermeßbetrag mit Wirkung vom 1. April 1939 auf 44 RM fortzuschreiben.

5. Weitere teilweise Steuerbefreiung des mittleren Neuhausbesitzes (§ 58 Abs. 1 Ziff. 2 GrStDVO., Ziff. 71 GrR.). Mit dem 31. März 1939 läuft die Steuerbefreiung des mittleren Neuhausbesitzes ab. Um auch hier den Übergang in die volle Grundsteuerpflicht zu erleichtern, trifft § 58 Abs. 1 Ziff. 2 GrSt.-DVO. eine Übergangsregelung. Hiernach sind Wohngebäude, die nach § 14 Absätze 1—4 des Realsteuersenkungsgesetzes oder nach § 2 Abs. 2 der Durchführungsbestimmungen vom 2. April 1936 steuerbefreit sind, erstmalig für das Rechnungsjahr 1939 (1. April 1939 bis 30. April 1940) von einem Viertel der an sich zu entrichtenden Grundsteuer befreit. Die Befreiung von einem Viertel der Grundsteuer ist §§ 58 Abs. 2, 27 Abs. 3 GrStDVO. gemäß in der Weise durchzuführen, daß der Steuermeßbetrag nur zu drei Vierteln festgesetzt wird. Ist nur ein Teil des Grundstücks am 31. März 1939 steuerbegünstigter mittlerer Neuhausbesitz, so ist zwar nach § 31 Abs. 3 (§ 32) GrStDVO. für die Ermittlung des Steuermeßbetrags nur eine einheitliche Meßzahl für das ganze Grundstück anzuwenden; die im § 58 vorgesehene Befreiung von einem Viertel gilt jedoch lediglich für den in Betracht kommenden Grundstücksteil (§ 58 Abs. 1 GrStDVO. Schlußsatz). Diese Befreiung wird in der Weise durchgeführt, daß der Steuermeßbetrag nur zu drei Vierteln angesetzt wird (§ 27 Abs. 2 GrStDVO.). In diesen Fällen sind also für den steuerbegünstigten Teil des Grundstücks nur drei Viertel des Meßbetrags anzusetzen, für den Rest der volle Meßbetrag.

Die Übergangsregelung gilt letztmalig für das Rechnungsjahr, das dem nächsten Hauptfeststellungszeitpunkt für die Einheitsbewertung des Grundbesitzes (§§ 21, 79 RBewG.) folgt; wird die nächste Hauptfeststellung des Grundbesitzes auf den 1. Januar 1941 durchgeführt, so endet die Übergangsregelung mit dem 31. März 1942.

6. Die Anwendbarkeit des § 58 GrStDVO. auf Neubauten in land- und forstwirtschaftlichen Betrieben. Im § 58 GrStDVO. handelt es sich nicht um eine Überleitung bestehender Befreiungsvorschriften auf das neue Grundsteuerrecht. Diese Vorschrift bringt vielmehr neue Steuervergünstigungen, die sich wegen der besonderen Lage desjenigen Neuhausbesitzes, der zum Grundvermögen gehört, nicht vermeiden ließen. Eine Anwendung des § 58 kommt deshalb auf Wohnungsneubauten, die zum land- und forstwirtschaftlichen Vermögen gehören, nicht in Betracht. Auch eine entsprechende Anwendung der Vorschrift ist ausgeschlossen.

III. Der neueste Neuhausbesitz.

1. Abgrenzung.

a) Zeitliche Abgrenzung. Zum neuesten Neuhausbesitz gehören die Kleinwohnungen und Eigenheime, die nach dem 31. März 1934 oder, wenn sie im Kalenderjahr 1933 im Rohbau vollendet wurden, nach dem 31. Mai 1934 bezugsfertig wurden (Abschnitt IV des Zweiten Gesetzes zur Verminderung der Arbeitslosigkeit vom 21. September 1933 — RGBl. I S. 651 —, Durchführungsverordnung über die Steuerbefreiung für neuerrichtete Kleinwohnungen und Eigenheime vom 26. Oktober 1933 — RGBl. I S. 773 —). Die Grenze gegenüber dem mittleren Neuhausbesitz ist keine einheitliche; auf die Anm. II 1 wird verwiesen. Die in den genannten Bestimmungen vorgesehenen Vergünstigungen gelten nur für solche Kleinwohnungen, die bis zum 31. März 1937 (zu vgl. § 4 Abs. 1 des Ges. zur Aenderung der Vorschriften über die Steuerbefreiung des Neuhausbesitzes vom 2. April 1936, RGBl. I S. 344) bezugsfertig werden. Kleinwohnungen, die bis zum 31. Dezember 1936 im Rohbau vollendet und bis zum 31. Mai 1937 bezugsfertig werden, gelten als noch im Rechnungsjahr 1936 bezugsfertig geworden. Eigenheime sind nur dann befreit, wenn sie bis zum 30. September 1937 bezugsfertig werden (zu vgl. § 28 Abs. 2 Ziff. 1 GrStG.).

b) Sachliche Abgrenzung. Die Steuerbefreiungen, die beim neuesten Neuhausbesitz gewährt wurden, erstrecken sich nicht auf alle Wohngebäude, sondern nur auf Kleinwohnungsbauten und Eigenheime. Die Bestimmungen über die Abgrenzung der Kleinwohnungen und Eigenheime von den übrigen nichtsteuerbefreiten Wohngebäuden finden sich in den §§ 4—9 der Durchführungsverordnung über die Steuerbefreiung für neuerrichtete Kleinwohnungen und Eigenheime vom 26. Oktober 1933 (RGBl. I S. 773). Die Bestimmungen lauten:

§ 4 Kleinwohnungen (Abs. 1). Als Kleinwohnungen gelten solche Wohnungen, die eine nutzbare Wohnfläche (§ 6) von höchstens 75 qm haben. (Abs. 2) Wohnungen, deren nutzbare Wohnfläche diese Größe um ein geringes Maß übersteigt, sind als Kleinwohnungen anzusehen, wenn 1. bei geschlossenen Baugruppen die Durchschnittsfläche einer Wohnung das vorgeschriebene Maß nicht übersteigt oder 2. die Mehrfläche durch eine wirtschaftlich notwendige Grundrißgestaltung der Baufläche bedingt ist oder 3. es sich um Reichsheimstätten oder 4. um Wohnungen für kinderreiche Familien handelt. Als kinderreich ist eine Familie anzusehen, wenn zur Haushaltung des Wohnungsinhabers mehr als drei Kinder gehören. Als Kinder gelten neben den Abkömmlingen des Wohnungsinhabers die dauernd zu seiner Haushaltung zählenden Stief-, Schwieger-, Adoptiv- und Pflegekinder und deren Abkömmlinge. Kinder, die nachträglich aus der Haushaltung ausscheiden, sind nicht mitzuzählen, wenn ihre Zugehörigkeit zur Haushaltung von vorneherein vorübergehend gedacht war. (Abs. 3) Die Wohnung gilt noch als Kleinwohnung in den Fällen des Absatzes 2 Ziffern 1 bis 3, wenn die nutzbare Wohnfläche 90 qm nicht überschreitet, in Fällen des Absatzes 2 Ziffer 4, wenn die nutzbare Wohnfläche von 75 qm um nicht mehr als je 7,5 qm für das vierte und für jedes weitere Kind überschritten wird. (Abs. 4) Beim Vorliegen besonderer Verhältnisse (insbesondere bei Flachbauten auf dem Land) können auch Wohnungen, deren nutzbare Wohnfläche über die angegebenen Grenzen hinausgeht, als Kleinwohnungen angesehen werden. (Abs. 5) Enthält ein Gebäude teils Kleinwohnungen, teils andere Wohnungen oder gewerblich genutzte Räume, so gilt die Befreiung nur für den Teil, der auf die Kleinwohnungen entfällt. Maßgebend für die Ermittlung des Teilwerts ist das Verhältnis der Jahresrohmieten. Entfallen hiernach auf die Kleinwohnungen mindestens 75 v. H. des ganzen Gebäudes, so gilt die Befreiung für das ganze Gebäude. Entfallen auf die Kleinwohnungen nicht mehr als 25 v. H., so tritt keine Befreiung ein. (Abs. 6) Die Steuerbefreiung gilt nicht nur für solche Kleinwohnungen, die durch Neubauten erstellt werden, sondern auch für solche, die durch Anbauten oder Aufbauten (Aufstockungen) erstellt werden. Enthält der neue Wohnraum nur zum Teil Kleinwohnungen, so gilt die Steuerbefreiung für den Teil des Wohnraums, der Kleinwohnungen enthält.

§ 5 Eigenheim. (Abs. 1) Als Eigenheime kommen nicht nur Einzelhäuser, sondern auch Doppelhäuser und Reihenhäuser in Betracht.

(Abs. 2) Ein Wohngebäude gilt nur dann als Eigenheim, wenn jede der folgenden Voraussetzungen erfüllt ist: 1. Die nutzbare Wohnfläche darf 150 qm nicht übersteigen. Gehören zur Haushaltung des Eigentümers mehr als drei Kinder, so darf die nutzbare Wohnfläche von 150 qm für das vierte und für jedes weitere Kind um je 15 qm überschritten werden — bei Anwendung der Vorschrift war bisher grundsätzlich die Zahl derjenigen Kinder zugrunde zu legen, die zur Zeit des Einzugs des Eigentümers in das Eigenheim vorhanden waren. Nach dem Erl. d. RdF. vom 17. März 1937 (S 1921 — 520 II) — RStBl. 37 S. 443 — ist die Steuerbefreiung als Eigenheim auch dann zu gewähren, wenn die Voraussetzungen, die eine Überschreitung der nutzbaren Wohnfläche von 150 qm zulassen, erst nach dem Einzug des Eigentümers in das Eigenheim durch die Geburt eines Kindes erfüllt werden. Die Vergünstigung ist auf alle Fälle anzuwenden, in denen das Eigenheim nach dem 31. März 1934 bezugsfertig geworden ist. Sie gilt auch rückwirkend —. 2. Der Eigentümer muß das Haus in vollem Umfang oder mindestens zur Hälfte selbst bewohnen. Ein Wohngebäude, das mehr als zwei Wohnungen enthält, ist kein Eigenheim. Auch wenn das Eigenheim zwei Wohnungen enthält, darf die nutzbare Wohnfläche des Gebäudes die zulässige Höchstgrenze nicht überschreiten.

(Abs. 3) Zu Eigenheimen, die am Rand oder außerhalb von städtischen Wohngebieten errichtet werden, rechnen auch die für einen Wirtschaftsbetrieb erforderlichen Baulichkeiten und sonstigen Anlagen, die der Selbstversorgung des Eigentümers dienen.

§ 6 Nutzbare Wohnfläche. Als nutzbare Wohnfläche (§§ 4 und 5) gelten die Wohn- und Schlafräume und die Küche, wenn die Nebenräume (Abs. 4) in ortsüblichen Grenzen bleiben. Soweit die Nebenräume die ortsüblichen Grenzen überschreiten, rechnen sie zur nutzbaren Wohnfläche. (Abs. 2) Wohn- und Schlafräume sind solche Räume, die dauernd zum Wohnen oder Schlafen geeignet sind. Dabei sind die allgemeine Verkehrsauffassung und die örtliche Gewohnheit zu berücksichtigen. Auf die Art der Bezeichnung der Räume (z. B. Stube, Zimmer, Mädchenzimmer, Kammer usw.) und auf die Art ihrer Benutzung kommt es nicht an. (Abs. 3) Zur nutzbaren Wohnfläche von Eigenheimen rechnen auch gewerblich genutzte Räume. Das Gebäude gilt jedoch nur dann als Eigenheim, wenn jede der folgenden Voraussetzungen erfüllt ist: 1. Die gewerblich genutzten Räume dürfen die Hälfte der gesamten nutzbaren Wohnfläche des Gebäudes nicht überschreiten. Enthält das Eigenheim zwei Wohnungen, so dürfen die gewerblich genutzten Räume einer jeden Wohnung die Hälfte der gesamten nutzbaren Wohnfläche der Wohnung nicht überschreiten; 2. das Vorhandensein der gewerblich genutzten Räume darf die Eigenart des Gebäudes als Eigenheim nicht beeinträchtigen; 3. der Gewerbetreibende (Eigentümer, Mieter oder Pächter) muß in dem Gebäude wohnen. (Abs. 4) Als Nebenräume (Abs. 1) kommen in der Regel insbesondere die folgenden Räume in Betracht: Hausflur, Treppenflur, Wohnungsflur (Gang), Balkon, Veranda, Speisekammer, Bad, Abort, Waschküche, Kraftwagenhalle, Abstell- oder Lagerräume im Kellergeschoß oder Dachboden usw.

§ 7 der DVO. (Verwendung Deutscher Baustoffe) ist aufgehoben worden.

§ 8 Grundfläche. (Abs. 1) Die Steuerbefreiung erstreckt sich nicht nur auf das Gebäude als solches, sondern auch auf die Grundfläche, auf der das Gebäude ruht (bebaute Grundfläche) und auf die zugehörigen Hofräume und Hausgärten. Ist die gesamte Grundfläche (bebaute Grundfläche, Hofräume und Hausgärten) größer als das Zwölffache der bebauten Grundfläche, so gilt die Befreiung nur bis zum Zwölffachen der bebauten Grundfläche. Die über dieses Zwölffache hinausgehende Grundfläche unterliegt der Besteuerung (steuerpflichtiger Teil der Grundfläche). (Abs. 2) Der Wert des steuerpflichtigen Teils der Grundfläche (Abs. 1 Satz 3) ist in der folgenden Weise zu ermitteln: Ausgangspunkt ist der Wert der gesamten Grundfläche und deren Größe. Es ist zunächst die Größe des steuerbefreiten Teils (also das Zwölffache der bebauten Grundfläche) und dann die Größe des verbleibenden steuerpflichtigen Teils zu berechnen. Der Teil des Gesamtwerts der Grundfläche, der dem Verhältnis der Größe des steuerpflichtigen Teils zur Größe der gesamten Grundfläche entspricht, gilt als Wert des steuerpflichtigen Teils .... (Abs. 3) Wenn der Bau des Eigenheims aus Mitteln für die vorstädtische Kleinsiedlung im Sinn des Kap. II des Vierten Teils der VO. vom 6. Oktober 1931 (RGBl. I S. 537, 551) gefördert worden ist, erstreckt sich die Steuerbefreiung auf die gesamte Grundfläche, auch wenn diese das Zwölffache der bebauten Grundfläche übersteigt. (Abs. 4) Ist das Gebäude auf Grund eines Erbbaurechts errichtet, so beschränkt sich die Steuerbefreiung auf das Gebäude selbst.

§ 9 Steuerbefreiung bei Eigentumsübergang. (Abs. 1) Die Steuerbefreiung für Kleinwohnungen gilt nicht nur zugunsten derjenigen Person, für deren Rechnung die Kleinwohnungen errichtet werden, sondern auch zugunsten derjenigen Personen, die steuerbefreite Kleinwohnungen innerhalb des Befreiungszeitraums erwerben. (Abs. 2) Bei Eigentumsübergang von Eigenheimen gilt die Steuerbefreiung für Personen, die das Eigenheim innerhalb des Befreiungszeitraums erwerben, nur dann, wenn sie das Haus in vollem Umfang oder mindestens zur Hälfte selbst bewohnen (§ 5 Abs. 2 Ziff. 2). Das gilt auch in dem Fall, daß das Gebäude bisher unbewohnt und daher nicht steuerbefreit gewesen ist (Beispiel: Eigenheime, die durch einen Bauunternehmer errichtet worden sind und zum Verkauf an Interessenten zur Verfügung stehen). In diesem Fall gilt das Eigenheim für den Beginn der Befreiung von der Vermögensteuer und der Grundsteuer als im Zeitpunkt des Erwerbs bezugsfertig geworden. Die Sätze 2 und 3 finden auch dann Anwendung, wenn der Erwerber bereits zur Zeit des Eigentumsübergangs als Mieter oder Pächter in dem Gebäude wohnte und der erste Bewohner des Gebäudes war. (Abs. 3) Für den Fall des Erwerbs eines Eigenheims mit einer nutzbaren Wohnfläche von mehr als 150 qm gilt das Folgende: 1. War das Eigenheim beim Veräußerer wegen Kinderreichtums nach § 5 Abs. 2 Ziff. 1 Satz 2 DVO. befreit, so ist es beim Erwerber nur befreit, wenn auch bei ihm die Voraussetzung dieser Bestimmung vorliegt; 2. War das Grundstück beim Veräußerer nicht befreit, so ist es beim Erwerber auch dann nicht befreit, wenn bei diesem die Voraussetzung des § 5 Abs. 2 Ziff. 1 Satz 2 vorliegt. (Abs. 4) Beim Erwerb eines Eigenheims von Todes wegen besteht die Steuerbefreiung fort, wenn der überlebende Ehegatte oder ein Kind, das zur Haushaltung des Erblassers zählte, Miteigentümer des Grundstücks ist und das Haus mindestens zur Hälfte selbst bewohnt. Abs. 3 Ziff. 1 findet in dem Fall keine Anwendung.

§ 10 Fortfall der Voraussetzungen für die Steuerbefreiung: Fallen die Voraussetzungen für die Befreiung innerhalb des Zeitraums, für den die Befreiung an sich gilt, fort, so entfällt die Befreiung mit Ablauf des Rechnungsjahrs, in dem die Voraussetzungen fortgefallen sind (Beispiele: Nutzung der bisherigen Kleinwohnungen zu gewerblichen Zwecken; Anbau an ein Eigenheim, durch den die zulässige nutzbare Wohnfläche überschritten wird. Der Eigentümer eines Eigenheims bewohnt das Haus nicht mehr selbst, sondern vermietet es.

e) Formelle Festlegung des neuesten Neuhausbesitzes durch das Anerkennungsverfahren. Als steuerbegünstigter Neuhausbesitz können grundsätzlich nur solche Wohngebäude behandelt werden, die in dem gemäß § 14 der DVO. vom 26. Oktober 1933 vorgesehenen Verfahren als steuerbegünstigter Neuhausbesitz anerkannt worden sind. Die in diesem Verfahren ergangene Entscheidung ist für die Reichsgrundsteuer bindend (§ 60 Satz 2 GrStDVO.).

d) Umfang der Steuerbefreiung. Der neueste Neuhausbesitz genießt volle Steuerbefreiung nur bei der Grundsteuer des Lands; von der Grundsteuer der Gemeinden und Gemeindeverbände ist er nur zur Hälfte befreit.

2. Die grundsteuerliche Behandlung des neuesten Neuhausbesitzes. Die in Abschnitt IV des Gesetzes vom 21. September 1933 (RGBl. I S. 651) in der Fassung des Gesetzes vom 2. April 1936 (RGBl. I S. 344) für den neuesten Neuhausbesitz vorgesehene grundsteuerliche Vergünstigung wird für das neue Recht grundsätzlich aufrecht erhalten. Die Ueberleitung der Steuerbefreiungen in das neue Grundsteuerrecht ist im einzelnen in § 57 GrStDVO. geregelt. § 57 Abs. 1 unterscheidet dabei Wohngebäude, die vor dem 1. April 1938 und Wohngebäude, die ab 1. April 1938 oder später in die halbe Grundsteuerpflicht eingetreten sind oder eintreten.

a) Bei Eintritt in die halbe Grundsteuerpflicht vor dem 1. April 1938 (§ 57 Abs. 1 Ziff. 1 GrStDVO., Ziff. 66 Buchst. a GrR.). Wenn die Wohngebäude vor dem 1. April 1938 in die halbe Gemeindegrundsteuerpflicht eingetreten sind, ist die Grundsteuer ab 1. April 1938 mit dem Betrag weiter zu entrichten, der sich nach dem Stand vom 31. März 1938 ergibt. Die Grundsteuer erstarrt also in ihrer bisherigen Höhe. Die Erstarrung gilt für Kleinwohnungen bis zum 31. März 1939 (Ablauf der Steuerfreiheit) und für Eigenheime bis zum 31. März 1944. Wurden von dem neuesten Neuhausbesitz Sondersteuern, die unter den Begriff der Grundsteuer im Sinn des Gesetzes fallen — zu vgl. oben Anm. II Ziff. 2 Buchst. a — erhoben, so ist auch der Betrag dieser Sondersteuern bis zum Ablauf des Befreiungszeitraums nach dem Stand vom 31. März 1938 weiter zu entrichten.

Da es in den vorbezeichneten Fällen für die Berechnung der Steuer lediglich auf den Betrag ankommt, der nach den Verhältnissen vom 31. März 1938 erhoben wird, so kommt die Festsetzung eines Steuermeßbetrags nicht in Betracht. Die Steuer ist vielmehr ohne weiteres von der Gemeinde festzusetzen.

Die Frage, welche Anwesen vor dem 1. April 1938 bzw. nach dem 31. März 1938 in die halbe Gemeindegrundsteuerpflicht eingetreten sind, beurteilt sich nach Landesrecht; das Reichsrecht hat sich enthalten, die Frage zu regeln, von welchem Zeitpunkt ab die steuerbegünstigten Kleinwohnungen und Eigenheime der halben Gemeindegrundsteuerpflicht unterworfen sein sollen. Nach bayerischem Recht ergibt sich folgende Rechtslage: Gemäß Ziff. II der Bekanntmachung der Staatsministerien des Innern und der Finanzen vom 14. Februar 1936 über die Umlagenbefreiung für neu errichtete Kleinwohnungen und Eigenheime (GVBl. 1936 S. 18) „beginnt die Verpflichtung zur Entrichtung der Grund- und Haussteuerumlagen in halber Höhe mit Ablauf des Monats, in dem die Kleinwohnungen oder Eigenheime bezugsfertig geworden sind. Im Interesse der Geschäftsvereinfachung wird jedoch zugelassen, daß die Steuerverhältniszahlen vierteljahrsweise zugeschrieben werden, so daß für die in Betracht kommenden Neubauten die Umlagen zur Grund- und Haussteuer in halber Höhe mit Ablauf des Kalendervierteljahrs zu entrichten sind, in dem die Neubauten bezugsfertig geworden sind." Da der steuerbegünstigte Neuhausbesitz mit den Neubauten (Eigenheimen) endet, die am 30. September 1937 bezugsfertig geworden sind, so ergibt sich, daß in Bayern der steuerbegünstigte neueste Neuhausbesitz spätestens am 1. Oktober 1937 in die halbe Grundsteuerpflicht eingetreten ist. Der gesamte neueste Neuhausbesitz fällt deshalb in Bayern unter § 57 Abs. 1 Ziff. 1 GrStDVO.

In den meisten anderen Ländern wird die Rechtslage wohl die gleiche sein.

b) Bei Eintritt der Grundsteuerpflicht **nach** dem 31. März 1938 (§ 57 Abs. 1 Ziff. 2 GrStDVO., Ziff. 66 Buchstabe b GrR.). Wenn die Wohngebäude erst ab 1. April 1938 oder später in die halbe Gemeindegrundsteuerpflicht eintreten, so ist die Steuer, die sich nach § 21 des Gesetzes ergibt, vom Eintritt in die halbe Gemeindegrundsteuerpflicht ab nur mit 30 v. H. zu entrichten. Das gilt für die Kleinwohnungen bis zum 31. März 1939 und für Eigenheime bis zum 31. März 1944.

Wie bereits oben unter Buchst. a ausgeführt wurde, beurteilt sich die Frage, ob die Wohngebäude vor dem 1. April oder erst nach dem 31. März 1938 in die halbe Gemeindegrundsteuerpflicht eingetreten sind, ausschließlich nach Landesrecht. Nach Landesrecht ist es möglich, daß ein Eigenheim, das am 15. August 1937 bezugsfertig geworden ist, bis zum 31. März 1938 in die halbe Gemeindegrundsteuerpflicht noch nicht eingetreten ist. Diese Rechtslage besteht z. B. in Preußen.

Weitere Anwendungsfälle des § 57 Abs. 1 Ziff. 2 GrStDVO. können sich aus den Vorschriften im § 9 Abs. 2 Sätze 2—4 der DVO. vom 26. Oktober 1933 — abgedruckt oben unter Anm. III Ziff. 1 Buchstabe b — ergeben. § 57 Abs. 1 Ziff. 2 ist weiter auf Wohngebäude (Eigenheime) anzuwenden, die bisher steuerpflichtig waren, bei denen die Voraussetzungen der Befreiung als Eigenheime jedoch ab 1. April 1938 oder später nachträglich dadurch erfüllt werden, daß zur Haushaltung des Eigentümers durch Geburt Kinder hinzutreten (vgl. Rderl. d. RdF. vom 17. März 1937 S 1921 — 520 III, RStBl. S. 443).

In den Fällen des § 57 Abs. 1 Ziff. 2 sind die Steuermeßbeträge in voller Höhe festzusetzen. Die Steuervergünstigung wird erst im Steuerfestsetzungsverfahren von der Gemeinde berücksichtigt; sie setzt die Steuer nur mit 30 v. H. des normalen Steuerbetrags fest.

3. Ausnahmegemeinden beim neuesten Neuhausbesitz (§ 57 Abs. 2 GrStDVO., Ziff. 67 Gr.R.). Im § 15 Abs. 3 der DVO. über die Steuerbefreiung für neu errichtete Kleinwohnungen und

Eigenheime vom 26. Oktober 1933 wurden die Landesbehörden ermächtigt, die Befreiung von der Grundsteuer für solche Gemeinden auszuschließen, die zu einem wesentlichen Teil aus Wohngebäuden bestehen, die unter § 14 des Realsteuersenkungsgesetzes oder unter diese Durchführungsverordnung fallen (zu vgl. Anm. II Ziff. 2 Buchst. b/bb). Die Frage, wie die Grundsteuer für den steuerbefreiten neuesten Neuhausbesitz in derartigen Ausnahmegemeinden ab 1. April 1938 zu bemessen ist, regelt § 57 Abs. 2 GrStDVO. entsprechend den Bestimmungen für den mittleren Neuhausbesitz im § 56 Abs. 2 GrStDVO.

Hiernach ist die Grundsteuer, die sich nach § 21 GrStG. ergibt, in solchen Gemeinden nur mit einem Teil zu entrichten. Der Teil ist nach dem Verhältnis zu ermitteln, in dem in der Gemeinde nach dem Stand vom 31. März 1938 der für derartige Kleinwohnungen oder Eigenheime zu zahlende Satz zu dem Satz steht, der für solche Wohngebäude bei voller Heranziehung zur Grundsteuer (des Lands, der Gemeinde und der Gemeindeverbände) und zu den im § 57 Abs. 1 Ziff. 1 Satz 3 GrStDVO. bezeichneten Sondersteuern zu entrichten gewesen wäre. Die Gemeinde setzt für den von den Kleinwohnungen und Eigenheimen zu entrichtenden Teil der Grundsteuer einen einheitlichen Hundertsatz fest. Die Festsetzung bedarf der Genehmigung durch die Gemeindeaufsichtsbehörde. Diese Regelung gilt für die Kleinwohnungen bis zum 31. März 1939 und für Eigenheime bis zum 31. März 1944.

In den bezeichneten Fällen ist, da die Gemeinde bei der Steuerberechnung vom normalen Steuerbetrag auszugehen hat, ein Steuermeßbetrag festzusetzen. Auf die Ausführungen und Beispiele oben unter Anm. II Ziff. 2 Buchst. b/bb wird verwiesen.

4. Steuerberechnung bei nur teilweiser Steuerbefreiung des neuesten Neuhausbesitzes (§ 57 Abs. 3 GrStDVO., Ziff. 68 GrR.). Gemäß § 4 Absätze 5 und 6, § 8 der DVO. vom 26. Oktober 1933 (siehe oben unter Anm. III Ziff. 1 Buchst. b) ist unter den dort aufgeführten Voraussetzungen nur ein Teil des Grundstücks steuerbefreit. Entsprechend der Regelung im § 56 Abs. 3 GrStDVO. für den mittleren Neuhausbesitz (oben unter Anm. II Ziff. 2 Buchst. b/cc) bestimmt § 57 Abs. 3 GrStDVO. für den neuesten Neuhausbesitz, daß der steuerpflichtige Teil des Grundstücks nach den allgemeinen Vorschriften zur Grundsteuer heranzuziehen ist. Das Finanzamt hat also für ihn einen Steuermeßbetrag festzusetzen. Die Besteuerung des steuerbegünstigten Teils richtet sich nach den Vorschriften im § 57 Abs. 1 oder 2 GrStDVO.

Beispiel 1: Ein Wohngebäude des neuesten Neuhausbesitzes enthält je zur Hälfte des Werts Kleinwohnungen und Großwohnungen. Das Wohngebäude ist vor dem 1. April 1938 in die halbe Gemeindegrundsteuerpflicht eingetreten.

Der Teil des Grundstücks, der die Großwohnungen enthält, ist nach den allgemeinen Vorschriften zur Grundsteuer heranzuziehen (§ 57 Abs. 3 GrStDVO., § 4 Abs. 5 DVO. vom 26. Oktober 1933). Das Finanzamt setzt deshalb einen Steuermeßbetrag für diesen Grundstücksteil fest.

Für die Kleinwohnungen ist im Rechnungsjahr 1938 die Grundsteuer (einschließlich etwaiger Sondersteuern) mit dem Betrag weiter zu entrichten, der sich nach dem Stand vom 31. März 1938 ergibt (§ 57 Abs. 1 Ziff. 1 GrStDVO.). Für die Kleinwohnungen ist kein Steuermeßbetrag einzusetzen.

Beispiel 2: Bei einem Eigenheim, das erst ab 1. April 1938 in die halbe Gemeindegrundsteuerpflicht eintritt, beträgt die gesamte Grundfläche das Fünfzehnfache der bebauten Grundfläche.

Der Teil der Grundfläche, der über das Zwölffache der bebauten Grundfläche hinausgeht, ist nach den allgemeinen Vorschriften zur Grundsteuer heranzuziehen (§ 57 Abs. 3 GrStDVO., § 8 DVO. vom 26. Oktober 1933). Das Finanzamt hat für diesen Teil der Grundfläche einen Steuermeßbetrag festzusetzen.

Auch für den übrigen Teil des Grundstücks (das Gebäude und das Zwölffache der bebauten Grundfläche) ist ein Steuermeßbetrag festzusetzen. Die Grundsteuer wird für diesen Teil nur mit 30 v. H. des Betrags erhoben, der sich nach § 21 GrStG. ergibt (§ 57 Abs. 1 Ziff. 2 GrStDVO.).

Würde das Eigenheim in einer Ausnahmegemeinde liegen, so wäre die steuerliche Behandlung ähnlich. Die einzige Abweichung würde darin bestehen, daß für das Gebäude einschließlich des Zwölffachen der bebauten Grundfläche nicht 30 v. H. des sich nach § 21 GrStG. ergebenden Betrags zu erheben wäre, sondern der nach § 57 Abs. 2 GrStDVO. festgesetzte Hundertsatz (zu vgl. auch Beispiel 3 zu Anm. II Ziff. 2 Buchst. b/cc).

5. Neuester Neuhausbesitz im Saarland (Ziff. 69 GrR.) Im Saarland gelten die Befreiungsvorschriften im Abschnitt IV des Gesetzes vom 21. September 1933 für solche Kleinwohnungen und Eigenheime, die nach dem 28. Februar 1935 (RGBl. I S. 537) bezugsfertig geworden sind. § 57 GrStDVO. ist deshalb auch auf diese Kleinwohnungen und Eigenheime anzuwenden.

6. Steuerbegünstigter neuester Neuhausbesitz innerhalb des land- und forstwirtschaftlichen Vermögens. Die Befreiungen nach Abschnitt IV des Gesetzes vom 21. September 1933 für den neuesten Neuhausbesitz sind grundsätzlich auch auf Wohngebäude anwendbar, die zu land- und forstwirtschaftlichen Betrieben gehören. Die Steuerbefreiung gilt jedoch nur insoweit, als der Neubau eine Erhöhung der Steuern zur Folge haben würde (§ 15 Abs. 2 der DVO. vom 26. Oktober 1933).

Die Anwendung der Befreiungsvorschriften des neuesten Neuhausbesitzes auf Wohnungsneubauten in land- und forstwirtschaftlichen Betrieben wird hauptsächlich für die Fälle von praktischer Bedeutung sein, in denen der land- und forstwirtschaftliche Betrieb nach § 33 RBewG. mit dem Mindestwert bewertet worden ist, da bei diesen Bewertungen für das steuerbegünstigte Wohngebäude ein besonderer Wert anzusetzen ist. Nach § 5 RBewDB. besteht nämlich der Mindestwert aus dem Wohnungswert (dem Wert für das Wohngebäude des Betriebsinhabers) und dem Wirtschaftswert (dem Wert für den übrigen Teil des Betriebs). Es ist also ohne weiteres möglich, den

Betrieb in einen steuerbegünstigten Teil (Wohngebäude des Betriebsinhabers) und in einen nicht steuerbegünstigten Teil (übriger Teil des Betriebs) zu zerlegen. Ist das Wohngebäude des Betriebsinhabers nur zum Teil ein steuerbegünstigter Neubau, so ist nur der entsprechende Teil des Wohngebäudes als steuerbegünstigt zu behandeln.

In diesen Fällen ist entsprechend den Vorschriften im § 57 Abs. 3 GrStDVO. in der Weise zu verfahren, daß der nicht steuerbegünstigte Teil des Betriebs nach den allgemeinen Vorschriften zur Grundsteuer heranzuziehen ist und daß auf den andern Teil — mit der nachstehenden Ausnahme — die Sondervorschriften im § 57 Abs. 1 und 2 GrStDVO. anzuwenden sind.

Eine Ausnahme gilt für die Fälle des neuesten Neuhausbesitzes, in denen das Wohngebäude des Landwirts erst ab 1. April 1938 oder später in die halbe Gemeindegrundsteuerpflicht eintreten würde (vgl. § 57 Abs. 1 Ziff. 2 GrStDVO., Ziff. 66 Abs. 2 b GrR.). Nach § 57 Abs. 1 Ziff. 2 GrStDVO. würde in diesen Fällen die Grundsteuer, die sich auf Grund der allgemeinen Bestimmungen für das Wohngebäude ergibt, bis zum Ablauf des Befreiungszeitraums nur mit 30 v. H. zu entrichten sein. Dieser Hundertsatz paßt nicht für die Wohnungsneubauten, die zum land- und forstwirtschaftlichen Vermögen gehören. Im weitaus überwiegenden Teil des Reichs macht nämlich die Grundsteuer, die bisher für steuerbegünstigte Wohnungsneubauten land- und forstwirtschaftlicher Betriebe zu entrichten war, mehr als 30 v. H. derjenigen Grundsteuer aus, die im Fall der vollen Steuerpflicht zu entrichten gewesen wäre. Für die steuerbegünstigten Wohnungsneubauten in land- und forstwirtschaftlichen Betrieben, die erst ab 1. April 1938 oder später in die halbe Gemeindegrundsteuerpflicht eintreten würden, ist deshalb § 57 Abs. 1 Ziff. 2 GrStDVO. nicht anzuwenden. Es ist vielmehr ähnlich wie nach § 57 Abs. 2 zu verfahren. Die Gemeinde hat also für den Teil der Grundsteuer, der für die steuerbegünstigten Wohnungsneubauten der land- und forstwirtschaftlichen Betriebe zu entrichten ist, einen besonderen (einheitlichen) Hundertsatz festzusetzen. Dieser Hundertsatz würde z. B. für Gemeinden, in denen die Land- und Forstwirtschaft bisher überhaupt nicht zur Grundsteuer des Lands herangezogen wurde und auch keine Sondersteuern erhoben wurden, 50 v. H. betragen müssen.

Beispiel: Das Wohngebäude eines Landwirts, für dessen Betrieb der Mindestwert nach § 33 RBewG. anzusetzen ist, ist als Neuhausbesitz anerkannt worden; der Wert für das Wohngebäude (Wohnungswert) beträgt 4000 *RM*, der Wert für den übrigen Teil des Betriebs (Wirtschaftswert) 1500 *RM*.

Fall A: Das Wohngebäude ist vor dem 1. April 1938 in die halbe Gemeindegrundsteuerpflicht eingetreten. In diesem Fall ist der Steuermeßbetrag für den nicht begünstigten Teil (Wirtschaftswert) mit 8 v. T. von 1500 *RM* = 12 *RM* festzusetzen. Für den begünstigten Teil (Wohngebäude) ist kein Steuermeßbetrag festzusetzen. Für ihn erstarrt die bisherige halbe Gemeindegrundsteuer nach der Vorschrift im § 57 Abs. 1 Ziff. 1 GrStDVO.

Fall B: Das Wohngebäude würde ab 1. April 1938 oder später in die halbe Gemeindegrundsteuerpflicht eintreten. In diesem Fall sind zwei Steuermeßbeträge festzusetzen; einer für den nicht begünstigten Teil des Betriebs (Wirtschaftswert) mit 8 v. T. von 1500 *RM* = 12 *RM* und einer für das Wohngebäude mit 8 v. T. von 4000 *RM* = 32 *RM*. — Die Grundsteuer, die auf das Wohngebäude entfällt, ist nur mit einem Teil festzusetzen, der dem von der Gemeinde bestimmten besonderen Hundertsatz entspricht. Es ist nicht etwa der in § 57 Abs. 1 Ziff. 2 GrStDVO. genannte Hundertsatz von 30 v. H. anzuwenden.

7. Weitere teilweise Steuerbefreiung des neuesten Neuhausbesitzes (§ 58 Abs. 1 Ziff. 3 GrStDVO., Ziff. 71 GrR.).

Mit dem 1. März 1939 läuft die Steuerbefreiung für die Kleinwohnungen ab; die Kleinwohnungen müßten hiernach ab 1. April 1939 der vollen Grundsteuerpflicht unterliegen. Um aber den Übergang in die volle Grundsteuerpflicht zu erleichtern, triff § 58 Abs. 1 Ziff. 3 GrStDVO. eine Übergangsregelung. Hiernach sind Kleinwohnungen, die nach Abschn. IV des Gesetzes vom 21. September 1933 steuerbefreit sind, erstmalig für das Rechnungsjahr 1939 von einem Viertel der an sich zu entrichtenden Grundsteuer befreit. — Für das Rechnungsjahr 1938 wird die Steuer nach § 57 GrSt.-DVO. erhoben. — Die Befreiung gilt, wenn nach dem Stand vom 31. März 1939 nur ein Teil des Grundstücks steuerbefreit ist, nur für diesen Teil. Die Befreiung von einem Viertel der Grundsteuer ist § 58 Abs. 2, § 27 Abs. 2 GrStDVO. gemäß in der Weise durchzuführen, daß der Steuermeßbetrag nur zu drei Vierteln festgesetzt wird. Ist nur ein Teil des Grundstücks am 31. März 1939 steuerbegünstigter neuester Neuhausbesitz, so ist zwar nach § 31 Abs. 3 (§ 32) GrStDVO. für die Ermittlung des Steuermeßbetrags nur eine einheitliche Meßzahl für das ganze Grundstück anzuwenden; die im § 58 vorgesehene Befreiung von einem Viertel gilt jedoch lediglich für den in Betracht kommenden Grundstücksteil (§ 58 Abs. 1 Schlußsatz GrStDVO.). Diese Befreiung wird in der Weise durchgeführt, daß der Steuermeßbetrag nur zu drei Vierteln angesetzt wird (§ 27 Abs. 2 GrStDVO.). In diesen Fällen sind also für den steuerbegünstigten Teil des Grundstücks nur drei Viertel des Meßbetrags anzusetzen, für den Rest der volle Meßbetrag. Soweit nur ein Einheitswert für das ganze Grundstück festgestellt ist, ist dieser für die Festsetzung des Meßbetrags in den steuerbegünstigten und nichtsteuerbegünstigten Teil aufzuteilen.

Die Befreiung von einem Viertel der Grundsteuer gilt letztmalig für das Rechnungsjahr, das der nächsten Hauptfeststellung für die Einheitsbewertung des Grundbesitzes (§§ 21, 79 RBewG.) folgt; wenn also auf den 1. Januar 1941 eine Hauptfeststellung durchgeführt wird, so endet die Befreiung mit dem 31. März 1942.

In § 58 GrStDVO. handelt es sich nicht um eine Ueberleitung bestehender Befreiungsvorschriften auf das neue Grundsteuerrecht. Diese Vorschrift bringt vielmehr neue Steuervergünstigungen, die sich wegen der besonderen Lage desjenigen Neuhausbesitzes, der zum

Grundvermögen gehört, nicht vermeiden ließen. Eine Anwendung des § 58 kommt deshalb auf Wohnungsneubauten, die zum land- und forstwirtschaftlichen Vermögen gehören, nicht in Betracht. Auch eine entsprechende Anwendung der Vorschrift ist ausgeschlossen.

§ 29

Förderung von Arbeiterwohnstätten

(1) Für Arbeiterwohnstätten, die in der Zeit vom 1. April 1937 bis 31. März 1940 bezugsfertig werden, gewährt das Reich zur Erzielung tragbarer Lasten oder Mieten eine Beihilfe in Höhe der Grundsteuer auf die Dauer von zwanzig Jahren. Der Beihilfezeitraum beginnt mit dem 1. April, der auf das Kalenderjahr folgt, in dem die Arbeiterwohnstätte bezugsfertig geworden ist.

(2) Die Beihilfe wird für Arbeiterwohnstätten, die nach dem 31. März 1937 bezugsfertig werden und nach § 28 Absatz 2 steuerbefreit sind, bis zum Ablauf dieser Steuerbefreiung in der Höhe gewährt, in der die Steuer nach § 28 Absatz 2 Ziffer 2 erhoben wird, und für den Rest des Beihilfezeitraums in der Höhe, in der die Steuer nach § 21 erhoben wird.

(3) Arbeiterwohnstätten im Sinn dieser Vorschriften sind Wohnstätten, die nach Größe, Art und Ausstattung sowie nach der Höhe der Lasten oder Mieten für die Arbeiterschaft bestimmt sind und von dieser benutzt werden. Der Reichsminister der Finanzen und der Reichsarbeitsminister bestimmen das Nähere.

Kurze Inhaltsangabe.

1. Allgemeines;
2. Begriff der Arbeiterwohnstätten;
3. die Höhe der Beihilfe;
4. Dauer der Beihilfe;
5. die Grundbesteuerung der Arbeiterwohnstätten.

1. Allgemeines. In vielen Gebieten Deutschlands besteht ein dringender Mangel an gesunden, einfach ausgestatteten Wohnungen, deren Mieten in angemessenem Verhältnis zum Einkommen der minderbemittelten Bevölkerung stehen. Die Befreiung dieser Grundstücke, der sog. Arbeiterwohnstätten, von der Grundsteuer könnte sich, da die Steuer künftig nur eine Grundsteuer ist, für die Gemeinden sehr nachteilig auswirken. § 29 GrStG. gemäß wird deshalb die Grundsteuer für diese Grundstücke auf die Dauer von zwanzig Jahren durch das Reich übernommen. Formell handelt es sich also nicht um eine Befreiung von der Grundsteuer. Die Grundsteuer wird für die Arbeiterwohnstätten festgesetzt. Der Eigentümer braucht aber die Steuer nicht selbst zu zahlen. Die Steuer wird vielmehr für ihn vom Finanzamt an die steuerberechtigte Gemeinde abgeführt. Vom Standpunkt des Steuerpflichtigen aus gesehen handelt es sich demnach sachlich um eine Steuerbefreiung. Die Befreiung geht aber nicht zu Lasten der Gemeinde, sondern zu Lasten des Reichs.

Die Vorschriften über die Arbeiterwohnstätten finden sich einmal in § 29 GrStG., sodann in der Verordnung über die Förderung von Arbeiterwohnstätten vom 1. April 1937 (RGBl. I S. 437) — Anhang Ziff. II — sowie in dem Runderlaß des Reichsministers der Finanzen vom 12. Mai 1937 Ar 4960 a Beih. — 34 IC/01 723 — 8 III, RStBl. 1937 S. 610 — Anhang Ziff. III —.

2. Begriff der Arbeiterwohnstätten. Als Arbeiterwohnstätten im Sinn des § 29 GrStG. gelten gemäß § 1 der VO. vom 1. April 1937 1. Kleinsiedlungen, 2. Volkswohnungen, 3. Heuerlings- und Werkwohnungen sowie Eigenheime für ländliche Arbeiter und Handwerker, die auf Grund von Bestimmungen der Reichsregierung gefördert werden. Diese vom Reich geförderten Kleinsiedlungen, Volkswohnungen usw. sind ohne weiteres als Arbeiterwohnstätten im Sinn des GrStG. anzusehen. Als Unterlage dient die Vorlage des Bescheids der Bewilligungs- oder Anerkennungsbehörde. Für diese Arten von Arbeiterwohnstätten gelten die folgenden Bestimmungen:

1. für Kleinsiedlungen: Die Bestimmungen über die Förderung von Kleinsiedlungen vom 21. April 1936 (Reichsarbeitsbl. S. I 139);

2. für Volkswohnungen: Erlasse des Reichs- und Preuß. Arbeitsministers vom 27. Juli 1935 (Reichsarbeitsbl. S. I 259), vom 6. August 1935 (Reichsarbeitsbl. S. I 294) und vom 25. März 1936 (Reichsarbeitsbl. S. I 91);

3. für Heuerlings- und Werkwohnungen sowie Eigenheime für ländliche Arbeiter und Handwerker: Verordnung des Beauftragten für den Vierjahresplan zur beschleunigten Förderung des Baus von Heuerlings- und Werkwohnungen sowie von Eigenheimen für ländliche Arbeiter und Handwerker vom 10. März 1937 (Reichsgesetzbl. I S. 292), Erste Durchführungsverordnung vom 7. April 1937 (Reichsgesetzbl. I S. 444) und Erste Durchführungsvorschriften vom 24. April 1937 (Reichsarbeitsbl. S. I 105).

Für die Heuerlingswohnungen und Eigenheime ist die Verordnung vom 10. März 1937 an die Stelle der Bestimmungen des Reichs- und Preuß. Arbeitsministers vom 22. November 1935 (Reichsarbeitsbl. S. I 338) getreten. Soweit auf Grund dieser alten Bestimmungen geförderte Landarbeiterwohnungen erst nach dem 1. April 1937 bezugsfertig werden, fallen sie unter den § 1 VO.

Für die Werkwohnungen, deren Bau bis zum 1. Juli 1937 begonnen ist, und die bis zum 30. September 1937 rohbaufertig sind, bleiben die Anordnung des Präsidenten der Reichsanstalt für Arbeitsvermittlung und Arbeitslosenversicherung über die Verteilung von Arbeitskräften vom 28. Aug. 1934 (Reichsarbeitsbl. S. I 202) und die Anordnung zur Änderung der Anordnung über die Verteilung von

Arbeitskräften vom 28. August 1934, vom 18. März 1937 (Reichsarbeitsbl. S. I 84) neben der Verordnung des Beauftragten für den Vierjahresplan vom 10. März 1937 in Kraft. Werkwohnungen, die auf Grund dieser Anordnungen gefördert werden, fallen daher auch, soweit sie nach dem 1. April 1937 bezugsfertig werden, unter den § 1.

Die Bewilligungs- und Anerkennungsbehörden für die Bauvorhaben des § 1 der VO. vom 1. April 1937 sind im Anhang unter Ziff. III (Anlage) zusammengestellt.

Wohnstätten, die nicht unter § 1 der VO. über Arbeiterwohnstätten fallen, gelten nur dann als Arbeiterwohnstätten im Sinn des § 29 GrStG., wenn sie als solche anerkannt sind. Die Anerkennung wird durch den Oberfinanzpräsidenten, in dessen Bezirk das Bauvorhaben durchgeführt wird, erteilt, nachdem der Reichsbürgschaftsausschuß in Berlin oder der zuständige Landesbürgschaftsausschuß festgestellt hat, daß die Wohnstätten nach Größe, Art und Ausstattung als Dauerwohnung für die Arbeiterschaft bestimmt sind und von ihr benutzt werden sollen, daß ferner die Lasten oder Mieten (§ 3 der VO.) angemessen und für die Arbeiterschaft auf die Dauer tragbar sind. Die monatliche Last eines Eigenheimes (§ 9 Abs. 3) und die monatliche Miete einer Mietwohnung dürfen höchstens 40 *RM* betragen. Wegen der Einzelheiten zu vgl. die Bemerkungen zu den §§ 2 und 3 der VO. im Rderl. vom 12. Mai 1937 (Anhang Nr. III).

3. Die Höhe der Beihilfe. Die Höhe der Beihilfe wird grundsätzlich in Höhe der Grundsteuer gewährt, die für das Gebäude und für die Grundfläche nach § 21 GrStG. zu entrichten ist. Hiervon bestehen einige Ausnahmen (zu vgl. § 5 der VO.).

4. Dauer der Beihilfe. Auf § 5 der VO. und die Bem. hierzu im Rderl. vom 12. Mai 1937 wird verwiesen.

5. Die Grundbesteuerung der Arbeiterwohnstätten. Das Grundsteuerverfahren wird durch die Vorschriften über die Förderung der Arbeiterwohnstätten im allgemeinen nicht berührt. Die Grundsteuer ist deshalb grundsätzlich festzusetzen. Folgende Fälle sind zu unterscheiden:

a) Für Arbeiterwohnstätten, die in der Zeit vom 1. April 1937 bis zum 30. September bezugsfertig werden und die Voraussetzungen als Eigenheime erfüllen und deshalb nach § 28 Abs. 2 GrStG. von einem Teil der Grundsteuer befreit sind, wird die Beihilfe gewährt für die Zeit ab 1. April 1938 bis zum 31. März 1944 in der Höhe, in der die Grundsteuer nach § 28 Abs. 2 Ziff. 2 GrStG. (§ 57 GrStDVO.) erhoben wird. Auf die Ausführungen zu Ziff. III 2 zu § 28 wird verwiesen. Mit Wirkung ab 1. April 1944 laufen die Grundsteuerbefreiungen für Eigenheime ab. Von diesem Zeitpunkt ab bis zum 31. März 1958 wird die Beihilfe in der Höhe gewährt, in der die Grundsteuer nach § 21 GrStG., also nach allgemeinen Grundsätzen, erhoben wird.

b) Gemäß § 4 des Gesetzes vom 2. April 1936 (RGBl. S. 344) wurde die Steuerbefreiung für Kleinwohnungen auf diejenigen Kleinwohnungen ausgedehnt, die im Rechnungsjahr 1936 bezugsfertig werden; weiter wurde bestimmt, daß „Kleinwohnungen, die bis zum

31. Dezember 1936 im Rohbau vollendet und bis zum 31. Mai bezugsfertig werden, als noch im Rechnungsjahr 1936 bezugsfertig geworden" gelten. Hierzu bestimmt § 7 Abs. 2 der VO. vom 1. April 1937: „Soweit Abschnitt IV des Gesetzes vom 21. September 1933 (RGBl. I S. 651) in der Fassung des Gesetzes vom 2. April 1936 (RGBl. I S. 344) Steuerbefreiungen für Kleinwohnungen vorsieht, die nach dem 31. März 1937 bezugsfertig werden, gelten die Befreiungen nicht, wenn es sich bei den Kleinwohnungen um Arbeiterwohnstätten handelt." Hiernach ist für alle Arbeiterwohnstätten, die nach dem 31. März 1937 bezugsfertig werden und an sich noch Kleinwohnungen im Sinn des Abschnitts IV des Gesetzes vom 21. September 1933 wären, die Beihilfe von vornherein in der Höhe zu gewähren, in der die Grundsteuer nach § 21 GrStG. zu erheben ist. Ein Ineinandergreifen der Vorschriften über die Förderung von Arbeiterwohnstätten und über die Steuerbefreiung für Kleinwohnungen ist also nicht möglich. Erfüllen die Arbeiterwohnstätten neben den Voraussetzungen für Kleinwohnungen auch die Voraussetzungen für Eigenheime, so gelten die Ausführungen unter Buchst. a.

§ 7 Abs. 2 der VO. hat nur sehr geringe praktische Bedeutung. Er kommt nach dem Gesagten lediglich für solche Arbeiterwohnstätten in Betracht, die in der Zeit vom 1. April bis zum 31. Mai 1937 bezugsfertig werden, aber auch nur unter der weiteren Voraussetzung, daß der Rohbau bis zum 31. Dezember 1936 vollendet worden ist.

c) Für alle Arbeiterwohnstätten, die nicht unter Buchst. a fallen, ist hiernach die Grundsteuer — und demgemäß die Beihilfe — gemäß § 21 GrStG. festzusetzen. Eine Ermäßigung der Grundsteuer — und Beihilfe — kommt deshalb nicht in Betracht.

§ 30

Steuervergünstigung für abgefundene Kriegsbeschädigte

(1) Der Veranlagung der Steuermeßbeträge für Grundbesitz solcher Kriegsbeschädigten oder solcher Witwen von Kriegsbeschädigten, die zum Erwerb oder zur wirtschaftlichen Stärkung ihres Grundbesitzes eine Kapitalabfindung auf Grund des Reichsversorgungsgesetzes oder auf Grund des Kapitalabfindungsgesetzes vom 26. Juli 1918 (Reichsgesetzbl. S. 994) erhalten haben, ist der um die Kapitalabfindung verminderte Einheitswert zugrunde zu legen. Die Vergünstigung wird nur so lange gewährt, als die Versorgungsgebührnisse wegen der Kapitalabfindung in der gesetzlichen Höhe gekürzt werden.

(2) Fallen die Voraussetzungen für die Vergünstigung weg, so ist der Steuermeßbetrag mit Wirkung vom Beginn des folgenden Rechnungsjahrs an zu berichtigen.

Kurze Inhaltsangabe.

1. Allgemeines;
2. die Voraussetzungen der Vergünstigung;
3. Vergünstigung für abgefundene kriegsbeschädigte Offiziere;
4. Steuerermäßigung für abgefundene Kriegsbeschädigte in Wohnungen von gemeinnützigen Wohnungs- und Siedlungsunternehmen
5. Steuerbegünstigung für Witwen von abgefundenen Kriegsbeschädigten;
6. die Veranlagung der Steuermeßbeträge;
7. Dauer der Vergünstigung.

1. Allgemeines. Nach Artikel 6 § 2 des Gesetzes über Änderungen auf dem Gebiet der Reichsversorgung vom 3. Juli 1934 RGBl. I S. 541) erhalten Kriegsbeschädigte und ihre Witwen Erleichterungen bei der Besteuerung des Grundbesitzes, zu dessen Erwerb oder wirtschaftlichen Stärkung ihnen eine Kapitalabfindung gewährt worden ist. Die Vorschrift gilt für alle nach dem Reichsversorgungsgesetz versorgungsberechtigten Personen und für Offiziere, Beamte und ihre Witwen, die eine Kapitalabfindung nach dem Kapitalabfindungsgesetz für Offiziere vom 26. Juli 1918 (RGBl. S. 994), gegebenenfalls in Verbindung mit dem Erlaß des Reichsministers der Finanzen und des Reichsarbeitsministers vom 12. Dezember 1924 (Reichsversorgungsblatt S. 167 Nr. 420) erhalten haben. Nach den Richtlinien, die von den beteiligten Ministerien festgelegt worden sind, haben bisher die Länder im Weg der Verordnung oder des Verwaltungserlasses die erforderlichen Maßnahmen getroffen. Für die Grundsteuer ist die Steuervergünstigung im § 30 entsprechend geregelt.

2. Die Voraussetzungen der Vergünstigung. Die Steuervergünstigung gemäß § 30 GrStG. steht nur solchen Kriegsbeschädigten oder solchen Witwen von Kriegsbeschädigten zu, die zum Erwerb oder zur wirtschaftlichen Stärkung ihres Grundbesitzes eine Kapitalabfindung auf Grund des Reichsversorgungsgesetzes vom 26. Juli 1918 erhalten haben. Auf andere Beschädigte findet die Vergünstigung keine Anwendung. Sie kann also weder den Friedensdienstbeschädigten noch den Opfern der Arbeit gewährt werden.

Unter die Vergünstigung fallen nur diejenigen Kriegsbeschädigten und ihre Witwen, deren Ruhegeld oder Witwengeld gekürzt wird, weil der Anspruch auf diese Versorgungsgebührnisse wegen der Kapitalabfindung in der ihr zugrunde liegenden Höhe erloschen ist. Wer die volle Rente oder — bei Offizieren, Beamten u. dgl. — das volle Ruhegeld oder Witwengeld erhält, kann hiernach die Vergünstigung nicht beanspruchen. Ruht ein Teil der Versorgungsgebührnisse eines Kriegsbeschädigten wegen eines Einkommens aus Verwendung im öffentlichen Dienst (§ 62 Reichsversorgungsgesetz), so ist die Vergünstigung zu gewähren, wenn der nach § 62 RVG. zahlbar bleibende Teil der Versorgungsgebührnisse wegen der Kapitalabfindung ganz oder teilweise einbehalten wird; ruht die Rente dagegen wegen eines Anrechnungseinkommens (Kap. V des Dritten Teils der VO. vom 6. Oktober 1931 (RGBl. I S. 537/546) in voller Höhe, so kann die Steuerermäßigung nicht gewährt werden.

Kriegsbeschädigte oder ihre Witwen, die keine Kapitalabfindung erhalten haben, können nicht in den Genuß der Vergünstigung kommen. Das gilt auch dann, wenn die Voraussetzungen für die Gewährung von Kapitalabfindung zwar vorgelegen haben, es aber zur Auszahlung der Abfindung — z. B. wegen Mangels an Mitteln — und zur Kürzung der Versorgungsgebührnisse nicht gekommen ist. In diesen Fällen ist also keine Kürzung der Versorgungsgebührnisse im Hinblick auf die Gewährung einer Kapitalabfindung eingetreten.

Die Vergünstigung ist weiter denjenigen Kriegsbeschädigten oder ihren Witwen zu versagen, die zwar eine Kapitalabfindung erhalten haben, sie jedoch inzwischen zurückgezahlt haben, so daß ihre Gebührnisse im Hinblick auf die Gewährung einer Kapitalabfindung nicht mehr gekürzt werden.

Die vor dem 1. Dezember 1923 gewährte Kapitalabfindung (auch die nach dem Kapitalabfindungsgesetz vom 3. Juli 1916 gewährte Abfindung) wurde nicht auf die vom 1. Dezember 1923 ab in Renten- oder Goldmark gewährten Gebührnisse angerechnet. Den vor diesem Zeitpunkt abgefundenen Kriegsbeschädigten usw. werden Renten, Ruhe- und Witwengelder im Hinblick auf die Kapitalabfindung nicht mehr gekürzt. Diesen Personen kann also die Vergünstigung nicht gewährt werden.

Die Vergünstigung können schließlich auch solche Personen nicht erhalten, denen eine Abfindung für einen Versorgungsschein gewährt worden ist.

Gemeinschaftlicher Erwerb des Grundbesitzes durch den Kriegsbeschädigten und seine Ehefrau schließt die Vergünstigung nicht, auch nicht in Ansehung des Anteils der Ehefrau, aus.

3. Vergünstigung für abgefundene kriegsbeschädigte Offiziere. Bei ehemaligen aktiven Offizieren und ihren Witwen werden die Versorgungsgebührnisse nur auf die Dauer von zehn Jahren kapitalisiert (Gesetz vom 26. Juli 1918, RGBl. S. 994). Nach Ablauf der zehn Jahre hört die Kürzung wegen der Kapitalabfindung auf. Diese Personen können also nur innerhalb der zehn Jahre Steuervergünstigung erhalten. Sobald die Gebührnisse nicht mehr gekürzt werden, also nach Ablauf der zehn Jahre, fällt die Vergünstigung weg.

Ruht der Anspruch auf die Versorgungsgebührnisse wegen einer Verwendung im öffentlichen Dienst während der zehn Jahre in voller Höhe und kann daher der durch die Kapitalabfindung erloschene Betrag der Gebührnisse nicht mehr, auch nicht teilweise, von den Gebührnissen einbehalten werden, so fällt die Steuervergünstigung weg. Diese Folge tritt nicht ein, wenn der Abgefundene an das zuständige Versorgungsamt einen Betrag in der Höhe zahlt, in der sein Anspruch auf die Versorgungsgebührnisse für den Fall, daß er nicht ruhen würde, wegen der Abfindung zu kürzen wäre.

4. Steuervergünstigung für abgefundene Kriegsbeschädigte in Wohnungen von gemeinnützigen Wohnungs- und Siedlungsunternehmen (§ 61 GrStDVO.). Die Steuervergünstigung nach § 30 des Gesetzes ist auch für ein Grundstück eines gemeinnützigen Wohnungs- oder Siedlungsunternehmens zu gewähren, wenn die folgenden Voraussetzungen sämtlich erfüllt sind:

a) Der Kriegsbeschädigte muß für die Zuweisung des Grundstücks die Kapitalabfindung an das Wohnungs- oder Siedlungsunternehmen bezahlt haben.

b) Er muß entweder mit dem Unternehmen einen Mietvertrag mit Kaufanwartschaft in der Weise abgeschlossen haben, daß er zur Miete wohnt, bis das Eigentum an dem Grundstück von ihm erworben ist, oder seine Rechte als Mieter müssen durch den Mietvertrag derart geregelt sein, daß das Mietverhältnis dem Eigentumserwerb fast gleichkommt.

c) Es muß sichergestellt sein, daß die Steuervergünstigung in vollem Umfang dem Kriegsbeschädigten zukommt.

Die Vergünstigung wird nach allgemeinen Grundsätzen (§ 30 Abs. 1 Satz 2 und Abs. 2 GrStG.) nur so lange gewährt, als die Versorgungsgebührnisse wegen der Kapitalabfindung in der gesetzlichen Höhe gekürzt werden. Fallen die Voraussetzungen für die Vergünstigung weg, so ist der Steuermeßbetrag mit Wirkung vom Beginn des folgenden Rechnungsjahrs an zu berichtigen.

5. Steuervergünstigung für Witwen von abgefundenen Kriegsbeschädigten. Nach dem Wortlaut des Gesetzes sind nur die Personen begünstigt, die selbst eine Kapitalabfindung erhalten haben. Gemäß § 62 Abs. 1 GrStDVO. ist die Vergünstigung aber auch der Witwe eines — abgefundenen — Kriegsbeschädigten zu gewähren, wenn die Voraussetzungen des § 30 des Gesetzes oder des § 61 GrStDVO. — Steuervergünstigung für abgefundene Kriegsbeschädigte in Wohnungen von gemeinnützigen Wohnungs- und Siedlungsunternehmen — bei dem verstorbenen Ehemann zur Zeit seines Todes vorgelegen haben und die Witwe das Grundstück ganz oder teilweise geerbt hat und wenn die Witwe im Grundstück wohnt. Für die Witwe gilt daher der Grundsatz, daß die Ermäßigung nur solange gewährt wird, als sie nicht die volle Witwenrente bezieht, nicht. Verheiratet sich die Witwe wieder, so fällt die Steuervergünstigung weg (§ 30 Abs. 2 des Ges.). Auf die Kinder können die Ermäßigungen nicht ausgedehnt werden.

Für die Fälle, in denen der verstorbene Kriegsbeschädigte von Ehegatten und Kindern beerbt wird, kann die Vergünstigung nur in dem Verhältnis gewährt werden, als die Ehegattin Erbin ist. Beispiele: Ein nach dem 1. Dezember 1923 abgefundener Kriegsbeschädigter stirbt und wird von seiner Witwe und den Kindern beerbt. Die Witwe wohnt in dem Grundstück. Der Einheitswert des Grundstücks beträgt 8000 *RM* und die Kapitalabfindung 4000 *RM*. Die Vergünstigung für die Witwe — den Kindern steht eine Vergünstigung nicht zu — läßt sich für folgende zwei Fälle wie folgt berechnen:

a) Das Grundstück war Gesamtgut der Eheleute und der Ehemann wird zu 1/4 von der Witwe und zu 3/4 von seinen Kindern beerbt.

	Witwe	Kinder	Summe
Einheitswert	5/8 = 5000	3/8 = 3000	8000
ab Abfindung	5/8 = 2500	—	2500
Pflichtig =	2500	3000	5500

b) Das Grundstück war persönliches Gut des Ehemanns

	Witwe	Kinder	Summe
Einheitswert	1/4 = 2000	3/4 = 6000	8000
ab Abfindung	1/4 = 1000	—	1000
Pflichtig =	1000	6000	7000.

6. Die Veranlagung der Steuermeßbeträge in den Fällen des § 30 GrStG. Der Veranlagung der Steuermeßbeträge ist, soferne die Voraussetzungen der Vergünstigung vorliegen, der um die Kapitalabfindung verminderte Einheitswert zugrunde zu legen. Beispiel: Der abgefundene Kriegsbeschädigte A hat zum Erwerb des Anwesens X eine Kapitalabfindung von 4500 *RM* erhalten; der Einheitswert des erworbenen Anwesens wurde auf den 1. Januar 1935 auf 12 000 *RM* festgestellt. Die Veranlagung des Steuermeßbetrags ist der Betrag von 12 000 — 4500 = 7500 *RM* zugrundezulegen.

7. Dauer der Vergünstigung. Die Vergünstigung wird nur so lange gewährt, als die Versorgungsgebührnisse wegen der Kapitalabfindung in der gesetzlichen Höhe gekürzt werden. Fallen die Voraussetzungen für die Vergünstigungen weg, so ist der Steuermeßbetrag mit Wirkung vom Beginn des folgenden Rechnungsjahrs an zu berichtigen (§ 30 Abs. 2 des Ges.).

§ 31

Außerkrafttreten von Sonderbefreiungsvorschriften

Soweit andere Gesetze, die nicht Steuergesetze des Reichs sind, eine Befreiung von der Grundsteuer oder eine Ermäßigung der Steuer vorsehen, treten diese Vorschriften ab 1. April 1938 außer Kraft.

1. Allgemeines. Das GrStG. vertritt den Standpunkt, daß Steuervergünstigungen in die Steuergesetze aufzunehmen sind; Steuervergünstigungen in anderen Gesetzen machen den Rechtsstoff unübersichtlich und erschweren die Handhabung des Gesetzes. § 31 des Gesetzes bestimmt deshalb, daß alle Grundsteuerbefreiungen und Grundsteuerermäßigungen, die in anderen Gesetzen vorgesehen sind, ab 1. April 1938 außer Kraft treten. Aufrecht erhalten bleiben nur solche Grundsteuervergünstigungen, die in Steuergesetzen des Reichs enthalten sind (zu vgl. auch Vorbem. zu § 4 Ziff. 4).

2. Außer Kraft tretende Grundsteuervergünstigungen. Auf Grund des § 31 GrStG. treten mit Wirkung ab 1. April 1938 folgende Vorschriften, soweit sie sich auf die Grundsteuer beziehen, außer Kraft:

a) § 5 der Verordnung über die Errichtung der Deutschen Rentenbank vom 15. Oktober 1923 (RGBl. I S. 963) — Befreiung der Deutschen Rentenbank von allen Steuern —;

b) § 4 Abs. 1 Ziff. 1 des Gesetzes zur Förderung der landwirtschaftlichen Siedlung vom 31. März 1931 (RGBl. I S. 122) — Befreiung der Deutschen Siedlungsbank und der Preußischen Landesrentenbank von allen Steuern —;

c) § 10 der Ersten Verordnung zur Durchführung des Gesetzes eines Unternehmens „Reichsautobahnen" vom 7. August 1933 (RGBl. II S. 521) — Befreiung der Reichsautobahnen von allen Steuern —; die Grundsteuervergünstigungen des Grundbesitzes des Unternehmens „Reichsautobahnen" sind in § 4 Ziff. 1 c des GrStG. enthalten;

d) § 1 Abs. 3 des Gesetzes über die Umwandlung kurzfristiger Inlandsschulden der Gemeinden (Gemeindeumschuldungsgesetz) vom 21. September 1933 (RGBl. I S. 647) — Befreiung des Umschuldungsverbands von allen Steuern —;

e) § 3 der Zweiten Verordnung zur Durchführung des Gesetzes über Wirtschaftswerbung vom 27. Oktober 1933 (RGBl. I S. 791) — Befreiung des Werberats und der von ihm gegründeten Vereinigungen von allen Steuern —;

f) § 6 des Gesetzes über den Deutschen Gemeindetag vom 15. Dezember 1933 (RGBl. I S. 1065), wonach der Gemeindetag der Steuerpflicht nach Maßgabe der für die Gemeinden geltenden reichsrechtlichen und landesrechtlichen Vorschriften unterliegt. Der Grundbesitz des Deutschen Gemeindetages als eines den Gemeindeverbänden gleichgestellten Verbands ist nunmehr gemäß § 4 Ziff. 1a GrStG. (§ 3 Abs. 2 Ziff. 4 GrStDVO.) begünstigt;

g) § 8 des Gesetzes über den „Zweckverband Reichsparteitag Nürnberg" vom 29. März 1935 (RGBl. I S. 459) — Befreiung des Zweckverbands von allen Steuern —; der Grundbesitz des „Zweckverbands Reichsparteitag Nürnberg" ist nunmehr gemäß § 4 Ziff. 2 b GrStG. begünstigt;

h) § 25 Abs. 2 des Reichsnaturschutzgesetzes vom 26. Juni 1935 (RGBl. I S. 821), wonach Flächen, die aus Gründen des Naturschutzes nutzungs- und ertragsfrei bleiben, nicht der Grundsteuer unterliegen. Naturschutzflächen, wenn sie ertraglos sind, sind aber unter den Voraussetzungen des § 4 Ziff. 1 a GrStG. steuerfrei.

3. Aufrecht erhalten bleiben durch § 31 GrStG. die folgenden Vorschriften:

a) § 3 des Gesetzes über Steuererleichterungen vom 15. Juli 1933 (RGBl. I S. 491) — der Reichsminister der Finanzen kann Befreiung neuer Unternehmungen von den Steuern des Reichs und der Länder (nicht der Gemeinden) vorsehen —;

b) § 1 des Gesetzes über die Befreiung des Reichspräsidenten von Hindenburg von Reichs- und Landessteuern für das Rittergut Neudeck vom 27. August 1933 (RGBl. I S. 595) — Befreiung des Gutes Neudeck von den Steuern des Reichs und des Landes, nicht der Gemeinde —.

4. Der Grundbesitz des Deutschen Roten Kreuzes.

Der Grundbesitz des Deutschen Roten Kreuzes ist nach dem Grundsteuerrecht in seiner gegenwärtigen Fassung nicht begünstigt. Es ist aber beabsichtigt, bei der Regelung der Rechtsverhältnisse des Deutschen Roten Kreuzes e. V. und seiner Gliederungen, die demnächst erfolgen soll, dem Deutschen Roten Kreuz und seinen Gliederungen Vergünstigungen auf dem Gebiet der Grundsteuer zu gewähren. Das Deutsche Rote Kreuz e. V. soll in § 4 Ziff. 2 GrStG. angefügt und damit für seine Aufgaben der NS.-Volkswohlfahrt e. V. steuerlich gleichgestellt werden. Mit Rücksicht hierauf soll auch § 5 Ziff. 3 a GrStG. entsprechend ergänzt werden. Die Behandlung des Roten Kreuzes nach diesen Richtlinien kann aber nicht dazu führen, daß auch die Wohn- und Unterkunftsheime für berufstätige Frauen, die das Deutsche Rote Kreuz e. V. unterhält, begünstigt werden.

§ 32

Ausgleich der Belastungsverschiebungen

Um die Gemeinden vor Steuerausfällen bei bebauten Grundstücken, die unter das Reichsmietengesetz fallen, zu bewahren, ist Bestimmung darüber zu treffen, ob und in welchem Verhältnis die Beträge, um die die künftige Grundsteuer von der bisherigen Belastung abweicht, auf Vermieter und Mieter zu verteilen sind.

Der Übergang zum neuen Grundsteuergesetz steht unter dem Grundsatz der Realsteuersperre. Die Gemeinden haben danach für das Rechnungsjahr 1938 ihre Hebesätze so zu bemessen, daß insgesamt kein höheres Aufkommen an Grundsteuer zu erwarten ist, als bei Weitererhebung der Steuer durch die Gebietskörperschaften erzielt werden würde (§ 8 EinfGRealStG.).

Wenn hiernach auch insgesamt das bisherige Aufkommen gehalten wird, so ist doch innerhalb der Steuerpflichtigen der einzelnen Gemeinde mit Belastungsverschiebungen zu rechnen. Ein Teil der Steuerschuldner wird zwar annähernd dasselbe zu entrichten haben wie bisher, ein anderer Teil jedoch nicht unerheblich weniger oder mehr. Die Belastungsverschiebungen sind eine selbstverständliche Folge der Vereinheitlichung des Rechts und der Verwirklichung des Grundsatzes der Gleichmäßigkeit der Besteuerung.

In sehr vielen Fällen sind die Belastungsverschiebungen erwünscht, und zwar nicht nur in den Fällen, in denen eine Minderung der bisherigen Steuer eintritt, sondern auch in den Fällen, in denen eine Belastungserhöhung eintritt. Es handelt sich hier um Grundbesitz, dessen Wert- und Ertragsverhältnisse sich in den letzten Jahren oder Jahrzehnten erheblich gebessert oder verschlechtert haben und für den die landesrechtlichen Vorschriften eine Anpassung der Grundsteuer an die eingetretene Entwicklung nicht zugelassen haben. Die erheblichen Beträge, die für den einen Grundbesitz bisher zu wenig entrichtet worden sind, mußten von den anderen Pflichtigen mehr aufgebracht werden. Das war eine Bevorteilung der leistungsfähiger gewordenen Steuerpflichtigen auf Kosten der leistungsschwächer gewordenen. Diese Ungleichmäßigkeit der Besteuerung wird durch das Grundsteuergesetz beseitigt. Einer der elementaren Grundgedanken des Gesetzes ist demnach die Verwirklichung des Grundsatzes der Gleichmäßigkeit der Besteuerung.

Was die Tragung der Belastungsverschiebungen im Innenverhältnis zwischen Vermieter und Mieter betrifft, so bestehen drei Möglichkeiten:

a) Die Belastungsverschiebungen (Minder- oder Mehrbelastungen) gehen voll zugunsten oder zu Lasten der Hausbesitzer. Das würde bedeuten, daß die gesetzliche Miete auf ihrem bisherigen Stand erstarrt.

b) Die Belastungsverschiebungen gehen voll zugunsten oder zu Lasten der Mieter. Das würde bedeuten, daß die gesetzliche Miete um den Teil, mit dem die Grundsteuer bisher in die Miete eingerechnet war, ermäßigt und die künftige Grundsteuer mit ihrem vollen Betrag auf die Miete umgelegt wird.

c) Die Belastungsverschiebungen gehen zu einem Teil zugunsten oder zu Lasten der Hausbesitzer, zum andern Teil zugunsten oder zu Lasten der Mieter. Das würde, wenn die Verteilung z. B. zu 50 v. H. vorgenommen wird, bedeuten, daß sich die gesetzliche Miete um die Hälfte des Betrags ändert, den der Hausbesitzer künftig weniger oder mehr als bisher zu entrichten hat.

§ 32 GrStG. bestimmt, daß, um die Gemeinden vor Steuerausfällen bei bebauten Grundstücken, die unter das Reichsmietengesetz fallen, zu bewahren, Bestimmung darüber zu treffen ist, ob und in welchem Verhältnis die Beträge, um die die künftige Grundsteuer von der bisherigen Belastung abweicht, auf Vermieter und Mieter zu verteilen sind. Die auf Grund dieser Vorschrift zu erlassenden Bestimmungen liegen ausschließlich auf mietrechtlichem Gebiet; die Höhe der für das einzelne Grundstück zu leistenden Grundsteuer, die durch die Bestimmungen des Grundsteuergesetzes geregelt ist, wird hierdurch nicht berührt.

§ 33

Erstmalige Anwendung des Gesetzes

(1) Das Gesetz ist erstmalig auf die Grundsteuer für das Rechnungsjahr 1938 anzuwenden.

(2) Der ersten Hauptveranlagung der Steuermeßbeträge ist abweichend vom § 13 Absätze 2 und 3 der Einheits-

wert zugrunde zu legen, der auf den letzten Feststellungszeitpunkt (Absätze 2 der §§ 21 bis 23 des Reichsbewertungsgesetzes) vor dem 1. April 1938 festgestellt worden ist.

(3) Bis zur Bekanntgabe des ersten Steuerbescheids auf Grund dieses Gesetzes hat der Steuerschuldner zu den im § 22 Absatz 1 bezeichneten oder nach § 22 Absatz 2 bestimmten Fälligkeitstagen Vorauszahlungen auf die Grundsteuer von je einem Viertel oder einem Zwölftel der nach den landesrechtlichen Vorschriften zuletzt festgesetzten gesamten Jahressteuerschuld zu entrichten. Ergeben sich unter Zugrundelegung der zuletzt festgesetzten Jahressteuerschuld nach § 22 Absatz 3 andere Fälligkeitstage und andere Teilbeträge, so sind diese für die Vorauszahlungen maßgebend.

Abs. 1

Nach dem Gesetz vom 21. Januar 1935 (RGBl. I S. 23) sollten die Realsteuergesetze des Reichs gleichzeitig am 1. April 1937 in Kraft treten. In dem Gewerbesteuergesetz wurde an diesem Tag festgehalten. Das Grundsteuergesetz sieht jedoch den 1. April 1938 als den Zeitpunkt seines Inkrafttretens vor. Aus einer Reihe von Gründen, insbesondere um den Ländern genügend Zeit für ihre langwierigen und verantwortungsvollen Umstellungsarbeiten zu lassen, ist die erste Anwendung des Gesetzes auf das Rechnungsjahr 1938 verschoben worden. Mit dem 1. April 1938 treten alle Grundsteuergesetze der Länder außer Kraft.

Abs. 2

Der ersten Hauptveranlagung der Steuermeßbeträge ist abweichend vom § 13 Absätze 2 und 3 der Einheitswert zugrunde zu legen, der auf den letzten Feststellungszeitpunkt (Absätze 2 der §§ 21 bis 23 RBewG.) vor dem 1. April 1938 festgestellt worden ist. Auf die Bemerkung II 4 zu § 13 GrStG. wird verwiesen.

Abs. 3

Die grundsätzliche Regelung, in welcher Höhe bis zur Bekanntgabe des neuen Steuerbescheids gegebenenfalls Vorauszahlungen zu entrichten sind, enthält § 23 GrStG. Es bedurfte noch einer Übergangsvorschrift für die Vorauszahlungen, die der Steuerschuldner bis zur Bekanntgabe des e r s t e n Steuerbescheids auf Grund dieses Gesetzes zu entrichten hat. Diese Übergangsvorschrift ist im Abs. 3 enthalten.

Bei der Berechnung der erstmals vorauszuzahlenden Teilbeträge ist von der zuletzt festgesetzten gesamten Jahressteuerschuld auszugehen, also von der Summe der Steuerbeträge, die bisher nach Landes- und

Gemeindesteuerrecht zu zahlen waren und an deren Stelle die künftige einheitliche Grundsteuer tritt. Einzubeziehen sind also alle Steuern, die durch die neue Grundsteuer ersetzt werden, also auch etwaige Sondersteuern.

In Bayern gehören unter die Jahressteuerschuld im Sinn der Übergangsvorschrift:

a) an Landessteuern: aa) die Grundsteuer des Lands nach dem Grundsteuergesetz vom 4. November 1910 (GVBl. S. 1030) einschließlich des Zuschlags von 100 v. H.; bb) die Haussteuer des Lands nach dem Haussteuergesetz vom 8. April 1935 (GVBl. S. 277); cc) der Zuschlag zur Haussteuer (vormals Abgabe zur Förderung des Wohnungsbaues und für Kulturzwecke) nach § 8 Abs. II des Haussteuergesetzes; das Aufkommen aus dem Zuschlag ist jedoch vorerst nur mit acht Siebzehntel des in der Gemeinde aufgekommenen Betrags in die Berechnung einzubeziehen, da auf Grund der künftigen Neuregelung des Finanzausgleichs zwischen Land und Gemeinden ein Teil — neun Siebzehntel — dieses Aufkommens dem Lande verbleiben soll;

b) an Steuern der Gemeinden und Gemeindeverbände: aa) die Gemeinde-, Bezirks- und Kreisumlagen zur Grund- und Haussteuer nach Art. 4 ff. des Gemeindeabgabengesetzes vom 8. April 1935 (GVBl. S. 349), bb) die Grundwertabgabe nach Art. 30 des Gemeindeabgabengesetzes, cc) die auf Grund des Art. 1 des Gemeindeabgabengesetzes in verschiedenen Gemeinden als örtliche Abgabe erhobenen Wohnungsluxussteuer, Feuerschutzabgabe und ähnliche Abgaben, die auf dem Mietwert oder der Zahl der Wohnräume als Besteuerungsgrundlage aufgebaut sind.

Nicht unter die Jahressteuerschuld zählt die — in die Landeskasse — fließende Geldentwertungsabgabe nach § 8 Abs. III des Haussteuergesetzes.

Die Erhebung von Vorauszahlungen unter Zugrundelegung „der zuletzt festgesetzten gesamten Jahressteuerschuld" entfällt, wenn der Grundsteuerbescheid dem Pflichtigen vor dem Fälligkeitstag der ersten Vorauszahlung bekanntgegeben worden ist; alsdann bemessen sich die Vorauszahlungen nach der in diesem Bescheid festgesetzten Steuer.

Die Vorauszahlungen von einem Viertel oder einem Zwölftel „der zuletzt festgesetzten gesamten Jahressteuerschuld" sind zu den in § 22 Abs. 1 bezeichneten oder nach § 22 Abs. 2 GrStG. bestimmten Fälligkeitstagen zu leisten. § 22 Abs. 3 GrStG. ist zu beachten; übersteigt also die zuletzt festgesetzte gesamte Jahressteuerschuld nicht den Betrag von 5 bzw. 10 bzw. 20 *RM*, so sind die Vorauszahlungen mit dem gesamten Betrag von 5 *RM* am 15. Mai bzw. mit Halbjahresraten am 15. Mai und 15. November bzw. Vierteljahresraten am 15. Mai, 15. August, 15. November und 15. Februar zu entrichten.

Anhang

I.

Verordnung zur Durchführung des Grundsteuergesetzes für den ersten Hauptveranlagungszeitraum (GrStDVO 1937)

Vom 1. Juli 1937

(Reichsgesetzbl. I S. 733, Reichssteuerbl. S. 781)

Auf Grund des § 12 der Reichsabgabenordnung in der Fassung des Einführungsgesetzes zu den Realsteuergesetzen vom 1. Dezember 1936 (Reichsgesetzbl. I S. 961) und auf Grund der Ermächtigungen des Grundsteuergesetzes wird im Einvernehmen mit dem Reichsminister des Innern und, soweit erforderlich, im Einvernehmen mit den übrigen beteiligten Reichsministern hierdurch verordnet:

Zu §§ 4 bis 6 und 16 des Gesetzes

§ 1

Stichtag für die Steuerbefreiung

Bei der ersten Hauptveranlagung der Steuermeßbeträge sind für die Frage, ob die Voraussetzungen für eine Steuerbefreiung (§ 2) vorliegen, die Verhältnisse zu Beginn des 1. Januar 1938 maßgebend. Für die Fälle der Fortschreibungsveranlagung und Nachveranlagung der Steuermeßbeträge sind die Verhältnisse im Fortschreibungszeitpunkt oder im Nachfeststellungszeitpunkt zugrunde zu legen. In den Fällen des § 34 sind die Verhältnisse zu Beginn des 1. Januar maßgebend, der dem Wegfall des Befreiungsgrunds folgt.

§ 2

Dauer der Voraussetzungen für die Steuerbefreiung

Die Voraussetzungen für die Steuerbefreiung sind nur dann als erfüllt anzusehen, wenn anzunehmen ist, daß die im Gesetz und in dieser Verordnung bestimmten Voraussetzungen wenigstens auf die Dauer von zwölf Monaten vorliegen werden. Dabei ist der Zeitraum, für den die Voraussetzungen unmittelbar vor dem Stichtag (§ 1) vorgelegen haben, mit zu berücksichtigen. Die Vorschrift im Satz 1 gilt auch für die Fälle, in denen die Voraussetzungen der Steuerbefreiung für den ganzen Steuergegenstand eintreten (§ 16 Absatz 1 des Gesetzes).

Zu § 4 Ziffer 1a des Gesetzes

§ 3

Gemeindeverbände

(1) Gemeindeverbände sind die innerhalb eines Lands außer den Gemeinden bestehenden Gebietskörperschaften.

(2) Andere Verbände werden für die Grundsteuer den Gemeindeverbänden unter den folgenden Voraussetzungen gleichgestellt:

1. An dem Verband dürfen nur Gemeinden, gemeindefreie Grundstücke (Gutsbezirke), Gemeindeverbände im Sinn des Absatzes 1 und Länder beteiligt sein. Ob außerdem das Reich oder ein anderer Verband, auf den die Voraussetzungen des Absatzes 2 zutreffen, an dem Verband beteiligt ist, ist unerheblich.
2. Der Zusammenschluß der Beteiligten muß auf öffentlich-rechtlicher Grundlage beruhen.
3. Der Verband muß eigene Rechtspersönlichkeit besitzen.
4. Der Zweck des Verbands muß ganz oder teilweise in der Erfüllung von Aufgaben liegen, die unter den Begriff des öffentlichen Diensts oder Gebrauchs (§ 4 Ziffer 1a des Gesetzes) oder der Mildtätigkeit (§ 4 Ziffer 3 des Gesetzes) fallen.

§ 4

Öffentlicher Dienst oder Gebrauch

(1) Öffentlicher Dienst oder Gebrauch im Sinn des § 4 Ziffer 1a des Gesetzes ist die Ausübung der öffentlichen Gewalt (hoheitliche Tätigkeit) oder der Gebrauch durch die Allgemeinheit. Dabei sind nicht als Allgemeinheit anzuerkennen die im § 17 Absatz 4 des Steueranpassungsgesetzes vom 16. Oktober 1934 bezeichneten Personenkreise.

(2) Eine im öffentlichen Interesse getroffene Regelung (z. B. zeitliche Einschränkung) des Allgemeingebrauchs oder die Forderung eines Entgelts schließt die Annahme eines öffentlichen Diensts oder Gebrauchs nicht aus. Notwendig ist jedoch, daß der bestimmungsmäßige Gebrauch der Allgemeinheit tatsächlich freisteht, und daß das Entgelt nicht in der Absicht, Gewinn zu erzielen, gefordert wird.

(3) Als öffentlicher Dienst oder Gebrauch ist nicht anzusehen die Herstellung oder Gewinnung von Gegenständen, die für einen öffentlichen Dienst oder Gebrauch verwendet werden sollen. Dagegen fällt die Lagerung derartiger Gegenstände nach ihrer Übernahme aus dem Betrieb, in dem sie hergestellt oder gewonnen sind, unter den Begriff des öffentlichen Diensts oder Gebrauchs, wenn die Lagerung dem Zweck dient, die Gegenstände für eine Verwendung im öffentlichen Dienst oder Gebrauch bereitzustellen.

(4) Öffentlicher Dienst oder Gebrauch ist nicht anzunehmen bei Betrieben, die der Versorgung der Bevölkerung mit Wasser, Gas, Elektrizität oder Wärme, dem öffentlichen Verkehr oder dem öffentlichen Hafenbetrieb dienen.

Zu § 4 Ziffer 1 b des Gesetzes

§ 5

Reichsbahn

(1) Als Grundbesitz, der für Verwaltungszwecke der Deutschen Reichsbahn benutzt wird, sind für die Grundsteuer nur anzusehen die Verwaltungsgebäude

des Reichsverkehrsministeriums,
der Zentralämter (einschließlich der örtlich getrennten Versuchstellen),
der Reichsbahndirektionen,
der Oberbetriebsleitungen,
der Betriebsämter,
der Verkehrsämter,
der Maschinenämter,
der Neubauämter (einschließlich deren Baubüros),
der Verkehrskontrollen.

(2) Als Grundbesitz, der weder für Betriebs- noch für Verwaltungszwecke der Deutschen Reichsbahn benutzt wird, sind außer dem Wohnzwecken dienenden Grundbesitz (§ 5 des Gesetzes) für die Grundsteuer anzusehen:

1. Bahnhofshotels, Bahnhofswirtschaften, Bahnhofsläden und sonstige Verkaufsstellen, die mit dem Grund und Boden oder den Gebäuden fest verbunden sind, Bahngärtnereien, auch wenn die Bestände für die Bepflanzung von steuerbegünstigtem Grundbesitz verwendet werden;
2. Der für Neuanlagen und Erweiterungen bestimmte Grundbesitz (Vorratsgelände);
3. der sonstige, nicht mittelbar für Zwecke der Deutschen Reichsbahn benutzte Grundbesitz (z. B. Grundbesitz, der vermietet oder verpachtet oder für eine spätere Abfindung oder für eine spätere Veräußerung bestimmt ist).

Zu § 4 Ziffer 1 c des Gesetzes

§ 6

Reichsautobahnen

Als Grundbesitz, der weder für Betriebs- noch für Verwaltungszwecke des Unternehmens „Reichsautobahnen" benutzt wird, sind außer dem Wohnzwecken dienenden Grundbesitz (§ 5 des Gesetzes) für die Grundsteuer anzusehen:

1. Tankstellen, Werkstätten für Kraftwagen und Rasthäuser;
2. Grundbesitz, der dem im § 5 Absatz 2 bezeichneten entspricht.

Zu § 4 Ziffer 4 des Gesetzes

Sportvereine

§ 7

Begünstigte Sportvereine

(1) Als begünstigte Sportvereine kommen nur die Sportvereine in Betracht, die das Reichssportamt anerkannt hat.

(2) Nicht steuerbegünstigt sind:
1. Sportvereine, deren Aufwendungen erheblich über das zur Durchführung ihrer sportlichen Zwecke erforderliche Maß hinausgehen;
2. Vereine, die den Sport gewerbsmäßig betreiben (Berufssport).

§ 8

Für sportliche Zwecke benutzter Grundbesitz

(1) Als für sportliche Zwecke benutzter Grundbesitz sind solche Anlagen (Plätze und Räume) anzusehen, die für die körperliche Ertüchtigung des Volks durch Leibesübungen (Turnen, Spiel, Sport) benutzt werden und für diese Zwecke besonders hergerichtet sind (sportliche Anlagen).

(2) Zu den sportlichen Anlagen (Absatz 1) rechnen auch Unterrichts- und Schulungsräume, Übernachtungsräume für Trainingsmannschaften, Umkleide-, Bade-, Dusch- und Waschräume sowie Räume zur Aufbewahrung des Sportgeräts, auch wenn sie für diesen Zweck an Vereinsmitglieder ganz oder teilweise vermietet sind. Zu den sportlichen Anlagen gehören ferner Unterkunfts- und Schutzhütten von Bergsteiger-, Schi- und Wandervereinen.

(3) Zu den sportlichen Anlagen rechnen insbesondere solche Räume nicht, die der Erholung oder der Geselligkeit dienen.

(4) Werkstatträume gehören nur dann zu den sportlichen Anlagen, wenn in ihnen lediglich Arbeiten an den Sportgeräten des Vereins oder seiner Mitglieder vorgenommen werden und sich die Arbeiten auf die laufende Instandhaltung beschränken.

Zu § 4 Ziffer 5 des Gesetzes

§ 9

Öffentlich-rechtliche Religionsgesellschaften

Über die Frage, ob eine Religionsgesellschaft nach Reichs- oder Landesrecht Körperschaft des öffentlichen Rechts ist, entscheidet im Zweifelsfall für die Zwecke der Grundsteuer der Reichsminister für kirchliche Angelegenheiten. Die Veranlagungs- und Rechtsmittelbehörden sind an diese Entscheidung gebunden.

Zu § 4 Ziffern 1 bis 7 und § 5 Ziffern 2 und 4 des Gesetzes

Wissenschaft, Erziehung und Unterricht; religiöse Unterweisung

§ 10

Allgemeines

(1) Die Steuerbefreiung von Grundbesitz, der für Zwecke der Wissenschaft, der Erziehung und des Unterrichts sowie der religiösen Unterweisung benutzt wird, richtet sich nach den §§ 11 bis 15. Außerdem müssen die Voraussetzungen erfüllt sein, die in den §§ 5 und 6

des Gesetzes und in den §§ 1, 2, 23 bis 25 dieser Verordnung allgemein für Steuerbefreiungen aufgestellt sind.

(2) Zu den Zwecken der Erziehung gehört auch die Schulung in der nationalsozialistischen Weltanschauung.

§ 11

Gebietskörperschaften und Partei

Grundbesitz, der von dem Reich, der Nationalsozialistischen Deutschen Arbeiterpartei, einem Land, einer Gemeinde oder einem Gemeindeverband für Zwecke der Wissenschaft, der Erziehung und des Unterrichts benutzt wird, ist von der Grundsteuer befreit, wenn der Grundbesitz gehört:

a) demjenigen, der den Grundbesitz benutzt, oder
b) einer anderen Körperschaft des öffentlichen Rechts oder
c) einer der im § 4 Ziffern 2 bis 4 des Gesetzes genannten Körperschaften, Personenvereinigungen, Vermögensmassen oder Verbände (Körperschaften usw.).

§ 12

Sonstige nach § 4 Ziff. 1 bis 4 des Gesetzes Steuerbegünstigte

Wird Grundbesitz von einer der im § 4 Ziffern 1 bis 4 des Gesetzes genannten Körperschaften usw., die nicht unter § 11 dieser Verordnung fällt, für Zwecke der Wissenschaft, der Erziehung und des Unterrichts benutzt, so ist er von der Grundsteuer befreit, wenn die beiden folgenden Voraussetzungen erfüllt sind:

1. Die Benutzung muß im Rahmen der besonderen Aufgaben oder Zwecke des Steuerbegünstigten liegen. Liegt die Benutzung außerhalb dieses Rahmens, so müssen der Reichsminister der Finanzen, der Reichsminister des Innern und der für das Fachgebiet zuständige Reichsminister anerkannt haben, daß der Benutzungszweck im Rahmen der staatlichen Aufgaben liegt.
2. Der Grundbesitz muß gehören:
   a) demjenigen, der den Grundbesitz benutzt, oder
   b) einer Körperschaft des öffentlichen Rechts oder
   c) einer der im § 4 Ziffern 2 bis 4 des Gesetzes genannten Körperschaften usw.

§ 13

Religiöse Unterweisung

Grundbesitz, der von einer öffentlich-rechtlichen Religionsgesellschaft für Zwecke der religiösen Unterweisung benutzt wird (§ 4 Ziffer 5 b des Gesetzes), ist von der Grundsteuer befreit, wenn der Grundbesitz gehört:

a) demjenigen, der den Grundbesitz benutzt, oder
b) einer anderen Körperschaft des öffentlichen Rechts oder
c) einer der im § 4 Ziffern 2 bis 4 des Gesetzes genannten Körperschaften usw.

§ 14
Sonstige Schulen usw.

Grundbesitz, der für Zwecke der Wissenschaft, der Erziehung und des Unterrichts benutzt wird und nicht unter die vorstehenden Vorschriften fällt, ist von der Grundsteuer befreit, wenn die beiden folgenden Voraussetzungen erfüllt sind:

1. Der Reichsminister der Finanzen, der Reichsminister des Innern und der für das Fachgebiet zuständige Reichsminister müssen anerkannt haben, daß der Benutzungszweck im Rahmen der staatlichen Aufgaben liegt. Der Anerkennung bedarf es nicht für:
   a) Schulen und Erziehungsanstalten, die von der staatlichen Aufsichtsbehörde als öffentliche anerkannt sind;
   b) Universitäten und andere Hochschulen;
   c) Adolf-Hitler-Schulen, Ordensburgen sowie Berufs- und Fachschulen der Deutschen Arbeitsfront;
   d) Einrichtungen eines der Nationalsozialistischen Deutschen Arbeiterpartei angeschlossenen Verbands, die der Schulung in der nationalsozialistischen Weltanschauung dienen;
   e) die Akademien der Wissenschaften und die Akademien der Künste;
   f) die Anstalten der Kaiser-Wilhelm-Gesellschaft.
2. Der Grundbesitz muß gehören:
   a) demjenigen, der den Grundbesitz benutzt, oder
   b) einer Körperschaft des öffentlichen Rechts.

§ 15
Schülerheime und Schulungslager

(1) In den Fällen der §§ 11, 12 und 14 sind gemeinschaftliche Wohnräume für Schüler in Schulen und Erziehungsanstalten (Schülerheimen) und in Schulungslagern (§ 5 Ziffer 2 b des Gesetzes) nur dann befreit, wenn der Reichsminister der Finanzen, der Reichsminister des Innern und der für das Fachgebiet zuständige Reichsminister anerkannt haben, daß die Unterbringung der Schüler in gemeinschaftlichen Wohnräumen zur Erfüllung der staatlichen Aufgaben notwendig ist. Soweit sich nicht aus Absatz 2 eine Ausnahme ergibt, bedarf es der besonderen Anerkennung ohne Rücksicht darauf, ob für die Anstalt, zu der die gemeinschaftlichen Wohnräume gehören, selbst eine Anerkennung nach §§ 11, 12 und 14 notwendig ist oder nicht.

(2) Einer Anerkennung bedarf es nicht für die gemeinschaftlichen Wohnräume in:

1. Schülerheimen und Schulungslagern des Reichs und der Nationalsozialistischen Deutschen Arbeiterpartei sowie in solchen Schulungslagern eines angeschlossenen Verbands, die der Schulung in der nationalsozialistischen Weltanschauung dienen;
2. Adolf-Hitler-Schulen, Nationalpolitischen Erziehungsanstalten und Aufbauschulen;
3. Ordensburgen;
4. Landjahrheimen und Schullandheimen.

(3) In den Fällen des § 13 sind auch die gemeinschaftlichen Wohnräume für Schüler in Prediger- und Priesterseminaren (§ 5 Ziffer 2 c des Gesetzes) befreit. Einer besonderen Anerkennung bedarf es nicht.

(4) Sind die gemeinschaftlichen Wohnräume für Schüler nach den Absätzen 1 bis 3 befreit, so erstreckt sich die Befreiung auch auf Bereitschaftsräume für Lehrkräfte, wenn sie nicht zugleich die Wohnung des Inhabers darstellen (§ 5 Ziffer 4 des Gesetzes).

Zu § 4 Ziffer 8 des Gesetzes

Krankenanstalten

§ 16

Allgemeines

(1) Krankenanstalten, deren Befreiung sich nicht bereits aus § 4 Ziffern 1, 2, 3 und 6 des Gesetzes ergibt, sind befreit, wenn die folgenden Voraussetzungen erfüllt sind (§ 4 Ziffer 8 des Gesetzes):

1. Die Krankenanstalt muß in besonderem Maß der minderbemittelten Bevölkerung dienen (§ 17).
2. Der Grundbesitz muß demjenigen, der die Krankenanstalt betreibt, oder einer Körperschaft des öffentlichen Rechts gehören (§ 4 Ziffer 8 Schlußsatz des Gesetzes).
3. Soweit es sich um Privatkrankenanstalten handelt, müssen sie die Konzession nach § 30 der Reichsgewerbeordnung besitzen.

(2) Für Grundbesitz, der Wohnzwecken dient, verbleibt es bei den Vorschriften des § 5 des Gesetzes.

§ 17

Minderbemittelte Bevölkerung

(1) Eine Krankenanstalt dient in besonderem Maß der minderbemittelten Bevölkerung, wenn in dem Kalenderjahr, das dem Stichtag (§ 1) vorangeht, die folgenden Voraussetzungen erfüllt sind:

1. Die Pflegesätze in allen Verpflegungsklassen dürfen die Beträge nicht überschreiten, die der Oberfinanzpräsident als Höchstsatz bezeichnet hat.
2. Mindestens 40 vom Hundert der jährlichen Verpflegungstage müssen auf Kranke der Sozialversicherung und der öffentlichen Fürsorge oder auf solche Selbstzahler entfallen, die nicht mehr als den niedrigsten Pflegesatz im Sinn der Ziffer 1 entrichtet und bei denen die ärztlichen Gebühren nachweislich die Mindestsätze der staatlichen Gebührenordnung nicht überschritten haben.

(2) Pflegesätze im Sinn des Absatzes 1 Ziffer 1 sind die Beträge, die für die Betreuung der Kranken in der Krankenanstalt ausschließlich der ärztlichen Leistung und der üblichen Nebenleistungen (z. B. für Arzneimittel) gefordert werden.

(3) Bei Ermittlung der Höchstsätze ist von den Pflegesätzen von Krankenanstalten der Gemeinden, der Gemeindeverbände und der

Länder auszugehen. Dabei sollen für die niedrigste Verpflegungsklasse die Pflegesätze, die die Träger der Sozialversicherung bezahlen, nicht unterschritten werden. Für Fachanstalten können auch die Pflegesätze der Reichsversicherungsanstalt für Angestellte zugrunde gelegt werden.

(4) Die Höchstsätze können für bestimmte Gruppen von Krankenanstalten und für bestimmte Gebietsteile verschieden festgesetzt werden. Sind die Pflegesätze einer Kreis- oder Gemeindekrankenanstalt höher als die vom Oberfinanzpräsidenten bestimmten Höchstsätze, so gelten für diesen Kreis- oder Gemeindebezirk die Pflegesätze der örtlichen Kreis- oder Gemeindekrankenanstalt als Höchstsätze.

(5) Vor Festsetzung der Höchstsätze hat der Oberfinanzpräsident zu hören:

1. den Regierungspräsidenten oder die zuständige oberste Landesbehörde,
2. die zuständige Ärztekammer,
3. den Vorsitzenden des Oberversicherungsamts.

Zu § 4 Ziffer 9a des Gesetzes

§ 18

Straßen, Wege

Zu den Straßen und Wegen gehören auch Seitengräben, Böschungen, Schutzstreifen und bei geteilten Fahrbahnen die Mittelstreifen.

§ 19

Schienenwege

(1) Zu den Schienenwegen gehören:

1. Die Grundflächen des eigentlichen Bahnkörpers und die Grundflächen der zugehörigen Seitengräben, Böschungen, Schutzstreifen, Schneedämme und der zwischen den Gleisen gelegenen Geländestreifen;
2. die mit Schienen einschließlich der Rangier-, Neben-, Aufstell- und Ladegleise bedeckten Grundflächen der Bahnhöfe, auch wenn sie durch Bahnsteighallen überdeckt sind;
3. Stellwerksgebäude, Blockbuden und Bahnwärterhäuser, soweit sie nicht Wohnzwecken dienen (§ 5 des Gesetzes).

(2) Den Schienenwegen sind nicht zuzurechnen:

1. Grundflächen solcher Gleise, die zur Abstellung von dauernd aus dem Verkehr gezogenen Wagen (z. B. in und neben Wagenhallen in Straßenbahndepots) bestimmt sind;
2. Grundflächen solcher Gleise, die im übrigen zu einer besonderen, von dem Verkehrsbetrieb getrennten Veranstaltung (z. B. Instandsetzung) gehören;
3. Bahnsteige, Bahnsteighallen;
4. Ladestraßen und -rampen.

Zu § 4 Ziffer 9c des Gesetzes

§ 20

Fließende Gewässer

Zu den fließenden Gewässern im Sinn des § 4 Ziffer 9c des Gesetzes gehören auch die Altwasser der Flüsse und die Haffe.

Zu § 4 Ziffer 10 des Gesetzes

Fremde Vertretungen

§ 21

Konsulate

Konsulate im Sinn des § 4 Ziffer 10 des Gesetzes sind:

1. die Berufskonsulate;
2. die Wahlkonsulate, wenn der Konsulatsleiter die Staatsangehörigkeit des Entsendestaats besitzt, sein Gehalt aus der fremden Staatskasse bezieht und eine andere als die konsularische Tätigkeit nicht ausübt.

§ 22

Benutzung zu Wohnzwecken

Als für Zwecke von Botschaften, Gesandtschaften oder Konsulaten (§ 21) benutzt ist auch Grundbesitz des fremden Staats anzusehen, der den Wohnzwecken der Beamten oder Angestellten der fremden Vertretung dient.

Zu § 5 des Gesetzes

§ 23

Benutzung zu Wohnzwecken

(1) Den Kasernenunterkünften der Wehrmacht (§ 5 Ziffer 1 des Gesetzes) werden zugerechnet:

1. die Wohnungen, die den kasernenbenutzungspflichtigen, verheirateten Soldaten zugewiesen sind (Kasernenwohnungen);
2. die auf dem Kasernengrundstück selbst befindlichen Wohnungen, die Personen im Dienst der Wehrmacht zugewiesen sind.

(2) Gemeinschaftliche Speiseräume (z. B. Kantinen, Kasinos) und sonstige gemeinschaftliche Aufenthaltsräume (z. B. Lese-, Schreib- und Spielzimmer, sind den im § 5 Ziffern 1 bis 4 des Gesetzes bezeichneten Räumen gleichzustellen.

(3) Räume, die zur Erfüllung gesellschaftlicher Verpflichtungen überlassen sind (Empfangsräume), sind nicht als Wohnzwecken dienend anzusehen, wenn ihre Einrichtung von der Dienstbehörde ganz oder überwiegend gestellt ist.

Zu § 6 des Gesetzes

Unmittelbare Benutzung

§ 24

Tatsächliche Benutzung für die steuerbegünstigten Zwecke

Unmittelbar wird ein Steuergegenstand für steuerbegünstigte Zwecke erst von dem Zeitpunkt ab benutzt, in dem er dem Benutzungszweck tatsächlich zugeführt worden ist. Ist die Benutzung des Steuergegenstands für steuerbegünstigte Zwecke in Aussicht genommen oder wird er für diese Zwecke hergerichtet, so ist die Voraussetzung für die Steuerbefreiung noch nicht erfüllt.

§ 25

Land- und forstwirtschaftlich genutzter Grundbesitz, Werkstätten

(1) Land- und forstwirtschaftlich genutzter Grundbesitz, der einem der im § 4 des Gesetzes bezeichneten Zwecke dient, ist nur dann als unmittelbar für diese Zwecke benutzt anzusehen, wenn er Lehr- oder Versuchszwecken dient. Land- und forstwirtschaftliche Musterbetriebe sind in jedem Fall steuerpflichtig. Die Einschränkung des Satzes 1 gilt nicht für Übungsplätze der Wehrmacht (§ 4 Ziffer 1 a des Gesetzes) und für Grundbesitz, der unter § 4 Ziffer 9 des Gesetzes fällt.

(2) Bei Werkstätten und ähnlichen Einrichtungen in Strafvollzugs- und Bewahrungsanstalten, Erziehungsanstalten, Blinden- und Krüppelheimen und anderen derartigen Anstalten, die unter § 4 des Gesetzes fallen, ist eine unmittelbare Benutzung für steuerbegünstigte Zwecke anzunehmen, wenn die Beschäftigung der Anstaltsinsassen in den Werkstätten usw. zur Erfüllung des Anstaltszwecks (z. B. aus Gründen der Besserung, der Erziehung oder der Gesundung) unerläßlich ist.

Zu § 11 des Gesetzes

Steuermeßbetrag

§ 26

Erbbaurecht und Erbpachtrecht

(1) Im Fall der Belastung des Grundbesitzes mit einem Erbbaurecht, ist für die Festsetzung des Steuermeßbetrags der Gesamtwert maßgebend, der nach § 46 Absatz 1 der Durchführungsbestimmungen zum Reichsbewertungsgesetz vom 2. Februar 1935 (Reichsgesetzbl. I S. 81) für den Grund und Boden einschließlich der Gebäude ermittelt worden ist. Ist der Gesamtwert nach § 46 Absatz 3 der Durchführungsbestimmungen zum Reichsbewertungsgesetz auf den Grund und Boden und auf die Gebäude zu verteilen, so ist also für die Festsetzung des Steuermeßbetrags die Summe beider Einheitswerte maßgebend.

(2) Im Fall der Belastung des Grundbesitzes mit einem Erbpachtrecht ist, wenn gegenüber dem Eigentümer des Grund und Bodens und gegenüber dem Berechtigten je ein besonderer Einheitswert festgestellt worden ist, für die Festsetzung des Steuermeßbetrags die Summe der beiden Einheitswerte maßgebend.

§ 27

Weitere Sonderfälle

(1) Für Grundbesitz, der für Betriebszwecke der Deutschen Reichsbahn benutzt wird und nach § 4 Ziffer 1 b des Gesetzes von der Hälfte der an sich zu entrichtenden Grundsteuer befreit ist, ist die Steuerbefreiung in der Weise durchzuführen, daß der Steuermeßbetrag nur zur Hälfte festgesetzt wird.

(2) Für Neuhausbesitz, der nach § 58 dieser Verordnung von einem Viertel der an sich zu entrichtenden Grundsteuer befreit ist, ist die Steuerbefreiung in der Weise durchzuführen, daß der Steuermeßbetrag nur zu drei Vierteln festgesetzt wird.

Zu § 12 des Gesetzes

Steuermeßzahlen

a) Land- und forstwirtschaftliche Betriebe

§ 28

Bei land- und forstwirtschaftlichen Betrieben betragen die Steuermeßzahlen:

1. für die ersten angefangenen oder vollen 10 000 Reichsmark des Einheitswerts 8 vom Tausend,
2. für den Rest des Einheitswerts 10 vom Tausend.

b) Bebaute Grundstücke

§ 29

Abstufung der Steuermeßzahlen

Für bebaute Grundstücke gelten die folgenden Steuermeßzahlen: Siehe Tabelle nächste Seite.

Der Reichsminister der Finanzen wird ermächtigt, mit Zustimmung des Reichsministers des Innern und des Reichsarbeitsministers für Gemeinden von mehr als 500 000, jedoch nicht mehr als 1 000 000 Einwohnern auf Antrag des Bürgermeisters für die Gruppen II, III und IV andere Meßzahlen als die für die Gemeindegruppe b bestimmten festzusetzen. Diese Meßzahlen müssen spätestens innerhalb eines Zeitraums von vier Jahren in Stufen auf die für die Gemeindegruppe b bestimmten Meßzahlen zurückgeführt werden.

Grundstücksgruppen bezw. Wertgruppen	Gemeindegruppen a: bis 25000 Einwohner	b: über 25000 bis 1000000 Einwohner	c: über 1000000 Einwohner
	vom Tausend	vom Tausend	vom Tausend
I. Altbauten (bei Einfamilienhäusern nur für den Teil des Einheitswerts, der 30000 *RM* übersteigt)	10	10	10
II. Einfamilienhäuser der Altbauten für die ersten angefangenen oder vollen 30000 *RM* des Einheitswerts	10	8	6
III. Neubauten (bei Einfamilienhäusern nur für den Teil des Einheitswerts, der 30000 *RM* übersteigt)	8	7	6
IV. Einfamilienhäuser der Neubauten für die ersten angefangenen oder vollen 30000 *RM* des Einheitswerts	8	6	5

§ 30

Einwohnerzahl

(1) Für die Frage, welcher der im § 29 bezeichneten Gemeindegruppen eine Gemeinde zuzurechnen ist, ist das Ergebnis der allgemeinen Volkszählung vom 16. Juni 1933 maßgebend.

(2) Bei Umgemeindungen, die zwischen dem 16. Juni 1933 und dem 1. Januar 1935 rechtswirksam geworden sind, ist auf Grund des Ergebnisses der allgemeinen Volkszählung 1933 zu ermitteln, wieviel Einwohner auf die Gemeinde in ihrem Gebietsumfang vom 1. Januar 1935 entfallen; im Zweifelsfall entscheidet hierüber die Gemeindeaufsichtsbehörde.

(3) Bei Umgemeindungen, die nach dem 1. Januar 1935 rechtswirksam geworden sind, rechnen die betroffenen Gemeinden oder Gemeindeteile weiterhin zu der Gemeindegruppe, der sie ohne die Umgemeindung nach den Absätzen 1 und 2 zuzurechnen sind.

(4) Absätze 1 bis 3 gelten für das Saarland mit der Abweichung, daß das Ergebnis der Volkszählung vom 25. Juni 1935 maßgebend ist und an die Stelle des 1. Januar 1935 jeweils der 1. Januar 1936 zu setzen ist.

§ 31

Altbauten, Neubauten

(1) Zu den Altbauten (§ 29 I und II) gehören die Grundstücke, deren Gebäude bis zum 31. März 1924 bezugsfertig geworden sind.

(2) Zu den Neubauten (§ 29 III und IV) gehören die Grundstücke, deren Gebäude nach dem 31. März 1924 bezugsfertig geworden sind.

(3) Ob auf ein Grundstück, auf dem sich sowohl Altbauten als auch Neubauten befinden, die Steuermeßzahl für Altbauten oder die Meßzahl für Neubauten anzuwenden ist, ist danach zu entscheiden, welcher Teil wertmäßig überwiegt.

(4) Für die Frage, ob ein Gebäude bis zum oder nach dem 31. März 1924 bezugsfertig geworden ist, ist die Entscheidung zu übernehmen, die zuletzt für die bisherige Grundsteuer maßgebend gewesen ist.

§ 32

Einfamilienhäuser

Ob auf ein Grundstück, auf dem sich sowohl ein Einfamilienhaus als auch ein Gebäude einer anderen Grundstücksgruppe befinden, die Steuermeßzahlen für Einfamilienhäuser oder die Meßzahl für die andere Grundstücksgruppe anzuwenden sind, ist danach zu entscheiden, welcher Teil wertmäßig überwiegt.

c) Unbebaute Grundstücke

§ 33

Für unbebaute Grundstücke beträgt die Steuermeßzahl einheitlich 10 vom Tausend.

Zu § 15 des Gesetzes

§ 34

Nachveranlagung des Steuermeßbetrags

(1) Der Steuermeßbetrag wird auch dann nachträglich veranlagt, wenn der Grund für die Befreiung des Steuergegenstands von der Grundsteuer wegfällt, eine Nachfeststellung des Einheitswerts aber deswegen nicht in Betracht kommt, weil ein Einheitswert auf den letzten Hauptfeststellungszeitpunkt oder einen späteren Feststellungszeitpunkt bereits festzustellen war.

(2) Die Nachveranlagung gilt in den Fällen des Absatzes 1 von dem Rechnungsjahr an, das dem Kalenderjahr folgt, in dem der Befreiungsgrund weggefallen ist.

Zu § 18 Absatz 2 des Gesetzes

§ 35

Geringfügige Änderungen

Die Zerlegungsanteile eines Steuermeßbetrags sind in den Fällen des § 18 Absatz 2 des Gesetzes nur dann neu zu ermitteln, wenn wenigstens bei einer Gemeinde der neue Anteil um mehr als ein Zwanzigstel, mindestens aber um 5 Reichsmark von ihrem bisherigen Anteil abweicht.

Zu § 19 des Gesetzes

§ 36

Zerlegungsmaßstab

Der Steuermeßbetrag ist nach dem Verhältnis der auf die einzelnen Gemeinden entfallenden Teile des Einheitswerts zu zerlegen, die nach § 78 der Durchführungsbestimmungen zum Reichsbewertungsgesetz vom 2. Februar 1935 (Reichsgesetzbl. I S. 81) festgestellt worden sind. Die Zerlegung des Steuermeßbetrags kann nicht mit der Begründung angefochten werden, daß die auf die einzelnen Gemeinden entfallenden Teile des Einheitswerts unzutreffend festgestellt worden seien.

Zu § 20 des Gesetzes

Ersatz der Zerlegung durch Steuerausgleich

a) Allgemeines

§ 37

Anwendungsbereich

Statt der Zerlegung der Steuermeßbeträge für land- und forstwirtschaftliche Betriebe ist ein Steuerausgleich zwischen den Gemeinden durchzuführen:

in den Ländern Bayern, Sachsen, Württemberg, Mecklenburg, Oldenburg, Anhalt und im Saarland.

Soweit das Gebiet der vorbezeichneten Länder durch das Gesetz über Groß-Hamburg und andere Gebietsbereinigungen vom 26. Januar 1937 (Reichsgesetzbl. I S. 91) geändert worden ist, ist der Gebietsumfang maßgebend, der sich auf Grund dieses Gesetzes ergibt.

§ 38

Zuteilung des Steuermeßbetrags an die Sitzgemeinde

(1) Der Steuermeßbetrag eines land- und forstwirtschaftlichen Betriebs ist, auch wenn sich der Betrieb über mehrere Gemeinden erstreckt, ganz der Gemeinde zuzuteilen, in deren Bezirk der wertvollste Teil des Betriebs liegt (Sitzgemeinde). Das ist regelmäßig die Gemeinde, in der die Wohn- und Wirtschaftsgebäude liegen.

(2) Besteht Streit darüber, welches die berechtigte Sitzgemeinde ist, so sind die Vorschriften des § 390 der Reichsabgabenordnung anzuwenden.

§ 39

Beteiligung der Belegenheitsgemeinde

Entsprechend der Zuteilung der ganzen Steuermeßmeßbeträge an die Sitzgemeinde (§ 38) ist die volle Grundsteuer der land- und forstwirtschaftlichen Betriebe, für die die Gemeinde Sitzgemeinde ist, an diese zu entrichten. An dem Steueraufkommen der Sitzgemeinde werden die anderen Gemeinden, auf die sich die Betriebe erstrecken (Belegenheitsgemeinden), nach Maßgabe der §§ 40 bis 48 beteiligt (Steuerausgleich).

§ 40

Vereinbarung oder Entscheidung über den Steuerausgleich

Die Sitzgemeinde und die Belegenheitsgemeinde sollen sich über den Beteiligungsbetrag der Belegenheitsgemeinde am Steueraufkommen der Sitzgemeinde einigen. Kommt eine Vereinbarung im einzelnen Fall nicht zustande, so ist nach den Bestimmungen der Abschnitte b und c zu verfahren.

b) Berechnung des Beteiligungsbetrags der Belegenheitsgemeinde

§ 41

Grundlage für die Beteiligung

(1) Grundlage für den Steuerausgleich ist der Gesamtwert aller in der Belegenheitsgemeinde liegenden Flächen (Ausmärkerflächen) der land- und forstwirtschaftlichen Betriebe, deren Steuermeßbeträge der Sitzgemeinde zugeteilt worden sind.

(2) Der Wert der Ausmärkerflächen ist regelmäßig durch Vervielfachung der Größe der Flächen (Absatz 3) mit einem gekürzten Hektarwert (Absatz 4) zu ermitteln.

(3) Die Größe der Ausmärkerflächen ist in Hektar ausgedrückt und getrennt nach den einzelnen Unterarten des land- und forstwirtschaftlichen Vermögens (§ 28 des Reichsbewertungsgesetzes) festzustellen.

(4) Für jede vorhandene Unterart des land- und forstwirtschaftlichen Vermögens der Ausmärkerflächen ist ein besonderer Hektarwert zu ermitteln. Für das gärtnerische Vermögen und für das „übrige land- und forstwirtschaftliche Vermögen" im Sinn des § 49 des Reichsbewertungsgesetzes kann von der Feststellung eines Hektarwerts abgesehen werden. Der festgestellte Hektarwert ist wegen regelmäßigen Fehlens von Gebäuden auf den Ausmärkerflächen und wegen meist weiter Entfernung der Ausmärkerflächen vom Betriebsitz wie folgt zu kürzen:

1. bei landwirtschaftlich genutzten Flächen um 25 vom Hundert,
2. bei forstwirtschaftlich genutzten Flächen um 5 vom Hundert,
3. bei weinbaumäßig genutzten Flächen um 15 vom Hundert.

§ 42

Ausgleichsmeßbetrag

Für die Berechnung des Beteiligungsbetrags der Belegenheitsgemeinde am Steueraufkommen der Sitzgemeinde ist von einem Ausgleichsmeßbetrag auszugehen. Dieser beträgt 7,5 vom Tausend des Gesamtwerts der in der Belegenheitsgemeinde liegenden Ausmärkerflächen (§ 41).

§ 43

Festsetzung des Beteiligungsbetrags der Belegenheitsgemeinde

(1) Der Beteiligungsbetrag der Belegenheitsgemeinde an dem Steueraufkommen der Sitzgemeinde wird für das Rechnungsjahr festgesetzt. Der Beteiligungsbetrag wird unter Anwendung eines Hundertsatzes aus dem Ausgleichsmeßbetrag (§ 42) berechnet. Für die Bemessung des Hundertsatzes gelten die Bestimmungen der Absätze 2 bis 5.

(2) Als Hundertsatz ist regelmäßig der Hebesatz der Sitzgemeinde für land- und forstwirtschaftliche Betriebe anzuwenden.

(3) Ist der Hebesatz der Belegenheitsgemeinde niedriger als der Hebesatz der Sitzgemeinde, so ist als Hundertsatz der niedrigere Hebesatz der Belegenheitsgemeinde anzuwenden.

(4) Ist der Hebesatz der Belegenheitsgemeinde um mehr als ein Fünftel höher als der Hebesatz der Sitzgemeinde, so ist als Hundertsatz der Durchschnitt der beiden Hebesätze anzuwenden.

(5) Einigen sich die beteiligten Gemeinden auf einen anderen Hundertsatz, so ist dieser anzuwenden.

§ 44

Festsetzung in Sonderfällen

Führt die Festsetzung des Beteiligungsbetrags der Belegenheitsgemeinde am Steueraufkommen der Sitzgemeinde nach den Bestimmungen der §§ 41 bis 43 im einzelnen Fall zu einem offenbar unbilligen Ergebnis, so kann er nach anderen Gesichtspunkten festgesetzt werden, die den tatsächlichen Verhältnissen Rechnung tragen.

§ 45

Änderung innerhalb eines Rechnungsjahrs

Ändern sich innerhalb eines Rechnungsjahrs die Verhältnisse, die für die Berechnung des Beteiligungsbetrags von Bedeutung sind, derart, daß sich ein um mehr als ein Fünftel höherer oder niedrigerer Beteiligungsbetrag ergeben würde, so ist der Beteiligungsbetrag der Belegenheitsgemeinde für das Rechnungsjahr neu festzusetzen. Die Neufestsetzung ist für eine Belegenheitsgemeinde im Lauf eines Rechnungsjahrs nur einmal möglich.

§ 46

Entrichtung des Beteiligungsbetrags

Die Sitzgemeinde hat, wenn die Gemeinden nichts Abweichendes vereinbaren, den Beteiligungsbetrag in monatlichen Teilbeträgen am letzten eines jeden Kalendermonats an die Belegenheitsgemeinde abzuführen. In diesen Fällen ist der Beteiligungsbetrag auf eine durch zwölf teilbare Zahl nach unten abzurunden.

c) **Beteiligungsverfahren**

§ 47

Antrag

(1) Die Festsetzung und die Neufestsetzung (§ 45) des Beteiligungsbetrags erfolgen auf Antrag einer der beteiligten Gemeinden.

Der Antrag ist beim Finanzamt zu stellen, das für die Sitzgemeinde zuständig ist.

(2) Der Antrag auf Festsetzung ist bis zum 30. Juni des Rechnungsjahrs zu stellen, für das der Steuerausgleich durchzuführen ist. Der Antrag auf Neufestsetzung ist innerhalb dieses Rechnungsjahrs zu stellen. Für das Rechnungsjahr 1938 genügt es, wenn auch der Antrag auf Festsetzung innerhalb des Rechnungsjahrs gestellt wird.

§ 48

Festsetzende Behörde

(1) Den Beteiligungsbetrag der Belegenheitsgemeinde an dem Steueraufkommen der Sitzgemeinde setzt das Finanzamt fest, das für die Sitzgemeinde zuständig ist.

(2) Die Festsetzung bedarf der Zustimmung der Gemeindeaufsichtsbehörde. Liegen die beiden beteiligten Gemeinden in verschiedenen Kreisen, so bestimmt die gemeinsame obere Aufsichtsbehörde die Behörde, mit deren Zustimmung der Beteiligungsbetrag festzusetzen ist. Liegen die beiden beteiligten Gemeinden im Amtsbezirk verschiedener oberer Aufsichtsbehörden, so trifft der Reichsminister des Innern diese Bestimmung. In den Fällen der Sätze 2 und 3 kann eine unbeteiligte nachgeordnete Aufsichtsbehörde als die Behörde bestimmt werden, mit deren Zustimmung der Beteiligungsbetrag festzusetzen ist.

(3) Das Finanzamt kann den Beteiligungsbetrag im Bedarfsfall vorläufig festsetzen. Die vorläufige Festsetzung bedarf nicht der Zustimmung der Gemeindeaufsichtsbehörde.

(4) Der Beteiligungsbetrag ist den beteiligten Gemeinden durch schriftlichen Bescheid mitzuteilen.

(5) Gegen die Festsetzung des Beteiligungsbetrags ist ein Rechtsmittel nicht zulässig.

Zu § 26 des Gesetzes

Entrichtung eines Ersatzbetrags

§ 49.

Voraussetzungen

Für steuerbefreiten Grundbesitz ist an Stelle der Grundsteuer ein Ersatzbetrag an die Gemeinde zu entrichten, wenn die folgenden Voraussetzungen sämtlich erfüllt sind:

1. Die Befreiung des Grundbesitzes muß auf § 4 Ziffer 1, gegebenenfalls in Verbindung mit Ziffer 6, des Gesetzes beruhen.
2. Die Voraussetzungen für die Befreiung des Grundbesitzes (Ziffer 1) müssen nach dem 31. Dezember 1932 eingetreten sein. Dabei ist zu unterstellen, daß das Gesetz bereits seit dem 1. Januar 1933 gelte.
3. Der Betrag, der für den befreiten Grundbesitz (Ziffern 1 und 2) im Fall seiner Steuerpflicht als Grundsteuer zu erheben sein würde, muß in dem Rechnungsjahr, für das ein

Ersatzbetrag entrichtet werden soll, 25 vom Hundert des gesamten Grundsteuersolls der Gemeinde übersteigen. In das Grundsteuersoll sind die für den befreiten Grundbesitz errechneten Beträge nicht einzubeziehen.

4. Die Gemeinde darf nicht mehr als 5000 Einwohner haben. Für die Ermittlung der Einwohnerzahl ist das Ergebnis der letzten allgemeinen Volkszählung vor dem Rechnungsjahr maßgebend.
5. Der Haushaltsausgleich der Gemeinde muß infolge der Steuerfreiheit des in Ziffern 1 und 2 bezeichneten Grundbesitzes gefährdet sein. Eine Gefährdung des Haushaltsausgleichs ist insbesondere insoweit nicht gegeben, als die Gemeinde die Gemeindesteuern nicht mindestens mit Sätzen erhebt, die durchschnittlich in gleichartigen Gemeinden gelten.

§ 50

Zeitraum

(1) Der Ersatzbetrag wird für das Rechnungsjahr festgesetzt.

(2) Maßgebend für die Festsetzung und für die Bemessung des Ersatzbetrags sind die Verhältnisse zu Beginn des Rechnungsjahrs.

(3) Ändern sich die Verhältnisse im Lauf des Rechnungsjahrs und ist die Änderung wesentlich, so kann nachträglich ein Ersatzbetrag festgesetzt oder der bereits festgesetzte Ersatzbetrag geändert werden. Die Änderung des Ersatzbetrags ist im Lauf des Rechnungsjahrs nur einmal möglich.

§ 51

Höhe des Ersatzbetrags

(1) Die Summe, die für den befreiten Grundbesitz (§ 49 Ziffern 1 und 2) an die Gemeinde zu entrichten ist (Ersatzsumme), ist in der Höhe festzusetzen, die zum Ausgleich des Haushalts der Gemeinde erforderlich ist (§ 49 Ziffer 5). Die Ersatzsumme darf jedoch den Betrag nicht übersteigen, der für den befreiten Grundbesitz im Fall seiner Steuerpflicht als Grundsteuer zu erheben sein würde (§ 49 Ziffer 3).

(2) Ersatzbetrag ist der Betrag, der für den einzelnen befreiten Gegenstand (§ 49 Ziffern 1 und 2) an die Gemeinde zu entrichten ist.

(3) Befindet sich in der Gemeinde nur ein befreiter Gegenstand (§ 49 Ziffern 1 und 2), so ist als Ersatzbetrag die Ersatzsumme (Absatz 1) zu entrichten.

(4) Befinden sich in der Gemeinde mehrere befreite Gegenstände (§ 49 Ziffern 1 und 2), so sind die Ersatzbeträge in der Weise zu ermitteln, daß die Ersatzsumme auf die einzelnen befreiten Gegenstände verteilt wird. Dabei gelten als Verteilungsmaßstab die Beträge, die für die einzelnen befreiten Gegenstände im Fall ihrer Steuerpflicht als Grundsteuer zu erheben sein würden.

§ 52

Antrag

(1) Die Festsetzung des Ersatzbetrags erfolgt auf Antrag der Gemeinde.

(2) Der Antrag soll vor dem Beginn des Rechnungsjahrs gestellt werden, für das die Leistung des Ersatzbetrags begehrt wird. Wird der Antrag nach Ablauf des Rechnungsjahrs gestellt, so entfällt der Anspruch auf Leistung des Ersatzbetrags.

(3) Im Fall des § 50 Absatz 3 kann eine Herabsetzung des bereits festgesetzten Ersatzbetrags von Amts wegen vorgenommen werden.

§ 53
Schätzung

Die Beträge, die für die einzelnen befreiten Gegenstände im Fall ihrer Steuerpflicht als Grundsteuer zu erheben sein würden (§ 49 Ziffer 3, § 51), sind, soweit Einheitswerte für die Gegenstände festgestellt sind, in der Regel auf dieser Grundlage zu ermitteln. Sind Einheitswerte nicht festgestellt, so sind die Beträge formlos zu ermitteln. Sie können durch Vergleich mit der Grundsteuer für entsprechende Gegenstände oder in anderer einfacher Weise geschätzt werden.

§ 54
Entscheidung

(1) Der Regierungspräsident oder die zuständige oberste Landesbehörde entscheidet im Einvernehmen mit dem Oberfinanzpräsidenten über den Antrag der Gemeinde.

(2) Wird ein Ersatzbetrag festgesetzt, so sind in der Entscheidung zu bestimmen:

1. die einzelnen Gegenstände, für die ein Ersatzbetrag zu entrichten ist;
2. die Höhe des Ersatzbetrags für den einzelnen Gegenstand;
3. der zur Leistung des Ersatzbetrags Verpflichtete (§ 26 Abs. 1 Schlußsatz des Gesetzes);
4. die Fälligkeit des Ersatzbetrags.

Zu § 27 des Gesetzes

§ 55
Siedlerstellen

(1) Für Siedlerstellen im Sinn des § 27 des Gesetzes, die von der gesamten bisherigen Grundsteuer (des Lands, der Gemeinde und der Gemeindeverbände) und von den Sondersteuern, die unter den Begriff der Grundsteuer im Sinn des Gesetzes fallen, befreit sind, ist bis zum Ablauf des landesrechtlich vorgesehenen Befreiungszeitraums keine Grundsteuer zu entrichten.

(2) Für Siedlerstellen im Sinn des § 27 des Gesetzes, die nach der bisherigen landesrechtlichen Regelung nur von einem Teil der im Absatz 1 bezeichneten Steuern befreit sind, ist die Grundsteuer, die sich nach § 21 des Gesetzes ergibt, bis zum Ablauf des landesrecht-

lich vorgesehenen Zeitraums mit einem Teil zu entrichten. Der Teil ist nach dem Verhältnis zu ermitteln, in dem in der Gemeinde nach dem Stand vom 31. März 1938 der für Siedlerstellen zu zahlende Satz zu dem Satz steht, der für die Siedlerstellen bei voller Heranziehung zu den im Absatz 1 bezeichneten Steuern zu entrichten gewesen wäre. Die Gemeinde setzt für den von den Siedlerstellen zu entrichtenden Teil der Grundsteuer einen einheitlichen Hundertsatz fest. Die Festsetzung bedarf der Genehmigung durch die Gemeindeaufsichtsbehörde.

Zu § 28 des Gesetzes

Neuhausbesitz

§ 56

Mittlerer Neuhausbesitz (§ 28 Abs. 1 des Gesetzes)

(1) Für Wohngebäude, die nach § 14 Absätze 1 bis 4 des Realsteuersenkungsgesetzes vom 1. Dezember 1930 (Reichsgesetzbl. I S. 582) von der gesamten bisherigen Grundsteuer (des Lands, der Gemeinde und der Gemeindeverbände) befreit sind, ist bis zum 31. März 1939 keine Grundsteuer zu entrichten. Soweit jedoch für diese Wohngebäude bisher Sondersteuern erhoben worden sind, die unter den Begriff der Grundsteuer im Sinn des Gesetzes fallen, sind sie in der Höhe nach dem Stand vom 31. März 1938 bis zum 31. März 1939 als Grundsteuer weiter zu entrichten.

(2) In den Gemeinden, in denen die Wohngebäude auf Grund einer Anordnung der obersten Landesbehörde von der Grundsteuer der Gemeinde nicht befreit sind (§ 14 Absatz 1 Satz 2 des Realsteuersenkungsgesetzes) ist die Grundsteuer, die sich nach § 21 des Gesetzes ergibt, bis zum 31. März 1939 nur mit einem Teil zu entrichten. Der Teil ist nach dem Verhältnis zu ermitteln, in dem in der Gemeinde nach dem Stand vom 31. März 1938 der für derartige Wohngebäude zu zahlende Satz zu dem Satz steht, der für die Wohngebäude bei voller Heranziehung zur Grundsteuer (des Lands, der Gemeinde und der Gemeindeverbände) und zu den im Absatz 1 Satz 2 bezeichneten Sondersteuern zu entrichten gewesen wäre. Die Gemeinde setzt für den von den Wohngebäuden zu entrichtenden Teil der Grundsteuer einen einheitlichen Hundertsatz fest. Die Festsetzung bedarf der Genehmigung durch die Gemeindeaufsichtsbehörde.

(3) Ist nur ein Teil des Grundstücks von der Grundsteuer befreit (§ 14 Absatz 2 oder 3 des Realsteuersenkungsgesetzes), so sind die Absätze 1 oder 2 nur auf den steuerbefreiten Teil des Grundstücks anzuwenden. Der andere Teil ist nach den allgemeinen Vorschriften zur Grundsteuer heranzuziehen.

(4) Absätze 1 bis 3 sind auf die Kleinwohnungsbauten im Saarland, die nach § 2 Absatz 2 der Durchführungsbestimmungen vom 2. April 1936 (Reichsgesetzbl. I S. 345) bis zum 31. März 1939 von der Grundsteuer befreit sind, entsprechend anzuwenden.

§ 57

Neuester Neuhausbesitz (§ 28 Abs. 2 des Gesetzes)

(1) Für Kleinwohnungen und Eigenheime, die nach Abschnitt IV des Gesetzes vom 21. September 1933 (Reichsgesetzbl. I S. 651) in der Fassung des Gesetzes vom 2. April 1936 (Reichsgesetzbl. I S. 344) von der Grundsteuer des Lands und von der halben Grundsteuer der Gemeinde und der Gemeindeverbände befreit sind, gilt das Folgende:

1. Wenn die Wohngebäude vor dem 1. April 1938 in die halbe Gemeindegrundsteuerpflicht eingetreten sind, ist die Grundsteuer ab 1. April 1938 mit dem Betrag weiter zu entrichten, der sich nach dem Stand vom 31. März 1938 ergibt. Das gilt für Kleinwohnungen bis zum 31. März 1939 und für Eigenheime bis zum 31. März 1944. Bis zu diesen Zeitpunkten sind auch Sondersteuern, die unter den Begriff der Grundsteuer im Sinn des Gesetzes fallen, mit dem Betrag, der sich nach dem Stand vom 31. März 1938 ergibt, als Grundsteuer weiter zu entrichten.
2. Wenn die Wohngebäude erst ab 1. April 1938 oder später in die halbe Gemeindegrundsteuerpflicht eintreten, ist die Steuer, die sich nach § 21 des Gesetzes ergibt, vom Eintritt in die halbe Gemeindegrundsteuerpflicht ab nur mit 30 vom Hundert zu entrichten. Das gilt für Kleinwohnungen bis zum 31. März 1939 und für Eigenheime bis zum 31. März 1944.

(2) In den Gemeinden, in denen die Kleinwohnungen oder Eigenheime auf Grund einer Anordnung der obersten Landesbehörde von der Grundsteuer der Gemeinde nicht befreit sind (§ 15 Absatz 3 der Durchführungsverordnung vom 26. Oktober 1933, Reichsgesetzbl. I S. 773), ist die Grundsteuer, die sich nach § 21 des Gesetzes ergibt, nur mit einem Teil zu entrichten. Der Teil ist nach dem Verhältnis zu ermitteln, in dem in der Gemeinde nach dem Stand vom 31. März 1938 der für derartige Kleinwohnungen oder Eigenheime zu zahlende Satz zu dem Satz steht, der für solche Wohngebäude bei voller Heranziehung zur Grundsteuer (des Lands, der Gemeinde und der Gemeindeverbände) und zu den im Absatz 1 Ziffer 1 Satz 3 bezeichneten Steuern zu entrichten gewesen wäre. Die Gemeinde setzt für den von den Kleinwohnungen und Eigenheimen zu entrichtenden Teil der Grundsteuer einen einheitlichen Hundertsatz fest. Die Festsetzung bedarf der Genehmigung durch die Gemeindeaufsichtsbehörde. Diese Regelung gilt für Kleinwohnungen bis zum 31. März 1939 und für Eigenheime bis zum 31. März 1944.

(3) Ist nur ein Teil des Grundstücks steuerbefreit (§ 4 Absatz 5 oder 6, § 8 der Durchführungsverordnung vom 26. Oktober 1933), so sind die Absätze 1 oder 2 nur auf den steuerbefreiten Teil des Grundstücks anzuwenden. Der andere Teil ist nach den allgemeinen Vorschriften zur Grundsteuer heranzuziehen.

§ 58

Weitere teilweise Steuerbefreiung des älteren, mittleren und neuesten Neuhausbesitzes

(1) Von einem Viertel der an sich zu entrichtenden Grundsteuer sind befreit:

1. Wohngebäude, die in der Zeit vom 1. April 1924 bis zum 31. März 1931 bezugsfertig geworden und nach dem Stand vom 31. März 1938 nicht zur vollen Grundsteuer des Lands heranzuziehen sind;
2. Wohngebäude, die nach § 14 Absätze 1 bis 4 des Realsteuersenkungsgesetzes vom 1. Dezember 1930 (Reichsgesetzbl. I S. 582) oder nach § 2 Absatz 2 der Durchführungsbestimmungen vom 2. April 1936 (Reichsgesetzbl. I S. 345) steuerbefreit sind;
3. Kleinwohnungen, die nach Abschnitt IV des Gesetzes vom 21. September 1933 (Reichsgesetzbl. I S. 651) steuerbefreit sind.

Diese Befreiung gilt, wenn in den Fällen der Ziffer 1 nach dem Stand vom 31. März 1938 oder in den Fällen der Ziffern 2 und 3 nach dem Stand vom 31. März 1939 nur ein Teil des Grundstücks steuerbefreit ist, nur für diesen Teil.

(2) Die Befreiung nach Absatz 1 ist in der durch § 27 Absatz 2 vorgeschriebenen Weise durchzuführen.

(3) Die Befreiung nach Absatz 1 gilt erstmalig:

1. in den Fällen der Ziffer 1 für das Rechnungsjahr 1938;
2. in den Fällen der Ziffern 2 und 3 für das Rechnungsjahr 1939. Für das Rechnungsjahr 1938 wird die Steuer nach § 56 oder § 57 erhoben.

Die Befreiung gilt letztmalig für das Rechnungsjahr, das dem nächsten Hauptfeststellungszeitpunkt für die Einheitsbewertung des Grundbesitzes (§§ 21, 79 des Reichsbewertungsgesetzes) folgt.

§ 59

Auffüllung der Rückflüsse aus Wohnungsbaudarlehen

Soweit die Besteuerung des im § 58 Absatz 1 bezeichneten Neuhausbesitzes für die Zeit ab 1. April 1938 zu einer Verminderung der Rückflüsse aus öffentlichen Wohnungsbaudarlehen gegenüber dem Rechnungsjahr 1937 führt, haben die Gemeinden die Rückflüsse entsprechend aufzufüllen. Die beteiligten obersten Landesbehörden bestimmen das Nähere.

§ 60

Abgrenzung der Neuhausgruppen

Für die Frage, ob ein Wohngebäude unter die Vorschrift im § 58 Absatz 1 Ziffer 1 oder unter die Vorschrift im § 56 und im § 58 Absatz 1 Ziffer 2 fällt, ist die Entscheidung zu übernehmen, die zuletzt für die bisherige Grundsteuer maßgebend gewesen ist. Für die Frage, ob ein Wohngebäude nach Abschnitt IV des Gesetzes vom 21. September 1933 steuerbefreit ist (§ 57, § 58 Absatz 1 Ziffer 3), bleibt die Entscheidung bindend, die nach § 14 der Durchführungsverordnung vom 26. Oktober 1933 über die Anerkennung der Steuerbefreiung getroffen worden ist.

Zu § 30 des Gesetzes

§ 61

Steuervergünstigung für abgefundene Kriegsbeschädigte in Wohnungen von gemeinnützigen Wohnungs- und Siedlungsunternehmen

(1) Die Steuervergünstigung nach § 30 des Gesetzes ist auch für ein Grundstück eines gemeinnützigen Wohnungs- oder Siedlungsunternehmens zu gewähren, wenn die folgenden Voraussetzungen sämtlich erfüllt sind:

1. Der Kriegsbeschädigte muß für die Zuweisung des Grundstücks die Kapitalabfindung an das Wohnungs- oder Siedlungsunternehmen bezahlt haben.
2. Er muß entweder mit dem Unternehmen einen Mietvertrag mit Kaufanwartschaft in der Weise abgeschlossen haben, daß er zur Miete wohnt, bis das Eigentum an dem Grundstück von ihm erworben ist,
oder seine Rechte als Mieter müssen durch den Mietvertrag derart geregelt sein, daß das Mietverhältnis dem Eigentumserwerb fast gleich kommt.
3. Es muß sichergestellt sein, daß die Steuervergünstigung in vollem Umfang dem Kriegsbeschädigten zugute kommt.

(2) § 30 Absatz 1 Satz 2 und Absatz 2 des Gesetzes sind anzuwenden.

(3) Die Absätze 1 und 2 sind entsprechend anzuwenden, wenn die Voraussetzungen des Absatzes 1 nicht auf den Kriegsbeschädigten selbst, sondern auf seine Witwe zutreffen.

§ 62

Steuervergünstigung für Witwen von abgefundenen Kriegsbeschädigten

(1) Lagen die Voraussetzungen des § 30 des Gesetzes oder des § 61 dieser Verordnung bei einem verstorbenen Kriegsbeschädigten zur Zeit seines Todes vor und hat seine Witwe das Grundstück ganz oder teilweise geerbt, so ist auch der Witwe die Steuervergünstigung zu gewähren, wenn sie in dem Grundstück wohnt.

(2) Verheiratet sich die Witwe wieder, so fällt die Steuervergünstigung weg (§ 30 Absatz 2 des Gesetzes).

Zum Reichsbewertungsgesetz

§ 63

Fortschreibungen und Nachfeststellungen

Bei Fortschreibungen und Nachfeststellungen der Einheitswerte für Grundbesitz (§§ 22 und 23 der Reichsbewertungsgesetzes) sind der tatsächliche Zustand des Grundbesitzes (Bestand, bauliche Verhältnisse usw.) vom Fortschreibungs- oder Nachfeststellungszeitpunkt und die Wertverhältnisse vom 1. Januar 1935 zugrunde zu legen.

§ 64
Grundbesitz im Zustand der Bebauung

(1) Bei Grundstücken, die sich am Feststellungszeitpunkt (Absätze 2 der §§ 21 bis 23 des Reichsbewertungsgesetzes) im Zustand der Bebauung befinden, ist nur der Grund und Boden zu bewerten. Die Kosten, die für die Baulichkeiten bis zum Feststellungszeitpunkt entstanden sind, bleiben außer Betracht.

(2) Befinden sich auf einem solchen Grundstück (Absatz 1) bereits bezugsfertige Gebäude, so ist nur der Grund und Boden einschließlich der bezugsfertigen Gebäude zu bewerten. Die Kosten, die für die im Bau befindlichen Gebäude oder Gebäudeteile (z. B. Anbauten oder Zubauten) bis zum Feststellungszeitpunkt entstanden sind, bleiben außer Betracht. Ein Gebäude ist als bezugsfertig anzusehen, wenn der Bau so weit gefördert ist, daß den zukünftigen Bewohnern oder sonstigen Benutzern des Gebäudes zugemutet werden kann, das Gebäude zu beziehen.

(3) Ist ein Grundstück, das sich im Zustand der Bebauung befindet, bei der Ermittlung des Gesamtwerts eines gewerblichen Betriebs, bei der Bewertung des Gesamtvermögens oder bei der Bewertung des Inlandsvermögens anzusetzen (§ 66 Absatz 4, § 73 Absatz 3, § 77 Absatz 3 des Reichsbewertungsgesetzes), so ist neben dem Einheitswert nach Absatz 1 oder 2 für diese Zwecke ein besonderer Einheitswert unter Anwendung der Vorschriften im § 33 Absatz 3 der Durchführungsbestimmungen zum Reichsbewertungsgesetz vom 2. Februar 1935 (Reichsgesetzbl. I S. 81) festzustellen.

(4) Ist für ein Grundstück, das sich im Zustand der Bebauung befindet, der für die Grundsteuer (Veranlagung der Steuermeßbeträge) maßgebende Einheitswert noch abweichend von den Vorschriften der Absätze 1 und 2 nach den Vorschriften im § 33 Absatz 3 der Durchführungsbestimmungen zum Reichsbewertungsgesetz vom 2. Februar 1935 festgestellt worden, so ist der Einheitswert für die Grundsteuer nach den Absätzen 1 und 2 zu berichtigen.

(5) Die Absätze 1 bis 4 gelten für land- und forstwirtschaftliche Betriebe entsprechend, soweit im Rahmen der Bewertung des Betriebs für die Gebäude ein besonderer Wert anzusetzen ist.

§ 65
Grundstücke mit Gebäuden von untergeordneter Bedeutung

Befinden sich auf einem Grundstück Gebäude, deren Zweckbestimmung gegenüber der Zweckbestimmung des Grund und Bodens von untergeordneter Bedeutung ist, so gilt das Grundstück als unbebaut im Sinn des § 53 des Reichsbewertungsgesetzes und des § 33 dieser Verordnung. Die Gebäude sind bei der Ermittlung des Einheitswerts mit zu berücksichtigen, soweit sie den Wert des Grundstücks erhöhen.

§ 66
Änderungen der Durchführungsbestimmungen

Die Durchführungsbestimmungen zum Reichsbewertungsgesetz vom 2. Februar 1935 (Reichsgesetzbl. I S. 81) werden wie folgt geändert:

1. § 14 Absatz 2 erhält die folgende Fassung:
„Teile des landwirtschaftlichen Betriebs, die unter die Vorschrift im § 4 Ziffer 9 des Grundsteuergesetzes fallen, sind nicht zu bewerten."
2. Die §§ 41 und 45 werden gestrichen.

Anwendung der Durchführungsverordnung

§ 67

(1) Die Bestimmungen in den §§ 1 bis 62 sind, soweit in ihnen nichts anderes angeordnet ist, erstmalig auf die Grundsteuer anzuwenden, die für das Rechnungsjahr 1938 erhoben wird, und letztmalig auf die Grundsteuer für das Rechnungsjahr, das dem nächsten Hauptfeststellungszeitpunkt für die Einheitsbewertung des Grundbesitzes (§§ 21, 79 des Reichsbewertungsgesetzes) folgt.

(2) Die Bestimmungen in den §§ 63 bis 65 sind auf Einheitswertfeststellungen anzuwenden, die auf den 1. Januar 1935 oder einen späteren Feststellungszeitpunkt vorzunehmen sind. Sie gelten für Einheitswertfeststellungen auf den 1. Januar 1935, 1936 oder 1937 auch dann, wenn bereits ein unanfechtbarer Feststellungsbescheid auf einen dieser Zeitpunkte ergangen ist.

(3) Die Bestimmungen im § 66 sind auf Einheitswertfeststellungen anzuwenden, die auf den 1. Januar 1938 oder einen späteren Zeitpunkt vorzunehmen sind.

Berlin, 1. Juli 1937.

II.

Verordnung über die Förderung von Arbeiterwohnstätten

Vom 1. April 1937

(RGBl. I S. 437)

Auf Grund des § 12 Absätze 1 und 2 der Reichsabgabenordnung und des § 29 Absatz 3 des Grundsteuergesetzes wird verordnet:

§ 1

(1) Als Arbeitswohnstätten im Sinn des § 29 des Grundsteuergesetzes gelten:
1. Kleinsiedlungen,
2. Volkswohnungen,
3. Heuerlings- und Werkwohnungen sowie Eigenheime für ländliche Arbeiter und Handwerker,

die auf Grund von Bestimmungen der Reichsregierung gefördert werden.

(2) Für den Nachweis, daß es sich um eine Arbeiterwohnstätte handelt, genügt die Vorlage des Bescheids der Bewilligungs- oder Anerkennungsbehörde.

§ 2

(1) Wohnstätten, die nicht unter § 1 fallen, gelten nur dann als Arbeiterwohnstätten im Sinn des § 29 des Grundsteuergesetzes, wenn sie als solche anerkannt sind. Die Anerkennung erteilt der Oberfinanzpräsident, in dessen Bezirk das Bauvorhaben durchgeführt wird, nachdem der Reichsbürgschaftsausschuß in Berlin oder der zuständige Landesbürgschaftsausschuß festgestellt hat, daß die Wohnstätten nach Größe, Art und Ausstattung als Dauerwohnung für die Arbeiterschaft bestimmt sind und von ihr benutzt werden sollen, daß ferner die Lasten oder Mieten (§ 3) angemessen und für die Arbeiterschaft auf die Dauer tragbar sind. Die monatliche Last eines Eigenheims (§ 9 Absatz 3) und die monatliche Miete einer Mietwohnung dürfen höchstens 40 Reichsmark betragen.

(2) In Ausnahmefällen kann, sofern ein zwingendes Bedürfnis besteht, der Reichsbürgschaftsausschuß an Stelle der im Absatz 1 genannten Höchstmiete jeder einzelnen Arbeiterwohnstätte die für sämtliche Arbeiterwohnstätten innerhalb eines Gebäudes errechnete Durchschnittsmiete zulassen, sofern diese nicht höher als 40 Reichsmark monatlich ist. Hierbei darf jedoch die Miete der teuersten Arbeiterwohnstätte innerhalb des Gebäudes nicht mehr als 50 Reichsmark monatlich betragen.

(3) Bei Eigenheimen mit Einliegerwohnung kann der Reichsbürgschaftsausschuß im Einzelfalle an Stelle der im Absatz 1 genannten Last eine angemessene Erhöhung zulassen, wenn und insoweit andernfalls der Einbau einer Einliegerwohnung nicht ausführbar wäre. Im übrigen müssen die für eine Arbeiterwohnstätte geltenden Voraussetzungen auch in diesem Falle erfüllt sein.

§ 3

(1) Bei der Feststellung der Lasten sind die gesamten Aufwendungen zu berücksichtigen, die der Eigentümer für die Arbeiterwohnstätte laufend aufzubringen hat.

(2) Bei der Feststellung der Mieten sind die gesamten Aufwendungen zu berücksichtigen, die der Vermieter vom Mieter verlangt.

§ 4

(1) Für Arbeiterwohnstätten (§§ 1 und 2), die in der Zeit vom 1. April 1937 bis zum 31. März 1940 bezugsfertig werden, gewährt das Reich zur Erzielung tragbarer Lasten oder Mieten eine Beihilfe. Der Anspruch auf die Beihilfe ist der Pfändung nicht unterworfen.

(2) Eine Arbeiterwohnstätte ist im Sinn dieser Verordnung als bezugsfertig anzusehen, wenn der Bau so weit gefördert ist, daß den zukünftigen Bewohnern zugemutet werden kann, das Gebäude zu beziehen. Die Genehmigung der Baupolizeibehörde zum Beziehen des Gebäudes ist für die Entscheidung über die Beihilfe nicht bindend.

§ 5

(1) Die Beihilfe wird in der Höhe der Grundsteuer gewährt, die für das Gebäude und für die Grundfläche nach § 21 des Grund-

steuergesetzes zu entrichten ist. Hierbei wird in den Fällen des § 2 nur die Grundsteuer für eine Grundfläche bis zu 1 Hektar berücksichtigt. In Höhe der Grundsteuer, die auf den übrigen Teil der Grundfläche entfällt, wird in diesen Fällen keine Beihilfe gewährt.

(2) Wird ein Betrag als Mehrbelastung im Sinn des § 3 des Einführungsgesetzes zu den Realsteuergesetzen vom 1. Dezember 1936 (Reichsgesetzbl. I S. 961, Reichssteuerbl. 1936 S. 1137) erhoben, so wird dieser bei der Bemessung der Beihilfe nicht berücksichtigt.

(3) In den Fällen, in denen die Arbeiterwohnstätte auf Grund eines Erbbaurechts errichtet wird, ist die Beihilfe nach den Absätzen 1 und 2 auch für die Steuer zu gewähren, die auf die Grundfläche entfällt.

(4) Für Heuerlings- und Werkwohnungen für ländliche Arbeiter und Handwerker wird die Beihilfe nach den Absätzen 1 und 2 nur insoweit gewährt, als die Schaffung dieser Wohnungen eine Erhöhung der Grundsteuer für den land- und forstwirtschaftlichen Betrieb zur Folge hat.

§ 6

(1) Die Beihilfe wird auf die Dauer von zwanzig Jahren gewährt.

(2) Der Beihilfezeitraum beginnt mit dem 1. April, der auf das Kalenderjahr folgt, in dem die Arbeiterwohnstätte bezugsfertig geworden ist (§ 4 Absatz 2). Ist der Antrag auf Gewährung der Beihilfe (§ 9) bis zu diesem Zeitpunkt nicht gestellt worden, so beginnt der Beihilfezeitraum mit dem 1. April, der auf die Stellung des Antrags folgt.

§ 7

(1) Für Arbeiterwohnstätten, die in der Zeit vom 1. April 1937 bis zum 30. September 1937 bezugsfertig werden und nach § 28 Absatz 2 des Grundsteuergesetzes als Eigenheime von einem Teil der Grundsteuer befreit sind, wird die Beihilfe gewährt:

1. für die Zeit ab 1. April 1938 bis zum 31. März 1944 in der Höhe, in der die Grundsteuer nach § 28 Absatz 2 Ziffer 2 des Grundsteuergesetzes erhoben wird;
2. für die Zeit ab 1. April 1944 bis zum 31. März 1958 in der Höhe, in der die Grundsteuer nach § 21 des Grundsteuer-steuergesetzes erhoben wird.

(2) Soweit Abschnitt IV des Gesetzes vom 21. September 1933 (Reichsgesetzbl. I S. 651) in der Fassung des Gesetzes vom 2. April 1936 (Reichsgesetzbl. I S. 344, Reichssteuerbl. 1936 S. 289) Steuerbefreiungen für Kleinwohnungen vorsieht, die nach dem 31. März 1937 bezugsfertig werden, gelten die Befreiungen nicht, wenn es sich bei den Kleinwohnungen um Arbeiterwohnstätten (§§ 1 und 2) handelt. Für diese Arbeiterwohnstätten ist die Beihilfe von vornherein in der Höhe zu gewähren, in der die Grundsteuer nach § 21 des Grundsteuergesetzes zu erheben ist. Erfüllen die Arbeiterwohnstätten neben den Voraussetzungen für Kleinwohnungen auch die Voraussetzungen für Eigenheime, so ist Absatz 1 anzuwenden.

§ 8

(1) Entfällt nachträglich eine der Voraussetzungen für die Gewährung der Beihilfe, oder ist die Arbeiterwohnstätte nicht nur vorübergehend unbewohnt, so fällt die Beihilfe mit Schluß des laufenden Kalendermonats weg.

(2) Die Gewährung der Beihilfe wird unbeschadet des § 9 Absatz 3 nicht schon dadurch berührt, daß das Eigentum an der Arbeiterwohnstätte innerhalb des Beihilfezeitraums wechselt. Das gleiche gilt, wenn das Gebäude auf Grund eines Erbbaurechts errichtet worden ist, für den Übergang des Erbbaurechts.

§ 9

(1) Der Schuldner der Grundsteuer hat die Gewährung der Beihilfe bei dem Bürgermeister der Gemeinde zu beantragen, in deren Bezirk das Bauvorhaben durchgeführt wird. Der Antragsteller hat die Angaben zu machen und die Unterlagen zu liefern, die zur Nachprüfung erforderlich sind.

(2) Falls eine Beihilfe bewilligt worden ist (§ 10), hat der Schuldner der Grundsteuer in den Fällen des § 2 zu Beginn eines jeden Steuerjahrs dem Finanzamt gegenüber zu erklären, ob die Voraussetzungen für die Fortgewährung der Beihilfe noch vorliegen.

(3) Beim Wechsel des Eigentums an einem Einfamilienhaus, das der Eigentümer mindestens zur Hälfte selbst bewohnt (Eigenheim), hat der Erwerber die Gewährung der Beihilfe erneut zu beantragen. Das gleiche gilt, wenn das Einfamilienhaus auf Grund eines Erbbaurechts errichtet ist, beim Übergang des Erbbaurechts.

(4) Der Bürgermeister hat darüber zu wachen, daß die Voraussetzungen für die Fortgewährung der Beihilfe auch später noch vorliegen.

§ 10

(1) In den Fällen des § 1 sendet der Bürgermeister den Antrag an das Finanzamt, in dessen Bezirk das Bauvorhaben durchgeführt wird; in den Fällen des § 2 reicht er den Antrag mit seiner Stellungnahme unmittelbar an den Oberfinanzpräsidenten weiter, der nach erfolgter Anerkennung oder Ablehnung das zuständige Finanzamt benachrichtigt.

(2) Das Finanzamt erteilt über die Gewährung oder Ablehnung der Beihilfe einen schriftlichen Bescheid an den Steuerschuldner. Dieser kann die Erteilung eines vorläufigen Bescheids schon vor Beginn des Bauvorhabens verlangen.

(3) Der Bescheid, mit dem eine Beihilfe gewährt wird, soll insbesondere folgendes enthalten:

1. den Zeitraum, für den die Beihilfe gewährt wird (§ 6);
2. die Beschränkungen, die sich für die Höhe der Beihilfe nach § 5 ergeben;
3. die Höhe der Last oder Miete, deren Einhaltung für die Anerkennung als Arbeiterwohnstätte nach § 2 vorausgesetzt wird;

4. die Anweisung an den Antragsteller, den Wegfall einer der Voraussetzungen für die Gewährung der Beihilfe dem Finanzamt innerhalb eines Monats anzuzeigen.

(4) In dem schriftlichen Bescheid, der den Wegfall der Beihilfe (§ 8) ausspricht, ist der Zeitpunkt anzugeben, mit dem die Beihilfe wegfällt.

(5) Der Bescheid des Finanzamts ist endgültig.

§ 11

(1) Die Tatsache, daß für ein Grundstück Anspruch auf Gewährung einer Beihilfe besteht, ist auf das Verfahren zur Festsetzung der Steuermeßbeträge oder zur Festsetzung und Erhebung der Grundsteuer ohne Einfluß.

(2) Auf Grund der Entscheidung über die Gewährung der Beihilfe zahlt das Finanzamt den Beihilfebetrag an die Gemeinde, die zur Erhebung der Grundsteuer berechtigt ist. Der Steuerschuldner wird vorbehaltlich des Absatzes 3 in Höhe der Zahlung von seiner Zahlungspflicht befreit.

(3) Wird der Wegfall der Beihilfe ausgesprochen, und hat das Finanzamt den Beihilfebetrag für einen Zeitraum gezahlt, der nach dem Wegfall der Beihilfe (§ 8) liegt, so wird der Steuerschuldner insoweit nicht von seiner Zahlungspflicht befreit.

§ 12

Für das Anerkennungsverfahren nach § 2 kann eine Gebühr erhoben werden.

Berlin, 1. April 1937.

III.

Runderlaß des Reichsministers der Finanzen vom 12. Mai 1937 (Nr. 4960a Beih. — 34 I C/01723 — 8 III) betr. Verordnung über die Förderung von Arbeiterwohnstätten vom 1. April 1937 (Grundsteuerbeihilfen)

(RStBl. 1937 S. 610)

Der § 29 des Grundsteuergesetzes vom 1. Dezember 1936 (Reichsgesetzbl. I S. 986) bezweckt die für den Wohnungsneubau verfügbaren Mittel des öffentlichen und privaten Kapitalmarkts in erster Linie auf die Befriedigung des Wohnungsbedarfs der wirtschaftlich schwächsten Schichten der Bevölkerung hinzulenken. Daher ist die Gewährung einer Reichsbeihilfe in Höhe der Grundsteuer für die in der Zeit vom 1. April 1937 bis 31. März 1940 bezugsfertig werdenden Wohnungsneubauten auf Mietwohnungen und Eigenheime beschränkt worden, die nach Wohnfläche, Art, Ausstattung, Bestimmungszweck und Höhe ihrer Miete oder Last als Arbeiterwohnstätten anzusehen sind. Durch die Beihilfe wird weiter erreicht, daß die Eigentümer der Arbeiterwohnstätten praktisch keine Grundsteuer zu tragen haben und die Miete oder Last für die Bewohner dieser Wohnstätten entsprechend ermäßigt wird. Gleichwohl wird ein Steuerausfall für die Gemeinden vermieden.

Zur Durchführung des § 29 des Grundsteuergesetzes ist die Verordnung über die Förderung von Arbeiterwohnstätten vom 1. April 1937 (Reichsgesetzbl. I S. 437) erlassen worden (im folgenden VO. genannt). Zu ihrer Erläuterung bestimme ich im Einvernehmen mit dem Reichs- und Preußischen Arbeitsminister und dem Reichs- und Preußischen Minister des Innern das folgende:

Zu § 1

Nach § 1 VO. sind die unter Abs. 1 Ziff. 1 bis 3 aufgeführten vom Reich geförderten Kleinsiedlungen, Volkswohnungen usw. ohne weiteres als Arbeiterwohnstätten im Sinn des Grundsteuergesetzes anzusehen. Als Unterlage dient die Vorlage des Bescheids der Bewilligungs- oder Anerkennungsbehörde. Es handelt sich hier um bereits festliegende Begriffsbestimmungen (Kleinsiedlungen, Volkswohnungen, Heuerlings- und Werkwohnungen sowie Eigenheime für ländliche Arbeiter und Handwerker). Für diese Arten von Arbeiterwohnstätten gelten die folgenden Bestimmungen:

1. für Kleinsiedlungen:
   Bestimmungen über die Förderung von Kleinsiedlungen vom 21. April 1936 (Reichsarbeitsbl. S. I 139);
2. für Volkswohnungen:
   Erlasse des Reichs- und Preußischen Arbeitsministers vom 27. Juli 1935 (Reichsarbeitsbl. S. I 259), vom 6. August 1935 (Reichsarbeitsbl. S. I 294) und vom 25. März 1936 (Reichsarbeitsbl. S. I 91);
3. für Heuerlings- und Werkwohnungen sowie Eigenheime für ländliche Arbeiter und Handwerker:
   Verordnung des Beauftragten für den Vierjahresplan zur beschleunigten Förderung des Baues von Heuerlings- und Werkwohnungen sowie von Eigenheimen für ländliche Arbeiter und Handwerker vom 10. März 1937 (Reichsgesetzbl I S. 292), Erste Durchführungsverordnung vom 7. April 1937 (Reichsgesetzbl. I S. 444) und Erste Durchführungsvorschriften vom 24. April 1937 (Reichsarbeitsbl. S. I 105).

Für die Heuerlingswohnungen und Eigenheime ist die Verordnung vom 10. März 1937 an die Stelle der Bestimmungen des Reichs- und Preußischen Arbeitsministers vom 22. November 1935 (Reichsarbeitsbl. S. I 338) getreten. Soweit auf Grund dieser alten Bestimmungen geförderte Landarbeiterwohnungen erst nach dem 1. April 1937 bezugsfertig werden, fallen sie unter den § 1 VO.

Für die Werkwohnungen, deren Bau bis zum 1. Juli 1937 begonnen ist, und die bis zum 30. September 1937 rohbaufertig sind, bleiben die Anordnungen des Präsidenten der Reichsanstalt für

Arbeitsvermittlung und Arbeitslosenversicherung über die Verteilung von Arbeitskräften vom 28. August 1934 (Reichsarbeitsbl. S. I 202) und die Anordnung zur Änderung der Anordnung über die Verteilung von Arbeitskräften vom 28. August 1934, vom 18. März 1937 (Reichsarbeitsbl. S. I 84) neben der Verordnung des Beauftragten für den Vierjahresplan vom 10. März 1937 in Kraft. Werkwohnungen, die auf Grund dieser Anordnungen gefördert werden, fallen daher auch, soweit sie nach dem 1. April 1937 bezugsfertig werden, unter den § 1.

Die Bewilligungs- und Anerkennungsbehörden für die Bauvorhaben des § 1 sind in der Anlage 1 zusammengestellt.

Zu § 2

Für die im § 2 VO. bezeichneten Wohnstätten bedarf es einer besonderen Anerkennung, wenn sie als Arbeiterwohnstätten gelten und damit beihilfeberechtigt werden sollen. Die Anerkennung wird durch den Oberfinanzpräsidenten ausgesprochen, und zwar auf Grund der vorhergehenden Feststellung durch den Reichsbürgschaftsausschuß oder den zuständigen Landesbürgschaftsausschuß (vgl. Erläuterung zu §§ 9 und 10), daß die im § 2 Abs. 1 bezeichneten Bedingungen erfüllt sind. Die Feststellungen des Reichsbürgschaftsausschusses und der Landesbürgschaftsausschüsse sind für den Oberfinanzpräsidenten bindend.

Voraussetzung der Anerkennung ist, daß sämtliche der im § 2 Abs. 1 enthaltenen Voraussetzungen erfüllt sind. Anträge, in denen nur einzelne der Voraussetzungen des § 2 Abs. 1 als erfüllt anzusehen sind, müssen daher abgelehnt werden. Für die von den Bürgschaftsausschüssen zu treffenden Feststellungen gelten die folgenden Grundsätze:

a) W o h n f l ä c h e. Die Verordnung setzt keine Höchstgrenze für die Wohnfläche fest, da durch den Höchstsatz für die laufende Last (Miete) mittelbar der Wohnungsgröße Grenzen gesetzt sind. Die möglichen Größen für die Wohnfläche werden je nach der Höhe der örtlichen Bau- und Bodenkosten verschieden sein.

Wohnungen, deren Mieten zwar 40 *RM* im Monat nicht überschreiten, die aber nach Art oder Ausstattung offenbar nicht als Dauerwohnungen für Arbeiterfamilien (vgl. unter b) anzusehen sind, scheiden für die Beihilfegewährung aus.

b) A r t u n d A u s s t a t t u n g. Folgende Arten von Arbeiterwohnstätten kommen in Betracht:

Eigenheime im Sinn der VO. sind Einfamilienhäuser, die vom Eigentümer mindestens zur Hälfte selbst bewohnt werden (§ 9 Abs. 3 VO.). Der Charakter als Eigenheim geht also nicht dadurch verloren, daß eine Einliegerwohnung eingebaut ist. Den Begriff „Einliegerwohnung" erläutert die Verordnung nicht, da er flüssig ist, so daß es auf den Tatbestand im einzelnen Fall ankommt. In diesen Fällen findet unter Umständen § 2 Abs. 3 VO. Anwendung. Seine Anwendung bleibt dem sachkundigen und pflichtmäßigen Ermessen des Reichsbürgschaftsausschusses überlassen.

Enthält ein Gebäude aber zwei völlig selbständige, gegeneinander und gegen das Treppenhaus sowie die Boden- und Kellerräume vollkommen abgeschlossene Wohnungen, gilt es als Zweifamilienhaus, auch wenn eine der beiden Wohnungen vom Eigentümer bewohnt wird.

Enthält ein Gebäude nicht nur Arbeiterwohnstätten, sondern auch einzelne andere Wohnungen oder gewerbliche Räume (kleine Läden, Werkstätten u. dgl.), wird dadurch die Gewährung der Grundsteuerbeihilfe für die Arbeiterwohnstätten nicht ausgeschlossen, wenn die anderen Wohnungen oder die gewerblichen Räume im Verhältnis zu den Arbeiterwohnstätten des Gebäudes von untergeordneter Bedeutung sind. In diesen Fällen ist die Grundsteuerbeihilfe in Höhe des Anteils der Grundsteuer zu gewähren, der der Miete (Last) der Arbeiterwohnstätten im Verhältnis zu der Miete (Last) sämtlicher Räume des Gebäudes entspricht.

Nach ihrer Ausstattung soll die Wohnung die an eine Arbeiterwohnstätte als Dauerwohnung zu stellenden Ansprüche erfüllen, darf sie aber nicht überschreiten. Im einzelnen lassen sich Regeln dafür, was nach Art und Ausstattung als Arbeiterwohnstätte anzusehen ist, nicht aufstellen. Grundsätzlich muß eine beihilfeberechtigte Arbeiterwohnstätte einfach und schlicht, aber freundlich und in hygienischer Beziehung einwandfrei sein.

c) Lasten und Mieten, ihre Angemessenheit und Tragbarkeit. Weitere Voraussetzung für die Anerkennung als Arbeiterwohnstätte ist, daß die laufende Last bei Eigenheimen und die laufende Miete bei Mietwohnungen (Geschoßwohnungen und Mieteinfamilienhäusern) eine bestimmte Höhe nicht überschreiten. Für alle diese Fälle ist der Höchstsatz der monatlichen Last (Miete) auf 40 RM festgesetzt worden. Dies gilt auch für ein Eigenheim mit Einliegerwohnung, es sei denn, daß eine Ausnahme nach § 2 Abs. 3 VO. vom Reichsbürgschaftsausschuß zugelassen wird. Für Geschoßwohnungen ist eine Ausnahme in § 2 Abs. 2 VO. vorgesehen, daß für die Einhaltung der Höchstmiete nicht die Miete für die einzelne Wohnung, sondern die Durchschnittsmiete innerhalb eines Gebäudes entscheidend ist. Das „zwingende Bedürfnis", bei dessen Vorliegen diese Durchschnittsmiete zugrunde gelegt werden darf, braucht nicht nur technischer Art zu sein, also z. B. auf der Unmöglichkeit anderer Grundrißlösungen zu beruhen; es kann auch dann anerkannt werden, wenn es sich darum handelt, für kinderreiche Familien ausreichende Wohnräume zu schaffen. Der Höchstsatz für die Mieten oder Lasten der Arbeiterwohnstätten ist kein Regelsatz. Soweit es in Orten mit mäßigen Bau- und Bodenpreisen möglich ist, Arbeiterwohnstätten mit ausreichender Wohnfläche herzustellen, deren Lasten oder Mieten unterhalb des zugelassenen Höchstsatzes bleiben, muß diese Möglichkeit ausgenutzt werden.

Die im Rahmen der Höchstmiete liegende Miete muß außerdem in angemessenem Verhältnis zu dem Einkommen der Bewohner stehen, andernfalls ist sie auf die Dauer nicht als tragbar anzusehen. Als tragbar wird im allgemeinen eine Last oder Miete anzusehen sein, die 1/5 bis 1/4 des Einkommens der Bewohner beträgt. Daraus ergibt sich, daß in Orten mit mittleren oder niedrigen Löhnen die Lasten oder Mieten niedriger sein müssen als in teuren Orten mit hohen Löhnen.

Die Last (Miete) muß aber nicht nur in angemessenem Verhältnis zum Einkommen der Bewohner, sondern auch zu dem wirklichen Wert der Wohnstätten nach Größe, Ausstattung usw. unter Berücksichtigung der örtlichen Verhältnisse stehen. Wenn Bauvorhaben durch finanzielle Hilfe von dritter Seite (Darlehen und Zuschüsse öffentlicher Stellen, billige Arbeitgeberdarlehen u. dgl.) oder auf andere Weise derart verbilligt werden, daß die Last (Miete) in einem Mißverhältnis zum wirklichen Wert der Wohnung steht, so werden diese Wohnstätten schon deshalb nicht beihilfefähig sein können, weil sie dann ihrer Art und Ausstattung nach nicht als Arbeiterwohnstätten angesehen werden können. Der Umstand, daß durch finanzielle Hilfe von dritter Seite erst die Last (Miete) auf die vorgeschriebene Höchstgrenze gesenkt wird, steht für sich allein der Anerkennung als Arbeiterwohnstätte aber nicht entgegen.

d) Bestimmungszweck. Die Grundsteuerbeihilfe ist nur für solche Wohnstätten zu gewähren, die für die Arbeiterschaft bestimmt sind und von ihr auf die Dauer benutzt werden sollen. Die VO. sieht bewußt davon ab, den Begriff „Arbeiterschaft" näher zu umschreiben, um einerseits nicht Personenkreise einzubeziehen, die zwar ihrer Beschäftigung nach als Arbeiter anzusehen sind, wegen der Höhe ihres Lohnes jedoch auf beihilfefähige Arbeiterwohnstätten nicht angewiesen sind; anderseits sollen Personen, die ihrem Einkommen nach wirtschaftlich nicht besser gestellt sind als gering entlohnte Arbeiter, nicht grundsätzlich ausgeschlossen werden wie z. B. Kleingewerbetreibende mit geringem Einkommen, Empfänger von Sozialrenten, gering entlohnte Angestellte und Beamte der untersten Besoldungsgruppen. Im übrigen soll hinsichtlich des Personenkreises nicht kleinlich verfahren werden; besondere Feststellungen werden sich im allgemeinen erübrigen, weil Wohnstätten, die den Voraussetzungen der VO. entsprechen, in der Regel nur von der Arbeiterschaft oder ihr gleichgestellten Personenkreisen bezogen werden.

Zu § 3

Bei Eigenheimen wird die laufende vom Eigentümer aufzubringende Last besonders sorgfältig daraufhin nachzuprüfen sein, ob sie mit den Angaben des Eigentümers tatsächlich in Einklang steht. Andernfalls würde der Eigenheimer möglicherweise unberechtigt in den Genuß der Beihilfe gelangen. Als Lasten sind bei Eigenheimen zu berücksichtigen:

a) die für aufgenommene Darlehen zu entrichtenden Zins- und Tilgungsbeträge. Bei Darlehen, die nicht als Tilgungshypotheken gegeben werden, sondern bei denen das gesamte Kapital auf Grund von Kündigung oder Zeitablauf fällig wird, ist bei der Errechnung der laufenden Lasten neben dem Zinssatz ein Tilgungsbetrag von 1 v. H. einzusetzen;

b) ein Zinssatz von 4 v. H. für die vom Bauherrn aufgebrachten Eigenmittel; in Ausnahmefällen kann der Reichsbürgschaftsausschuß eine geringere Verzinsung zulassen. Wenn die Eigenmittel des Bauherrn in Sachleistungen bestehen z. B. Bereitstellung von angeschafften Baustoffen, sind diese nach ihrem angemessenen Wert in Rechnung zu stellen. Die als Selbst- und Nachbarhilfe geleistete Mitarbeit soll nicht in Rechnung gestellt werden;

c) ein Pauschsatz von 1,5 v. H. der Baukosten (sämtliche Herstellungskosten abzüglich der Kosten für das Bauland) als laufende Verwaltungs- und Instandhaltungskosten.

Bei der Feststellung der Mieten kommt es nicht darauf an, welche Beträge der Vermieter als Mietzins bezeichnet, entscheidend ist vielmehr die Gesamtsumme des Entgelts, die der Vermieter vom Mieter erhebt. Umlagen, die neben der Miete erhoben werden, sind als Bestandteile der Miete anzusehen; hierunter fallen auch Wassergeld, Zentralheizungskosten und ähnliche Beträge.

Die Höhe der Last oder Miete muß im Beihilfebescheid festgelegt werden.

Die Grundsteuer bleibt bei Feststellung der Last oder Miete außer Ansatz.

Zu § 5

Bei Weitergabe aller Anträge an das Finanzamt oder an den Oberfinanzpräsidenten hat der Bürgermeister (Oberbürgermeister) als Unterlage für die Bemessung der Beihilfe eine Abschrift des von ihm erlassenen Grundsteuerbescheids vorzulegen oder nachzusenden.

Für die folgenden Steuerjahre ist dem Finanzamt Abschrift des jeweiligen Grundsteuerbescheids zu übersenden.

Zu § 6

Der Bürgermeister (Oberbürgermeister) hat den Zeitpunkt, in dem die Arbeiterwohnstätte bezugsfertig geworden ist, dem zuständigen Finanzamt mitzuteilen.

Zu § 7

§ 7 VO. regelt die Frage, wie zu verfahren ist, wenn für eine Arbeiterwohnstätte sowohl die Voraussetzungen für die Gewährung der Grundsteuerbeihilfe als auch die Voraussetzungen für die Steuerbefreiung als Eigenheim oder Kleinwohnung nach Abschnitt IV des Gesetzes vom 21. September 1933 (Reichsgesetzbl. I S. 651) vorliegen.

Für Eigenheime, die unter die Steuervergünstigung nach Abschnitt IV des Gesetzes vom 21. September 1933 fallen, ist bis zum 31. März 1944 nicht die volle Grundsteuer, sondern nach näherer Bestimmung im § 28 Abs. 2 Ziff. 2 GrStG. nur ein Teil der vollen Grundsteuer zu entrichten. Dementsprechend ist die Beihilfe für Arbeiterwohnstätten, die zugleich Eigenheime im Sinn des Gesetzes vom 21. September 1933 sind, während der Dauer der Steuervergünstigung nur in dieser Höhe zu gewähren. Das stellt § 7 Abs. 1 VO. klar. — In Betracht kommen nur solche Arbeiterwohnstätten, die in der Zeit vom 1. April 1937 bis zum 30. September 1937 bezugsfertig werden, da die Steuervergünstigung des Gesetzes vom 21. September 1933 für Eigenheime, die nach dem 30. September 1937 bezugsfertig werden, nicht mehr gilt (§ 28 Abs. 2 Ziff. 1 GrStG.).

Anders ist die Regelung für Arbeiterwohnstätten, die zugleich die Voraussetzungen der Kleinwohnungen im Sinn des Gesetzes vom 21. September 1933 erfüllen. § 7 Abs. 2 VO. schließt hier ein Ineinandergreifen der Vorschriften über die Förderung von Arbeiterwohnstätten und über die Steuerbefreiung für Kleinwohnungen aus. Er bestimmt, daß die Steuerbefreiungen des Gesetzes vom 21. September 1933 insoweit nicht gelten. Diese Arbeiterwohnstätten unterliegen also — abgesehen davon, daß sie keine Befreiung von der Einkommensteuer und Vermögensteuer genießen — der vollen Grundsteuerpflicht. Dementsprechend wird für sie die Beihilfe von vornherein in Höhe der vollen Grundsteuer gewährt. — § 7 Abs. 2 hat nur sehr geringe praktische Bedeutung. Er kommt lediglich für solche Arbeiterwohnstätten in Betracht, die in der Zeit vom 1. April bis zum 31. Mai 1937 bezugsfertig werden, aber auch nur unter der weiteren Voraussetzung, daß der Rohbau bis zum 31. Dezember 1936 vollendet worden ist (§ 4 des Gesetzes vom 2. April 1936, Reichsgesetzbl. I S. 344).

Zu § 8

§ 8 VO. schreibt vor, daß die Beihilfe wegfällt, wenn nachträglich eine der Voraussetzungen für die Gewährung der Beihilfe entfällt. Hier kommen vor allem bauliche Veränderungen in Betracht, durch die die Wohnstätte den Charakter als Arbeiterwohnstätte verlieren kann, insbesondere wenn durch nachträgliche Aus-, An- oder Umbauten die Last oder Miete sich erhöht. Erhöhung der im Bewilligungsbescheid festgesetzten Lasten (Mieten) hat den Fortfall der Beihilfe zur Folge, wenn dem Finanzamt nicht berechtigte Gründe für die Erhöhung nachgewiesen werden können. Die Tatsache, daß etwa einzelne Mieter eines Hauses aus dem Personenkreis ausscheiden, der für Arbeiterwohnstätten in Betracht kommt, ist kein Anlaß zur Entziehung der Beihilfe.

Zu §§ 9 und 10

Der Bauherr — bei Kleinsiedlungen der Träger — darf den Antrag auf Beihilfegewährung bereits vor Beginn des Bauvorhabens stellen. Der Antrag ist nach den beiliegenden Formblättern A und B bei dem Bürgermeister (Oberbürgermeister) der Gemeinde einzureichen, in deren Bezirk die Arbeiterwohnstätte errichtet werden soll. Für die Behandlung dieses Antrags ist zu unterscheiden, ob es sich um Fälle des § 1 oder des § 2 VO. handelt.

a) In den Fällen des § 1 genügt für den Nachweis, daß es sich um eine Arbeiterwohnstätte handelt, die Vorlage des Bescheids der Bewilligungs- oder Anerkennungsbehörde. Die Tätigkeit des Bürgermeisters (Oberbürgermeisters) beschränkt sich hier darauf, den Antrag mit dem Bewilligungs- oder Anerkennungsbescheid (§ 1 Abs. 2) an das zuständige Finanzamt weiterzugeben. Dieses erteilt über die Gewährung der Beihilfe unter Rückgabe des Bewilligungs- oder Anerkennungsbescheids einen schriftlichen Bescheid an den Steuerschuldner (Bauherrn) oder Siedlungsträger und leistet zu gegebener Zeit (s. zu § 11) die Zahlungen an die Gemeinde. Abschrift des Bescheids hat das Finanzamt dem Bürgermeister (Oberbürgermeister) zu übersenden.

b) In den Fällen des § 2 hat der Bürgermeister (Oberbürgermeister) den Antrag mit seiner Stellungnahme, insbesondere hinsichtlich der Höhe und Angemessenheit der Lasten oder Mieten, unmittelbar an den Oberfinanzpräsidenten weiterzugeben. Dieser legt ihn dem zuständigen Bürgschaftsausschuß zum Zweck der Feststellung vor, ob es sich um eine Arbeiterwohnstätte im Sinn des § 29 des Grundsteuergesetzes handelt. Die Zuständigkeit der Bürgschaftsausschüsse richtet sich nach folgenden Bestimmungen:

1. Soweit Landesbürgschaftsausschüsse bestehen, sind diese für die Feststellungen nach § 2 Abs. 1 VO. zuständig
   a) für sämtliche Anträge, für die keine Reichsbürgschaft beantragt wird,
   b) für Anträge, für die eine Reichsbürgschaft beantragt wird, soweit der Landesbürgschaftsausschuß für die Entscheidung über den Bürgschaftsantrag zuständig ist.
2. In den übrigen Fällen des § 2 Abs. 1 und in sämtlichen Fällen des § 2 Abs. 2 und 3 ist der Reichsbürgschaftsausschuß in Berlin zuständig.

Für das Verfahren bei den Landesbürgschaftsausschüssen gilt die vom Reichs- und Preußischen Arbeitsminister erlassene Geschäftsanweisung für die Landesbürgschaftsausschüsse sinngemäß.

Geschäftsstelle für den Reichsbürgschaftsausschuß in Berlin ist die Deutsche Bau- und Bodenbank A.G., Berlin W 8, Taubenstraße 48/49. Die Geschäftsstellen für die Landesbürgschaftsausschüsse sind aus der Anlage 4 ersichtlich.

Der zuständige Bürgschaftsausschuß teilt seine Feststellung durch die Geschäftsstelle dem Oberfinanzpräsidenten mit. Der Oberfinanzpräsident entscheidet auf Grund dieser Feststellung (Anerkennung oder Ablehnung). Die Entscheidung ergeht an das zuständige Finanzamt, das über die Gewährung oder Ablehnung der Beihilfe (§ 10 Abs. 2 und 3) dem Antragsteller einen schriftlichen Bescheid erteilt, Abschrift dieses Bescheids dem Bürgermeister (Oberbürgermeister) zustellt und gegebenenfalls das Weitere wegen der Zahlung der Beihilfen veranlaßt.

Wenn Umstände eintreten, die eine Fortgewährung der Beihilfe nicht mehr rechtfertigen (§ 8 Abs. 1 und § 9 Abs. 4), hat der Bürgermeister (Oberbürgermeister) dem Finanzamt unverzüglich Anzeige zu erstatten. Das Finanzamt entscheidet in diesen Fällen selbständig (§ 10 Abs. 4) und gibt Abschrift seines Bescheids an den Bürgermeister (Oberbürgermeister).

Zu § 11

Das Finanzamt hat die Beihilfe an den Fälligkeitstagen (Vorauszahlungstagen) der Grundsteuer an die Gemeinde zu zahlen. Im Fall des § 11 Abs. 3 hat der Bürgermeister (Oberbürgermeister) etwaige Ueberzahlungen an Beihilfe dem Finanzamt zurückzuerstatten.

Zu § 12

Für das Anerkennungsverfahren gemäß § 2 erheben die Geschäftstellen der Bürgschaftsausschüsse (die Deutsche Bau- und Bodenbank Aktiengesellschaft, Berlin, bzw. ihre Zweigniederlassungen) zur Abgeltung ihrer Unkosten eine Gebühr von 2 v. T. der angegebenen Gesamtherstellungskosten (Bau- und Bodenkosten), mindestens jedoch 15 *RM* für jeden Antrag. Die Gebühr ist auch im Fall der Ablehnung des Antrags fällig. Wird ein Anerkennungsverfahren gemäß § 2 mit einem Reichsbürgschaftsverfahren derart verbunden, daß beide Anträge gleichzeitig dem Bürgschaftsausschuß zur Entscheidung vorgelegt werden können, so ermäßigt sich die Gebühr für das Anerkennungsverfahren auf 1 v. T. der Gesamtherstellungskosten, mindestens jedoch auf 10 *RM* für jeden Antrag. —

Dieser Erlaß wird im Reichssteuerblatt und im Reichsarbeitsblatt veröffentlicht.

Anlage 1

Verzeichnis

der Dienststellen, die Bewilligungs- und Anerkennungsbehörden für Kleinsiedlungen, Volkswohnungen, Heuerlings- und Werkwohnungen, sowie Eigenheime für ländliche Arbeiter und Handwerker sind

1. **Preußen:**
   a) Regierungspräsidenten,
   b) Verbandspräsident des Siedlungsverbandes Ruhrkohlenbezirk . . . . Essen, Ruhrallee 55,
   c) Stadtpräsident der Reichshauptstadt Berlin Berlin C 2, Rathaus;
2. **Bayern:**
   Staatsministerium für Wirtschaft, Abt. für Arbeit und Fürsorge . . . . München, Pfandhausstr. 2,
   für die Städte München, Nürnberg und Ludwigshafen, im übrigen die Regierungen der Landesteile;

3. Sachsen:	
Der Reichsstatthalter in Sachsen — Landesregierung — Ministerium für Wirtschaft und Arbeit	Dresden N 6,
für den Volkswohnungsbau die Amtshauptmannschaften;	
4. Württemberg:	
Württembergische Landeskreditanstalt . . .	Stuttgart, Friedrichstr. 24;
5. Baden:	
Badische Landeskreditanstalt für Wohnungsbau	Karlsruhe i. B., Moltkestr. 31 b;
6. Thüringen:	
Der Thüringische Wirtschaftsminister . . .	Weimar, Marienstr. 7;
7. Hessen:	
Der Reichsstatthalter in Hessen — Landesregierung — Abt. III	Darmstadt, Adolf-Hitler-Platz 5;
8. Hamburg:	
Baubehörde in Hamburg	Hamburg 36, Bleichenbrücke 17;
9. Mecklenburg:	
Mecklenburgisches Staatsministerium, Abt. I — Inneres —, ...	Schwerin, Reg.-Gebäude II, Schloßstr. 4—8;
10. Oldenburg:	
Der Minister der Finanzen	Oldenburg i. O.,
11. Braunschweig:	
Der Braunschweigische Finanzminister, Hochbau- und Siedlungsabteilung, ...	Braunschweig, Bohlweg 38;
12. Anhalt:	
Anhaltisches Staatsministerium, Abteilung Wirtschaft	Dessau;
13. Bremen:	
Der Staatskommissar für das Siedlungswesen	Bremen;
14. Lippe und Schaumburg-Lippe:	
Der Reichsstatthalter in Lippe und Schaumburg-Lippe — Landesregierung Lippe — . .	Detmold;
15 Saarland:	
Der Reichskommissar für das Saarland . .	Saarbrücken.

IV.

Runderlaß

des Reichs- und Preußischen Ministers des Innern zugleich im Namen des Reichs-Finanzministers vom 22. November 1937 (VW 2447 22. 10. 37 und L 1106—10 III)

betr. Befreiung von der Grundsteuer nach § 4 Ziff. 7 GrStG., §§ 12, 14 und 15 GrStDVO. und das dabei einzuschlagende Verfahren.

(RStBl. 1937 S. 1218)

(1) Grundbesitz, der Zwecken der Fürsorgeerziehung, der Erziehung und Erwerbsbefähigung erziehungs- und pflegebedürftiger Minderjähriger oder dem Unterricht oder der Berufsbefähigung von Blinden, Taubstummen und Krüppeln dient, ist auf Grund der obengenannten Bestimmungen bei Vorliegen der übrigen Voraussetzungen von der Grundsteuer befreit, wenn anerkannt wird, daß der Benutzungszweck im Rahmen der staatlichen Aufgaben liegt. Die Anerkennung kann erfolgen, wenn die Einweisung der Zöglinge in die Anstalt überwiegend durch behördlichen Akt geschieht und die Kosten des Unterhalts der Eingewiesenen im wesentlichen aus öffentlichen Mitteln bestritten werden. Die Befreiung des Grundbesitzes von der Steuer erfolgt nur insoweit, als der Grundbesitz unmittelbar der Unterbringung und Verpflegung, körperlichen Ertüchtigung, Schulung, Pflege und Erwerbsbefähigung der Eingewiesenen dient.

(2) Die Anträge auf Anerkennung (Steuerbefreiung) für den in Berlin gelegenen Grundbesitz sind beim Stadtpräsidenten in Berlin, im übrigen bei den Regierungspräsidenten, in den außerpreußischen Ländern bei den zuständigen Länderministerien einzureichen. Diese haben Anträge, soweit sie den Erfordernissen dieses Rderl. offensichtlich nicht entsprechen, abzuweisen. Im übrigen haben sie mir die Anträge nach Prüfung und Anhörung des zuständigen Oberfinanzpräsidenten, der zur steuertechnischen Seite Stellung zu nehmen hat, mit untenstehendem Muster in dreifacher Ausfertigung zur Entscheidung vorzulegen.

(3) Grundbesitz, für den bereits auf Grund des Rderl. des RuPrMfWEuV. v. 6. August 1937 — E I b 526 — (RStBl. 1937 S. 953) Steuerbefreiung beantragt ist, darf in der Nachweisung nicht nochmals erscheinen (z. B. angeschlossene Hilfsschulen für Schwachsinnige).

(4) Ueber die nach § 4 Ziff. 7 GrStG. ausgesprochene Anerkennung wird von mir zugleich für den RFM. eine Bescheinigung ausgestellt werden, die in dreifacher Ausfertigung der Aufsichtsbehörde zugehen wird, wovon je eine dem Grundeigentümer und dem zuständigen Finanzamt zuzuleiten ist.

Muster:

Grundbesitz für Zwecke der Wissenschaft, Erziehung und des Unterrichts, dessen Benutzungszweck im Rahmen der staatlichen Aufgaben liegt (§ 4 Ziff. 7 GrStG., RGBl. 1936 I S. 986, RStBl. 1936 S. 1154).

Sp. 1: Lfd. Nr.
Sp. 2: Bezeichnung und Charakter der Anstalt usw.
Sp. 3: Eigentümer der Anstalt usw.
Sp. 4: Ort und Kreis, in dem der Grundbesitz liegt.
Sp. 5: Veranlagende Behörde (Finanzamt).
Sp. 6: Grundbuchmäßige Bezeichnung des Grundbesitzes:
a) Amtsgericht,
b) Grundbuch von,
c) Band .... Blatt ....
Sp. 7: Katastermäßige Bezeichnung des Grundbesitzes:
a) Lage (Gemarkung),
b) Wirtschaftsart,
c) Größe nach ha, ar, qm.
Sp. 8: Angabe, ob der Grundbesitz bisher steuerfrei war.
Sp. 9: Zahl der Insassen nach dem Stande vom 1. Januar 1938.
Sp. 10: Davon wurden aus öffentlichen Mitteln unterhalten (Zahl).
Sp. 11: Bemerkungen des Oberfinanzpräsidenten.
Sp. 12: Bemerkungen der Aufsichtsbehörde.
Sp. 13: Stellungnahme des RuPrMdJ.
Sp. 14: Stellungnahme des RFM.

V.

Einführungsgesetz zu den Realsteuergesetzen

(EinfGRealStG.)

Vom 1. Dezember 1936

(RGBl. I S. 961)

Auszug

Abschnitt I

Gemeindeabgaben

Unterabschnitt 1
Realsteuern §§ 1 bis 11

Unterabschnitt 4
Gegenseitige Besteuerung § 24

Unterabschnitt 5
Anpassung der Landesvorschriften § 25

Abschnitt II

Finanzausgleich

Unterabschnitt 1
Allgemeine Vorschrift § 26

Unterabschnitt 2
Änderung des Finanzausgleichsgesetzes § 27

Abschnitt IV
Inkrafttreten § 32

Die Reichsregierung hat das folgende Gesetz beschlossen, das hierdurch verkündet wird:

Abschnitt I
Gemeindeabgaben

Unterabschnitt 1

Realsteuern

§ 1

Allgemeines

Die Gemeinden können vom 1. April 1937 ab die Gewerbesteuer (Steuer vom stehenden Gewerbe) nur nach dem Gewerbesteuergesetz vom 1. Dezember 1936 (Reichsgesetzbl. I S. 979) und vom 1. April 1938 ab die Grundsteuer nur nach dem Grundsteuergesetz vom 1. Dezember 1936 (Reichsgesetzbl. I S. 986) erheben. Dabei gelten die Vorschriften der §§ 2 bis 11.

§ 2

Hebesätze

(1) Die Hebesätze für die Realsteuern (§ 21 des Grundsteuergesetzes und §§ 16 und 25 des Gewerbesteuergesetzes) werden für jedes Rechnungsjahr neu festgesetzt.

(2) Die Hebesätze können im Laufe eines Rechnungsjahrs einmal geändert werden. Die Nachtragshaushaltsatzung über die Festsetzung der neuen Hebesätze muß vor dem 1. Januar erlassen werden. Die Änderung der Hebesätze für die Grundsteuer und für die Gewerbesteuer nach dem Gewerbeertrag und dem Gewerbekapital wirkt auf den Beginn des Rechnungsjahrs zurück. Die Änderung des Hebesatzes für die Lohnsummensteuer gilt erstmals für die Lohnsumme, die in dem Kalendermonat gezahlt wird, der nach dem Erlaß der Nachtragshaushaltsatzung beginnt.

§ 3

Mehrbelastung

Die Hebesätze für die Realsteuern können für einen Teil des Gemeindebezirks oder für eine Gruppe von Steuergegenständen höher als die allgemeinen Hebesätze festgesetzt werden, soweit der Gemeinde Kosten durch Einrichtungen erwachsen, die ausschließlich oder in besonders hervorragendem Maß diesem Teil des Gemeindebezirks oder dieser Gruppe von Steuergegenständen zustatten kommen und für die Beiträge nicht erhoben werden (Mehrbelastung). Bei der Bemessung der Mehrbelastung ist der zur Herstellung und Unterhaltung der Einrichtungen erforderliche Bedarf nach Abzug des etwaigen Ertrages zu berücksichtigen. Die Festsetzung der Mehrbelastung bedarf der Genehmigung der oberen Gemeindeaufsichtsbehörde.

§ 4
Änderung von Gemeindegebieten

(1) Wird das Gebiet von Gemeinden geändert, so kann die hierfür zuständige Behörde für die Gebietsteile, die vorher zu verschiedenen Gemeinden (Gutsbezirken) gehört haben, auf bestimmte Zeit verschiedene Hebesätze zulassen.

(2) Für Gemeinden, in denen aus Anlaß einer früheren Änderung von Gemeindegebieten verschiedene Realsteuersätze für die vorher zu verschiedenen Gemeinden (Gutsbezirken) gehörigen Gebietsteile zugelassen waren, bleibt diese Regelung vorläufig aufrechterhalten. Den Zeitpunkt des Außerkrafttretens bestimmt im einzelnen Fall die obere Gemeindeaufsichtsbehörde.

§ 5
Steuervereinbarungen

(1) Vereinbarungen mit Steuerpflichtigen über die Höhe der Steuer sind nur bei der Gewerbesteuer zulässig und bedürfen der Zustimmung der obersten Gemeindeaufsichtsbehörde.

(2) Unberührt bleiben die bisherigen Vereinbarungen, die Länder und Gemeinden (Gemeindeverbände) mit Steuerpflichtigen über die Höhe der Realsteuern rechtswirksam abgeschlossen haben. Soweit aus diesen Vereinbarungen den Ländern und den Gemeindeverbänden Ansprüche zustehen, geht der Anspruch auf die Gewerbesteuer am 1. April 1937 und der Anspruch auf die Grundsteuer am 1. April 1938 auf die Gemeinden über, die zur Erhebung dieser Steuern berechtigt sind.

§ 6
Steuerverkoppelung und Genehmigung der Hebesätze

Der Reichsminister des Innern erläßt im Einvernehmen mit dem Reichsminister der Finanzen Bestimmungen darüber, in welchem Verhältnis die Hebesätze für die Grundsteuer, die Gewerbesteuer und die Bürgersteuer zueinander stehen müssen und inwieweit die Hebesätze für diese Steuern der Genehmigung der Gemeindeaufsichtsbehörden bedürfen.

§ 7
Hebesätze für die Gewerbesteuer für die Rechnungsjahre 1937 und 1938

(1) Für die Rechnungsjahre 1937 und 1938 soll die Gemeinde die Hebesätze für die Gewerbesteuer so bemessen, daß insgesamt kein höheres Aufkommen zu erwarten ist, als bei Weitererhebung der Steuern durch die Gebietskörperschaften nach bisherigem Recht in der Gemeinde erzielt worden wäre. Zum Aufkommen im Sinn des Satzes 1 gehört nicht das Aufkommen für das Rechnungsjahr 1936 in der Gemeinde aus Mehrbelastungen im Sinn des § 3, so-

weit solche Mehrbelastungen für das laufende Rechnungsjahr unterbleiben und an ihrer Stelle Beiträge oder andere Angaben erhoben werden.

(2) Der Reichsminister des Innern und der Reichsminister der Finanzen erlassen Richtlinien, unter welchen Voraussetzungen von dem Grundsatz des Absatzes 1 abgewichen werden kann.

§ 8

Hebesätze für die Grundsteuer für das Rechnungsjahr 1938

(1) Für das Rechnungsjahr 1938 soll die Gemeinde die Hebesätze für die Grundsteuer so bemessen, daß insgesamt kein höheres Aufkommen zu erwarten ist, als bei Weitererhebung der Steuern durch die Gebietskörperschaften nach bisherigem Recht in der Gemeinde erzielt worden wäre. Zum Aufkommen im Sinn des Satzes 1 gehört nicht das Aufkommen für das Rechnungsjahr 1937 in der Gemeinde aus Mehrbelastungen im Sinn des § 3, soweit solche Mehrbelastungen für das Rechnungsjahr 1938 unterbleiben und an ihrer Stelle Beiträge oder andere Abgaben erhoben werden. Zum Aufkommen im Sinn des Satzes 1 gehört auch das Aufkommen für das Rechnungsjahr 1937 in der Gemeinde aus Sondersteuern auf Wohnungen (Wohnraum) und Mieten im Sinn des § 27 Ziffer 3.

(2) Der Reichsminister des Innern und der Reichsminister der Finanzen erlassen Richtlinien, unter welchen Voraussetzungen von dem Grundsatz des Absatzes 1 abgewichen werden kann.

§ 9

Umlagesätze der Gemeindeverbände für die Rechnungsjahre 1937 und 1938

(1) Soweit Gemeindeverbände ihren Finanzbedarf durch Umlagen auf die ihnen zugehörigen Gemeinden oder Gemeindeverbände decken, sollen die Umlagesätze für die Rechnungsjahre 1937 und 1938 so bemessen werden, daß insgesamt kein höheres Aufkommen zu erwarten ist, als bei Weitererhebung der Umlagen und der eigenen Realsteuern nach bisherigem Recht für den Gemeindeverband erzielt worden wäre.

(2) Die Vorschriften des § 7 Absatzes 1 Satz 2 und Absatzes 2 sowie des § 8 Absatzes 1 Sätze 2, 3 und Absatzes 2 gelten sinngemäß.

§ 10

Aufhebung des Realsteuersperrgesetzes

Die Vorschriften des Realsteuersperrgesetzes vom 7. März 1935 (Reichsgesetzbl. I S. 349) sind auf die Gewerbesteuer und auf die Umlagen der Gemeindeverbände vom 1. April 1937 ab, im übrigen vom 1. April 1938 ab nicht mehr anzuwenden.

§ 11

Warenhaussteuer

In Ländern, in denen beim Inkrafttreten dieses Gesetzes eine Warenhaussteuer (§ 10 des Realsteuersperrgesetzes vom 7. März

1935, Reichsgesetzbl. I S. 349) besteht, können für die Rechnungsjahre 1937, 1938 und 1939 die Hebesätze für die Gewerbesteuer (§§ 16 und 25 des Gewerbesteuergesetzes) hinsichtlich der in der Gemeinde belegenen Betriebstätten von Warenhäusern höher sein als für die übrigen Gewerbebetriebe. Der Reichsminister des Innern und der Reichsminister der Finanzen bestimmen die zulässigen Höchstsätze. Für die Entscheidung der Frage, welche Gewerbebetriebe zu der erhöhten Gewerbesteuer herangezogen werden können, gelten die Vorschriften des Landesrechts, die beim Inkrafttreten dieses Gesetzes bestehen.

Unterabschnitt 4

Gegenseitige Besteuerung

§ 24

Änderung des Gesetzes über gegenseitige Besteuerung

Das Gesetz über gegenseitige Besteuerung (Fassung der Gesetze vom 10. August 1925 — Reichsgesetzbl. I S. 252 —, vom 17. Juli 1930 — Reichsgesetzbl. I S. 215 — und der Verordnung des Reichspräsidenten vom 1. Dezember 1930 — Reichsgesetzbl. I S. 517, 579 —) wird wie folgt geändert:

An die Stelle der §§ 4 und 5 treten, soweit sie die Gewerbesteuer betreffen, mit Wirkung vom 1. April 1937 und, soweit sie die Grundsteuer und die Gebäudeentschuldungsteuer betreffen, mit Wirkung vom 1. April 1938 die folgenden neuen §§ 4 und 5:

„§ 4

Die Gemeinden können Grundbesitz und Gewerbebetriebe des Reichs nach Maßgabe des Grundsteuergesetzes vom 1. Dezember 1936 (Reichsgesetzbl. I S. 986) und des Gewerbesteuergesetzes vom 1. Dezember 1936 (Reichsgesetzbl. I S. 979) besteuern.

§ 5

(1) Die Länder und die Gemeinden (die Gemeindeverbände) können vom bebauten Grundbesitz des Reichs die Gebäudeentschuldungsteuer nach Maßgabe der am 31. März 1938 in Kraft befindlichen Vorschriften erheben.

(2) Steuergegenstände, die zum Reichseisenbahnvermögen gehören, sind von der Gebäudeentschuldungsteuer befreit."

Unterabschnitt 5

Anpassung der Landesvorschriften

§ 25

Die Länder werden ermächtigt, mit Zustimmung des Reichsministers der Finanzen und des Reichsministers des Innern im Verordnungswege Gesetze und Verordnungen des Landes den Vorschriften des Grundsteuergesetzes, des Gewerbesteuergesetzes, der Reichsabgabenordnung und dieses Gesetzes anzupassen und Vorschriften zur Überleitung der Gesetzgebung zu erlassen.

Abschnitt II
Finanzausgleich

Unterabschnitt 1
Allgemeine Vorschrift

§ 26

Der Finanzausgleich zwischen Ländern und Gemeinden (Gemeindeverbänden) und die Aufgaben- und Lastenverteilung zwischen diesen Körperschaften sind im Hinblick auf die durch die Neuregelung der Grundsteuer, der Gewerbesteuer und der Gebäudeentschuldungsteuer eintretenden Änderungen in der Verteilung des Steueraufkommens nach einheitlichen Grundsätzen, die von dem Reichsminister der Finanzen und dem Reichsminister des Innern aufgestellt werden, spätestens bis zum 1. April 1938 neu zu regeln.

Unterabschnitt 2
Änderung des Finanzausgleichsgesetzes

§ 27

Das Finanzausgleichsgesetz wird wie folgt geändert:

1. An die Stelle der bisherigen §§ 8 bis 10 und § 11 Absätze 1 und 3 tritt, soweit sie die Gewerbesteuer betreffen, mit Wirkung vom 1. April 1937 und, soweit sie die Grundsteuer betreffen, mit Wirkung vom 1. April 1938 der folgende neue § 8:

„§ 8

Die Gemeinden können Grundsteuer und Gewerbesteuer (Steuer vom stehenden Gewerbe) nach den gesetzlichen Vorschriften erheben."

2. Dem § 12 wird folgender Absatz 2 hinzugefügt:

„(2) Absatz 1 findet keine Anwendung, soweit das Zerlegungsverfahren der Reichsabgabenordnung Platz greift."

3. Hinter dem § 17 a wird mit Wirkung vom 1. April 1938 folgender § 17 b eingefügt:

„§ 17 b

Sonderſteuern auf Wohnungen (Wohnraum) und Mieten dürfen nicht erhoben werden."

4. Im § 33 Satz 1 wird der zweite Halbsatz gestrichen.
5. § 44 Absatz 3 wird gestrichen.

Abschnitt IV
Inkrafttreten

§ 32

Dieses Gesetz tritt, soweit sich nicht aus seinem Inhalt oder aus den nach § 12 der Reichsabgabenordnung zu erlassenden Überleitungsvorschriften etwas anderes ergibt, mit seiner Verkündung in Kraft.

Sachregister

(Die Zahlen bedeuten die Seiten)

A

Abdeckerei, Verband zur Unterhaltung von ... als Gemeindeverband 62
— als öffentl. Dienst oder Gebrauch 67
Abfälle, Abfuhr von ... als öfftl. Dienst od. Gebrauch 67
Abgefundene (Kriegsbeschädigte) 15, 242
— Behandlung des Grundbesitzes von ... 242 ff.
— Voraussetzungen der Vergünstigung ... 243
— Dauer der ... 243, 246
— Kriegsbeschädigte in gemeinnützigen Wohnungs- und Siedlungsunternehmungen 243, 245, 274
Abrechnung (über die Vorauszahlungen) 12, 207
Abrundung von Steuern 35
— der Steuermeßbeträge 135
Abwässer, Abfuhr von ... 67
Adolf-Hitler-Schulen 98, 100, 257
Akademien (der Künste und Wissenschaften) 92, 257
Allgemeine Steuer 29, 30
Allgemeinheit (Begriff) 62 ff., 253
Alpenverein (Deutscher und Österreichischer) 86
Altbauten 136 ff., 263, 264
Altenteilswohnung 39
Älterer Neuhausbesitz 139, 217 ff.
— Abgrenzung des ... 217, 219
— grundsteuerl. Behandlung des ... 217, 221
Altersheime (keine Krankenanstalten) 103
Altkatholische Kirche 90
Altkatholischer Diözesanverband 91
Altkorporierte (Religionsgesellschaften) 89
Altwasser 109, 260
Anerkannte (Sportvereine) 3, 51, 84 ff.
Anerkennung 4, 51
— als Sportverein 85 ff.
— als staatliche Aufgabe 97, 257,
— bei Schülerheimen 97
— Antrag auf ... 99
— als neuester Neuhausbesitz 232, 273
— Arbeiterwohnstätte 241, 282 ff.
Anerkennungsbehörde (für Arbeiterwohnstätten) 276, 277
— Verzeichnis der ... 288, 289
Anerkennungskarte (für Sportvereine) 85
Anerkennungsverfahren (bei Arbeiterwohnstätten), Gebührenpflicht 280, 288
Anliegersiedlung 215
Annahmezwang 64
Anrechnung der Grundsteuer 33, 202
Anschlußstellen der Reichsautobahnen 74
Antrag auf Freistellung 9, 168, 169
— bei Änderung in der Steuerpflicht 52, 59
— auf Anerkennung 97 ff.
— auf Verteilung des Steuerobjekts 175
— auf Leistung eines Ersatzbetrags 212, 269
— auf Anerkennung als neuester Neuhausbesitz ... 222

Antragserfordernis bei Fortschreibungen 160 ff.
— im Steuerausgleichsverfahren 192
— kein ... bei Nachfeststellungen 165
— für Gewährung eines Ersatzbetrags 212
Anzeige (bei Änderungen in der Steuerpflicht) 52, 58, 59
Apothekengerechtigkeit 40
Arbeiterwohnstätte 14, 239 ff., 276 ff.
— Begriff der ... 239, 240, 276
— Grundbesteuerung der ... 241
Arbeitsdank e. V. 76
Arbeitsfront (Deutsche) grundsteuerl. Behandlung der ... 61, 93
— Schulen der ... 98, 257
Arbeitshäuser 67
Armenhäuser 67
Artfortschreibung 150, 151, 155 ff., 160
Aufbauschulen 100
Aufforstungen, keine Vergünstigungen für ... 214
Aufgaben (staatliche), siehe staatliche Aufgaben
Aufrechnung 12, 207, 208
Ausgleich (der Belastungsverschiebungen) 15, 248
Ausgleichsmeßbetrag 184, 186, 266 ff.
— Höhe des ... 188, 266
Ausmärkerflächen 183 ff., 266 ff.
— Begriff der ... 188
Ausnahmegemeinden 217, 222
— beim mittleren Neuhausbesitz 224 ff.
— beim neuesten Neuhausbesitz 234 ff.
Ausschließlich 3, 51, 77 ff.
Ausstellungshallen 70
Autoparkplätze 67

B

Bach 4, 52, 109
Bäckereien (der Wehrmacht) 69
Backhäuser 70
Badeanstalten 66, 67
Bahngärtnerei 74, 254
Bahnhofplätze 73
Bahnhofshotel 73, 254
Bahnhofsläden 73, 254
Bahnhofswirtschaft 73, 254
Bahnkörper 259
Bahnsteig 109, 259
Bahnsteighalle 109, 259
Bahnwärterhäuser 108, 259
Banken 70
Baptistengemeinde, Bund der — 91
Baubüros der Neubauämter, Verwaltungsgebäude der ... 73
Baugelände 49
Bauhof 67, 68
Bauland 41
Baumschulen 70
Bauplatz 49
Baustelle 49
Bebaute Grundstücke, Steuermeßzahlen für ... 135 ff., 262 ff.
Bedürfnisanstalten 67
Befestigungen (der Wehrmacht) 69
Befreiungen von der Grundsteuer 2
— teilweise ... 6
— erschöpfende Aufzählung der ... 56, 247
— Auslegung der ... 54
— Stichtag für ... 57, 251
— Anträge und Anzeigen bei Änderung in den ... 59, 60
Befreiungsgrund 9, 148, 167 ff.
Befreiungsvorschrift, enge Auslegung der ... 54
Beihilfe (Grundsteuerbeihilfe) 14, 239 ff., 277 ff., 280
— Höhe der ... 239, 241, 277
— Dauer der ... 239, 241, 278 ff.
— Wegfall der ... 279, 286
— Antrag auf Gewährung der ... 279, 286
— Zahlung der ... 288
Beihilfebetrag 280

Beihilfezeitraum (Grundsteuerbeihilfezeitraum) 14, 239 ff., 278
Bekleidungsämter (der Wehrmacht) 69
Belastungsverschiebung 15, 196, 248 ff.
Belegenheitsfinanzamt 150, 171
Belegenheitsgemeinde 182, 265 ff.
— Begriff der ... 183
— Beteiligung der ... 185
Berechtigte (als Steuerschuldner) 6, 118
Bereitschaftszeitraum 5, 100, 106, 111 ff., 258
Berghoheitsverwaltung 67
Berichtigungsveranlagung, Vorauszahlungen bei ... 12, 207
Berichtigung von Steuerbescheiden (Steuermeßbescheiden) 148, 201
Berufsgenossenschaft 61, 92
Berufskonsulat 110, 260
Berufsschule 68, 257
Berufsport 85, 255
Bestandsveränderung 153
Beteiligungsbetrag 182 ff., 266 ff.
— Berechnung des ... 186, 187, 188, 266
— zugrunde zu legender Hundertsatz 188, 189, 267
— Beispiel für Berechnung des ... 190
— Festsetzung in Sonderfällen 190, 191, 267
— Neufestsetzung des ... 191, 267
— Entrichtung des ... 192, 267
— festsetzende Behörde ... 192
— vorläufige Festsetzung des ... 192
Beteiligungsverfahren beim Steuerausgleich 182, 267 ff.
— Antragserfordernis im ... 192, 267
— festsetzende Behörde ... 192, 268
Betriebsämter, Verwaltungsgebäude der ... 73, 254
Betriebsanlage 39
Betriebsgrundstücke (als Unterart des Grundbesitzes) 2, 35, 36
— als Steuergegenstände 2, 41 ff.
Betriebsvermögen (als Unterart des Grundbesitzes) 2, 35, 36, 41 ff.
Betriebsvorrichtung 39, 41
Betriebszwecke bei Deutscher Reichsbahn 2, 50, 70, 71, 254, 262
— bei Reichsautobahnen 2, 50, 53, 74 ff., 254
Betsaal 94
Bewahrungsanstalten 67
— Werkstätten in ... 116, 261
Bewilligungsbehörde (für Arbeiterwohnstätten) 276, 277
— Verzeichnis der ... 288, 289
Bezugsfertigkeit 14, 139, 159, 263
— bei Altbauten 138
— bei Eigenheimen und Kleinwohnungen 229
— bei Arbeiterwohnstätten 239, 277
— bei Neuhausbesitz 273
— bei Grundbesitz im Zustand der Bebauung 275
Bibelstunden, Abhaltung der ... als religiöse Unterweisung 100
Binnenfischerei als landwirtschaftliches Vermögen 38
Bischöfl. Methodistenkirche 91
Blinde 290
Blindenanstalten steuerbefreit ... 103
— Werkstätten in ... 116, 261
Blindenheim, Verband zur Unterhaltung von ... als Gemeindeverband ... 62
— öffentl. Dienst und Gebrauch 67
— Werkstätten in ... 116
Blockbuden 108, 259
Bodendenkmale 67
Bodenverband 5, 52, 109
Börsen 70

Böschung 107, 259
Botanische Gärten 67
Botschaft 5, 52, 110, 260
Brauereien 70
Bruchteilseigentum, Steuerschuldnerschaft bei ... 121
Brücke 4, 52, 54, 107 ff.
Büchereien 67

D

Dauer (der Voraussetzungen f. d. Steuerbefreiung) 52, 58
Dauernde (Benutzung) 66
Desinfektionsanstalten 67
Deutsche Arbeitsfront, siehe Arbeitsfront
Deutsche Rentenbank 247
Deutsches Rotes Kreuz 248, siehe auch Nachtrag S. 314
Deutsche Siedlungsbank 247
Dienst (öffentlicher) 2, 50, 53, 62 ff. (Begriff), 65, 253
Dienstbekleidung 65
Dienststellen der NSDAP. 75
Dienstwohnungen 112
Dingliche Haftung 7, 126,128 ff.
Dingliche Wirkung des Einheitswerts 144
— des Steuermeßbescheids 149
— des Grundsteuerbescheids 198
Diözesanverband (kath.) 91
Diözesen (katholische) 91
Domänen 70
Druckereibetriebe 70

E

Eigenbesitzer 123
Eigenheim 14, 217, 222, 229, 272
— Begriff des ... 230
— nutzbare Wohnfläche des ... 231
— Eigenheime für ländl. Arbeiter als Arbeiterwohnstätten ... 240, 276, 281
Eigentümer ... als Steuerschuldner 6, 118 ff.
— Bedeutung für Steuerbefreiungen ... 55
— wirtschaftlicher ... 122
Einfamilienhäuser 136, insbesondere 139, 263, 264
Einheitlicher (Steuergegenstand) 44
Einheitswert
— Hauptfeststellung der ... 8, 140 ff.
— Nachfeststellung der ... 8, 163 ff.
— als Besteuerungsgrundl. 131
— Feststellung der ... 141 ff.
— dingliche Wirkung des ... 144
Einheitswertbescheid, Bedeutung für Grundsteuerbefreiungen 52, 58
— für Steuerschuldner 119, 112
— Wesen des ... 140, 142 ff.
Einheitswertsteuer 29, 30
Einheitswertverfahren 132
Einliegerwohnung 277, 282
Eintrittsgeld 64, 66
Einwohnerzahl 138, 211, 263, 269
Einzelgegenstand (als wirtschaftliche Einheit) 45
Einzelzerlegung 176, 182 ff.
— Beispiel 180
— Begründung für ... 183
Elektrizitätsversorgungsbetrieb 63, 66, 253
Elektrizitätswerk 66, 70
Empfangsraum 260
Ende (der Steuerentrichtung) 9, 167 ff.
Entbindungsanstalten 103
Entgelt 62, 64, 66, 253
Erbbaurecht Steuerschuldner ... 6, 118, 120
— als Grundbesitz 40
— Festsetzung des Steuermeßbetrags beim ... 134, 261
— Beihilfe für Arbeiterwohnstätten bei ... 278, 279
Erbbegräbnis 110
Erbhof 41
Erbpachtrecht
— Steuerschuldner bei ... 6, 118, 120, ... als landwirtschaftl. Betrieb ... 37
— Festsetzung des Steuermeßbetrags beim ... 134, 262

Ergänzungsbescheid 143
Erholungsheim 5, 111, 114
— keine Krankenanstalt 103
Erholungsstätten (öffentliche) 68
Erlaß (der Grundsteuer) 33, 202
Ersatzbetrag 12, 13, 55, 209 ff., 268 ff.
— Begründung ... 209
— Begriff des ... 212
— Voraussetzungen für die Gewährung ... 209, 210 ff.
— Höhe des ... 209, 212, 269
— Schuldner des ... 209, 213
— Entscheidung über den ... 209, 270
Ersatz der Zerlegung 10, 265
Ersatzpflicht (Anwendbarkeit der AO. über die ...) 33, 203
Ersatzsumme 212, 269
Erstattung der Grundsteuer 33, 202
Erwerber, Haftung des ... 125, 126
Erwerbsbefähigung 290
Erziehung 4, 51, 96 ff., 255 ff.
Erziehungsanstalt 4, 5, 51 67, 111
— Werkstätten in ... 116, 261
Evangelische Kirche 89
Evangelische Landeskirche 90
Ev.-luth. Kirche 90

F

Fabrikkantine 56
Fachschule 68, 257
Fahrbahn 107, 259
Fäkalien, Abfuhr von ... 67
Fälligkeit der Grundsteuer 11, 204 ff.
— des Ersatzbetrags 213
Fälligkeitstag 12, 16, 250
Fernheizwerke 70
Feststellungsbescheid, Bedeutung für Person des Steuerschulners 119
— Wesen des ... 142 ff.
Feststellungszeitpunkt 9, 16, 57, 142
Feuerbestattungsanstalten 67
Feuerkassen 70
Feuerlöschverband (als Gemeindeverband) 62
Feuerschutzabgabe 224, 251
Feuerwehren 68
Finanzausgleich 296
Finanzausgleichsgesetz 296
Fischzucht als landwirtschaftlicher Betrieb 38
Fließende Gewässer 4, 52, 54, 109, 260
Flughäfen der Luftwaffe 69, 109
Flugzeugfabrikationsbetrieb 109
Flugzeugschuppen 109
Fluß 4, 52, 109
Forschungsanstalten 68
Forstämter 70
Förstereien 70
Forstwirtschaftliches Vermögen (Betrieb) als Unterart des Grundbesitzes ... 2, 35, 261
— Forstwirtschaftl. Betrieb als Steuergegenstand ... 2, 42, 47
— Steuermeßzahl bei ... 136, 262
— Zerlegung bei ... 10, 182 ff.
— Hebesatz bei ... 10, 193, 195
— Fälligkeit der Grundsteuer bei ... 11, 204
— Haftung bei ... 123, 124
— Anwendung der Steuerbefreiungen bei ... 115 ff.
— mittlerer Neuhausbesitz bei ... 217, 227
— neuester Neuhausbesitz bei ... 218, 236
Forstwirtschaftliche Flächen, Ermittlung des Hektarwerts im Steuerausgleichsverfahren 187, 266
— Abschlag vom Hektarwert der ... 188, 266
Fortschreibung 6, 60, 140, 150 ff.
— allgemeines über die ... 151
— Begriff der ... 151
— maßgebender Wert bei ... 157 ff.

Fortschreibungsarten 152, 153
— Zusammentreffen mehrerer ... 157
Fortschreibungsbescheid 8, 150, 151, 152, 162
Fortschreibungsveranlagung 8, 60, 141, 150 ff., 162, 252
Fortschreibungsveranlagungsbescheid 150, 163 (Wesen des)
Fortschreibungszeitpunkt 8, 150, 152
Freibäder 68
Freistellungsbescheid 59
Freiwilliger Arbeitsdienst 76
Friedhof 109
Friedhofshallen 68
Fürsorgeanstalten 68
Fürsorgeerziehung 290
Fürsorgeverband (als Gemeindeverband) 62

G

Gärtnereien 70
— der Reichsautobahnen 75
Gärtnereigrundstück 65
Gärtnerische Flächen, Ermittlung des Hektarwerts im Steuerausgleichsverfahren 187, 188
Gärtnerischer Betrieb 38
Gärtnerisches Vermögen 37, 38
Gasträume 87
Gasversorgungsbetrieb 63, 66, 253
Gaswerke 70
Gebäude 40
Gebäudeentschuldungsteuer 76, 77, 202, 295
Gebietskörperschaft 55, 61, 96
Gebrauch (öffentlicher) 2, 50, 53, 62 ff. (Begriff), 65, 253
Gegenseitige Besteuerung, Gesetz über ... 32, 295
Geldentwertungsabgabe 77, 251
Gemeinde, Steuerbefreiung des Grundbesitzes einer Gemeinde 2, 3, 4, 50, 60 ff., 77
Gemeindefreier Grundbesitz 1, 28, 31
Gemeindegruppe 137, 263
Gemeindesteuer, Grundsteuer als Gemeindesteuer 1, 28, 29, 30, 31
Gemeindetag (Deutscher) 62, 92, 247
Gemeindeverband
— Befreiung des Grundbesitzes eines ... 2, 3, 4, 50, 60, 77
— Begriff des ... 61, 253
— Beteiligung des ... am Zerlegungsverfahren 174
Gemeinnützige Wohnungs- und Siedlungsunternehmen 243, 245
Gemeinnützige (Zwecke) 54
Gemeinnützigkeit, kein Befreiungsgrund 54, 77
Gendarmerie 5, 111 ff.
Gerätelager des Reichsarbeitsdiensts 71
Gesamthandseigentum, Steuerschuldnerschaft bei ... 121
Gesamtschuldner 6, 7, 118, 121, 123
Gesamtschuldnerschaft 121
— Wesen der ... 122
Gesandtschaft 5, 52, 110, 260
Geschäftsführung 3, 51, 77 ff.
Geschäftsleitung (einer Körperschaft) 79
Gesundheitswesen 68
Gewalt (öffentliche) 63 ff., 253
Gewässer (fließende) 4, 52, 54, 109, 260
Gewerbeberechtigung 40, 41
Gewinnerzielungsabsicht 63, 65, 253
Gewinnung von Gegenständen 63, 65, 253
Girokassen 70
Giroverbände 70
Gliederungen der NSDAP. 75
Gottesdienst 3, 51, 53, 87 ff.
Grünanlagen 68
Grundbesitz, Begriff 2, 35, 36
— ersatzpflichtiger ... 210 ff.
Grundfläche (bebaute) 223
Grundsteuer
— als Gemeindesteuer ... 1, 30
— Berechnung der ... 7, 131

Grundsteuer
— Festsetzung der ... 10, 33, 193, 197
— Entrichtung der ... 11, 204 ff.
— Fälligkeit der ... 11, 204 ff.
— Nachentrichtung der ... 12, 208
— Beitreibung der ... 33, 200
— Erhebung der ... 33, 200
— Erlaß der ... 200
— Stundung der ... 200
Grundsteuerbefreiungen, siehe Befreiungen von der Grundsteuer
Grundsteuerbeihilfe, siehe Beihilfe
Grundsteuerbescheid 193 ff.
— Abhängigkeit des ... vom Steuermeßbescheid ... 193, 198, 202
— Anfechtbarkeit ... 193, 199
— Berichtigung des ... 201
— dingliche Wirkung des ... 198
— Form des ... 201
— vorläufige Festsetzung des ... 201
— Wirkung des ... 193, 197
— Zurücknahme des ... 201
— Zuständigkeit zum Erlaß des ... 201
Grundsteuermeßbetrag, siehe Meßbetrag
Grundsteuerrahmengesetz (Inhalt) 19, 54
Grundsteuerrichtlinien, ihre Bedeutung für die Auslegung der Befreiungsvorschriften 55
Grundsteuerschuld, Entstehen der ... 193, 199, 200
Grundsteuerverfahren 132
Grundstück als Steuergegenstand 2, 40, 42, 48
— Hebesatz bei ... 10, 193, 195
— Fälligkeit der Grundsteuer bei ... 11, 204
Grundstücksgleiche Berechtigung 40
Grundstücksgruppe 137, 263
Grundvermögen (als Unterart des Grundbesitzes) 2, 39 ff.
Grundwertabgabe 224, 251
Gutsbezirke, Erhebung der Grundsteuer in ... 1, 28, 31
— Beteiligung am Zerlegungsverfahren ... 174

H

Hafen 4, 52, 54, 107 ff.
Hafenanlagen der Kriegsmarine 69
Hafenbetrieb 63, 66, 253
Haffe 109, 260
Haftpflichtige 33, 203
Haftung (persönliche) für Grundsteuer 7, 33, 120 ff.
— (dingliche) 7, 126, 128 ff.
— Geltung der AO. 202
Haftungsbescheid 123, 126, 127
Haltestellen der Reichsautobahnen 74
Handelskammer 61, 92,
— Schulen der ... 98
Hauptfeststellung (der Einheitswerte) 8, 140 ff.
Hauptfeststellungszeitpunkt 8, 140 ff.
Hauptfeststellungszeitraum 140, 141
Hauptgestüte 68
Hauptveranlagung der Steuermeßbeträge 8, 140 ff., 146
— erste ... 16, 57, 140, 147
Hausgarten 5, 48, 49, 111, 222, 231
Haushaltsausgleich 211, 269
Hausraum 39
Hebesatz 10, 11, 193 ff.
— Festsetzung des ... 35
— Wesen des ... 193, 194
— Zuständigkeit zur Festsetzung des ... 193, 194
— Geltung des ... 193, 194
— Höhe des ... 193, 195
— Abstufung des ... 10, 195
— Hebesätze bei Mehrbelastung ... 195, 292
— Festsetzung des ... für das Rechnungsjahr ... 196, 292
— Änderung des ... 292, 293
— Genehmigung des ... 293

Heilanstalten Verband zur Unterhaltung von ... als Gemeindeverband 62, als öffentlicher Dienst und Gebrauch ... 68
Heizwerke 70
Hektarsatz (im Steuerausgleichsverfahren) 186, 266
Hektarwert (im Steuerausgleichsverfahren) 187, 266
— Abschlag vom Hektarwert 188
Herstellung (von Gegenständen) 53, 63, 65, 253
Heuerlingshäuser 39
Heuerlingswohnungen (als Arbeiterwohnstätten) ... 240, 276, 281
Hitlerjugend 5, 111 ff.
Hochschule 4, 51, 68 (steuerbefreit), 98, 257 (keine Anerkennung erforderlich)
Hofraum 5, 39, 111, 222, 231
Hoheitliche Tätigkeit 62 ff., 253

J

Jahressteuerschuld 12, 16, 206, 250
Industriekammer 61, 92
— Schulen der ... 98
Industrieland 41
Inland 2, 42, 79
Inländische (Körperschaften usw.) 77, 78
Innungen, Schulen der ... 98
Innungsverband 61, 92
Inventar (lebendes u. totes) 38
Jugendherbergen, Befreiung des Grundbesitzes des Reichsverbands für Deutsche ... 3, 5, 50, 76, 111 ff.

K

Kaimauer 108
Kaiser-Wilhelm-Gesellschaft 257
Kanal 108
Kantinen 56, 69, 71, 113, 260
Kantinenpächter
Kapelle 93
Kapitalabfindung 15, 242 ff.
Kasernenquartier 112
Kasernenunterkunft 5, 111 ff., 260
Kasernenwohnung 113, 260
Kasinos 69, 71, 113, 260
Katholische Kirche 90
Kindergärten 68
Kinderhort 68
Kinderreiche 229, 230
Kinderreiche, Reichsbund der 76
Kirchen 93
Kirchenamtliche Tätigkeit 95
Kirchengemeinden 61
Kirchenländereien 88, 95
Kleinsiedlungen (als Arbeiterwohnstätten) ... 240, 276, 281
Kleinwohnung 14, 217, 229, 272
— Begriff der ... 229
— nutzbare Wohnfläche der ... 231
— als Arbeiterwohnstätten ... 241, 242, 286
Kleinwohnungsbauten im Saarland 223, 227, 271
Kliniken 68
Knabenseminar 101
Körperschaft (andere) 3, 4, 50, 51, 52, 53, 77
— (gemeinnützige) 87 ff., 95 (Verkoppelungsvorschrift)
Konsulat 5, 52, 110, 260
Konvikt 101
Konzentrationslager 68
Konzerthäuser 68
Kosten des Rechtsmittelverfahrens in Zerlegungssachen 174
Kraftfahrbahnen 74
Kraftfahrsport 85
Kraftwagendepots des Reichsarbeitsdiensts 71
Krankenanstalt, Befreiung des Grundbesitzes der ... 4, 52, 54, 55, 102 ff., 258 ff.
Krankenhäuser Verband zur Unterhaltung von ... als Gemeindeverband 62
— steuerbegünstigt 68
Krankenkasse 61, 92
Krankenzimmer
Kreise (als Gemeindeverbände) 61
Kriegsbeschädigte (siehe abgefundene Kriegsbeschädigte)

Krippenhäuser 68
Krüppel 290
Krüppelheime 68
— Werkstätten in ... 116, 261
Küchen des Reichsarbeitsdiensts 71
Künstlicher Wasserlauf 4, 52, 54, 107 ff.

L

Ladegleise 108, 259
Laderampe 109, 259
Ladestraße 109, 259
Lagergrundstück 68, 70
Lagerung (von Gegenständen) 53, 63, 65, 253
Lagerunterkunft 5, 111 ff.
Land, Steuerbefreiung des Grundbesitzes eines ... 2, 3, 4, 50, 60 ff., 77
Landarbeiterwohnung 281
Landesaufnahme, Reichsamt für Landesaufnahme 68
Landesbürgschaftsausschuß 282
— Zuständigkeit des ... 287 Verfahren bei ... 287
— Geschäftsstellen der ... 287
Landesversicherungsanstalt 61, 92
Landgestüte 68, 116
Landjahrheim 68, 100, 257
Landkraftposten 71
Land- und forstwirtschaftlicher Betrieb als Unterart des Grundbesitzes ... 2, 35, 261
— als Steuergegenstand 2, 42 ff.
— Steuermeßzahl bei ... 136, 262
— Zerlegung bei ... 10, 182
— Hebesatz bei ... 10, 193, 195
— Fälligkeit der Grundsteuer bei ... 11, 204
— Grundsteuerhaftung bei ... 123, 124
— Anwendung der Steuerbefreiungen bei ... 115 ff.
— mittlerer Neuhausbesitz bei ... 217, 227
— neuester Neuhausbesitz bei ... 218, 236
Landwirtschaftliche Flächen, Ermittlung des Hektarwerts im Steuerausgleichsverfahren 187, 266
— Abschlag vom Hektarwert 188, 266
Last (öffentliche) 7, 128 ff.
Lazarett 69, 71
Lebendes Inventar 38
Lebensmittellager des Reichsarbeitsdiensts 71
Lehreranstalt 68
Lehrzwecke 116, 117, 261
Leibesübungen, Deutscher Reichsbund für ... 85
Leichenhalle 109
Leihämter 68
Leinpfad 108
Lesehallen 68
Lotsendienst 68
Lotterien 68
Luftschutzanlagen 68
Luftsport 85
Luftsportverband (Deutscher), Befreiung des Grundbesitzes des ... 3, 50
Lungenfürsorgestellen 68

M

Marksteinschutzflächen 68
Markthallen 68
Maschine 39, 41
Maschinenämter, Verwaltungsgebäude der ... 73, 254
Maßgebender Wert 7
— bei Fortschreibungen 157 ff.
— bei Nachfeststellungen 165 ff.
Materiallager (an öffentlichen Straßen usw.) 108
Mausoleum 110
Mehrbelastung 195, 196, 278, 293
Meliorationen, keine Vergünstigungen für ... 214
Melkerschulen (des Reichsnährstands) 99
Messehallen 70
Mietzinsforderungen, Wirkung der öffentlichen Last hinsichtlich der ... 129, 130
Milchzentralen 70

Mildtätige (Zwecke) 3, 5, 51, 53, 77 ff., 111
Mildtätigkeit als Befreiungsgrund 77
Minderbemittelte Bevölkerung 103, 258 ff.
Minderjährige 290
Mindestwert 227, 236
Minendepots (der Wehrmacht) 69
Mineralgewinnungsrecht 40
Mittelstreifen 108, 259
Mittlerer Neuhausbesitz 207, 218, 222 ff.
— Abgrenzung des 217, 222 ff.
— grundsteuerl. Behandlung des ... 217, 223 ff.
Motorjachtverein 85
Müll, Abfuhr von ... 67, 68
München, besondere Meßzahlen für .. 137, 138
Munitionsniederlagen (der Wehrmacht) 69
Münzen 68
Mütterfürsorgestellen 68
Museen 68
Musterbetriebe (land- u. forstwirtschaftliche) 116, 261

N

Nachentrichtung der Grundsteuer 12, 208
Nachfeststellung des Einheitswerts 8, 140, 152, 163 ff.
Nachfeststellungsbescheid 9, 164 ff.
Nachfeststellungszeitpunkt 9, 164, 165
Nachholung der Einheitswertfeststellung 152, 164, 165
Nachveranlagung 8, 9, 141, 163 ff., 252, 264
Nachzahlung 12, 207, 208
Nahrungsmitteluntersuchung 68,
Nationalpolitische Erziehungsanstalten 257
Nationalsozialistische Deutsche Arbeiterpartei, Befreiung des Grundbesitzes der ... 2, 50, 75 ff.
Nationalsozialistisches Fliegerkorps (NSFK.) 76
Nationalsozialistische Weltanschauung, siehe Weltanschauung
Naturschutzflächen 68, 247
Neubauämter, Verwaltungsgebäude der ... 73, 254
Neubauten 136 ff., 263, 264
Neudeck, Rittergut Neudeck 248
Neuester Neuhausbesitz 218, 229 ff., 272
— Abgrenzung des 218, 222, 229 ff.
— grundsteuerl. Behandlung des ... 218, 233 ff.
— Ausnahmegemeinden beim ... 218
Neufeststellung (der Einheitswerte) 151
Neuhausbesitz 13, 216 ff., 271 ff. Steuermeßbetrag bei ... 135, 262
Neuhausgruppen, Abgrenzung der ... 273
Neusiedlung 215
Nießbraucher 7, 123, 124
Noviziat 101
NSBO. 75
NS.-Bund Deutscher Technik 76, 98
NS.-Deutscher Ärztebund 76, 98
NS.-Deutscher Dozentenbund 75
NS.-Deutscher Rechtswahrerbund 76, 98
NS.-Deutscher Studentenbund 75, 111 ff.
NS.-Frauenschaft 75
NS.-Hago 75
NSKK. 5, 75, 111
NS.-Kriegsopferversorgung e. V., Befreiung des Grundbesitzes der ... 3, 5, 50, 76, 98, 111 ff.
NS.-Lehrerbund e. V., 76, 98
NS.-Volkswohlfahrt e. V., Befreiung des Grundbesitzes der ... 3, 5, 50, 73, 76, 96, 111 ff.
Nutznießer 7, 123, 124

O

Obdachlosenheime 68
Oberbetriebsleitungen, Verwaltungsgebäude der 73, 254
Objektsteuer 29
Öffentliche (Last) 7, 128 ff.
Öffentlicher Dienst 2, 50, 53, 62 ff. (Begriff), 65, 253
Öffentlicher Gebrauch 2, 50, 53, 62 ff. (Begriff), 65
Öffentliche Gewalt 62 ff., 253
Öffentliche Schule 97
Öffentlicher Verkehr 4, 52, 54, 107 ff.
Offiziere, Vergünstigungen für abgefundene kriegsbeschädigte Offiziere 243, 244
Öllager (der Wehrmacht) 69
Operationsraum 105
Orden (röm.-kath.) 100
Ordensburgen 98, 100, 257
Ordensgeistliche 101
Ordinariat 95
Ordnungsstrafe (wegen Nichterstattung einer Anzeige) 59

P

Pächter 125
Pachtzinsforderungen, Wirkungen der öffentlichen Last hinsichtlich der ... 129, 130
Päpstliche Stuhl
Park 49
Parkanlage 39, 68
Parkplätze der Reichsautobahnen 74
— an öffentlichen Straßen 108
Parteitag Nürnberg, Zweckverband 2, 50
Personenbeförderung auf Omnibussen usw. 68, 70, 71
Personenvereinigung 3, 4, 50, 51, 77 (gemeinnützige), 95 (Verkoppelungsvorschrift)
Pfarramt 95
Pfarrkanzlei 95
Pfarrländereien 88, 95,
Pferdesport 85
Pflegeanstalt, Verband zur Unterhaltung von ... als Gemeindeverband 68
— steuerbegünstigt 68
Pfründe 95
Platz 4, 52, 54, 107
— Plätze der Reichsbahn 73
Porzellanmanufakturen 70
Postulat 101
Predigerseminar 5, 100, 111 ff., 258
Preuß. Landesrentenbank 247
Priesterseminar 5, 100, 111 ff., 258
Privatdeich 4, 52, 109
Privatkapelle 94
Privatkrankenanstalt 258
Privatschule 97
Privatwirtschaftliche (Zwecke) 65
Provinzen (als Gemeindeverbände) 61
Pumpstationen 68

R

Rang (der öffentlich-rechtlichen) Lasten 130
Rangiergleise 108, 259
Rasthäuser (der Reichsautobahnen) 75
Rastplätze der Reichsautobahnen 74
— an öffentl. Straßen usw. 108
Raumsteuer 224
Realsteuer 29, 30
Realsteuerbescheid, Abhängigkeit des ... vom Steuermeßbescheid 33, 147, 197 ff.
Realsteuersenkungsgesetz 13, 216, 222, 271
Realsteuersperre 248, 294
Rechtsmittelentscheidung, Vorauszahlungen bei 12, 207 ff.
Rechtsmittelverfahren b. Grundsteuerbescheiden 201, 202
Rechtsnachfolger 33, 140, 144, 141, 149, 198, 203
Rechtsverordnung, Ermächtigung zum Erlaß von ... 34
Rechtsvorgänger 140, 144, 145, 149, 198

Reich, Steuerbefreiung des Grundbesitzes des ... 2, 3, 4, 50, 60 ff., 77
— Besteuerung des Grundbesitzes des ... 32
Reichsabgabenordnung, Anwendung bei Verwaltung der Grundsteuer 32, 193, 200 ff.
Reichsanstalt für Arbeitsvermittlung und Arbeitslosenversicherung 61, 92
Reichsarbeitsdienst 5, 53, 71, 111
Reichsärztekammer 61
Reichsautobahnen, Befreiung des Grundbesitzes der ... 2, 50, 74, 247, 254
Reichsbahnausbesserungswerk 74
Reichsbahn (Deutsche), Steuerbefreiung des Grundbesitzes der ... 2, 50, 53, 254
Reichsbahndirektionen, Verwaltungsgebäude der ... 73, 254
Reichsbank 70
Reichsbund Deutscher Beamten 76
Reichsbürgschaftsausschuß 277, 282
— Zuständigkeit des ... 287
— Verfahren bei ... 287
— Geschäftsstelle des ... 287
Reichsdruckerei 68, 70, 71
Reichseisenbahnvermögen 2, 50, 53, 71, 72
— Befreiung von der Gebäudeentschuldungsteuer ... 295
Reichsfilmkammer 61
Reichsheimstätten 229
Reichskammer der bildenden Künste 61
Reichsknappschaft 61
Reichskolonialbund 76
Reichskulturkammer 61, 92
Reichsluftschutzbund, Befreiung des Grundbesitzes des ... 3, 50, 76
Reichsmonopolverwaltung für Branntwein 68
Reichsmusikkammer 61
Reichsnährstand 61, 92
— Schulen des ... 98
Reichspost 53, 68, 70, 71
Reichspressekammer 61
Reichsrundfunkkammer 61
Reichsschrifttumskammer 61
Reichssiedlungsgesetz 213 ff.
Reichssportamt 85, 255
Reichstheaterkammer 61
Reichstierärztekammer 61
Reichsverkehrsministerium, Verwaltungsgebäude des ... 73, 253
Reichsversicherungsanstalt für Angestellte 61
Reichswasserschutz 5, 111
Religiöse Unterweisung 3, 53, 87 ff., 100, 255, 256
Religionsgesellschaft 3, 51, 53, 87 ff., 255
Religionsunterricht 100
Remonteämter 69
Repräsentationsräume 112
Rieselfelder 70
Rohbau 222
Rollfeld 4, 52, 54, 109
Röm.-kath. Kirche 90
Rotes Kreuz, siehe Deutsches Rote Kreuz
Ruderklubhaus 41
Russisch-orthodoxe Diözese 91

S

SA. 5, 75, 111
Saarland, Behandlung des Neuhausbesitzes 138, 217, 218, 223
— mittlerer Neuhausbesitz im ... 227, 271
— neuester Neuhausbesitz im 236
Sachgesamtheit (als wirtschaftliche Einheit) 45
Sachleitung (bei der Grundsteuer) 34
Sammelbecken 4, 52, 109
Sammelvermögen 78, 79
Sanitätsparks der Wehrmacht 69
Satzung 3, 50, 77 ff.
Säuglingsfürsorgestellen 68
Säuglingsheim 68
Schienenweg 4, 52, 54, 73, 107 ff., 259

Schießplätze (der Wehrmacht) 69
Schießstände (der Wehrmacht) 69
— des Reichsarbeitsdiensts 71
Schiverein 86, 255
Schlachthöfe 68
Schleusenanlagen der Kriegsmarine 69
Schneedamm 108, 259
Schulaufsichtsbehörde 97 ff.
Schule, Befreiung der ... 55, 68, 71, 99, 257
Schülerheim 53, 99 ff., 257 ff.
Schullandheim 69, 100, 257
Schulungslager 5, 53, 111 ff., 257 ff.
Schulverband (als Gemeinde**verband**) 62
Schuppen 41
Schutzdienst 5
Schutzhütten 86, 255
Schutzpolizei 5, 111
Schutzstreifen 107, 259
Schutzwaldstreifen 108
Schweinemästereien 70
See 4, 52, 106
Seitengraben 107, 259
Seminare 101
Sicherungsübereignung 123
Siechenhäuser 69
Siedler 214
Siedlerstellen 13, 213 ff., 270, 271
— Festsetzung des Steuermeßbetrags für ... 216
Siedlungsgesellschaft 214
Siedlungsunternehmen 214
Siedlungsverfahren 214, 215
Sitz (einer Körperschaft usw.) 79
Sitzgemeinde 182 ff., 265
— Begriff 183
Sonderbefreiungsvorschriften 15, 246, 247 (Außerkrafttreten von ...)
Sonderfälle, Festsetzung des Beteiligungsbetrags in ... 191, 267
Sondersteuern 196, 213, 217, 251
— beim mittleren Neuhausbesitz 224 ff., 271
Sondersteuern
— beim neuesten Neuhausbesitz 233, 272
— auf Wohnungen usw. 296
Sonnenbäder 68
Sparkassen 70
Speicher 41
Sperrdienst (der Wehrmacht) 69
Spielplätze 69
Sportliche Anlagen (steuerbegünstigt) 86, 255
Sportliche (Zwecke) 3, 51, 84 ff., 255
Sportplätze 69, 71
— der Wehrmacht 69
Sportverein (anerkannter) 3, 51, 53, 56, 73, 84 ff., 96, 254 ff.
Sportzwecke 85
SS. 5, 75, 111
Staatliche Aufgaben 4, 97, 99, 256, 257
Staatsbanken 70
Staatsdomänen 65
Staatsforsten 65
Stadtbanken 70
Stadthalle 117
Stadtwälder 65
Stellwerksgebäude 108, 259
Steuerausgleich 10, 176, 182 ff., 265 ff.
— Anwendungsbereich des ... 184
— Vereinbarung über den ... 185, 186, 266
Steuerbefreiungen (siehe Befreiungen von der Grundsteuer)
Steuerbegriff 203
Steuerbegünstigter Zweck 6
Steuerberechtigte 1, 28
Steuerentrichtung, Ende der ... 9, 167 ff.
Steuergefährdung (wegen Nichterstattung einer Anzeige) 59
Steuergegenstand
— Begriff des ... 2, 42 ff., 47 ff.
— Untergang des ... 9, 167 ff.
— Verbindung eines ... mit einem anderen ... 9, 167 ff.

Steuergeheimnis 33, 203
Steuergläubiger (bei der Grundsteuer) 31, 44
Steuerhinterziehung (wegen Nichterstattung einer Anzeige) 59
Steuermeßbescheid
— Abhängigkeit des Realsteuerbescheids vom ... 33
— Wesen des ... 140, 147
— Inhalt des ... 140, 148
— Abhängigkeit des ... vom Einheitswertbescheid 140, 149
— Wirkung des ... gegen den Rechtsnachfolger 140, 149
— Zuständigkeit zum Erlaß des ... 140, 150
— Änderung des ... wegen Änderung des ... 145 ff.
Steuermeßbetrag 7, 33, 34, 131 ff.
— Hauptveranlagung des ... 8, 146
— erste Hauptveranlagung des 16, 147, 249
— Fortschreibungsveranlagung des ... 150, 162
— Nachveranlagung des ... 163 ff., 264
— Wesen des ... 133
— Abrundung des ... 135
— Zerlegung des ... 9, 33, 169 ff., 265
— Steuermeßbetrag bei Erbbaurecht und Erbpachtrecht ... 134, 261
— bei Grundbesitz, der Verwaltungszwecken der Deutschen Reichsbahn dient ... 135, 135
— bei Neuhausbesitz ... 135
— bei Siedlerstellen ... 216
— bei älterem Neuhausbesitz 221
— bei mittlerem Neuhausbesitz 225, 226
— bei neuestem Neuhausbesitz 233 ff.
Steuermeßzahl 7, 8, 132 ff.
— bei land- und forstwirtschaftlichen Betrieben ... 136, 262
— bei Grundstücken ... 137, 262
— bei unbebauten Grundstükken ... 136, 262
— Wesen der ... 133
— Höhe der 145
— besondere Steuermeßzahlen ... 137, 138
Steuermeßverfahren 132 ff.
Steuerobjekt, Antrag auf Verteilung des ... 175
Steuerpflicht 1, 28
— Ende der ... 9, 167
Steuerschuldner 6, 118, 149
Steuerstrafrecht, Anwendung der AO. auf die Grundsteuer 203
Steuerstrafsachen 33, 203
Steuerverkoppelung 196, 197, 293
Stichkanal 107
Stichtag für Steuerbefreiung 52, 57, 58, 252
Stiftung 3, 50, 77 ff.
Strafanstalt (land- und forstwirtschaftlich genutzter Grundbesitz bei ...) 116
Strafvollzugsanstalten 69
— Werkstätten in ... 116, 261
Straße 4, 52, 54, 107 ff.
— Verband zur Unterhaltung von Straßen als Gemeindeverband 62, 259
— Straßen der Reichsbahn 73
— Straßen wehrmachteigene 69
— Straßen reichsarbeitsdiensteigene 71
Straßenmeisterei (der Reichsautobahnen) 74
Straßenmeistereigehöfte der Reichsautobahnen 74
Straßenreinigung 69
Straßenwärtergehöfte 69
Strom 4, 52, 109
Synagoge 93
Synagogengemeinden 90, 92

T

Tankstellen (der Reichsautobahnen) 75, 254
Taubstumme 290
Taubstummenanstalten 69, 103
Technische Nothilfe, Befreiung des Grundbesitzes der ... 3, 50, 76
Teich 4, 52, 106
Teichwirtschaft, als Landwirtschaft 38
Teilweise Befreiung 6, 115
Theater 62, 69
Theatermagazine 69
Tiergärten 69
Torpedoversuchsanstalten 69
Totes Inventar 38
Treidelweg 108
Treugeber 123
Treuhänder 123
Tribünenaufbauten 87
Trinkerheilstätten 69, 103
Truppenübungsplatz 113, 261
Turnhalle 118
Turnplätze 69

U

Überlandzentralen 70
Übernachtungsräume 86, 255
Übungsplätze der Wehrmacht 69
— des Reichsarbeitsdiensts 71
Umgemeindungen, besondere Einwohnerzahl bei ... 138, 211, 263
Umlagesätze der Gemeindeverbände 294
Umschlagsanlagen der Reichsautobahnen 74
Umschuldungsverband 247
Unbebaute Grundstücke Begriff 49
— Steuermeßzahlen für 135, 264
Unentgeltlich 96
Universitäten 92, 98, 257
Unmittelbar 3, 6, 51, 77 ff.
Unmittelbarer (Benutzung) 66, 115 ff., 261
Untereinheit (wirtschaftliche) 9, 141, 142
Untergang des Steuergegenstands 9, 167 ff.
Unterkunftshütten 86, 255
Unterricht 4, 51, 96 ff., 255 ff.
Untersuchungsanstalten (bakteriologische) 67
Unterweisung (religiöse) 3, 51, 53, 87 ff., 100
Urnenheim 109

V

Verbände der NSDAP. 3, 51, 75, 76
— (Verkoppelungsvorschrift) 95
— Schulen eines der NSDAP. angeschlossenen Verbands 98
Verbindung (eines Steuergegenstands mit einem anderen) 9, 167 ff.
Vereinbarungen (über Steuerforderungen) 56, 57, 196, 293
Verfassung (sonstige) 3, 50, 77 ff.
Vergleiche (über) Steuerforderungen 56, 196
Vergnügungsräume 87
Verjährung 33, 200, 202
Verkaufsstellen 73, 254
Verkehr (öffentlicher) 4, 52, 54, 107 ff.
Verkehrsämter, Verwaltungsgebäude der ... 73, 254
Verkehrsanschauung, maßgebend für Bildung von wirtschaftlichen Einheiten 45
Verkehrsbetrieb 63, 66
Verkehrsflughafen 4, 52, 54, 109
Verkehrskontrollen, Verwaltungsgebäude der ... 73, 254
Verkehrsunternehmung 70
Verkoppelung (der Steuerbefreiungsbestimmungen) 4, 96
Verkoppelungsvorschrift 95, 96
Verladeanlagen der Reichsautobahnen 74
Vermögensmasse 3, 4, 50, 51
— (gemeinnützige) 77
Verpachtung 48
— eines land- und forstwirtschaftlichen Betriebs, Steuerschuldner bei ... 118, 119

Verpflegungsämter der Wehrmacht 69
— des Reichsarbeitsdiensts 71
Versicherungsanstalt 70
Versorgungsbetrieb 66, 70
Versorgungsgebührnisse 15, 242 ff.
Versorgungsscheine 244
Versuchsanstalt 68
— der Wehrmacht 69
Versuchszwecke 116, 117, 261
Verwaltungsgebäude 2, 50, 53, 254
Verwaltungsgebühr 64
Verwaltungsvorschriften, Ermächtigung zum Erlaß von ... 34
Verwaltungszwecke bei Deutscher Reichsbahn 2, 50, 53, 71, 72, 253
— bei Reichsautobahnen 2, 50, 74 ff., 253
— bei öffentlich-rechtlichen Religionsgesellschaften 3, 51, 53, 87 ff.
Veterinärparks der Wehrmacht 69
Viehhof 70
Viehmarkt 70
Volksbund Deutsche Kriegsgräberfürsorge 76
Volksbund für das Deutschtum im Ausland, Befreiung des Grundbesitzes des ... 3, 50
Volksküchen 69
Volkswohnungen (als Arbeiterwohnstätten) ... 240, 276, 281
Vorauszahlungen 11, 12, 16, 205, 206, 208
— Abrechnung über die ... 207, 208
— erste Vorauszahlungen 250
Vorläufige Steuerbescheide 148, 201
Vorratsgelände 74, 75, 254

W

Wahlkonsulat 110, 260
Waisenhäuser 69
Waldschulen 99
Wanderverein 86, 255
Wärmehallen 69
Wärmeversorgungsbetrieb 63, 66, 253
Wärterhäuser der Reichsautobahnen 74
Wartezeit 104
Waschanstalten der Wehrmacht 69
— des Reichsarbeitsdiensts 71
Wasserlauf (künstlicher) 4, 52, 54, 107 ff.
Wasserverband 5, 52, 109
Wasserversorgungsbetrieb 63, 66, 253
Wasserwerk 66, 76
Weg 4, 52, 54, 107 ff., 259
— Wege der Reichsbahn 73
Wehrmacht 5, 111 ff.
Weinbaubetrieb 38
Weinbauflächen, Ermittlung des Hektarwerts im Steuerausgleichsverfahren 187, 266
— Abschlag vom Hektarwert der ... 188, 266
Weinbauvermögen 37, 38
Weltanschauung (nationalsozialistische) 97, 99, 256, 257
Weltgeistliche 100, 101
Werbender Betrieb 67
— Grundbesitz 65
Werberat der Deutschen Wirtschaft 61, 247
Werkstätten der Wehrmacht 69
— des Reichsarbeitsdiensts 71 der Reichsautobahnen 75, 254
— Steuerbefreiung der ... ... 115 ff., 261
Werkstättenräume von Sportvereinen 86, 87, 255
Werkwohnungen (als Arbeiterwohnstätten) ... 240, 276, 281
Wert, siehe maßgebender Wert
Wertabweichung 154, 155
Wertfortschreibung 150, 151, 153 ff., 158
Wertgruppe 137, 263
Wetterwarten 69, 109

Wille des Eigentümers, von Bedeutung bei Bildung von wirtschaftlichen Einheiten 46
Wirtschaftliche Einheit 9, 42
— Begriff der ... 45 ff.
— Feststellung der Einheitswerte für ... 141, 142
— Untergang einer ... 167 ff.
Wirtschaftlicher Eigentümer 122, 125
Wissenschaft 4, 51, 96 ff., 255 ff.
Wissenschaftliche Institute 69
Witwen, Vergünstigungen für ... von Kriegsbeschädigten 15, 242, 245, 274
Wohnräume (gemeinschaftliche) 5, 114
Wohnsiedlungen 214
Wohnung 5, 106, 111, 114
Wohnungsbauabgabe (in Bayern) 220
Wohnungsbaudarlehen, Auffüllung der Rückflüsse aus ... 273
Wohnungsluxussteuer 224, 251
Wohnzwecke 5, 111 ff.

Z

Zentralämter, Verwaltungsgebäude der ... 73, 253
Zerlegung 9, 10, 45, 169 ff.
— Einzelzerlegung 176
— Ersatz der ... 10, 182, 265 ff.
— neue ... 172, 173
Stichtag der ... 176, 177
— vereinfachte ... 180 ff.
— Voraussetzungen der ... 175, 176
— Zuständigkeit zur ... 150, 170 ff.
Zerlegungsanteil 10, 45, 176, 264 ff.
— Neuermittlung des ... 177
Zerlegungsbescheid 172
— Inhalt des ... 172
— Änderung des ... 173
— Zurücknahme des ... 173
— Rechtsmittel gegen den ... 173, 174
Zerlegungsmaßstab 10, 177 ff., 265
Zerlegungsrecht materielles 170, 175
— formelles 170 ff.
Zerlegungsstichtag 9, 176, 177
Zerlegungsverfahren
— Anwendung der Vorschriften über das ... 296
— Beteiligte am ... 171
— Beteiligung der Gemeinden am ... 174
— Kosten im ... 174
— Rechte im ... 171, 172
— Rechtsmittel im ... 173
— Zuständigkeit im ... 170, 171
Zeugämter der Wehrmacht 69
Zoologische Gärten 69
Zubehör 38, 39
Zufahrtstraßen (der Reichsbahn) 73
Zurechnungsfortschreibung 150, 151, 156 ff., 160
Zurücknahme (von Steuerbescheiden) 148, 201
Zurückzahlung 12, 207
Zuteilungsbescheid 175
Zuteilungsverfahren 175, 185
Zwangsinnung 61, 92
Zweckverband Reichsparteitag Nürnberg 2, 3, 50, 76, 247
2, 50, 247
Zweckvermögen 78, 79

Nachtrag.

Gesetz über das Deutsche Rote Kreuz

Vom 9. Dezember 1937

(RGBl. I S. 1330)

Auszug

Um die Bereitschaft des Deutschen Roten Kreuzes zur Erfüllung seiner Aufgaben durch eine straffe Zusammenfassung seiner Kräfte zu erhöhen, hat die Reichsregierung das folgende Gesetz beschlossen, das hiermit verkündet wird:

I. Abschnitt

Deutsches Rotes Kreuz

§ 1

(1) Das Deutsche Rote Kreuz e. V., der Reichsfrauenbund und die sonstigen Verbände, Vereine und Untergliederungen des Deutschen Roten Kreuzes werden zu einer Einheit „Deutsches Rotes Kreuz" zusammengeschlossen.

(2) Das Deutsche Rote Kreuz ist rechtsfähig.

§ 2

Das Deutsche Rote Kreuz dient gemeinnützigen und mildtätigen Zwecken.

IV. Abschnitt

Schlußvorschriften

§ 19

Das Grundsteuergesetz vom 1. Dezember 1936 (Reichsgesetzbl. I S. 986) wird wie folgt geändert.

1. Im § 4 Ziffer 2 wird hinter dem Buchstaben i) angefügt:
   „k) des Deutschen Roten Kreuzes,".
2. Im § 5 erhält Ziffer 3 a) die folgende Fassung:
   „a) in den Heimen der NS. Volkswohlfahrt, der NS.-Kriegsopferversorgung und des Deutschen Roten Kreuzes, die für die Aufnahme erholungsbedürftiger oder hilfsbedürftiger Personen bestimmt sind,".

§ 21

(1) Dieses Gesetz tritt am 1. Januar 1938 in Kraft.

Nachtrag

zu

Metz, Grundsteuergesetz

Inhalt:

1. Zweite Verordnung zur Durchführung des Grundsteuergesetzes für den ersten Hauptveranlagungszeitraum vom 29. März 1938.
2. Runderlaß vom 29. März 1938, der die Zweite Durchführungsverordnung erläutert.
3. Runderlaß vom 10. Dezember 1937 betr. die Heranziehung von Grundstücken, die der Freizeitgestaltung von Gefolgschaftsmitgliedern dienen.
4. Runderlaß vom 1. Juni 1938 betr. Anerkennung von privaten Schulen und Erziehungseinrichtungen.
5. Auszug aus der Verordnung vom 19. Januar 1938 zur Durchführung und Ergänzung des Einführungsgesetzes zu den Realsteuergesetzen.
6. Auszug aus der Zweiten Ausführungsanweisung zum Einführungsgesetz zu den Realsteuergesetzen vom 7. Januar 1938.
7. Richtlinien für Billigkeitsmaßnahmen auf dem Gebiete der Grundsteuer vom 19. April 1938.
8. Pressenotiz vom 19. April 1938 betr. Belastungsverschiebungen bei der Grundsteuer.

1938

J. Schweitzer Verlag (Arthur Sellier)

München und Berlin

Druck von Dr. F. P. Datterer & Cie., Freising-München.

Vorwort.

Mein Erläuterungsbuch zum Grundsteuergesetz vom 1. Dez. 1936 schließt nach dem Stande der Gesetzgebung vom 10. Dez. 1937 ab. Das Gesetz über das Deutsche Rote Kreuz vom 9. Dez. 1937 (RGBl. I S. 1330), durch das das Grundsteuergesetz eine erstmalige Änderung erfährt, ist deshalb noch berücksichtigt (zu vgl. Nachtrag zum Erläuterungsbuch).

Seit dem 10. Dez. 1937 ist eine Reihe von wichtigeren Vorschriften ergangen, die für die Durchführung des Grundsteuergesetzes von erheblicher Bedeutung sind. Um die Besitzer meines Erläuterungsbuches auf dem laufenden zu erhalten, erschien es mir geboten, einen Nachtrag zum Erläuterungsbuch zu bringen. Der Nachtrag ist auf den 1. Oktober 1938 abgeschlossen.

1. Zweite Verordnung zur Durchführung des Grundsteuergesetzes für den ersten Hauptveranlagungszeitraum (II. GrStDVO)

Vom 29. März 1938

(RGBl. I S. 360, RStBl. S. 385)

Auf Grund der §§ 12 und 13 der Reichsabgabenordnung in der Fassung des Einführungsgesetzes zu den Realsteuergesetzen vom 1. Dezember 1936 (RGBl. I S. 961) wird im Einvernehmen mit dem Reichsminister des Innern hierdurch verordnet:

Zu § 4 Ziffer 2c und § 5 Ziffer 3a des Gesetzes

§ 1

Befreiung des Winterhilfswerks des Deutschen Volkes

(1) Der Grundbesitz des Winterhilfswerks des Deutschen Volkes, der von ihm für seine Aufgaben benutzt wird, wird hinsichtlich der Steuerbefreiung dem im § 4 Ziffer 2 des Grundsteuergesetzes genannten Grundbesitz gleichgestellt. Die Gleichstellung gilt auch für die Anwendung der Verkoppelungsvorschrift im § 4 Ziffer 6 des Grundsteuergesetzes.

(2) § 5 Ziffer 3a des Grundsteuergesetzes — in der Fassung des § 19 des Gesetzes vom 9. Dezember 1937 (RGBl. I S. 1330) — gilt entsprechend für Heime des Winterhilfswerks des Deutschen Volkes.

Zu § 4 Ziffer 3b des Gesetzes

§ 2

Befreiung wegen mildtätiger Zwecke

Die Befreiung nach § 4 Ziffer 3b des Grundsteuergesetzes wird nicht dadurch ausgeschlossen, daß die inländische Körperschaft, Personenvereinigung oder Vermögensmasse nicht nur mildtätigen Zwecken, sondern auch gemeinnützigen Zwecken dient. Dagegen verbleibt es dabei, daß in diesen Fällen nur solcher Grundbesitz steuerfrei ist, der für mildtätige Zwecke benutzt wird.

Zu § 4 Ziffern 5 bis 8 des Gesetzes

§ 3

Jüdische Kultusvereinigungen und ihre Verbände, denen das Gesetz vom 28. März 1938 (RGBl. I S. 338) die Stellung als Körperschaft des öffentlichen Rechts mit Wirkung ab 1. April 1938 entzogen hat, gelten für die Befreiung von der Grundsteuer bereits ab 1. Januar 1938 nicht mehr als Körperschaften des öffentlichen Rechts.

Zu § 6 Absatz 1 des Gesetzes

§ 4

Land- und forstwirtschaftlich genutzter Grundbesitz

§ 25 der Verordnung zur Durchführung des Grundsteuergesetzes vom 1. Juli 1937 (RGBl. I S. 733) wird wie folgt geändert:

1. An die Stelle des Absatzes 1 treten die folgenden Absätze 1 und 2:

„(1) Land- und forstwirtschaftlich genutzter Grundbesitz ist auch dann steuerpflichtig, wenn er einem der im § 4 des Gesetzes bezeichneten Zwecke unmittelbar dient.

(2) Die Einschränkung der Steuerbefreiung nach Absatz 1 gilt nicht:

1. für land- und forstwirtschaftlich genutzten Grundbesitz, der Lehr- oder Versuchszwecken dient und dessen Fläche 10 Hektar nicht übersteigt. Auch wenn diese Grenze überschritten wird, gilt die Einschränkung des Absatzes 1 nicht für Gebäude und Betriebsmittel, die über den zur Bewirtschaftung erforderlichen Bestand hinaus vorhanden sind und unmittelbar für die Lehr- oder Versuchszwecke benutzt werden;
2. für Übungsplätze der Wehrmacht, die unter § 4 Ziffer 1a des Gesetzes fallen;
3. für Grundbesitz, der unter § 4 Ziffer 9 des Gesetzes fällt."

2. Absatz 2 wird Absatz 3.

Anwendung der Verordnung

§ 5

Die Verordnung ist erstmalig auf die Grundsteuer anzuwenden, die für das Rechnungsjahr 1938 erhoben wird.

2. Runderlaß des Reichsministers der Finanzen und des Reichs- und Preuß. Ministers des Innern

vom 29. März 1938

betr. Durchführung des Grundsteuergesetzes

(RStBl. 1938 S. 386)

Zur Erläuterung der — vorstehend abgedruckten — Zweiten Verordnung zur Durchführung des Grundsteuergesetzes (II. GrStDVO) vom 29. März 1938 und zur Ergänzung der Grundsteuerrichtlinien (GrR.) geben wir die nachstehenden Anordnungen. Sie betreffen in erster Linie die Reichsfinanzbehörden.

Zu § 4 Ziffer 2c GrStG

Zu § 1 Absatz 1 II. GrStDVO

1. NSV., Winterhilfswerk

Nach § 4 Ziffer 2c GrStG ist der Grundbesitz der NS.-Volkswohlfahrt e. V. begünstigt. Durch das Gesetz über das Winterhilfswerk des Deutschen Volkes vom 1. Dezember 1936 (RGBl. I S. 995) ist das Winterhilfswerk des Deutschen Volkes eine besondere Körperschaft geworden. Aus diesem Grund sieht § 1 Absatz 1 II. GrStDVO eine Gleichstellung des Winterhilfswerks des Deutschen Volkes mit den im § 4 Ziffer 2 GrStG genannten Körperschaften, Vereinen usw. vor.

Zu § 4 Ziffer 2 GrStG

2. Luftschutz, Jugendherbergen usw.

(1) Im § 4 Ziffer 2 GrStG sind eine Reihe reichswichtiger Verbände zu den begünstigten Körperschaften, Vereinen usw. gerechnet worden. Durch diese Vorschrift sollte in erster Linie der Grundbesitz begünstigt werden, der den von diesen Verbänden zu erfüllenden besonderen Aufgaben oder Zwecken gewidmet ist. Die meisten dieser Verbände bestehen aus einem rechtsfähigen Verein, dessen örtliche Untergliederungen für sich nicht rechtsfähig sind. Bei drei der begünstigten Verbände sind jedoch auch die Untergliederungen (Landes- und Bezirksverbände usw.) rechtsfähige Vereine, die eigenen Grundbesitz haben können.

(2) Wir ersuchen, die Vorschrift des § 4 Ziffer 2 GrStG auch auf den Grundbesitz derartiger Untergliederungen anzuwenden. Das gilt für die Vereine, die zum Reichsluftschutzbund e. V. gehören (§ 4 Ziffer 2e), für die Landesverbände des Reichsverbands für Deutsche Jugendherbergen e. V. (§ 4 Ziffer 2g) und für die Landes- und Bezirksverbände des Volksbunds für das Deutschtum im Ausland e. V. (§ 4 Ziffer 2i).

Zu § 4 Ziffer 2k GrStG

3. Rotes Kreuz

Es sei hier nochmals darauf hingewiesen, daß durch § 19 des Gesetzes über das Deutsche Rote Kreuz vom 9. Dezember 1937 (RGBl. I S. 1330, RStBl. S. 1249) im § 4 Ziffer 2 die folgenden Worte eingefügt worden sind:

„k) des Deutschen Roten Kreuzes".

Zu § 4 Ziffer 3b GrStG
Zu § 2 II. GrStDVO

4. Mildtätige Zwecke

(1) Nach § 4 Ziffer 3b GrStG hängt die Befreiung von zwei Voraussetzungen ab:

in subjektiver Beziehung: Die Körperschaft, Personenvereinigung oder Vermögensmasse muß nach ihrer Satzung, Stiftung oder sonstigen Verfassung und nach ihrer tatsächlichen Geschäftsführung ausschließlich und unmittelbar mildtätigen Zwecken dienen;

in objektiver Beziehung: Der Grundbesitz muß von dem Eigentümer für mildtätige Zwecke benutzt werden.

(2) Die erstgenannte (in subjektiver Beziehung bestehende) Voraussetzung hat vielfach zu Härten geführt, da der für mildtätige Zwecke benutzte Grundbesitz häufig Vereinen, Stiftungen usw. gehört, die neben mildtätigen Zwecken (§ 18 StAnpG) zugleich auch gemeinnützige Zwecke (§ 17 StAnpG) verfolgen. Durch § 2 II. GrStDVO ist nunmehr klargestellt worden, daß ein solcher Sachverhalt die Anwendung der Befreiungsvorschrift des § 4 Ziffer 3b GrStG nicht ausschließt.

(3) Als eine Körperschaft, die hiernach den im § 4 Ziffer 3b GrStG genannten gleichzustellen ist, ist z. B. die Dankspendenstiftung anzusehen, die durch den Erlaß des Führers und Reichskanzlers vom 17. Februar 1938 (RGBl. I S. 205) errichtet worden ist.

(4) An der objektiven Voraussetzung (daß nur Grundbesitz befreit ist, der für mildtätige Zwecke benutzt wird) wird durch § 2 II. GrStDVO nichts geändert.

Zu § 4 Ziffern 5, 7 und 8 GrStG

5. Berücksichtigung der Deutschen Arbeitsfront

(1) Nach § 4 Ziffer 5b und c und nach den Schlußsätzen des § 4 Ziffern 7 und 8 GrStG ist der dort bezeichnete Grundbesitz beim Vorliegen der übrigen Voraussetzungen auch dann befreit, wenn er einer Körperschaft des öffentlichen Rechts gehört (Hinweis auf die Bestimmungen im § 11 Buchst. b, § 12 Ziffer 2b, § 13 Buchst. b, § 14 Ziffer 2b, § 16 Absatz 1 Ziffer 2 GrStDVO). Bezüglich der Deutschen Arbeitsfront haben wir uns in Ziffer 25 Absatz 2 GrR damit einverstanden erklärt, daß sie für die Zwecke der Grundsteuer den Körperschaften des öffentlichen Rechts gleichgestellt wird.

(2) Hierzu weisen wir darauf hin, daß die „Vermögensverwaltung der Deutschen Arbeitsfront", G.m.b.H., Berlin-Wilmersdorf, die Treuhänderin der Deutschen Arbeitsfront ist (vgl. § 24 Absatz 1 des Gesetzes vom 9. Dezember 1937, RGBl. I S. 1333). Grundbesitz dieser G.m.b.H. wäre also an sich nach § 11 Ziffern 2 und 3 StAnpG der Deutschen Arbeitsfront zuzurechnen.

(3) Durch § 24 des Gesetzes vom 9. Dezember 1937 ist die „Vermögensverwaltung der Deutschen Arbeitsfront" als Treuhänderin der Deutschen Arbeitsfront in das Vermögen der früheren Arbeitgeber- und Arbeitnehmervereinigungen (einschließlich der Hilfs- und Ersatzorganisationen, Vermögensverwaltungen, Pensionskassen und sonstigen Sondervermögen) eingewiesen worden. Auch der Grundbesitz dieser Organisationen würde also an sich der Deutschen Arbeitsfront zuzurechnen sein.

(4) Wir ersuchen jedoch aus Zweckmäßigkeitsgründen, Grundbesitz, der nach den Absätzen 2 und 3 an sich der Deutschen Arbeitsfront zuzurechnen wäre, der „Vermögensverwaltung der Deutschen Arbeitsfront" zuzurechnen. In den Fällen, in denen bereits bisher so verfahren ist, kann es also dabei verbleiben. In den Fällen des Absatzes 3 jedoch, in denen der Grundbesitz den früheren Arbeitgeber- oder Arbeitnehmervereinigungen zugerechnet worden ist, ist er auf den 1. Januar 1938 der „Vermögensverwaltung der Deutschen Arbeitsfront" zuzurechnen. In allen Fällen ist für die Anwendung der im Absatz 1 genannten Befreiungsvorschriften aber der der „Vermögensverwaltung der Deutschen Arbeitsfront" zugerechnete Grundbesitz so zu behandeln, als wenn er der Deutschen Arbeitsfront zugerechnet wäre.

Zu § 4 Ziffern 5 bis 8 GrStG
Zu § 3 II. GrStDVO

6. Jüdische Kultusvereinigungen keine Körperschaften des öffentlichen Rechts

(1) Durch das Gesetz vom 28. März 1938 (RGBl. I S. 338, RStBl. S. 369) ist den jüdischen Kultusvereinigungen und ihren Verbänden die

Stellung als Körperschaft des öffentlichen Rechts mit Wirkung ab 1. April 1938 entzogen worden. Bisher war angenommen worden, daß die jüdischen Kultusvereinigungen bereits am 1. Januar 1938 (dem Stichtag für die Steuerbefreiung für das Rechnungsjahr 1938) diese Rechtstellung nicht mehr haben würden. Im Hinblick hierauf war in Ziffer 26 Absatz 4 GrR die Anweisung erteilt worden, steuerliche Maßnahmen gegenüber Grundbesitz solcher Vereinigungen zunächst zurückzustellen. Da das neue Gesetz sich jedoch erst ab 1. April 1938 auswirkt, mußte für die Grundsteuer des Rechnungsjahrs 1938 die Sonderbestimmung des § 3 II. GrStDVO getroffen werden.

(2) Diese Bestimmung ist von besonderer Bedeutung für die Anwendung des § 4 Ziffer 5 GrStG. Da jüdische Kultusvereinigungen und ihre Verbände für die Grundsteuer nicht mehr als Körperschaften des öffentlichen Rechts anzusehen sind, sind sie auch nicht mehr als öffentlich-rechtliche Religionsgesellschaften zu behandeln.

(3) Die neue Bestimmung ist auch von gewisser Bedeutung für die Anwendung des § 4 Ziffern 6, 7 und 8 GrStG. Nach den Schlußsätzen des § 4 Ziffern 7 und 8 ist der dort bezeichnete Grundbesitz beim Vorliegen der übrigen Voraussetzungen auch dann befreit, wenn er einer Körperschaft des öffentlichen Rechts gehört (Hinweis auf die Bestimmungen im § 11 Buchst. b, § 12 Ziffer 2b, § 14 Ziffer 2b, § 16 Absatz 1 Ziffer 2 GrSt.-DVO). Diese Voraussetzung ist bei jüdischen Kultusvereinigungen und ihren Verbänden nach der neuen Regelung nicht mehr erfüllt.

(4) In diesem Zusammenhang weisen wir darauf hin, daß Bestattungsplätze nach § 4 Ziffer 9e GrStG ohne Rücksicht darauf befreit sind, in wessen Eigentum sie stehen.

Zu § 4 Ziffer 7 GrStG

7. Bedeutung der Anerkennung

(1) Für die Befreiung von Schulen, Erziehungsanstalten usw. bedarf es in den Fällen des § 12 GrStDVO ausnahmsweise und in den Fällen des § 14 GrStDVO regelmäßig einer Anerkennung der beteiligten Reichsminister, daß der Benutzungszweck des Grundbesitzes „im Rahmen der staatlichen Aufgaben liegt". Ebenso bedarf es für die Befreiung von Schülerheimen und Schulungslagern nach § 15 GrStDVO grundsätzlich einer Anerkennung der beteiligten Reichsminister, „daß die Unterbringung der Schüler in gemeinschaftlichen Wohnräumen zur Erfüllung der staatlichen Aufgaben notwendig ist".

(2) Zu der Bedeutung dieser Anerkennung weisen wir darauf hin, daß die Anerkennung lediglich eine der Voraussetzungen für die Befreiung ist. Aus der Tatsache allein, daß die Anerkennung ausgesprochen ist, darf also noch keinesfalls die Befreiung des Grundbesitzes gefolgert werden. Es muß vielmehr im Steuermeßverfahren nachgeprüft werden, ob auch die übrigen Voraussetzungen vorliegen, von denen die Befreiung des Grundbesitzes abhängt (Hinweis auf Ziffer 2 GrR). Dabei ist einmal daran zu erinnern, daß Grundbesitz nur insoweit befreit ist, als er den begünstigten Zwecken unmittelbar gewidmet ist (§ 6 Absatz 1 GrStG, §§ 24 und 25 GrStDVO). Außerdem ist insbesondere nachzuprüfen, ob auch die Voraussetzungen erfüllt sind, die hinsichtlich des Eigentums vorgeschrieben sind.

8. Schullandheime

Für die Befreiung von Schullandheimen bedarf es nach § 15 Absatz 2 Ziffer 4 GrStDVO einer Anerkennung nicht. Handelt es sich um Heime im Sinn dieser Bestimmung (Ziffer 33 Absatz 2 GrR), so sind sie befreit, wenn die Eigentumsvoraussetzungen des anzuwendenden Paragraphen (§§ 11, 12 oder 14 GrStDVO) erfüllt sind. Abgesehen von anderen dort zugelassenen Möglichkeiten muß also der Grundbesitz demjenigen gehören, der ihn benutzt. Die Schullandheime gehören meist nicht dem Schulunterhaltsträger, sondern einem besonderen Verein, z. B. Elternverein. Wir haben keine Bedenken gegen die Auffassung, daß auch in diesen Fällen der Grundstückseigentümer als Benutzer anzusehen ist, die Eigentumsvoraussetzung also auch für diese Schullandheime erfüllt ist. Schullandheime der in Ziffer 33 Absatz 2 GrR bezeichneten Art sind daher stets von der Grundsteuer freizustellen.

Zu § 5 Ziffer 3a GrStG

Zu § 1 Absatz 2 II. GrStDVO

9. Ausdehnung

(1) Es sei hier nochmals darauf hingewiesen, daß durch § 19 des Gesetzes über das Deutsche Rote Kreuz vom 9. Dezember 1937 (RGBl. I S. 1330) die Ziffer 3a des § 5 GrStG die folgende Fassung erhalten hat:

„a) in den Heimen der NS.-Volkswohlfahrt, der NS.-Kriegsopferversorgung und des Deutschen Roten Kreuzes, die für die Aufnahme erholungsbedürftiger oder hilfsbedürftiger Personen bestimmt sind,".

(2) Diese Vorschrift ist nach § 1 Absatz 2 II. GrStDVO auf Heime des Winterhilfswerks entsprechend anzuwenden.

Zu § 6 Absatz 1 GrStG

Zu § 4 II. GrStDVO

10. Änderung des § 25 GrStDVO

(1) Nach der ursprünglichen Fassung des § 25 Absatz 1 Satz 1 GrSt.-DVO sollte land- und forstwirtschaftlich genutzter Grundbesitz, der einem der im § 4 des Gesetzes bezeichneten Zwecke dient, nur dann als unmittelbar für diese Zwecke benutzt angesehen werden, wenn er Lehr- oder Versuchszwecken dient. Land- und forstwirtschaftliche Musterbetriebe sollten jedoch in jedem Fall steuerpflichtig sein (§ 25 Absatz 1 Satz 2 GrSt.-DVO). Die Erfahrungen haben gezeigt, daß die Unterscheidung zwischen „Lehr- und Versuchsbetrieben" einerseits und „Musterbetrieben" andererseits zu Abgrenzungsschwierigkeiten führt; die meisten Musterbetriebe haben geltend gemacht, daß sie zugleich auch Lehr- oder Versuchszwecken dienen.

(2) Im Hinblick auf diese Schwierigkeiten hat § 25 GrStDVO durch § 4 II. GrStDVO eine neue Fassung erhalten, die die Abgrenzungsschwierigkeiten beseitigt. Hiernach ist land- und forstwirtschaftlich genutzter Grundbesitz grundsätzlich auch dann steuerpflichtig, wenn er einem der im § 4 des Gesetzes bezeichneten Zwecke unmittelbar dient. Von diesem Grundsatz sind durch die neue Fassung des § 25 Absatz 2 gewisse Ausnahmen gemacht worden. Hervorzuheben aus ihnen sind die Fälle, in denen der land- und forstwirtschaftlich genutzte Grundbesitz Lehr- oder Versuchszwecken dient und seine Fläche 10 ha nicht übersteigt.

Zu § 30 GrStG

11. Steuervergünstigung für abgefundene Kriegerwitwen

Nach § 30 GrStG genießen — neben Kriegsbeschädigten — auch Witwen von Kriegsbeschädigten bei der Festsetzung der Steuermeßbeträge unter gewissen Voraussetzungen eine Vergünstigung. Diese ist, wie wir zur Klärung aufgetauchter Zweifel bemerken, auch solchen Witwen zu gewähren, deren Ehemänner im Feld gefallen oder ihren Verwundungen oder Kriegskrankheiten erlegen sind.

Zum Reichsbewertungsgesetz

Zu § 64 GrStDVO

12. Grundbesitz im Zustand der Bebauung

(1) Für die Bewertung von Grundbesitz im Zustand der Bebauung enthält § 64 GrStDVO besondere Bestimmungen. Sie sind in den Ziffern 77 bis 79 GrR näher erläutert. Ergänzend bemerken wir dazu noch das folgende:

(2) Wird ein Gebäude zum Zweck alsbaldiger neuer Bebauung abgebrochen, so befindet sich das Grundstück schon bei Beginn des Abbruchs im Zustand der Bebauung im Sinn des § 64.

3. Runderlaß des Reichsministers der Finanzen

vom 10. Dezember 1937

betr. Grundsteuer (Heranziehung von Grundstücken, die der Freizeitgestaltung von Gefolgschaftsmitgliedern dienen)

(RStBl. 1937 S. 1258)

Die Grundsteuer wird im ganzen Reichsgebiet ab 1. April 1938 nach den Vorschriften des Reichsgrundsteuergesetzes erhoben werden. Mir ist wiederholt der Wunsch vorgetragen worden, die eine oder die andere Vorschrift des Reichsgrundsteuergesetzes schon für das Rechnungsjahr 1937 im Reichsgebiet einzuführen oder die Länder zu ihrer Einführung zu veranlassen. Wenn durch solche Maßnahmen auch die Umstellung der Grundsteuer auf die reichsrechtlichen Vorschriften am 1. April 1938 erleichtert würde, so habe ich mich derartigen Wünschen gegenüber doch stets ablehnend verhalten. Auf der anderen Seite sind aber auch Anträge gestellt worden, die darauf hinauslaufen, daß die Länder jetzt Steuerbefreiungen einführen, die das Reichsgrundsteuergesetz nicht vorsieht und die deshalb bereits ab 1. April 1938 wegfallen müßten. Gegen solche Maßnahmen der Länder, durch die nicht eine Annäherung an die Vorschriften des Grundsteuergesetzes, sondern eine Entfernung von diesen herbeigeführt würde, müßte ich mich mit Nachdruck wenden.

So ist bei einer Landesregierung der Antrag gestellt worden, die Grundstücke (Grundstücksteile) von der Grundsteuer freizustellen, die für Zwecke der Freizeitgestaltung von Gefolgschaftsmitgliedern errichtet werden und keinerlei unmittelbaren Erwerbszwecken dienen. Danach würden z. B. Gefolgschaftsheime, Kantinen, Kasinos, Spiel- und Leseräume sowie Sportsplätze von der Grundsteuer zu befreien sein. Da derartige Grundstücke (Grundstücksteile) der Grundsteuer aber auch nach Reichsrecht ab 1. April

1938 unterliegen, würde ich, wie die in Betracht kommende Landesregierung richtig vermutet hat, einer solchen Maßnahme eines Landes meine Zustimmung nicht erteilen können.

Ich sehe mich auch nicht in der Lage, die Befreiungsvorschriften des Reichsgrundsteuergesetzes in der angedeuteten Weise zu ergänzen. Die Bereitstellung von Räumen für Zwecke der Freizeitgestaltung der Gefolgschaft gehört nach nationalsozialistischer Auffassung ebenso zu den sozialen Aufgaben der Arbeitgeber wie die Maßnahmen, die sie auf andere ähnliche Aktionen der Arbeitsfront hin, wie z. B. „Schönheit der Arbeit", „Gutes Licht — gute Arbeit", „Saubere Menschen im sauberen Betrieb" usw. treffen. Grundstücke (Grundstücksteile), die derartigen Zwecken dienen, dürfen nicht anders behandelt werden wie die, in denen sogar gesetzlich übertragene Aufgaben (z. B. der Steuerabzug vom Arbeitslohn, die Berechnung der Beträge zur Sozialversicherung) erledigt werden. Grundbesitz, der Sportzwecken dient, ist nur dann befreit, wenn die Voraussetzungen des § 4 Ziff. 4 GrStG und der §§ 7 und 8 GrStDVO 1937 vorliegen; insbesondere muß es sich also um Grundbesitz eines „anerkannten Sportvereins" handeln.

4. Runderlaß

vom 1. Juni 1938

betr. Grundsteuer, hier: Anerkennung von privaten Schulen und Erziehungseinrichtungen

(RStBl. 1938 S. 553)

Die Befreiung von Schulen und Erziehungseinrichtungen hängt in den Fällen des § 12 Ziffer 1 Satz 2 und § 14 GrStDVO von einer Anerkennung durch die zuständigen Reichsminister ab, daß der „Benutzungszweck im Rahmen der staatlichen Aufgaben liegt". Das Anerkennungsverfahren ist für Schulen und Erziehungseinrichtungen, die der Aufsicht des Reichsministers für Wissenschaft, Erziehung und Volksbildung unterliegen, in dessen Runderlaß an die Unterrichtsverwaltungen der Länder vom 6. August 1937 näher geregelt (RMinAmtsBlDtschWiss. S. 375, RStBl. S. 953). Auf das Anerkennungsverfahren ist auch in dem gemeinsamen Runderlaß des Reichsministers der Finanzen und des Reichsministers des Innern vom 17. September 1937 (RStBl. S. 1025, RMBliV. S. 1559) eingegangen worden. In Ergänzung dieser Bestimmungen ordnen wir im Einvernehmen mit dem Stellvertreter des Führers zur Vereinfachung und Abkürzung das folgende an:

I.

Die Anerkennung nach § 14 Ziffer 1 GrStDVO wird hiermit allgemein erteilt für:

1. Privatschulen, die als höhere Schulen anerkannt sind, staatlich zugelassene private Mittelschulen, Rektoratsschulen, Volksschulen;
2. staatlich anerkannte Berufs-, Berufsfach- oder Fachschulen;
3. staatlich anerkannte Volkspflegeschulen oder staatlich anerkannte Schulen für Kindergärtnerinnen, Hortnerinnen und Jugendleiterinnen (Sozialpädagogische Seminare);

4. Kindergärten, die an eine Oberschule für Mädchen (hauswirtschaftliche Form) angeschlossen sind oder der Ausbildung von Kindergärtnerinnen und Hortnerinnen dienen.

Maßgebend für ein Rechnungsjahr sind die Verhältnisse am vorausgehenden 1. Januar (§ 1 GrStDVO).

II.

In allen übrigen Fällen wird die Anerkennung **allgemein versagt**.

Die Anerkennung wird auch in den Fällen zu I versagt:

1. wenn an dem Stichtag (1. Januar) von der Schulaufsichtsbehörde die Schließung oder der stufenweise Abbau der Schule (Erziehungseinrichtung) oder eines Teils der Schule angeordnet ist. Zu welchem Zeitpunkt diese Anordnung wirksam werden soll, ist dabei unerheblich;
2. wenn es sich um Schulen (Erziehungseinrichtungen) handelt, die ausschließlich für Juden bestimmt sind.

III.

Für Schulen und Erziehungseinrichtungen, die zu denen gehören, für die nach den Ausführungen zu I und II die Anerkennung allgemein erteilt ist, hat der Steuerschuldner dem Finanzamt eine entsprechende Bescheinigung der Schulaufsichtsbehörde vorzulegen. Die Bescheinigung muß folgenden Wortlaut haben:

„Es wird hiermit bescheinigt, daß für ....

....

(Name der Schule oder Erziehungseinrichtung)

....

(Sitz der Schule oder Erziehungseinrichtung)

am 1. Januar 1938 die Voraussetzungen vorgelegen haben, unter denen die Anerkennung nach § 14 Ziffer 1 GrStDVO durch den Runderlaß des Reichsministers der Finanzen, Reichsministers des Innern und Reichsministers für Wissenschaft, Erziehung und Volksbildung vom 1. Juni 1938 allgemein erteilt ist.

Gehören zu der Anstalt gemeinschaftliche Wohnräume für Schüler (Schülerheim), so bedarf es für deren Befreiung der besonderen Anerkennung nach § 15 Absatz 1 GrStDVO.

....

Siegel, Ort, Datum und Unterschrift.

Für **jedes Rechnungsjahr** ist eine neue derartige Bescheinigung dem Finanzamt vorzulegen, für das Rechnungsjahr 1939 z. B. eine Bescheinigung nach dem Stand vom 1. Januar 1939.

IV.

Wegen der **Bedeutung** der Anerkennung weisen wir, der Reichsminister der Finanzen und der Reichsminister des Innern, auf Ziffer 7 unseres gemeinsamen Runderlasses vom 29. März 1938 (RStBl. S. 386, RMBliV. S. 609) hin.

Für die Schülerheime und Schulungslager verbleibt es bei der Einzelanerkennung durch die beteiligten Reichsminister nach § 15 Absatz 1 GrStDVO.

5. Auszug aus der Verordnung zur Durchführung und Ergänzung des Einführungsgesetzes zu den Realsteuergesetzen

(DVOzEinfGRealStG)

Vom 19. Januar 1938

(RGBl. I S. 37, RStBl. S. 73)

Auf Grund des § 12 der Reichsabgabenordnung in der Fassung des Einführungsgesetzes zu den Realsteuergesetzen vom 1. Dezember 1936 (RGBl. I S. 961) wird hierdurch verordnet:

Zu § 2 des Gesetzes

§ 1

Die Hebesätze für die Grundsteuer können für das Rechnungsjahr 1938 bereits vor Erlaß der Haushaltssatzung vorläufig festgesetzt werden. Soweit für die Festsetzung der Hebesätze eine Genehmigung vorgeschrieben ist, bedarf auch die vorläufige Festsetzung der Genehmigung. Die endgültige Festsetzung erfolgt im Rahmen der Haushaltssatzung.

§ 2

Die Hebesätze für die Gewerbesteuer für das Rechnungsjahr 1937 und die Hebesätze für die Grundsteuer für das Rechnungsjahr 1938 können im Laufe des Rechnungsjahres beliebig oft herabgesetzt werden; die Nachtragshaushaltssatzung über die Festsetzung der neuen Hebesätze kann während des ganzen Rechnungsjahres erlassen werden.

6. Auszug aus dem Runderlaß des Reichs- und Preuß. Ministers des Innern zugleich im Namen des Reichsministers der Finanzen

vom 7. Januar 1938

betr. Zweite Ausführungsanweisung zum Einführungsgesetz zu den Realsteuergesetzen

(RStBl. 1938 S. 49)

Nach § 1 EinfGRealStG (RGBl. 1936 I S. 961, RStBl. 1936 S. 1137) können die Gemeinden vom 1. April 1938 ab die Grundsteuer nur nach dem Grundsteuergesetz (GrStG) vom 1. Dezember 1936 (RGBl. I S. 986, RStBl. 1936 S. 1154) in Verbindung mit Abschn. I des EinfGRealStG erheben. Die nachstehende Ausf.-Anw. enthält die zur Ausführung der Vorschriften des Abschn. I EinfGRealStG hinsichtlich der Grundsteuer erforderlichen Bestimmungen. Daneben enthält diese Ausf.-Anw. eine Reihe von Abänderungen und Ergänzungen der in der Ersten Ausf.-Anw.

zum EinfGRealStG vom 23. Dezember 1936 (RMBliV. S. 1695, RStBl. 1937 S. 78) hinsichtlich der Gewerbesteuer getroffenen Bestimmungen, die sich auf Grund der seit dem Inkrafttreten des GewStG (RGBl. 1936 I S. 979, RStBl. 1936 S. 1149) gesammelten Erfahrungen als zweckmäßig erwiesen.

Zu § 2

(1) Die Bestimmungen zu § 2 der Ersten Ausf.-Anw. zum EinfG RealStG finden auf die Grundsteuer entsprechende Anwendung. Da die aus der Umstellung der Grundsteuer auf das neue GrStG erwachsenden Schwierigkeiten eine Zustellung der Grundsteuerbescheide 1938 noch vor Beginn dieses Rechnungsjahrs erfordern, während andererseits der Erlaß der Haushaltssatzungen im Hinblick auf die mit der Realsteuerreform verbundene Neuregelung des Finanzausgleichs vielfach eine Verzögerung erfahren dürfte, wird durch eine VO. für das Rechnungsjahr 1938 die Sonderregelung getroffen werden, daß eine vorläufige Festsetzung der Grundsteuerhebesätze bereits vor dem Erlaß der Haushaltssatzung erfolgen kann.

(2) Um eine nachträgliche Senkung von Hebesätzen, die auf Grund von Fehlschätzungen bei der Errechnung der Gewerbe- und Grundsteuerhebesätze für das erste Jahr nach dem Inkrafttreten der neuen Steuergesetze überhoch festgesetzt worden sind, nicht an den formellen Erfordernissen des § 2 EinfGRealStG scheitern zu lassen, wird ferner im Verordnungsweg angeordnet werden, daß die Gewerbesteuerhebesätze für das Rechnungsjahr 1937 und die Grundsteuerhebesätze für das Rechnungsjahr 1938 während des ganzen Rechnungsjahrs und beliebig oft gesenkt werden können. Hinsichtlich der nachträglichen Erhöhung der Hebesätze verbleibt es bei der Regelung des § 2 Abs. 2 EinfGRealStG (vgl. jedoch die Ausnahme zu § 11 Abs. 2).

Zu § 6

Die Grundsteuerhebesätze bedürfen bis zum Erlaß endgültiger Bestimmungen der Genehmigung der oberen Aufsichtsbehörde, soweit diese Sätze für die land- und forstwirtschaftlichen Betriebe (§ 3 Ziff. 1 GrStG) 100 und für die Grundstücke (§ 3 Ziff. 2 a. a. O.) 200 v. H. überschreiten. Die obersten Landesbehörden werden ermächtigt, in beiden Fällen eine niedrigere Grenze für die Genehmigungspflicht festzusetzen.

Zu § 8 Abs. 1

I. (1) Nach § 8 Abs. 1 EinfGRealStG soll die Gemeinde bei der erstmaligen Anwendung des Reichsgrundsteuerges. vom 1. Dezember 1936 (RGBl. I S. 986, RStBl. 1936 S. 1154) die Hebesätze für die Grundsteuer für das Rechnungsjahr 1938 so bemessen, daß insgesamt kein höheres Aufkommen zu erwarten ist, als bei Weitererhebung der Steuern durch die Gebietskörperschaften nach bisherigem Recht in der Gemeinde erzielt worden wäre. Diese Vorschrift will verhindern, daß der Grundbesitz innerhalb der Gemeinde in seiner Gesamtheit im Übergangsjahr 1938 höher als bisher belastet wird. Der Gemeinde soll andererseits nicht das Steuermehraufkommen vorenthalten werden, das sie bei Aufrechterhaltung des bisherigen Rechtszustandes und der bisherigen Hebesätze im Rechnungsjahr 1938 erhalten würde.

(2) Zur Errechnung des für das Rechnungsjahr 1938 zulässigen Aufkommens ist von dem Sollaufkommen an eigentlicher (allgemeiner) Grundsteuer auszugehen, das in der Gemeinde insgesamt für Land, Gemeinde und Gemeindeverband für das Rechnungsjahr 1937 — ohne Rücksicht auf später eingetretene Ausfälle — festgesetzt worden ist (nichtberichtigtes Veranlagungssoll). Ihm ist hinzuzurechnen das nichtberichtigte Veranlagungssoll aus den bisher erhobenen Sondersteuern, die unter den Begriff der Grundsteuer fallen und daher nicht weiter erhoben werden dürfen (vgl. insbesondere § 27 Ziff. 3 EinfGRealStG). Dagegen sind nicht hinzuzurechnen die Sondersteuerbeträge des mittleren und neuesten Neuhausbesitzes, die in der Höhe nach dem Stand vom 31. März 1938 als Grundsteuer weiterzuentrichten sind (§ 56 Abs. 1 Satz 2 und § 57 Abs. 1 Ziff. 1 Satz 3 GrStDVO, RGBl. 1937 I S. 733, RStBl. 1937 S. 781).

(3) An sich wäre außerdem hinzuzurechnen das Mehraufkommen, das die Gemeinde durch die Neuregelung der Besteuerung des älteren Neuhausbesitzes im Rechnungsjahr 1938 (§ 58 GrStDVO) zu erwarten hat. Andererseits wäre abzurechnen das Aufkommen aus dem neuesten Neuhausbesitz, das gem. § 57 Abs. 1 Ziff. 1 Satz 1 GrStDVO erstarrt. Diese Zu- und Absetzung wird jedoch vernachlässigt werden können, es sei denn, daß die beiden Beträge in der einzelnen Gemeinde erheblich sind.

(4) Bei der Einheitsbewertung sind gewerbliche Anlagen bestimmter Art nicht als Bestandteile des Grundbesitzes, sondern als Betriebsvorrichtungen (Hinweis auf § 50 Abs. 1 Satz 2 RBewG), die der Gewerbesteuer und nicht der Grundsteuer unterliegen, behandelt worden. Soweit solche Betriebsvorrichtungen nach bisherigem Landesrecht der Grundsteuer unterworfen waren, ist der auf sie entfallende Anteil an dem nichtberichtigten Veranlagungssoll 1937 vom Gesamtsoll abzusetzen, da davon auszugehen ist, daß sich aus diesen Betriebsvorrichtungen ein entsprechendes Mehr an Gewerbesteuer ergibt. Hiervon kann in solchen Gemeinden abgesehen werden, von denen der auf diese Betriebsvorrichtungen entfallende Steueranteil im Verhältnis zum Gesamtveranlagungssoll von untergeordneter Bedeutung ist. Soweit eine Absetzung erforderlich ist, wird es ausreichen, wenn der auf diese Betriebsvorrichtungen entfallende Teil des Veranlagungssolls 1937 geschätzt wird. Es empfiehlt sich, sich bei dieser Schätzung der Beratung des Finanzamts, der Landessteuerbehörden und gegebenenfalls der Vertreter der Wirtschaft zu bedienen.

(5) Abzusetzen ist ferner das — nichtberichtigte — Veranlagungssoll in der Gemeinde aus Mehrbelastungen gem. § 3 EinfGRealStG für das Rechnungsjahr 1937, wenn es in dem Veranlagungssoll an eigentlicher (allgemeiner) Grundsteuer für 1937 (vgl. Abs. 2) enthalten war; dabei ist es gleichgültig, ob diese Mehrbelastungen im Rechnungsjahr 1938 unterbleiben und an ihrer Stelle Beiträge oder andere Abgaben erhoben werden oder nicht.

(6) Schließlich sind die Verschiebungen, die im Wege des Steuerausgleichs gem. §§ 37 bis 48 GrStDVO zu erwarten sind, dadurch zu berücksichtigen, daß der voraussichtlich abzugebende Beteiligungsbetrag dem Veranlagungssoll hinzugesetzt, der von den Nachbargemeinden voraussichtlich zu erwartende Beteiligungsbetrag vom Veranlagungssoll abgesetzt wird.

(7) Die Errechnung des für das Rechnungsjahr 1938 zulässigen Aufkommens nach den Abs. 2 bis 6 ist für land- und forstwirtschaftliche Betriebe und für Grundstücke getrennt vorzunehmen. Soweit das Veranlagungssoll 1937 der beiden Gruppen nicht bereits getrennt ist, ist es zu trennen. Dabei sind die Verschiebungen zu berücksichtigen, die sich künftig aus einer anderen Abgrenzung der Vermögensarten durch das Reichsbewertungsgesetz ergeben. Teilt die Einheitsbewertung einen Steuergegenstand, der bisher der Grundsteuer für Grundstücke unterlag, den land- und forstwirtschaftlichen Betrieben zu, so ist auch das Veranlagungssoll dieses Steuergegenstands dem Gesamtveranlagungssoll für land- und forstwirtschaftliche Betriebe zuzurechnen. Entsprechendes gilt für den umgekehrten Fall.

(8) Durch Teilung des hiernach zulässigen Aufkommens durch die Summe der Steuermeßbeträge errechnen sich die neuen Hebesätze. Die Summe der Steuermeßbeträge ist hierbei jedoch um diejenigen Steuermeßbeträge oder Teile von Steuermeßbeträgen — falls sie erheblich sind — zu kürzen, die auf solche Steuergegenstände entfallen, die im Rechnungsjahr 1937 nicht oder nicht in vollem Umfang steuerpflichtig waren, aber auch bei Weitergeltung des bisherigen Landesrechts 1938 steuerpflichtig geworden wären (z. B. im Lauf des Rechnungsjahrs 1937 fertiggestellte Neubauten).

(9) Soweit Steuergegenstände nach bisherigem Landesrecht ganz oder teilweise grundsteuerfrei waren und auch 1938 geblieben wären, nach dem neuen Grundsteuerrecht aber grundsteuerpflichtig sind, gilt das Folgende:

Die Steuermeßbeträge des bisher steuerfreien, künftig aber steuerpflichtigen Grundbesitzes des Landes sind bei Errechnung der Summe der Steuermeßbeträge außer Ansatz zu lassen, da die dem Land aus der Grundsteuerpflicht erwachsende Mehrbelastung im Rahmen der Neuregelung des Finanzausgleichs zwischen Land und Gemeinden wieder ausgeglichen werden wird. Das gleiche gilt von dem Meßbetrag des Grundbesitzes der Gemeinde selbst, der durch das neue Recht grundsteuerpflichtig wird, da das hieraus erzielte Mehraufkommen durch die in gleicher Höhe entstehende Belastung der Gemeinde wieder ausgeglichen wird. Im übrigen sind Steuermeßbeträge für Gegenstände, die bisher steuerfrei waren, bei Errechnung der Summe der Meßbeträge mitzuerfassen.

(10) Auch bei der Errechnung der Summe der Meßbeträge ist die Gruppe der land- und forstwirtschaftlichen Betriebe von der der Grundstücke getrennt zu halten. Welcher Gruppe der Meßbetrag eines Steuergegenstands zuzuteilen ist, ergibt sich aus den vom Finanzamt übersandten Steuermeßbescheiden.

(11) Bei der Errechnung des Hebesatzes ist zu beachten, daß für einen Teil der Steuergegenstände die Steuer nicht im vollen Umfang, sondern nur mit einem Teil zu entrichten ist. Daher darf der Steuermeßbetrag dieser Steuergegenstände der Summe der Steuermeßbeträge auch nur mit dem entsprechenden Teil hinzugerechnet werden. Das gilt zunächst für die Siedlerstellen im Sinn des § 55 Abs. 2 GrStDVO. Ihr Steuermeßbetrag darf der Summe der Meßbeträge nur mit dem Teil zugerechnet werden, der dem von der Gemeinde für die Erhebung der Steuer festgesetzten Hundertsatz entspricht (Hinweis auf Ziff. 61 Abs. 2 und Ziff. 63

Abs. 3 und 4 GrR, RStBl. 1937 S. 869). Auch für die Wohngebäude des neuesten Neuhausbesitzers, die erst ab 1. April 1938 oder später beschränkt grundsteuerpflichtig werden, sind die Meßbeträge nur mit 30 v. H. anzusetzen (§ 57 Abs. 1 Ziff. 2 GrStDVO); wegen der Wohngebäude in land- und forstwirtschaftlichen Betrieben wird auf die besondere Regelung im Abschn. II Ziff. 2 Abs. 3 des RdErl. vom 17. September 1937 (RMBliV. S. 1559, RStBl. 1937 S. 1025) hingewiesen.

(12) Ist das zulässige Aufkommen und die Summe der Steuermeßbeträge dergestalt — und zwar getrennt für land- und forstwirtschaftliche Betriebe und für Grundstücke — ermittelt worden, so ergibt die Teilung des ersten durch den zweiten Betrag den Hebesatz. Dieser muß für alle in der Gemeinde gelegenen land- und forstwirtschaftlichen Betriebe einheitlich sein; das gleiche gilt von dem Hebesatz für die in der Gemeinde gelegenen Grundstücke. Eine Abstufung der Hebesätze nach Wert oder Größe des Steuergegenstands ist ausgeschlossen; den Gemeinden ist also verwehrt, für Einfamilienhäuser oder Neuhausbesitz oder Bauland einen niedrigeren oder höheren Hebesatz festzusetzen.

(13) Eine Sonderstellung nehmen die Siedlerstellen gem. § 55 Abs. 2 GrStDVO sowie der neueste Neuhausbesitz gem. § 57 Abs. 1 Ziff. 2 GrStDVO und die steuerbegünstigten Wohnungsneubauten in land- und forstwirtschaftlichen Betrieben ein, die erst ab 1. April 1938 oder später beschränkt steuerpflichtig werden (Hinweis auf RdErl. vom 17. September 1937 — Abschn. II 2 Abs. 3, RMBliV. S. 1559, RStBl. 1937 S. 1025). Für sie ist die nach dem allgemeinen Hebesatz berechnete Grundsteuer nur mit einem Teil zu entrichten, für den die Gemeinde — mit Ausnahme des neuesten Neuhausbesitzes gem. § 57 Abs. 1 Ziff. 2 GrStDVO — mit Genehmigung der Gemeindeaufsichtsbehörde einen besonderen Hundertsatz festsetzt; für den neuesten Neuhausbesitz gem. § 57 Abs. 1 Ziff. 2 ist der Satz bereits durch die GrStDVO auf 30 v. H. festgesetzt. Bei der Errechnung des allgemeinen Hebesatzes ist dies durch entsprechende Kürzung des Steuermeßbetrags dieser Steuergegenstände berücksichtigt (Hinweis auf Abs. 11).

(14) Für die Ausnahmegemeinden des mittleren und neuesten Neuhausbesitzes (Hinweis auf Ziff. 63 und 67 GrR) gilt die Besonderheit, daß in diesen Gemeinden für die zu diesen Sondergruppen gehörenden Steuergegenstände ein besonderer Hundertsatz der nach dem allgemeinen Hebesatz berechneten Grundsteuer zu entrichten ist; die Festsetzung des Hundertsatzes bedarf der Genehmigung der Gemeindeaufsichtsbehörde (Abs. 2 der §§ 56 und 57 GrStDVO). Entsprechend ist bei Ermittlung der Summe der Steuermeßbeträge auch der Meßbetrag der zu diesen Sondergruppen gehörenden Steuergegenstände auch nur mit dem für die allgemeine Grundsteuer ermittelten Hundertsatz zuzurechnen.

II. (1) Im Hinblick darauf, daß sich die Auswirkung des Reichsgrundsteuergesetzes auf den einzelnen Steuerfall noch nicht übersehen läßt, bedarf die erstmalige Errechnung der Hebesätze besonderer Sorgfalt. Bei der vorstehenden Berechnung sind die normalen gewöhnlichen Ausfälle, die auch in Zukunft eintreten werden, schon dadurch berücksichtigt, daß vom nichtberichtigten Veranlagungssoll und nicht vom Istaufkommen ausgegangen ist. Neben diesen normalen Ausfällen werden für die Gemeinden aber noch weitere Ausfälle eintreten, die im Lauf des

Rechnungsjahrs 1938 im Hinblick auf die infolge der Überleitung in den neuen Rechtszustand zur Vermeidung von Härten notwendig werdenden Billigkeitsmaßnahmen zu erwarten sind. Auch die Vorschrift des § 59 GrStDVO (Auffüllung der Rückflüsse aus Wohnungsbaudarlehen) wird zu beachten sein. Trotz dieser Erwägungen wird es nicht gerechtfertigt sein, mit Rücksicht auf diese Ausfälle und Auffüllung (§ 59 GrStDVO) von vornherein eine allgemeine gleichförmige Erhöhung der Hebesätze für das Rechnungsjahr 1938 vorzunehmen, weil die Gemeinden nach § 2 Abs. 2 Satz 2 EinfGRealStG die Hebesätze im Rahmen einer bis zum 31. Dezember bekanntzumachenden Nachtragssatzung erhöhen können, wenn sich ergibt, daß die bisherige Festsetzung zu niedrig getroffen worden ist; wegen der Senkung vgl. Abs. 2 dieser Ausf.-Anw. zu § 2 EinfG. RealStG. Vor einer allgemeinen Erhöhung der Hebesätze bleibt also zunächst die Auswirkung der neuen Vorschriften abzuwarten. Das soll jedoch nicht ausschließen, daß in der einen oder anderen Gemeinde der Hebesatz im Hinblick auf die zu erwartenden Ausfälle schon von vornherein um einen gewissen Zuschlag erhöht wird, weil infolge besonders fühlbarer Belastungsverschiebungen mit besonders hohen Ausfällen infolge von notwendigen Billigkeitsmaßnahmen gerechnet werden muß. Auch in diesen Fällen darf jedoch der Zuschlag keinesfalls 10 v. H. des zunächst berechneten Hebesatzes übersteigen. Wo an Stelle der Grundsteuer die Entrichtung eines Ersatzbetrags gem. § 26 GrStG in Frage steht, muß erwartet werden, daß die Gemeinde die Hebesätze mindestens in der Höhe der Hebesätze benachbarter, wirtschaftlich gleichartiger Gemeinden anspannt.

(2) Soweit die Festsetzung und Erhebung der Grundsteuer noch den Finanzämtern obliegt (§ 18 Ziff. 2 AO), haben diese den Gemeinden die nach den vorstehenden Absätzen erforderlichen Unterlagen zur Ermittlung der Hebesätze so bald wie möglich zugänglich zu machen (vgl. auch Abschn. IV des RdErl. vom 17. September 1937, RMBliV. S. 1559, RStBl. 1937 S. 1025).

Zu § 8 Abs. 2

(1) Eine Erhöhung des Grundsteueraufkommens über die in § 8 Abs. 1 EinfGRealStG festgelegten Grenzen hinaus kann § 8 Abs. 2 gemäß ausnahmsweise nur in den Gemeinden gestattet werden, deren Haushalt trotz Ausschöpfung aller sonstigen Einnahmequellen, insbesondere erheblicher Anspannung der Bürgersteuer, und trotz äußerster Beschränkung der Ausgaben auf andere Weise nicht ausgeglichen werden kann. Eine erhebliche Anspannung der Bürgersteuer ist nur dann anzuerkennen, wenn sie mit mindestens 500 v. H. des Steuermeßbetrags erhoben wird. Aus der Erhöhung der Grundsteuer darf die Gemeinde jedoch kein höheres Mehraufkommen erzielen, als sie nach bisherigem Landesrecht erzielt haben würde, wenn die Zuschlagsätze bis zu einem Zehntel über den bisher gültigen Landesdurchschnitt erhöht worden wären.

(2) Die Erhöhung der Hebesätze § 8 Abs. 2 gemäß bedarf bei Stadtkreisen (§ 11 Abs. 1 der Ersten DVO zur DGO) der Genehmigung der obersten Aufsichtsbehörde (§ 33 der Ersten DVO zur DGO); bei kreisangehörigen Gemeinden wird die Erteilung der Genehmigung der oberen Aufsichtsbehörde übertragen. Im Hinblick darauf, daß durch das

GrStG ohnehin nicht unerhebliche Belastungsverschiebungen zu erwarten sind, muß bei Prüfung der Notwendigkeit einer Erhöhung ein besonders strenger Maßstab angelegt werden. Hierbei gilt das unter Abs. 2 der Zweiten Ausf.-Anw. zu § 7 Abs. 2 Gesagte.

7. Richtlinien für Billigkeitsmaßnahmen auf dem Gebiet der Grundsteuer

— GrBilR —

RdErl. des RdF. und des RuPrMdJ. vom 19. April 1938

(RStBl. 1938 S. 409)

Abschnitt I: Vorbemerkungen

1. Allgemeine Erlaßbefugnis der Gemeinden

(1) Die Gemeinden können nach § 131 Absatz 2 in Verbindung mit Absatz 1 der Reichsabgabenordnung (AO) für einzelne Fälle (auch für eine Mehrheit von einzelnen Fällen, wie bei Unwetterschäden oder sonstigen Notständen) die Grundsteuer, deren Einziehung nach Lage des einzelnen Falls unbillig wäre, ganz oder zum Teil erlassen. Sie können in solchen Fällen auch die Erstattung oder Anrechnung bereits entrichteter Grundsteuer verfügen.

(2) Wir weisen ausdrücklich auf die Beschränkungen hin, die sich hiernach für die Erlaßbefugnis der Gemeinden ergeben. Die Befugnis gilt nur für einzelne Fälle (oder für eine Mehrheit von einzelnen Fällen) und hängt davon ab, daß die Einziehung nach Lage des einzelnen Falls unbillig wäre. Es würde dem Sinn der Vorschrift im § 131 Absatz 2 AO widersprechen, wenn eine Gemeinde sie dazu verwenden wollte, die ihr nicht ausreichend erscheinenden Befreiungsvorschriften des Gesetzes und der Durchführungsverordnung allgemein zu ergänzen.

Beispiel 1: Die Versorgungsbetriebe und der übrige werbende Grundbesitz von Gebietskörperschaften sind von der Grundsteuer nicht befreit. Das gilt auch für derartigen Grundbesitz der Gemeinden selbst (Hinweis auf § 4 Abs. 4 GrStDVO).

Es ist unzulässig, daß Gemeinden eigene derartige Grundstücke „aus Vereinfachungsgründen" von der Grundsteuer freistellen.

Beispiel 2: Die Befreiung hängt regelmäßig davon ab, daß der Grundbesitz einer begünstigten Körperschaft gehört und von einer begünstigten Körperschaft für begünstigte Zwecke benutzt wird. Grundbesitz, der einem nicht begünstigten Eigentümer gehört und von diesem einer begünstigten Körperschaft — entgeltlich oder unentgeltlich — für deren Zwecke überlassen ist, ist nicht befreit. Diese Wirkung ist vom Gesetzgeber gewollt.

Deshalb bildet die Tatsache allein, daß Grundbesitz von einer begünstigten Körperschaft für ihre begünstigten Zwecke benutzt wird, regelmäßig keinen Erlaßgrund. Das gilt auch dann, wenn die begünstigte Körperschaft das Grundstück unter Übernahme der Grundsteuer gemietet hat.

Beispiel 3: Nach § 5 Abs. 1 des Einführungsgesetzes zu den Realsteuergesetzen sind Vereinbarungen mit Steuerpflichtigen über die Höhe der Grundsteuer unzulässig.

Es würde eine mißbräuchliche Anwendung der Erlaßbefugnisse bedeuten, wenn Gemeinden diese Vorschrift dadurch zu umgehen versuchen, daß sie im voraus einen Billigkeitserlaß aussprechen oder in Aussicht stellen.

Ich, der Reichsminister des Innern, ersuche die Aufsichtsbehörden, diesen Fragen ihre besondere Aufmerksamkeit zuzuwenden.

(3) Anderseits gehen wir von der Erwartung aus, daß die Gemeinden innerhalb des durch § 131 Absatz 2 AO gezogenen Rahmens mit dem gebotenen wirtschaftlichen Verständnis vorgehen. Bei den Billigkeitsmaßnahmen ist wegen des Objektcharakters der Grundsteuer von den Verhältnissen des Steuergegenstands auszugehen. Das schließt jedoch nicht aus, daß zur Vermeidung besonderer Härten im einzelnen Fall auch die wirtschaftlichen Verhältnisse des Steuerschuldners Anlaß zu Billigkeitsmaßnahmen geben können.

(4) Ob im einzelnen Fall die Voraussetzungen für eine Billigkeitsmaßnahme vorliegen, haben die Gemeinden grundsätzlich nach pflichtmäßigem Ermessen zu entscheiden (§ 2 Steueranpassungsgesetz). Eine Einschränkung des Ermessens der Gemeinde ergibt sich jedoch aus den in diesem Runderlaß aufgestellten Richtlinien (Hinweis auf Ziffer 2).

2. Bedeutung der Richtlinien

(1) Nach § 131 Absatz 3 AO kann der Reichsminister der Finanzen mit Zustimmung des Reichsministers des Innern für bestimmte Arten von Fällen Richtlinien aufstellen, nach denen die Grundsteuer ganz oder teilweise erlassen werden muß. Auf Grund dieser Vorschrift haben wir die in den nachstehenden Abschnitten enthaltenen Richtlinien aufgestellt.

(2) Die Gemeinden sind an die Richtlinien in der Weise gebunden, daß sie in den Fällen, in denen die Voraussetzungen der Richtlinien gegeben sind, die entsprechende Billigkeitsmaßnahme treffen müssen. Ob sie in den anderen Fällen im Rahmen ihrer allgemeinen Erlaßbefugnis eine Erleichterung gewähren, steht in ihrem pflichtmäßigen Ermessen (Hinweis auf Ziffer 1).

(3) Die Richtlinien sind keine Rechtsvorschriften in dem Sinn, daß der Steuerschuldner sich im Verwaltungsstreitverfahren auf sie stützen könnte. Die Steuergerichte sind nicht zur Nachprüfung der Frage befugt, ob die Gemeinde die Richtlinien richtig angewandt hat. Eine Nachprüfung ist nur im Weg der Dienstaufsichtsbeschwerde an die Gemeindeaufsichtsbehörde, gegebenenfalls an die obere Aufsichtsbehörde[1]) gegeben; die

[1]) Obere Aufsichtsbehörde ist:

in Preußen	der Regierungspräsident,
in Bayern	die Regierung,
in Sachsen	die Kreishauptmannschaft,
in Württemberg . . .	die Ministerialabteilung für Bezirks- und Körperschaftsverwaltung,
in Baden	der Landeskommissär,
in Thüringen	der Minister des Innern,
in Hessen	der Reichsstatthalter in Hessen — Landesregierung —,

letztere entscheidet endgültig. In den Fällen, in denen die Erlaßbefugnis noch von den Finanzämtern ausgeübt wird, bestimmt sich die Zuständigkeit für die Entscheidung über Dienstaufsichtsbeschwerden nach der bisherigen Regelung, soweit diese nicht geändert wird.

3. Erlaßzeitraum; Antrag

(1) Ein auf den Richtlinien beruhender Billigkeitserlaß ist jeweils für ein Rechnungsjahr (Erlaßzeitraum) zu gewähren. Der Antrag auf Gewährung des Erlasses ist jeweils spätestens bis zum Ablauf des Erlaßzeitraums zu stellen.

(2) In den Fällen der Neuaufforstung (Abschnitt V), des Denkmalschutzes usw. (Abschnitt VI) und der Wohnungsteilung (Ziffer 35) wird jedoch von einer jährlichen Wiederholung des Antrags abgesehen werden können. In diesen Fällen ist in den späteren jährlichen Steuerbescheiden der bereits früher bewilligte Erlaß ohne besonderen Antrag auszusprechen, es sei denn, daß sich die maßgebenden Verhältnisse geändert haben. Dem Steuerschuldner ist aber aufzugeben, eine Änderung der maßgebenden Verhältnisse der Gemeinde anzuzeigen.

(3) In den Fällen des Abschnitts III kann die Entscheidung, da sie hier von den Verhältnissen des Kalenderjahrs abhängt, in dem der Erlaßzeitraum beginnt, erst nach dem Ende dieses Kalenderjahrs getroffen werden. Außerdem weisen wir darauf hin, daß nach der Verordnung zur Durchführung und Ergänzung des Einführungsgesetzes zu den Realsteuergesetzen vom 19. Januar 1938 (RGBl. I S. 37) eine Senkung des Hebesatzes für das Rechnungsjahr 1938 auch noch nach dem 31. Dezember 1938 bis zum 31. März 1939 vorgenommen werden kann. Es empfiehlt sich deshalb — wenigstens für das Rechnungsjahr 1938 —, sowohl in den Fällen des Abschnitts III als auch in den Fällen des Abschnitts II die Entscheidung bis zum Ende des Erlaßzeitraums zurückzustellen, da eine etwaige Änderung des Hebesatzes die Entscheidung über die Höhe des zu erlassenden Betrags beeinflussen kann. Vor der Entscheidung über den Erlaßantrag wird die Gemeinde in dem erforderlichen Umfang Stundung zu gewähren haben.

(4) In den Fällen des Abschnitts IV (steuerbegünstigter Neuhausbesitz) ist der Antrag auf Erlaß des Mehrbetrags der Grundsteuer nach Ziffer 25 Absatz 3 zu c zusammen mit dem Antrag auf Erlaß der Zinsen und Herabsetzung des Tilgungsatzes für die öffentlichen Wohnungsbaudarlehen zu stellen. Über beide Anträge ist möglichst gleichzeitig zu

---

in Mecklenburg . . .	das Staatsministerium, Abt. Inneres,
in Oldenburg	der Minister des Innern,
in Anhalt	das Staatsministerium, Abt. Inneres,
in Braunschweig . .	der Minister des Innern,
in Lippe	die Landesregierung,
in Schaumburg-Lippe	die Landesregierung,
im Saarland	der Reichskommissar für das Saarland,
in Hamburg	der Reichsstatthalter,
im Land Bremen . .	für alle Gemeinden mit Ausnahme der Stadt Bremen der Regierende Bürgermeister in Bremen; für die Stadt Bremen ist der Einspruch bei dem Regierenden Bürgermeister in Bremen gegeben.

entscheiden. In den Fällen der Änderung des Hebesatzes ist die Entscheidung auf den Antrag notfalls zu berichtigen. — Für den Antrag auf Berücksichtigung der Ertragsminderung (Ziffer 25 Absatz 6) und die Entscheidung über ihn sind die vorstehenden Absätze 1 und 3 anzuwenden.

4. Kein Billigkeitserlaß für jüdischen Grundbesitz

(1) Ein Billigkeitserlaß ist nicht für Steuergegenstände zu gewähren, die Juden gehören. Wer Jude ist, bestimmt § 5 der Ersten Verordnung zum Reichsbürgergesetz vom 14. November 1935 (RGBl. I S. 1333).

(2) Unter welchen Voraussetzungen Grundbesitz, der im Eigentum mehrerer oder im Eigentum einer juristischen Person steht, als Juden gehörig anzusehen ist, wird besonders geregelt werden.

Abschnitt II: Übergangsmaßnahmen

5. Belastungserhöhungen aus Anlaß der Umstellung der Grundsteuer

(1) Die Umstellung der Grundsteuer auf die neuen reichsrechtlichen Vorschriften wird in zahlreichen Fällen zu Belastungsverschiebungen führen. Der eine Teil der Steuerpflichtigen wird entlastet werden. Für den anderen Teil ist mit einer Belastungserhöhung zu rechnen. Bei der Entscheidung der Anträge auf Steuererlaß im Hinblick auf Belastungserhöhungen ist für das Rechnungsjahr 1938 nach den Weisungen in den Ziffern 6 bis 9 zu verfahren. Für die spätere Zeit bleiben weitere Weisungen vorbehalten.

(2) Die Weisungen der Ziffern 6 bis 9 gelten nicht:

a) für unbebaute Grundstücke, insbesondere Bauland (Hinweis auf Ziffer 34),
b) für steuerbegünstigten Neuhausbesitz im Sinn des Abschnitts IV (Hinweis auf Ziffern 23 bis 30),
c) für eigengenutzte Geschäftsgrundstücke des Beherbergungsgewerbes (Hinweis auf Ziffer 8 Absatz 2).

(3) Die Ziffern 6 bis 9 sind außerdem nicht auf Grundbesitz anzuwenden, der im Eigentum öffentlich-rechtlicher Körperschaften steht. Sie gelten auch nicht für Grundbesitz von Unternehmen, deren Anteile ausschließlich derartigen Körperschaften gehören.

(4) Es besteht auch im allgemeinen kein Anlaß, die Vergünstigung der Ziffern 6 bis 9 für bebaute Grundstücke zu gewähren, die der Steuerschuldner

a) seit dem 1. Januar 1933 zu einem Preis erworben hat, der den der Besteuerung zugrunde liegenden Einheitswert um mehr als 50 v. H. übersteigt,
b) seit dem 1. Januar 1937 zu einem Preis erworben hat, der den der Besteuerung zugrunde liegenden Einheitswert um mehr als 20 v. H. übersteigt.

Ob in Fällen dieser Art ausnahmsweise eine Vergünstigung nach den Ziffern 6 bis 9 zu gewähren ist, ist im einzelnen Fall besonders streng zu prüfen.

6. Regelmäßig keine Vergünstigung bei geringen Belastungserhöhungen

(1) In der Regel wird von einem Steuererlaß abzusehen sein, wenn die Belastungserhöhung ein gewisses Ausmaß nicht übersteigt. Für die Berechnung dieses Ausmaßes ist die Jahressteuer für das Rechnungsjahr **1938** mit dem bisherigen Veranlagungssoll für das Rechnungsjahr **1937** zu vergleichen. Dabei wird es sich bei land- und forstwirtschaftlichen Betrieben, die sich über mehrere Gemeinden erstrecken und für die der Steuermeßbetrag zerlegt und auf die beteiligten Gemeinden verteilt worden ist, aus praktischen Verwaltungsgründen im allgemeinen nicht vermeiden lassen, daß die Steuer, die auf die einzelnen Gemeinden entfällt, je für sich betrachtet wird.

(2) Zum „bisherigen Veranlagungssoll" sind alle Steuern zu rechnen, soweit sie durch die künftige Grundsteuer ersetzt werden, also auch die Grundsteuer des Landes und der Gemeindeverbände und die Sondersteuern, die unter den Begriff der Grundsteuer im Sinn des Grundsteuergesetzes fallen. Bei land- und forstwirtschaftlichen Betrieben, die sich über mehrere Gemeinden erstrecken und für die nach §§ 37ff. GrStDVO keine Zerlegung des Steuermeßbetrags, sondern ein Steuerausgleich vorgenommen wird, müssen die einzelnen Steuerbeträge, die bisher auf die verschiedenen Gemeinden entfielen, zusammengezählt werden. Diese sind daher von denjenigen Stellen, die bisher für die Erhebung der im Satz 1 bezeichneten Steuern zuständig waren, der Sitzgemeinde (gegebenenfalls dem Finanzamt) mitzuteilen.

(3) Von einem Steuererlaß wegen Belastungserhöhung ist in der Regel abzusehen, wenn die nach den Absätzen 1 und 2 berechnete Erhöhung die folgenden Hundertsätze nicht überschreitet:

bei einem Hebesatz	Gemeindegruppen		
	a	b	c
	bis 25 000 Einwohner	über 25 000 bis 1 000 000 Einwohner	über 1 000 000 Einwohner
bis 100 v. H.	60	90	(kommt nicht vor)
über 100 bis 150 v. H.	40	60	(kommt nicht vor)
über 150 bis 200 v. H.	30	40	60
über 200 bis 250 v. H.	25	35	50
über 250 v. H.	20	30	40

Welcher der bezeichneten Gemeindegruppen eine Gemeinde zuzurechnen ist, richtet sich nach § 30 GrStDVO. Soweit im Grundsteuermeßbescheid die Gemeindegruppe angegeben ist, ist diese Angabe maßgebend. — Die vorstehende Übersicht gilt nicht für land- und forstwirtschaftliche Betriebe; bei ihnen ist vielmehr stets von einem Satz von 50 v. H. auszugehen.

(4) Auch in den Fällen, in denen die Erhöhung den nach Absatz 3 maßgebenden Hundertsatz überschreitet, wird in der Regel von einem Steuererlaß abzusehen sein, wenn die Erhöhung nicht mehr als 12 RM. jährlich beträgt.

(5) Die Hundertsätze des Absatzes 3 bedürfen für die wenigen Fälle einer Erhöhung, in denen zur Erzielung eines höheren Aufkommens aus bestimmten Gründen die Festsetzung eines höheren Hebesatzes zugelassen worden ist, als nach § 8 Absatz 1 des Einführungsgesetzes zu den Realsteuergesetzen vom 1. Dezember 1936 (RGBl. I S. 961) grundsätzlich zulässig ist. In derartigen Fällen kann die oberste Landesbehörde die im Absatz 3 bestimmten Sätze in angemessenem Umfang erhöhen.

(6) Ob und inwieweit in Ausnahmefällen Belastungserhöhungen, die unter den Grenzen der Absätze 3 bis 5 liegen, zu erlassen sind, bleibt dem pflichtmäßigen Ermessen der Gemeinden überlassen (Hinweis auf Ziffer 1).

7. Voraussetzungen für die Vergünstigung

(1) Überschreitet die Belastungserhöhung die in Ziffer 6 Absätze 3 bis 5 vorgesehenen Grenzen, so ist zu prüfen, inwieweit die diese Grenzen überschreitende Belastungserhöhung nach den Verhältnissen des Steuergegenstands tragbar erscheint.

(2) Für bebaute Grundstücke ist, soweit sich nicht aus den Ziffern 8 und 9 etwas anderes ergibt, bei dieser Prüfung nach den Buchstaben a bis c zu verfahren:

a) Auszugehen ist von der Jahresrohmiete nach dem Stand vom 1. Januar 1935. Für Grundstücke, die nach der Jahresrohmiete bewertet sind, ist die bei der Bewertung festgestellte Miete anzusetzen. Für die anderen Grundstücke ist die tatsächliche Miete vom 1. Januar 1935 und, soweit das Grundstück an diesem Tag nicht vermietet war, die übliche Miete zugrunde zu legen. Die übliche Miete ist in Anlehnung an Jahresrohmieten zu schätzen, die für Räume gleicher oder ähnlicher Art und Lage nach dem Stand vom 1. Januar 1935 regelmäßig vereinbart sind.

War die Jahresrohmiete im Kalenderjahr 1938 höher, so bildet diese statt der Miete vom 1. Januar 1935 den Ausgangspunkt.

b) Von der nach Buchstabe a maßgebenden Jahresrohmiete oder üblichen Miete sind die normalen Bewirtschaftungskosten (dazu gehören insbesondere: Steuern, Gebühren und Beiträge, Versicherungsbeiträge, Instandsetzungskosten und nachweisbare Verwaltungskosten) abzusetzen. Hypothekenzinsen, Mietausfälle oder Beträge für Abschreibung oder Tilgung sind nicht zu berücksichtigen.

c) Verbleibt nach Minderung der Jahresrohmiete (a) um die normalen Bewirtschaftungskosten (b) ein Betrag von 5 v. H. des Einheitswerts oder mehr, so ist die Belastungserhöhung als tragbar anzusehen. Wenn der verbleibende Betrag unter 5 v. H. des Einheitswerts liegt, so ist bis zur Höhe des Unterschiedsbetrags der Teil der Belastungserhöhung zu erlassen, der die Grenzen der Ziffer 6 übersteigt.

Beispiel:

Die Belastungserhöhung beträgt	500	RM.
Davon liegen über der Grenze der Ziff. 6 Abs. 3 . . .	300	„
5 v. H. des Einheitswerts betragen	2000	„
Nach Abzug der normalen Bewirtschaftungskosten von der Jahresrohmiete verbleiben:		

Fall 1: . . . . 2200 RM.
Dieser Betrag übersteigt den Betrag von 5 v. H. des Einheitswerts (2000 RM.). Ein Billigkeitserlaß ist deshalb abzulehnen.

Fall 2: . . . . 1800 „
Dieser Betrag liegt um 200 RM. unter dem Betrag von 5 v. H. des Einheitswerts (2000 RM.). Es sind deshalb auf Grund der Ziff. 5 bis 7 von der Belastungserhöhung, die die Grenze der Ziff. 6 Abs. 3 übersteigt (300 RM.), 200 RM. zu erlassen.

Fall 3: . . . . 1600 „
Dieser Betrag liegt um 400 RM. unter dem Betrag von 5 v. H. des Einheitswerts (2000 RM.). In diesem Fall ist auf Grund der Ziff. 5 bis 7 der Teil der Belastungserhöhung, der die Grenze der Ziff. 6 Abs. 3 übersteigt (300 RM.), in vollem Umfang von 300 RM. zu erlassen.

8. Besonderes für eigengenutzte Geschäftsgrundstücke

(1) Bei Geschäftsgrundstücken, die vom Eigentümer zu mehr als 80 v. H. selbst benutzt werden, wird die über die Grenzen der Ziffer 6 hinausgehende Belastungserhöhung nur zu erlassen sein, soweit sie dem Steuerschuldner nach den wirtschaftlichen Verhältnissen des Betriebs nicht zugemutet werden kann; hierüber haben die Gemeinden nach pflichtmäßigem Ermessen zu entscheiden (Hinweis auf Ziffer 1).

(2) Auf Geschäftsgrundstücke des Beherbergungsgewerbes, in denen der Eigentümer selbst das Beherbergungsgewerbe betreibt, sind wegen ihrer besonderen Behandlung in Ziffer 21 die Anordnungen der Ziffern 5 bis 7 nicht anzuwenden.

9. Besonderes für eigengenutzte Wohngrundstücke

Bei Wohngrundstücken, die vom Eigentümer zu mehr als 80 v. H. selbst benutzt werden, ist die Frage des Steuererlasses ohne Rücksicht auf das Ausmaß der Belastungserhöhung zu prüfen; die Grenzen der Ziffer 6 gelten hier also nicht. In diesen Fällen wird die Belastungserhöhung zu erlassen sein, soweit sie dem Steuerschuldner nach seiner wirtschaftlichen Lage nicht zugemutet werden kann. Hierüber haben die Gemeinden nach pflichtmäßigem Ermessen zu entscheiden (Hinweis auf Ziffer 1).

Abschnitt III: Ertragsminderungen

Unterabschnitt 1: Allgemeines

10. Anwendung der Anordnungen dieses Abschnitts

Die Anordnungen der Ziffern 11 bis 20 gelten für die bebauten Grundstücke mit Ausnahme des steuerbegünstigten Neuhausbesitzes im Sinn des Abschnitts IV; für das Beherbergungsgewerbe sind die besonderen Anordnungen der Ziffer 21 zu beachten. Für die Land- und Forstwirtschaft gelten die Anordnungen der Ziffer 22.

11. Arten der Ertragsminderungen bei bebauten Grundstücken

Als Arten der Ertragsminderung bei bebauten Grundstücken kommen in Betracht: Leerstehen von Räumen, Billigervermietung von Räumen und Mietausfall. Bei eigengenutzten Räumen gilt als Ertragsminderung ein Rückgang in der üblichen Miete. Bei eigengewerblich genutzten Grundstücken (Grundstücksteilen), die unter Ziffer 16 fallen, gilt als Ertragsminderung ein Betriebsrückgang.

12. Verkoppelung mit der Gebäudeentschuldungsteuer

Für die Billigkeitsmaßnahmen wegen Ertragsminderung kann die Vorschrift des § 131 Absatz 3 Satz 2 AO von Bedeutung werden. Dieser lautet:

> „Soweit nach diesen (d. h. den vorliegenden) Richtlinien der Erlaß der Grundsteuer von Voraussetzungen abhängig ist, die nach den landesrechtlichen Bestimmungen auch für den Erlaß der Gebäudeentschuldungsteuer gelten, sind die Feststellungen, die die Landesbehörden (oder Finanzämter) für die Gebäudeentschuldungsteuer über das Vorliegen dieser Voraussetzungen treffen, auch für den Erlaß der Grundsteuer bindend."

Für die Frage, ob eine Ertragsminderung eingetreten ist, wird bei der Gebäudeentschuldungsteuer von den Vorkriegsverhältnissen, bei der Grundsteuer von den Verhältnissen am Bewertungsstichtag (1. Januar 1935) ausgegangen. Insoweit besteht also keine Übereinstimmung der Voraussetzungen, so daß insoweit eine Anwendung der erwähnten Vorschrift nicht in Betracht kommt. Eine Übereinstimmung zwischen beiden Steuern besteht jedoch dann, wenn die Verhältnisse an dem (verschiedenen) Ausgangspunkt mit den Verhältnissen des Kalenderjahrs verglichen werden, in dem der Erlaßzeitraum beginnt. Soweit für die Beurteilung der Ertragsverhältnisse in diesem Kalenderjahr bei der Gebäudeentschuldungsteuer nach Landesrecht dieselben Merkmale entscheidend sind wie bei der Grundsteuer auf Grund der nachstehenden Ziffern 13 bis 16, greift die im § 131 Absatz 3 AO vorgeschriebene Bindung an die Entscheidung der Gebäudeentschuldungsteuerbehörde Platz.

Beispiel 1:

Hat die Gebäudeentschuldungsteuerbehörde ein unverschuldetes Leerstehen im Sinn der Ziff 14 Abs. 2 Buchst. c bejaht oder verneint, so muß die Gemeinde dieser Entscheidung folgen.

Beispiel 2:

Hat die Gebäudeentschuldungsteuerbehörde den in einem Geschäftsgrundstück erzielten Umsatz für das Kalenderjahr, in dem der Erlaßzeitraum beginnt, für die Berechnung der Ertragsminderung bei der Gebäudeentschuldungsteuer ermittelt, so ist dieser Betrag auch für die Grundsteuer als Umsatz dieses Kalenderjahrs anzunehmen (Hinweis auf Ziff. 16).

Unterabschnitt 2: Ermittlung der Ertragsminderungen

13. Allgemeines

Ob und in welchem Umfang eine Ertragsminderung eingetreten ist, ist in der Regel durch Vergleich der Rohmieten festzustellen (Hinweis auf Ziffer 14). Für eigengewerblich genutzte Grundstücke (Grundstücksteile) — insbesondere Fabriken —, für die sich Rohmieten nicht schätzen lassen, ist die Ertragsminderung grundsätzlich durch Vergleich der Umsätze zu ermitteln (Hinweis auf Ziffer 16).

14. Vergleich der Rohmieten

(1) Bei der Prüfung des Ausmaßes der Ertragsminderung ist von der Jahresrohmiete nach dem Stand vom 1. Januar 1935 auszugehen. Von dieser ist die Jahresrohmiete des Kalenderjahrs abzuziehen, in dem der Erlaßzeitraum beginnt (maßgebendes Kalenderjahr). Der Unterschiedsbetrag ergibt die Ertragsminderung. Sie ist in einem Hundertsatz der Jahresrohmiete vom 1. Januar 1935 auszudrücken.

(2) Als Jahresrohmieten sind anzusetzen:

	für den 1. Januar 1935		für das maßgebende Kalenderjahr
	bei Grundstücken, die mit der Jahresrohmiete bewertet sind	bei Grundstücken, die in anderer Weise mit dem gemeinen Wert bewertet sind	
1	2	3	4
bei vermieteten Grundstücksteilen	die bei der Bewertung angesetzte Jahresrohmiete	die übliche Miete (vgl. Buchst. a)	die vereinbarte Miete (vgl. Buchst. b)
bei vom Eigentümer selbst genutzten Grundstücksteilen			die übliche Miete (vgl. Buchst. a)
bei leerstehenden Grundstücksteilen (vgl. Buchst. c und d)			0 RM.

Bei der Anwendung der vorstehenden Übersicht sind die Anordnungen der Buchstaben a bis d zu beachten.

a) **Die übliche Miete** (Sp. 3 und 4) ist in Anlehnung an die Jahresrohmieten zu schätzen, die für Räume gleicher oder ähnlicher Art und Lage regelmäßig vereinbart sind. Ist das Grundstück mit dem Wert des Grund und Bodens als Mindestwert bewertet (§ 52 Absatz 2 Reichsbewertungsgesetz), so ist für den 1. Januar 1935 (Sp. 3) nicht die übliche Miete, sondern der Betrag anzusetzen, der sich ergibt, wenn der der Besteuerung zugrunde liegende Einheitswert durch den bei der regelmäßigen Bewertung anzuwendenden Vervielfältiger geteilt wird.

b) Als **vereinbarte Miete** (Sp. 4) ist der Betrag anzusetzen, der sich unter entsprechender Anwendung der Vorschriften im § 34 Absätze 1 bis 3 RBewDB vom 2. Februar 1935 (RGBl. I S. 81, RStBl. S. 189) ergibt. Sind die Räume mit Rücksicht auf persönliche (insbesondere verwandtschaftliche) oder wirtschaftliche Beziehungen oder mit Rücksicht auf ein Arbeits- oder Dienstverhältnis zu einem um mehr als 20 v. H. niedrigeren

Betrag als der üblichen Miete (Buchstabe a) vermietet worden, so ist die übliche Miete anzusetzen.

Von der vereinbarten Miete sind Mietausfälle abzuziehen. Das gilt aber nur dann, wenn der Vermieter die vereinbarte Miete ganz oder teilweise vom Mieter nachweislich nicht erhält und glaubhaft macht, daß die Einziehung der Miete nach Lage der Verhältnisse nicht möglich oder mit Schwierigkeiten verbunden ist, die ihm nach den Umständen nicht zugemutet werden können. Gerichts-, Vollstreckungs- und Anwaltskosten dürfen nicht abgesetzt werden.

c) **Leerstehende Grundstücksteile** (Sp. 1) sind für das maßgebende Kalenderjahr nur dann mit Null anzusetzen (Sp. 4), wenn sich der Vermieter in der erforderlichen Weise um die Vermietung der Räume ernstlich bemüht und keine unangemessenen Mieten oder Zusatzleistungen fordert. In den anderen Fällen sind sie mit der üblichen Miete (Buchstabe a) anzusetzen.

d) **Stehen Grundstücksteile wegen** eines **Umbaus leer** (Sp. 1), so sind sie für die Zeit des Umbaus mit der Miete anzusetzen, mit der sie für die unmittelbar vorangehende Zeit anzusetzen sind. Waren die Räume z. B. vor dem Umbau vermietet, so sind sie für die Zeit des Umbaus entsprechend den Anordnungen zu b mit der zuletzt vereinbarten Miete (ausnahmsweise mit der üblichen Miete) anzusetzen. Standen sie schon vor dem Umbau leer, so sind sie für die Zeit des Umbaus entsprechend den Anordnungen zu c mit Null oder mit der üblichen Miete anzusetzen.

15. Beispiel für die Anwendung der Ziffer 14

Ein Grundstück, das auf den 1. Januar 1935 mit der Jahresrohmiete bewertet ist, wurde im Kalenderjahr 1938 zum Teil von dem Eigentümer bewohnt, zum anderen Teil war es vermietet. Am 30. September 1938 zog der Eigentümer aus, da er seinen Wohnsitz verlegen mußte. Der Versuch, die Räume zu einer angemessenen Miete zu vermieten, scheiterte. Für die vermieteten Räume konnte die Miete für drei Monate wegen nachgewiesener Zahlungsunfähigkeit des Mieters nicht eingezogen werden.

Die Berechnung der Ertragsminderung durch Vergleich der Rohmieten ergibt das folgende Bild:

für den 1. Januar 1935:

Die bei der Bewertung angesetzte Jahresmiete beträgt für das Grundstück		10000 RM.
darin ist die Wohnung des Eigentümers mit 7200 RM. enthalten.		

für das Kalenderjahr 1938:

1. Für den vom Eigentümer benutzten (ab 1. Oktober 1938 leerstehenden) Grundstücksteil ist die übliche Miete für die Zeit vom 1. Januar bis 30. September 1938 zu schätzen. Die Schätzung ergibt ebenfalls einen Jahresbetrag von 7200 RM., d. h. für 9 Monate	5400 RM.	
Anzusetzen sind für die übrigen 3 Monate, in denen die Räume leerstanden	0 „	

2. Für den vermieteten Grundstücksteil beträgt die vereinbarte Miete (Ziff. 14 Abs. 2b) 2800 RM. Davon ist der Mietausfall für 3 Monate = 700 RM. abzuziehen. Anzusetzen sind somit . . . . 2100 RM. 7500 RM.

Unterschied . . . . . 2500 RM.

Die Ertragsminderung errechnet sich danach zu $\frac{2500 \cdot 100}{10000} = 25$ v. H.

16. Vergleich der Umsätze

(1) Für eigengewerblich genutzte Grundstücke (Grundstücksteile), für die sich Rohmieten nicht schätzen lassen, ist die Ertragsminderung nach den Absätzen 2 bis 4 zu berechnen. Das gilt insbesondere für Fabriken.

(2) Maßstab für die Ermittlung der Ertragsminderung sind die wertmäßigen Umsätze (einschließlich der umsatzsteuerfreien), die in dem unter Absatz 1 fallenden Grundstück oder Grundstücksteil erzielt worden sind. Wir behalten uns vor, für Geschäftszweige, für die die Umsätze kein geeigneter Maßstab sind, einen anderen Maßstab zuzulassen.

(3) Bei der Ermittlung der Ertragsminderung ist von den Verhältnissen des Kalenderjahrs auszugehen, in dem der Erlaßzeitraum (Rechnungsjahr) beginnt. Die Verhältnisse dieses Jahrs sind mit den Verhältnissen des Kalenderjahrs 1934 zu vergleichen. Wenn z. B. für das Rechnungsjahr 1938 eine Vergünstigung beantragt wird, sind also die Verhältnisse des Kalenderjahrs 1938 mit den Verhältnissen des Kalenderjahrs 1934 zu vergleichen.

Beispiel:

Umsätze im Kalenderjahr 1934 . . . . 1000000 RM.
Umsätze im Kalenderjahr 1938 . . . . 700000 „
Ertragsminderung somit 30 v. H.

(4) Sind die vorstehenden Anordnungen nach Absatz 1 nur auf einen Teil des Steuergegenstands anzuwenden und macht dieser Teil mehr als 90 v. H. des Steuergegenstands aus, so ist die Ertragsminderung, die sich nach den Absätzen 2 und 3 für diesen Teil ergibt, auf den ganzen Steuergegenstand zu beziehen. Auf den übrigen Teil sind also die Anordnungen der Ziffer 14 nicht anzuwenden.

Unterabschnitt 3: Berücksichtigung der Ertragsminderungen bei der Grundsteuer

17. Abstellung auf den ganzen Steuergegenstand

(1) Für die Entscheidung der Frage, ob wegen Ertragsminderung ein Steuererlaß zu gewähren ist, ist von der Ertragsminderung auszugehen, die sich nach den Ziffern 13 bis 16 für den ganzen Steuergegenstand (in den Fällen des § 6 Absätze 2 und 3 GrStG: den ganzen steuerpflichtigen Teil des Steuergegenstands) ergibt.

(2) Gehören einem Steuerschuldner mehrere Grundstücke, so ist jedes Grundstück für sich zu behandeln.

(3) Beispiel zu Absatz 1: Ein Fabrikgrundstück ist zum Teil eigengenutzt, zum Teil vermietet. Der eigengenutzte Teil macht schätzungsweise 75 v. H., der vermietete Teil 25 v. H. des ganzen Steuergegenstands

aus. Der Eigentümer macht Ertragsminderung geltend wegen Betriebsrückgangs in dem eigengenutzten Teil und wegen Billigervermietung in dem vermieteten Teil.

Die Berechnung der Ertragsminderung für den ganzen Steuergegenstand ergibt das folgende:

a) bei dem eigengewerblich genutzten Grundstücksteil:

Umsätze im Kalenderjahr 1934	. . . .	100000 RM.
" " " 1938	. . . .	60000 "
	Unterschied . . .	40000 RM.

Die Ertragsminderung dieses Grundstücksteils errechnet sich danach zu $\frac{40000 \cdot 100}{100000} = 40$ v. H.

b) bei dem vermieteten Grundstücksteil:

Die übliche Miete auf den 1. Januar 1935 deckt sich im vorliegenden Fall mit der damals vereinbarten Miete; sie beträgt	. . . .	4000 RM.
Vereinbarte Miete für das Kalenderjahr 1938	. . . . .	2000 "
	Unterschied	2000 RM.

Die Ertragsminderung dieses Grundstücksteils errechnet sich danach zu $\frac{2000 \cdot 100}{4000} = 50$ v. H.

c) bei dem ganzen Steuergegenstand:

Als Ertragsminderung für den ganzen Steuergegenstand ist das gewogene Mittel aus den Ertragsminderungen für die einzelnen Grundstücksteile zu errechnen. Dabei sind als „Gewichte" die Anteile der Grundstücksteile am gesamten Steuergegenstand zu verwenden, im vorliegenden Fall also 75 v. H. (eigengewerblich genutzter Teil) und 25 v. H. (vermieteter Teil). Die Ertragsminderung des ganzen Steuergegenstands errechnet sich danach zu $\frac{(40 \cdot 75) + (50 \cdot 25)}{100}$ $= 42{,}5$ v. H.

18. Ausmaß des Steuererlasses

(1) Ergibt sich eine Ertragsminderung, die 10 v. H. — in den Fällen der Ziffer 16: 20 v. H. — nicht übersteigt, so wird ein Steuererlaß wegen Ertragsminderung nicht gewährt.

(2) Übersteigt die Ertragsminderung 10 v. H. — in den Fällen der Ziffer 16: 20 v. H. —, so ist sie für die Berechnung der zu gewährenden Steuervergünstigung um 10 — in den Fällen der Ziffer 16: um 20 — Punkte zu kürzen. Der Unterschiedsbetrag ist die „anzusetzende Ertragsminderung".

Beispiel:

Ertragsminderung auf Grund der Ziff. 14	. . . .	50 v. H.
Abzug von	. . . .	10 "
„Anzusetzende Ertragsminderung"	. . .	40 v. H.

Für ein Grundstück, das zu einem Teil unter Ziffer 14 und zum anderen Teil unter Ziffer 16 fällt, ist die Frage, ob 10 oder 20 v. H. abzuziehen sind, danach zu entscheiden, welcher Grundstücksteil wertmäßig überwiegt.

In dem Beispiel zu Ziffer 17 sind also von der für den ganzen Steuergegenstand errechneten Ertragsminderung von 42,5 v. H. 20 Punkte abzuziehen, so daß die „anzusetzende Ertragsminderung" 22,5 v. H. beträgt.

(3) Der Steuererlaß beträgt 80 v. H. der „anzusetzenden Ertragsminderung" (Absatz 2). Der Hundertsatz, um den die Steuer zu ermäßigen ist, ergibt sich also durch Vervielfachung der „anzusetzenden Ertragsminderung" mit $\frac{80}{100}$.

Beispiel:

Beträgt die Ertragsminderung 50 v. H., die anzusetzende Ertragsminderung nach dem vorstehenden Beispiel also 40 v. H., so ist ein Steuererlaß in Höhe von $\frac{40 \cdot 80}{100} = 32$ v. H. zu gewähren.

(4) Würde sich nach den Absätzen 2 und 3 ein Steuererlaß ergeben, der 24 RM. jährlich nicht übersteigt, so ist von ihm abzusehen.

19. Eigengenutzte Geschäftsgrundstücke

(1) Ergibt sich nach Ziffer 16 Absätzen 2 und 3 eine Ertragsminderung, so kommt ein Steuererlaß (Ziffer 18) nicht in Betracht, wenn die Einziehung der Steuer nach den wirtschaftlichen Verhältnissen des Betriebs keine unbillige Härte darstellt.

(2) Umgekehrt kann auch dann, wenn nach Ziffer 16 Absätzen 2 und 3 keine Ertragsminderung vorliegt, ein Steuererlaß in Betracht kommen, wenn die Einziehung der Steuer deshalb untragbar erscheint, weil der Betrieb sich schon im Kalenderjahr 1934 in schlechter wirtschaftlicher Lage befand.

(3) Die Gemeinden haben über die Anwendung dieser Ziffer nach pflichtmäßigem Ermessen zu entscheiden (Hinweis auf Ziffer 1).

20. Eigengenutzte Wohngrundstücke

Auf Wohngrundstücke, die vom Eigentümer selbst benutzt werden, sind die Anordnungen der Ziffer 14 anzuwenden. Wird das Grundstück vom Eigentümer ganz oder nahezu ganz benutzt, so wird sich nach dieser Ziffer im allgemeinen keine Ertragsminderung ergeben, weil die übliche Miete vom 1. Januar 1935 meist mit der üblichen Miete des maßgebenden Kalenderjahrs übereinstimmen wird. Es können aber bei diesen Grundstücken Fälle auftreten, in denen dem Eigentümer unter Würdigung der gesamten Verhältnisse die Entrichtung der vollen Grundsteuer nicht zugemutet werden kann. Die Gemeinden haben hierüber nach pflichtmäßigem Ermessen zu entscheiden (Hinweis auf Ziffer 1).

Unterabschnitt 4: Besonderes

21. Eigengenutzte Grundstücke des Beherbergungsgewerbes

(1) Für Grundstücke, in denen der Eigentümer einen eigenen Beherbergungsbetrieb unterhält, ist die Prüfung der Frage, ob infolge der besonderen Lage des Beherbungsgewerbes besondere Maßnahmen erforderlich sind, noch nicht abgeschlossen; hierzu sind weitere umfangreiche Ermittlungen erforderlich. Mit der Möglichkeit besonderer

Weisungen für einen Billigkeitserlaß wegen Ertragsminderung beim Beherbergungsgewerbe kann daher erst im Lauf des Jahres 1938 gerechnet werden. Bis zum Erlaß weiterer Weisungen ist für Grundstücke, in denen der Eigentümer einen eigenen Beherbergungsbetrieb unterhält, wie folgt zu verfahren.

(2) Der Steuerbetrag ist insoweit zu stunden, als er das berichtigte Veranlagungsoll nach dem Stand vom 31. März 1938 übersteigt; berichtigtes Veranlagungsoll ist die nach den landesrechtlichen Vorschriften zuletzt festgesetzte gesamte Jahressteuerschuld abzüglich der nach den landesrechtlichen Bestimmungen gewährten Vergünstigungen. Bei dieser Regelung besteht selbstverständlich die Möglichkeit, daß sich auf Grund der endgültigen Regelung Nachzahlungen ergeben. Mit derartigen Nachzahlungen müssen insbesondere solche Steuerschuldner rechnen, bei denen sich die Verhältnisse des Betriebs erheblich gebessert haben.

(3) Die Regelung des Absatzes 2 ist in den Sonderfällen, in denen bei der Bewertung des Grundstücks einzelne Teile (Beherbergungsbetrieb, Gastwirtschaft, vermietete Räume) besonders behandelt worden sind, auch auf die Teile anzuwenden, die nicht dem Beherbergungsbetrieb dienen.

22. Land- und Forstwirtschaft

Auch bei der Land- und Forstwirtschaft werden die Gemeinden erhebliche Minderungen des Rohertrags, die bei einzelnen Betrieben gegenüber dem normalen Rohertrag eintreten, bei der Einziehung der Grundsteuer in angemessenem Umfang zu berücksichtigen haben. Das gilt insbesondere für Schäden, die infolge von Naturereignissen (z. B. Auswinterung, Hochwasser, Dürre, Waldbrand, Wind- und Schneebruch, Insektenfraß, Viehseuchen) entstehen, nicht jedoch für solche, gegen die eine Versicherung üblich ist (z. B. Hagel, Feuerschäden an Gebäuden und Betriebsmitteln). Über den Erlaßantrag hat die Gemeinde nach pflichtmäßigem Ermessen zu entscheiden (Hinweis auf Ziffer 1). Ein solcher Erlaß wird regelmäßig nur zu bewilligen sein, wenn auch die Reichsnährstandsbeiträge in entsprechendem Verhältnis ermäßigt werden.

Abschnitt IV: Besonderes für den steuerbegünstigten Neuhausbesitz

Unterabschnitt 1: Älterer Neuhausbesitz

23. Abgrenzung und steuerliche Behandlung

(1) Zum älteren Neuhausbesitz rechnete das Gesetz vom 2. April 1936 (RGBl. I S. 344, RStBl. S. 289) die Wohngebäude, die in der Zeit vom 1. April **1918** bis zum 31. März 1931 bezugsfertig geworden sind. Die Durchführungsverordnung zum Grundsteuergesetz zieht den Kreis des älteren Neuhausbesitzes enger. Sie versteht unter ihm nur die in der Zeit vom 1. April **1924** bis zum 31. März 1931 bezugsfertig gewordenen Wohngebäude. Diese Wohngebäude sind, wenn sie nach bisherigem Recht nach dem Stand vom 31. März 1938 nicht zur vollen Grundsteuer des Landes heranzuziehen sind, für die Zeit vom 1. April 1938 bis zum Schluß des ersten Hauptveranlagungszeitraums von einem Viertel der an sich zu entrichtenden Grundsteuer befreit (§ 58 Absatz 1 Ziffer 1 und Absatz 3

GrStDVO). Die Regelung gilt auch für Wohngebäude, die in der Zeit vom 1. April 1924 bis zum 31. März 1931 im Saarland bezugsfertig geworden sind.

(2) Die vom 1. April **1918** bis 31. März **1924** bezugsfertig gewordenen Wohngebäude rechnen zu den Altbauten (§ 31 Absatz 1 GrStDVO). Sie sind also ab 1. April 1938 nicht von einem Viertel der an sich zu entrichtenden Grundsteuer befreit, sondern zur vollen Grundsteuer heranzuziehen. Für etwaige Billigkeitsmaßnahmen sind nicht die nachstehenden Anordnungen, sondern diejenigen der Abschnitte II und III anzuwenden.

24. Vorbemerkung zu Ziffern 25 bis 28

Die Verhältnisse beim älteren Neuhausbesitz machen es erforderlich, für die Grundsteuer, die nach § 58 GrStDVO erhoben wird, ähnliche Billigkeitsmaßnahmen zu treffen, wie sie in den Rundschreiben an die Regierungen der Länder vom 2. April 1936 S 1921 — 223 III (RStBl. S. 291) und vom 11. Januar 1937 S 1921 — 400 III (RStBl. S. 62) für die Rechnungsjahre 1936 und 1937 vorgesehen sind. Wir ordnen deshalb mit Zustimmung des Herrn Reichsarbeitsministers an, daß für die Zeit ab 1. April 1938 bis zum Schluß des ersten Hauptveranlagungszeitraums nach den Ziffern 25 bis 28 zu verfahren ist.

25. Mit öffentlichen Wohnungsbaudarlehen finanzierte Wohnungsneubauten

(1) Öffentliche Wohnungsbaudarlehen im Sinn dieser Anordnungen sind:

a) Hypotheken, soweit sie aus Mitteln der Gebäudeentschuldungsteuer stammen;

b) Hypotheken, die aus Darlehen oder Anleihen der Länder oder der Gemeinden (Gemeindeverbände) zu ähnlichen Bedingungen gegeben sind, wie sie für die Gebäudeentschuldungsteuer-Hypotheken gelten.

(2) Für den mit öffentlichen Wohnungsbaudarlehen finanzierten älteren Neuhausbesitz ist zunächst zu prüfen, inwieweit auf Grund der Vorschriften der Länder der Zinssatz für die öffentlichen Wohnungsbaudarlehen unter Berücksichtigung der erhöhten Grundsteuer und etwaiger anderer Maßnahmen (z. B. angeordnete Tilgung der Wohnungsbaudarlehen, Erhöhung kommunaler Gebühren) herabzusetzen ist.

(3) Soweit trotz einer etwaigen Neubemessung des Zinssatzes nach den landesrechtlichen Vorschriften die Erhöhung der Grundsteuer gegenüber dem Stand vom 31. März 1936 im Rahmen der gegenwärtigen Miete nicht tragbar ist, sind darüber hinaus auf Antrag des Grundstückseigentümers nach Prüfung der Rentabilität des Grundstücks in dem erforderlichen Umfang und in der nachstehenden Reihenfolge die folgenden Erleichterungen zu gewähren:

a) teilweiser oder völliger Erlaß der Zinsen für die öffentlichen Wohnungsbaudarlehen;

b) Herabsetzung des Tilgungsatzes für öffentliche Wohnungsbaudarlehen, wenn er mehr als 1 v. H. beträgt, bis auf 1 v. H.;

c) teilweiser oder völliger Erlaß des Mehrbetrags der Grundsteuer, der sich gegenüber dem Stand vom 31. März 1936 ergibt.

Aus der vorstehenden Reihenfolge geht hervor, daß die Tilgung der öffentlichen Wohnungsbaudarlehen, soweit sie den Satz von 1 v. H. nicht übersteigt, den Vorrang vor der Mehrbelastung durch die Grundsteuer hat.

(4) Bei der Rentabilitätsberechnung (Absätze 2 und 3) ist die Miete anzusetzen, die auf Grund vertraglicher, gesetzlicher oder behördlicher Bestimmungen zu zahlen ist. Im übrigen sind für die Aufstellung der Rentabilitätsberechnung die landesrechtlichen Vorschriften in Verbindung mit dem Runderlaß des Reichsarbeitsministers vom 15. Juni 1937 (Reichsarbeitsbl. I S. 162) anzuwenden. Hinsichtlich der Verzinsung des Eigenkapitals ist das Folgende hervorzuheben:

a) Der Erlaß der Zinsen und die Herabsetzung des Tilgungsatzes für die öffentlichen Wohnungsbaudarlehen (Absatz 3 zu a und b) ist, wie sich aus dem Runderlaß des Reichsarbeitsministers ergibt, nicht von dem vorherigen Verzicht auf die Verzinsung des Eigenkapitals abhängig. Bei der Rentabilitätsberechnung ist hiernach vielmehr eine angemessene Verzinsung des Eigenkapitals zu berücksichtigen. Als angemessene Verzinsung des Eigenkapitals ist eine solche von höchstens 4 v. H. anzusehen.

b) Für die Frage des Erlasses der Grundsteuer (Absatz 3 zu c) ist hinsichtlich der Verzinsung des Eigenkapitals der Runderlaß des Reichsarbeitsministers jedoch nicht anzuwenden. Es ist ein allgemein anerkannter Grundsatz des Realsteuerrechts, daß ein Steuererlaß aus Billigkeitsgründen den Verzicht auf die Verzinsung des Eigenkapitals voraussetzt. Dieser Grundsatz muß auch in den Fällen aufrechterhalten werden, in denen die Erhöhung der Grundsteuer, die gegenüber dem Stand vom 31. März 1936 eintritt, zu einer Verringerung der Verzinsung des Eigenkapitals führt. Zur Vermeidung unbilliger Härten ist jedoch der Mehrbetrag der Grundsteuer zu erlassen, soweit dem Grundstückseigentümer nach seinen wirtschaftlichen Verhältnissen nicht zugemutet werden kann, auf eine angemessene Verzinsung des Eigenkapitals zu verzichten. Bei der Entscheidung über die Anträge auf Erlaß des Mehrbetrags der Grundsteuer ist wohlwollend zu verfahren.

c) Da bei gemeinnützigen Wohnungsunternehmen im allgemeinen eine planmäßige Wohnungsbautätigkeit aus wohnungspolitischen Gründen erwünscht ist, soll die Gemeinde prüfen, ob nicht bei ihnen ein weiteres Entgegenkommen notwendig ist, um die im allgemeinen Interesse wertvolle künftige Tätigkeit des Wohnungsunternehmens zu ermöglichen. In diesem Zusammenhang ist darauf hinzuweisen, daß gemeinnützige Wohnungsunternehmen sich vielfach das Eigenkapital für die Errichtung ihrer Neubauten durch Aufnahme von Hypotheken auf ihren Althausbesitz oder durch Spargelder ihrer Mitglieder oder Dritter beschafft und die Darlehen zu verzinsen haben. Die Jahresleistungen hierfür sind in diesen Fällen als Leistungen für Fremdkapital zu behandeln.

(5) Nach den Vorschriften einzelner Länder ist der Erlaß (Stundung und Niederschlagung) der Zinsen für Wohnungsbaudarlehen oder die Herabsetzung des Tilgungsatzes davon abhängig, daß auf die Erhebung der Grundsteuer verzichtet wird. Aus dem Zweck der vorstehenden Anordnung

ergibt sich, daß der Verzicht auf die Grundsteuer in den vorliegenden Fällen keine Voraussetzung für den Erlaß der Zinsen oder für die Herabsetzung des Tilgungsatzes sein darf.

(6) Berücksichtigung von Ertragsminderungen. Wenn im einzelnen Fall sich im Lauf des Rechnungsjahrs gegenüber der in der Rentabilitätsberechnung angesetzten Miete eine Ertragsminderung infolge Leerstehens, Billigervermietung oder Mietausfalls ergibt, so hat die Gemeinde auf einen vor Schluß des Rechnungsjahrs zu stellenden Antrag zu prüfen, ob und inwieweit der nach Durchführung der vorstehenden Maßnahmen sich ergebende Steuerbetrag im Hinblick auf die Ertragsminderung zu erlassen ist. Hierüber haben die Gemeinden nach pflichtmäßigem Ermessen zu entscheiden (Hinweis auf Ziffer 1).

26. Frei finanzierte Wohnungsneubauten

(1) Für die frei finanzierten Wohnungsneubauten kommen die in Ziffer 25 angeordneten Maßnahmen, soweit sie sich auf öffentliche Wohnungsbaudarlehen beziehen, nicht in Betracht, da hier derartige Baudarlehen nicht gegeben worden sind. Wenn bei dieser Gruppe des älteren Neuhausbesitzes der Betrag, um den sich die Grundsteuer gegenüber dem Stand vom 31. März 1936 erhöht hat, im Rahmen der gegenwärtigen Miete nicht tragbar ist, ist auf Antrag des Grundstückseigentümers nach Prüfung der Rentabilität des Grundstücks durch Erlaß des Grundsteuermehrbetrags in dem erforderlichen Umfang entgegenzukommen.

(2) Bei Prüfung der Rentabilität gelten die Bestimmungen in Ziffer 25 Absatz 4 Sätze 1 und 2. Hinsichtlich der Verzinsung des Eigenkapitals sind die Grundsätze anzuwenden, die in Ziffer 25 Absatz 4 zu b und — gegebenenfalls — c für den Erlaß der Grundsteuer aufgestellt worden sind.

(3) In den Fällen der Ertragsminderung ist Ziffer 25 Absatz 6 anzuwenden.

27. Eigengenutzte Wohnungen

Die Anordnungen der Ziffern 25 und 26 gelten entsprechend für die vom Eigentümer benutzten Wohnungen mit der Maßgabe, daß bei der Prüfung der Rentabilität des Grundstücks statt von der Miete von dem Mietwert auszugehen ist. Handelt es sich um Wohngrundstücke, die vom Eigentümer selbst zu mehr als 80 v. H. benutzt werden, so ist von den Billigkeitsmaßnahmen nach Ziffer 25 Absatz 3 oder Ziffer 26 abzusehen, wenn die Entrichtung der Grundsteuer dem Eigentümer nach seinen wirtschaftlichen Verhältnissen zugemutet werden kann; wir ersuchen jedoch, dabei wohlwollend zu verfahren.

28. Auffüllung der Rückflüsse aus Wohnungsbaudarlehen

Die in den Ziffern 25 und 27 angeordneten Billigkeitsmaßnahmen hinsichtlich der Verzinsung und Tilgung von öffentlichen Wohnungsbaudarlehen haben eine Minderung der Rückflüsse aus diesen Darlehen zur Folge. Zum Ausgleich ist die Vorschrift im § 59 GrStDVO geschaffen worden. Danach haben die Gemeinden, da ihnen aus der Erhöhung der Grundsteuer ein höheres Steueraufkommen zufließt, die Rückflüsse in der Höhe aufzufüllen, in der sie sich infolge der Billigkeitsmaßnahmen gegenüber dem Rechnungsjahr **1937** vermindern. Die beteiligten obersten Landesbehörden — d. h. die Wohnungsressorts und die Gemeinderessorts, gegebenenfalls auch die Finanzressorts — bestimmen das Nähere.

Unterabschnitt 2: Mittlerer und neuester Neuhausbesitz

29. Abgrenzung und steuerliche Behandlung

(1) Wegen des Begriffs des mittleren und neuesten Neuhausbesitzes und der steuerlichen Behandlung dieser Grundstücksgruppen bis zum Ablauf des Befreiungszeitraums weisen wir auf die Ausführungen in den Ziffern 62 bis 70 GrR hin.

(2) Der mittlere Neuhausbesitz und die Kleinwohnungen des neuesten Neuhausbesitzes würden an sich mit dem 1. April 1939 in die volle Steuerpflicht eintreten. Auf Grund der Durchführungsverordnung sind jedoch diese Wohngebäude vom 1. April 1939 bis zum Schluß des Hauptveranlagungszeitraums von einem Viertel der an sich zu entrichtenden Grundsteuer befreit (§ 58 Absatz 1 Ziffern 2 und 3, Absatz 3 GrStDVO).

(3) Unter die Vergünstigung nach § 58 Absatz 1 Ziffer 2 GrStDVO (mittlerer Neuhausbesitz) fallen, wie die Vorschrift ausdrücklich hervorhebt, auch die im Saarland in der Zeit vom 1. April 1931 bis zum 28. Februar 1935 bezugsfertig gewordenen Kleinwohnungsbauten, die nach § 2 Absatz 2 DV vom 2. April 1936 (RGBl. I S. 345, RStBl. S. 290) bis zum 31. März 1939 von der Grundsteuer befreit sind. Im § 58 Absatz 1 Ziffer 3 (neuester Neuhausbesitz) ist das Saarland nicht besonders erwähnt. Das war nicht nötig, weil auf Kleinwohnungen, die im Saarland nach dem 28. Februar 1935 bezugsfertig geworden sind, Abschnitt IV des Gesetzes vom 21. September 1933 (RGBl. I S. 651, RStBl. S. 950) anzuwenden ist. Sind sie nach diesen Vorschriften steuerfrei, so fallen sie ohne weiteres unter § 58 Absatz 1 Ziffer 3 GrStDVO.

30. Sinngemäße Anwendung der Maßnahmen für den älteren Neuhausbesitz

Obwohl die Wohngebäude, die unter § 58 Absatz 1 Ziffern 2 und 3 GrStDVO fallen, ab 1. April 1939 nur mit drei Vierteln der allgemeinen Grundsteuer heranzuziehen sind, sind Fälle denkbar, in denen der Übergang zu dieser Besteuerung zu unbilligen Härten führt. Es sind deshalb auf die Erhöhung der Grundsteuer, die sich gegenüber dem Stand vom 31. März 1939 ergibt, bis zum Schluß des ersten Hauptveranlagungszeitraums sinngemäß die Billigkeitsmaßnahmen anzuwenden, die für die Fälle des älteren Neuhausbesitzes in Ziffern 25 bis 27 vorgesehen sind. Soweit sich dadurch weitere Ausfälle an Rückflüssen aus Wohnungsbaudarlehen ergeben, ist dies bei der Auffüllung der Rückflüsse nach § 59 GrStDVO entsprechend zu berücksichtigen (Hinweis auf Ziffer 28).

Abschnitt V: Neuaufforstungen

31. Förderung von Neuaufforstungen

(1) Das neue Grundsteuergesetz sieht für Aufforstungen keine Steuervergünstigung vor. Eine Förderung von Neuaufforstungen durch Billigkeitsmaßnahmen erscheint jedoch angezeigt. Hierfür stellen wir die folgenden Richtlinien auf.

(2) Für Flächen, die nach dem 31. März 1928 neu aufgeforstet worden sind:

a) Zu berücksichtigen sind nur Flächen, auf denen in den letzten 50 Jahren vor der Neuaufforstung keine Holzzucht betrieben wurde.

b) Für jedes Hektar der danach zu berücksichtigenden Fläche sind für die Dauer von 30 Jahren — beginnend mit dem auf die Neuaufforstung folgenden Rechnungsjahr — 0,60 RM. jährlich zu erlassen. Für Neuaufforstungen in den Rechnungsjahren 1928 bis 1936 ist die Vergünstigung nur für den Teil des dreißigjährigen Zeitraums zu gewähren, der nach dem 31. März 1938 liegt.

(3) Für Flächen, die bis zum 31. März 1928 neu aufgeforstet worden sind:

a) Zu berücksichtigen sind nur Flächen, für deren Aufforstung nach bisherigem Landesrecht Steuervergünstigungen gewährt wurden, wenn diese über den 31. März 1938 hinaus gelten würden.

b) Für jedes Hektar der danach zu berücksichtigenden Fläche sind bis zum Ablauf des landesrechtlich vorgesehenen Vergünstigungszeitraums 0,60 RM. jährlich zu erlassen.

(4) Ein Steuererlaß ist nur in den Fällen zu gewähren, in denen die nach den Absätzen 2 und 3 zu berücksichtigende Fläche mehr als 10 Hektar, der zu erlassende Gesamtbetrag also mindestens 6 RM. jährlich beträgt.

Abschnitt VI: Denkmalschutz usw.

32. Befreiung nach dem Gesetz wegen Benutzung für einen öffentlichen Dienst oder Gebrauch

Nach Ziffer 11 GrR kommen für die Annahme eines öffentlichen Diensts oder Gebrauchs (§ 4 Ziffer 1a GrStG) in Betracht:

Bodendenkmale, wenn sie ertraglos sind,

Museen einschl. der Schlösser, Gärten, Ruinen und sonstigen Grundstücke, soweit sie ausschließlich aus musealen Gründen unterhalten und nicht für steuerpflichtige Zwecke benutzt werden.

Derartiger Grundbesitz ist von der Grundsteuer befreit, wenn die übrigen im Gesetz und in der Durchführungsverordnung bestimmten Voraussetzungen erfüllt sind. Diese Befreiungsvorschriften kommen danach nur für solchen Grundbesitz in Betracht, der im Eigentum von Gebietskörperschaften oder anderen im § 4 Ziffern 1 bis 5a GrStG aufgeführten Steuerbegünstigten steht.

33. Vergünstigung aus Billigkeitsgründen für anderen Grundbesitz

(1) Grundbesitz, auf den die gesetzlichen Voraussetzungen für eine Steuerbefreiung nicht zutreffen (der z. B. im Eigentum privater Personen steht), ist an sich steuerpflichtig. Die Einziehung der vollen Grundsteuer kann jedoch in diesen Fällen eine unbillige Härte bedeuten. In Betracht kommen insbesondere die folgenden zwei Gruppen von Grundbesitz:

a) Grundbesitz, dessen Erhaltung wegen seiner Bedeutung für Wissenschaft, Kunst oder Heimatschutz im öffentlichen Interesse liegt. Voraussetzung für den Billigkeitserlaß ist, daß die Kosten, die durch die Sicherung und Erhaltung der Eigenart des

Grundstücks und gegebenenfalls durch seine öffentliche Besichtigung entstehen, die Vorteile der Nutzung (einschließlich einer auf Vertrag oder Gesetz beruhenden Entschädigung) regelmäßig erheblich übersteigen, oder daß der Eigentümer zur Sicherung und Erhaltung der Eigenart des Grundstücks im Interesse der Allgemeinheit außergewöhnliche Aufwendungen macht oder Schädigungen erleidet. Unter den gleichen Voraussetzungen kommen auch in Betracht Gartenanlagen von geschichtlichem Wert, wenn sie in dem billigerweise zu fordernden Umfang der Öffentlichkeit zugänglich gemacht sind. In Zweifelsfällen ist ein Gutachten des zuständigen amtlichen Denkmalpflegers (in Preußen: des Provinzialkonservators oder des Vertrauensmanns für die kulturgeschichtlichen Bodenaltertümer) einzuholen.

Beispiele:

Baudenkmale, wie Schloß Weesenstein b. Dresden, die Marksburg, Burg Runkel a. d. Lahn; Ackerteile, die nachweislich wichtige Bodenaltertümer bergen; historische Gartenanlagen, wie Wörlitz oder Muskau.

b) Grundbesitz, in dessen Gebäuden Gegenstände von wissenschaftlicher, künstlerischer oder geschichtlicher Bedeutung (insbesondere Museen, Sammlungen oder Bibliotheken) dem Zweck der Forschung oder Volksbildung nutzbar gemacht sind, wenn der Reichsminister für Wissenschaft, Erziehung und Volksbildung eine derartige Bedeutung der Gegenstände anerkannt hat. Ist das Grundstück gegen Entgelt zugänglich gemacht (z. B. gegen Zahlung eines Eintrittspreises) oder wird eine auf Vertrag oder Gesetz beruhende Entschädigung gewährt, so ist eine Steuererleichterung nur dann zu gewähren, wenn die jährlichen Einnahmen an Entgelt oder Entschädigung die jährlichen Kosten der Erhaltung und Beaufsichtigung regelmäßig nicht übersteigen.

Beispiele:

Das Germanische Nationalmuseum in Nürnberg; Museen im Eigentum privater Vereinigungen, wie die Kunsthalle in Bremen oder das Schiller-Nationalmuseum in Marbach; unter besonderen Umständen auch Museen im Eigentum von Privatpersonen, z. B. Fürstlich Fürstenbergische Kunstsammlungen und Hofbibliothek in Donaueschingen; Feuerschutzmuseen der Versicherungsunternehmen.

(2) In den vorstehenden Fällen ist die Grundsteuer zur Vermeidung von Härten ganz oder teilweise zu erlassen. Die Höhe des Steuererlasses richtet sich nach dem Umfang, in dem der Rohertrag des Grundbesitzes wegen seiner Eigenschaften oder Widmung gemindert wird. Hierbei ist es ohne Bedeutung, ob der Eigentümer freiwillig eine entsprechende Beschränkung seines Rechts auf wirtschaftliche Nutzung auf sich genommen hat oder ob er durch gesetzliche oder behördliche Anordnungen hierzu gezwungen ist.

(3) Die Gemeinden sollen bei der Anwendung dieser Richtlinien wohlwollend verfahren und berücksichtigen, daß es nach § 2 DGO auch ihre Aufgabe ist, zur Erhaltung der geschichtlichen und heimatlichen Eigenart der in ihrem Bereich befindlichen Kulturgüter beizutragen.

Abschnitt VII: Verschiedenes

34. Vergünstigung für Baulandgrundstücke

(1) Unbebaute Grundstücke werfen im allgemeinen keinen Ertrag ab, sondern verursachen nur Unkosten (z. B. Steuern). Die Berufung auf diesen Regeltatbestand kann jedoch nicht zu einem Billigkeitserlaß führen. Es können aber bei diesen Grundstücken auch Fälle eintreten, in denen dem Steuerschuldner aus Gründen, die in seiner Person liegen, die Entrichtung der vollen Grundsteuer nicht zugemutet werden kann, z. B. wenn der Grundbesitz für den Steuerschuldner keine gewinnsüchtige Kapitalanlage bildet und die Einziehung der vollen Grundsteuer zu einer Veräußerung des Grundstücks zu einem unangemessen niedrigen Preis zwingen würde. Die Gemeinden haben hierüber nach pflichtmäßigem Ermessen zu entscheiden (Hinweis auf Ziffer 1).

(2) Für Grundstücke, die einem Bauern oder Landwirt gehören und die land- und forstwirtschaftlich genutzt und nach den §§ 51 und 53 Reichsbewertungsgesetz als unbebaute Grundstücke mit dem gemeinen Wert bewertet sind, kann die Erhebung der Grundsteuer auf dieser Grundlage zu einer Belastung des Eigentümers führen, die mit Rücksicht auf die Ertragsverhältnisse des Betriebs untragbar ist. Die Folge einer derartigen Steuerbelastung könnte sein, daß der Eigentümer die Fläche für andere als land- und forstwirtschaftliche Zwecke verwenden oder veräußern muß. Das ist im Interesse der Ernährungswirtschaft durchaus unerwünscht. Die Gemeinden haben daher eine sich gegenüber 1937 ergebende Steuererhöhung nach pflichtmäßigem Ermessen (Hinweis auf Ziffer 1) so weit zu stunden, daß dem Inhaber nach den Ertragsverhältnissen des Betriebs die Aufbringung der Steuer zugemutet werden kann. Von einer Stundung ist jedoch in den Ausnahmefällen abzusehen, in denen ein öffentliches Interesse an einer alsbaldigen anderweiten Nutzung des Grundstücks (z. B. zum Zweck der Bebauung, namentlich mit Kleinsiedlungen oder Kleinwohnungen) besteht. — Soweit hiernach Stundung zu gewähren ist, ist sie bis auf weiteres auszusprechen. Über die Behandlung der gestundeten Beträge bleibt weitere Weisung vorbehalten.

(3) Wegen der Bewertung des Kleingartenlands haben die Finanzämter im Runderlaß des Reichsministers der Finanzen vom 19. April 1938 S 3234 — 3 III (RStBl. S. 419) besondere Weisungen erhalten, wie die Beschränkungen, denen der Eigentümer auf Grund der Kleingarten- und Kleinpachtlandordnung und anderer Bestimmungen unterliegt, zu berücksichtigen sind. Billigkeitsmaßnahmen der Gemeinden werden daher für diese Grundstücke im allgemeinen entbehrlich sein.

35. Vergünstigung für die Gewinnung von Wohnungen durch Wohnungsteilung oder durch Umbau gewerblicher Räume

(1) Soweit für derartige Wohnungen bisher für eine bestimmte Dauer Steuervergünstigungen gewährt worden sind, wird den Gemeinden empfohlen, diese Vergünstigungen bis zum Ablauf des vorgesehenen Zeitraums im Billigkeitsweg weiterzugewähren.

(2) Die Frage, ob für derartige Wohnungen, die künftig erstellt werden, Steuervergünstigungen zu gewähren sind, bleibt dem pflichtmäßigen Ermessen der Gemeinden überlassen (Hinweis auf Ziffer 1). Für das Aus-

maß des Entgegenkommens wird es von Bedeutung sein, wie groß in der Gemeinde das Bedürfnis an den erstellten Wohnungen ist, welche Mittel der Umbau erfordert, welche sonstigen Unterstützungen (insbesondere bei der Gebäudeentschuldungsteuer) gewährt werden, usw.

36. Vergünstigung für abgefundene Kriegsbeschädigte

Anträge auf Steuererleichterung von Kriegsbeschädigten, die nach der Inflationszeit mit Hilfe einer Kapitalabfindung gebaut haben, sind mit Wohlwollen zu prüfen; ihnen ist, soweit dies nach Lage der Verhältnisse geboten ist, durch Stundung, Ermäßigung, in besonderen Fällen durch vollen Erlaß der Grundsteuer entgegenzukommen (Hinweis auf Ziffer 1). Ein solches Entgegenkommen wird unter diesen Voraussetzungen insbesondere gegenüber Kriegsbeschädigten und ihren Witwen notwendig sein, die keine Steuerermäßigung nach § 30 GrStG oder nach §§ 61, 62 GrSt.-DVO genießen.

37. Zusammentreffen verschiedener Erlaßgründe

(1) Nach den Richtlinien dieses Runderlasses kann ein Antrag auf Bewilligung von Steuervergünstigungen aus verschiedenen Gründen gestellt werden. Um die gleichmäßige Anwendung der Richtlinien zu gewährleisten, ist es daher erforderlich, auch darüber Bestimmung zu treffen, in welcher Reihenfolge die Richtlinien über die Behandlung der einzelnen Erlaßgründe anzuwenden sind. Liegen für einen Steuergegenstand gleichzeitig mehrere Billigkeitsgründe vor, so sind sie in der folgenden Reihenfolge zu berücksichtigen:

a) Belastungserhöhungen aus Anlaß der Umstellung der Grundsteuer (Abschnitt II),
b) Ertragsminderungen (Abschnitt III),
c) sonstige Gründe, die im Steuergegenstand selbst liegen,
d) Gründe, die in der Person des Steuerschuldners liegen.

Beispiel:

Die Grundsteuer für ein Grundstück ist mit 1000 RM. festgesetzt worden. Der Steuerschuldner beantragt Billigkeitserlaß wegen Belastungserhöhung infolge Umstellung der Grundsteuer und wegen Ertragsminderung.

Zunächst ist zu prüfen, in welchem Umfang die Steuer wegen Belastungserhöhung herabzusetzen ist. Diese Prüfung ergibt eine Senkung der Steuer um 100 RM. Die Prüfung der Ertragsminderung rechtfertigt eine Senkung der Steuer um 30 v. H. Dieser Hundertsatz ist nicht auf den festgesetzten Steuerbetrag (1000 RM.) anzuwenden, sondern auf den Betrag, der nach Berücksichtigung der Belastungserhöhung verbleibt, also auf 1000—100 = 900 RM. Die Steuer ist somit weiterhin um 30 v. H. von 900 RM. = 270 RM. zu ermäßigen, so daß ein Betrag von 630 RM. zu entrichten ist.

(2) Für den steuerbegünstigten Neuhausbesitz im Sinn des Abschnitts IV sind an erster Stelle die Billigkeitsmaßnahmen nach den besonderen Richtlinien des Abschnitts IV durchzuführen. Die Abschnitte II und III sind auf den steuerbegünstigten Neuhausbesitz nicht anzuwenden (Hinweis auf Ziffern 5 und 10).

8. Pressenotiz des Reichsministers der Finanzen und des Reichs- und Preuß. Ministers des Innern

vom 19. April 1938

betr. Belastungsverschiebungen bei der Grundsteuer

(RStBl. 1938 S. 433)

Ab 1. April 1938 wird die Grundsteuer bekanntlich nicht mehr nach den Vorschriften der 16 verschiedenen Landesgesetze erhoben, sondern nach den für das Reichsgebiet einheitlich geltenden Vorschriften des Reichsgrundsteuergesetzes vom 1. Dezember 1936 (RGBl. I S. 986) und der Durchführungsverordnung vom 1. Juli 1937 (RGBl. I S. 733). Den Steuerpflichtigen gehen gegenwärtig die neuen Steuerbescheide zu. Aus diesen ergibt sich teils eine geringere, teils eine höhere Belastung gegenüber der bisherigen.

Zu diesen Belastungsverschiebungen haben der Reichsminister der Finanzen und der Reichs- und Preußische Minister des Innern gemeinschaftlich wie folgt Stellung genommen:

1. Allgemeines; Hebesätze

Jede Umstellung einer Steuer führt zu Belastungsverschiebungen. Das gilt ganz besonders für die Grundsteuerreform.

Für das Übergangsjahr 1938 darf die Gemeinde den Hebesatz grundsätzlich nicht höher bemessen, als zur Erreichung desjenigen Aufkommens erforderlich ist, das bei Fortgeltung der bisherigen Vorschriften in der Gemeinde erzielt werden würde (§ 8 des Einführungsgesetzes vom 1. Dezember 1936, RGBl. I S. 961). Daraus ergibt sich, daß die Gesamtbelastung des Grundbesitzes in jeder Gemeinde, d. h. auch die durchschnittliche Belastung eines Grundstücks, sich infolge der Umstellung nicht ändert. Wohl aber können Belastungsverschiebungen beim einzelnen Grundstück eintreten. Was jedoch einzelne mehr zu zahlen haben, haben die anderen weniger zu entrichten, da insgesamt das bisherige Aufkommen nicht überschritten werden darf.

Sollte sich im Lauf des Rechnungsjahrs 1938 herausstellen, daß das hiernach zulässige Aufkommen voraussichtlich überschritten werden wird, der Hebesatz also zu hoch bemessen ist, so muß die Gemeinde ihn nachträglich noch für dieses Rechnungsjahr entsprechend ermäßigen. Diese Senkung ist durch besondere Vorschriften für das Übergangsjahr erleichtert worden. Nach der grundsätzlichen Regelung des § 2 Abs. 2 des Einführungsgesetzes können die Hebesätze im Lauf eines Rechnungsjahrs nur einmal und nicht mehr nach dem 31. Dezember geändert werden. Für das Übergangsjahr 1938 ist durch Verordnung vom 19. Januar 1938 (RGBl. I S. 37) jedoch zugelassen worden, daß eine Herabsetzung der Hebesätze beliebig oft und auch noch nach dem 31. Dezember vorgenommen wird.

2. Ursache der Belastungsverschiebungen

Ein Teil der durch die Grundsteuerreform hervorgerufenen Belastungsverschiebungen ist *gewollt*. Eines der wichtigsten Ziele des Grundsteuergesetzes war — neben der Vereinheitlichung des Rechts —, an die Stelle der veralteten, durch die Entwicklung *überholten Vorkriegsgrundlagen* der Grundsteuer die *Gegenwartswerte* zu setzen. Für Grundbesitz, dessen Ertrag und Wert sich nach dem Krieg besonders günstig entwickelt haben, ist wegen des Festhaltens an den veralteten Vorkriegsgrundlagen seit vielen Jahren eine erheblich zu geringe Steuer entrichtet worden. Was *diese* Steuerpflichtigen bisher zu wenig gezahlt haben, haben die *anderen* Steuerpflichtigen *mehr* aufbringen müssen. Soweit die Wirkungen des Grundsteuergesetzes in der Beseitigung dieses *ungerechten Maßstabs für die Verteilung der Steuerlast* bestehen, sind sie zweifellos als *erwünscht* zu bezeichnen.

Durch die Umstellung der Grundsteuer ergeben sich auch *anders geartete Belastungsverschiebungen*. Es handelt sich hier um Verschiebungen, die sich *zwangsläufig aus der Tatsache* ergeben, *daß an die Stelle von 16 Landesgesetzen ein Reichsgesetz tritt*.

Die landesrechtlichen *Bemessungsgrundlagen* (z. B. Vorkriegswerte, Vorkriegserträge) waren völlig verschieden; sie sind durch den *Einheitswert* ersetzt worden. Ebenso waren die landesrechtlichen *Tarife* völlig verschieden; an ihre Stelle sind die Steuermeßzahlen des *Reichs* (§ 12 des Grundsteuergesetzes, §§ 28 bis 33 der Durchführungsverordnung) getreten.

Die Einheitswerte sind beim land- und forstwirtschaftlichen Grundbesitz Ertragswerte, beim städtischen Grundbesitz gemeine Werte (Verkehrswerte). Sie sind nach den Verhältnissen vom *1. Januar 1935* ermittelt. Die Auswirkungen, die sich aus der Zugrundelegung dieser Werte für die Grundsteuer ergeben, sind, soweit sie unerwünscht sind, durch die Steuermeßzahlen nach Möglichkeit ausgeglichen worden. Die Steuermeßzahlen konnten, wenn man das Ziel der Vereinheitlichung nicht völlig aus dem Auge verlieren wollte, nur nach den Verhältnissen im *Reichsdurchschnitt* bemessen werden. Man hätte die Steuermeßzahlen nach den Verhältnissen der einzelnen *Länder* bestimmen oder nach den Verhältnissen *jeder einzelnen Gemeinde* berechnen können. Bei einem derartigen Vorgehen wäre jedoch eines der wichtigsten Ziele des Grundsteuergesetzes, die Schaffung eines *einheitlichen Rechts für das Reich*, verfehlt worden. An einer einheitlichen Rechtsgestaltung muß jedoch aus staatspolitischen Gründen festgehalten werden.

3. Die Belastungsverschiebungen bei der Landwirtschaft

Bei der *Landwirtschaft* ist die Regelung der Frage von besonderer Bedeutung, in welchem Verhältnis Groß-, Mittel- und Kleinbesitz besteuert werden sollen. In dieser Beziehung lagen die Verhältnisse bisher in den einzelnen Ländern völlig verschieden. Würden die Steuermeßzahlen nach den Verhältnissen im Durchschnitt der einzelnen *Länder* bemessen worden sein, so hätten sie etwa wie folgt festgesetzt werden müssen:

Land	für die ersten angefangenen oder vollen 10 000 RM des Einheitswerts	für den Rest des Einheitswerts
1	2	3
Preußen	7	10
Bayern	13	10
Sachsen	9	10
Württemberg	11	10
Baden	8	10
Thüringen	8	10
Hessen	6	10

Für das Reich sind die Meßzahlen auf 8 und 10 festgesetzt worden. Diese Staffelung bedeutet, wie die vorstehende Übersicht zeigt, für einzelne Länder (Preußen, Hessen) eine zu geringe, für andere eine zu starke Entlastung des Kleinbesitzes. Für Bayern und Württemberg hätte, um das gegenwärtige Belastungsverhältnis aufrechtzuerhalten, die Staffelung sogar nicht zugunsten, sondern zuungunsten der Kleinbetriebe gestaltet werden müssen.

Aus der Tatsache, daß die Staffelung für Preußen 7:10, für das Reich 8:10 beträgt, darf nicht geschlossen werden, daß für alle preußischen Kleinbetriebe eine Belastungsverschiebung in diesem Ausmaß eintritt. Die Verlagerung wird vielmehr in allen Gemeinden verschieden sein. Sie hängt — abgesehen von der Berichtigung landesrechtlicher Bewertungsfehler durch die Einheitswerte — von der Größenschichtung der Betriebe innerhalb der einzelnen Gemeinde ab. In Gemeinden, in denen sich nur Betriebe annähernd gleicher Größe befinden — im Westen und Südwesten des Reichs bestehen viele Gemeinden nur aus etwa gleichgroßen Kleinbetrieben —, tritt fast überhaupt keine Belastungsverschiebung ein. Dagegen besteht die Möglichkeit größerer Lastenverlagerung in solchen Gemeinden, in denen sich Betriebe verschiedener Größe befinden.

4. Die Belastungsverschiebungen bei dem städtischen Grundbesitz

Ähnlich liegen die Verhältnisse beim städtischen Grundbesitz. Im weitaus größten Teil des Reichsgebiets tritt eine Mehrbelastung der Geschäftshäuser (Fabriken, Bürohäuser usw.) und eine Entlastung der Mietwohngrundstücke ein. Das trifft z. B. für Preußen und noch stärker für Bayern zu. Dagegen ist die Wirkung der Umstellung in den mittleren und kleinen Gemeinden in Sachsen die umgekehrte. Auch diese Folge der Grundsteuerreform ist auf die Verschiedenheit der früheren Bemessungsgrundlagen zurückzuführen. Sachsen gehört zu den vier Ländern, die die Einheitswerte bereits früher eingeführt haben. In Sachsen werden die Einheitswerte bereits seit 1925 der Grundsteuer zugrunde gelegt. Sachsen hat jedoch nicht auch die späteren Einheitswerte (vom 1. Januar 1928 und 1. Januar 1931) übernommen, sondern die Einheitswerte vom 1. Januar 1925 beibehalten. Bei dieser Einheitsbewertung waren die Geschäftshäuser im Verhältnis zu den übrigen Grundstücken in kleinen und mittleren Gemeinden, insbesondere den Mietwohngrundstücken, besonders hoch bewertet worden. Die Geschäftshäuser sind daher — vom Standpunkt des gegenwärtigen Belastungsverhältnisses im Reichsdurchschnitt aus gesehen — in diesen Gemeinden zu stark belastet gewesen.

5. Billigkeitsmaßnahmen

Alle diese Belastungsverschiebungen sind hiernach eine Folge der Rechtsvereinheitlichung. Sie müssen deswegen grundsätzlich hingenommen werden. Würde man sie im Billigkeitsweg beseitigen, so würde das Ziel der Vereinheitlichung verfehlt werden.

Belastungsverlagerungen, die in Erhöhungen bestehen, können daher lediglich während einer kurzen Übergangszeit, um die Steuerpflichtigen allmählich an die höhere Belastung heranzuführen, gemildert werden. Diesem Zweck dient der Abschnitt II der „Richtlinien für Billigkeitsmaßnahmen auf dem Gebiet der Grundsteuer" vom 19. April 1938, die im Reichssteuerblatt S. 409 und im Reichsministerialblatt für die innere Verwaltung S. 664 bekanntgegeben worden sind.

Stichwortverzeichnis.

(Die Zahlen bedeuten die Seiten.)

A

Älterer Neuhausbesitz, Billigkeitsmaßnahmen beim 33ff.
Anerkennung (Bedeutung der) 9
— von privaten Schulen und Erziehungseinrichtungen 12
Arbeitsfront, siehe Deutsche Arbeitsfront

B

Baudenkmale, Billigkeitsmaßnahmen für 39
Baulandgrundstücke, Billigkeitsmaßnahmen für 40
Bebauung (Grundbesitz im Zustand der) 11
Beherbergungsgewerbe, Berücksichtigung der Ertragsminderung bei Grundstücken des 32ff.
Belastungserhöhungen bei der Grundsteuer (Ursache, Bedeutung) 23ff.
Belastungsverschiebungen bei der Grundsteuer (Ursache der) 42ff.
Berufsfachschulen, Anerkennung der 12
Berufsschulen, Anerkennung der 12
Bestattungsplätze 9
Billigervermietung von Räumen 27
Billigkeitsmaßnahmen bei Belastungsverschiebungen 45

D

Dankspendenstiftung 8
Denkmalschutz, Billigkeitsmaßnahmen für 38
Deutsche Arbeitsfront 8 (zu vgl. auch Vermögensverwaltung der Deutschen Arbeitsfront)

E

Eigengenutzte Geschäftsgrundstücke, Berücksichtigung der Ertragsminderung bei 31
Eigengenutzte Wohngrundstücke, Berücksichtigung der Ertragsminderung bei 32
Erlaßbefugnis der Gemeinden 19
Erlaßgründe, Zusammentreffen verschiedener 41
Erlaßzeitraum 22
Ertragsminderung, Billigkeitsmaßnahmen bei 26ff.
— Begriff der 26
— Arten der 27
— Ermittlung der 27
— Berücksichtigung der 30

F

Fachschulen, Anerkennung der 12
forstwirtschaftlich genutzer Grundbesitz 6, 10
Freizeitgestaltung, keine Vergünstigung für Grundstücke, die der — dienen 11

G

Gebäudeentschuldungsteuer (Verkoppelung mit Grundsteuer bei Billigkeitsmaßnahmen) 27
gemeinnützige Zwecke 5, 7

H

Hebesatz für Grundsteuer 14ff.
Heime des Winterhilfswerks 5

J

Jüdische Kultusvereinigungen 5, 8, 23
Jugendherbergen 7

K

Kindergärten, Anerkennung von 13
Kriegerwitwen (abgefundene) 11
Kriegsbeschädigte (abgefundene), Vergünstigungen für 41

L

Land- und Forstwirtschaft, Billigkeitsmaßnahmen bei 33, Belastungsverschiebungen bei 43
landwirtschaftlich genutzter Grundbesitz 6, 10
Leerstehen von Räumen 27
Lehrbetriebe (land- und forstwirtschaftliche) 10
Lehrzwecke 5, 10
Luftschutz 7

M

Mietausfall bei Räumen 27
mildtätige Zwecke 5, 7
mittlerer Neuhausbesitz, Billigkeitsmaßnahmen beim 37
Museen, Billigkeitsmaßnahmen für 39
Musterbetriebe (land- und forstwirtschaftliche) 10

N

Neuaufforstungen, Billigkeitsmaßnahmen für 38
neuester Neuhausbesitz, Billigkeitsmaßnahmen beim 37ff.

P

Privatschulen, Anerkennung der 12

R

Richtlinien für Billigkeitsmaßnahmen 20ff.
Rotes Kreuz 7, 10

S

Schülerheime 14
Schullandheime 10
Schulungslager 14
sozialpädagogische Seminare, Anerkennung der 12
städtischer Grundbesitz, Belastungsverschiebungen beim 44
Steuererlaß, Ausmaß des 31

U

Übungsplätze (der Wehrmacht) 6

V

Vermögensverwaltung der Deutschen Arbeitsfront GmbH. 8
Versuchsbetriebe (land- und forstwirtschaftliche) 10
Versuchszwecke 5, 10
Volksbund für das Deutschtum im Ausland 7
Volkspflegeschulen, Anerkennung der 12
Voraussetzungen für Billigkeitsmaßnahmen 25

W

Winterhilfswerk, Befreiung des Grundbesitzes des 5, 6, 10
Wohnungsteilungen, Billigkeitsmaßnahmen für 40
Wohnungsumbauten, Billigkeitsmaßnahmen für 40.

Kolibri 360 GmbH
Ferdinand-Jühlke-Straße 7
99095 Erfurt, Deutschland
produktsicherheit@kolibri360.de